# 龍龕手鑑研究

# 龍龕手鑑研究目錄

# 緒言

遼起沙漠，一代文風未盛，兼以書有厲禁，不得傳於鄰境，今遺世之書，止存龍龕手鑑、焚椒錄、星命總括、希麟續一切經音義四種。

龍龕手鑑為遼僧行均所作，原名龍龕手鏡，宋時重刻避翼祖嫌諱（太祖之祖父名敬），始改鏡為鑑，沈括夢溪筆談、晁公武郡齋讀書志尚題「龍龕手鏡」。此書最早著錄於鄭樵通志，其藝文略小學類有「龍龕手鑑四卷」下注云「燕僧智光」，揆之藝文略之例，殆誤以作序者為著者。遼燕臺憫忠寺沙門智光序其書曰：「有行均上人，字廣濟，俗姓于氏，派演青齊，雲飛燕晉，善於音韻，閑於字書，……具辨宮商，細分喉齒，計二萬六千四百三十餘字，注一十六萬三千一百七十餘字，并注總有一十八萬九千六百一十餘字。……矧以新音徧於龍龕，猶手持於鸞鏡，形容斯鑒，妍醜是分，故目之曰龍龕手鑑。」序末自署「時統和十五年丁酉七月一日癸亥」。行均上人，史傳未傳其名，方志亦不載其人，生平無從詳考。統和係遼聖宗耶律隆緒年號，統和十五年丁酉即宋太宗至道三年，亦即西曆九九七年。行均成書年代不可確考，惟當不出其時。沈括夢溪筆談卷十五曰：「幽州僧行均，集佛書中字，為切韻訓詁，凡十六萬字，分四卷，號龍龕手鏡。……契丹書禁甚嚴，傳入中國者法皆死。熙寧中，有人自虜中得之，入傅欽之家，蒲傳正帥浙西，取以鏤板。其序末舊云重熙二年五月序，蒲公削去之。」夢溪所言如此，重熙二年（當宋仁宗明道二年，西元一〇三三年），又後統和三十餘年。然晁公武郡齋讀書志卷四曰：「沈存中言舊題重熙二年序，蒲公削去之，今本乃云統和非重熙，豈存中不見舊題，妄記之耶？」設若撰序之時，即龍龕手鑑成書年代，則上距陸法言撰切韻（隋文帝仁壽二年，當西元六〇一年）三百九十六年；下較陳彭年等重修廣韻（宋真宗大中祥符元年，當西元一〇〇八年）早十一年。

　龍龕手鑑分四卷，馬端臨文獻通考引晁公武讀書志作三卷，四庫全書提要四十一曰：「文獻通考載此書三卷，而此本（案指南宋高宗浙刊本）實作四卷，智光原序亦稱四卷，則通考所載，顯然誤四為三，殆皆隔越封疆，傳聞紀載，故不免失實歟？」余嘉錫四庫提要辨證，以為晁氏非誤，其說云：「書中本以四聲分四卷，各載部目於卷前，而板心則以去入兩卷統書龍三，實無龍四，殆以去聲僅九葉，不成卷故合之，所以又有三卷之稱也。」胡玉縉四庫提要補正說亦同。現所見之板本中，如景高麗本龍龕手鑑，版心尚書有卷三、卷四，當為最早原貌。其餘諸本（高麗本入卷例外），部目前標有卷三、卷四，而板心已統書卷三。

智光序云：「龍龕手鑑總四卷，以平上去入為次，隨部復用四聲列之。」行均以偏旁分部，依四聲為次，卷一為平聲，列金至知九十七部；卷二上聲，列手至果六十部；卷三去聲，列見至句二十六部；卷四入聲，列木至雜（行均將部首難辨之字，如「丰」「哿」「㠯」「兕」「㞒」「由」，歸入此處，名之曰雜部，實則「雜」非部首）五十九部；共二百四十二部（如雜部不計，則為二百四十一部）。每部中統屬之字，復按四聲分列之，如卷一平聲有「鏐」「鍬」等，上聲有「銑」「鍇」等，去聲有「鑑」「錠」等，入聲有「鐸」「鑊」等。惟部中不標平聲字樣，以其易見而省略之。故欲檢書中之字，須先知該字部首屬何聲調，尋得部首後，復就該字之聲調，於部中四聲檢之，其字自得。如檢「銑」字，其部首金部屬平聲，而「銑」字屬上聲，則於卷一金部上聲中即可檢得「銑」字。由此知龍龕手鑑以音序檢字之法，頗富創造性。後南宋李燾撰說文解字五音韻譜，始東終甲，依四聲移易說文部首次第，每部中復依四聲排列之，「實用其例而小變之」（語見四庫全書提要）。行均書中字彙，除輯自玉篇外，以採佛典為最多，每字之下，詳列正俗、古今、或作、譌誤諸體，「則又行均因唐顏元孫干祿字書之例而小變之者也」（語亦見四庫全書提要）。干祿字書，以四聲隸字，又以二百零六部排比字之先後，每字分俗、通、正三體，是書為章表書判而作，故曰干祿。龍龕手鑑收字雖達二萬六千四百餘字，然一般常用之字，多闕而弗錄。蓋其書為釋佛典而作也，如沈括所言是書「集佛書中字，為切韻訓詁」。永瑢等所編之四庫全書提要則不以沈說為然，辨之曰「雖行均尊其本教，每引中阿含經、賢愚經中諸字，以補六書所未備，然不專以釋典為主」；四庫之說，不免失之曲護，今觀書中多佛典異字，而流俗通行之字反多不見收載，故系聯切語上下字時每遇窒礙，以其切語用字常未收錄於書中也。羅雪堂先生龍龕手鑑跋亦曾明言「其書為讀教中經典而作，故多載佛藏中文字」。

佛教盛行於六朝，經典之刻亦以六朝為盛。金石刻畫，時見崖壁巖谷。唐宋以後，傳世梵筴，疑多就石刻摹寫，故多存六朝用字。玉篇、廣韻所未及收者尚夥，行均撰集成書，有功於文字大矣！然書中譌誤甚多，不勝究詰。如卷二手部上聲「⿰扌豆」字，注「都管反，促也。又俗音豆」；羅振玉以為「⿰扌豆即短別字，見漢韓仁銘；此僅著其音義，不知即短之俗體」。又如卷一礻部平聲「⿰礻冉⿰礻每」二字下注云「二或作，之延反，正作栴」，羅氏謂「

祷禟即旃之別字，古从㫃之字，多別作礻，魏李超墓誌，族字作祑，是其證；此不知祷禟即旃之俗體」。又如卷二上聲户部「户」字，注云「音户」，玉篇又莫飽反，又力酉反」；卷四上聲雜部「𠩄」字，注云「音卯」；羅氏謂「户𠩄並卯別字，當列一部。𠩄从兩戶，戶即卯別字，唐九成宮醴泉銘『房』字作『房』，是其證；此一注音戶，一注音卯，不知為卯字俗體」（參見羅雪堂先生全集面城精舍雜文龍龕手鑑跋）。清李慈銘越縵堂讀書記評此書「部居誤認偏旁」，並舉出其瓦凡、瓜爪不分之例（詳見第三章部首探討）。錢大昕潛研堂文集卷二十七跋龍龕手鑑亦曰「其中文攴不分，臼臼莫辨」，並舉「耑旹入於山部，鬭鬧入於門部，糞弃入於米部，瓢瓟入於瓜部」之不當。且「滴音商而又音都歷反，則混啇於商；鐫音子泉反，而又音戶圭反，則溷雋於巂；辭則多辛複出；弓則弓雜兩收；𡕢歪甭孬，本里俗之妄談；巤恴𡴭卡，悉魚豕之譌字，而皆緐徵博引，汙我簡編，指事形聲之法埽地盡矣！」錢氏言之不覺憤疾也！實則此書出佛門之徒，初但為釋佛典而作，非盡規規於詮字釋音，固未足深責之！李慈銘越縵堂讀書記曰：「以其為宋以前字書，墜文佚義，或間有存者，披沙揀金，聊供采獲，故好古者亦頗蓄之。」此堪為平允之論。如呂忱字林，往往疏於篇中，知其書宋時猶存；引書共達六十六種之多，其中如通俗文、字林、三蒼、埤蒼、字書、字統、集訓、說文字樣、文字指歸、聲類、考聲、文字音義等書，今已不得見，可謂有存古之功。後世五音類聚、四聲篇海、康熙字典等，多采備行均注義。清人著作亦時引其說以立證，如郝懿行爾雅正義釋山第十一「左右有岸厒」下云「龍龕手鑑以厒為金之或體字」；王引之經義述聞卷十四禮記上「腯肥」下夾注曰「龍龕手鏡亦以腞為腯之或作」是也。

遼自太祖即留心漢化，聖宗時契丹國勢強盛，日尋干戈，惟以侵宋為事，而一時名僧聞士相與探學古文，龍龕手鑑之撰集，實是當時藝林盛事。然以書禁至嚴，兵燹連結，有遼一代遺篇，幾散佚無傳，清錢曾讀書敏求記曰：「此本獨流傳於劫火洞燒之餘，摩抄盡簡，靈光巍然，洵希世之珍也！」

余撰「龍龕手鑑研究」，共分六章：第一章版本考：就網羅所及之十種版本，一一加以評述；第二章校勘記：龍龕手鑑廣收異字歧體，又久經流傳，訛誤殊甚，故據所得見之版本，勘正形義、反紐之誤；第三章部首探討：敘述其分部情形，並與說文、玉篇、康熙字典作一比較；第四章說字之形音義例：縷析說解字之形體、聲音、義訓之條例；第五章聲韻考：依陳澧反切系聯條例，歸納其切語上下字，並與廣韻作一比較；第六章引書考：龍龕手鑑引書達六十六種之多，經史子集、文字、音韻，釋藏佛典，無所不包，堪稱繁富，故特以此章附馬。本論文之撰述，承高師仲華、林師景伊諄誨指導，得以完成，在此謹致謝忱，並祈博雅君子不吝指正，有以教我。

中華民國六十三年七月陳飛龍識於政大中國文學研究所

# 書影

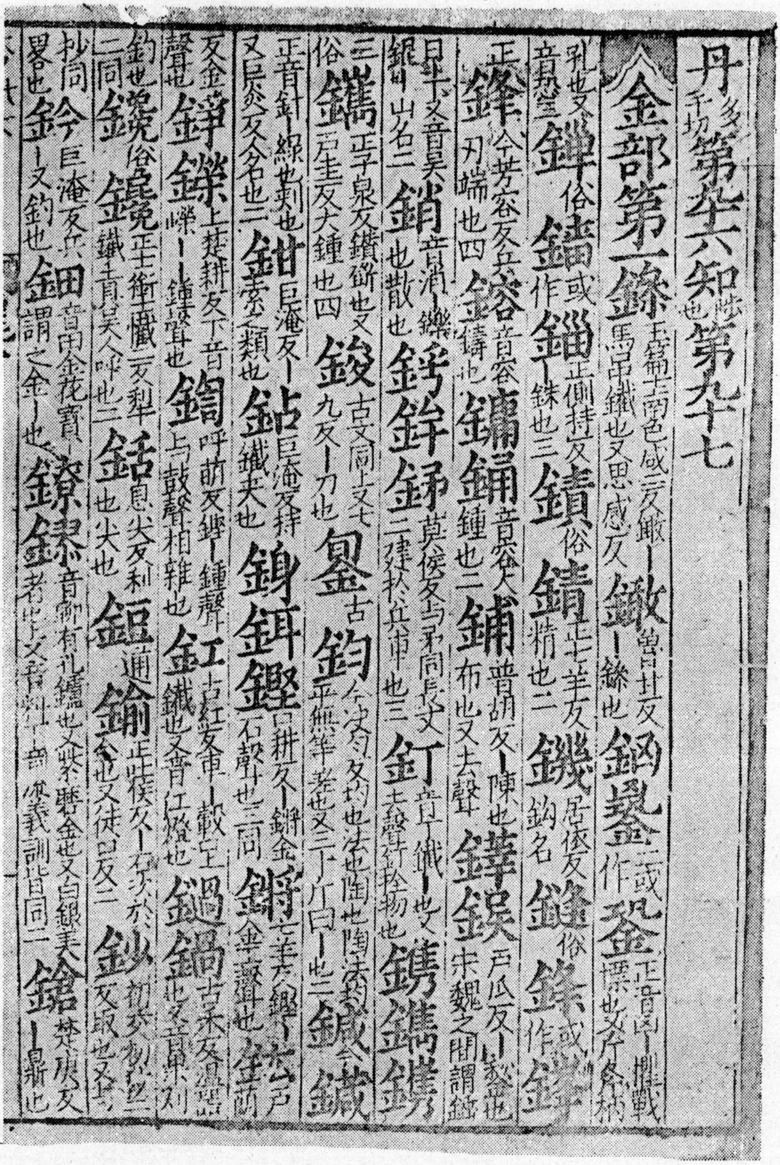
丹多第九十六 知陟第九十七

金部第一

書影一　南宋高宗浙刊本　國立故宮博物院藏

書影二　南宋高宗浙刊本　國立故宮博物院藏

老盧計第卅六　井子請第卅七　喜虛里第卅八　古公五第卅九　乃奴海第五十
里力止第五十一　尒兒氏第五十二　山丘犯第五十三　黽莫杏第五十四　臼其九第五十五
也羊者第五十六　比卑履第五十七　是常紙第五十八　首書九第五十九　果古火第六十
手部第一

書影三 景寫南宋高宗浙刊本 國立故宮博物院藏

丹多千切第九十六 知陟池第九十七

金部第一 鏒王篇七南色感二反鏾丨馬口中鐵也又思感反 鏾魯甘反丨鏒也 ⿰金凶⿱凶金二或作 銎正音凶丨懼戰慄也又斤斧柄

孔也又音恐三 ⿰金⿱巛甲俗 ⿰金畠或作 錙正側持反丨銖也三 ⿰金責俗 錆正七羊反精也二 鐖居依反鈎名 鏠俗 鋒或作 ⿰金峯

正 鋒今芳容反兵刃端也四 鎔音容鑄也 鏞銿音容大鐘也二 鋪普胡反丨陳也布也又去聲 鏵鋘戸瓜反丨鍫也宋魏之間謂鍤

曰丨下又音吴錕丨山名二 銷音消丨鑠也散也 ⿰金号鉾⿰金矛莫侯反与矛同長丈二建於兵車也三 釘音丁鐵丨也又去聲釘拴物也 鎸鐫⿰金⿱山隽

三俗 鐫正子泉反鑽斵也又戸圭反大鍾也四 鋑古文同上又七丸反丨刀也 ⿱皀金古 鈞令決匀反均也法也陶也陶法均平無等差也又三十斤曰丨也二 鍼今 鑯

正音針丨線也刺也又巨炎反人名也二 鉗巨淹反丨索之類也 鉆巨淹反持鐵夾也 ⿰金身鉺鏗口耕反丨鏘金石聲也三同 鏘七羊反鏗丨金王聲也 鉉戸萌

反金聲也 錚鑅上楚耕反下音嶸丨丨鍾聲也 鍧呼萌反鏗丨鍾聲与鼓聲相雜也 釭古紅反車丨轂口鐵也又音江燈也 鐹鍋古禾反温器也又音

鈎也二同 ⿰金毚俗 鑱正士衔士儳二反犁鐵土具吴人呼也二 銛息炎反利也尖也 鋀通 鍮正吐侯反丨石次於金也又徒口反二 鈔初交初教二反取也又与

抄同畧也 鈐巨淹反兵丨又鈎也 鈿音田金花寶丨謂之金丨也 鐐鏐音聊有孔鑪也又紫磨金也又白銀美者也上又音料下音流義訓皆同二 鎗楚庚反丨鼎也

大フ卌七 龍龕一

# 新修龍龕手鑑序

燕臺憫忠寺沙門智光字

夫聲明著論迺印度之宏綱觀跡成書寔支那之令躅印度則始摽天語厥号梵文載彼貫線之花綴以多羅之葉開之以字緣字界分之以男聲女聲支那則創自軒轅制於沮誦代結繩於旣往成進牘以相沿辯之以會意象形審之以注泊乎史籀變古文爲大篆爲隷書蔡邕刊定

書影五　續古逸叢書本

扵竹簡九流競鶩若百谷之
遐分比衆星之拱極尋源討本備載扵
埤蒼廣蒼叶律諧鍾咸究扵韻英韻
譜專門則字統説文開牖則方言國語
字學扵是乎昭矣矧復
釋氏之教演扵印度譯布支那轉梵從
唐雖匪差扵性相披教悟理而必正扵
名言名言不正則性相之義差性相之
義差則修斷之路阻矣故祇園高士探
學海洪源準的先儒導引後進揮以寶

書影六　續古逸叢書本

燭啓以隨函郭迻但顯於人名香嚴唯標於寺号流傳歳久抄寫時訛寡聞則莫曉是非博古則徒懷惋歎不逢敏達孰為編修有行均上人字廣濟俗姓于氏泒演青齊雲飛燕晉善於音韻閑於字書覩香嚴之不精寓金河而載緝九仞功績五變炎凉具辯宮商細分喉齒計二萬六千四百三十餘字注一十六萬三千一百七十餘字注惣有一十八萬九千六百

書影七　續古逸叢書本

無勞避席坐奉師資詎假擔簦
滯沙門智光利非切玉分忝斷金辱彼
告成見命序引推讓而寧容閣筆俛仰
而強為抽毫矧以新音徧於龍龕猶手
持於鸞鏡形容斯鑒妍醜是分故目之
曰龍龕手鑑總四卷以平上去入為次
隨部復用四聲列之又撰五音圖式附
於後庶力省功倍垂益於無窮者矣
時統和十五年丁酉七月一日癸亥序

書影八　續古逸叢書本

龍龕手鑑平聲卷第一　釋行均字廣濟集

金居音第一　人如隣第二　言語軒第三　心息林第四　山所閒第五
車昌遮第六　長布遥第七　門莫奔第八　刀都勞第九　衣於希第十
示巨支第十一　牛語求第十二　爿疾羊第十三　文武分第十四　支章移第十五
皮符羈第十六　方甫良第十七　風方容第十八　几武兵第十九　亠徒侯第二十
舟織流第廿一　毛莫袍第廿二　斤居第廿三　巾居銀第廿四　勹布交第廿五
矛莫浮第廿六　禾戶戈第廿七　隹織第廿八　弓居戎第廿九　田
疒武延第卅一　羊与章第卅二　身失人第卅三　尸式脂第卅四　魚
戈古禾第卅六　口玉非第卅七　韋雨非第卅八　音於金第卅九
尢羽求第卌　光古黃第卌一　香許良第卌二　䜌落官第卌四

黃胡光第卅六　辛息隣第卅七　厶息夷第卅八　高古勞第卅九
章諸良第五十一　生所庚第五十二　丷筆爻第五十三　彡所銜第五十四　來落哀第五十五
兒汝支第五十六　而如之第五十七　臣食隣第五十八　𣎆力爲第五十九　龜居追第六十
元愚袁第六十一　云王文第六十二　雲王文第六十三　匚甫良第六十四　殳市朱第六十五
瓜古花第六十六　龍力鍾第六十七　畨普官第六十八　僉七廉第六十九　天他前第七十
西先兮第七十一　无武扶第七十二　凡符嚴第七十三　名武并第七十四　亭徒丁第七十五
牙五加第七十六　卑并移第七十七　寧奴丁第七十八　男奴含第七十九　孚芳無第八十
雁憶水第八十一　申失人第八十二　虍荒烏第八十三　叏居委第八十四　甘古三第八十五
么於堯第八十六　巛苦昆第八十七　甾側持第八十八　由以周第八十九　尼女夷第九十
冂古熒第九十一　單都寒第九十二　圭古携第九十三　凶許容第九十四　興虛凌第九十五

書影十　續古逸叢書本

丹多千切第五十六　知陟也切第九十七

金部第一　鏒王篇七南色感二反鏒馬吊鐵也又思感反　鐓曾甘反|鏒也　鋡鋡二或作　鍐正音凡|懼戰慄也又斤斧柄

孔也又音恐三　鐔俗　鐳或作　鍿正側持反|鉄也三　鐀俗　錆正七羊反精也二　鐖居依反鉤名　鏠俗　鋒或作　鏠

正　鋒今芳容反兵刃端也四　鎔音容鑄也　鏞銿音容大鐘也二　鋪普胡反|陳也布也又去聲　鏵鋘戶瓜反|鍫也宋魏之間謂鍤

曰|十又音吳錕|山名二　銷音消|鑠也散也　鋢鉾𨥠莫侯反与矛同長丈二建於兵車也三　釘音丁鐵|也又去聲釘拴物也　鐫鐫鐫

三俗　鑴正子泉反鑚鑿也又戶圭反大鐘也四　鋑古文同上又七九反|刀也　鋻古　鈞今決勻反均也法也陶也陶法均平無等差也又三十斤曰|也二　鍼今　鐵

正音針|線也剌也又巨炎反人名也二　鉗巨淹反|索之類也　鉆巨淹反持鐵夾也　𨧤鉺鏗口耕反|鏘金石聲也三同　鏘七羊反鏗|金玉聲也　鉱戶萌

反金聲也　錚鑅上楚耕反下音嶸||鐘聲也　鍧呼萌反鏗|鐘聲与鼓聲相雜也　釭古紅反車|轂口上鐵也又音江燈也　鍋

釣也二同　鑱俗　鑱正士銜反|鑱二反犁鐵土具吳人呼也二　銛息尖反利也尖也　鋀通　鍮正吐侯反|石次於金也又徒口反二　鈔

抄同畧也　鈐巨淹反兵|又釣也　鈿音田金花寶|謂之金|也　鐐鏴音聊鑪也又紫磨金也又者也上又音料下音

伏ウ卅七　龍一　四

書影十一　續古逸叢書本

龍龕手鑑去聲卷第三　釋行均字廣濟集

見古電第一　面弥箭第二　又于救第三　貝博盖第四　疒去第五

大徒蓋第六　壴中句第七　豆徒候第八　四息利第九　片普面第十

示神至第十一　鼻毗至第十二　自疾二第十三　禾盧對第十四　歲相銳第十五

更古杏第十六　夜羊謝第十七　去丘據第十八　二而至第十九　寸倉困第二十

令力政第廿一　處昌據第廿二　彐居利第廿三　氣去既第廿四　倝古按第廿五

句九遇第廿六

見部第一

覎規規三俗規正居隨反｜圓器也丈夫識用必合｜矩者也四覹通

題音啼視也　覘丑廉反闚視也又丑焰反伺候也　覦音俞覬｜欲有所得也

覷也　覼俗　觀正音官視也又音灌　觀音㦛人名　覩苦干苦目二反

書影十二　四部叢刊續編本



# 新修龍龕手鑑序

燕臺憫忠寺沙門智光字法炬撰

夫聲明著論迺印度之宏綱觀跡成書寔支那之令躅印度則始標天語厥号梵文載彼貫線之花綴以多羅之葉開之以字緣字界分之以男聲女聲支那則創自軒轅制於沮誦代結繩於旣往成進牘以相沿辯之以會意象形審之以指事轉注洎乎史籀變古文爲大篆程邈變小篆爲隸書蔡邕刊定於石經束晳網羅

扵竹簡九流競騖若百谷之朝宗七畧
遐分比衆星之拱極尋源討本備載扵
埤蒼廣蒼叶律諧鍾咸究扵韻英韻
譜專門則字統說文開牖則方言國語
字學扵是乎昭矣矧復
釋氏之教演扵印度譯布支那轉梵從
唐雖匪差扵性相披教悟理而必正扵
名言名言不正則性相之義差性相之
義差則修斷之路阻矣故祇園高士探
學海洪源準的先儒導引後進揮以寶



書影十三　四部叢刊續編本

## 書影十四　四部叢刊續編本

燭啓以隨函郭逐但顯於人名香嚴唯標於寺号流傳歲久抄寫時訛寡聞則莫曉是非博古則徒懷惋歎不逢敏達孰為編修有行均上人字廣濟俗姓于氏派演青齊雲飛燕晉善於音韻閑於字書覩香嚴之不精寓金河而載緝九仞功績五變炎涼具辯宮商細分喉齒計二萬六千四百三十餘字注一十六萬三千一百七十餘字并注惣有一十八萬九千六百一十餘字

書影十五　四部叢刊續編本



無勞避席坐奉師資詎假擔簦立祛疑滯沙門智光利非切玉分亦斷金辱彼告成見命序引推讓而寧容閣筆俛仰而強為抽毫矧以新音徧於龍龕猶手持於鸞鏡形容斯鑒妍醜是分故目之曰龍龕手鑑惣四卷以平上去入為次隨部復用四聲列之又撰五音圖式附於後庶力省功倍垂益於無窮者矣

時統和十五年丁酉七月一日癸亥序

書影十六　四部叢刊續編本

龍龕手鑑平聲卷第一　釋行均字廣濟集

金居音第一　人如隣第二　言語軒第三　心息林第四　山所閒第五

車昌遮第六　長布遥第七　門莫奔第八　刀都勞第九　衣於希第十

示巨支第十一　牛語求第十二　爿疾羊第十三　文武分第十四　支章移第十五

皮符羈第十六　方甫良第十七　風方容第十八　几武兵第十九　亠徒侯第二十

舟織流第廿一　毛莫袍第廿二　斤居忻第廿三　巾居銀第廿四　勾布交第廿五

矛莫浮第廿六　禾戶戈第廿七　隹織唯第廿八　弓居戎第廿九　田徒年第三十

广武延第卅一　羊与章第卅二　身失人第卅三　尸式脂第卅四　魚語居第卅五

戈古禾第卅六　口玉非第卅七　韋雨非第卅八　音於金第卅九　多得何第四十

尢羽求第卌一　光古黃第卌二　香許良第卌三　䜌落官第卌四　殸口耕第卌五

大四三八　小九九十

龍一　三

新实

# 書影十七　四部叢刊續編本



大四三八
小[illegible]九十

龍一

黃胡光第卌六　辛息嶙第卌七　厶息夷第卌八　高古勞第卌九　其渠之第五十

章諸良第五十一　生所庚第五十二　冫筆夌第五十三　彡所銜第五十四　來落哀第五十五

兒汝支第五十六　而如之第五十七　臣食隣第五十八　亃力爲第五十九　龜居追第六十

元愚袁第六十一　云王文第六十二　雲王文第六十三　匚甫良第六十四　殳市朱第六十五

瓜古花第六十六　龍力鍾第六十七　番普官第六十八　僉七廉第六十九　天他前第七十

西先兮第七十一　旡武扶第七十二　凡符嚴第七十三　名武并第七十四　亭徒丁第七十五

乎五加第七十六　卑并移第七十七　寧奴丁第七十八　男奴含第七十九　孚芳無第八十

雁憶水第八十一　申失人第八十二　虍荒烏第八十三　攴居夌第八十四　甘古三第八十五

幺於堯第八十六　巛苦昆第八十七　甾側持第八十八　由以周第八十九　尼女夷第九十

冂古熒第九十一　單都寒第九十二　圭古携第九十三　凶許容第九十四　興虛淩第九十五

[illegible]

書影十八　四部叢刊續編本

丹多干功第五十六知陟也第九十七

金部第一

鏒玉篇七南色咸二反鐵丨馬吊鐵也又思咸反鏨曾甘反丨鏒也鑿鑿二或作鑿正音凶丨懼戰慄也又斤斧柄

孔也又音慫三鏄俗鐳或作鍿正側持反丨錄也三鐼俗鏘正七羊反精也二鏹居儉反鈎名鏠俗鏠或作鏠

正鋒夅芳容反兵丨刃端也四鎔音容鑄也鏞鏞音庸大鐘也二鋪普胡反丨陳也布也又去聲鏵鋘戶瓜反丨犁也宋魏之間謂鏵

日丨十又音吳鋗音涓丨鑠銀丨山名二鋘也散也鍔鍔鍔莫侯反与矛同長丈二建於兵車也三釘音丁鐵丨也又去聲釘拴物也鑴鑴鑴

三鑴子泉反鑴鉼也又戶圭反大鐘也四鎪古文同上又七九反丨刀也鋈古鈞今决句反均也法也陶也陶家於鈞今平無等差也又三十斤曰丨也二鍼鐵

俗正音針丨線也剌也鉗巨淹反丨鑷又巨炎反人名也二鉆巨淹反持鐵夾也鋂鋂鏗口耕反丨鏘金石聲也三同鏘七羊反鏗丨金玉聲也鋐音宏户萌

反金鏳鏳上楚耕反下音聲也鏳丨丨鐘聲也鍧呼萌反鏗丨鐘聲与鼓聲相雜也釭古紅反車丨轂口上鐵也又音江燈也鍋鍋古禾反溫器也又音果刈

鈞也鐃俗鐃正女交反鐃鐵丨真吳人呼也二銛息尖反利也尖也鋀通鍮正吐侯反丨石次於金也又徒口反二鈔初交初教二反取也又与

抄同鈐巨淹反兵丨鈿音田金花寶丨也鐐鐐音聊有孔鑪也又紫磨金也又白銀美者也上又音料下音流義訓皆同二鎗楚庚反丨鼎也

鏊也鈐丨又鈞也鈿謂之金丨也

大ㄱ卅七
小九ㄱ四十

龍一　四

書影十九　四部叢刊續編本

龍龕手鑑去聲卷第三　釋行均字廣濟集

見古電第一　面弥箭第二　又于救第三　貝博蓋第四

大徒蓋第六　壴中句第七　豆徒候第八　四息利第九　片普面第十

亣神至第十一　鼻毗至第十二　自疾二第十三　耒盧對第十四　歲相鋭第十五

更古杏第十六　夜羊謝第十七　去丘據第十八　二而至第十九　寸倉困第二十

令力政第廿一　處昌據第廿二　彐居利第廿三　氣去既第廿四　倝古按第廿五

句九遇第廿六

見部第一　𧠝規規三俗規正居隨反丨圓器也丈夫識用必合丨矩者也四　䙲通䙲正

䚋音啼視也　覘丑廉反闚視也又丑焰反伺候也　覦音俞覬丨欲有所得也　𧡓俗䚕正丑江丑絳二反直視目不明也

覰俗覷正音官視也又音灌　𧡕音慳人名　覩俗苦干苦目二反　覩音高見也　覩渠脂反視也　覵音襇視皃

書影二十　董氏誦芬室景印毛氏藏本

國立中央研究院史語所藏

新修龍龕手鑑序

燕臺憫忠寺沙門智光字法炬撰

夫聲明著論迺印度之宏綱觀跡成書寔支那之令躅印度則始摽天語厥号梵文載彼貫線之花綴以多羅之葉開之以字緣字界分之以男聲女聲支那則創自軒轅制於沮誦代結繩於既往成進績以相沿辯之以會意象形審之以指事轉注洎乎史籀變古文為大篆程邈變小篆為隸書蔡邕刊定於石經束晳網羅

書影二十一　董氏誦芬室景印毛氏藏本

扵竹簡九流競鶩若百谷之朝宗七畧
遐分比衆星之拱極尋源討本備載扵
埤蒼廣蒼叶律諧鍾咸究於韻英韻
譜專門則字統說文開牖則方言國語
字學扵是乎昭矣矧復
釋氏之教演扵印度譯布支那轉梵從
唐雖匪差於性相披教悟理而必正扵
名言名言不正則性相之義差性相之
義差則修斷之路阻矣故祇園髙士探
學海洪源準的先儒導引後進揮以寶

書影二十二　董氏誦芬室景印毛氏藏本

國立中央研究院史語所藏

龍龕手鑑平聲卷第一　釋行均集

金居吟第一　人如鄰第二　言語軒第三　心息林第四　山所閒第五

車昌遮第六　長布遥第七　門莫奔第八　刀都勞第九　衣於希第十

示巨支第十一　牛語求第十二　爿疾羊第十三　文武分第十四　支章移第十五

皮彼羈第十六　方甫良第十七　風方容第十八　几武矣第十九　亠徒侯第二十

舟職流第廿一　毛莫袍第廿二　斤居忻第廿三　巾居銀第廿四　勹布交第廿五

矛莫浮第廿六　禾戶戈第廿七　隹職惟第廿八　弓居戎第廿九　田徒年第三十

宀武延第卅一　羊与章第卅二　身失人第卅三　尸式脂第卅四　魚語居第卅五

戈胡禾第卅六　口五非第卅七　韋雨非第卅八　音於金第卅九　多得何第四十

尢羽求第卌一　光古黃第卌二　香許良第卌三　縣胡涓第卌四　殳耕第卌五

書影二十三　董氏誦芬室景印毛氏藏本

國立中央研究院史語所藏

丹多干切第五十六　知陟池切第九十七

金部第一

鏒玉篇七南色感二反鏒丨鏉馬口鐵也又思感反　鏉當廿反丨鏒也　鋄鋄二或作　鋈正音溫丨標也又斤反銘柄

孔也又音恐三　鏄俗　鐳或作　鏑正側持反丨銖也三　鐨俗　錆正七羊反精也二　鐖居依反鈎名　鏠俗　鋒或作　鏠

正今芳容反兵丨刃端也四　鎔音容鑄也　鏞鏽音容大鍾也二　鋪普胡反丨陳也布也又去聲　鏵鋘戶瓜反丨鍫也宋魏之間謂鍫

日下又音吳鋘丨山名二　銷音消丨鑠也散也　鍔鋝鋢莫侯反与矛同長丈二建於兵車也三　釘音丁鐵丨也又去聲釘拴物也　鐫鐫鐫

三俗　鐫正子泉反鑽斲也又戶圭反大鍾也四　鋑古文同上又七九反丨刀也　鋈古　鈞居匀反均也法也陶也陶法均平無等差也又三十斤曰丨也二　鍼鍼

正音針丨線也刺也又巨炎反人名也二　鉗巨淹反丨索之類也　鉆巨淹反持鐵夾也　鍞鉺鏗口耕反丨鏘金石聲也三同　鏘七羊反鏗丨金玉聲也　鈜戶萌

反金聲也　錚鑅上楚耕反下音嶸丨丨鍾聲也　鍧呼萌反鍧丨鍾聲与鼓聲相雜也　釭古紅反車丨轂口鐵也又音江燈也　鍋鍋古禾反盛溫器也又音果

鈞也二同　鐃俗　鐃正女交反丨二反犁鐵音吳人呼也二　銛息廉反利也尖也　鋀通　鍮正吐侯反丨石似金也又他口反二　鈔初交初教二反取也又与

抄同略也　鈐巨淹反兵丨又鈐也　鈿音田金花寶丨謂之金丨也　鐐鏐音聊有孔鑪也又紫磨金也又力者也又音料下音流美金訓皆同二　鎗楚庚反丨鼎也

六九卅七　龍一

書影二十四　董氏誦芬室景印毛氏藏本

國立中央研究院史語所藏

龍龕手鑑去聲卷第三　釋行均字廣濟集

見古電第一　面弥箭第二　又于救第三　貝博蓋第四　欠去劒第五

大徒蓋第六　壴中句第七　豆徒候第八　四息利第九　片普面第十

示神至第十一　鼻毗至第十二　自疾二第十三　耒盧對第十四　歲相銳第十五

更古杏第十六　夜羊謝第十七　去丘據第十八　二而至第十九　寸倉困第二十

令力政第廿一　處昌據第廿二　彐居利第廿三　氣去既第廿四　倝古按第廿五

句九遇第廿六

見部第一　覌規規三俗　規正居隨反｜圓器也丈夫識用必合｜矩者也四　䙌通　䚀正

䙈音啼視也　覘丑廉反闚視也又丑焰反伺候也　覦音俞覬｜欲有所得也　𧡴俗　𧡴正丑亍丑紵二反直視目不明也

覤也　覰俗　觀正音官視也又音灌　䙛音慳人名　𧢈俗苦干苦旦二反　覩音高見也　覩視也　覸音視皃

# 新修龍龕手鑑序

燕臺憫忠寺沙門智光字法炬撰

夫聲明著論迺印度之宏綱觀跡成書寔支那之令躅印度則始標天語厥号梵文載彼貫線之花綴以多羅之葉開之以字緣字界分之以男聲女聲支那則創自軒轅制於沮誦代結繩於既往成進牘以相沿辯之以會意象形審之以指事轉注洎乎史籀變古文為大篆程邈變小篆為隸書蔡邕刊定於石經東晳絅羅

於竹簡九流競騖若百谷之朝宗七畧
遐分比衆星之拱極尋源討本備載於
埤蒼廣蒼叶律諧鍾咸究於韻英韻
譜專門則字統說文開牖則方言國語
字學於是乎昭無矧復
釋氏之敎演於印度譯布支那轉梵從
唐雖匪差於性相披敎悟理而必正於
名言名言不正則性相之義差性相之
義差則修斷之路阻無故祇園高士探
學海洪源準的先儒導引後進揮以實

燭啓以隨函郭逡但顯於人名香嚴唯標
扵寺号流傳歲夂抄寫時訛寡聞則
莫曉是非博古則徒懷惋歎不逢敏
達孰為編修有行均上人字廣濟俗
姓于氏派演青齊雲飛燕晉善扵音
韻閑扵字書覩香嚴之不精寓金河
而載緝九仞功績五變炎涼具辯宮
商細分喉齒計二萬六千四百三十餘
字注一十六萬三千一百七十餘字并
注惣有一十八萬九千六百一十餘字

書影二十八　坊間景宋本



無勞避席坐奉師資詎假擔簦立祛疑
滯沙門智光利非切玉分忝斷金辱彼
告成見命序引推讓而寧容閣筆俛仰
而強為抽毫矧以新音徧於龍龕猶手
持於鸞鏡形容斯鑒妍醜是分故目之
曰龍龕手鑑惣四卷以平上去入為次
隨部復用四聲列之又撰五音圖式附
於後庶力省功倍垂益於無窮者矣
時統和十五年丁酉七月一日癸亥　序

書影二十九　坊間景宋本

龍龕手鑑平聲卷第一　釋行均字廣濟集

金居音第一　人如隣第二　言語軒第三　心息林第四　山所閒第五

車昌遮第六　長布遥第七　門莫奔第八　刀都勞第九　衣於希第十

示巨支第十一　牛語求第十二　爿疾羊第十三　文武分第十四　支章移第十五

皮符羈第十六　方甫良第十七　風方容第十八　几武兵第十九　亠徒侯第二十

舟織流第廿一　毛莫袍第廿二　斤居第廿三　巾居銀第廿四　勹布交第廿五

矛莫浮第廿六　禾戶戈第廿七　隹織唯第廿八　弓居戎第廿九　田徒年第三十

广武延第卅一　羊与章第卅二　身失人第卅三　尸式脂第卅四　魚語居第卅五

戈古禾第卅六　口玉非第卅七　韋雨非第卅八　音於金第卅九　多得何第四十

尢羽求第四十一　光古黄第四十二　香許良第四十三　䜌落官第四十四　殸口耕第四十五

書影三十　坊間景宋本

黃（胡光）第三十六　辛（息隣）第三十七　厶（息夷）第三十八　高（古勞）第三十九　其（渠之）第五十

章（諸良）第五十一　生（所庚）第五十二　乀（筆交）第五十三　彡（所銜）第五十四　來（落哀）第五十五

兒（汝支）第五十六　而（如之）第五十七　臣（食隣）第五十八　羸（力爲）第五十九　龜（居追）第六十

元（愚袁）第六十一　云（王文）第六十二　雲（王文）第六十三　匚（甫良）第六十四　殳（市朱）第六十五

瓜（古花）第六十六　龍（力鍾）第六十七　番（普官）第六十八　僉（七廉）第六十九　天（他前）第七十

西（先兮）第七十一　无（武扶）第七十二　凡（符嚴）第七十三　名（武并）第七十四　亭（徒丁）第七十五

牙（五加）第七十六　卑（并移）第七十七　寧（奴丁）第七十八　男（奴含）第七十九　孚（芳無）第八十

雁（憶水）第八十一　申（失人）第八十二　虍（荒烏）第八十三　攴（居委）第八十四　甘（古三）第八十五

么（於堯）第八十六　巛（苦昆）第八十七　甾（側持）第八十八　由（以周）第八十九　尼（女夷）第九十

冂（古熒）第九十一　單（都寒）第九十二　圭（古携）第九十三　凶（許容）第九十四　興（虛凌）第九十五

書影三十一　坊間景宋本

丹多千切第垄六知陟也第九十七

金部第一 鏒玉篇七南色咸二反鏒｜馬口鐵也又田思感反 鏾曾甘反｜鏒也 鋄鋈二或作 𨭐正音凶｜懼戰慄也又斤斧柄

孔也又音怨三 鏬俗 鐳或作 鑞正側持反｜鉄也三 鑟俗 錆正七羊反精也二 鐖居依反鈎名 鏠俗 鋒或作 鎽

正 鋒今芳容反兵刃端也四 鎔音容鑄也 鏞銿音容大鍾也二 鋪普胡反｜陳也布也又去聲 鏵鋘戶瓜反｜鍫也宋魏之間謂鍤

曰十又音昊鋜｜山名二 銷音消｜鑠也散也 鋍鋅鉾莫侯反与矛同長丈二建於兵車也三 釘音丁鐵｜也又去聲釘拴物也 鐫鐫鐫

三俗 鑴正子泉反鑽鑿也又戶圭反大鍾也四 鋑古文同上又七九反｜刀也 鋆古 鈞今決句反均也法也陶也陶法也又平無等差也又三十斤曰｜也二 鍼今鐵

正音針線也剌也又巨炎反人名也二 鉗巨淹反｜持索之類也 鉆巨淹反持鐵夾也 鉮鉺鏗口耕反｜鏘金石聲也三同 鏘七羊反鏗｜金玉聲也 鉱戶萌

反金聲也 錚鑅上楚耕反下音嶸｜｜鍾聲也 鍧呼萌反鏗｜鍾聲也与鼓聲相雜也 釭古紅反車｜轂口上鐵也又音江燈也 鐹鍋古禾反溫器也又音果刈

釣也二同 鐃俗 鐃正士衛至懺二反犁鐵上具吴人呼也二 銛息尖反利也尖也 鋀通 鍮正吐侯反｜石次於金也又徒口反二 鈔初交初教二反取也又与

抄同畧也 鈐巨淹反兵｜又鈎也 鈿音田金花寶｜謂之金｜也 鐐鏐音聊鑪也又紫磨金也又白銀美者也上又音料下音流義訓皆同二 鎗楚庚反｜鼎也

大フ卅七

四

# 龍龕手鑑去聲卷第三

釋行均字廣濟集

見古電第一　面弥箭第二　又于救第三　貝博盖第四　欠去劒第五

大徒蓋第六　壴中句第七　豆徒候第八　四息利第九　片普面第十

朩神至第十一　鼻毗至第十二　自疾二第十三　禾盧對第十四　歲相銳第十五

更古杏第十六　夜羊謝第十七　去丘據第十八　二而至第十九　寸倉困第二十

令力政第廿一　霥昌據第廿二　彐居利第廿三　氣去既第廿四　倝古按第廿五

句九遇第廿六

見部第一　覌䙷䙷三俗　規正居隨反丨圓器也丈夫識用必合丨矩者也四　覹通　覹正

題音啼視也　覘丑廉反闚視也又丑焰反伺候也　覦音俞覬丨欲有所得也　覩俗　䚄正丑江丑絳二反直視目不明也

覷覻也　觀俗　觀正音官視也又音灌　覸音慳人名　覩苦干苦目二反　覩音高見也　覬渠脂反視也　覵音襽視皃

# 書影三十三　清周季貺手書題記影宋鈔本

國立中央圖書館藏

丹多千第九十六　知陟也第九十七

〔入〕金部第一　鏒玉篇七南色咸二反鏾丨馬口中鐵也又思感反　鏾魯甘反丨鏒也　鋡鋻二或作　鋻正音山丨惧戦摽也又斤斧柄

孔也又巛音恐三　鍕俗　鐳或作　錙正側持反丨銖也三　⿰金責俗　錆正七羊反精也二　鐖居依反鉤名　鐽俗　鏠或作　鎽

正　鋒今芳容反兵刃端也四　鎔音容鑄也　鏞　銿音容大鍾也二　鋪普胡反丨陳也布也又去声　鏵　鋘戶瓜反丨鍫臿也宋魏之間謂鍫

曰丨下又音吳　鋸丨山名二　銷音消丨鑠也散也　鍔　鉾　鍒莫侯反与矛同長丈二建于兵車也三　釘音丁鐵丨也又去声釘拴物也　鐫　鐫　鑴

三　俗　鐫正子泉反鑽斲也又戶圭反大鍾也四　鋑古文同上又七九反丨刀也　鋈古　鈞今決匀反均也法也陶也陶法均平無等差也又三十斤曰丨也二　鍼今　鐵

正音針丨綫也剌也又巨炎反人名也二　鉗巨淹反丨索之類也　鉆巨淹反持鐵夾也　鋽　鉺　鏗口耕反丨鏘金石声也三同　鏘七羊反鏗丨金玉声也　鈜戶萌

反金声也　錚　鑅上楚耕反下音嶸丨丨鍾声也　鍧呼萌反鏗丨鍾声与鼓声相雜也　釭古紅反車丨轂口上鐵也又音江灯也　鐹　鍋古禾反溫器也又音

釣也二同　鑱俗　鑱正士銜士懺二反犁鑱土具吳人呼也二　銛息尖反利也小尖也　鋀通　鍮正吐侯反丨石次于金也又徒口反二　鈔初交初教二反耿也又与

鏐音聊有孔炉也又紫磨金也又白银美　鎗楚庚反

書影三十四　舊鈔本　國立故宮博物院藏

丹多干切【第九十六】知陟也【第九十七】

金部第一

鍦玉篇七南色咸二反鍦丨馬口中鐵也又思感反　⿰金敢魯甘反丨鍦也　⿰金⿱凶鋬【二】或作⿱凶鋬正音凶丨惧戰摽也又斤斧柄孔也又音恐【三】　鍿俗　⿰金⿱士田或作　錙正側持反⿰金夫丨銖也【三】　鑇俗　錆正七羊反精也【二】　鐖居依反鈎名　鏠俗　鋒或作　⿰金夆正令芳容反兵刃端也【四】　鎔音容鑄也　鏞　銿音容大鐘也【二】　鋪普胡反丨陳也布也又去声　鏵　鋘戶瓜反丨鍫也宋魏之間謂鍤曰丨下又音吳　錕丨山名【二】　銷音消丨鑠也散也　⿰金雩　鉾　⿰金矛莫侯反与矛同長丈二建於兵車也【二】　釘音丁鐵丨也又去声釘拴物也　鐫　鐫三俗　鑴正子泉反鑽斲也又戶圭反大鉏也【四】　鋑古文同上又七九反丨刀也　⿱旬金古　鈞今決匀反均也法也陶也陶法均平無等差也又三十斤曰丨【二】　鍼今　⿰金葴正音針丨線也剌也又巨炎反人名也【二】　鉗巨淹反丨金索之類也　鉆巨淹反侍鐵夾也　⿰金身　⿰金耳　鏗口耕反丨鏘金石声也【三】同　鏘七羊反鏗丨金玉声也　鋐戶萌反金声也　錚　鑅上楚耕反下音嶸丨丨鍾声也　鍧呼萌反鏗丨鍾声与鼓声相雜也　釭古紅反車丨轂口上鐵也又音江燈也　鐹　鍋古禾反溫器也又音釣也【二】同　⿰金⿱⺈兔俗　鑱正士銜士懺二反犁鐵上具吳呼也【二】　銛息尖反利也尖也　鋀通　鍮正吐侯反丨石次於金也又徒口反【二】　鈔初交初教二反取也又与抄同略也　鈐巨淹反兵丨又鈞也　鈿音田金花寶丨謂之金丨也　鐐　鏐音聊有孔鑪也又紫磨金也又白銀美者也上又音料下音流義訓皆同　鎗楚庚

書影三十五　明嘉靖四十二年朝鮮高德山歸眞寺刊本

韓國漢城大學藏



龍龕手鑑卷第一

平聲

金部第一

○金 音今說文五色金也黃爲之長　金 古文　○鏨 昝甘切｜鏒也

○鏒 玉篇七南色感二切鏒｜馬口中鐵也又思感切又七遊切以針｜衣也又去聲七紺切鋤也凡偏旁參字並

鏒 以此爲正尗叅曑皆誤晉書亦作叅然非正也古亦作曑

○鞏 正音凶｜懼戲恐也又斧斤柄孔又音恐又曲容切凡字從巩者者聲恐　鈅 正　○凡凶字從乂從凵爲

之類並以此爲正作巩卬者非古從工從凡丮音戟今省作丸

鋻 二或作　鋻 同上　○錙 正側持切｜銖也○八兩曰｜凡從甾者並以此爲正

作錙鍿者非亦有從由者

鍿　錙 二或作　鏵 俗　○鏘 正七羊切精也○凡青字並合從冂乃丹字

也作月丹者誤　鐀 俗　鏘 鏗｜金玉聲也○凡將字並合從夕寽字亦然

從爪爫者非

○鐖 居依切鉤名○鉤逆鋩也○又音祈大鎌也○凡幾字以此爲正從幾者非　○鎔 音容鑄也　鉡 亦作

鍾 俗　銘 銅｜取炭器也又鍋　鏞 大鐘也　鏑 同上○凡甬字若通

用也又音治　之類以此爲正

柳希元

書影三十六　明嘉靖四十二年朝鮮高德山歸眞寺刊本

韓國漢城大學藏

判禪宗事都大禪師兼奉恩寺住持　普雨

大功德主判教宗事都大教師兼奉先寺住持　天則

化主　信仁

嘉靖四十二年高德山歸眞寺開板大化主　釋熙

飛撥子[illegible]

書影三十七　明嘉靖四十二年朝鮮高德山歸眞寺刊本

國立故宮博物院藏

# 龍龕手鑑卷第一

## 金部第一

平聲

○金 音今說文五色金也黃為之長 今增 金 古文

○鐱 魯甘切—鏒也

○鏒 玉篇七南色感二切鏉—馬口中鐵也又思感切○又七遥切以針—衣也又去聲七紺切鑁也凡偏旁參字並以此為正条叅喿參皆誤晉書亦作叅然非正也古亦作參

○銎 正音凶—懼戰慄也又斧斤柄孔又音恐○又曲容切凡字從巩者若鞏恐之類並以此為正作巩卭者非古從工從丮丮音戟今省作丸

鑿 二或作 鑿 今增 上

鈎 正 ○凡凶字從乂從凵為

○鍿 正側持切—銖也○八兩曰—凡從甾者並以此為正作甾畄者非亦有從由者

鍿 也作月月者誤 鍿 今增 二或作 鍏 俗

○錆 正七羊切精也○凡青字並合從円乃丹字

鐀 俗

鏘 鏗—金玉聲也○凡將字並合從夕寽字亦然從丬爿者非

○鐖 居依切鉤名○鉤逆鋩也○又音祈大鎌也○凡幾字以此為正從幾者非

○鎔 音容鑄也

鉡 亦作

鑋 俗

鋊 銅—取炭器也又屑銅也又音浴入聲 今增

鏞 大鐘也

銿 同上○凡甬字若通俑之類以此為正

書影三十八　明嘉靖四十二年朝鮮高德山歸真寺刊本

國立故宮博物院藏

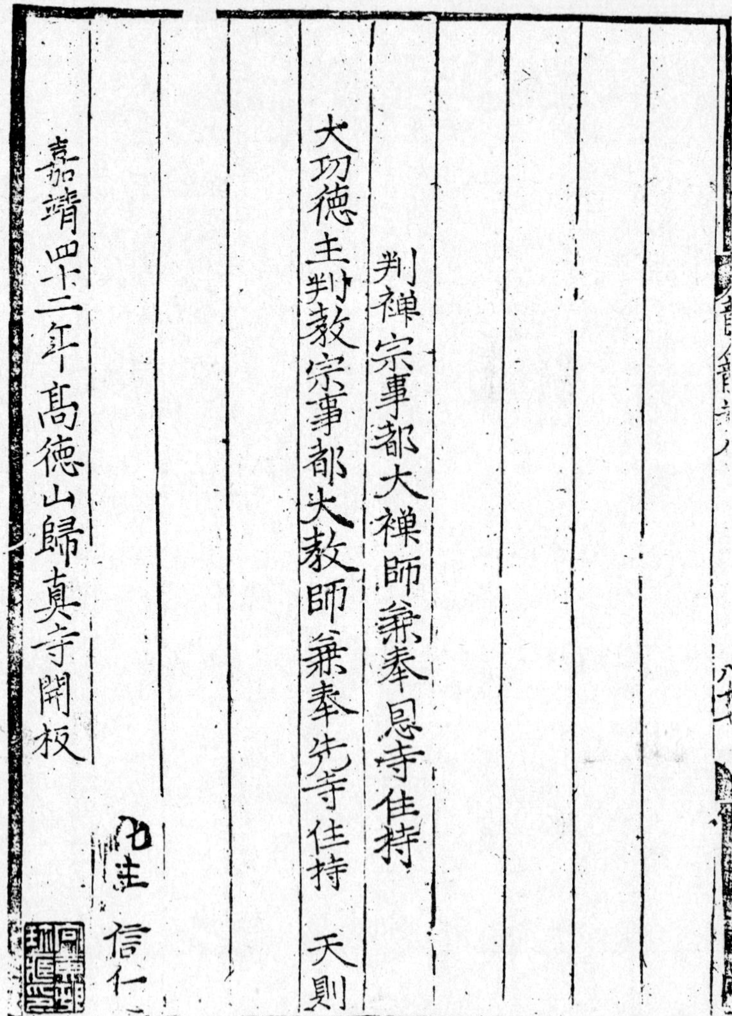
判禪宗事都大禪師兼奉恩寺住持
大功德主判教宗事都大教師兼奉先寺住持　天則
化主　信仁
嘉靖四十二年高德山歸真寺開板

書影三十九　清高宗文淵閣四庫全書鈔本

國立故宮博物院藏

欽定四庫全書

龍龕手鑑卷一

遼　釋行均　撰

平聲

金部第一

鏒玉篇七南色感二反鏉鏒馬口中鐵也又忠感反鏉魯甘反鏉鏉也銎銎二或作銎正音銎懼戰栗也又斧斤柄孔也又音恐三鐔俗鐳或作錙正側持反錙銖也二鐀俗錆正七羊反精也二鐖居依反鈎名鏠俗鋒或作鋒正鋒今芳容反兵及端也四鎔音容

書影四十　清高宗文淵閣四庫全書鈔本

國立故宮博物院藏

欽定四庫全書

龍龕手鑑卷二

遼　釋行均　撰

上聲

手部第一

掬火横反掬擊也搮𢶍摢搋五俗下一又王篇音釵搋正敕皆反以拳加物也六扠丑、佳反以拳加人也亦作搋攎俗摣正責加反摣手取物也又與叡担略同二𢹏搓千多反搓𢱧合和也二㧎㧎二俗㧎正呼毛反除田卅曰㧎三撾陟瓜反撾捶也攛𢯝攛三俗倉九

書影四十一　清高宗文淵閣四庫全書鈔本

國立故宮博物院藏

欽定四庫全書

龍龕手鑑卷三

遼　釋行均　撰

去聲

見部第一

覞覘規三俗規正居隋反規圓器也丈夫識用必合規矩者也四䚏通䚢正題音啼

覘丑簾反闚視也又丑廉反伺候也覦音俞覬覦欲有所得也覩俗觀正丑江丑絳二

反真視目不明也覰也䙺俗觀正音官視也又音灌䙺音慳人名覵俗苦干苦目二反覲

書影四十二　清宣宗張丹鳴虛竹齋木刊本

國立故宮博物院藏

龍龕手鑑卷一上

遼　釋行均　撰

平聲

金部第一

鏒 玉篇七南色咸二反鏾鏒馬口中鐵也又思感反 鏾 魯甘反鉗鏁也 鈉鍙 二或作 鍙 正音凶鍙懼戰栗也又斧斤柄孔也又音恐三 鍿 俗 鑐 或作 錙 正側持反錙銖也三 𨭚 俗 錆 正七羊反精也二 鐖 居依反鉤名 鏠 俗 鋒 或作 𨬽 正 鋒 今芳容反兵刃端也四 鎔 音容鑄也 鏞 銿

書影四十三　清宣宗張丹鳴虛竹齋木刊本

國立故宮博物院藏

或作莫賢反 不見也二 𡧛古 宜今魚奇反 又姓二 宏戶萌反 大也 𡧐

音新藏 延作蝓 窬 𡪢古文 煙字 寬俗音 兒 寋俗二 言反 寏 㝩

二俗音乾三 作虔敬也 窪俗烏 瓜反 竊呂春 反 峯音 峯 窪疾棻反 速也亟

也 㝮音 竭 寘二音 側 實音 實

羊部第三十二

羺 羺二 俗 羺正奴族反 大羊也三 羍 羍二誤音孤罪也 正作辜字二

羮音更羹 臛也 羦俗 羪古 羝或 作 羝正都奚反 雄羊也四

羦俗 羱正語袁五官二反 大角山羊也二 羠以脂徐几二 反犍羊也 羴

書影四十四　清光緒壬午年函海本



冂古熒第九十一　亶都寒第九十二　圭古攜第九十三　凶許容第九十四　與虚凌第九十五

丹多丹切第九十六　夘第九十七

金部第一

鏒玉篇七南色感二反鏒丨鳥口中鐵也又思感反鏾魯甘反丨鏒也

鈅鏊二或作銎正音凶丨惧戰慄也又斤斧柄孔也又音恐三鏳俗鐺或作鏳正作側

持反丨鐀俗鐀正七羊反鐖居依反鏠俗鋒或作鏠正
鉥也三精也二鈎名

鋒今芳容反兵鎔音容鏞音容大鋪普胡反丨陳
刃端也曰鑄也鏞鏞鐘也二鋪也布也又去

聲鏵戶瓜反丨鍫也宗魏之間謂鍾銷音消丨鑠
鋘曰丨下又音吳鋘丨山名二也散也

鍔鍔鋒莫候反與矛同長丈釘音丁鐵丨也又鐫鐫
二建于兵車也三去聲釘拴物也

鐫三鐫正子泉反鑽斲也又鋑古文同上又七鋻古
俗鐫戶圭反大鐘也四九反丨刀也

鈞今決勻反均也法也陶也陶法均二鍼今鑯正音針
平無等差也又五十斤曰丨也二鑯丨線也

書影四十五　日本昭和四年京城帝國大學景印高麗本



# 金部第一

鏒 玉篇七南色感二反鏒丨馬口中鐵也又思感反 鏾 魯甘反丨鏒也

二或作 鍪 正音凶丨懼戰慄也又斤斧柄孔也又音恐三 鏜 俗 鍿 或 鎦 作 正側持反 鍿 丨銖也三

俗 鏘 正七羊反精也二 鐖 居依反鉤名 鎀 俗 鎀 或作 鏠 正 鋒 今芳容反兵刃

端也 鎔 音容鑄也 鏞 鏞 音容大鐘也二 鋪 普胡反丨陳也布也又去聲 鏵 鋘 戶瓜

四 反丨鏊也宋魏之間謂鍬曰 丨下又音吳鋘丨山名二 銷 音消丨鑠也散也 鍔 鉾 鋢 莫侯反与矛同長丈

二建於兵 車也三 釘 音丁鐵丨也又去聲釘拴物也 鐫 鐫 鑴 俗三 鑴 正子泉反鑽斲也又戶圭

反入鍾也四 鋑 古文同上又七丸反丨刃也 鋆 古 鈞 今決勻反均也法也陶也陶法均平無等差也又二

十斤曰丨也二 鍼 今 鑯 正音針丨線也刺也又巨炎反人名也二 鉗 巨淹反丨索之類也 鉆 巨淹反持

鐵夾也 鉐 鉺 鏗 口耕反丨鏘金石聲也三同 鏘 七羊反鏗丨金玉聲也 鋐 戶萌反金聲也

書影四十六　日本昭和四年京城帝國大學景印高麗本

國立中央研究院史語所藏

䚋丑林丑禁二反私出頭視也二同　覢俗作𡬶廣○上聲　覺俗音[illegible]　覩俗音迥

䙷直里反　䚉俗　靦正他典反面慙也二　𩜼俗　𧢄正　䙺今王陵反丨笑視貌三

𧠞正　覘今币沿反覘也二　覭方小反目有所察也　𧢈通　𧢉正音尾身隨也二　𧠸

𧠝二或　哯今音現小兒歐乳也又不顧而吐也三　𧡋俗所杏反　𧢅音番見良也　𧡌音有

䚁作　䙼胡啓反大視也　𧠾之忍反小視也　䚃所景反脚[illegible]　𧢔香嚴音審深視○去

聲　𧡛俗　覜正他弔反周禮云大夫衆來曰丨也二　𧠿音既丨　覬希望也　𧡬音近現也

覯古候反丨視也　覷七慮反伺視也　𧡽俗　𧡯正洛代反童子視也三　睭內目丨

𧡨今音詣傍視也　覿正反望又鼓[illegible]

覠又俗收見反二　𧢃也亦古郭諸作此字　䚛䙽邪視[illegible]

二𧢌通　麗今郎計反求視也又丨丨弋笑反普視汲音

𧢐師蟻反又[illegible]音觀[illegible]

## 第一章　版本

今治龍龕手鑑，以其書為字書，一字之出入，往往關繫甚大，故網羅各種版本，以資勘校，實為首務。爰將搜尋所得者一一為之著錄於後。

遼釋行均所撰龍龕手鏡原本，已不可得。清錢曾自謂也是園所藏為遼版，讀書敏求記卷一云：「沈存中言契丹書禁甚嚴，傳入中國者，法皆死，今此本獨流傳於劫火洞燒之餘，摩抄蠹簡，靈光巋然，洵希世之珍也。」實則其書為宋槧而非遼刻，黃丕烈注顧廣圻百宋一廛賦「統和手鏡，方遼庶幾」云：「龍龕手鑑四卷，……相傳此書遼刻，元名手鏡，宋刻改為鑑，今驗此標題，是宋而非遼矣。敏求記所載，與此正同，乃遵王仍以契丹鏤版說之，豈因首列統和十五年丁酉七月初一癸亥燕臺憫忠寺沙門智光字法炬序，遂以為據耶？序云猶手持於鸞鏡，鏡字但缺一筆而不改，則又何也？」黃氏辨之甚碻矣！清彭元瑞續天祿琳琅書目卷八，亦誇稱清室昭仁殿所藏「龍龕手鑑一函六冊」（即今故宮博物院所藏之「南宋高宗浙刊本」）為遼時刊本，持理如下：「是書雖不載刊刻年月，而僧智光序稱統和十五年丁酉七月癸亥，當即是時所刊本。刻手精整，紙墨古澤。統和，遼聖宗年號，其十五年，宋太宗之至道三年也。考晁公武讀書志載有此書，序題年月及卷數並與此同。……（沈）括又謂：契丹書禁至嚴，傳入別國者，法皆死，故遼代遺編，諸家絕少著錄，此編閱世五百餘年，吉光片羽，獲登壁府，不可謂非是書之幸矣！」然既題「龍龕手鑑」，原名「鏡」字已易，其非遼板明矣！清錢泰吉曝書雜記卷下曾云：「龍龕手鑑，昔年書友顧姓，攜遼板大字本，余慂小重山館主人購藏，不果。」小重山館主人，道光中平湖胡惠墉之號也。錢氏既題「龍龕手鑑」，如之何其為遼板耶？此或亦因序末統和年號而肌斷之過也歟？陸心源皕宋樓藏書志卷十四，載「新修龍龕手鑑四卷，影寫遼刊本」，此亦宋槧本之誤記也，日本岩崎氏靜嘉堂祕籍志已為之辨白。是以明清藏書家有稱遼版者，均不足信。然則遼版「龍龕手鏡」已不可復得，今僅能就宋槧本以探其厓略耳！

言版本者斷自宋，世人尤所矜重！沈括夢溪筆談卷十五云：「幽州僧行均集佛書中字，為切韻訓詁，凡十六萬字，分四卷，號龍龕手鏡。燕僧智光為之序，甚有詞辯。契丹重熙二年集。契丹書禁甚嚴，傳入中國者，法皆死。熙寧中，有人自虜中得之，入傅欽之家，蒲傳正帥浙西，取以鏤板，其序末舊云重熙二年五月序，蒲公削去之。觀其字，音韻次序，皆有理法，後世殆不以其為燕人也。」知其時遼書禁甚嚴，凡傳入中國者，依法處以死罪，故龍龕手鑑乙書出版後七十餘年，至神宗熙寧年間，方有人從遼人手中獲得，不久成為傅堯俞之家物，而為帥浙西之蒲宗孟鏤版印出，此當為北宋版之第一本也。晁公武郡齋讀書志卷四所載，猶稱「手鏡」，惜已不得復見。今世所見最早者，當為現存國立故宮博物院之南宋高宗浙刊本，書名已以「鑑」代「鏡」，若唐顏眞卿「韻海鏡源」易作「韻海鑑源」然，蓋避宋翼祖敬諱故也！至江安傅氏雙鑑樓藏宋刊本，除卷二及抄配之序文二葉外，版式、行款、字體、刻工與南宋高宗浙刊本悉同，近人海鹽張元濟以為是本卷二可定為由遼入宋最初覆刻，愚已駁其非北宋剞劂，說見版本叄。今所見民國十二年續古逸叢書本、民國十四年武進董氏誦芬室用玻璃版景印毛氏子晉藏本、民國二十三年商務印書館景印四部叢刊續編本、坊間有不著印記之景印宋刊本，悉取諸雙鑑樓藏宋刊本，是以宋槧本之存世者，或僅南宋高宗浙刊本與雙鑑樓藏宋刊本二本耳！

宋版書不易得，於是求諸影鈔。昔之藏書家為保存及流傳世所罕見之宋版古書，輒擇選善書之士，以佳紙墨影鈔之。龍龕手鑑現存之景鈔，計有三本：一為景寫南宋高宗浙刊本，經彭城中子審定，藏國立故宮博物院。二為清周季貺手書題記影宋鈔本，未載景鈔年代及影鈔者，僅序末附周季貺題記，藏國立中央圖書館。三為舊鈔本，影鈔之年代、底本及鈔者，並無從得知，但稱之為舊鈔本，為便於分類，姑廁之影宋鈔本後。

龍龕手鑑，有元一代，未見刊刻。至明，嘉靖四十二年朝鮮高德山歸真寺有增廣版刊本，於每部增添新字均註明「今增」「已下並今增」字樣，與原書不相混淆，緣其補纂時卷帙繁富，故分作八卷七册，其文字精善，足以訂正他本，絕無吾國明刻肊改、妄删、錯訛之弊，誠不可多得之善本也。

有清一代，樸學鼎盛，「求真」「實證」為其標的，故自漢以來之殘奪錯訛生澀難讀之書籍，得以琅琅可誦。然清高宗時敕修四庫全書之龍龕手鑑，敓文、誤文、互乙者，隨處可見。他若張丹鳴虛竹齋木刊本與李調元函海本，訛舛謬誤，俯拾即得，殆近廢書。是亦大可怪之事也！

日本昭和四年（西元一九二九年，民國十八年），前朝鮮京城帝國大學（今韓國漢城大學）法文學部景印朝鮮江原道金剛山榆岾寺藏本龍龕手鏡之第一卷及京城崔南善氏藏本龍龕手鏡第三卷第四卷。二者均保存「手鏡」原名，「鏡」字亦不缺筆。宋本第三四兩卷版心通鐫「龍三」，無刻「龍四」者，此本則分別明刻「龍三」「龍四」，絕不相淆。又從「諱筆」「點畫」與宋版對校，其可用以訂正宋本之處甚影，故其書雖最晚出，卻較近遼版原貌，殆為高麗直接翻雕遼版無疑！其於遼版原本考據上，提供珍貴之新資料，故為漢學家所寶重。日人藤塚鄰氏有「高麗版龍龕手鏡解說」一文，可資參考。

此章版本之說明，依時代先後著錄。每書列首卷首葉影印圖版一幀，如文中遇有提及殘脫、闕佚、修補者，亦列出其書影，以便於參證解說。舉凡一書之卷冊存闕、序跋題識、版式行款、刻工姓名、遞藏印記均記述之。

## 壹、南宋高宗浙刊本

此書現存國立故宮博物院，為今世所見龍龕手鑑最早之孤本，並世無二。故宮編目舊題「宋嘉興府刊本」，蓋卷一末鈐有「嘉興府東塔教寺大藏法寶記」黑文長方印而致誤也。

板匡高二十六公分，寬十九公分。半葉十行，注雙行，每大字一約當小字四，每行大小三十字不等。版心白口，上下單欄，左右雙線，中縫單魚尾，上記大小字數，大在右，小在左，中記龍卷幾及葉數，下記刻工姓名：范子榮（或作「范刊」）、實新、國寶、鄭（以上卷一）、澄刁（或作「澄」）、張良刊（或作「張刊」「良」）、何、鄭林（以上卷二）、何、徐（以上卷三）、何、范、子、良、李生（或作「李」）、林茂（或作「林」）、林盛（或作「林」）、虞、徐永刊（或作「徐」）（以上卷四）等。因版心磨蝕，尚有不可辨認者。書首冠統和十五年丁酉七月一日癸亥燕臺憫忠寺沙門智光字法炬序。首卷頂格以大字題「龍龕手鑑平聲卷第一」，下加一魚尾署「釋行均字廣濟集」，部首目錄分列各卷正文前，各部中復分四聲，其「上聲」「去聲」「入聲」標目，均黑地白文，以醒眉目。是書字畫規整，古勁而雅，紙墨蒼潤，為宋刻上品。惟其中序文二葉、卷三首葉前半葉及卷四末葉，字體殊異，為後人抄配補全者。

此本凡四卷六冊：第一冊收「新修龍龕手鑑序」二葉、目錄一葉及平聲金部第一至衣部第十；第二冊收平聲礻部第十一至知部第九十七；第三冊收上聲手部第一至口部第七「嚐」字止；第四冊收上聲口部末九字、女部第八至果部第六十；第五冊收去聲全部及入聲木部第一至臼部第七；第六冊收入聲玉部第八至雜部第五十九。書中「朗」（太祖之始祖諱）、「敬」（太祖之祖父諱）、「殷」（太祖之父諱）、「匡」（太祖之諱）、「樹」（英宗諱曙，兼避此嫌）、「桓」（欽宗之諱）、「構」（高宗之諱）等字或缺筆，如：卷二火部去聲「爌」字下注「又呼朗反，開朗也」，卷四玉部上聲「塱」字下注「徒朗反」；卷一心部去聲「愿」字下注「敬也」；卷四系部上聲「紂」字下注「殷王号也」；卷二羽部入聲「翣」字下注「以木為匡」，卷四壹部「鼖」字下注「

鼓隹木也」；卷四木部平聲「株」字下注「殺樹餘柢也」；卷二草部「萑」「藋」二字下注「音桓」；卷二豸部去聲「豹」字下注「又呼構反」；是知此刻避宋諱止於高宗。第四卷目部去聲「眘」字為孝宗嫌名已不避。其刻工張良見於日本靜嘉堂文庫所藏光宗浙刊本武經七書，就此本字體細審之，甚類浙刻，又刻工徐、虞均見於明州刊本文選，明州為浙江寧波，則是本為浙刻，殆無可疑。

每冊扉葉及扉底均鈐「五福五代堂古稀天子寶」朱文大方印，中鈐「八徵耄念之寶」朱文大方印，下鈐「太上皇帝之寶」朱文大方印。書中則鈐有：「內殿書印」白文方印、「天祿琳琅」朱文小方印、「天祿繼鑑」白文方印、「乾隆御覽之寶」朱文橢圓印、「繡谷亭續藏書」白文長方印、「吳城」朱文小方印、「敦復」朱文小方印、「吳城字敦復」朱文方印。繡谷為吳焯號，吳氏字尺鳧，清錢塘人，家有古藤一本，構亭曰繡谷，自號繡谷老人；喜聚書，其藏書室名瓶花齋，凡宋雕元槧，與舊家善本，求之必獲而後已。與趙昱同時，每得一異書，彼此必鈔存，互為校勘，識其卷首，瓶花齋藏書之名遂稱於天下。所輯薰習錄，乃記其所藏秘笈也。吳城，字敦復，號甌亭，焯長子；承其父業，雅好蒙書，儲藏所未備，蒐求校勘，數十年丹黃不去手。

## 貳、景寫南宋高宗浙刊本

國立故宮博物院圖書館編目舊題「景寫宋嘉興府刊本」，今正為「景寫南宋高宗浙刊本」，詳見版本壹之介紹。

此本冊數、版式、行款、字體與南宋高宗浙刊本悉同。

全書無任何收藏圖記，僅第六冊底葉末行鈐有「彭城中子家（審）定」（朱文篆體小長方印）一枚，故難考其影寫時代。彭城中子亦不知何許人也。書中用白漆塗抹刪改處甚多，與他本相校，得知皆為疵謬啟人疑慮者，如：

| 〔南宋高宗浙刊本〕 | 〔景寫高宗浙刊本〕 |
| --- | --- |
| 句。布文陟也 | 勹。布文陟池 |
| 知 | 知 |
| （以上平聲目錄） | |
| 鎵。 | 鎵。 |
| 鋈 丨懼懔也。戰 | 鋈 丨懼懔也，戰 |
| 鏵。鍥 | 鏵。鍥 |

鋑 又七九反。

鍰 六兩曰丨。

鉛 音緣，丨錫。青金也。

鑪。

鉤 又鉤屬。

鎕 銻丨丨，大。齊兒也。

鵭 鸛。丨鳥，白鷺也。

鑯 鋌丨，小。銍也。

鍚 音羊，兵名。

鈳 音阿，丨鏻。鏻音莽。

鎢 音烏。

鏖 古文。

（以上金部平聲字）

鎬 切韻。又丨京。

銑 金取有光澤者曰丨也。

鋑 又七九反。

鍰 六兩曰丨。

鉛 音緣，丨錫。青金也。

鑪。

鉤 又鉤屬。

鎕 銻丨丨，大。齊兒也。

鵭 鸛。丨鳥，白鷺也。

鑯 鋌丨，小。銍也。

鍚 音羊，兵名。

鈳 音阿，丨鏻。鏻音莽。

鎢 音烏。

鏖 古文。

鎬 切韻。又丨京。

銑 金取有光澤者曰丨也。

錎。苦感反。
鉼 金冐。之板刂也。
鑀。七范反，馬首飾也。
（以上金部上聲字）
鍜。都賈反，小冶。也。
鑄 鎔。也。
鎚 好銅半熟。也。鍊冶玉。也。
鉹 大鍊。也。
鍊 音鍊。。
鐠。武。亘反。
鏸。三隅矛。也。
鎵 鐌 音夢。。
釪。銲 侯按反。
（以上金部去聲字）
鋯。軸。頭鐵也。


錎。苦感反。
鉼 金謂。之鈑刂也。
鑀。七范反，馬首飾也。
鍜。都賈反，小冶。也。
鑄 鎔。也。
鎚 好銅半熟。也。鍊冶玉。也。
鉹 大鍊。也。
鍊 音鍊。。
鐠。武。亘反。
鏸。三隅矛。也。
鎵 鐌 音夢。。
釪。銲 侯按反。
鋯。軸。頭鐵也。

鉨或作鈲。正

鉀音甲。

鋜。竹角反，與椓同。擊也

鑿守夜鼓也。

鐍。扃丨也。

鋮。干丨，斧鉞也。

（以上金部入聲字）

鉨或作鈲。正

鉀音甲。

鋜。竹角反，與椓同。擊也

鑿守夜鼓也。

鐍。扃丨也。

鋮。干丨，斧鉞也。

是可知彭城中子者，曾悉心對覈審校，用力甚深。

## 叁、江安傅氏雙鑑樓藏宋刊本

民國十二年上海商務印書館景印續古逸叢書，中龍龕手鑑之底本係江安傅增湘氏雙鑑樓所藏宋刊本。是書凡四卷三册，除卷二及抄配之序文二葉外，版式、行款、字體、刻工與南宋高宗浙刊本悉同。卷二刻工計有顧仲、月口、徐彥（或作「彥」）、澄刊、牝、道、胡印、于昌、詹真、上口、朱礼、朱祥、陳乙、沈紹、黃门、錢皐（或作「臯」）、何全、胡杏（或作「杏」）、叔常、王固（或作「王」）、張由、胡山、徐文（或作「文」）、王成、周门、吳邵、王因等二十七人。

書首載有明崇禎徐𤍠與公識語，云：「萬曆乙酉過杭州，購得此書，乃高深甫家所藏，宋板宋紙也。」又云：「深甫有印記，前序有統和十五年丁酉，乃宋太宗至道三年也，實契丹原本。」徐氏之言已自相矛盾矣！近人海鹽張元濟嘗辨之曰：「按是書原名龍龕手鏡，宋時重刻，避翼祖嫌諱，始改『鏡』為『鑑』，此本『鏡』已作『鑑』，必非契丹原本。序文標題，首冠『新修」二字，當亦非原本所有，而為熙寧或後來刻本所增。卷二上聲一册，字蹟勁挺厚重，有率更法度，的是北宋剞劂。板心每葉記刻工姓名，中有徐彥朱禮二人，見於紹興十九年明州所刻之徐公文集。考宋史蒲宗孟傳，熙寧元年宗孟改著作佐郎，其後知杭州，當在神宗或哲宗時，距徐公文集刻成之歲，尚有四五十年，是書卷二所載刻工凡二十人（按：當為二十七人），至紹興十九年多已物化，僅存二人。此二人者，當刻本書時，年事尚幼，居於杭州，或因南渡時移徙浙東，仍操故業，至四五十年後尚能刻徐公文集，此以事理衡之，非不可能。其他平去入聲二卷，則刻工僅有五人（按：當為十二人），然均非卷二所有，版口闊狹亦不同，筆意既殊，鐫法並異，就此觀之，其上聲一卷，可定為是書由遼入宋最初覆刻，餘則為後來再覆之本。卷三木部構字，避宋諱，是則已入南宋矣！」（見四部叢刊續編新修龍龕手鑑跋）張氏辯駁甚力，固足塞興公之口，然亦有百密一疏處：卷二豸部去聲「豹」字下注「又呼構反」，是卷二已有避高宗諱者，又是葉刻工「王成」，見於日本靜嘉堂文庫所藏熙寧刊外臺秘要方之南宋修本、嘉祐刊新唐書之南宋修本（補刻部分）、蜀大字本漢書（補刻部分），是可知卷二非如張氏所言為遼入宋之最初覆刻。張氏又謂卷二字蹟勁挺，有率更法度，實則南宋浙刻多仿率更筆法，不得據此推斷為北宋剞劂。

今所見續古逸叢書本序文首葉陽面第八行「以」字下、第九行「大」字下、第十行「定」字下（見書影四）、首葉陰面第一行「之」字下（見書影五）、二葉陽面九行「字」字下、十行「百」字下（見書影六）、二葉陰面第一行「發」字下（見書影七）、卷一平聲目錄第卅、卅五、四十、四十五（見書影八）、五十（見書影九）、金部「鍋」字下、「鈔」字下、「鏐」字下（見書影十）、見部「覹」字下、「覸」字下、「覲」字下（見書影十一）並有殘脫之文；民國二十三年商務印書館景印四部叢刊續編時則已補全（見書影十二至書影十九）。民國十四年武進董氏誦芬室用玻瓈版景印毛氏子晉藏本，與續古逸叢書本面目全同

（見書影二十至書影二十四），雖董氏自詡為遼統和本，實宋本也。董氏景印本並未殘爛，疑四部叢刊續編乃依董氏本修補之。又坊間有不著印記之景印宋刊本，修補之迹，尤顯然可見（見書影二十五至書影三十二），原刻甚精，補入之字，則不堪寓目。書中鈐有「武林高深甫妙賞樓藏書」朱文長方印、「鰲峯徐氏宛羽樓藏」朱文長方印、「武林高瑞南家藏書畫印」朱文長方印、「興」「公」篆文小方印。深甫，明高濂字也。高氏，錢塘人，工樂府，著有南曲玉簪記、雅尚齋詩草、遵生八牋，見明詞綜四。興公，字惟起，明閩縣人；博學工文，家鼇峯麓，富藏書，積至五萬三千餘卷，倣鄭氏藝文略、馬氏經籍考之例，為紅雨樓家藏書目四卷。又著筆精、榕陰新檢，其筆精一則云：「余嘗謂人生之樂，莫過閉戶讀書，得一僻書，識一奇字，遇一異事，見一佳句，不覺踴躍，雖絲竹滿前，綺羅盈目，不足喻其快也。」其人嗜書成癖可知矣！

肆、清周季貺手書題記影宋鈔本

紙幅高二十九・四公分，寬二十一・九公分，無板框、版心、魚尾、葉數及刻工姓名。計四卷三冊——第一冊卷一、第二冊卷二卷三、第三冊卷四，其中卷一每葉陽面均缺左上角、陰面悉缺右上角，此或原本固有所缺也。半葉十行，注雙行，每行大小三十字不等，不知其底本為何？案之宋本，其字體益為簡化，如：

| 〔宋本〕 | 〔清影宋鈔本〕 |
| --- | --- |
| 眾 | 乑 |
| 學 | 斈 |
| 舉 | 举 |
| 燭 | 烛 |
| 穀 | 谷 |
| 養 | 养 |
| 熟 | 热 |

龔 懼 難 紺 絹 細

龔 惧 难 紺 絹 細

此影宋鈔本未載影寫年代，且不知其所據之底本，惟序末有附題注云：「此本每葉行數、字數與百宋一廛賦注及張氏藏書志所載符合，蓋以宋板影寫者。原書凡缺佚者悉空白，書法亦精好可珏（玩）也。季貺。」書中鈐有「茂苑香生蔣鳳藻秦漢十印齋祕匧圖書」篆文大方印、「復思居記」白文小方印、「季貺」白文小方印、「周印星詒」白文小方印、「檢亭藏書」朱文方印，由此得知此影宋鈔本曾為清周季貺手書題記，為近入蔣鳳藻所藏。季貺，周星詒字也。星詒，號癸巳人，清浙江山陰人，星譽之弟，生于宣宗道光十三年（西元一八三三年），卒于德宗光緒三十年（西元一九〇四年），享年七十有三。官福建建寧府知府。書室名瑞瓜堂。星詒工詩，好為近體，多刻摯語，著有䆛㝩詩賸及瑞瓜堂詩鈔，並行于世。

## 伍、舊鈔本

板框高二十六•三公分，寬十七•七公分，半葉十行，注雙行，每行大小約三十字不等。版心白口，上下單欄，左右單線，中縫上書「龍龕手鑑」四聲卷第，下記葉次：每卷目錄之部次均加框欄，每字下記字體多少均加蓋墨地白文數字，以資醒目。共四卷四冊：第一冊存序、平聲目錄及平聲全部，第二冊存上聲手部第一至馬部第十，第三冊存上聲阜部第十一至去聲句部第廿六，第四冊存入聲全部。

此鈔本字跡不甚精整，行字與今所見各本略有出入，如首葉唯第九行與各本相同外，其餘各行均異（見書影三十四），又訛誤之處甚夥，首葉即能檢出十一處之多，如：

〔高宗浙刊本〕

銎懼。戰慄也，又斤銎柄孔也。又音恐也。

鍔鋒鍔三。

鈞又三十斤曰丨也。

〔舊鈔本〕

銎惧。戰標也，又斤銎柄孔也。又音恐。

鍔鋒鍔二。

鈞又三十斤曰丨。

鉗索之類也。鈷持鐵夾也。鐹。鍋。又音果，釣也。鑱犁鐵土具。

書中無任何私人收藏圖記，鈔本之時代及鈔者俱不能詳，今依其扉葉鈐有「乾隆御覽之寶」一印，但知為清初以前鈔本，姑題云「舊鈔本」，此本原存昭仁殿，現存國立故宮博物院，蟲蝕處甚多，蓋收藏不善也。

每冊扉葉底均鈐「五福五代堂古稀天子寶」朱文大方印、「八徵耄念之寶」朱文大方印、「太上皇帝之寶」朱文大方印，分蓋上中下。每冊又鈐「天祿繼鑑」白文方印、「乾隆御覽之寶」朱文橢圓印、「天祿琳琅」朱文小方印。

鉗索之類也。鈷持鐵夾也。鐹。鍋。又音釣也。鑱犁鐵上具。

## 陸、明嘉靖四十二年朝鮮高德山歸眞寺刊本

國立故宮博物院圖書館編目舊題「日本翻明嘉靖高德山歸眞寺刊本」，今正為「明嘉靖四十二年朝鮮高德山歸眞寺刊本」，由下五端可知：

一、本書第八卷末葉刊記：「

判禪宗事都大禪師兼奉恩寺住持　普雨

大功德主判教宗事都大教師兼奉先寺住持　天則

化主　信仁

嘉靖四十二年高德山歸眞寺開板大化主　釋熙

」

據此知朝鮮李朝明宗十八年（明世宗嘉靖四十二年，西元一五六三年），奉恩寺住持普雨、奉先寺住持天則與化主信仁、釋熙共同斥資於高德山歸眞寺（寺在黃海道瑞興郡，今屬北韓）刊行此書。按朝鮮刻書，多載吾國年號，至於其本國年號，反略去不題，若此為日本翻刻本必不如此。

二、本書第三卷末葉刊記：「

主上殿下壽萬歲

王妃殿下壽齊年

聖列仁明大王大妃殿下壽萬歲

恭懿王大妃殿下壽萬歲

世子邸下壽千秋

監刊華嚴宗中德成佛寺住持法達

一卷成佛寺僧人等開刊

幹善道人釋熙」

由此知成佛寺住持法達以下等僧人為祝王妃嵩壽及誦功德而開刊此書。按成佛寺位於黃海道之海州，尋檢朝鮮佛教通史上編之「朝鮮寺刹禪教兩宗三十本寺并其所屬末寺條」，得悉成佛寺乃歸真寺之本寺，則此書當為朝鮮刊本。

三、本書第四卷首葉右欄外署「全州鄉校上」。全州者，朝鮮全羅北道之首府也；鄉校者，研討中國儒學之所也；上者，呈上之謂也。

四、據韓國民族美術研究所一九六七年印行之澗松文庫漢籍目錄澗松文庫稀覯本解題稱：最近已在歸真寺發現本書之板木，足見其為高麗原雕。

五、韓國澗松文庫稀覯本解題、日本森立之經籍訪古志、日本東洋文庫朝鮮本分類目錄、清楊守敬日本訪書志悉著錄該書為「朝鮮刊本」，未有書目、書錄、藏書記將其列為「日本翻刻」者。

六、日本線裝書之裝訂，多為五孔，韓國則多四孔，此本亦屬四孔。

此刊本當以今日漢城大學藏本最古，韓國澗松本與故宮博物院藏本為再版本，其不同者止第八卷末葉刊記「判禪宗事都大禪師兼奉恩寺住持」下「普雨」二字，漢城大學藏本明顯印出（見書影三十六），澗松本和故宮本則僅有「十」（「雨」之殘劃）記號；又「開板」二字下，澗松本和故宮本無「大化主釋熙」五字（並見書影三十八）。普雨曾受文定王后（明宗母后）之寵信，振興佛教，至明宗二十年（吾國明世宗四十四年，西元一五六五年），文定王后崩，普雨性行欠端，被儒生目為「妖僧」，乃流配濟州島，同年被殺。由此推斷：漢城大學所藏者，乃普雨被殺前二年所雕刻（即朝鮮李朝明宗十八年，明世宗嘉靖四十二年，西元一五六三年），其他藏本則在文定王后崩後所印，故其名字被削去，「十」乃削之未盡之殘劃也。

板框高二十七・三公分，寬十九・五公分，半葉十行，大字單行，小注雙行，大字一約當小字六，每行大小四十字不等，墨色蒼古。版心黑口，上下雙欄，左右雙線，中縫雙魚尾，中畫「龍龕」卷第及葉數，其下陰雕刻工姓名。右欄下方刻施主姓氏。

此本凡八卷七冊：卷第一含智光序、全書目錄及平聲上，自金部至心部，為第一冊；卷第二平聲中，自山部至介部，為第二冊；卷第三平聲下，自巾部至知部，為第三冊；卷第四上聲上，自手部至口部，為第四冊；卷第五上聲下，自女部至果部，為第五冊；卷第六去聲，自見部至句部，卷第七入聲上，自木部至邑部，合為第六冊；卷第八入聲下，自足部至雜部，為第七冊。每冊每部「平聲」「上聲」「去聲」「入聲」標目，均墨地白文，頂格題名，又每一本字上側加「○」，以資區別。按：智光原序稱四卷、南宋高宗浙刊本、傅氏雙鑑樓所藏宋刊本亦分四卷，惟此本作八卷，蓋其係增廣版，緣其補纂時卷帙過繁，因以分卷，今見卷六卷首正書「增廣龍龕手鑑卷第六」，又每部於增添新字均註明（今增）（已下並今增）字樣，可為證矣！

清楊守敬日本訪書志卷四評云：「此本雖有後人羼入之字，而其下必題以今增，與原書不混。至其文字精善，足以訂正張刊本、函海本，不可勝數。邇來著錄家雖有此書（指龍龕手鑑），傳鈔舊本而無人翻雕，得此本固足寶貴；況其所增之字，亦多經典常用之文，不盡梵筴俗書，異乎鄉壁虛造者矣！」不惟此也，其於原書字形有訛誤者，大都一一勘正，凡有所修正，均將本文附記於下，並述其由，如：金部「⿰金叅」字，更正為「鏒」，並注云：「凡偏旁參字，並以此為正。叅、𠫭、曑皆誤，晉書亦作叅，然非正也，古亦作參。」「⿰金囟」字，更正為「⿰金凶」，並注云：「凡凶字從乂從凵為正。」

## 柒、清高宗文淵閣四庫全書鈔本

板框高二十二・一公分，寬十四・七公分，半葉八行，注雙行，大字一約當小字四，每行大小字約二十一字不等。版心白口，上下雙欄，左右雙線，中縫單魚尾，上書「欽定四庫全書」，中載「龍龕手鑑」卷幾，下記葉次。書中「玄」「炫」「弦」「鉉」「眩」「率」均缺「玄」字末筆，「牽」作「牽」，「玆」作「茲」，「燁」作「燁」，「曄」作「曄」；「胤」作「胤」；「弘」作「弘」，「泓」作「泓」，「曆」作「歷」，「強」作「强」；皆避聖祖、世宗及高宗之諱也。

此鈔本據提要所云迺依「浙江吳玉墀家藏本」謄抄。玉墀，字蘭陵，號小谷，又號二雨，錢塘人；吳焯子，吳城弟，踵其父兄家業，儲書甚富。庚寅順天舉人，由太平教諭，歷官貴陽府長寨同知，有味乳亭集。乾隆間開四庫館，恭進經部陸氏易解等九十餘種、史部四明它山水利備覽等二十餘種、子部東宮備覽等三十餘種、集部李遐叔文集等三種，欽賜御題宸翰，并賜內府初印佩文韻府全函，一時傳為盛事。此鈔本計四卷三冊，首冊扉葉以浮貼黃紙墨書「詳校官監察御史臣查瑩」「洗馬臣王坦修覆勘」。首葉書「欽定四庫全書」「經部十」「龍龕手鑑」「小學類二字書之屬」並「提要」附焉，計三葉。次列「新修龍龕手鑑序」，計二葉；其所引「原序」，「東晢」下闕「網羅」二字，與南宋孝宗時浙刊本同。本文首葉一至五行，各分書「欽定四庫全書」「龍龕手鑑卷一」「遼釋行均撰」「平聲」「金部第一」。其部首各自標明，特立一行，不與正文相啣接，卷二卷三卷四均然，為此鈔本特色一。書中「上聲」「去聲」「入聲」均以朱筆繕寫，藉醒眉目，此本書特色二。此鈔本每卷首未列部首目錄，蓋四庫著錄之書恆刪去目錄，此其與前各本異者一。本書卷一心部不分「忄」「心」二類，此又與前各本異者二。本書每冊底葉均書「總校官檢討臣何思鈞」「校對官編修臣陳昌齊」，並注明「謄錄監生」姓氏：第一冊（卷一）末書「謄錄監生臣王發基」、第二冊（卷二）末書「謄錄監生臣饒重慶」、第三冊（卷三、四）末書「謄錄監生臣王振麟」一三家字體相去不遠，細審之，冊一筆姿秀逸（如書影三十九）、冊二點畫平整（如書影四十）、冊三字跡清勁（如書影四十一），三冊字體相去不遠，細加審辨，仍見出自三人之手。

四庫全書或因卷帙浩繁，或因寫官厭倦圖快，或因乏人督率，敚文、誤文、互乙者，比比皆是，即以書首原序「流傳歲『久』」，即譌作「流傳歲『夕』」；「又撰五音圖式附於後，庶力『省』功倍，垂益於無窮者矣」，奪一「省」字，大悖原意。又如「山部」平聲「嵋」字下「婁」字上，闕「屾」「嶙」「崢」「崝」「崊」「峋」等六字；「髟部」入聲「⿱髟鳥」字下「⿱髟帚」字上，闕「⿱髟萬」「⿱髟蔦」「⿱髟耑」「⿱髟耑」「⿱髟鼠」「鬣」「⿱髟失」「⿱髟首」「鬋」「鬋」十字；「刀部」平聲「崱」字下「⿰公刂」字上，闕「劙」「劁」「刷」「劉」「剌」「削」「制」「⿰王刂」八字；「目部」去聲「盼」字下「學」字上，闕「眮」「⿱大目」「⿱夾目」「眷」「⿱龹冒」「瞮」六字；「邑部」入聲「郅」字下「郏」字上，闕「鄨」「鄗」「郤」「郡」「郗」「鄐」「鄯」七字；「骨部」上聲「髓」字下「䯝」字上，闕「𩪢」「骿」「骻」「髁」「骽」「𩩲」「䯢」「𩩃」八字；「山部」上聲第十七字之「㞷」，提至首字；「言部」去聲第四十八字之「訃」，提至去聲首字。全書此例不尠，聊舉一二，以見一斑。

每冊首頁均鈐有「文淵閣寶」朱文大方印，末頁則鈐「乾隆御覽之寶」朱文方印。

## 捌、清宣宗張丹鳴虛竹齋木刊本

板框高十九・七公分，寬十三公分，半葉八行，注雙行，大字一約當小字四，行十六至二十一字。版心白口，上下單欄，左右雙線，中縫單魚尾，上書「龍龕手鑑」，中記卷第幾並分上下，下載葉數。首冊扉葉以隸文書「龍龕手鑑」四大字於正中，左下方則題「虛竹齋付梓」。次附貼「星吾七十歲小象」一幀。

此刊本計四卷六冊，每卷各分上下：第一冊載「龍龕手鑑原序」「龍龕手鑑提要」（即「四庫全書提要」）各二葉，及卷一上「平聲金部第一」至「衣部第十」；第二冊載卷一下「平聲示部第十一」至「知部第九十七」；第三冊載卷二上「上聲手部第一」至「口部第七」；第四冊載卷二下「上聲女部第八」至「是部第五十八」；第五冊載卷三上「去聲見部第一」至「壴部第七」、卷三下「去聲豆部第八」至「句部第二十六」、卷四上「入聲木部第一」至「石部第九」；第六冊載卷四下「入聲革部第十」至「雜部第五十九」。第六冊末行下刊「張丹鳴刻」。按：張丹鳴氏里籍爵仕不詳。此刋本字跡工整，其體橫輕竪重。清道光庚子（二十）年汪昌序栞刻正誼齋叢書十種，其第三種「龍龕手鑑」即採用張氏虛竹齋本。邵章增訂四庫簡明目錄標注續錄、張之洞書目答問、北京人文科學研究所藏書簡目、江蘇省立國學圖書館現存書目、日本大東急紀念文庫書目均著錄。

本書部首各自標明，不與正文相啣接；每卷之首，闕略部首目錄；心部不分「忄」「心」二類，均與四庫全書本同。又：敓文、誤文、互乙之處，亦多與四庫本同（若：去聲「轗轞」二字亦移入「上聲」）。不特此也，有四庫未譌脫，而此刋本奪漏者，如金部脫「鑑」字「鏘」字，示部去聲脫「禮」「祽」「䘹」「祿」四字，甚有脫漏大字正文適百字者，如宀部平聲「𡨋」字下「𡧼」字上闕「宥」至「寃」達一百四十三字（如書影四十三）。清楊守敬日本訪書志卷四、日人藤塚鄰高麗版龍龕手鏡解說，均評其「謬誤百出」；清李慈銘越縵堂讀書記亦評曰：「此書俗謬怪妄，不可究詰，全不知形聲偏旁之誼，又轉寫譌亂，徒滋心目，轉滋俗惑，直是廢書，不可用也。」其書為學者所鄙，可見一斑。

書中「玄」「炫」「弦」「鉉」「眩」「率」均缺「玄」字末筆（惟「玄」字作音切時，則又避作「員」或「圓」），「率」作「率」，「茲」作「茲」，「嘩」作「嘩」，「曄」作「曄」，「燁」作「燁」（或以「煜」「灼」代）；「胤」作「胤」，「眞」「貞」缺末筆；「弘」作「宏」，「泓」作「泓」，「紘」作「紘」，「曆」作「歷」，「強」作「強」，「顒」作「顒」，「琰」作「琰」；蓋避聖祖、世宗、高宗、仁宗及宣宗之諱也！書中避諱至宣宗為止，知是書當刻於宣宗朝。又：注文遇「狄人」「胡人」「北夷」，率作「北人」；「戎狄」改作「北方」，「東北夷」改作「東北國」；惟「西南夷」則不改；清人以女真族入主中原，康熙後大興文字獄，槧書家力避嫌忌，勞心可見。

書中鈐有「楊印守敬」白文小方印、「飛青閣藏書印」白文小方印、「激素飛清閣藏書記」朱文方印、「黑川氏圖書記」朱文長方印。楊守敬，字惺吾，晚號鄰蘇老人，清湖北宜都人。博學嗜古，同治壬戌舉人，光緒六年充駐日欽使隨員，在日本蒐得中國古書甚多，會遵義黎庶昌任公使，議刻古逸叢書，楊為之力任搜訪。時正值日本銳意維新之際，唾棄舊學書，楊氏日游書肆，所有善本悉以賤價得之，十年返國，滿載海船以歸，書凡一千五百餘部，一萬五千餘冊。回國後，為黃州府學教授。入民國，任參政院參政，卒。著有日本訪書志、禹貢本義、水經注疏等書。

## 玖、函海本

函海本龍龕手鑑先後計有四種鏤本：(甲)乾隆四十九年(西元一七八四年)綿州李調元萬卷樓原刊本；(乙)嘉慶十四年(西元一八〇九年)李鼎元(調元之弟)重校印本；(丙)道光五年(西元一八二五年)李朝夔(調元之子)補刊印本；(丁)光緒八年(西元一八八二年)廣漢鍾登甲樂道齋重刊本。以上(甲)(乙)(丙)三本，在臺雖無法見其原貌，然據清楊守敬日本訪書志卷四，評李調元萬卷樓函海原刊本云：「其本譌謬尤甚，如第一卷以第二十四之巾部為首，第五葉禾部未終，乃接目錄，又脫目錄之第一葉，而第一葉毛部之後，忽接以禾部之後半，而不悟首四葉之應在此處，李氏函海固多不校勘，若其錯亂至此，是並未入目矣！」今取光緒八年樂道齋重刊本對校，已無楊氏明指脫易之處，蓋亦「前修未密，後出轉精」也，茲以樂道齋重刊本敘述之。

板框高十四公分，寬十公分，半葉十行，注雙行，每行大小二十字不等。版心白口，上下雙欄，左右雙線，中縫雙魚尾，上書「龍龕手鑑」，中記卷幾（並分上中下）及葉數，下記刻工之代號（如工〇三、工川丨、工〨〤等）。計分三冊，分別屬函海第十二函第四十六至四十八冊：第一冊包括「平聲卷第一之上」（收金部第一至山部第五）、「平聲卷第一之中」（收車部第六至斤部第二十三）、「平聲卷第一之下」（收巾部第二十四至知部第九十七）；第二冊包括「上聲卷第二之上」（收手部第一至土部第五）、「上聲卷第二之中」（收草部第五至馬部第十）、「上聲卷第二之下」（收阜部第十一至果部第六十）；第三冊包括「去聲卷第三」（收去聲全部）、「入聲卷第四之上」（收木部第一至玉部第八）、「入聲卷第四之中」（收石部第九至食部第十八）、「入聲卷第四之下」（收麥部第十九至雜部第五十九）。

此本雖無楊氏所指之脫易處，然具中訛誤疵謬，仍俯拾即得，日本藤塚鄰高麗版龍龕手鏡解說附註(12)評云：「至於李調元函海刻本，漫滅、謬誤、錯簡者甚多，殆近廢書。」誠哉斯言！今僅以首葉與宋版讎校，其脫鈌、錯易、謬誤者，已多達六十一處，實令人不得不掩卷而嘆矣！

台北藝文印書館民國五十八年印行百部叢書集成第卅七種為函海，中第四函收有龍龕手鑑一書，惟其書已非李調元函海本之原卷，該館於卷前有題記云：「本館百部叢書集成所選清乾隆李調元輯刊函海本，漫漶不清，今以宋刻本替入影印，並附四庫提要暨余嘉錫提要辨證、胡玉縉提要補正於後。所選百部叢書僅有此本。」宋刻本也者，江安傅氏雙鑑樓所藏宋刻也，版式、行款、字體、刻工同出一轍，其首亦載有徐燉與公識語，然則百部叢書集成所收之龍龕手鑑，不得以函海本視之。

拾、日本昭和四年京城帝國大學景印高麗本

板框高二十二．五公分至二十四公分，寬十七．五公分至十七．八公分，半葉九行，大字單行，小注雙行，大字一約小字四，每行大小二十字不等。版心白口，上下單欄，左右雙線，中縫單魚尾，上記龍卷幾及葉數，下記刻工姓名，惟版心磨損，多難辨認。刀法樸雅，不避宋諱，書題「龍龕手鏡」，又序中「鏡」字不缺筆，視其版式、紙質，殆為高麗雕版無疑也！

此本計二冊（缺卷二乙冊），係前朝鮮京城帝國大學（今韓國漢城大學）法文學部於昭和四年（西元一九二九年）景印朝鮮江原道金剛山榆岾寺藏本龍龕手鏡之第一卷及京城崔南善氏藏本龍龕手鏡第三卷第四卷而成。其中榆岾寺藏本止存第一冊，下三卷二冊悉缺，卷首載「新修龍龕手鏡序」，下題「燕臺憫忠寺沙門智光字法炬撰」，共二葉，惟首葉字體迥異，顯係後人抄配。次載「龍龕手鏡平聲卷第一」目錄，下題「釋行均字廣濟集」。正文計存九十八葉，興部「爨」字以下漱漏（計缺興部「爨」「

覺」「黨」「壆」，丹部「舢」「艘」「䑸」「彤」「朧」，知部「龗」「龞」「竜」等十二字）。崔南善氏藏本，乃朝鮮全羅南道順天古刹松廣寺舊藏，其第三卷僅十三葉，目錄已佚，「見部第一」平聲之字僅存「覞」「覜」二字；第四卷九十三葉。版式、字樣、刀法、紙質與榆岾寺藏本同，疑其底本同出一源，是以京城帝大取而合刊行世。崔氏藏本第四卷卷末，刊書：

羅州牧官雕刻四卷入九十三丈

司錄掌書記借良醖令權得齡

由高麗史百官志徵考，高麗高宗二十三年（吾國南宋理宗端平三年，西元一二三六年）置「大藏都監」，司雕印佛「一切經」，歷十六年竣工，時高宗三十八年（吾國南宋理宗淳祐十一年，西元一二五一年），是書之雕刊，殆不出其時。

欲知高麗版龍龕手鏡近於遼版之面貌若何，可由與宋版比較上闚知。茲據高麗本與南宋高宗浙刊本相校，得知：

(一)字數：高麗本除缺損脫葉及第二卷無以獲知外，僅第一卷宀部平聲脫一「寮」字，其餘悉同。故依現存部分推測，當去宋本不遠。

(二)版心：宋本第三第四兩卷版心通鐫「龍三」，無刻「龍四」者，蓋第三卷止九葉，為數甚少，不成卷，故併入卷四，而版心統書「龍三」。但高麗本第四卷之版心，明刻「龍四」，絕不與「龍三」相淆。此當較近遼版原式。

(三)諱筆：宋本序中「鏡」字，宀部平聲「完」字，均缺末筆（「完」字今已補全，然補筆之迹甚明），高麗本俱不缺。又如：草部「萑」「雚」二字下注「音桓」，宋本避欽宗諱作「桓」；本部平聲「株」字注「殺樹餘楓也」，兼避英宗「曙」嫌諱，「樹」字作「樹」；木部去聲第一字「構」，避高宗諱作「構」；而高麗本皆不避也。

(四)點畫：高麗本與宋本彼此之間異同甚夥，難免互有短長，但高麗本可用以訂正宋本之處甚多，如：

〔宋本〕 〔高麗本〕

龍龕。手鑑。
競鶩。
隨函。
達。
祛。
寧。
鸞鏡。
鑒。
（以上序）
勾。布交
工。甫良
寧。奴丁
雁 憶冰。
尼。女夷
凶。許容

龍龕。手鏡。
競鶩。
隨函。
達。
祛。
寧。
鸞鏡。
鑒。
勹。布交
匚。甫良
寧。奴丁
雁 憶冰。
尼。女夷
凶。許容

知陟也

（以上平聲卷第一目錄）

鋻正。音凶，丨懼，戰慄也。

鈿音田。金花寶丨，謂之金丨也。

鎗楚庚反，丨鼎也。

釗古堯、止搖二反。

鉛正。音緣，二丨。錫，青金也。

鐃。

錚。錚。

鍾直追反，秤丨也。

鍕正音孤，今作鍕。

鐓。俗，音敦。

鑇經音義云：茨奚反，謂丨鑒。

鐸。

鎢音鋤，鶵丨鳥。

知陟池

鋻正。音凶，丨懼，戰慄也。

鈿音田。金花寶丨，謂之金丨也。

鎗楚庚反，丨鼎也。

釗古堯、止搖二反。

鉛正。音緣，二丨。錫。青金也。

鐃。

錚。錚。

鍾直追反，秤丨也。

鍕正。音孤，今作鍕。

鐓。俗，音敦。

鑇經音義云：茨奚反，謂丨鑒。

鐸。

鎢音鋤，鶵丨鳥。

鑷 鉎｜，小銍也。

錡 音奇，釜鬵。又音蟻，三足鼎，曰蘭｜。又姓。

鍚。音羊，兵名。

鎢。

鏖 古文，音初。

（以上金部平聲字）

銑 蘇典反，金最有光澤者曰｜也。

鉨 奴礼反。

鉉 鼎耳。

⿰金礼 來改反，連絲鉤曰｜。

（以上金部上聲字）

鑄 音注，鎔也。又姓。

鎚 直類反，鍊治玉也。

釤 大鐮也。

鉋 治木器｜丁也。

鑷 鉎｜，小釜也。

錡 音奇，三足鼎。一曰釜鬵。蘭｜。又音蟻，又姓。

鍚 音羊，兵名。

鎢。

鏖 古文，音初。

銑 蘇典反，金最有光澤者曰｜也。

鉨 奴禮反。

鉉 鼎耳。

⿰金礼 來改反，連絲鉤曰｜。

鑄 音注，鎔也。又姓。

鎚 直類反，鍊治玉也。

釤 大鐮也。

鉋 治木器｜刀也。

鐿 車轄也。
鍳 鍳 玉篇：手鈎反。
（以上金部去聲字）
鉞。 玉。斧也。
鉀 音甲。
鐍 扃也
鏚 于〡，斧鉞也。
鏺 補末反，樹名，国名。
（以上金部入聲字）

鐿 車轄也。
鍳 鍳 玉篇：手鈎反。
鉞。 玉。斧也。
鉀 音甲。
鐍 扃也
鏚 千〡，斧鉞也。
鏺 補末反，樹名，國名。

諸如此例，屢見疊出，今止列舉至金部，以見一斑，餘詳見校勘記。由此推知，高麗版當較近遼版原貌也。

當日高麗對宋、遼之關係頗為密切微妙，使節來往頻繁，高麗王乃利用其特殊地位，致力於宋遼文籍輸入之要務。文宗四子大覺國師（名煦，字義天）曾於宣宗二年（宋神宗元豐八年，遼道宗大安元年，西元一〇八五年）入宋，翌年歸國，携回佛經及典籍一千卷，又自宋遼購書達四千卷，此事詳載於高麗史卷九十宗室。義天於宋神宗元豐八年（西元一〇八五年）及哲宗元祐元年（西元一〇八六年）之間入宋，從杭州慧因院住持僧淨源學佛，時蒲宗孟正帥浙西，其翻刻遼版龍龕手鏡去熙寧僅數年，以義天蒐書之勤，對此事必有所聞，而予以搜購，唯義天歸國後四年（即宣宗七年，宋哲宗元祐四年，西元一〇八九年）所著之「新編諸宗教藏總錄」三卷，卻不見龍龕手鏡之名，甚可怪也！然此次若未采錄，而以遼近高麗，較中土易於流傳，亦情理中事也。

此本卷一末鈐「榆岾寺經院印」白文方印一枚。

## 第二章　校勘

龍龕手鑑廣收異字歧體，俗字俗音，若不知愼擇，將必以訛傳訛：如人部入聲「傑」字，注「俗，其列反，又音列」，羅振玉以為「傑即傑別字，見唐兖公頌」。又如心部去聲「忌」字，注「音忌」，羅氏謂「考忌字，即忌之俗作，此云音忌，不知即忌俗體」，又如手部去聲「拤拼拼」三字，注「三俗，盧貢反」；雜部去聲又有「卡仒卡」三字，注「三古文，盧貢反」；羅氏謂「考拤拼拼卡仒卡六字，並弄之別字。詩『載弄之璋』，日本七經孟子考文載足利學本，『載弄』作『載拤』，魏高貞碑『清暈發於載卡』，又作『載卡』，此拤拼拼卡仒卡六字，即弄之證；此以拤拼拼為俗書，以卡仒卡三字為古文，今列兩部，不知並是弄之俗體」（上三例並見羅雪堂先生全集面城精舍雜文龍龕手鑑跋）。又以書經竹帛，棃棗，遞相鈔刊，訛文奪字，觸目皆是。即以刊刻較早之南京浙刊本而言，點畫乖異，已不勝屈指；如局作局，沃作沃，鼠作鼠，戚作戚，乾作乾，怪作怪，整作整，盈作盈，市作帀，低作伭，急作㥛，希作㠩，貪作貪，刺作剌，歃作歃，曹作曺，區作傴，屯作乇，矣作矣，惱作惱，卒作卆，京作京，象作象，……諸如此類，未遑枚舉，具見校勘記「下做此」之例。又如日、曰，末、未，木、才，亢、元不分，亦觸目可見。其他諸本，年代愈下，譌誤滋多，更無論矣！

龍龕手鑑版本，余得見者，凡有十種（見前章）。今事校勘，據南宋浙刊為底本，以其刊刻在先也。其他九種，則輔助此勘，以察其舛訛羨奪，中以高麗本及景高麗本最具參校價值，蓋高麗本於原書字形有譌謬者，大都一一諟正，足資採用；景高麗本則較近遼版原貌，可資訂正者亦頗夥。除十種版本外，或旁證經籍，或援引說文、玉篇、廣韻、集韻等字書、韻書，發疑辨似，以勘正字形、反紐之誤。廣韻與龍龕手鑑，年代相近，祖述有源，尤未嘗須臾離也。書中以形體相近而譌者，十居七八。至如體之正俗，說文、廣韻可稽者，始予匡正，否則，不敢輕斷。又俗體字之正訛，闕而不論，蓋歷代各朝皆有流俗用字，案少積書，無從一一查檢也。

行均書訛誤殊甚，為學者所苦，余治其書，於校讎一章，用力最多，蓋如未經勘正，欲讀其書，誠憂憂其難哉！然校書如掃落葉，終無了期。疏舛之處，自知不免，如續有發現，俟諸他日矣！末列校勘記中各書省稱與其全名如下表，以備省覽：

| 省稱 | 全名 |
| --- | --- |
| 南宋浙刊 | 南宋高宗浙刊本 |
| 景南宋浙刊 | 景寫南宋高宗浙刊本 |
| 雙鑑樓本 | 江安傅氏雙鑑樓藏宋刊本 |
| 影宋鈔本 | 清周季貺手書題記影宋鈔本 |
| 舊鈔本 | 舊鈔本 |
| 高麗本 | 明嘉靖四十二年朝鮮高德山歸真寺刊本 |
| 四庫本 | 清高宗文淵閣四庫全書鈔本 |
| 虛竹齋本 | 清宣宗張丹鳴虛竹齋木刊本 |
| 函海本 | 函海本 |

景高麗本

日本昭和四年京城帝國大學景印高麗本

## 序

1、新修龍龕手鑑序　高麗本不冠「新修」二字。「龕」字，高麗本、四庫本、盧竹齋本、函海本、景高麗本均作「龕」，當以「龕」為是。「鑑」字，景高麗本作「鏡」，不避宋諱，殆較近遼版原貌也。

2、夫聲明著論　「聲」字，各本均作「聲」，當據改。

3、印度則始摽天語　「摽」字，高麗本、四庫本、盧竹齋本均作「標」。按說文十二上手部「摽，擊也」；說文六上木部「標，木杪末也」，引申為「表識」之義；天語不可以摽擊，故當作「標」。

4、綴以多羅之菜　「菜」字，高麗本、四庫本、盧竹齋本、函海本竝作「葉」，當據正，此用流俗字。

5、代結繩於既徃　「徃」字，四庫本、盧竹齋本皆作「往」，說文二下彳部作「㣥」，隸作「徍」或作「往」，作「徃」者，俗字也。下倣此。

6. 成進牘以相㳂「㳂」字，高麗本、四庫本、虛竹齋本、函海本竝作「沿」，說文水部作「㳂」，隸當作「沿」。

7. 程邈□□篆為隸書　程邈下有闕文，應依雙鑑樓本補「變小」二字。「隸」字，高麗本、四庫本、虛竹齋本均作「隸」，是也。

8. 東晳□□於竹簡　東晳下有闕文，應依雙鑑樓本補「網羅」二字。

9. 九流競鶩「鶩」字，景高麗本、四庫本、虛竹齋本、函海本竝作「騖」，是也。

10. 則性相之義差「差」字，高麗本、四庫本、虛竹齋本均作「差」，正體字也。

11. 揮以寳燭「寳」字，說文云「从宀玉貝，缶聲」，故隸體當作「寶」。下倣此。

12. 啓以隨函「隨函」二字，高麗本、景高麗本、四庫本、虛竹齋本竝作「隨函」，當據正。下傚此。

13、不逢敏達　「達」字，高麗本、景高麗本、四庫本、虛竹齋本均作「達」，是也。

14. 雲飛燕晉　「晉」字，高麗本、四庫本、虛竹齋本竝作「晉」，當據改。

15. 五變炎凉　「凉」字，四庫本、虛竹齋本皆作「涼」，說文有「涼」無「凉」，玉篇廣韻皆云「凉」為「涼」之俗，故當以「涼」為正。

16. 具辯宮商　「辯」字，四庫本、虛竹齋本、函海本竝作「辨」。「辯」，說文訓治，「辨」，訓判，當用「辨」為宜。

17. 并注惣有一十八萬九千六百一十餘字　「惣」字，高麗本、四庫本、虛竹齋本均作「總」，錢氏養新錄卷十四云「說文無揔字，總管總領之總，皆當从糸旁，前史多作「揔」或作「惣」，此隸體之譌變」，是以當作「總」。

18. 立祛疑滯 「祛」字，景高麗本、盧竹齋本作「祛」，是也。

19. 推讓而寧容闒筆 「寧」字，景高麗本作「寧」，說文丂部作「寧」，隸當作「寧」。下倣此。

20. 形容斯鑒 「鑒」字，高麗本、四庫本、盧竹齋本均作「鑒」，是也。

## 平聲目錄

1. 長 布遙 ，「長」字，書中部首亦作「镸」，「镸」者，「長」之古文，「長」音在廣韻有三：直良切（下平聲十陽）、知丈切（上聲三十六養）、直亮切（去聲四十一漾），古韻書中並無切「布遙」者，案依其切語「布遙反」「又布休反」，及部中所繫之字斷之，當為「髟」字之誤。高麗本正作「髟」。惟部中所收之字，或从「髟」或从「長」，宜當分別各屬為是。

2. 毛 莫袍 「袍」字，各本並作「袍」，是也。

3、几〔武兵〕「几」字，行均以為「古文明字」（見書中部首注〕，切「武兵」，案說文「明」古文作「明」，他字書古文亦未見作「几」者，錢氏潛研堂文集卷二十七跋龍龕手鑑亦不以「几」作部首為然。

4、勹〔布交〕「勹」字，書中部首、景南宋浙刊、高麗本竝作「勹」，是也。廣韻下平五肴「勹」亦作「布交切」。

5、尤〔羽求〕「尤」字，舊鈔本、函海本竝作「尤」，是也。

6、殸〔口耕〕「殸」字，函海本作「殸」。說文以「殸」為「磬」之籀省，玉篇同，當據正。

7、冫〔筆夌〕「夌」，高麗本、函海本、影宋鈔本竝作「陵」。廣韻「冫」下注「筆陵切」，集韻、韻會作「悲陵切」，故當以「陵」為是。

8、𣎆〔力為〕「𣎆」字，各本作「𣎆」，是也。書中部首作「𣎆」者，右下作「几」不作「凡」，亦誤。

9、龜〔居追〕「龜」字，各本作「龜」，是也。下倣此。

10. 上 甫良 「上」字，各本作「匚」，是也。下倣此。

11. 瓜 古花 「瓜」字，各本作「瓜」，是也。下倣此。

12. 畨 普官 「畨」字，各本作「番」，是也。下倣此。

13. 旡 武扶 「旡」字，音切「武扶」，即「霖」（無）之奇字「无」之形訛，高麗本正作「无」，當據改。

14. 脽 憶水 「憶水」之「水」字，舊鈔本、高麗本並作「氷」，景高麗本作「冰」；「氷」者「冰」之俗字，故當作「冰」。

15. 歺 居凌 「歺」字，依其音讀，蓋即「𣦵」字之譌。說文𣦵訓列骨之殘也，从半冎；集韻平聲蒸韻「𣦵」下注云「居陵切」。

16. 甾 側持 「甾」，高麗本作「甾」，說文艸部「菑」字云「不耕田也，从艸田，巛聲。甾，菑或省艸」，故當以作「甾」為是。下倣此。

17. 𡰥 女夷 「𡰥」，各本作「尼」，是也。下倣此。

18. 圭 古雋 「圭」字，音切「古雋」，高麗本作「古攜」與廣韻同，當據改。

19. 凶 許容 「凶」，各本竝作「凶」，是也。下倣此。

20. 丹 多千切 「丹」下云「多千切」，依其語例，「切」字衍，當刪，影宋鈔本、高麗本竝不誤。又「千」字當為「干」之形譌，高麗本正作「干」，當據改。

21. 知 陟也 「也」字，景南宋浙刊、舊鈔本、高麗本、景高麗本竝作「池」，是也。

## 全部平聲

1、 鍒 馬口中鐵也。 「鍒」字，景南宋浙刊、影宋鈔本、四庫本、虛竹齋本、函海本竝作「鍒」，高麗本作「鏒」。廣韻下平二十二覃云「參，俗作叅」，故凡从參者，竝以作「參」為正。注文「鐵」字，影宋鈔本、高麗本、四庫本、虛竹齋本竝作「鐵」，是也。下倣此。

2. 鋻 戰慄也。 「慄」，景南宋浙刊、高麗本竝作「慄」，是也

3\. 錙。「錙」字，高麗本作「錙」，是也。

4\. 鐖 鈎名 「鈎」，高麗本作「鉤」，是也。下倣此。

5\. 鏞 銿 大鍾也。「鍾」字，高麗本、函海本並作「鐘」，是也。說文「鏞」「銿」並訓「大鐘」。下倣此。

6\. 鏵 鋘 戶瓜反，｜鍫也。宋魏之間，謂鍤曰｜。 「鏵」字，景南宋浙刊、影宋鈔本、舊鈔本、函海本並作「鏵」，是也。「鋘」字，集韻作「鋘」，云「鏵」，或作鋘」，各本亦作「鋘」，字當作「鋘」。下从「吳」之字倣此。「日」，各本作「曰」，是也。

7\. 釫 鉾 𨥖 「鉾」字，各本作「鉾」，是也。高麗本云「凡從牟並以此為正，作牟、牟者，非」。下从「牟」之字倣此。

8\. 鐫 鑽斲也。 「鑽斲」，高麗本作「鑽斵」，是也。下从「贊」之字倣此。

9、鋑（又七九反，又刀也。），切語「九」字，景南宋浙刊、景高麗本均作「丸」，集韻平聲桓韻正切「七丸」。

10、鈎（决匀反。）「决」字，各本作「決」，玉篇云「决，俗決字」，當據正。下倣此。

11、鐡（剌也。）「剌」，高麗本作「刺」，是也。集韻去聲寘韻云「刺，俗作刾，非是」，今行均又訛成「剌」，益非。下倣此。

12、鉆（持鐵夹也。）「夹」，高麗本作「夾」，是也。下倣此。

13、鐹鍋（又音果，刈鈎也。）「刈鈎」二字，高麗本作「刈鉤」，是也。集韻上聲果韻云「鐹，刈鉤」。

14、鑱（士衔、士懺二反。）「懺」，高麗本作「巉」，是也。

15、鐐鏫「鏫」，高麗本、四庫本、虛竹齋本竝作「鏐」，是也。

16、鏈（鈆鑛也。）「鈆」，四庫本、虛竹齋本竝作「鉛」，是也。下倣此。

17. 剗 古羌、止搖二反。「羌」，各本作「堯」，是也。下倣此。

18. 鑀 戶關反，六雨曰丨。「戶関」二字，各本作「戶關」，是也。下倣此。「雨」，景南宋浙刋作「兩」，是也。

19. 鉛 錫音金也。「錫」，景南宋浙刋、景高麗本竝作「錫」，是也。下倣此。「音」字，景南宋浙刋、高麗本、景高麗本、四庫本竝作「青」，是也。

20. 鍊 丨鋪車鎋也。又俗，音鍊。「鋪」字，各本作「鏞」，是也。下凡从隋从隨者倣此。「轄」字，各本作「轄」，是也。下凡从「害」者倣此。「又俗音鍊」，「鍊」當為「鍊」之誤。

21. 鑲 高麗本、四庫本、虛竹齋本、函海本竝作「鑲」，是也。下凡从襄者倣此。

22. 錕 可為釰也。「釰」，各本作「劒」，是也。下倣此。

23. 錞 高麗本作「錞」，竝云「凡享字竝合以此為正，亭、高等竝從古」，是也。下倣此。

24. 鑌音賓「鑌」字之右及注文「賓」字，各本作「賓」，是也。韻會云「賓，俗賓字」。下倣此。

25. 錘秤｜也。「秤」，景南宋浙刊作「稱」，景高麗本作「枰」，舊鈔本、高麗本、四庫本、虛竹齋本竝作「秤」，皆可通，惟古多用「稱」字，玉篇、廣韻、集韻、韻會均訓「稱錘也」。

26. 鍏今作鍏注文「鍏」字，高麗本作「鍏」，是也。

27. 鑪 景南宋浙刊、高麗本竝作「鑪」，是也。下倣此。

28. 鉤｜抽也。「抽」，高麗本作「曲」，是也。

29. 釿又宜引反。「宜」，各本作「宜」，是也。下倣此。

30. 鏞鍗｜｜，大齊兒也。「大齊兒也」，景南宋浙刊、高麗本竝作「火齊兒也」，是也。說文金部「鏞」字下正云「鏞鍗，火齊也」。

31. 鍉音佂，｜，歃血器。「佂」，高麗本、四庫本、虛竹齋本竝作「低」，是也，「佂」為「低」之俗。下倣此。「歃」，景高麗本、虛竹齋本竝作「歃」，是也。下倣此。

32、鐔（亦劒臯也。）「臯」，高麗本、四庫本、虛竹齋本竝作「鼻」，是也。

33、鍯（今鏓）「鏓」，高麗本作「鏓」，竝云「凡悤字從囪從心為正，或作怱，俗作忩」，當據正。下倣此。

34、鎦（音畱）「鎦」，高麗本作「鎦」，竝云「凡留字此為正」，古作「畱」，當據正。注中「畱」字，亦當改作「留」。下倣此。

35、鑇（經音義云：茨奚反，謂ㄧ𧯷。）「𧯷」，高麗本作「整」，玄應一切經音義第十一中阿含經正作「鑇𧯷」。

36、鍴（濽也）「濽」，高麗本、景高麗本竝作「鑽」，是也。

37、釬（干今反）「干」，景南宋浙刊、影宋鈔本、舊鈔本、四庫本、虛竹齋本竝作「于」，是也。

38、鐔 高麗本作「鐔」，竝云「凡單字從吅從甲為正，單、單竝俗」，當據正。下从「單」之字倣此。

39. ⿰金鳥音鋤，鳥，白露鶵也」「⿰金鳥」，各本作「⿰金鳥」，是也。注文「鶵」字，景南宋浙刊、景高麗本竝作「鶵」；「露」，各本竝作「鷺」，是也。廣韻平聲魚韻云「⿰金鳥，鶵鋤鳥，白鷺也，爾雅作舂鉏」，可為參證。

40. ⿰金⿵几高小釡也。「釡」字，景南宋浙刊、影宋鈔本、高麗本、景高麗本竝作「釜」，是也。

41. 釪錞｜，樂器，刑如鍾。「刑」，景南宋浙刊、影宋鈔本、舊鈔本、四庫本、虛竹齋本竝作「形」，是也。

42. 錡百蘭｜。「錡」，字之右當以「奇」為正。下倣此。注文「百」字，景高麗本作「一曰」，是也。文選張衡西京賦云「武庫禁兵，設在蘭錡」，李善注「受他兵曰蘭，受弩曰錡」。

43. 錫音羊，兵名，又馬頟飾也。「錫」，景南宋浙刊、高麗本、景高麗本、四庫本、虛竹齋本竝作「鍚」，是也。注文「頟」字，舊鈔本、高麗本、四庫本、虛竹齋本竝作「額」，是也。

44. 鈃 音形，酒器，似鍾而長頸。

「鈃」字，影宋鈔本、景高麗本竝作「鈃」，是也。說文「鈃」下云「似鍾而長頸，从金幵聲」，段注「鍾者，酒器」。

45. 鴮 音烏

「鴮」字之右及注文「烏」，景南宋淅刊、高麗本竝作「烏」，高麗本注云「凡烏字以此為正」，當據正。下倣此。

46. 鐕

高麗本作「鐕」，是也。

47. 鋂 大鐶也。

「鐶」，舊鈔本、四庫本、虛竹齋本竝作「環」，說文金部云「鋂，大環也」，當據正。

48. 鐶 戶間反

「鐶」，高麗本、景高麗本竝作「鐶」，是也。注文「間」字，景高麗本作「關」，廣韻刪韻正作「戶關切」，當據正。

49. 鑯 桼名也

「桼」，景高麗本作「桼」，是也。

50. 鈳 ｜䥈，䥈音莽。

「莽」，景南宋淅刊、舊鈔本、四庫本、虛

竹齋本並作「斧」，是也。

51、鈀 兵曺也。「曺」，高麗本、四庫本、虛竹齋本並作「曹」，是也。下倣此。

52、鍒 舊鈔本、景高麗本、四庫本、虛竹齋本並作「鍒」，是也。高麗本並云「凡柔字從矛從木為正」，下倣此。

53、鏂 高麗本、景高麗本、四庫本、虛竹齋本並作「鏂」，是也。下从「區」之字倣此。

54、⿰金黽 高麗本、景高麗本、四庫本、虛竹齋本並作「⿰金黽」，是也。下从「黽」之字倣此。

55、⿰金詹 舊鈔本、高麗本、景高麗本、四庫本、虛竹齋本並作「⿰金詹」，是也。下从「詹」之字倣此。

56、⿱厤金 古文音初 「文」，景南宋浙刊、舊鈔本、景高麗本並作「文」，是也。

金部上聲

1、鎻 高麗本作「鎖」，並云「凡貟字以從小從貝為正」，當據正。下倣此。

2、鍵 高麗本作「鍵」，並云「凡建字從聿從廴為正」，當據正。下从「建」之字倣此。

3、鎪 高麗本、四庫本、虛竹齋本並作「鋑」，是也。

4、鏉 高麗本作「鏉」，是也。

5、鈕 高麗本作「鈕」，是也。下从「丑」之字倣此。

6、鋠 當作「鋠」，下从「辰」者倣此。

7、銑 金取有光澤者曰銑也。 「取」，高麗本、景高麗本並作「最」，是也。

8、鍺 丁果反，車鑼。 「鍺」，高麗本作「鍺」，並云「凡者、皆、習等並從白為正」，當據正。下从「者」「皆」「習」者倣此。注文「鑼」字，高麗本作「鑼」，與廣韻上聲果韻合，當據正。

9、鎐 苦感反，連鑲也。 鎖 「鎐」，景南宋浙刊、高麗本、四庫本、高虛竹齋本並作「錎」，是也。注文「鑲」字，舊鈔本、高麗本、四庫本、盧竹齋本竝作「環」，是也。廣韻、集韻並同。

10、鋞 胡項反，似鍾而長。

「鋞」，高麗本作「鋞」，是也。下从「巠」之字倣此。注文「項」，影宋鈔本、高麗本竝作「頂」，廣韻上聲迥韻正切「胡頂」，當據正。

11、鉼 必井反，丨金買之板也。

「鉼」，當作「鉼」，「鉼」乃俗字。注文「井」字，景南宋浙刊、影宋鈔本、四庫本、盧竹齋本竝作「并」，是也。「買」字，景南宋浙刊、高麗本竝作「謂」；「板」字，景南宋浙刊、高麗本竝作「鈑」；爾雅釋器云「鉼，金謂之鈑」，可為參證。

12、鍑 亡范反，馬首飾也。

「鍑」字，景南宋浙刊作「錽」，廣韻、集韻上聲范韻同切「亡范」，竝訓「馬首飾也」，當據正。

13、鉨 奴礼反

「礼」，高麗本、景高麗本、四庫本、盧竹齋本竝作「禮」，是也。下倣此。

14、鑡

高麗本、四庫本、盧竹齋本竝作「鍦」，是也。

15、釦公筋也。注文「筋」字，高麗本作「飾」，是也，說文金部「釦，金飾器口」，行均蓋本於此。

16、鑓来改反也。「来改」，景宋鈔本、高麗本竝作「來改」，是也。下倣此。

17、鋔亡返反「鋔」，高麗本、四庫本、虛竹齋本竝作「鋔」，是也。

18、鍖丑甚反，｜錐也。「錐」，高麗本作「銋」，文選王褒洞簫賦「行鍖銋以和囉」，李善注「鍖銋，不進皃」；集韻上聲寑韻亦云「鍖，鍖銋，聲不進皃」，是當以「銋」為是。

19、鏹孟康云：｜錢貫繩也。「繩」字，高麗本作「繩」，是也。下倣此。

金部去聲

1、鎧 高麗本作「鎧」，是也。下以「豈」之字倣此。

2、鍛小治也。「鍛」字，景南宋浙刊、高麗本竝作「鍛」，是也。注文「治」字，景南宋浙刊、高麗本、四庫本、虛竹齋本竝作「冶」，是也。

3、鈍　高麗本作「鈍」，竝云「凡屯以此為正」，是也。下做此。

4、鐙　鞍也。「鞍」，高麗本、四庫本、虛竹齋本竝作「鞍」，是也。下从「革」之字做此。

5、鎩　剪翮「鎩」，高麗本、景高麗本、四庫本、虛竹齋本竝作「鎩」，是也。下从「殺」之字做此。注文「剪翮」二字，高麗本、景高麗本、四庫本、虛竹齋本竝作「翦翮」，是也。

6、鑄　鎔也「鑄」，高麗本作「鑄」，竝云「凡壽以此為正」，是也。下从「壽」之字做此。「鎔」，景南宋浙刊、舊鈔本、高麗本、景高麗本竝作「鎔」，是也。

7、釤　大鎌也。「鎌」，景南宋浙刊、高麗本、景高麗本竝作「鎌」，廣韻集韻去聲鑑韻竝訓「大鎌也」，故當據以正之。

8、鎪　高麗本、四庫本、虛竹齋本竝作「鎪」，是也。

9、鏉　高麗本作「鏉」，並云「凡麥字以此為正」，是也。下从「麥」之字倣此。

10、鉋　治木器丨丆也。「器」，高麗本、景高麗本、四庫本、虛竹齋本竝作「器」，是也。下倣此。「丆」字，高麗本、景高麗本竝作「刀」，是也。

11、鍊　音鍊　「鍊」，景南宋浙刊、高麗本、四庫本、虛竹齋本竝作「練」，是也。

12、鑹　七乱反　「乱」，高麗本、四庫本、虛竹齋本竝作「亂」，是也。下倣此。

13、鏤　高麗本、四庫本、虛竹齋本竝作「鏤」，是也。下从「婁」之字倣此。

14、鐕　武亘反　反語「武」字，景南宋浙刊、影宋鈔本、舊鈔本、高麗本、景高麗本竝作「武」，是也。

15、鎎　弩戰也　「弩」，高麗本作「怒」，說文金部「鎎」字正訓「怒戰也」，當據正。

16、鍍　高麗本作「鍍」，並云「凡度字從广從廿從又為正」，是也。下倣此。

17. 鐬　高麗本作「鐬」，並云「凡歲從止從戌從少為正」，是也。下从「歲」之字倣此。

18、鈦 音鉗犬。「鈦」，高麗本、景高麗本竝作「鈦」，說文訓「鐵鉗」之字正作「鈦」。注文「犬」字，高麗本、景高麗本竝作「大」，是也。

19、鏸 音惠，鋭也，又三隅矛也。「鏸」，景南宋浙刊、高麗本竝作「鏸」，高麗本竝注云「凡惠、專等竝從叀」，是也。下从「惠」「專」之字倣此。注文「矛」字，景南宋浙刊、舊鈔本、高麗本竝作「矛」，是也。

20、銴 車當結　「當」，高麗本作「樘」，說文「銴」字正訓「車樘結也」，當據正。

21、⿰金㡭 義合作繼，音計　「⿰金㡭」，高麗本作「⿰金㡭」。注文「繼」字，景南宋浙刋、影宋鈔本、高麗本、景高麗本竝作「繼」，是也。

22. 釪 鋝侯反。按「釪」，景南宋浙刋、舊鈔本、高麗本、虛竹齋本竝作「釪」，是也。廣韻去聲翰韻正作「釪」。

23. 銼 蜀呼鉆鉦也。「鉦」，高麗本、景高麗本竝作「鉼」，王念孫廣雅疏證云「太平御覽引纂文云秦人以鉆鉼為銼⿰金羸」，廣韻去聲過韻正云「銼，蜀呼鉆鉼也」。

24. ⿰金曳 羊角反 「⿰金曳」；景高麗本、四庫本、虛竹齋本竝作「⿰金曳」，是也。下从「曳」之字倣此。切語「角」字，景高麗本作「制」，是也。

25 ⿰金夢 影宋鈔本、高麗本、四庫本、虛竹齋本竝作「⿰金夢」，是也。下从「夢」者倣此。

26. ⿰金冊 鐵廷也。「⿰金冊」，當作「⿰金冊」，玉篇金部正作「⿰金冊」。注文「廷」，高麗本、景高麗本竝作「鋌」，是也。

1、鑿　也。下倣此。高麗本作「鑿」，並云「凡鑿字從凿從殳從金」，是

2、鉞　王斧也　「鉞」字，高麗本、景高麗本並作作「鉞」，是也。下倣此。「王」，景高麗本作「玉」，是也。

3、鈸　高麗本作「鈸」，並云「凡拔跋等字從犮」，是也。

4、鐯　車軸頭鐵也。「軸」，景南宋浙刊、影宋鈔本、舊鈔本、高麗本、四庫本、虛竹齋本並作「軸」，是也。

5、鑰　影宋鈔本、舊鈔本、高麗本、四庫本、虛竹齋本並作「鑰」，是也。

6、鍋　高麗本、四庫本、虛竹齋本並作「鍋」，是也。下从「局」之字倣此。

7、鑈　高麗本、四庫本、虛竹齋本並作「鑈」，是也。下从「屬」之字倣此。

8、⿰金雹　音雹，丨行形杵勁刑以杵扞也。　注文語不成辭，據集韻入聲覺韻云「⿰金雹，杵頭謂之⿰金雹，或省作鉋」，但知「杵勁」當為「杵頭

」之誤，高麗本及景高麗本正作「杵」。

9、鍪 鑟，丨舌也。「鑟」，高麗本、四庫本竝作「䑛」，是也。集韻入聲沃韻「鍪」字下正訓「䑛舌」。

10、鋈 高麗本、四庫本竝作「鋈」，是也。下从「沃」之字倣此。

11、鏷 丨鏵，魯矢也。「鏵」，景南宋浙刋、舊鈔本、高麗本、四庫本竝作「鍏」，是也。

12、鑮 鑮 高麗本作「鑮鑮」，是也。下从「溥」之字倣此。

13、鎛 鐘罄上撗木也。「罄」，景南宋浙刋、高麗本、四庫本、虛竹齋本竝作「磬」，是也。「撗」，舊鈔本、高麗本竝作「横」，是也。下倣此。

14、鑯 高麗本作「鑯」，並云「凡獵、臘之屬正從巛從囟從毘」，是也。下倣此。

15、鍥 鍥，咸也。高麗本作「鍥鍥」，並云「凡契𥎞絜等字，正從丰從刀」，是也。說文金部正作「鍥」。注文「咸」字，高麗本作「刻」，蓋是，檢字書未有訓「咸」者。

16、鑈　高麗本作「鑈」，是也。下从「爾」之字倣此。

17、⿱執金　執薩至三音。「薩」，舊鈔本、四庫本、虛竹齋本竝作「薩」，是也。下倣此。

18、鍔　高麗本作「鍔」，並云「凡咢從亏，古從丂」，是也。說文金部正作「鍔」。

19、鍤　「鍤」，高麗本、景高麗本、四庫本、虛竹齋本竝作「鍤」，是也。說文金部正作「鍤」。注文「級」字，影宋鈔本作「綴」，是也。集韻入聲葉韻亦訓「綴衣鍼也」。

20、鉀　音申。「申」，景南宋浙刊、影宋鈔本、舊鈔本、高麗本、景高麗本竝作「甲」，是也。

21、鑿　高麗本作「鑿」，是也。

22、鑩　高麗本作「鑩」，是也。下从「歷」之字倣此。

23、鐍 影宋鈔本、高麗本竝作「鐍」，是也。下从「爵」之字倣此。

24、鐁 高麗本作「鐁」，並云「凡斲字以從豆從斤為正」，是也。下从「斲」之字倣此。

25、鋑 竹角反。擊也。與椓同。「鋑」，景南宋浙刊、高麗本、四庫本、盧竹齋本竝作「鋑」，是也。注文「椓」字，景南宋浙刊、高麗本竝作「椓」，是也。

26、鼜 守夜鼓也。「鼜」，高麗本作「鼜」，並云「凡『鼓』正。鐘鼓之鼓，或作鼓，俗作皷」，是也。注文「皷」字，景南宋浙刊、高麗本、四庫本、盧竹齋本竝作「鼓」，是也。下倣此。

27、鐍 爲丨也。「鐍」，高麗本作「鐍」，並云「凡矞矞之類並從『冏』」，是也。下从「矞」从「矞」之字倣此。注文「扃」字，景南宋浙刊、高麗本、景高麗本竝作「扃」，是也。

28、鏚（于丨鉞也。），斧「鏚」，高麗本作「鏚」，並云「凡戚字正從戉从尗」，是也。下从「戚」之字倣此。「于」，景南宋浙刋、高麗本、景高麗本、四庫本、虛竹齋本竝作「干」，是也。

29、鈠（音役小矛也。）「鈠」，高麗本、四庫本、虛竹齋本竝作「鈠」，是也。注文「役」字，高麗本作「役」，並云「凡役、設等並從殳」，是也。下从「殳」之字倣此。廣韻入聲昔韻竝音「役」，同訓「小矛」也。

30、鍻，高麗本作「鍻」，並云「凡謁渴之類，並從曰從勾」，是也。下从「曷」之字倣此。

31、钀（馬勤傍鐵也。）「钀」，高麗本作「钀」，並云「凡獻字正從虍從鬲從犬」，是也。下从「獻」之字倣此。注文「勤」字，景南宋浙刋、舊鈔本、高麗本、景高麗本竝作「勒」，是也。

32、鏩（秦人云切卓丨也。）高麗本、四庫本、虛竹齋本竝作「鏩」，是也。廣韻入聲鎋韻「鐁」字正訓「秦人云切草」。

33、鐅 普蔑反。「鐅」，高麗本作「鐅」，是也。下从「敝」之字倣此。切語「蔑」字，高麗本作「蔑」，是也。

34、錌 於業反，推丨，甲器也。「甲」，四庫本、虛竹齋本竝作「田」，是也。集韻入聲業韻「錌」正訓「治田器」也。

35、鏺 又經音義：補未反，樹名，国名。 切語「未」，景高麗本作「末」，玄應一切經音義第十二普曜經作「沫」，故當改作「沫」為是。「国」，高麗本、四庫本、虛竹齋本竝作「國」，是也。

36、鑇 高麗本作「鑇」，竝云「凡祭字正從夕」，是也。下从「祭」之字倣此。

37、鑯 景南宋浙刊作「鑯」，是也。下从「韱」之字倣此。

人部平聲

1、俳 丨優，戲笑也。 「戲笑」二字，高麗本、四庫本、虛竹齋本竝作「戲笑」，是也。下倣此。

2、僚 音聊，官丨也。同佐曰丨。亦姓。

「聊」，高麗本、景高麗本、四庫本、虛竹齋本竝作「聊」，是也。下倣此。注文「同佐日僚」，景高麗本、四庫本、虛竹齋本竝作「同佐曰僚」，是也。

3、𢜩 去乹反。

「𢜩」，高麗本、四庫本、虛竹齋本竝作「㥶」，是也。集韻平聲先韻正作「𢜩」。切語「乹」字，高麗本、四庫本、虛竹齋本竝作「乾」，是也。下倣此。

4、侖 音輪。

「輪」，景南宋浙刊、影宋鈔本、舊鈔本、高麗本、景高麗本、四庫本、虛竹齋本竝作「輪」，是也。

5、儲 偫也。偫，直利反。

「待」，高麗本、景高麗本竝作「偫」，是也。由下文「偫，直利反」，可知。說文「儲」字正訓「偫」。

6、低 昂垂兒也。

「低」高麗本、四庫本、虛竹齋本竝作「低」，是也。注文「兒」字，景南宋浙刊、高麗本、四庫本、虛竹齋本竝作「倪」，是也。

7. 傀（女回反，亦恠也，美也。）檢韻書「傀」字，未有切「女回」者，高麗本「女」作「古」，是也。「美」，高麗本、四庫本、虛竹齋本竝作「美」，是也。「恠」，高麗本、四庫本、虛竹齋本竝作「怪」，是也。下倣此。

8. 仇（雔也。）「雔」，高麗本、景高麗本竝作「讎」，是也。

9. 侏（丨儒，短人也。）「儒」，高麗本作「儒」，是也。下倣此。

10. 儻（又音尚，俻也。）「俻」，高麗本、四庫本、虛竹齋本竝作「備」，是也。下倣此。

11. 僮（又癡也。）「癡」，景南宋浙刊、舊鈔本、高麗本竝作「癡」，是也。下倣此。

12. 侻（亦齊整貌。）「整」，高麗本、四庫本、虛竹齋本竝作「整」，是也。下倣此。

13. 僉（七尖反。）「尖」，景南宋浙刊、影宋鈔本、高麗本竝作「尖」，是也。

14. 僑（渠苗反。）「渠」，高麗本、四庫本、虛竹齋本竝作「渠」

，是也。下倣此。

15、佯（又仿湯行也。）「湯」，高麗本、四庫本、虛竹齋本竝作「漫」，是也。下从「曼」之字倣此。

16、僊（俗音纏、正作纏。）注文兩「纏」字，影宋鈔本、舊鈔本、高麗本、四庫本、虛竹齋本竝作「纏」，是也。下倣此。

17、僄（足昭足妙二反。）兩「足」字，高麗本作「匹」，是也。下倣此。

18、仚（輕也）「輕」，高麗本、四庫本、虛竹齋本竝作「輕」，是也。下从「巠」之字倣此。

19、儳（上咸反，悪也。）「儳」，高麗本、四庫本、虛竹齋本竝作「儳」，是也。下倣此。切語「上」字，景南宋浙刋、舊鈔本、高麗本、景高麗本竝作「士」，是也。廣韻平聲咸韻正切「士咸」。「悪」，高麗本、四庫本、虛竹齋本竝作「惡」，是也。顏氏家訓書證篇云古籍中形誤之例至多，如「惡上安西」。下倣此。

20. 佂 諸盈反。「盈」，高麗本、四庫本、虛竹齋本竝作「盈」，是也。下倣此。

21. 偟 暇也，「暇」，景南宋浙刊、影宋鈔本、舊鈔本、高麗本、四庫本、虛竹齋本竝作「暇」，是也。

22. 傺 吐刀反絲繩也。，編「傺」字，不體，高麗本作「傺」，是也。又此字當繫諸「糸」部，今誤入「人」部，宜改。

23. 虵 俗蛇。，音「虵」，「蛇」之俗體，當改，四庫本、虛竹齋本正作「蛇」。

24. 傜 音遙「傜」，景南宋浙刊、高麗本竝作「傜」，是也。高麗本且云「凡䍃字正從夕從缶」。下从「䍃」之字倣此。「遙」，景南宋浙刊、影宋鈔本、舊鈔本、高麗本、景高麗本竝作「遙」，是也。

25. 偁 高麗本、四庫本、虛竹齋本竝作「偁」，是也。

26. 偛 音偛 直音「偛」字，高麗本、四庫本、虛竹齋本竝作「苗」，是也。

27、偖 或車反。

切語「或」字，高麗本、景高麗本並作「式」，是也。

28、佁 帀遙反，照也。明也，庿也。

「佁」，高麗本、四庫本、虛竹齋本並作「佋」，是也。下从「召」之字做此。切語「帀」字，影宋鈔本、高麗本、景高麗本並作「市」字，是也。下做此。注文「庿」字，舊鈔本、高麗本並作「廟」字，是也。下做此。

29、夲 土刀、進趍也，今作非字。

說文夲部云「夲，進趣也。从大从十」，又云「讀若滔」，大小徐音注皆作「土刀」。玉篇引同說文，下收或文「丰」；廣韻下平豪韻引亦同，音切亦作「土刀」，并收重文「丰」。據上引推知，行均書「夲」字，當為「夲」字之誤。四庫本、虛竹齋本「土刀」下並有「反」字，高麗本亦有「切」，並可證知。注文「趍」，影宋鈔本作「趨」，是也。「非」當依玉篇、廣韻正為「丰」。影宋鈔本、景高麗本正作「丰」。

30、仜　肥大也。

「肥」，景南宋浙刊、舊鈔本、高麗本竝作「肥」，是也。下倣此。

31、倗　步崩反。

「步」，高麗本、四庫本、虛竹齋本竝作「步」，是也。下倣此。

32、⿰亻亍　舊藏作行字。

「藏」字，高麗本、四庫本、虛竹齋本竝作「藏」，是也。下倣此。

33、儩　賤役人也。

「役」，舊鈔本、高麗本、四庫本、虛竹齋本竝作「役」，是也。下倣此。

34、⿰亻頪　音侯，頤言語無度也。

「⿰亻頪」，高麗本作「⿰亻頪」，是也。玉篇頁部「⿰亻頪」下云「⿰亻頪頤，言不正」，廣韻下平十九侯「⿰亻頪」下亦云「⿰亻頪頤，言語無度」，故當據以正之。下凡从「侯」之字倣此。又「⿰亻頪」字當繫諸「頁」部，今誤入「人」部，宜改。

35、儺　音那，驅病鬼也。

「儺」，高麗本、四庫本、虛竹齋本竝作「儺」，是也。下从「難」之字倣此。直音「那」字，高麗本、景高麗本、四庫本、虛竹齋本竝作「那」，是也。注文「駞」字，高麗本、四庫本、虛竹齋本竝作「驅」，是也。

36、仔 文音子。 「文」、影宋鈔本、高麗本、景高麗本竝作「又」，是也。

37. 傜 蘇遭反。 高麗本、四庫本、虛竹齋本竝作「傜」，是也。

38、灸 俗。汝占又，正作誦，多言也。 「又」字當為「反」之誤，四庫本、虛竹齋本、景高麗本竝作「反」，高麗本作「切」。「誦」，高麗本作「講」，說文言部「詽」訓「多語也」，故當以作「詽」為正。

## 人部上聲

1. 僂 傴丨，俯身曲脊也。 「脊」，景南宋浙刊、影宋鈔本、舊鈔本、高麗本、景高麗本竝作「脊」，是也。

2. 俔 伭頭也。 「伭」，景南宋浙刊、景高麗本竝作「伭」；高麗本、四庫本、虛竹齋本則作「低」。「伭」行均注云「

低」之俗，故當以作「低」為正。下倣此。

3. 偃 於蹇反，仲也，仆也，倒也，息也。

「偃」，高麗本、四庫本、虛竹齋本竝作「偃」，是也。注文「仲」字，高麗本作「臥」，是也。

4. 很 胡墾反，戾也，難迴也。｜切語「墾」字，景南宋浙刊、舊鈔本、高麗本、景高麗本竝作「貇」，是也。「迴」字，影宋鈔本、高麗本竝作「廻」，是也。

5. 俾 使也，從也，軄也。

「軄」，高麗本、四庫本、虛竹齋本竝作「職」，是也。爾雅釋言正云「俾，職也」。下倣此。

6. 侈

影宋鈔本、高麗本、四庫本、虛竹齋本竝作「侈」，是也。下从「多」之字倣此。

7. 倚 曰也

「曰」，高麗本、四庫本、虛竹齋本竝作「因」，是也。

8. 伈 ｜｜，恐皃。

「恐」，景南宋浙刊、高麗本、景高麗本竝作「恐」，是也。

9. 停 又立也。「又」，高麗本、景高麗本竝作「久」，是也。

10. 儆 或也。「或」，高麗本作「戒」，是也。

11. 儴 奴了反。僂丨也。「儴」，高麗本作「㒟」，是也。玉篇、廣韻正訓「僂褭」。

12. 𠎦 「𠎦」，當作「𠏁」，詳見引書考。

13. 𠍴 𢚩迫也。「𢚩」，影宋鈔本、舊鈔本、高麗本、四庫本、虛竹齋本竝作「急」，廣韻上聲軫韻正訓「急迫」，是也。下倣此。

14. 僤 俗。兆買反。？「僤」字，切語「兆」字，景高麗本作「非」，未知孰是？「僤」字，說文不載，他字書亦無。

15. 仵 偶敵 「敵」，景南宋浙刊、影宋鈔本、高麗本、景高麗本竝作「敵」，是也。下倣此。

16. 倇 高麗本、四庫本、虛竹齋本竝作「倇」，是也。下从「宛」之字倣此。

17. 僯 良忍反。「僯」，影宋鈔本、舊鈔本、高麗本、景高麗本、四庫本、盧竹齋本竝作「僯」，是也。下从「粦」之字倣此。

18. 俩 分兩反。 切語「兮」，景南宋浙刊、影宋鈔本、舊鈔本、高麗本、景高麗本、四庫本、盧竹齋本竝作「分」，是也。

19. 俙 高麗本、四庫本、盧竹齋本竝作「俙」，是也。下从「希」之字倣此。

20. 俠 惡人也。 「俠」，高麗本、四庫本、盧竹齋本竝作「傸」，是也。廣雅釋詁，廣韻、集韻上聲養韻「傸」字下正訓「惡也」。下从「爽」之字倣此。

21. 仉 音掌，人姓也。 「仉」，景宋鈔本、高麗本、景高麗本、四庫本、盧竹齋本竝作「仉」，是也。萬姓統譜云「仉，見姓苑，周孟子母仉姓」。

22. 㒟 音鳥 「㒟」，高麗本、四庫本、盧竹齋本竝作「㒟」，是也。下从「鳥」之字倣此。

人部去聲

1、倦 狂願反，極也，懈也，上也。「願」，景南宋浙刊、高麗本、四庫本、虛竹齋本竝作「願」，是也。下从「原」之字倣此。「極」，高麗本、四庫本、虛竹齋本竝作「極」，是也。「上」，高麗本作「止」，是也。

2、叓 猥丨，不靜也。「叓」，與「鬧」同。「猥」，景高麗本作「猥」，是也。玉篇云

3、倿 諂媚偽善也。「諂」，景南宋浙刊、高麗本竝作「諂」，是也。下从「臽」之字倣此。

4、佑 佐也，助也。「佐」，高麗本、四庫本、虛竹齋本竝作「佐」，是也。

5、介 助、佐、申、閑也。「佐」，景高麗本、四庫本、虛竹齋本竝作「佐」，是也。「申」，高麗本作「甲」，是也。

6、伄 俗。伄正。多叫反，丨當，不當兒也。「伄」「伄」二字，高麗本作「伄」「伄」，是也。下倣此。唯玉篇、廣韻、集韻止收「

佛」字，未見「佛」字。

7. 慫 七乂反 切語「乂」，影宋鈔本、景高麗本竝作「又」，是也。廣韻去聲四十九宥切「鋤祐」，集韻去聲宥韻切「鉏救」。

8. 傆 點也，出說文。「點」當作「黠」，詳見引書考。

9. 伷 系丨也。「糸」，高麗本作「系」，是也。廣韻去聲四十九宥正訓「系也」。

10 倅 高麗本、四庫本、虛竹齋本竝作「倅」，是也。下从「卒」之字倣此。

11. ⿰亻胃 音謂，胃也。「⿰亻胃」，景宋鈔本、高麗本、四庫本、虛竹齋本竝作「⿰亻胃」，是也。

12. 儈 高麗本、四庫本、虛竹齋本竝作「儈」，是也。下从「會」之字倣此。

13. ⿰亻迷 莫計反，丨他，又丨，蹥也。「⿰亻迷」，省筆字也，疑當作「⿰亻㡭」為是。

14、俔磬也，罄也。「磬」，景南宋浙刊、舊鈔本、景高麗本、並作「罄」，是也。

15、僐時戰反，恣態也。「僐」，高麗本、四庫本、虛竹齋本並作「𠌯」，是也。下从「善」之字倣此。又「恣」字當作「姿」，說文「僐」下訓「作姿也」。

16、僋|倸，癡皃。「僋」，當為「僋」之誤，玉篇「僋」下云「僋倸，老無宜適也」，廣韻、集韻並訓「僋倸，癡皃」。下从「貪」之字倣此。

17、儓，他愛反，|儗也。「儓」，舊鈔本、高麗本、景高麗本、四庫本、虛竹齋本並作「儓」，是也。下从「臺」之字倣此。

## 人部入聲

1、倏|忽疾也。「忽」，景南宋浙刊、景宋鈔本、舊鈔本、高麗本、景高麗本、四庫本、虛竹齋本並作「忽」，是也。

2、仡壯皃。「壯」，景南宋浙刊、舊鈔本、高麗本、景高麗本、四庫本、虛竹齋本並作「壯」，是也。下倣此。說文字作「仡」，訓「勇壯也」。

3. 𦙶 正作瘠

「瘠」，景南宋浙刊、景宋鈔本、舊鈔本、高麗本、景高麗本、四庫本、虛竹齋本並作「瘠」，是也。

4、傑 又持立也。

「傑」，高麗本、四庫本、虛竹齋本並作「傑」，是也。下倣此。「持」，景南宋浙刊、舊鈔本、高麗本、四庫本、虛竹齋本並作「特」，是也。

5. 儳 莫結反，多詐也。丨僭

「儳」，高麗本、四庫本、虛竹齋本並作「儳」，是也。廣韻、集韻入聲屑韻下「儳」字，正切「莫結」，注亦云「儳僭，多詐也」。

6. 促 七玉反。

切語「玉」，景南宋浙刊、影宋鈔本、舊鈔本、高麗本、景高麗本、四庫本、虛竹齋本並作「玉」，是也。

7. 傯 鷙鳥之聲。

「傯」，高麗本、四庫本、虛竹齋本並作「傯」，是也。注文「鷙」字，景高麗本、四庫本、虛竹齋本並作「鷙」，是也。廣韻入聲屑韻正訓「鷙鳥之聲」。

8、沫音末，｜健，肥皃。 「沫」，高麗本、景高麗本並作「沬」，是也。直音「末」，高麗本，景高麗本並作「末」，是也。注文「肥」字，景南宋浙刊、高麗本、景高麗本、四庫本並作「肥」，是也。廣韻去聲夬韻云「佅，佅健，肥貌」。

9、偞呼叶反，｜畀也。 「偞」，疑當作「傺」，禮玉藻云「惟水漿不祭，若祭為已傺卑」，疏云「已，大也。傺，厭也。此解不祭水漿之意，若祭水漿為大厭降卑」。「傺」亦作「偞」，雷浚說文外篇云「傺是唐人避諱字，陸釋文作偞」。據上推知，注文「畀」字，亦當作「卑」為是。

10、倢疾莱反。 「倢」，景高麗本作「倢」，是也。切語「莱」字，影宋鈔本、高麗本並作「葉」，是也。廣韻、集韻入聲葉韻並作「倢」。

11、倜｜儻也。 「儻」，影宋鈔本、高麗本、景高麗本、四庫本、虛竹齋本竝作「儻」，是也。

12、伐（音勑，音愼｜又惕也。）「伐」，景南宋浙刊、舊鈔本、景高麗本、四庫本、虛竹齋本竝作「代」，是也。直音「勑」字，高麗本、景高麗本、四庫本、虛竹齋本竝作「敕」，是也。注文「惕」字，景南宋浙刊、高麗本、景高麗本、四庫本、虛竹齋本竝作「惕」，是也。說文人部「代」下，正訓「惕也」。

13、⿰亻畢「畢」，說文四下華部作「畢」，隸當作「畢」。下凡从「畢」之字倣此。此字當以「⿰亻畢」為正。

14、⿰亻⿱宀缶（｜⿰亻脊，健兒也。）云「⿰亻⿱宀缶⿰亻脊，健貌」。「⿰亻脊」，景南宋浙刊作「⿰亻脊」，是也。玉篇

15、僭景南宋浙刊、景高麗本竝作「⿰亻脊」，是也。

言部平聲

1、訏（況于反。）「況」，高麗本、景高麗本竝作「況」，是也。說文水部云「況，寒水也。从水，兄聲」，段注「古矧兄

，比兄皆用兄字，後及用況字，後又改作况作況」，廣韻去聲漾韻云「況，俗况」。下倣此。

2、誒許其反，可忘之詞也。「誒」，高麗本、景高麗本竝作「誒」，是也。下从「矣」之字倣此。「忘」，高麗本作「惡」，是也。說文言部：「誒，可惡之辭。」

3、譁如盎反多言也，又哆，流反「譁」字，當作「詽」，或作「訮」，說文言部下云「詽，詽詽，多語也」。切語「哆」字，景南宋浙刊、景宋鈔本、舊鈔本、高麗本、景高麗本竝作「哆」，是也。

4、訏亦嗄反。「嗄」，舊鈔本、高麗本、景高麗本、四庫本、虛竹齋本竝作「嗄」，是也。

5、⿱頻言北言也。「北」，高麗本作「多」，是也。集韻平聲真韻正訓「多言」。

6、⿰言㬎諕弄言也「諕」，高麗本、景高麗本、四庫本、虛竹齋本竝作「謔」，是也。下倣此。

7、訮許延反，詞也。又音天，亦詞兒也。二「詞」字，高麗本竝作「訶」，是也。集韻平聲先韻「訮」下正訓「訶也」。

8、訦音沈「訦」，高麗本作「訦」，是也。下从「宂」之字倣此。

9、諐過也「諐」，景南宋浙刊作「諐」，是也。說文云「愆，過也。諐，籀文」。

10、該皆、悉、咸、備義也。「僃」，景南宋浙刊、舊鈔本、高麗本、景高麗本竝作「備」，是也。

11、詑誑也「誑」，景南宋浙刊、舊鈔本、高麗本、景高麗本竝作「誑」，是也。

12、諯相讓詷也，又音專。「詷」，舊鈔本、高麗本、景高麗本竝作「詞」，是也。「專」，高麗本、景高麗本竝作「尃」，是也，下倣此。

13、詹聀•康反「聀」，高麗本、四庫本、虛竹齋本竝作「職」，是也。下倣此。

13、詷（徒刀反，詏丨也。）「詷」，高麗本、四庫本、虛竹齋本竝作「詷」，是也。玉篇言部「詏」下正云「詏詷，言不節也」。

14、謊（夢言也。）「謊」，高麗本、四庫本、虛竹齋本竝作「謊」，是也。下从「荒」之字倣此。

15、譆（許其痛聲。）「許其」下，景南宋浙刋、舊鈔本、四庫本、虛竹齋本竝有「反」字，高麗本下亦有「切」字，廣韻平聲之韻「譆」字正切「許其」，是知南宋浙刋本脫。

16、詳（音詳。）直音「詳」字，景南宋浙刋、高麗本、四庫本、虛竹齋本竝作「祥」，是也。

17、⿰言聿（音虔。）「虔」，高麗本、四庫本、虛竹齋本竝作「虔」，是也。下倣此。

18、設（女加反，絲丨，語不解也。）「設」，景南宋浙刋作「設」，是也。廣韻平聲麻韻「設」字下正注云「女加切，絲設，語不解也」。

19、⿰言丑（｜誄，陰私小言也。⿰言桼音初栗反。）「誄」「⿰言桼」，景南宋浙刊、影宋鈔本、景高麗本、四庫本、虛竹齋本竝作「⿰言桼」，是也。廣韻平聲尤韻「謅」字下正訓「謅⿰言桼，陰私小言」。

20、譠（｜謾，欺謾言也。）「譠」，高麗本、四庫本、虛竹齋本竝作「譠」，是也。方言第十云「譠謾，欺謾之語也」。

21、誺（丑知、丑秋二反。）「誺」字，各韻書未有切「丑秋」者，景南宋浙刊作「丑利」，是也。廣韻、集韻去聲志韻作「丑吏切」。「利」在去聲至韻，與去聲志韻「吏」字相近。

22、諏（子侯、子子二反。）子切語「子子」下一「子」字，景南宋浙刊、高麗本、景高麗本、四庫本、虛竹齋本竝作「于」，是也。廣韻平聲虞韻正切「子于」。

23、諻（虖橫反。）「虖」，景南宋浙刊、景高麗本竝作「虎」，是也。廣韻、集韻平聲庚韻正切「虎橫」。

## 言部上聲

1、誏（音⿰良力）「⿰良力」，高麗本、景高麗本竝作「朗」，是也。下倣此。

2、譩（虛偃切）「譩」，四庫本作「⿰言憲」，是也。廣韻、集韻上聲阮韻並作「⿰言憲」，音切「虛偃」。下从「憲」之字倣此。

3、謱（醜|，曲也。）安「安」，高麗本、景高麗本、四庫本、虛竹齋本並作「委」，是也。廣韻、集韻上聲麌韻並云「醜謱，委曲也」。

4、訌（音口，相口可。）先「先相口可」，廣韻上聲厚韻作「訌，先相訌可也」，當據正。

5、訧（兖允二音）「訧」，高麗本、景高麗本並作「訧」，是也。下从「允」之字倣此。

6、謥（郭氏音悩）「悩」，高麗本、四庫本、虛竹齋本並作「惱」，是也。下倣此。

## 言部去聲

1、誹謗（正。非味反。下布浪反，||也。）景南宋浙刊、舊鈔本、景高麗本、

虛竹齋本「正」下「非」上，竝有「上」字，是也。

2、訴今諦正乘故反，告ㄧ冤枉也。說文言部「𧦝」下云「告也。从言，㡿聲。論語曰：訴子路於季孫」，段注「凡從㡿之字，隸變為斥，俗又㡿譌斥」。是「諦」當改作「𧦝」。切語「乘」字，高麗本作「桑」，是也。廣韵、集韵去聲暮韻正切「桑故」。

3、詖反慧也。「反」，景南宋浙刊、舊鈔本、高麗本、四庫本、虛竹齋本竝作「又」，是也。

4、謎莫計反，悉言也。「謎」字，不體，景南宋浙刊作「謎」，是也。廣韻去聲霽韻「謎」字，正切「莫計」。「悉」，景南宋浙刊、高麗本竝作「隱」，是也。說文新附云「謎，隱語也」。

5、詬又若候反。切語「若」字，景南宋浙刊、高麗本、景高麗本、四庫本、虛竹齋本竝作「若」，是也。

6、詠止也，茶也，聊也。「茶」，景南宋浙刊作「禁」，是也。玉篇「詸」字正到「禁」，廣韻去聲宥韻云「詸，文字音義云：止也、禁也、助也」。

7. 譨 古縣，許縣反，言有所求也。 說文言部「譨」字下云「流言也，从言𧪗聲」，是「譨」字當據改為「譨」。「許縣」下，景南宋浙刊、高麗本、景高麗本、虛竹齋本竝有「二反，流」三字，是也。廣韻去聲霰韻正切「古縣」「許縣」。

8. 諫 七賜反，數也。 「諫」，高麗本作「諫」，是也。廣韻、集韻去聲寘韻「諫」字下正切「七賜」。

9. 譵 惡言也。 「惡」，景南宋浙刊、舊鈔本、高麗本竝作「怨」，是也。下倣此。

10. 誆 渠放反。 「誆」，高麗本作「誆」，是也。廣韻去聲漾韻「誆」字正切「渠放」。下从「匡」之字倣此。

11. 謚 「謚」，高麗本作「謚」，是也。下从「益」之字倣此。

12. 譪 樹蘙茂也。 「蘙茷」，景南宋浙刊、高麗本、景高麗本竝作「纍茂」，是也。下从「茂」之字倣此。

13、謷五告反，志遠皃。「謷」，高麗本作「謷」，是也。莊子大宗師「謷乎其未可制也」，釋文「司馬云：志遠貌」。

## 言部入聲

1、讁罸也。「罸」，高麗本、四庫本、虛竹齋本並作「罰」，是也。下倣此。

2、詆俗，他歷反。「詆」，高麗本作「詆」，疑是。集韻入聲錫韻正作「詆」。

3、謵止涉反，小言也。切語「止」字，景高麗本作「叱」，是也。廣韻、集韻入聲葉韻正切「叱涉」。

4、讘又孤攝，縣名也。「攝」，高麗本作「｜」，是也。依其通例當作如此。景南宋浙刊、景高麗本、四庫本、虛竹齋本「孤」字下並作「讘」，可證。

5、誳或作詘二。居勿、玄勿二反。「詘」下「二」字，景南宋浙刊、舊鈔本、景高麗本、四庫本、虛竹齋本並作「正」，是也。

6、⿰言号（江西經音作諤，五各，在廣弘明集。）「諤」，景南宋浙刋、高麗本、景高麗本、四庫本竝作「諤」，是也。「各」下，景南宋浙刋、四庫本、虛竹齋本竝有一「反」字，高麗本亦有「切」字，當據補。廣韻、集韻、韻會「諤」字正切「五各」。

7、詠（私訟也。）「私」，景南宋浙刋、影宋鈔本、舊鈔本、高麗本、景高麗本、四庫本、虛竹齋本竝作「私」，是也。下倣此。「訟」，景南宋浙刋、影宋鈔本、舊鈔本、高麗本、景高麗本竝作「訟」，是也。

8、⿰言雋（古麦反。）「麦」，高麗本、四庫本、虛竹齋本竝作「麥」，是也。下倣此。

9、⿱直⿰言直（澀｜，言不止也。⿰亻澀音所立反。）「⿰亻澀」，景南宋浙刋、影宋鈔本、四庫本、虛竹齋本竝作「澀」，是也。

10、諜（反問也。）「問」，景南宋浙刋、舊鈔本、四庫本、虛竹齋本竝作「間」，是也。說文言部「諜，軍中反間也」。

心部平聲

1、惇撲也「撲」，景南宋浙刊、景宋鈔本、舊鈔本、四庫本、虛竹齋本竝作「樸」，是也。下倣此。

2、悝亦憂也。「憂」，高麗本、景高麗本竝作「憂」，是也。下倣此。

3、悕音希冀也「悕」，高麗本、四庫本、虛竹齋本竝作「悕」，是也。下从「希」之字倣此。「冀」，高麗本作「兾」，是也。下倣此。

4、恢今悏正。苦回反，大也。「悏」，高麗本作「恢」，並云「凡灰字，從大從火」，當據正。下从「灰」之字倣此。

5、慺敬｜見｜。，謹「見」，景南宋浙刊、高麗本、景高麗本、竝作「皃」，是也。

6、憔｜，｜也。悴、「悴」，高麗本、四庫本、虛竹齋本竝作「悴」，是也。下从「卒」之字倣此。

7、㥊|闒，嗔兒。好「闒」，景南宋浙刋、高麗本、景高麗本竝作「惆」，是也。玉篇、集韻竝「㥊惆」連言。行均書「㥊」字下亦收「惆」字，訓「㥊惆」。

8、怩音尼，慙也。忢「忢」，景南宋浙刋、舊鈔本、高麗本、景高麗本、四庫本、虛竹齋本竝作「忸」，是也。

9、愉悅也「悅」，高麗本、景高麗本、四庫本、虛竹齋本竝作「悅」，是也。下倣此。

10、悛胡交反，快也。「悛」，高麗本作「恔」，是也。玉篇、廣韻、集韻「恔」字，均訓「快」也。

11、忯爾雅云：||，惕|，愛也。「惕」，景南宋浙刋作「惕」，是也。爾雅釋訓正作「惕」。

12、愪。下从「員」之字倣此。「愪」，高麗本、四庫本、虛竹齋本竝作「愪」，是也。

13、㦟懼也「㦟」，高麗本作「㦟」，是也。廣韻上平四江正作「㦟」。

14. 怮（於堯反，丨，憂也。）丨作「怮」，是也。廣雅釋詁一，玉篇、廣韻「怮」下竝訓「憂也」。「怮」，景高麗本、四庫本、虛竹齋本竝

15. 㥄（力應反，怜也。）「㥄」，高麗本作「㥄」，是也。廣韻平聲蒸韻「㥄」字下正訓「怜也」。

16. 愃（戻人語快也。）「戻」字，高麗本、景高麗本竝作「吳」，是也。方言第二云「愃、快也」，注「今江東人呼快為愃」。

17. 悢（音哀。）「悢」字，高麗本、景高麗本作「偯」，是也。「哀」，高麗本、景高麗本、四庫本、虛竹齋本竝作「哀」，是也。下倣此。

18. 憸（息廉反，又科口也。）「科」，高麗本作「利」，是也。說文心部云「憸，憸詖也，憸利於上佞人也」，書冏命「無昵于憸人」，傳「憸，利口也」。

19. 惺（息并反，又丨悟也。）切語「并」，高麗本、景高麗本竝作「井」

，是也。廣韻、集韻上聲靜韻作「息井切」。

20、憏 音秦 「憏」，高麗本、景高麗本、四庫本、虛竹齋本竝作「憏」，是也。下从「秦」之字倣此。

21、憣 正作憣 注文「憣」字，高麗本、景高麗本、四庫本、虛竹齋本竝作「憣」，是也。

22、愆 去乹反 切語「乹」，高麗本、四庫本、虛竹齋本竝作「乾」，是也。下倣此。

23、懕 心一，犬甘内 心無足也。 「懕」，高麗本作「懕」，是也。由下「犬甘肉」形訓可知。注文「内」字，景南宋浙刊、高麗本、四庫本、虛竹齋本竝作「肉」，是也。

24、懙 恭敬也 「恭」，影宋鈔本、高麗本、景高麗本、四庫本、虛竹齋本竝作「恭」，是也。

25、懲 直陵反，一盛也。又苦也，又心也。 「懲」，高麗本、四庫本、虛竹齋本竝作「懲」，是也。「盛」字，景南宋浙刊、高麗本竝作「戒」，是也。「心」，景南宋浙刊、高麗本竝作「止」，是也。詩小雅沔水「寧莫之懲」，毛傳「懲，止也」。

26、惢 姊隨反 「姊」，高麗本、四庫本、虛竹齋本並作「姊」，是也。

27、惢 高麗本、四庫本、虛竹齋本並作「惢」，是也。

心部上聲

1、惱 令惱 正 「令」，高麗本、四庫本、虛竹齋本並作「今」，是也。

2、懊 又於方反：切語「方」字，景南宋浙刊、高麗本並作「六」，是也。廣韻入聲屋韻切「乙六」。

3、怙 賴也 「賴」，高麗本、虛竹齋本並作「賴」，是也。下倣此。

4、惔 憺怕，安靜也。 「怕」，四庫本、虛竹齋本並作「泊」，是也。

5、懶 惰也 「惰」，景南宋浙刊、高麗本、四庫本、虛竹齋本並作「惰」，是也。

6、恀爾疋云：恃事曰丨也。「曰」，景南宋浙刊、舊鈔本、高麗本、景高麗本並作「曰」，是也。

7、悓惟慢也。正從巾。「惟慢」，景南宋浙刊、舊鈔本、高麗本、景高麗本並作「帷幔」，是也。

8、憻音義作坦。出阿差末經第三卷。「三」，當作「五」，詳見引書考。

9、愐思也。慕也。「募」，舊鈔本、高麗本、四庫本並作「慕」，是也。

10、愯意拱反。切語「意」字，高麗本、景高麗本並作「息」，是也．廣韻上聲腫韻正切「息拱」。

11、憯傖也「傖」，景南宋浙刊、影宋鈔本、舊鈔本、高麗本、景高麗本、四庫本、盧竹齋本並作「愴」，是也。

12、愝惼「愝」，高麗本作「愝」，是也．集韻上聲阮韻、銑韻「愝惼」二字正連言互訓。

13、⿰忄典 情｜徐｜胃⿱鬼心爲｜。「胃」，景南宋浙刊、高麗本、四庫本、虛竹齋本竝作「謂」，是也。

14、⿰忄夭 ｜正之皃｜也。「⿰忄夭」，高麗本、四庫本、虛竹齋本竝作「⿰忄夭」，是也。廣韻上聲皓韻「⿰忄夭」亦訓「⿰忄夭正之皃」。下从「夭」之字做此。

15、忟 武粉反 「武」，高麗本、四庫本、虛竹齋本竝作「武」，是也。下做此。

16、慭 眉忍反。「眉」，高麗本、景高麗本、四庫本、虛竹齋本竝作「眉」，是也。下做此。

心部去聲

1、慣 開患反。「開」，高麗本、舊鈔本竝作「關」，是也。下做此。

2、懅 景南宋浙刊、高麗本竝作「懅」，是也。下从「豦」之字做此。

3、惋 高麗本、四庫本、虛竹齋本竝作「惋」，是也。下从

4、憏「宛」之字倣此。景南宋浙刊、舊鈔本、高麗本、景高麗本竝作「憏」，是也。

5、惓廻頋也。「頋」，景南宋浙刊、舊鈔本、高麗本竝作「顧」，是也。下倣此。

6、悈俗慽正。音戒，質也。又紀力反，急也。說文心部云「悈，飭也」，爾雅釋言云「悈，急也」，是當以「悈」為正，「慽」為俗。「急」，高麗本、四庫本、虛竹齋本竝作「急」，是也。下倣此。

7、㦛高麗本、四庫本、虛竹齋本竝作「㦛」，是也。下从「蓋」之字倣此。

8、怲芳万反「万」，高麗本作「萬」，是也。廣韻去聲願韻正切「芳萬」。

9、忱「忱」，當作「忧」，詳見引書考。

10、㥀陟利反，恐也，恨也。「㥀」當作「懥」，廣韻、集韻、韻會「

11. 悳 懥」字下切「陟利」，亦訓「恨也」。高麗本、四庫本、盧竹齋本竝作「悳」，是也。

12. 悆 豫也 「悆，豫也」，景南宋浙刋、舊鈔本、高麗本、景高麗本、四庫本竝作「悆，豫也」，是也。下从「余」之字倣此。

13. 戇 卓絳反 「絳」，景南宋浙刋、影宋鈔本、景高麗本竝作「絳」，是也。

14. 憊 瘏也 「瘏」，景南宋浙刋、高麗本竝作「病」，是也。廣韻去聲怪韻亦訓「病也」。

15. 懋 與茂洞 「懋」，高麗本、景高麗本竝作「懋」，是也。「洞」，景南宋浙刋、舊鈔本、高麗本、景高麗本、四庫本、盧竹齋本竝作「同」，是也。

16. 恙 嗞也 「嗞」，影宋鈔本、舊鈔本、高麗本、四庫本、盧竹齋本竝作「嗌」，是也。

17. 𢤁 今作懈，忌。 「忌」，景南宋浙刋、高麗本、景高麗本、虛竹齋本竝作「急」，是也。

18、忞 始孕病兒也。「始」，高麗本、景高麗本竝作「婦」，是也。「兒」，舊鈔本、高麗本、四庫本、虛竹齋本竝作「皃」，是也。廣韻去聲祭韻正訓「婦孕病皃」。

19、懘 高麗本、四庫本、虛竹齋本竝作「懘」，是也。下从「帶」之字倣此。

20、𤢄 狂大別名也。「大」，高麗本、景高麗本竝作「犬」，是也。

21、𢡖 玉篇：謹也。「𢡖」字，玉篇卷八心部作「𢡖」，正訓「謹也」，宜據正。

22、隱 徒臥反，懈｜也，與惰同。「隱」字，說文云「憜，不敬也。惰，憜或省」，集韻去聲過韻「憜」下云「或省（惰）」，亦作嫷、墮。古作憜、憜，亦書作隱」，疑此字當作「隱」。

23、𢝫 徒且反 「且」，景南宋浙刊、高麗本、四庫本、虛竹齋本竝作「旦」，是也。

24.慗 高麗本、四庫本、虛竹齋本竝作「慗」，是也。

心部入聲

1、恪 勤心謙參也。「參」，景南宋浙刊、高麗本、景高麗本、四庫本、虛竹齋本竝作「恭」，是也。

2、惻 創也。「創」，高麗本作「愴」，是也。廣韻入聲職韻下正訓「愴也」。

3、㥛 息性相背也。「息」，高麗本、景高麗本竝作「急」，是也。說文「㥛」下正訓「急性也」。

4、忔㤞 微也。「微」，高麗本作「徵」，是也。故宮王韻、廣韻入聲鐸韻竝云「㤞，徵也，亦作忔」。

5、怫 欝也。「欝」，高麗本、景高麗本、四庫本竝作「鬱」，是也。

6、忦 古點反。「點」，高麗本、景高麗本竝作「黠」，是也。玉篇、廣韻亦切「古黠」。

7、慄 ｜忽，不悵也。「慄」，高麗本、景高麗本、四庫本、虛竹齋本竝作「𢗯」，是也。下从「聿」之字做此。「怱」，景南宋浙刊、舊鈔本、高麗本、景高麗本、四庫本、虛竹齋本竝作「怱」，是也。

8、怴 許聿反，怒也。「怴」，景南宋浙刊作「怴」，是也。廣雅釋詁四「怴，怒也」，廣韻入聲術韻「怴」下正切「許聿」。

9、愎 高麗本、四庫本、虛竹齋本竝作「愎」，是也。下从「复」之字做此。

10、𢡱 不思𢡱，呼麥反，辯快也。「𢡱」，高麗本作「𢡱」，是也。「思」，高麗本作「慧」，是也。廣韻入聲麥韻云「𢡱，不慧。又𢡱𢡱，辯快，出音譜」。

11、惡 為各反。「為」，高麗本作「烏」，是也。廣韻入聲鐸韻正切「烏各」。

12、憋 并滅反，急性皃。「憋」，高麗本、四庫本、虛竹齋本竝作「憋」，是也。列子力命「嘽咺憋懯」，釋文「憋懯，急性也」，廣韻入聲薛韻亦云「憋，急性皃」。

13、慝（嫟丨、邪穢也。）「嫟」，高麗本、景高麗本竝作「婬」，是也。

## 山部平聲

1、巖（崿也）「崿」字，不體，景南宋淅刋、舊鈔本、高麗本、景高麗本竝作「崿」，是也。

2、岐　高麗本、四庫本、虛竹齋本竝作「岐」，是也。下倣此。

3、巔　高麗本、四庫本、虛竹齋本竝作「巔」，是也。下从「顛」之字倣此。

4、岑（土今反）「土」，景南宋淅刋、高麗本、景高麗本、四庫本、虛竹齋本竝作「士」，是也。廣韻切「鋤針」，集韻切「鋤簪」，「鋤」「士」同屬「牀母」也。

5、巎（努刀反、山名也。）「巎」，高麗本作「巙」，是也。廣韻平聲豪韻「巙」字下正云「奴刀切，山名」。

6、嶚｜巢，山皃也。「巢」，景南宋浙刊、高麗本、景高麗本、四庫本、虛竹齋本竝作「巢」，是也。行均書下收「巢」字即訓「嶚巢」，廣韻平聲蕭韻「嶚」字下正云「嶚巢，山皃」。

7、嶓｜家，山名也。「家」，景南宋浙刊、高麗本、四庫本、虛竹齋本竝作「冢」，是也。

8、巋又丘軌反。「軌」，高麗本作「軌」，是也。下倣此。

9、嵺或作嵺，上聊。音「上」，高麗本、景高麗本竝作「今」，依行均通例疑是。

10、崤戶交，｜亟，山名。「崤」，影宋鈔本、高麗本、景高麗本竝作「崤」，是也。「交」字下，舊鈔本、四庫本、虛竹齋本、函海本竝有「反」字，是也。「亟」，高麗本、四庫本、虛竹齋本竝作「函」，是也。文選賈誼過秦論「秦孝公據崤函之固」，崤函乃指崤山與函谷關，見李注，行均以「崤函」為山名，誤也。

11、嶄　｜嵒，皃也。「皃」字上，舊鈔本、四庫本、盧竹齋本並有「山」字，是也。廣韻平聲銜韻「嶄」字下正云「嶄嵒，山皃」。

12、崛　子干反。「干」字，景南宋浙刊、高麗本、景高麗本並作「于」，是也。廣韻平聲虞韻正切「子于」。

13、崢　七庚反，｜崢，山皃。切語「七」字，高麗本、景高麗本並作「士」，是也。廣韻平聲耕韻下作「士耕切」。注文「崢」字，高麗本、景高麗本並作「嶸」，是也。

14、嵴　七耕反。「七」，高麗本、景高麗本並作「士」，是也。廣韻平聲耕韻下作「士耕切」。

15、嶬　高麗本作「巇」，是也。下从「羲」之字倣此。

16、舢　多干反。高麗本、景高麗本並作「舢」，是也。由下反語音讀可知。

山部上聲

1、⿱山頗　我｜，山皃也。「我」，高麗本、盧竹齋本並作「峨」，是也。

2、嶉 即木反。「木」，景南宋浙刊、高麗本、景高麗本竝作「水」，是也。

3、⿰山咅 滿口反。切語「滿」字，景南宋浙刊、高麗本、景高麗本竝作「蒲」，是也。廣韻上聲厚韻正切「蒲口」。

4、嶲 獸名。「獸」，高麗本、景高麗本竝作「獸」，是也。下倣此。

5、⿱山從 高麗本、四庫本、虛竹齋本竝作「嵸」，是也。

山部去聲

1、峻 今⿱陖山 正。高臉 峭遠也。 說文云「⿱山陖，高也。峻，⿱山陖或省」，是「⿱陖山」當作「⿱山陖」。「臉」，景南宋浙刊、舊鈔本、高麗本、景高麗本、四庫本、虛竹齋本竝作「險」，是也。

2、岸 魚且反，灉丨也。「且」，景南宋浙刊、舊鈔本、高麗本、景高麗本、四庫本、虛竹齋本竝作「旦」，是也。「灉」，景南宋浙刊、景高麗本、虛竹齋本竝作「涯」，是也。

3、岃俗音蓋，正作正。「正作正」，下「正」字，高麗本、景高麗本、竝作「丏」，是也。

山部入聲

1、𡶳許月反「𡶳」，高麗本、四庫本、虛竹齋本竝作「𡶳」，是也。

2、屼音兀，山皃。「屼」，高麗本、四庫本、虛竹齋本竝作「屼」，是也。

3、嶭巀二正。五嶭、伍結二反，巀丨。「嶭巀」，高麗本作「嶭巀」，是也。下做此。說文山部云「嶭，巀嶭，山皃」。切語「嵑」字，高麗本作「葛」，是也。

4、𡴭香嚴：音莫丨反。「丨」，高麗本、景高麗本竝作「卜」，是也。

車部平聲

1、輿事也「事」，景南宋浙刊、高麗本、景高麗本竝作「車」，是也。

2、⿰車表 高麗本、景高麗本、四庫本並作「轅」，是也。下从「袁」之字倣此。

3、⿰車軍 車前峯也。 「峯」，高麗本、景高麗本、虛竹齋本並作「擧」，是也。

4、軻 居貧轗丨不過也。 「過」，舊鈔本、高麗本、景高麗本、虛竹齋本並作「遇」，是也。

5、輇 又七專反。 「七」，高麗本作「市」，是也。檢韻書「輇」字未有切「七專」者，廣韻平聲仙韻切「市緣」，而「緣」「專」同屬「仙韻」。

6、輶 由、酉、犹三音。 「犹」，景南宋浙刊、四庫本、虛竹齋本並作「狖」，是也。廣韻、集韻去聲宥韻並與「狖」同音。

7、輡 轁正作轁，藏也。 注文「轁」字，高麗本作「韜」，是也。

8、⿰車艮 ⿰車喜丨，車軌軫也。 「軫」，景南宋浙刊、高麗本、景高麗本、四庫本、虛竹齋本並作「軨」，是也。

9、輁 丨逐、所文棺。 「逐」，景南宋浙刊作「軸」，是也。儀禮士喪禮「升棺用軸」，注「軸，輁軸也」。集韻平聲纏韻亦云「輁，輁軸，士喪遷柩者」。

10、轃 大車簀也。「簀」，高麗本、景高麗本並作「簀」，是也。說文云「轃，大車簀也」。廣韻平聲先韻訓同。

11、轙 車上環轡所貫車也。「轡」，景南宋浙刊、舊鈔本、高麗本、景高麗本、四庫本、盧付齋本並作「轡」，是也。

12、輡 若于反。「于」，景南宋浙刊、高麗本、景高麗本並作「干」，當是。

13、軥 ｜啟，喜悅兒也。啓音軫。「啟」，景高麗本作「啓」，是也。廣韻平聲先韻下云「軥，呂氏春秋下云：天子軥軥啓啓，莫不載悅」。

14、轇 ｜葛，戟形也。「葛」，高麗本作「轕」，是也。廣韻平聲肴韻云「轇轕，鋒戟形也」。

15、轈 七交反。詩云：兵車若巢，以望敵也。「七」，高麗本、景高麗本並作「士」，是也。廣韻切「鉏交」，集韻、韻會切「鋤交」

、「士」「鉏」「鋤」皆屬「牀母」也。「敵」，景南宋浙刊、舊鈔本、高麗本、景高麗本、四庫本竝作「敵」，是也。

車部上聲

1、軧 大車故也。 「故」，景南宋浙刊、高麗本、四庫本、虛竹齋本竝作「後」，是也。說文車部云「軧，大車後也」。

2、輪 與後横木也。 「與」，景南宋浙刊、高麗本、景高麗本、四庫本、虛竹齋本竝作「輿」，是也。

3、輓 無返反，引也。又音方，車也。 「輓」，高麗本作「輓」，是也。說文車部云「輓，引車也」。又昔「方」，景南宋浙刊作「万」，高麗本作「萬」，當以「萬」為是。廣韻上聲阮韻注云「無遠切」。

4、輠 車轂頭轄克。又果禍二音，一畢脂角也。 「克」，景南宋浙刊、景高麗本竝作「皃」，四庫本、虛竹齋本竝作「貌」，當以「皃」為是。「一畢」，景南宋浙刊、影宋鈔本、舊鈔本、高麗本、景高麗本、四庫本、虛竹齋本竝作「車」，是也。

5、輅｜轢，車行不平也。「輅」，高麗本作「輡」，是也。

6、軓車軾前也。一曰車當前也。「軾」，景南宋浙刊、高麗本、四庫本、虛竹齋本竝作「軾」，是也。說文車部云「軓，車軾前也」。「日」，高麗本、景高麗本竝作「曰」，是也。

7、軔 高麗本、四庫本、虛竹齋本竝作「軪」，是也。

8、轑音叫，車彗也。｜，「叫」，高麗本、四庫本、虛竹齋本竝作「叫」，是也。下倣此。「彗」，景高麗本作「轊」，是也。方言第九云「車轊，齊[illegible]」，郭璞注「又名轑」。

9、轋刀刃反「刀」，景南宋浙刊、舊鈔本、景高麗本、四庫本、虛竹齋本竝作「力」，是也。

車部入聲

1、輯和也，諸也。「諸」，高麗本、景高麗本竝作「諧」，是也。

2. 軖 車皮軭也。軭音匡。

「⿰車巨」，景宋鈔本、高麗本、景高麗本、四庫本、虛竹齋本並作「軭」，是也。由下文「軭音匡」可知。

3. 輍 車前枕也。

「枕」，影宋鈔本、舊鈔本、高麗本並作「枕」，是也。集韻入聲燭韻云「輍，車枕謂之輍」。

4. ⿰車疊 徒臥反。

「臥」，景南宋浙刊、高麗本、景高麗本並作「叶」，是也。廣韻作「徒協切」，集韻作「達協切」，「叶」即「協」之古文。

5. 軌 輗丨，車轅端曲木也。

「軌」，景高麗本、四庫本、虛竹齋本並作「軏」，是也。

6. 轕 轇丨，戟刑也。

「戟刑」，景南宋浙刊、高麗本、景高麗本並作「戟形」，是也。詳見引書「轇」字考。

7. ⿰車殹 真逆反，車丨也。

「⿰車殹」，高麗本、景高麗本並作「⿰車叚」，是也。切語「真」字，景高麗本作「其」，是也。廣韻入聲陌韻切「奇逆」，並訓「車⿰車叚」。

8、軜 驂馬內轡也。「轡」字，景南宋浙刊、高麗本、四庫本、虛竹齋本並作「轡」，是也。

## 髟部平聲

1、長 布遙反，又布休反。長皃也 「長」，高麗本、四庫本、虛竹齋本並作「髟」，是也。詳見平聲目錄「長」字下考。

2 䰂 燒煙畫眉也。「畵」，景南宋浙刊、舊鈔本並作「畫」、是也。下倣此。

3、髨 音坤，去髪也。「髨」，當作「髡」，說文云「髡，鬀髮也」，廣韻、集韻並云「髡，去髮也」。「髪」，舊鈔本、高麗本、景高麗本、四庫本並作「髮」，是也。下倣此。

4、髼 髼鬆，髮亂也。「鬆」，景南宋浙刊、高麗本、景高麗本並作「鬆」，是也。集韻平聲東韻云「髼，字林『髼鬆，髮亂皃』」。

5、𩬅 音夫，髺本也。又音付。「髺」，景南宋浙刊、舊鈔本、景高麗本、四庫本、虛竹齋本並作「髻」，是也。「竹」，景南宋浙刊、高麗本、景高麗本竝作「付」，是也。

6、⿱髟汎 渠客反。「客」，景南宋浙刊、舊鈔本、高麗本、景高麗本、四庫本、虛竹齋本竝作「容」，是也。

7、⿰镸予 音毛，同髦。經音義「⿰镸予」，當作「⿰镸矛」，詳見引書考。

## 髟部上聲

1、⿰镸冏 陟賄反，假髻也。「⿱髟冈」，高麗本、四庫本竝作「⿱髟肉」，是也。集韻上聲賄韻云「⿱髟肉，陟賄反，假髻」。下从「肉」之字倣此。

2、髣 |髴，相似皃也。「⿰镸弗」，舊鈔本、高麗本、景高麗本、四庫本竝作「髴」，是也。

3、⿰镸赤 ⿰镸力|也。「⿰镸力」，景南宋浙刊、高麗本、景高麗本、四庫本竝作「⿰镸幼」，是也。前此二字「⿰镸幼」字下云「⿰镸幼⿰镸赤，長而不勁也」。

## 髟部去聲

1、鬄 儀禮云：王婦被|。「王」，當為「主」之殘誤，儀禮少牢饋

食禮云「主」，高麗本、景高麗本亦並作「主」。

2、⿱髟貴 正⿱髟貴今。立愧反。屈髮縮髻也。「⿱髟貴」，高麗本、景高麗本並作「⿱髟貴」，是也。說文九上髟部正作「⿱髟貴」，注云「屈髮也」。切語「立」字，高麗本、景高麗本並作「丘」，是也。廣韻、集韻去聲至韻並切「丘愧」。

## 髟部入聲

1、髺 結｜也。 「髺」，舊鈔本、高麗本、景高麗本並作「髻」，是也。

## 門部平聲

1、門 正門今 下一「門」字，舊鈔本、高麗本、景高麗本並作「門」，是也。

2、闉 音曰 「曰」，影宋鈔本、舊鈔本、高麗本並作「因」，是也。

3、閼 於禮反。 「禮」，高麗本、景高麗本並作「乾」，是也。廣韻平聲仙韻下正切「於乾」。

4、闚大規反。「大」，景南宋浙刊作「去」，高麗本、景高麗本竝作「犬」，廣韻平聲支韻切「去隨」，「去」「犬」竝屬「溪」母，疑原作「犬」，形近而訛作「大」。

5、闚窺｜視也，小「窺」，景南宋浙刊、舊鈔本、高麗本、景高麗本竝作「窺」，是也。

6、閉布音反。「音」，景南宋浙刊、影宋鈔本、舊鈔本、高麗本、景高麗本竝作「盲」，是也。

7、闠繽紛見。「見」，景南宋浙刊、舊鈔本、景高麗本竝作「皃」，是也。

門部上聲

1、闌開閇門利也。「閇」，高麗本、四庫本竝作「閉」，是也。玉篇云「閇」，俗閉字」。下倣此。

門部去聲

1、閙尺教反。「尺」，景南宋浙刊、景高麗本竝作「尼」，是也。集韻、韻會竝切「女教」，「尼」「女」同屬「娘」

母。

2、闌（二｜。國名。）「二」，景南宋浙刊、高麗本、景高麗本、四庫本、盧竹齋本竝作「于」，是也。

3、閌（｜閌門也。）高「閌」，高麗本、景高麗本竝作「闓」，是也。徐鉉說文新附「閌，閌閬，高門也」。

4、閈（門欂櫨也。）「欂」，景南宋浙刊、景高麗本、四庫本、盧竹齋本竝作「欂」，是也。說文云「閈，門欂櫨也」。

5、閉　閉（二俗）閉（今）闆（正反。，胡計門扇也、。胡界二）「闆」字，說文門部「閉」字下云「門扇也，从門介聲」，廣韻、集韻去聲霽韻亦作「閉，門扇」「胡計切」，是當以「閉」為正。

6、閏（如順反，散餘也。）「閏」，景南宋浙刊、高麗本、景高麗本、四庫本、盧竹齋本竝作「閏」，是也。說文「閏」下云「餘分之月，五歲再閏也……从王在門中」。「散」，高麗本、景高麗本竝作「歲」，是也。

1、閱　「兑」之字做此。高麗本、四庫本、虛竹齋本竝作「閲」，是也。下从「兑」之字做此。

2、闑（門閫中礙也。）　「闑」，舊鈔本、高麗本、景高麗本竝作「闑」，是也。下从「臬」之字做此。「閫」，舊鈔本、高麗本竝作「閫」，是也。說文云「闑，門梱也」。

3、闤（門屏闤閬。）　「閬」，景南宋浙刊、高麗本、四庫本、虛竹齋本竝作「閬」，是也。

4、閤（佮。正作大 奯，大開也。）　「佮」，影宋鈔本、高麗本、景高麗本、四庫本、虛竹齋本竝作「俗」，是也。「大奯」二字，景南宋浙刊、高麗本、虛竹齋本竝止作「奯」，是也。「奯」見說文大部訓「空大也」，淺人以「奯」字少見，妄增「大」字。

刀部平聲

1、剢（玉篇：割也。）　「王」，景南宋浙刊、舊鈔本、高麗本、景高麗本、四庫本、虛竹齋本竝作「玉」，是也。

2、剺 剝也，劃也。 「剝也」，隸當作「剺」。「剺」，當作「剺」，說文篆作「剺」，云

3、刓 高麗本、景高麗本竝作「刓」，是也。下从「元」之字倣此。

4、剴 摩二日 「二日」二字，景南宋浙刊、舊鈔本、景高麗本、四庫本、虛竹齋本竝作「一曰」，是也。

5、剅 嘗侯反，穿也。 「嘗」，高麗本、景高麗本竝作「當」，是也。集韻平聲侯韻正切「當侯」。

6、刳 苦姑反。 「刳」，景高麗本、四庫本、虛竹齋本竝作「刳」，是也。

7、剜 刻削也。 「刻」，景南宋浙刊、舊鈔本、高麗本、景高麗本、四庫本竝作「刻」，是也。

刀部上聲

1、剸 剬 「剸」，高麗本、四庫本、虛竹齋本竝作「剸」，是也。

2、剦 初兩反，皮傷也。 「剦」，影宋鈔本作「剦」，是也。廣韻、集韻上聲養韻並作「剦」，皮傷也」。

3、猁 又禮反，戰名。 「叉」，高麗本作「叉」，疑是。「戰」，高麗本作「猷」，疑是。

## 刀部去聲

1、劑 分段｜截也。 「段」，不體，高麗本作「段」，是也。

2、耐 音⿰石寸 「⿰石寸」，景南宋浙刊、影宋鈔本、舊鈔本、高麗本、景高麗本、四庫本、虛竹齋本並作「耐」，是也。

3、刻 苦也，奮也。 「苦」，景南宋浙刊、影宋鈔本、舊鈔本、景高麗本並作「苔」，是也。「奮」，高麗本作「奪」，是也。

4、⿱事刀剚 側使反。 「使」，高麗本作「吏」，是也。廣韻、集韻、韻會並切「側吏」。

## 刀部入聲

1、剌 盧達反，戾也。又｜賜反。 「｜」，高麗本作「七」，蓋誤以「刺」「剌」為一字也，舊鈔本删去又切，是也。

2、刷所劣反，清也。也「反」下「也」上，景高麗本並增「刮」字，是也。說文正訓「刮也」。

3、剎初鎋也。「也」，景南宋浙刊、景高麗本、四庫本、虛竹齋本並作「反」，高麗本作「切」，是知「也」原必作「反」字。

4、劇治王也。「王」，景南宋浙刊、影宋鈔本、舊鈔本、高麗本、景高麗本、四庫本、虛竹齋本並作「玉」，是也。

5、劙二日鉤也。「二日」二字，景南宋浙刊、舊鈔本、景高麗本、四庫本、虛竹齋本並作「一白」，是也。

6、劉士洽反，川韻云：切聲。又玉篇：初洽反，義同。「劉」，疑當作「劄」，玉篇刀部下「劄」字正云「初洽切，切聲」。

## 衣部平聲

1、衣白帍通云：衣者，隱也；裳者，障也；所以隱形自障蔽也。「帍」，景南宋浙刊、高麗本、景高麗本並作「虎」，是也。下从「虎」之字做此。「蔽」，景南宋浙刊、影宋鈔本、高麗本、景高麗本竝作「蔽」，是也。

2、袪 抽也 「抽」，影宋鈔本、景高麗本竝作「袖」，是也。

3、裹 今者牟 「裹」，景南宋浙刊、舊鈔本、景高麗本竝作「裒」，是也。玉篇衣部亦作「裒」。「者」，函海本作「音」，是也。集韻平聲侯韻即注云：音牟。

4、⿰衤區 小兒延衣也。「延」，景南宋浙刊、影宋鈔本、舊鈔本、高麗本、景高麗本竝作「涎」，是也。

5、⿰衤正 丨松，小兒衣也。「松」，景南宋浙刊、高麗本竝作「⿰衤松」，是也。

6、⿰衤松 ⿰衤正丨也。「⿰衤正」，高麗本作「⿰衤正」，是也。

7、襠 雨丨衣也。「雨」，景南宋浙刊作「裲」，景高麗本、虛竹齋本竝作「兩」，玉篇衣部云「襠，裲襠也」，行均或用古字。

8. 襜 襜褕，蔽脥衣也。「襜」，景南宋浙刊作「襜」，是也。下从「詹」之字倣此。「蔽脥」二字，景南宋浙刊、影宋鈔本、舊鈔本、高麗本、景高麗本、四庫本、虛竹齋本竝作「蔽膝」，是也。說文云「襜，衣蔽前也」。

9. 袿 婦人上服口|。「口」，景南宋浙刊作「曰」，是也。釋名釋衣服云「婦人上服曰袿」。

10. 䙖 比爭反，束見衣也。與繃同。「比」，影宋鈔本、高麗本、景高麗本竝作「北」，是也。「見」，景南宋浙刊、影宋鈔本、舊鈔本、高麗本、景高麗本、四庫本、虛竹齋本竝作「兒」，是也。

11. 褠 古侯反，單衣也。「褠」，當作「褠」，廣韻、集韻竝作「褠」，單衣」。下从「冓」之字倣此。

衣部上聲

1. 䘺 文限反。「文」，景南宋浙刊、影宋鈔本、舊鈔本、景高麗本竝作「丈」，是也。

2、褭 䮍｜也。「䮍」，景南宋浙刋、影宋鈔本、舊鈔本、高麗本、四庫本、虛竹齋本竝作「騕」，是也。廣韻上聲篠韻「騕，騕褭，神馬，日行千里」。

3、褾 井眇反。「井」，景南宋浙刋、高麗本、景高麗本竝作「并」，是也。

4、𧝲 必小，悲夭二反。「夭」，景南宋浙刋、舊鈔本、虛竹齋本竝作「夭」，是也。

5、褧 孔穎反，丹縠衣也。「褧」，高麗本、景高麗本竝作「褧」，是也。「孔」，高麗本作「丘」，是也。行均衣部上聲「褧」字重出，後一「褧」下即注「丘穎反」。「縠」，高麗本、景高麗本竝作「縠」，是也。詩鄭風丰「衣錦褧衣」，箋「褧，禪也。蓋以禪縠為之」。

6、袗 之怒反。「怒」，景南宋浙刋、高麗本、景高麗本、四庫本、虛竹齋本竝作「忍」，是也。廣韻上聲軫韻作「章忍切」。

7、襧 紋一曰衣 「紋」，景南宋浙刋、影宋鈔本、舊鈔本、高麗本、景高麗本並作「紩」，是也。

8、䘶 與𢜢同。 「𢜢」，影宋鈔本、景高麗本並作「𢜢」，是也。

## 衣部去聲

1、衸 補脥裙也 「脥」，高麗本、景高麗本並作「膝」，是也。廣雅釋器：「衸，褋膝也」。

2、袖 目就反 「目」；景南宋浙刋、影宋鈔本、舊鈔本、景高麗本並作「囚」，是也。

3、襻 普患尺，衣|也。 「尺」，景南宋浙刋、影宋鈔本、舊鈔本、景高麗本、四庫本、虛竹齋本並作「反」，是也。

4、襊 衣遊逢也。 「遊逢」二字，高麗本、景高麗本並作「游縫」，是也。廣韻去聲十四泰正訓「衣游縫也」。

5、褅 俗，音弟，正[illegible]不，祭名。 「不」，景南宋浙刋、舊鈔本、高麗本、景高麗本、虛竹齋本並作「示」，是也。

6、衩（初迓反，初懈二反。）高麗本「迓」下無「反」字，是也。

7、⿰衤厲（正從不作。）「不」，景南宋浙刋、舊鈔本、景高麗本竝作「不」，是也。

8、褏褏字（今作褏。）「褏」，景南宋浙刋、舊鈔本、高麗本、四庫本、虛竹齋本竝作「褏」，是也。說文通訓定聲云「褏，字亦作褏」。

## 衣部入聲

1、褥（与蜀反。）「与」，影宋鈔本、高麗本、景高麗本竝作「而」，是也。

2、袼（樞｜，小兒次衣也。）「樞」，景南宋浙刋、舊鈔本、高麗本竝作「⿰衤區」，是也。「次」，景南宋浙刋作「㳄」，是也。廣雅釋器云「緊袼、⿰衤區，㳄衣也」。

3、⿰衤夜（音亦，｜絳也。）「絳」，景南宋浙刋、舊鈔本、高麗本、景高麗本竝作「縫」，是也。廣韻入聲昔韻正訓「⿰衤夜縫」。

4、褺（衷衣也。）「褺」，景南宋浙刋、高麗本、景高麗本竝作「

褻」，是也。說文衣部正作「褻」。「哀」，景南宋浙刊、高麗本、景高麗本、四庫本、虛竹齋本竝作「衷」，是也。

5、⿰衤尃　音口，短袂衫也。「音」下有闕字，景南宋浙刊、影宋鈔本、舊鈔本、高麗本、景高麗本竝作「博」，是也。

6、襏　｜擙，簑雨衣也。「擙」，景南宋浙刊、舊鈔本、影宋鈔本、高麗本竝作「襫」，是也。國語齊語「身衣襏襫」，注「襏襫，蓑襞衣也」。

7、襭　以衣衽盛物也。「衽」，景南宋浙刊、影宋鈔本、舊鈔本、高麗本、景高麗本、四庫本、虛竹齋本竝作「衽」，是也。說文云「襭，以衣衽扱物，謂之襭」。

8、袟　俗袠，正，直質反，書衣也。「袠」，高麗本作「袠」，是也。說文云「帙，書衣也，以巾失聲。袠，帙或从衣」。

9、襩　袴衫別石也。⿰巾夸音袴。「袴」，景南宋浙刊、舊鈔本、高麗本、景高麗本竝作「⿰巾夸」，是也。「石」，景南宋浙刊、舊鈔本、四庫本、盧竹齋本竝作「名」，是也。

10. 襹䍦正作 「䍦」，景南宋浙刋、影宋鈔本、高麗本、景高麗本、四庫本、盧竹齋本竝作「䍦」，是也。

11. 䘿俗。先結、對二反。二上「二」字，景南宋浙刋、影宋鈔本、舊鈔本、高麗本、景高麗本竝作「子」，是也。五音篇海正作「子對切」。

12. 裛於汲、於功、於輒三反。「功」，景南宋浙刋、影宋鈔本、舊鈔本、高麗本、景高麗本竝作「劫」，蓋是。如用「功」字，則屬平聲矣！

13. 衲補｜，鈌也。「鈌」，景南宋浙刋、高麗本、景高麗本竝作「紩」，是也。廣韻入聲合韻正云「補衲，紩也」。

14. 𧘨形質反。「形」，景南宋浙刋、影宋鈔本、舊鈔本、高麗本、景高麗本竝作「尼」，蓋是。

15. 袺袵也 「袵」，景高麗本作「衽」，是也。說文云「袺，執衽謂之袺」。

16、⿱⿰㗊斤衣⿱⿰亯斤衣⿱⿰耳斤衣 丁大反，衣至地也。三同。

「⿱⿰㗊斤衣⿱⿰亯斤衣⿱⿰耳斤衣」三字，景南宋浙刊、影宋鈔本、舊鈔本、景高麗本並作「⿱⿰㗊斤衣⿱⿰亯斤衣⿱⿰耳斤衣」，並切「丁木反」，是也。說文云「⿱⿰㗊斤衣，衣至地也，从衣斲聲」，廣韻入聲屋韻正切「丁木」。

17. 襋 紀力反，衣領也。

「襋」，高麗本作「襋」，是也。說文正云「襋，衣領也」。廣韻入聲職韻正切「紀力」。

## 示部平聲

1、祅 於喬反。

「喬」，高麗本、虛竹齋本並作「喬」，是也。廣韻、集韻、韻會並切「於喬」。

2、祧 正凋反

「正」，影宋鈔本、高麗本、景高麗本並作「土」，是也。廣韻平聲蕭韻切「吐彫」，集韻、韻會作「他彫」，「土」「吐」「他」同屬「透」母。

3、⿰礻呈 凧帶也。

「凧」，景南宋浙刊、舊鈔本、高麗本並作「佩」，是也。

4、⿰礻雚 俗，音權。

「權」，景南宋浙刊、舊鈔本、高麗本、四庫本、虛竹齋本並作「權」，是也。下倣此。

5、禬 古文，音紫，祭天燔丨。 「紫」，高麗本作「祡」，是也。說文一上示部「祡」，燒柴尞祭天也。禬，古文祡从隋省」。

6、𥙩 音純反。 「純」下，高麗本、四庫本、虛竹齋本並無「反」字，是也。當刪。

示部上聲，

1、禱 永福也。 「永」，景南宋浙刊、影宋鈔本、舊鈔本、高麗本、景高麗本、四庫本、虛竹齋本並作「求」，是也。

2、祢 俗尔反。也。 「也」，景南宋浙刊、影宋鈔本、舊鈔本、高麗本、景高麗本並作「池」，疑是。

3、祳 侍忍反。 「侍」，高麗本、景高麗本並作「時」，是也。廣韻上聲軫韻正切「時忍」。

示部去聲

1、𥛫 𥛫 「𥛫」，影宋鈔本、高麗本、景高麗本並作「𥛫」，是也。

2、⿰礻麇舊藏作⿰礻麇注文「⿰礻麇」字，景南宋浙刊、影宋鈔本、舊鈔本、高麗本、景高麗本竝作「攟」，蓋是。

示部入聲

1、⿰礻卓俗。知草反。「草」，景南宋浙刊、舊鈔本、高麗本、景高麗本竝作「草」，是也。

2、⿰礻皆正作稭。「稭」，景南宋浙刊、影宋鈔本、舊鈔本、高麗本、景高麗本竝作「稭」，是也。

3、⿰礻矣俗。祖未反。「未」，景南宋浙刊、高麗本竝作「未」，蓋是。

牛部平聲

1、⿰牜木士庄反。「庄」，景南宋浙刊、四庫本、盧竹齋本竝作「莊」，是也。廣韻平聲十陽云「庄，莊之俗體」。

2、犛「犛」，當作「犛」，詳見引書考。

3、⿰牜頁俗。頒。音「頒」，景南宋浙刊、影宋鈔本、舊鈔本、高麗本、景高麗本竝作「煩」，是也。

4、⿰牛庸 似牛，領有宍也。

「宍」，高麗本作「肉」，是也。廣韻平聲鍾韻云「⿰牛庸，獸似牛，領有肉也」。下倣此。

5、猄 犛牛

也」。「猄」，當作「⿰牛京」，說文牛部下正云「⿰牛京，犛牛也」。下从「京」之字倣此。

6、⿰牛憂 通犪，正。饒、繞二音。牛掛伏也。

「⿰牛憂」，當是「犪」字之訛，說文云「犪，牛柔謹也」，玉篇云「犪，從也，安也，馴也。⿰牛憂，同上」。「掛」，景南宋浙刊、影宋鈔本、舊鈔本、景高麗本並作「馴」，是也。

7、犧 丨牲。

「犧」，四庫本、虛竹齋本並作「犧」，是也。說文篆作「犧」，隸正作「犧」。下倣此。

## 牛部上聲

1、⿰牛句 夒牛子也。

「夒」，景南宋浙刊、高麗本、四庫本並作「夒」，是也。說文五下夊部正作「夒」。下倣此。

2、⿱臤牛 牛很不徙皃。

「⿱臤牛」，當作「⿱臤牛」，說文「⿱臤牛」字下正訓「牛很不從牽也」。下从「臣」之字倣此。「徙」，景南宋浙刋、舊鈔本、高麗本、景高麗本竝作「從」，是也。

牛部去聲

1、犻 尒疋云：牛躰長曰︱。「躰」，景高麗本、盧竹齋本竝作「體」，是也。爾雅釋畜正作「體」，下倣此。

2、犆 玉篇：直利反，籀文。「犆」，高麗本、四庫本、盧竹齋本竝作「𤛝」，是也。玉篇牛部正作「𤛝」。

3、𤛓 㹝︱，牛展足也。「㹝」，景高麗本作「踶」，是也。說文牛部下云「𤛓，牛踶𤛓也」，廣韻去聲祭韻下並云「𤛓，踶𤛓，牛展足」。

牛部入聲

1、犦 牛末劇也。「末劇」二字，景南宋浙刋、高麗本、景高麗本竝作「未劇」，是也。廣韻入聲覺韻正訓「牛未劇」。

2、犣 又疏牛名。「疏」，景南宋浙刋、影宋鈔本、高麗本、景高麗本竝作「旄」，是也。爾雅釋畜「犣牛」，郭注「旄牛也」。

3、窜　高麗本、四庫本、虛竹齋本並作「窜」，疑是。

爿部

1、牄　七年反，說文云：鳥獸來倉也。「年」，景南宋浙刊、舊鈔本、景高麗本、四庫本、虛竹齋本並作「羊」，是也。廣韻平聲十陽正切「七羊」。「倉」，當改作「食」，詳見引書考。

文部平聲

1、斅　說文從攴。「攴」，高麗本、景高麗本並作「攴」，是也。說文「斅」字正从「攴」。

2、孄　媥｜也。「孄」，景南宋浙刊、高麗本、景高麗本並作「斕」，是也。此字繫諸「文」部非「女」部，疑「文」「女」形近而譌。行均書「孄」上次「媥」，下正訓「媥孄」。

3、𢿢　盗也。「盗」，景南宋浙刊作「盜」，是也。下倣此。

4、𢿟　與聱音義並同。「聱」，景南宋浙刊、舊鈔本、高麗本並作「聱」，蓋是。

5、敲　摩拭也。「拭」，景南宋浙刊、影宋鈔本、高麗本、四庫本、虛竹齋本竝作「拭」，是也。

文部上聲

1、敏　眉殞反。「殞」，景南宋浙刊、影宋鈔本、舊鈔本、高麗本、景高麗本竝作「殞」，是也。廣韻上聲軫韻正切「眉殞」。

2、敔　柷敔，樂器也。「柷」，景南宋浙刊、四庫本、虛竹齋本竝作「柷」，是也。書益稷即云「合止柷敔」。

3、敞　俗。都果、初委、尺兖三反，識也。「兖」、「識」，景南宋浙刊、影宋鈔本、舊鈔本、高麗本、景高麗本竝作「兖」、「試」，是也。廣韻切「昌兖」，集韻正切「尺兖」。玉篇云「敞，試也」。

4、敟　王也。「王」，景南宋浙刊、高麗本、景高麗本竝作「主」，是也。說文正訓「主也」。

5、孜　俗。孝。音「孝」，高麗本、四庫本、虛竹齋本竝作「考」，是也。下倣此。

6、斂良冉反。「冄」，高麗本、四庫本、虛竹齋本竝作「冉」，是也。廣韻上聲琰韻正切「良冉」。

文部去聲

1、敓苙句反。「苙」，高麗本作「芻」，是也。集韻去聲遇韻作「芻𣫊切」。

2、敹霄也「霄」，景南宋浙刊、高麗本作「宵」，是也。

文部入聲

1、斅音車「車」，景南宋浙刊、景高麗本竝作「卓」，蓋是。

支部

1、攴章𥝩反。又此部與文支三部俗字相濫。「攴」，高麗本、景高麗本、四庫本、虛竹齋本竝作「支」，是也。「𥝩」，書前目錄、景南宋浙刊、影宋鈔本、舊鈔本、高麗本、景高麗本、四庫本竝作「移」，是也。「文支」之「支」，高麗本作「

攴」，是也。

皮部平聲

1、⿸厃皮（俗。正作殹）「殹」，影宋鈔本、高麗本、景高麗本竝作「⿸危支」，是也。

皮部上聲

1、皯（千旱反。）「千旱」二字，景南宋浙刊、影宋鈔本、舊鈔本、高麗本、景高麗本、四庫本、盧竹齋本竝作「干旱」，蓋是。

皮部去聲

1、皺（三）「三」，景高麗本作「正」，是也。

皮部入聲

1、皵（皮⿰夫皮也。）「⿰夫皮」，景南宋浙刊、高麗本、景高麗本竝作「皴」，是也。集韻入聲昔韻云「皵，皴也」。

方部平聲

1、旒（又宂，珠瓔垂布皃也。）「宂」，景南宋浙刊、舊鈔本、高麗本、景高麗本、虛竹齋本竝作「旻」，是也。

2、斿（旌旋之末垂者也。）「旋」「末」，景南宋浙刊、舊鈔本、高麗本、景高麗本竝作「旗」「末」，是也。說文云「游，旌旗之旒也」，段注「此字省作斿」。

3、旍（周禮曰：析刂為丨。）「析刂」當為「析羽」二字之形誤，今本周禮正作「析羽」∴景南宋浙刊、舊鈔本、高麗本、景高麗本、四庫本、虛竹齋本竝作「析羽」。

## 方部去聲

1、旞（羽鰵旌上也。）「旌」、高麗本、景高麗本、四庫本、虛竹齋本竝作「旌」，是也。

2、旝（木畳石投敲也。）「畳」，舊鈔本、高麗本、景高麗本、四庫本、虛竹齋本竝作「置」，是也。

## 風部平聲

1、飄（又迺風也。）「迺」，景南宋浙刊、高麗本、景高麗本、四庫本、虛竹齋本竝作「迴」，是也。

2. 颺音羊，「颺」，景高麗本、四庫本、盧竹齋本並作「颺」，是也。

3. 颼所鳩反、ー鎪，風聲也。「颼」，高麗本、景高麗本並作「颼」，是也。說文新附云「颾，颼颼也，从風叜聲」，廣韻平聲十八尤「颼」字切「所鳩」。

4. 飄竹音反。「音」，高麗本、景高麗本並作「盲」，是也。廣韻平聲庚韻正切「竹盲」。

5. 颹於歸、於貴二反。「颹」，高麗本作「颹」，是也。「歸」，高麗本、景高麗本並作「歸」，是也。下倣此。

6. 颽平弘反。「平」，高麗本作「呼」，是也。廣韻、集韻平聲登韻並切「呼弘」。

風部上聲

1. 颮，音栁，ーー風皃。「颮」，高麗本作「𩗬」，是也。下从「卯」之字倣此。「栁」，景南宋浙刊、高麗本並作「柳」，是也。廣韻上聲四十四有「𩗬」下云「颮𩗬，風皃」，音切同「柳」。

2、颮（於柳反，風聲也。）「颮」，高麗本作「颮」，是也。玉篇云「颮，風聲」。

風部入聲

1、颵（俗。令石、許既二反。）「令」，高麗本、景高麗本竝作「佘」，疑是。

2、颰（普威、蒲結二反。）「威」，景南宋浙刊、影宋鈔本、舊鈔本、高麗本、景高麗本竝作「滅」，是也。

3、飅（音宿，風聲。）「飅」，高麗本作「飅」，是也。下从「肅」之字倣此。

丄部平聲

1、賫（桒也，持送付遺也。）「賫」，當作「齎」，說文云「齎，持遺也。从貝齊聲」，「桒」，景南宋浙刊、影宋鈔本、舊鈔本、景高麗本竝作「裝」，是也。廣雅釋訓云「齎，裝也」。

2、齏（菹也，薑蒜爲之也。）「齏」，當作「齏」，說文云「韲，墜也。齏，韲或从齊」。「菹」，景南宋浙刊、高麗本、景高麗本竝作「菹」，是也。「蒜」，景南宋浙刊、影宋鈔本、舊鈔本竝作「蒜」，是也。

3、齋（潔也。敬也。）「齋」，當作「齋」。說文云「齋，戒潔也，从示齊省聲」。

4、齍（黍稷在器也。）「齍」，當作「齍」，說文云「齍，黍稷器，所以祀者，从皿齊聲」。

5、棄（今作弃。）「弃」，景南宋浙刊、影宋鈔本、舊鈔本、高麗本、景高麗本竝作「棄」，是也。

⊥、去聲部

1、亹（美皃）「美」，景南宋浙刊、影宋鈔本、舊鈔本、高麗本、景高麗本竝作「美」，疑是。

2、亶（多旱反，誠信也，亦穀也。）「亶」，景南宋浙刊、四庫本、虛竹齋本竝作「亶」，是也。說文云「亶，多穀也」，爾雅釋詁

「亶，誠也，信也」。

3、享（與畜享皆同，祭也）「畜」，景南宋浙刊作「亯」，是也。說文云「亯，獻也」，段注「按周禮用字之例，凡祭亯用亯字」。

4、㐭（力稔反。）「稔」，景南宋浙刊、影宋鈔本、舊鈔本、高麗本、景高麗本、四庫本、盧竹齋本竝作「稔」，是也。

5、𤬪（相承，同蓏，果丨也。）「蓏」，高麗本作「蓏」，疑是。

亠部入聲

1、衷（音歷．經裏也。）「衷」，當作「衷」。「經裏」，景南宋浙刊、舊鈔本、高麗本、景高麗本竝作「纏裹」，是也。廣韻入聲錫韻「衷」字下正訓「纏裹」。

舟部平聲

1、舷（舩丨也。）「舩」，高麗本、四庫本、盧竹齋本竝作「船」，是也。下倣此。

2、舶（百丨䑧，雜船名也。）「百」，景南宋浙刊、影宋鈔本、舊鈔本、高麗本、景高麗本、四庫本、虛竹齋本竝作「一曰」，是也。

3、⿰舟突 正艘，合船數也。蘇刀反 「⿰舟突艘」二字，影宋鈔本、高麗本、四庫本、虛竹齋本竝作「艘艘」，是也。「合」字，高麗本、四庫本、虛竹齋本竝作「今」，是也。

4、⿰舟𡨄 丨船著地不行。 「⿰舟𡨄」，高麗本作「艘」，是也。說文云「艘，船著沙不行也」。下从「叜」之字倣此。

5、⿰舟毛 莫勞、汝古二反。 「古」，影宋鈔本、高麗本、景高麗本、四庫本、虛竹齋本竝作「占」，疑是。

6、⿰舟戉 音歌 「𦨴」，四庫本、虛竹齋本竝作「⿰舟戉」，是也。集韻平聲歌韻「⿰舟戉」字下正切「居何」。

舟部上聲

1、艁 又此舟為憍也。 「此」「憍」，高麗本、景高麗本、四庫本竝作「比」「橋」，是也。

舟部去聲

1、舠正作朋。「朋」，高麗本、景高麗本竝作「肕」，是也。玉篇云「舠與肕同」。

舟部入聲

1、艥與檝同。「㩮」，不體，景南宋浙刊、影宋鈔本、舊鈔本景高麗本竝作「檝」，是也。

2、龏以竹葉小船也。玉篇云「龏舟，以竹葉龏船也」。「小」，高麗本、景高麗本竝作「丨」，是也。

3、䑥小艖也。「䑥」，四庫本、盧竹齋本竝作「艒」，是也。方言第九「南楚江湘，凡船大者謂之舸、小舸謂之艖，艖謂之艒䑿」。

4、舴張格，阻草二反。「草」，景南宋浙刊、景高麗本、盧竹齋本竝作「革」，是也。

毛部平聲

1、㲪毾丨也。「毾」，景南宋浙刊、高麗本、景高麗本、盧竹齋本竝作「毲」，是也。

2、⿰召毛ㄧ酕，鳥毛也。「酕」，高麗本作「⿰能毛」，是也。廣韻平聲蕭韻云「⿰召毛，⿰召毛⿰能毛，毛皃」，集韻平聲蕭韻云「⿰召毛⿰能毛，鳥尾翹毛」。

3、⿰兜毛兜鍪上毛飾也。「兜鍪」二字，景南宋浙刊、高麗本、四庫本、虛竹齋本竝作「兜鍪」，是也。

4、⿰牙毛古侯古。下一「古」字，四庫本、虛竹齋本竝作「反」，高麗本作「切」，是原當作「反」。

5、⿰扁毛ㄧ⿰美毛，毛領也。「⿰扁毛」，高麗本、四庫本、虛竹齋本竝作「⿰扁毛」，是也。下从「扁」之字倣此。「⿰美毛」，高麗本作「⿰美毛」，是也。玉篇云「⿰扁毛，⿰扁毛⿰美毛，毛⿰金毛也」。

6、毜音十「十」，高麗本、景高麗本竝作「斗」，疑是。

毛部去聲

1、⿰句毛俗。鳥伏夘也。「夘」，高麗本、景高麗本、四庫本、虛竹齋本竝作「卵」，是也。下倣此。

毛部入聲

1、毲：｜毲，毛𢂁也。「𢂁」，景南宋浙刊、舊鈔本、四庫本、虛竹齋本並作「席」，是也。下倣此。

2、毼：正作𦗓。「𦗓」，景南宋浙刊、高麗本並作「睫」，是也。

3、𣯷：𣯙｜，毛領也。「𣯙」，景南宋浙刊、影宋鈔本、舊鈔本、高麗本、景高麗本並作「𣰏」，是也。

巾部平聲

1、帆：船上使風慢也。「慢」，景南宋浙刊、影宋鈔本、高麗本、四庫本、虛竹齋本並作「幔」，是也。釋名云「帆，汎也，隨風張幔曰汎」。

2、㦨：亦作㩧。「㩧」，景南宋浙刊作「襤」，疑是。

3、幘：音墳，飾七。「七」，景南宋浙刊、舊鈔本、高麗本、景高麗本、四庫本、虛竹齋本並作「也」，是也。

巾部上聲

1、幌：帷慢也。「慢」，景南宋浙刊、舊鈔本、高麗本、景高麗本、四庫本、虛竹齋本並作「幔」，是也。下倣此。

## 巾部去聲

1、帊 普霸反。「霸」，高麗本、四庫本、虛竹齋本並作「霸」，是也。下倣此。

2、幟 幡也，幖｜也。「幟」，高麗本、四庫本並作「幟」，是也。下倣此。

3、帶 又地別名也。「地」，景南宋淅刊、影宋鈔本、舊鈔本、景高麗本並作「蛇」，是也。莊子齊物論「蝍且甘帶」，釋文「帶，崔云：蛇也。司馬云：小蛇也」。

4、帶 經音義音帝，與䗖同。頂｜，大名也。應法師作䗖，同。「䗖」，景高麗本作「䗖」，是也。「頂｜，大名也」，景高麗本作「須｜，天名也」，是也。玄應一切經音義卷第三道行般若經即作「須䗖天」，詳引書考。

## 巾部入聲

1、帙 地質反，書｜也。「地」，景南宋淅刊作「池」，是也。廣韻入聲質韻作「直一切」，「直」「池」同屬澄紐。

2、帙（北末反。）「末」，景南宋浙刊、影宋鈔本、舊鈔本、四庫本、虛竹齋本並作「末」，是也。廣韻入聲沬韻正切「北末」。

3、幘（冠｜也。）「冠」，高麗本、四庫本、虛竹齋本並作「冠」，是也。下倣此。

## 勹部平聲

1、匍（｜匐也。）「匐」，影宋鈔本、景高麗本並作「匐」，是也。

2、匔（側于，｜恭也。）「于」，「于」下，高麗本作「切」，四庫本、虛竹齋本並作「反」，作「反」是也。廣韻平聲虞韻切「測隅」，與「惻于」音同，又「匔」當繫諸「艸」部，今誤入勹部，宜正之。

3、匌（周匝也。）「匌」，景南宋浙刊、高麗本、景高麗本並作「匌」，是也。說文云「匌，帀也」，廣韻入聲合韻云「匌，周帀也」。

4、⿹勹盖 ｜來，婦人髻飾花也。「⿹勹盖」，高麗本、四庫本、虛竹齋本竝作「⿹勹來」，是也。「來」，景南宋浙刊、高麗本、景高麗本竝作「采」，是也。玉篇「⿹勹盖，⿹勹盖綵，婦人頭花髻飾也」。

5、⿹勹脊 曲脊也。「脊」，景南宋浙刊、影宋鈔本、高麗本、景高麗本、四庫本、虛竹齋本竝作「脊」，是也。

矛部平聲

1、矜 慜也。「慜」，影宋鈔本、舊鈔本、高麗本、四庫本、虛竹齋本竝作「慜」，是也。

矛部入聲

1、矜 弟也。「弟」，景南宋浙刊、高麗本、景高麗本竝作「矛」，是也。玉篇「矜，長矛也」。

禾部平聲

1、稽 孝也。「孝」，景南宋浙刊、高麗本、景高麗本、四庫本、虛竹齋本竝作「考」，是也。

2、稭麻禾之稈也。稈，古旱也。「古旱也」，景南宋浙刊、四庫本、虛竹齋本竝作「古旱反」，是也。高麗本作「古旱切」。廣韻、集韻上聲旱韻正切「古旱」。

3、稴二俗。女廉反、正作黏。「黏」，高麗本、景高麗本竝作「黏」，是也。集韻平聲鹽韻云「黏，或作粘」。

4、秊音年，穀熟日|。「秊」，景南宋浙刊、高麗本、景高麗本竝作「秊」，是也。「穀熟日|」，景南宋浙刊、高麗本、景高麗本竝作「穀熟曰|」，是也。

5、稑稱稈也。「稱」，景南宋浙刊、高麗本、景高麗本竝作「稻」，是也。廣韻平聲東韻云「稑，稻稈」。

禾部上聲

1、秲又音峙，種|也。「峙」，景南宋浙刊、影宋鈔本、舊鈔本、高麗本、景高麗本竝作「蒔」，蓋是。集韻上聲止韻云「蒔，或作秲」。

2、秭又|婦，縣名。「婦」，景南宋浙刊、四庫本、虛竹齋本竝作「歸」，是也。

禾部去聲

1、秏減也，少也。「減」，景南宋浙刊、高麗本、四庫本、虛竹齋本竝作「減」，是也。下倣此。

2、秅禾嫁動之皃也。「嫁」，景南宋浙刊、舊鈔本、高麗本竝作「稼」，是也。廣韻正訓「禾稼動搖」。

禾部入聲

1、穖葛子=音。「子」，景南宋浙刊、虛竹齋本竝作「子」，是也。

2、𥝢音末，|馬也。「𥝢」，景南宋浙刊、高麗本、景高麗本竝作「秣」，是也。

3、穙蒲禾反。「禾」，景南宋浙刊、高麗本、景高麗本竝作「木」，是也。廣韻入聲屋韻正切「蒲木」。

4、秂古文王字。「王」，景南宋浙刊、影宋鈔本、舊鈔本、高麗

5、秔糠一，曰米之堅者，舂不破也。「冐」，景南宋浙刊、舊鈔本、四庫本、虛竹齋本竝作「謂」，是也。「舂」，景南宋浙刊、舊鈔本、高麗本、景高麗本、虛竹齋本竝作「春」，是也。

6、秳舂穀不潰也。「舂」，景南宋浙刊、景高麗本、四庫本、虛竹齋本竝作「春」，是也。說文禾部云「秳，舂粟不潰也」。

## 隹部平聲

1、雋新藏作雋。在續高僧傳第比九卷。注文「雋」字，高麗本、景高麗本竝作「鐫」，是也。續高僧傳卷第二十九釋慧震傳正作「鐫」。「比」，景南宋浙刊、景高麗本竝作「廿」，是也。

2、雞鷄二名。「二」，景南宋浙刊、景高麗本竝作「子」，是也。爾雅釋鳥「鷄大者蜀，蜀子雞」。

隹部去聲

1、⿱敄隹（音務。鷄雛也。），「雛」，高麗本、四庫本並作「鶵」，是也，廣韻去聲遇韻正訓「雞雛」。下从「芻」之字倣此。

隹部入聲

1、䧿（士雀反。）「士」，景高麗本作「七」，是也。集韻入聲藥韻作「七約切」。

2、雝（鳥多似鵲）「多」，高麗本、景高麗本並作「名」，是也。

弓部上聲

1、弞（笑不嚷顏也。）「嚷」，影宋鈔本、舊鈔本、高麗本、景高麗本並作「壞」，是也。說文云「弞，笑不壞顏也」。

弓部去聲

1、弙（音淂，拒也。又縣名也。）「淂」，景高麗本作「涆」，是也。廣韻、集韻去聲翰韻並切「侯旰」，云「拒也，一曰縣名」。

弓部入聲

1、𢐾射史張弓。又童子風之也。「史」，景高麗本作「決」，是也。集韻入聲葉韻云「𢐾，射決也」。「風」，景南宋浙刊作「佩」，高麗本、景高麗本作「凧」，疑作「佩」為是。

田部平聲

1、疇又二人為匹，四一曰｜。「一」，景高麗本作「人」，是也。玄應一切經音義第三光讚般若經第一卷云「二人曰匹，四人曰疇」。

2、畊⿰冊⿹勹冊也「⿰冊⿹勹冊」，景南宋浙刊、高麗本、景高麗本竝作「⿰田⿹勹冊」，是也。集韻平聲鍾韻云「畊，埤蒼：畊⿰田⿹勹冊，韮畦也」。

3、畬燒榛種田也。又音余，田三歲也。「榛」，高麗本、景高麗本竝作「榛」，是也。廣韻平聲麻韻云「畬，燒榛種田」。「歲」，景南宋浙刊、影宋鈔本、舊鈔本、高麗本、景高麗本、四庫本、盧竹齋本竝作「歲」，是也。爾雅釋地云「田一歲曰菑，二歲曰新田，三歲曰畬」。

4、嚅（俗。西緣、而注二反。）「西」，景南宋浙刋、高麗本、景高麗本竝作「而」，是也。廣韻平聲仙韻正切「而緣」。

5、⿰田⿱覀大（城下田也。）「⿰田⿱覀大」，當作「㽜」，說文云「㽜，城下田也，从田耎聲」。

田部上聲

1、畎（古大反。）「大」，景南宋浙刋、影宋鈔本、舊鈔本、高麗本、景高麗本、四庫本、虛竹齋本竝作「犬」，是也。廣韻上聲銑韻切「姑泫」，「犬」，亦屬上聲「銑」韻。

宀部平聲

1、宀（深尾也。）「尾」，高麗本、景高麗本竝作「屋」，是也。說文云「宀，交覆罙屋也」。

2、寃（柱也）「柱」，景南宋浙刋、影宋鈔本、舊鈔本、高麗本、景高麗本竝作「枉」，是也。

3、牢（又涌丨，獸名。）「涌丨，獸名」，景南宋浙刋、影宋鈔本、舊鈔本、景高麗本、四庫本、虛竹齋本竝作「蜅丨，獸名」，是也。後漢書班固傳「於是發鯨魚」，注「海中有大魚名鯨，又有獸名蒲牢」。

4、宁 門屏開也。「開」，景南宋浙刊、高麗本、景高麗本、四庫本、虛竹齋本竝作「間」，是也。爾雅釋宮「門屏之間，謂之宁」。

5、窺 俗。犬規反，小視也。正作窺。「規」，高麗本、四庫本、虛竹齋本竝作「規」，是也。下倣此。「正作窺」，高麗本、景高麗本、四庫本、虛竹齋本竝作「正作窺」，是也。說文云「窺，小視也。从穴規聲」。

6、宭 一月帝室。「月」，影宋鈔本、高麗本、景高麗本、四庫本、虛竹齋本竝作「曰」，是也。

7、宜 古宜。人。魚奇反。人姓。注文上「一人」字，景高麗本、四庫本、虛竹齋本竝作「今」，是也。

8、搴 俗。二言反。「二」，景高麗本作「丘」，是也。

9、寋𡨄 二俗。音乾。作虔，敬也。三「三」，景南宋浙刊、高麗本竝作

「正」，是也。

10、寷　大屋也。「寷」，高麗本作「寷」，是也。說文云「寷，大屋也，从宀豐聲」。

宀部上聲

1、寢　臥也　「寢」，高麗本、景高麗本並作「寢」，是也。說文七下㝱部云「寢，病臥也」。下从「寑」之字倣此。

2、究　姦丨也，內盜也。「究」，高麗本、景高麗本並作「宄」，是也。說文云「宄，姦也。外為盜，內為宄」。

3、𡧍　呼朖反。「朖」，景南宋浙刊、舊鈔本、高麗本、景高麗本、四庫本、虛竹齋本並作「朗」，是也。

4、寡　鰥也　「寡」，高麗本、景高麗本並作「寡」，是也。

5、宑　俗作穽。正　「穽」，景南宋浙刊、高麗本、景高麗本並作「穽」，是也。

宀部去聲

1、寤　寝覺有言也。「寤」，景南宋浙刊、高麗本、景高麗本、四庫本竝作「寤」，是也。說文云「寤，寐覺而有言曰寤」。行均書中从說文「寱者」之字，其左下方「爿」均寫作「爿」，宜改。

2、疥二居也。「二」，景高麗本作「獨」，是也。廣韻去聲怪韻云「疥，獨居」。

3、寀或寴正「丨」，景南宋浙刊、高麗本、四庫本竝作「作」，是也。

4、竁大穿地葬名也。「穿」，景南宋浙刊、影宋鈔本、舊鈔本、高麗本、景高麗本、四庫本竝作「穿」，是也。

5、寱思贈反，睡覺也。丨夢「寱」當作「寱」，「夢」，當作「夢」，廣韻去聲四十八嶝韻云「寱，寱夢，睡覺。思贈切」。

## 宀部入聲

1、宓，今作虙，音伏，丨義字。「虙」，景南宋浙刊作「虙」，是也。顏氏家訓書證「孔子弟子虙子賤為單父宰，即虙羲之後，俗字亦為窔」。「義」，景高麗本作「羲」，是也。

2、歹俗。反、麵二音。「反」，景高麗本作「歹」，蓋是。

3、⿱穴⿰羊九下也，窮也。「窮」，景高麗本作「竆」，是也。玉篇「竆，下也」，廣韻入聲怗韻「竆，下也」。

羊部平聲

1、羠犍羊也。「犍」，影宋鈔本、景高麗本竝作「揵」，是也。玉篇「羠，犍羊也」。

2、⿰羊黑鳥閑、於真、烏奚三反。「鳥」，景南宋浙刊、高麗本、景高麗本、四庫本竝作「烏」，蓋是。

羊部上聲

1、⿰羊委羊相⿰羊委積也。「積」，景南宋浙刊、高麗本、景高麗本竝作「⿰羊責」，是也。說文云「⿰羊委，羊相⿰羊委⿰羊責也」。

羊部入聲

1、⿰羊尃⿰羊尃⿰羊巨，野羊，似羊，九尾四耳，目在耳後也。⿰羊它音陁。「⿰羊巨」，景南宋浙刊、高麗本、景高麗本竝作「⿰羊它」，是也。玉篇云「⿰羊尃，⿰羊尃⿰羊它，獸名，似羊，九尾四耳，目在背上」。

身部平聲

1、躿|艆，身長也。「艆」，景南宋浙刊、高麗本、景高麗本、虛竹齋本竝作「躴」，是也。集韻平聲唐韻「躿，長身謂之躿躴」。

2、⿰身郎正躴。今躿。音郎「躿」上，景南宋浙刊有一「|」，是也。

3、⿰身宛一桓、於阮、烏臥三反。「阮」，景南宋浙刊、舊鈔本、高麗本、景高麗本、四庫本、虛竹齋本竝作「阮」，蓋是。

身部上聲

1、軆俗通。|作體。「|」，高麗本、景高麗本竝作「正」，是也。

2、⿰身亭俗。正作聤，耳垢也。「⿰身亭」，景南宋浙刊、高麗本、景高麗本竝作「聤」，是也。廣韻、集韻平聲青韻「聤，耳垢」。

身部去聲

1、射（又音夜，僕丨。）「僕」，景南宋浙刊、影宋鈔本、舊鈔本、景高麗本、四庫本、虛竹齋本竝作「僕」，是也。

2、軀（去放、去正二反。）「正」，高麗本、景高麗本竝作「王」，蓋是。

尸部平聲

1、届（舟丨，山穴也。）「舟」，高麗本、景高麗本竝作「丹」，疑是。玉篇「届，穴也」。

2、尻（醫也。）「醫」，影宋鈔本、高麗本、景高麗本、四庫本竝作「臀」，是也。廣雅釋親「尻，臀也」。

3、屖（鳥兮反。）「鳥」，景高麗本作「烏」，疑是。

4、屙（又鳥界反。）「鳥」；景南宋浙刊、高麗本、景高麗本、四庫本、虛竹齋本竝作「烏」，蓋是。

尸部上聲

1、展（舒丨，由直也，又審也，亦姓。）「展」，當作「展」。「由」，景南宋浙刊、高麗本、景高麗本竝作「申」，是也。國語晉語二「侈必展」，注「展，申也」。

2、㞜履屬，「履」，高麗本、景高麗本、虛竹齋本竝作「㞜」，是也。說文「㞜，履屬」。行均書中从說文「履省」之字，其左下方「彳」多寫作「才」，宜改。

3、⿸尸糸又繟履也。「繟」，景南宋浙刊、影宋鈔本、舊鈔本、高麗本、景高麗本竝作「繩」，蓋是。

尸部去聲

1、屓屭丨，作力兒。壯士「壯」，景南宋浙刊、高麗本、虛竹齋本竝作「壯」，是也。廣韻去聲至韻「屭，屭屓，壯士作力兒」。

尸部入聲

1、屬尺也。「尺」，景南宋浙刊、景高麗本竝作「足」，是也。左氏昭二十八年「屬厭而已」，注「屬，足也」。

魚部平聲

1、鯨通鯨丨鯢，魚王也。說文云「鱷，海大魚也。鯨，鱷或从京」，玉篇「鯨，魚之王」，是此字當以「鯨」為正體。

2、魧䲧（二俗。音亢。）「魧䲧」，景南宋浙刊、影宋鈔本、高麗本、四庫本、盧竹齋本竝作「魧䲧」，蓋是。

3、鮭（古嚱反。）「嚱」，高麗本、景高麗本竝作「攜」，是也。廣韻平聲齊韻正切「古攜」。

4、鯙（舊藏作醇，音純，厚也。）「純」，高麗本、四庫本竝作「純」，是也。下倣此。

5、鯸（丨鮯，魚。）「鮯」，景南宋浙刊作「鮔」，是也。行均書「鯸」下正次「鮔」字。

6、鮔（鯸魚）「鯸」下「魚」上，景南宋浙刊、高麗本、景高麗本竝增一「丨」，是也。

7、鮦鰹（爾雅云：大曰同，小曰鰹。）「同」，景南宋浙刊、高麗本、四庫本、盧竹齋本竝作「鮦」，是也。爾雅釋魚「鰹：大鮦」，又是字乃承正文「鮦」而來，「同」當是「鮦」之訛。

8、鱴（大者魚名。）「者」，景南宋浙刊、四庫本竝作「青」，是也。玉篇「鱴，大青魚」。

9、鯈 鮋納|，小魚也。「納」，景高麗本作「魶」，疑是。

10、鮂 白鱉化為，頂上有毛也。高麗本、四庫本「為」字下，增一「|」，疑是。廣韻平聲尤韻「鮂，烏化為魚，頂上有細骨如禽毛」。

11、鮆 即移反，魚名。「鮆」，高麗本、景高麗本並作「鮆」，是也。廣韻、集韻平聲支韻「鮆，魚名」，並切「即移」。下倣此。

12、鱧 鯇|，雄蠏也。「蠏」，影宋鈔本、高麗本、景高麗本、虛竹齋本並作「蟹」，是也。廣韻平聲咍韻「鱧，鯇鱧，雄蟹也」。

## 魚部上聲

1、鮓 側下菹也。「側下」下當補一「反」字，廣韻、集韻上聲馬韻下收此字，並作「側下切」。

2、鰾 魚|，可作膝也。「膝」，高麗本作「膠」，是也。玉篇「鰾

，魚鰾可為膠」。

3、鯁（又骨丨，謇諤之巨。）「巨」，景南宋浙刋、高麗本竝作「臣」，是也。

4、鱄（又土兔反。）「土」，高麗本、景高麗本竝作「士」，疑是「旨」字之闕誤；廣韻上聲獮韻作「旨兖切」。

5、鱓（土兔反。）「土」，景南宋浙刋、高麗本、景高麗本、虛竹齋本竝作「士」，是也。廣韻上聲獮韻正切「士兖」。

6、鯇（胡板反，魚名。反胡本反。）第二「反」字，景南宋浙刋、高麗本、景高麗本竝作「又」，是也。

7、魿（式秔、徂感二反。）「秔」，景南宋浙刋、高麗本、景高麗本竝作「枕」，是也。廣韻上聲寑韻下切「式荏」，而「枕」亦屬上聲寑韻。

## 魚部去聲

1、⿰魚胃（魚似蛇，四足，食魚也。）「虵」，高麗本、景高麗本竝作「蛇」，是也。太平御覽鱗介部「蝟魚」引山海經云「其狀如蛇而四足」。下倣此。

2、鮸 楊故反。「楊」，高麗本作「湯」，是也。字彙去聲遇韻正切「湯故」。

3、鮬 婢妾，魚名。「妾」，高麗本、景高麗本、四庫本、虛竹齋本竝作「妾」，是也。爾雅釋魚「鱊鮬，鱖鯞」，注「俗呼為魚婢，江東呼為妾魚」。

## 魚部入聲

1、鱵 鰂，丨鰂，今鯊魚也。「鰂」，景高麗本作「鯽」，是也。行均書「鱵」下次「鯽」，即注「鯽，鰂魚也，一名鱵鰂，今鯊魚也」。

2、鮥 海魚，以鮻肥美。「以」，景南宋浙刊、高麗本、四庫本、虛竹齋本竝作「似」，蓋是。

3、鰿 二革、資昔二反。上「二」字，高麗本、景高麗本竝作「士」，是也。廣韻、集韻入聲麥韻竝切「士革」。

4、鯿 正鰢，今。丨鮩魚名。「鯿」，高麗本、景高麗本竝作「鯿」

，是也。「⿰魚㓞」，四庫本、虛竹齋本竝作「⿰魚契」，是也。廣韻入聲陌韻云「鰝，鰝⿰魚契，魚名」。下从「契」之字倣此。

5、鱖 大口、細鱗，有班文。「班」，高麗本、景高麗本、四庫本竝作「斑」，是也。玉篇「鱖，魚大口、細鱗，斑彩」。

6、鰒 蒲魚反。「魚」，景南宋浙刊、高麗本、景高麗本竝作「角」，是也。廣韻、集韻入聲覺韻竝切「蒲角」。

7、鱄 魚似鯉，千日也。「千日」二字，高麗本、景高麗本竝作「一目」，是也。廣韻入聲鐸韻「鱄，魚似鯉，一目也」。

8、⿰魚亐 誤。舊藏作鰐，五各反，魚名。「鰐」，景南宋浙刊、高麗本、景高麗本、四庫本、虛竹齋本竝作「鰐」，是也。

## 戈部平聲

1、戡 巾斫也。「巾」，景南宋浙刊、高麗本竝作「小」，廣韻上聲寑韻「戡，小斫也」。

2、戔 賤也。「賤」，高麗本作「殘」，說文「戔，傷也」，段注「此與殘音義皆同」。

戈部去聲

1. 㦽（臣虐其君曰|，下煞上也。或作煞。）「目」，高麗本、景高麗本並作「曰」，是也。

2. 戱（大𤔔也。）「𤔔」，景南宋浙利、高麗本並作「𤔲」，是也。說文「戱，大𤔔也」。

戈部入聲

1、戢（阻立反，斂、止、聚|也，）「戢」，當作「戢」，廣韻入聲緝韻「戢，止也，阻立切」。

2、𢧁（直口反，大也。）「口」，高麗本、景高麗本並作「日」，是也。廣韻入聲質韻切「直一」，而「日」亦屬質韻。

口部平聲

1、囩（與刓同。）「刓」，景南宋浙利、舊鈔本、高麗本、四庫本、虛竹齋本並作「刓」，是也。

2、圝（落官反，團|、圓也。）「圝」，當作「圞」，「團」，景高麗本

作「團」，是也。廣韻上平二十六桓「圝」，團圝，圓也。落官切」。

3、囦（又水豬也。）「豬」，景南宋浙刊作「瀦」，是也。

## 口部上聲

1、圄（囹｜，周時獄名。反。）「囹」，景南宋浙刊、影宋鈔本、舊鈔本、高麗本、景高麗本、四庫本、盧竹齋本並作「囹」，是也。「反」，景南宋浙刊、高麗本均無，當刪。

## 口部去聲

1、固（徒狼反，碎石聲。）「狼」，高麗本、景高麗本並作「浪」，是也。廣韻去聲宕韻「固，碎石聲，徒浪切」。

## 口部入聲

1、圁（苦角反，革聲。）「圁」，高麗本作「圁」，是也。廣韻入聲覺韻「圁，鞭聲。苦角切」。

## 韋部平聲

1、韜（藏也，寬也，陷也。）「韜」，高麗本、四庫本並作「韜」，是也。說文「韜，劒衣也。从韋舀聲」。「寬」，高麗本作「寬」，是也。廣雅釋詁二「韜，寬也」。下倣此。

## 韋部去聲

1、韌（柔｜也。）「柔」，景南宋浙刊、高麗本並作「柔」，是也。說文新附「韌，柔而固也」。

## 韋部入聲

1、韄（又乙號反。）「號」，高麗本、景高麗本並作「虢」，是也。廣韻入聲陌韻切「一虢」。

## 音部平聲

1、韽（烏含反，聲小也。）「韽」，當作「韽」，集韻平聲覃韻「韽，聲小也。烏含反」，方成珪集韻考正云「案韽譌韽」。下从「含」之字倣此。

## 音部上聲

1、⿱向音（或響止，許兩反，作聲｜也。）「響」，景高麗本、四庫本並作「響」，是也。「止」，景南宋浙刊、影宋鈔本、舊鈔本、景高麗本、四庫本、虛竹齋本竝作「正」，是也。說文「響，聲也。从音鄉聲」。

音部入聲

1. 韷 留號反。「號」，影宋鈔本、高麗本竝作「錿」，蓋是。

2. 䪭 七六反。「䪭」，高麗本、四庫本竝作「䪭」，是也。集韻入聲屋韻「䪭」字切「子六」，「七」「子」同屬齒頭音。

多部上聲

1. 影 𡘙人大多也。「大」，高麗本、景高麗本竝作「云」，是也

尤部平聲

1. 尷尬 丨丨，行不正皃。「尬」，影宋鈔本、景高麗本、四庫本竝作「尬」，是也。說文「尷，尷尬，行不正也」。

2. 𡰰 不能行，為人所列也。「列」，景南宋浙刊、高麗本竝作「引」，是也。說文「𡰰，跛不能行，為人所引」。

尤部上聲

1、尯 俗鬼二。許 「二」，景南宋浙刊、舊鈔本、四庫本並作「反」，高麗本作「切」，是原當作「反」。玉篇「虺作尯，呼鬼切」，「呼」「許」同屬「曉」母。

2、㞂 他脧反。 「脧」，景南宋浙刊、高麗本、景高麗本、四庫本並作「賄」，是也。廣韻、集韻上聲賄韻並作「吐猥切」，「吐」「他」同屬「透」母。「猥」「賄」同屬賄韻。

3、𡰝 脉病也。 「脉」，高麗本、景高麗本並作「膝」，是也。說文「𡰝，厀中病也」，廣韻「𡰝，膝病」。

光部上聲

1、晃 故廣反。 「故」，高麗本、景高麗本並作「胡」，是也。集韻上聲蕩韻切「戶廣」，「戶」「胡」同屬匣母。

香部

1、馛 蒲木反。 「木」，景南宋浙刊、高麗本、景高麗本、四庫本、虛竹齋本竝作「末」，是也。玉篇作「扶末切」。

䜌部平聲

1、攣|，也。綴「攣」，高麗本作「攣」，是也。下从「䜌」之字倣此。

䜌部上聲

1、臠孌上、肉|也。丁美好也。「丁」，景南宋浙刊、舊鈔本、四庫本、虛竹齋本竝作「下」，是也。廣雅釋詁一「孌，好也」。

殸部去聲

1、磬右樂也。「右」，景南宋浙刊、舊鈔本、高麗本、四庫本、虛竹齋本竝作「石」，是也。

殸部入聲

1、觳今作觳。「觳」，影宋鈔本、高麗本、景高麗本竝作「觳」，是也。

黃部上聲

1、斢（丨斣，兵奪人物也。）「斣」，高麗本、景高麗本並作「斣」，是也。廣韻上聲厚韻「斢，斢斣，兵奪人物，出字書」。

## 黃部去聲

1、黈（觧黃色。）「觧」，景南宋浙刊、景高麗本、四庫本並作「鮮」，是也。說文「黈，鱻明黃色也」。

## 辛部上聲

1、辯（反俗蒲莧反。）上一「反」字，高麗本、景高麗本並作「又」，蓋是。

2、睾（古文罪字。）「睾」，高麗本、景高麗本並作「辠」，是也。說文「辠，犯灋也。从辛自」。玉篇「辠，古文罪字」。

## 辛部去聲

1、辦（小兒白眼覞也。）「眼覞」，景南宋浙刊、影宋鈔本、舊鈔本、高麗本、四庫本並作「眼視」，疑是。

## 厶部上聲

1、⿱𥫗斗音賈，玉爵也。　「⿱𥫗斗」，高麗本、四庫本作「斝」，是也。說文「斝，玉爵也」。「買」，景高麗本作「賈」，廣韻上聲馬韻音切同「賈」。

高部平聲

1、⿱粥高⿱弜高二誤。舊藏作⿱粥高⿱埶冋二字。注文「⿱粥高」字，影宋鈔本、景高麗本竝作「⿱粥冋」，蓋是。

高部去聲

1、⿰高參⿰高昜ㄧ也。　「⿰高昜」，景南宋浙刊、高麗本、景高麗本竝作「⿰高勞」，是也。行均「⿰高參」下次「⿰高勞」注云「⿰高勞⿰高參，牛馬高脚也」。

章部

1、⿱竟心⿰忄弄ㄧ，愚人也，⿰忄弄音⿰忄弄。　「⿰忄弄音⿰忄弄」，景南宋浙刊、舊鈔本、高麗本、景高麗本、四庫本、虛竹齋本竝作「⿰忄弄音弄」，是也。

生部

1、⿱始生雀⿱初生正作嬾，弱也。，「嬾」，景南宋浙刋、高麗本竝作「嫩」，蓋是。

冫部平聲

1、冫｜，凍也，同水字。「水」，景南宋浙刋、高麗本、景高麗本、四庫本、虛竹齋本竝作「冰」，是也。

2、凋音刀「刀」，景南宋浙刋、影宋鈔本、高麗本、景高麗本、四庫本、虛竹齋本竝作「刁」，是也。廣韻切「都聊」，正合「刁」音

3、凌力水反，水也。又水｜也。第一、三兩「水」字，景南宋浙刋、高麗本、景高麗本、虛竹齋本竝作「冰」，是也。廣韻下平十六蒸切「力膺」，「冰」亦屬蒸韻。初學記七「積冰為凌」。文選張衡思玄賦「魚矜鱗而并凌兮」，李注「衡曰：凌，冰也」。

4、⿰冫⿱马廾皮疑反，訖也。又皮一命反。「疑」，景南宋浙刋、景高麗本、虛竹齋本竝作「凝」，蓋是。「一」，景南宋浙刋、高麗本

、景高麗本竝無，是也。集韻去聲映韻即切「皮命」。

5、臧俗。正作臧。厚也。「厚」，影宋鈔本、舊鈔本、高麗本、景高麗本竝作「厚」，是也。方言第十二「臧，厚也」。

## 冫部上聲

1、凖抣也，平也。「抣」，舊鈔本、高麗本、景高麗本、四庫本、虛竹齋本竝作「均」，是也。

2、凚生鍗反。「鍗」，景南宋浙刊、影宋鈔本、舊鈔本、高麗本、景高麗本、四庫本、虛竹齋本竝作「錦」，蓋是。

## 彡部平聲

1、彪虎彣也。「彣」，景南宋浙刊、高麗本、景高麗本竝作「彣」，是也。說文「彪，虎文也」。

2、彣丨彬斑雜也。「彬」，景南宋浙刊、舊鈔本、高麗本、景高麗本、虛竹齋本竝作「彩」，是也。說文通訓定聲「凡彣章、彣采、彣明字，經傳皆以文為之」。

3、彬府巾，文皃。「巾」字下，高麗本有一「切」字，四庫本、虛竹齋本、函海本則並作「反」，是原「巾」下當有「反」字，廣韻平聲眞韻正切「府巾」。

## 彡部上聲

1、彭情絜也。「情絜」，高麗本、景高麗本並作「清潔」，是也。說文「彭，清飾也」。

## 兒部

1、⿰婁兒丨見。「見」，景南宋浙刊、影宋鈔本、舊鈔本、高麗本、景高麗本並作「兒」，是也。

## 而部

1、𦓤九屬「九」，景南宋浙刊、高麗本、景高麗本並作「丸」，是也。說文「𦓤，丸之孰也。从丸而聲」。

## 龜部

1、龜說苑曰：霊丨。「霊」，景南宋浙刊、影宋鈔本、舊鈔本、高麗本、景高麗本並作「靈」，是也。說苑卷十八辨物亦作「靈」。

匸部平聲

1、匜 徒聯，徒田器也。 第二之「徒」字，景南宋浙刊、景高麗本、四庫本、函海本並作「反」，高麗本作「切」，是原當作「反」。

2、匨 古文。厚也，亦姓，今作臧。 「匨」，景南宋浙刊作「匨」，是也。玉篇「匨，古臧字」。

殳部平聲

1、𣪊 舊藏作敳。五未反，所有理也，亦八九名也。 「未」，景南宋浙刊、高麗本、景高麗本、虛竹齋本並作「來」，是也。廣韻平聲咍韻正切「五來」。「所有理也」，景南宋浙刊作「有所理也」，是也。廣韻正訓「有所理也」。「九」，景南宋浙刊、景高麗本並作「元」，是也。

殳部上聲

1. 𣫭 音毀，舂也。 「𣫭」，景南宋浙刊、高麗本、景高麗本並作「毇」，蓋是。

殳部去聲

1、轂 奴候反，乳也。「轂」，景南宋浙刊作「轂」，是也。行均書凡从「㱿」者均誤省作「壳」，今正，下倣此。

殳部入聲

1、𣪊 杸水聲 「杸」，影宋鈔本、高麗本、景高麗本、四庫本、虛竹齋本竝作「投」，蓋是。

2、毇 精細木也。「木」，景高麗本作「米」，是也。說文「毇，糲米一斛，舂為九斗也」。

3、敵 四也，軰也，主也。「四」，高麗本、景高麗本、四庫本、虛竹齋本竝作「匹」，是也。爾雅釋詁「敵，匹也」。「軰」，景南宋浙刊、高麗本、景高麗本竝作「輩」，是也。廣雅釋詁一「敵，輩也」。

瓜部平聲

1、瓜 尔州名。又｜部與瓜部相監。「尔」，景南宋浙刊、高麗本竝作「亦」，是也。左氏襄十四年「昔秦人迫逐乃祖吾離于瓜州」，注「瓜州，地在今燉煌」。「監」，景南宋淅刊、高麗本竝作「濫」，是也。

2、[壴瓜]俗 瓠[瓜盧]正，音胡，瓢也。——「[壴瓜]瓠」，高麗本、景高麗本竝作「[壴瓜]瓠」，是也。廣韻平聲模韻「瓠，瓠[瓜盧]，瓢也」。

瓜部上聲

1、[广瓜]沉兩反。「兩」，景高麗本、四庫本竝作「雨」，是也。集韻、韻會竝切「勇主」，「勇」屬「喻」母，「沉」屬「曉」母，古竝屬喉音，「主」「雨」竝屬上聲麌韻。

2、[虚瓜]至偃反。「至」，高麗本、景高麗本竝作「牛」，是也。集韻上聲阮韻即切「牛偃」。

瓜部去聲

1. 軱耶電反。「耶」，景南宋淅刊、高麗本、景高麗本、四庫本、虛竹齋本竝作「郎」，是也。廣韻、集韻並切「郎甸」，「電」「甸」同屬霰韻。

龍部

1、⿱龍瓦 築七｜穀也。
「七」，景南宋浙刊、高麗本、景高麗本並作「土」，是也。玉篇「⿱龍瓦，築土礱」，集韻平聲東韻「⿱龍瓦，築土以磨穀」。

番部

1、⿰番隹 百合⿰糸示也。
「⿰糸示」，景南宋浙刊、高麗本、景高麗本並作「蒜」，是也。玉篇「⿰番隹，百合蒜也」。

寧部

1、⿰寧吉 寧舌反。
「舌」，景南宋浙刊、景高麗本並作「吉」，疑是。

申部

1、暢 丑亮反，通也，又達也。
「暢」，高麗本作「暢」，是也。

2、⿰申柬 羊刀反。
「刀」，景高麗本作「刃」，是也。廣韻切「羊晉」，「晉」「刃」同屬去聲震韻。

虍部

1、虘 昨何反。
「虘」，景南宋浙刊、高麗本、景高麗本並作「

虘」，是也。廣韻平聲歌韻「虘，昨何切」。

2、虡鐘栒丨，所以懸。亦作虛。「虡」，高麗本、景高麗本、四庫本竝作「虡」，是也。爾雅釋器「木謂之虡」，注「縣鐘磬之木，植者名虡」。「虡」，景高麗本、四庫本竝作「簴」，是也。集韻上聲語韻「虡，亦作簴」。

## 歹部

1、殑欲疕也。「疕」，景南宋浙刊、影宋鈔本、舊鈔本、高麗本、景高麗本竝作「死」，是也。廣韻上聲拯韻「殑，殑，欲死狀」。

## 幺部

1、幻感也。「感」，高麗本、景高麗本竝作「惑」，是也。

## 尼部

1、𡵓正屔今。音泥。水潦所止為丨丘。郭璞云：頂上汙下也。「𡵓屔」，當作「𡵓屔」，爾雅釋丘「水潦所止，泥丘」，郭注「頂上汙下者」，玉篇引「泥」作「屔」，廣韻上平十二齊亦同。說文八上丘部「屔，反頂受水丘也」，是郭注正用許君「妮」義。引郭璞說，「汙」字係「汙」之形誤，景高麗本正作「汙」。

爿部

1. 爿（玉篇音苦瑩反。）「瑩」，見引書考。「瑩」，高麗本作「螢」，是也。玉篇正作

圭部

1. 蛙鼃（蝦蟇之屬也。）「蟇」，景南宋浙刊、影宋鈔本、舊鈔本、高麗本、景高麗本、四庫本、虛竹齋本並作「蟇」，是也。說文「鼃，蝦蟆也，或作蛙」，禮記月令「螻蟈鳴」，注「螻蟈，蛙也」，釋文「蛙，蝦蟇也」。

與部

1. 釁（又瑕隟也。音豈逆反。）……二「隟」字，景南宋浙刊、影宋鈔本並作「隙」，是也。左氏桓公八年「讎有釁，不可失也」，注「釁，瑕隙也」。

上聲目錄

1、虫 許偉 「虫」，高麗本、四庫本、盧竹齋本竝作「虫」，是也。依其切語「許偉反」，及部中所繫之字斷之，當作「虫」。下倣此。

2、豸 直爾 「豸」，高麗本、四庫本、盧竹齋本竝作「豸」，是也。從部中諸字偏旁及行均書中引爾雅云有足曰虫，無足曰豸，可證。

3、矢 式視 「式」，景南宋浙刊作「式」，是也。廣韻上聲旨韻正切「式視」。

4、鹵 郎古 「鹵」，當作「鹵」，說文「鹵，西方鹹也」，大小徐竝音切「郎古」。下倣此。

5、鼠 書呂 「鼠」，高麗本、四庫本、盧竹齋本竝作「鼠」，是也。說文十上篆作「鼠」，隸當作「鼠」。下倣此。

6、缶 方九 「缶」，高麗本、四庫本、盧竹齋本竝作「缶」，是也。說文五下篆作「缶」，隸當作「缶」。下倣此。

7、臼其九「臼」，高麗本、四庫本、虛竹齋本並作「臼」，是也。說文七上篆作「臼」，隸當作「臼」。下放此。

手部平聲

1、搯士刀反「士」，高麗本作「土」，是也。廣韻平聲豪韻正切「土刀」。

2、揩又苦駭反。「駭」，景南宋淅刋、高麗本、四庫本、虛竹齋本並作「駭」，蓋是。

3、捄詩云：丨之儒。，不疊「陾」，且字作「陑」。廣韻七之「隭」下收「陾」「陑」，並云「上同」，是陾陑一字也。行均引亦不疊「陑」，字作「儒」，「儒」蓋「隭」之形訛。詩緜篇「捄之陾陾」，玉篇引作「捄之陑」

4、揙不咺也。「咺」，景南宋淅刋、影宋鈔本、舊鈔本、高麗本、四庫本、虛竹齋本並作「咽」，蓋是。

5、攑立言反。「立」，高麗本作「丘」，是也。廣韻平聲元韻正切「丘言」。

6、挎（空也，圻也。）「圻」，高麗本、四庫本、虛竹齋本並作「坼」，是也。廣韻平聲模韻「挎，坼也」。

7、掤（又俗音彭。）「彭」，高麗本、四庫本、虛竹齋本並作「彭」，是也。

8、摏（書容反，撞也。）「摏」，景南宋浙刊、雙鑑樓本並作「椿」，是也。廣韻「摏，撞也」，音「書容切」。

## 手部上聲

1、拒（挌也，抌也，違也。）「挌」，景南宋浙刊作「格」，是也。廣韻上聲語韻「拒，又格也」。「抌」，高麗本、四庫本、虛竹齋本並作「抗」，蓋是。

2、撫（壉也，疾也，反存恤也。）「壉」，高麗本、四庫本、虛竹齋本並作「據」，是也。禮記曲禮上「國君撫式」，注「撫猶據也」。「反」，景南宋浙刊、舊鈔本、雙鑑樓本、高麗本、四庫本、虛竹齋本並作「又」，是也。左氏定公四年「若以君靈撫之」，注「撫，存恤也」。

4、技（｜藝，能也，巧也。）「技」，高麗本、虛竹齋本竝作「技」，是也。「藝」，高麗本、虛竹齋本竝作「藝」，是也。說文「技，巧也，从手支聲」，廣韻上聲紙韻「技，藝也」。

5、把（博瓦反）「博」，景南宋浙刊、影宋鈔本、舊鈔本、雙鑑樓本、高麗本、四庫本、虛竹齋本竝作「博」，是也。廣韻作「博下切」，「瓦」「下」同屬上聲馬韻。

6、攪（古巧反）「巧」字，景南宋浙刊、影宋鈔本、舊鈔本、高麗本、四庫本、虛竹齋本竝作「巧」，是也。廣韻上聲巧韻正切「古巧」。

7、挸（或作攡，正面也。拭）「攡」當作「攡」，集韻「挸，博雅，拭也。或作攡」。

8、抵（｜也。堂）「堂」，景南宋浙刊、高麗本竝作「掌」，是也。玉篇手部「抵，抵掌也」。

9、攤（奴但反。）「但」，景南宋浙刊、影宋鈔本、舊鈔本、高麗

本、四庫本、虛竹齋本並作「但」，是也。集韻上聲旱韻作「乃坦切」，然「乃」「奴」同屬「泥」母，「坦」「但」同屬上聲旱韻

10、挸 俗。正作挸。 注文「挸」字，高麗本作「悓」，疑是。

11、摻 執扶也。 「扶」，景南宋浙刊、高麗本、四庫本、虛竹齋本並作「袂」，是也。詩鄭風遵大路「摻執子之袪兮」，傳「摻，擥」，箋「欲擥持其袂而留之」。

12、掅 手覆也。 「掅」，高麗本作「揞」，是也。廣韻上聲感韻「揞，手覆」。

13、摬 由打也。 「由」，景南宋浙刊、高麗本並作「中」，是也。說文「摬，中擊也」。

14、拲 又居王反 「王」，景南宋浙刊作「玉」，是也。廣韻入聲燭韻正切「居玉」。

15、㨃 俗。音唯，正作埻。 「唯」，景南宋浙刊作「准」，疑是。

手部去聲

1、掠饔也「饔」，高麗本、四庫本、虛竹齋本並作「奪」，是也。

2、擯排也，斥也。「斥」，影宋鈔本、四庫本、虛竹齋本並作「斥」，是也。

3、拚拚拚三俗。盧貢反。「盧」，景南宋浙刊、舊鈔本、四庫本、虛竹齋本並作「慮」，是也。集韻去聲送韻「拚，盧貢切」，「盧」「慮」同屬來母。

4、攜攜二俗。正作雋。依几也「雋」，高麗本、四庫本、虛竹齋本並作「凭」，是也。

5、捃收也，取也，拾也「收」，景南宋浙刊、舊鈔本、四庫本、虛竹齋本並作「收」，是也。管子小匡「唾橐而入，捃載而歸」，注「捃，收拾也」。

6、擱梢丨，舉也。畁「擱」當作「擱」。「梢丨」，畁舉也」，景南宋浙刊、高麗本並作「捎丨，舁舉也」，是也。廣韻去聲宥韻「擱，捎擱，舁也」，集韻去聲宥韻「擱，字林：

捎撊，舁也」。

7、擩（｜坙，手進物也。）「坙」，影宋鈔本、高麗本並作「垩」，是也。廣韻去聲遇韻「擩」：「擩垩，手進物也」。

8、拼（舊藏作搆，古㑦反，擩也。）四庫本並作「候」「擩」，是也。廣韻去聲候韻「搆」，古候切，「搆擩也」。

9、⿱此手（前智、苛寄、士佳三反）「苛」，雙鑑樓本、高麗本並作「奇」，是也。廣韻、集韻去聲寘韻並切「奇寄」。

10、㩣（於斳反，｜，劑也。）「斳」，景南宋浙刋、高麗本、四庫本、虛竹齋本並作「靳」，是也。集韻去聲焮韻「㩣」，劑也。於靳切」。

## 手部入聲

1、擳（申｜也。）「申」，雙鑑樓本、高麗本並作「巾」，是也。集韻入聲櫛韻「幯」，拭也。或从手」。

2、拙（征悅反，不二巧也。）「征」，景南宋浙刋作「泟」，是也。廣韻入聲薛韻切「職悅」，「職」「征」同在照紐。「二」，高麗本、四庫本、虛竹齋本竝作「工」，是也。

3、抑 損也，屈也，推也，按也。 「抑」，高麗本、四庫本、虛竹齋本竝作「抑」，是也。說文「抑，按也」。下倣此。

4、捔 又土角反 「土」，景南宋浙刋、高麗本竝作「士」，是也。廣韻入聲覺韻正切「士角」。

5、扴 手指捻物也。 「捻」，景南宋浙刋、高麗本、四庫本、虛竹齋本竝作「搔」，是也。廣韻入聲黠韻「扴，指扴物也」。

6、攋 與粒同。訓 「粒」，景南宋浙刋、高麗本竝作「拉」，是也。文選左思吳都賦「拉攋雷硠」，注「拉攋，木摧傷之聲」。行均書下一字「擼」下注云「與拉攋俱同」。

7、撲 普本反。 「本」，景南宋浙刋、雙鑑樓本、高麗本竝作「木」，是也。廣韻、集韻、韻會入聲屋韻正切「普木」。

8、挩 他括反。 「括」，景南宋浙刋、高麗本、虛竹齋本竝作「

括」，是也。廣韻、集韻、韻會入聲末韻正切「他括」。

9、捸 楚草反，又所草反。 二「草」字，高麗本竝作「革」，是也。廣韻入聲麥韻正切「楚革」。

10、抹 音未，|撥，䊳也。 「未」，高麗本作「末」，是也。「䊳」，高麗本作「摩」，是也。廣韻入聲末韻「抹，抹撥，摩也」。

11、揥 渢飾 「渢」，景南宋浙刊作「佩」，是也。廣韻去聲祭韻「揥，佩飾」。

12、捊 郎括反 「捊」，景南宋浙刊、高麗本竝作「捋」，是也。廣韻入聲末韻「捋」字正切「郎括」。

13、捏 捻也，捺也。 「捏」，高麗本作「揑」，是也。集韻入聲屑韻「捏，捻聚也。俗作揑」。

14、㨿 舊藏作䃕，音張草反。 「草」，高麗本、四庫本竝作「革」，蓋是。

15、撥 艾|也。 「艾」，高麗本作「芟」，蓋是。廣雅釋詁三「

16、格 撥，除也」。音格，打也。又音格，亦擊也。上一直音「格」，景南宋浙刊、高麗本竝作「落」，是也。廣韻、集韻入聲鐸韻竝音「落」。

17、擻 經音義作蹴，手六反，指丨也。「手」，景南宋浙刊、高麗本竝作「千」，是也。玄應一切經音義卷十一雜阿含經第十九卷正作「千」。

18、拮 音古 「古」，景南宋浙刊、舊鈔本、四庫本、虛竹齋本竝作「吉」，是也。

19、⿰扌伏 蒲北方 「方」，高麗本作「切」，宜當作「反」，廣韻入聲德韻正切「蒲北」。

20、捌 揲也 「揲」，當作「揲」，廣韻入聲薛韻「捌」，埤蒼云：「揲也」。

21、搉 俗，角殻二音，正作擢。 「殻」，高麗本作「殼」，蓋是。「擢」，影宋鈔本、高麗本、四庫本、虛竹齋本竝作「擢」，是也。集韻入聲鐸韻「擢，手反覆也。或从隹」。

虫部平聲

1、蛆（七金反，丨虫也。） 「蛆」，景南宋浙刊、高麗本並作「蛆」，是也。廣韻平聲魚韻「蛆，蝍蛆，食蛇蟲，蜈蚣是也」。「金」，景南宋浙刊、影宋鈔本、舊鈔本、高麗本、四庫本、虛竹齋本並作「余」，是也。廣韻、集韻平聲魚韻並切「七余」。

2、蟯蜋（食糞虫也） 「糞」，高麗本作「糞」，是也。玉篇「蟯蜋，啖糞蟲也」。

3、螻蛄（或云仙蛄、蟌蛄、石鼠，皆螻蛄之異名也。） 「鼠」，高麗本作「鼠」，是也。廣韻平聲侯韻「螻，螻蛄，一名仙姑，一名石鼠」。

4、蜉（蚍丨也。） 「蚍」，影宋鈔本、高麗本並作「蚍」，是也。說文「蠹，蚍蠹也。蜉，蠹或从虫从孚」。段注「蚍蜉，大螘」。

5、融 知也，朗也。「知」，景南宋淅刊、高麗本竝作「和」，是也。集韻平聲東韻「融，一曰和也」。

6、蚖 蠑ㅣ，守宮、蜥蜴、蝘蜓四種異名也。「蜥」，高麗本作「蜥」，是也。廣韻平聲元韻「蚖，蠑蚖，蜥蜴也。一名守宮」。下倣此。

7、螟 ㅣ蛉桑虫也。「桑」，高麗本、四庫本、虛竹齋本竝作「桑」，是也。爾雅釋蟲「螟蛉，桑蟲」。下倣此。

8、蛷 ㅣ螋，虫名也。「螋」，景南宋淅刊、高麗本、虛竹齋本竝作「螋」，是也。玉篇「蛷，蛷螋，蟲名」，廣雅釋蟲「蛷螋，蟱蛷也」。

9、蠰 齒桑蝎虫也。「齒」，景南宋淅刊作「齧」，是也。爾雅釋蟲「蠰，齧桑」。

10、蛖 莫汪反。「汪」，景南宋淅刊、高麗本竝作「江」，是也。廣韻、集韻平聲江韻竝作「莫江」。

11、蠩 踞ㅣ。「踞」，景南宋淅刊作「蜛」，是也。廣韻上平九魚「蜛，蜛蠩」。

12、蚶 蚌屬也。「蚌」，景南宋浙刋、舊鈔本、高麗本、虛竹齋本並作「蚌」，是也。下倣此。

13、虹 |孫，虫名，一名蜻蛚。「蛚」，景南宋浙刋作「蛚」，是也。方言第十一「蜻蛚，南楚之間，謂之虹孫」。

14、螓 音奏 「奏」，景南宋浙刋、高麗本、四庫本、虛竹齋本並作「秦」，是也。

虫部上聲

1、蜾 |蠃，虫名。「蠃」，高麗本、虛竹齋本並作「蠃」，是也。說文「蠕，蠕蠃。蜾，蠕或从果」。

虫部去聲

1、⿰虫粦 熒火也。「熒」，景南宋浙刋、高麗本、四庫本、虛竹齋本並作「螢」，是也。集韻去聲震韻「⿰虫粦，螢火」。

2、蜶 蘇因反。「因」，高麗本、四庫本、虛竹齋本並作「困」，是也。

3、蝹 幺蚕也。「蚕」，當作「蠶」，廣韻、集韻去聲遇韻竝云「蝹，幺蠶」。下做此。

4、蟓 桑蠒虫也「蟓」，高麗本作「蟓」，是也。爾雅釋蟲「蟓，桑繭」。下从「象」之字做此。

## 虫部入聲

1、蝀 ｜蜺也。「蜺」，景南宋浙刊、影宋鈔本、舊鈔本、高麗本竝作「蜺」，是也。集韻入聲錫韻「蛪，博雅：蛪，蜺肥也，或省（蝀）。」

2、蚚 爾雅二｜，虫名也。「二」，高麗本作「云」，是也。

3、蠟 窒｜也。「窒」，景南宋浙刊、高麗本、四庫本、盧竹齋本竝作「蜜」，是也。廣韻入聲盍韻「蠟，蜜蠟」。

4、蚇蠖 上昌石反，下烏郭反。｜｜，出伸虫也「烏」，景南宋浙刊、高麗本竝作「烏」，是也。廣韻入聲鐸韻「蠖」下正切「烏郭」。「出」，景南宋浙刊、高麗本、盧竹齋本竝作「屈」，是也。說文「蠖，尺蠖，詘申蟲也」。

5、蜉 尔足云：高、珂虫也。「高」，高麗本作「蝺」，是也。詳見引書考。

6、蛖 ｜蚨，蟪蛄名也。「蚨」，景南宋浙刊，高麗本竝作「蚗」，是也。「蛄」，景南宋浙刊、舊鈔本、高麗本、四庫本、虛竹齋本竝作「蛄」，是也。方言第十一「蛖蚗，楚謂之蟪蛄」。

7、蝰 螻蛄也。「蛄」，景南宋浙刊、舊鈔本、高麗本、虛竹齋本竝作「蛄」，是也。方言第十一「螻蝰謂之螻蛄」。

8、蜅 ｜蜼，螗蜋外也。「蜼」，景南宋浙刊作「蟭」，是也。「外」，景南宋浙刊、高麗本、四庫本竝作「卵」，是也。爾雅釋蟲「不過，蟷蠰，其子蜱蛸」，注「一名蜅蟭，蟷蠰卵也」。集韻入聲鐸韻「蜅，蜅蟭，螳蜋卵也」。

9、蝃 蚨蛛、也。「蚨」，景南宋浙刊、舊鈔本、四庫本、虛竹齋本竝作「蜘」，是也。集韻入聲薛韻「蝃，蟲名．蜘蛛也」。

水部平聲

1、滄 俗。喰。音「喰」，景南宋浙刋作「飡」，疑是。

2、㴛 今泎，正液也。口「㴛」，高麗本作「涎」，是也。說文「泎，慕欲口液也」，段注「俗作涎」。

3、濨 間水也。「間」，高麗本作「澗」，是也。廣韻上平七之「濨，澗水名也」。

4、潮 直遥反「遥」，景南宋浙刋、影宋鈔本、舊鈔本、高麗本、虛竹齋本並作「遙」，是也。廣韻下平四宵正切「直遙」。

5、潭 火沼深清澄淨曰丨。「火」，高麗本作「水」，是也。

6、湍 急賴也。「賴」，景南宋浙刋、四庫本、虛竹齋本並作「瀨」，是也。說文「湍，疾瀨也」。

7、濄 水丨迴澓也。「澓」，高麗本、四庫本、虛竹齋本並作「復」，是也。廣韻下平八戈「濄，水回」。

8、澎 水名，亦水皃也。「澎」，景南宋浙刋、高麗本並作「澎」，是也。集韻平聲冬韻「浵，汪浵，水深」。又「浵，一曰水名」。

9、潸 所姦、所板二反。「板」，景南宋淅刊、舊鈔本、四庫本、虛竹齋本竝作「板」，廣韻上聲潸韻正切「所板」。

10、汒 谷名，右涼兆也。「右涼」二字，景南宋淅刊、高麗本竝作「在京」，是也。集韻上聲蕩韻「汒，谷名，在京兆屋」。

11、滶 玉高反。「玉」，景南宋淅刊、高麗本竝作「五」，是也。廣韻下平六豪正切「五高」。

12、涔 丨陽，也名。「也」，高麗本作「地」，是也。說文「涔，一曰涔陽渚在郢」。

13、泱 羊水反，汗丨。「水」，景南宋淅刊、雙鑑樓本、舊鈔本、高麗本、四庫本、虛竹齋本竝作「朱」，是也。廣韻上平十虞正切「羊朱」。「汗」，雙鑑樓本、高麗本竝作「汙」，是也。集韻平聲虞韻「泱，汙也」。

14、淬 玉篇云：水汲也。「淬」，景南宋淅刊作「沐」，是也。「汲」，景南宋浙刊、高麗本竝作「急」，是也。玉篇水部「泍，水急」。

15、淜皮水也。「水」，景南宋浙刊、高麗本竝作「氷」，四庫本、虛竹齋本竝作「冰」，疑當作「冰」。

16、濾也余反，水名。「濾」，雙鑑樓本作「瀘」，是也。說文「瀘，瀘水，出北地直路西，東入洛」。「也」，雙鑑樓本作「七」，是也。廣韻、集韻平聲魚韻「瀘」字下正切「七余」。

## 水部上聲

1、灑所解、所綺、所寄、所買四反。「解」，景南宋浙刊、高麗本竝作「蟹」，是也。廣韻、集韻上聲蟹韻正切「所蟹」。「買」，景南宋浙刊作「賣」，是也。集韻去聲卦韻正切「所賣」。

2、涤治也，盥也，洗也。「治」，高麗本、四庫本、虛竹齋本竝作「浴」，是也。

3、潒　丨澒，大水兒。又平聲，空丨，細雨也

「潒」，景南宋浙刊、高麗本並作「濛」，是也。廣韻上聲董韻「濛，濛澒，大水」。「空」，雙鑑樓本、高麗本並作「涳」，是也。廣韻平聲東韻「濛，涳濛，細雨」。

4、洸　姑丨，作名也。

「作」，景南宋浙刊、雙鑑樓本、高麗本並作「律」，是也。左氏定四年「大呂、姑洗皆鐘名也，其聲與此律相應，故以律名焉」。

5、涊　年與反。

「與」，景南宋浙刊、雙鑑樓本、高麗本並作「典」，是也。廣韻、集韻上聲銑韻切「乃殄」，「乃」「年」同屬泥母，「殄」「典」同屬銑韻。

6、泚　于禮反。

「于」，景南宋浙刊、雙鑑樓本、高麗本並作「千」，是也。廣韻上聲薺韻正切「千禮」。

7、浽　丨鮍也。

「鮍」，景南宋浙刊作「麩」，高麗本作「麵」，原當作「麩」，說文「浽，浽汏也」，段注「沃汏者，澆沃而汏酒之，若今人言浽麩是也」。

8、泥|閻淺處也。海水「淺」，高麗本作「洩」，是也。廣韻上聲七尾「泥，泥潤，海水洩處」。

9、潤|憂也，與憑同。「憑」，雙鑑樓本、高麗本竝作「濾」，疑是。玉篇水部「潤，濾也」。

10、滙七霏反。「霏」，景南宋浙刊、雙鑑樓本、高麗本竝作「罪」，是也。廣韻上聲十四賄正切「七罪」。

## 水部去聲

1、瀚|海，北海也，又鎮名。「瀚」，景南宋浙刊作「瀚」，是也。

2、濩又一號反，澤，縣名。|「號」，景南宋浙刊作「號」，是也。廣韻入聲陌韻正切「一號」。

3、瀧沆|也。「沆」，景南宋浙刊、高麗本竝作「沆」，是也。說文新附「瀧，沆瀧，气也」。

4、濫今作監。「監」，景南宋浙刊作「盥」，是也。

5、㶕上倒反。「上」，景南宋浙刊作「征」，是也。廣韻去聲祭韻正切「征倒」。

6、漬水名，出豫章。「豫」，景南宋浙刋、舊鈔本、高麗本竝作「豫」，是也。

水部入聲

1、滑不澀也。「澀」，高麗本、四庫本、虛竹齋本竝作「澀」，是也。

2、瀷又息也。「息」，高麗本、四庫本竝作「恩」，是也。

3、渥霑濡也。「霑」，景南宋浙刋、舊鈔本、高麗本竝作「霑」，是也。說文「渥，霑也」。「濡」，高麗本作「濡」，是也。易鼎九四「覆公餗其形渥」，王注「渥，沾濡之貌也」。

4、淢音域，溭波勢也。「淢」，景南宋浙刋、高麗本、四庫本竝作「域」，是也。下从「或」之字倣此。「溭」，景南宋浙刋、高麗本竝作「溭」，是也。行均書「淢」下次「溭」，注「溭域，水勢也」。集韻入聲職韻「溭，溭域，奔湍」。

5、漢涉｜地。「涉」，景南宋浙刊、四庫本、虞竹齋本竝作「沙」，是也。

6、汩音覓，｜羅江，在豫章。又古沒、于筆二反，流疾也，又亂也「汩」，高麗本作「汩」，是也。說文「汩，長沙汩羅淵也」。「豫」，景南宋浙刊、舊鈔本、四庫本竝作「豫」，是也。「筆」，高麗本作「筆」，與廣韻入聲質韻「汩」字音切同。按「汨」字有二音二義：㈠音「覓」作「川名」解（見廣韻、集韻入聲錫韻）；㈡音「古忽切」，作「沒」解（見廣韻入聲沒韻）。其與「于筆切」之「汩」字有別，不得相混。「流疾也，又亂也」均屬「汩」義，與「汨」字無涉。行均蓋將「汨」「汩」涵為一字也。

7、濊音末，塗拭也。「末」，高麗本作「末」，是也。廣韻入聲末韻音切同「末」。「拭」，景南宋浙刊作「拭」，是也。廣韻入聲末韻「濊，塗拭」。

8、漆水名「漆」，高麗本、四庫本竝作「漆」，是也。說文十一上「漆，漆水」。

9、沓 徒合反 「沓」，高麗本作「沓」，是也。廣韻入聲合韻「沓」字正切「徒合」。

10、濈 和也 「濈」，高麗本作「濈」，是也。說文「濈，和也。从水戢聲」。下从「戢」之字倣此。

## 火部平聲

1、熊 音雄，狩名。 「雄」，影宋鈔本、高麗本、四庫本、虛竹齋本並作「雄」，是也。「狩」，景南宋浙刊、四庫本、虛竹齋本並作「獸」，是也。

2、樵 柴新也。 「新」，影宋鈔本、高麗本、四庫本、虛竹齋本並作「薪」，是也。

3、膋 腸間脂也 「腸」，舊鈔本、高麗本、四庫本、虛竹齋本並作「腸」，是也。說文「膫，牛腸脂也。膋，膫或从勞省聲」。

4、烓 行竈也。 「竈」，高麗本、四庫本、虛竹齋本並作「竈」

，是也。說文「烓，行竈也」。下倣此。

5、熑熪不絕兒。火「熑熪」，高麗本作「熑熪」，是也。廣韻上平五支「熪，熑熪，火不絕貌」。

6、突｜欻。況｜干反。欻音「干」，雙鑑樓本、高麗本竝作「于」，是也。廣韻平聲虞韻「欻」字切「火于」，「大」「況」同屬曉母。

7、爢｜也，爛「爢」，雙鑑樓本、高麗本、四庫本竝作「爢」，是也。說文「爢，爛也。从火靡聲」，玉篇「爢，爛熟也」。

8、炨 徒昆反，赤色。「炨」，高麗本作「炖」，是也。玉篇「炖」，赤色也」。

火部上聲

1、炯 又古迴反。「迴」，高麗本作「迥」，是也。廣韻正屬「迥」韻。

2、熯 人善、呼旱、呼且三反。「且」，景南宋浙刊、四庫本、虛竹齋本竝作「旦」，是也。廣韻去聲翰韻竝收此字，作「呼旴切」，而「旦」亦屬「翰」韻。

## 火部去聲

1、爛郎且反。「且」，景南宋浙刋、高麗本、四庫本、虛竹齋本竝作「旦」，是也。廣韻去聲翰韻竝收此字，作「郎旴切」，而「旦」亦屬翰韻。

2、焆音謂、火狀也。「焆」，景南宋浙刋、高麗本、虛竹齋本竝作「焆」，是也。玉篇「焆，光皃」。廣韻去聲未韻「焆、火光」。

3、[illegible]五且反。「且」，景南宋浙刋、四庫本、虛竹齋本竝作「旦」，是也。廣韻去聲翰韻竝收此字，作「五旴切」，而「旦」亦屬翰韻。

4、烗苦戎反。「戎」，高麗本作「戒」，是也。廣韻去聲怪韻正切「苦戒」。

## 火部入聲

1、灼也｜，。樂「樂」，高麗本、虛竹齋本竝作「爍」，是也。說文「灼，灸也」。

2、炙燎｜也。「炙」，當作「炙」，詳見引書考。

3、𤏿皮逼反，火乾肉也。𤐫籀文煏，出玉篇「𤏿」「𤐫」「煏」，當作「𤏿」「𤐫」「煏」，說文「𤏿，以火乾肉也，从火福聲（徐鉉云「『稫聲』當是『𩞁省聲』之誤）。𤐫，籀文不省」，玉篇火部作「煏」，訓「火乾也」，其籀文亦作「𤐫」。

4、犖敷音布
角也。「也」，高麗本作「切」，四庫本、虛竹齋本竝作「反」，當作「反」為是。廣韻、集韻入聲覺韻竝切「北角」，「北」「布」同屬幫母。

5、熠｜熠，熒火光也。「熒」，高麗本、虛竹齋本竝作「螢」，是也。廣韻入聲緝韻「熠，燿燿，螢火」。

土部平聲

1、垣于亢反。「亢」，景南宋浙刊、高麗本竝作「元」，是也。

。集韻平聲元韻正切「于元」。

2、坡 坡|，坡也。注文「坡」字，高麗本作「阪」，是也。說文「坡，阪也」。

3、墳 又若怪反，土塊名也。「若」，高麗本、盧竹齋本並作「苦」，蓋是。

4、壅 族容反，塞也。「壅」，高麗本、四庫本、盧竹齋本並作「壅」，是也。「族」，高麗本作「於」，是也。廣韻、集韻平聲鍾韻「壅」字並切「於容」。

5、垟 音手、「手」，景南宋浙刊、雙鑑樓本、高麗本、四庫本、盧竹齋本並作「羊」，是也。

土部上聲

1、埦 俗。小盌也。「盌」，雙鑑樓本、高麗本並作「盂」，是也。集韻上聲緩韻「盌」，說文：小盂也。或作㼝、埦、椀」。

2、垷 埤|，城土女墻也。「土」，景南宋浙刊、高麗本、四庫本、

盧竹齋本竝作「上」，是也。集韻上聲薺韻「垸，埤垸，城上垣」。

3、𡒄高淨顯敞也。「敞」，景南宋淅刊、高麗本、四庫本、盧竹齋本竝作「敞」，是也。廣韻上聲養韻「𡒄，𡒄塏，高也」。

## 土部去聲

1、塹七艷反。「艷」，景南宋淅刊、高麗本竝作「豔」，是也。廣韻、集韻去聲豔韻正切「七豔」。

2、埧是也。塘「是」，景南宋淅刊、高麗本、四庫本、盧竹齋本竝作「堤」，蓋是。

3、壇天陰風也。塵「壇」，景南宋淅刊、高麗本竝作「壇」，是也。說文「壇，天陰塵起也」。

4、坫又知林反、權安厝也。「厝」，景南宋淅刊、高麗本、四庫本、盧竹齋本竝作「厝」，是也。廣韻下平二十一侵「坫，權安厝也」。

土部入聲

1、壂溝也，谷也，坑丨，丘墟也。「壂」，高麗本作「壑」，是也。國語晉語八「谿壑可盈」，注「壑，溝也」。廣韻入聲鐸韻「壑，溝也，谷也，坑也，虛也」。

2、坺王曰土也。臿，楚洽反。「王曰」，高麗本作「一臿」，是也。說文「坺，坺土也，一臿土謂之坺」。

3、墒丁歷反，射丨。「墒」，四庫本、虛竹齋本並作「墒」，是也。集韻入聲錫韻「階謂之墒，丁歷反」。正字通「墒，射墒，通作的」。

4、塯土由「由」，雙鑑樓本、高麗本並作「凷」，是也。說文「塯，凷也」。

5、⿰土列膝土也。「膝」，高麗本作「塍」，是也。廣韻、集韻入聲薛韻並云「⿰土列，塍也」。

6、坄營逼反。「逼」，高麗本作「隻」，是也。廣韻、集韻、韻會入聲昔韻並切「營隻」。

## 草部平聲

1、虋 尔疋云：赤粱粟也。 「虋」，高麗本作「虋」，是也。爾雅釋草、說文、廣韻、集韻並作「虋」。「粱粟」，景南宋浙刊、舊鈔本、四庫本、虛竹齋本並作「粱粟」，是也。爾雅郭注云「赤粱粟也」。

2、蕕 水丨草也。又臭草。 「蕕」，高麗本作「蕕」，是也。說文「蕕，水邊艸也」。集韻平聲尤韻「蕕，一曰臭艸」。

3、葹 草名，扶心不死也。 「扶」，景南宋浙刊、高麗本並作「拔」，是也。廣韻平聲支韻「葹，卷葹，草名，拔心不死」。

4、蘡 丨薁，藤也。 「蘡」，雙鑑樓本、高麗本、四庫本、虛竹齋本並作「蘡」，是也。廣韻下平十四清「蘡，蘡薁，藤也」。

5、䕑 藍蓼秀也。 「蓼」，高麗本作「蓼」，是也。說文「䕑，藍蓼秀」。

6、芊 成皃 「成」，景南宋浙刊、高麗本、四庫本、虛竹齋本並作「盛」，是也。說文新附「芊，艸盛也」。廣韻平聲先韻「芊，草盛」。

7、蒡 一名荵隱，以蘇可為葅。「以」，景南宋浙刊、四庫本、虛竹齋本並作「似」，是也。爾雅釋草「蒡，隱荵」，注「似蘇，有毛，今江東呼為隱荵，藏以為葅」。然則此處「荵隱」當改作「隱荵」。

8、蒖 ｜菜，僥時候月草。「蒖」，當作「蓂」；「菜」，景南宋浙刊、舊鈔本並作「莢」，是也。廣韻下平十五青「蓂，蓂莢，堯時生於庭，隨月彫榮」。

9、藂 俗叢 正。徂紅反草木聚生也。「叢」，高麗本作「叢」，是也。說文「叢，艸叢生皃」。「殂」，高麗本作「徂」，是也。廣韻平聲東韻正切「徂紅」。

10、蔢蔢 ｜｜，草水之盛皃也。「水」，景南宋浙刊作「木」，是也。

11、莣 草名，似芊，皮可為索也。「芊」當作「茅」，爾雅釋草「莣，杜榮」，郭注「今莣草，似茅，皮可以為繩索履屩也」。

12. 苔 |鮮，石木之衣也。 「鮮」，景南宋浙刊、四庫本、虛竹齋本竝作「蘚」，是也。

13. 苞 裏也，又豊茂也。 「裏」，景南宋浙刊、高麗本竝作「裹」，是也。「豊」，景南宋浙刊、四庫本、虛竹齋本竝作「豐」，是也。爾雅釋詁「苞，豐也」。

# 草部上聲

1. 莆 蓮|，堯之瑞草也。 「蓮」，景南宋浙刊作「萐」，是也。說文「萐，萐莆，瑞草也，堯時生於庖廚，扇暑而涼」。

2. 蓯 作礼反，草盛皃。 「礼」，高麗本作「孔」，是也。廣韻上聲董韻正切「作孔」。

3. 葈 隨函云：合作枲，息里反，冒麻有子曰|，無子曰苴也。 「冒」，景南宋浙刊、四庫本、虛竹齋本竝作「謂」，是也。「苴」、雙鑑樓本、高麗本竝作「芓」，是也。玉篇「枲，麻有子曰苴，無子曰枲」。

4. 蘂 九水反。 「九」，景南宋浙刊、高麗本竝作「力」，是也。廣韻上聲旨韻作「力軌切」，集韻上聲旨韻作「力水切」。

## 草部去聲

1、芓（又音字，草或兒。）「或」，景南宋浙刊、四庫本、虛竹齋本竝作「盛」，是也。廣韻去聲遇韻「芓，草盛兒」。

2、蓋（屋苫也。）「苦」，景南宋浙刊、影宋鈔本、舊鈔本、雙鑑樓本、高麗本、四庫本、虛竹齋本竝作「苫」，是也。說文「蓋，苫也」。

3、莬（親生草也。）「親」，高麗本、四庫本、虛竹齋本竝作「新」，是也。玉篇「莬，草木新生者」。

4、薉（於口反，荒也。）「口」，高麗本作「廢」，是也。廣韻去聲廢韻正切「於廢」。

5、茜（食練反。）「食」，高麗本、四庫本、虛竹齋本竝作「倉」，是也。廣韻、集韻、韻會去聲霰韻竝切「倉甸」，「練」亦屬霰韻。

6、蒖（連翹，草名。）「翹」，景南宋浙刊、舊鈔本、高麗本、四庫本、虛竹齋本竝作「翹」，是也。廣韻去聲七志「蒖，連翹，草名」。

7、蠆蠱（今作蠆。）「蠆」，高麗本作「蠆」，是也。說文「蠆，毒蟲也，象形。蠱，蠆或从䖵」，廣韻、集韻去聲決韻竝引作「蠆」。

## 草部入聲

1、葺（丨、累修補也。又茨也。）「葺」，當作「葺」，說文「葺，茨也」，玉篇「葺，修補」，文選左思吳都賦「葺鱗鏤甲」，注「劉曰：葺，累也」。下从「咠」之字倣此。

2、芅（羊桃也，或目鬼桃。）「目」，高麗本、四庫本、虛竹齋本竝作「曰」，是也。廣韻入聲職韻「芅，或曰鬼桃」。

3、薁（蘡丨也。）「蘡」，舊鈔本、高麗本、四庫本、虛竹齋本竝作「蘡」，是也。詳見草部平聲「蘡」字下校語。

4、芷（白止也。）「止」，高麗本、四庫本、虛竹齋本竝作「芷」

，是也。廣韻入聲緝韻「苙，白苙」。

5、蒦又一號反。「號」，高麗本作「虢」，是也。集韻入聲陌韻切「屋虢」，「屋」「一」同屬影母。

口部平聲

1、嚬滅眉也。「滅」，高麗本、四庫本、虛竹齋本並作「蹙」，是也。文選陸士衡弔魏武帝文「執姬女以嚬瘁」，注「嚬蹙，謂人頻眉蹙頞憂貌也」。

2、咤搞加反。「搞」，景南宋浙刋、影宋鈔本、舊鈔本、高麗本並作「摘」，是也。廣韻、集韻平聲麻韻並切「陟加」，「陟」「摘」同屬知母。

3、高丨謩，恚也，又丨嚴醋皃也。「謩恚」當作「謈恚」，廣韻入聲四覺「謈，嗃謈，大呼」。故宮宋跋王韻、S二〇七一平聲肴韻並云「嗃，嗃謈，恚」。「醋」，當作「酷」，說文新附「嗃，嚴酷皃」，

4、喃詁丨，語聲也。「詁」，景南宋浙刋、高麗本並作「詀」，

是也。廣韻平聲咸韻「諵，詀諵也」。集韻平聲咸韻「諵，詀諵，語聲。或作喃」。

5、嘻 意|，傷嘆也。「意」，景南宋浙刋、高麗本竝作「噫」，是也。廣韻上平七之「嘻，噫嘻，歎也」。

6、咆 |虓，能虎聲也。「能」，高麗本作「熊」，是也。廣韻平聲肴韻「咆，咆虓，熊虎聲」。

7、咯 俗名。音「名」，景南宋浙刋、四庫本、虛竹齋本竝作「各」，是也。集韻入聲鐸韻「咯」音切同「各」。

8、⿰口柔 論自切，奴流反。「⿰口柔」，高麗本、四庫本、虛竹齋本竝作「⿰口柔」，是也。集韻平聲尤韻「⿰口柔，⿰口柔呢，小兒聲。尼猷切」，「尼」屬娘母，「奴」屬泥母，古娘日歸泥。「猷」「流」亦同屬平聲尤韻。

9、颳 或作。昌為。正作吹。四庫本、虛竹齋本「昌為」下增一「反」字，是也。「吹」，廣韻平聲支韻切「昌垂」，「垂」「為」同屬五支韻。

10. 唫 香嚴：又牛捡反，口出水也 「捡」，雙鑑樓本、高麗本竝作「捦」，蓋是。廣韻平聲侵韻切「魚金」，「魚」「牛」同屬疑母，「金」「捦」同屬侵韻。

11. ⿰口看 苦干反。 「⿰口看」，景南宋浙刋、舊鈔本、函海本竝作「⿰口着」，讀其切語，蓋是。

12. ⿰口皮 俗。波掄二音。 「波掄」，影宋鈔本、舊鈔本、高麗本、四庫本、虛竹齋本竝作「波倫」，蓋是。

13. 吒 扶昆反，丨，不了， 「吒」，當作「吨」，玉篇「吨，吨吨，不了」。

14. 叴 虵⿰口九也氣訶也。 「虵」，高麗本、四庫本、虛竹齋本竝作「地」，是也。廣韻下平尤韻「叴，漢書地理志：叴猶縣，屬臨淮郡」。「⿰口九」，高麗本作「⿰口九」，是也。玉篇口部「叴，高氣也，⿰口九同上」。

15. ⿰口⿱日万 ⿰口⿱罒万 二俗。莫干、草半二反，正作謾，欺也。 「草」，景南宋浙刋、景宋鈔本、舊鈔本、高麗本、四庫本、虛竹齋本竝作「莫」，是也。廣韻、集韻去聲換韻「謾」字下正切「莫半」。

16. 哰 闌｜也。「闌」，景南宋浙刊、四庫本、盧竹齋本竝作「囒」，高麗本作「囒」，當以作「囒」為是。行均書「哰」上次「囒」，訓「囒哰，語不可解也」。

17. 戓 川篇：各何反。「篇」，高麗本作「韻」，蓋是。行均書引川韻數見，未見引川篇者。

18. 吧呀 ｜｜、小兒忿淨聲。「淨」，雙鑑樓本、高麗本竝作「爭」，是也。廣韻平聲麻韻「吧，吧呀，小兒忿爭」。

## 口部上聲

1. 喏 俗。人者、奴嫁二又。「又」，景南宋浙刊、四庫本、盧竹齋本竝作「反」，高麗本作「切」，當以作「反」為是。玉篇「喏，人者切、如酌切，敬言」。

2. 噞 ｜嗃，魚二上下兒也。「嗃」，雙鑑樓本、高麗本竝作「喁」，是也。「二」，雙鑑樓本、高麗本竝作「口」，是也。玉篇「噞，噞喁，魚口上出兒」。

3、嗾使猶聲。「嗾」，高麗本、四庫本、虛竹齋本並作「嗾」，是也。下从「族」之字倣此。「猶」，高麗本、四庫本、虛竹齋本並作「狗」，是也。下倣此。說文「嗾，使犬聲」。

4、呟俗。胡大、胡絹二反。「大」，景南宋浙刊、高麗本並作「犬」，是也。集韻上聲銑韻切「古泫」，「犬」亦屬上聲銑韻。

5、呫丨嘽也。「嘽」，雙鑑樓本、高麗本並作「嘾」，是也。玉篇「呫，嘾也」。行均書「呫」下次「嘾」字，亦注云「呫嘾也」。

6、啡出垂聲。「垂」，景南宋浙刊、高麗本並作「唾」，是也。玉篇「啡，唾聲也」。

口部去聲

1、噁音怒兒也。「音」，雙鑑樓本、高麗本並作「喑」，是也。廣韻、集韻去聲暮韻並云「噁，喑噁，怒兒」。

## 口部入聲

1、嘐 諸譁也。「諸」，高麗本作「諠」，蓋是。

2、喋 文甲反。「文」，高麗本作「丈」，是也。廣韻入聲狎韻正切「文甲」。

3、⿰口悊 或二。陟轄反，作哳鳥鳴朝丨也，「二」，依其體例，當作「正」。「朝」，景南宋浙刊、高麗本並作「嘲」，是也。廣韻入聲鎋韻「哳，嘲哳，鳥鳴也」。

4、嘍 俗。蘇今反。「今」，高麗本、四庫本、虛竹齋本並作「合」，疑是。

5、噿 啅丨，有才辯也。「啅」，雙鑑樓本作「啅」，是也。廣韻入聲覺韻「噿，啅噿，有才辯」。

6、咇 丨詰也。「詰」，高麗本作「語」，是也。廣韻入聲十六屑「咇，咇語也」。

7、⿰口集 姊人反，噂丨也。「人」，景南宋浙刊、四庫本、虛竹齋本並作「入」，是也。「噂」，景南宋浙刊作「噂」，是也。

廣韻入聲三十六緝「㗱，噂㗱，噍兒。子入切」。「子」「姊」同屬精母。

8、咹 烏聲反。

「聲」，高麗本作「葛」，是也。廣韻入聲曷韻正切「烏葛」。

9、唖 山輒、昌涉二反、多言也。又初洽反，曰｜也

「唖」，當作「唒」，玉篇「唒，多言」，集韻入聲葉韻「唒，多言」。「曰」，雙鑑樓本、高麗本竝作「口」，是也。廣韻入聲洽韻「唒，口唒」。

## 女部平聲

1、嬰 女日｜，男日兒。

兩「日」字，景南宋浙刊、影宋鈔本、高麗本、四庫本、虛竹齋本竝作「曰」，是也。

2、妃 喜偶日｜。

「妃」，當作「妃」，說文「妃，匹也，从女己聲」。「喜」「日」，景南宋浙刊、高麗本竝作「嘉」「曰」，左桓二年「嘉耦曰妃」。

3、孅 息廉反，細也，銳也。

「孅」，高麗本作「孅」，是也。說文「

孅，兌細也」。

4、婾又苟且也「苟」，景南宋浙刊、舊鈔本、高麗本、四庫本、虛竹齋本竝作「苟」，是也。漢書路溫舒傳「婾為一切」，注「如淳曰：婾，苟且也」。

5、奻方還、女惠二反。「方」，雙鑑樓本、高麗本竝作「奴」，是也。廣韻上平二十七刪正切「奴還」。

6、婹丨始、美皃。「始」，景南宋浙刊作「娟」，是也。玉篇「婹，婹娟，美女皃」。

7、媧女丨，伏義之妹。「義」，景南宋浙刊、高麗本、四庫本、虛竹齋本竝作「羲」，是也。

8、嬰與姚同，最小有柄者皷。「皷」，景南宋浙刊、影宋鈔本、舊鈔本竝作「鼓」，是也。

## 女部上聲

1、妣考丨也，母也。「妣」，影宋鈔本、高麗本竝作「姒」，是也。

女部去聲

1、姤（古侯反，又封名。）「封」，景南宋浙刊、四庫本、虛竹齋本竝作「卦」，是也。

2、媾（古候反。）「候」，影宋鈔本、高麗本竝作「候」，是也。廣韻去聲候韻正切「古候」。

3、媆（奴困反，弱也，小也。）「媆」，四庫本、虛竹齋本竝作「媆」，是也。廣韻去聲慁韻「媆，弱也，奴困切」。

4、⿱𣦼女（倉且反，詩云：三女為丨也。）「⿱𣦼女」，高麗本作「⿱𣦼女」，是也。詳見引書考。「且」，當作「旦」，集韻去聲翰韻「⿰女攵，或作⿱𣦼女，蒼案切」。「蒼」「倉」同屬清母，「案」「旦」同屬翰韻。

5、婭（因丨也。）「因」，高麗本、四庫本、虛竹齋本竝作「姻」，是也。爾雅釋親「兩壻相謂曰亞」。

6、娟（夫姤婦也。）「娟」，當作「媢」。「姤」，高麗本作「妒」，是也。說文「媢，夫妒婦也」。

## 女部入聲

1、嫡（君也，長也，正也。）「嬇」，影宋鈔本、高麗本、四庫本、虛竹齋本竝作「嫡」，是也。廣韻入聲三十三錫「嫡，正也，君也」。

2、奴（姶ㄧ也。）「姶」，當作「婨」，廣韻、集韻入聲合韻竝云「奴，婨奴，女字」。

3、嬸（瘂嚴也。）「瘂」，高麗本作「莊」，是也。

## 鳥部平聲

1、鶯（鳥耕反。）「鳥」，四庫本、虛竹齋本竝作「烏」，是也。廣韻平聲耕韻正切「烏莖」。

2、鸎（ㄧ鵡，能音鳥也。）「音」，景南宋浙刊、四庫本、虛竹齋本竝作「言」，是也。說文「鸚，鸚鵡，能言鳥也」。

3、鵜鶘（掏河鳥也。）「掏」，四庫本、虛竹齋本竝作「淘」，是也。爾雅釋鳥「鵜，鴮鸅」，注「今之鵜鶘也……俗呼之為淘河」。

4、鸒音羊，曰鷽鳥也。「曰鷽」，雙鑑樓本、高麗本並作「白鷽」，是也。爾雅釋鳥「鸒，白鷽」。

5、鵀壬于反。「壬」，景南宋浙刊、雙鑑樓本、高麗本並作「士」，是也。廣韻平聲虞韻切「仕于」，「仕」「士」同屬牀母。

6、⿱舂鳥或正。書容反，作⿰舂鳥鸀｜，鳥也。「⿱舂鳥」「⿰舂鳥」，景南宋浙刊、舊鈔本、四庫本、虛竹齋本並作「⿱舂鳥」「⿰舂鳥」，是也。玉篇「⿰舂鳥，式容切，鳥名」。「式」「書」同屬審母。

7、鸋夬｜，巧婦也。「夬」，高麗本作「鴂」，是也。爾雅釋鳥「鴟鴞，鸋鴂」。

8、鷤鸛｜如鵲。「鵲」，景南宋浙刊、影宋鈔本、四庫本、虛竹齋本並作「鵲」，是也。廣韻平聲寒韻「鷤，鸛鷤如鵲」。

9、鷮音驕。橋上「上」，景南宋浙刊、舊鈔本、四庫本、虛竹齋本並作「二」，是也。

10、鳩鴰（胡官反），鳥也。丨「鳩」，景南宋浙刊作「⿰丸鳥」，是也。廣韻上平二十六桓「⿰丸鳥，⿰丸鳥鴰鳥」，正切「胡官」。

11、⿰癸鳥（鳥，丨鳩。）「鳩」，高麗本作「鳩」，是也。方言第八「鳩，自關而西，秦、漢之間，其小者謂之⿰役鳥鳩，或謂之⿰癸鳥鳩」。

12、⿰盆鳥（奇盆，鳩鳥。）丨「奇」，景南宋浙刊、四庫本、虛竹齋本竝作「音」，是也。

13、⿱枝鳥（音枝）「枝」，高麗本作「枝」，是也。廣韻上平五支「⿱枝鳥，章移切」，音正與「枝」同。

14、鷭（鳥丨鷎，名。）「鷎」，雙鑑樓本作「⿰母鳥」，是也。廣韻上平二十二元「鷭，鷭⿰母鳥，鳥」。

## 鳥部上聲

1、鸓（飛土，鳥名）「土」，雙鑑樓本、高麗本竝作「生」，是也。廣韻上聲五旨「鸓，飛生鳥名」。

2、鵗鳰。二俗。正作雉。直几反 「几」，景南宋淅刋、雙鑑樓本竝作「几」，是也。廣韻上聲五旨「雉，直几切」。集韻上聲旨韻「雉，直几切，或作鳰」。

## 鳥部去聲

1、鷦孝聲云：怪鳥也。 「孝」，雙鑑樓本、高麗本竝作「考」，蓋是。龍璋小學蒐佚下編考聲下云「遼僧行均龍龕手鑑鳥部引此條作孝聲，當即考聲之訛」。按唐張戩有考聲切韻，當即行均所引者。

2、鴃，鳥名，狀如梟，三目有耳。 「目」，高麗本、四庫本、虛竹齋本竝作「目」，是也。山海經中山經「首山機谷多鴃鳥，其狀如梟，而三目有耳」。

3、鷖又烏号反。 「号」，景南宋淅刋作「兮」，是也。廣韻上平十二齊作「烏奚切」，「兮」亦屬上平齊韻。

## 鳥部入聲

1、鶩音木反。 「音」，景南宋淅刋、雙鑑樓本、高麗本竝作「

普」，是也。廣韻、集韻入聲屋韻竝切「普木」。

2、鸔 |鴰，鳥名，白面舟色也。「舟」，影宋鈔本、盧竹齋本竝作「靑」，高麗本作「青」，皆是，說文「青」正作「靑」。廣韻入聲五質「鸔，鸔鴰，鳥名，白面青色」。

3、鷿 扶歷反。「扶」，影宋鈔本、舊鈔本、高麗本竝作「扶」，是也。廣韻入聲錫韻正切「扶歷」。

4、鴶 古黠反。「黠」，四庫本、盧竹齋本竝作「黠」，是也。廣韻入聲黠韻正切「古黠」。

5、鴩 |鷂，鳥名，似雉，青身白首也。「鷂」，高麗本、四庫本、盧竹齋本竝作「鵰」，是也。爾雅釋鳥「鴩鸐鳥」，注「似鳧青身句頭」。

6、鵠 胡汱反「汱」，雙鑑樓本、高麗本竝作「沃」，是也。廣韻、集韻入聲沃韻竝切「胡沃」。

馬部平聲

1、驍 |騎，武健良男也。「男」，雙鑑樓本、高麗本竝作「勇」，

是也。史記韓長孺傳「衛尉李廣為驍騎將軍」，集解「驍，勇也」。

2、驥 馬頷白。「頷」，高麗本、四庫本、虛竹齋本竝作「額」，是也。玉篇「驥，白馬額」。下倣此。

3、駑駘 馬体也。「体」，四庫本、虛竹齋本竝作「休」，非也。廣韻上聲混韻「体，蒲本切，劣也」，今通作「笨」。廣雅釋言「駑，駘也」。漢書王陵傳「陛下不知其駑下」，注「凡馬之稱非駿者也」。

4、騅 馬姓和也。「姓」，景南宋浙刊、四庫本、虛竹齋本竝作「性」，是也。說文「騅，馬和也」，廣韻平聲皆韻「騅，馬性和也」。

5、駉 駿馬也。「駉」，雙鑑樓本、高麗本竝作「駧」，是也。廣韻平聲青韻「駉，駿馬也」。

馬部上聲

1、馬馵 馬一歲車也。「車」，景南宋浙刊、四庫本竝作「駒」，疑是。說文「𩡧，馬一歲也」。

2、犸其後反。「其」，高麗本作「莫」，是也。集韻上聲厚韻「牡，莫後切，或从馬（作犸）」。

## 馬部去聲

1、馾子紺反。「子」，雙鑑樓本、高麗本竝作「丁」，是也。廣韻去聲勘韻正切「丁紺」。

2、駤丨，牡大馬也。「牡」，高麗本、四庫本、盧竹齋本竝作「牡」，是也。集韻去聲至韻「駤，一曰馬高大」。

3、驋於發反。「發」，雙鑑樓本、高麗本竝作「廢」，是也。廣韻去聲廢韻正切「於廢」。

4、䮦馬土俗也。「俗」，雙鑑樓本、高麗本竝作「浴」，是也。廣韻去聲線韻「䮦，馬土浴」。

## 馬部入聲

1、𩥉陟革反，獸名也。「𩥉」，高麗本、盧竹齋本竝作「𩥉」，是也。集韻入聲麥韻「𩥉，陟革切，𩥉驂，騾屬」。

2、駒｜鸕，馬白額也。「鸕」，當作「顱」，廣韻入聲錫韻「駒，馰顱，馬白額」。

阜部平聲

1、陂禮記云：澤畜水曰｜，穿地亭水曰池「亭」，高麗本、四庫本並作「停」，是也。詳見引書考。

2、陔古辰反。「辰」，景南宋浙刊、高麗本並作「哀」，是也。廣韻平聲咍韻正切「古哀」。

3、嘔云俱反。「云」，雙鑑樓本、高麗本並作「去」，是也。廣韻上平十虞切「豈俱」，「豈」「去」同屬溪母。

4、阮音元。五｜郡，又姓。「阮」，景南宋浙刊、高麗本並作「阮」，是也。說文「阮，代郡五阮關也」。

5、隟舊藏作陛，音困，塞也。「陛」，景南宋浙刊作「陻」，疑是。

阜部上聲

1、隢玉篇音遶，池名。「池」，當作「地」，玉篇卷二十二阜部「隢，音遶，地名」。

## 阜部去聲

1、賦立名，是也。「立」，景南宋浙刊、高麗本、四庫本並作「丘」，是也。說文「賦，丘名」。

## 阜部入聲

1、隔國各同鄂。「各」，景南宋浙刊、高麗本、四庫本、虛竹齋本並作「名」，是也。

## 广部平聲

1、廬七加反，屋欲壞也。屋「廬」，雙鑑樓本、高麗本並作「廬」，是也。玉篇「廬，屋欲壞也」。「七」，雙鑑樓本、高麗本竝竝作「士」，是也。廣韻、集韻、韻會並切「鉏加」，「鉏」「士」同屬牀母。

## 广部上聲

1、庾羊王反，食｜。「王」，雙鑑樓本、高麗本並作「主」，是也。廣韻上聲麌韻切「以主」，「以」「羊」同屬喻母。「食」，高麗本、四庫本、虛竹齋本並作「倉」，是也。說文「庾，水漕倉也」。

2、麼 公」，細小也。「公」，景南宋浙刊、高麗本、四庫本、虛竹齋本竝作「么」，是也。廣韻上聲果韻「么麼，細小」。

广部去聲

1、廁 雜也，次也，間也，間也。第二「間」字，雙鑑樓本、高麗本竝作「圊」，是也。說文「廁，清也」，段注「清，圊，古今字。按古多謂清為廁，以其不潔，常當清除之也」。玉篇「廁，溷圊也」。

2、庛 音次，長也。反尺二反。第一「反」字，景南宋浙刊、高麗本竝作「又」，疑是。

广部入聲

1、盧 玉篇云：舍例也。「例」，高麗本作「倒」，「盧」訓「舍倒」，他字書未見，然「舍例」一語不辭，是作「倒」較為可信。

## 厂部平聲

1、厓（山邊也，或作涯字。）「涯」，景南宋浙刊、高麗本、四庫本、虛竹齋本竝作「涯」，是也。

2、⿸厂義（古篇又音儀。）「古」，景南宋浙刊、高麗本、四庫本、虛竹齋本竝作「玉」，是也，詳見引書考。

3、厃（苦咸、丘凡二反。）「凡」，虛竹齋本作「咸」，是也。集韻平聲咸韻正切「丘咸」。

## 厂部上聲

1、居（都石二音，美不也。）「石」，高麗本作「⿸厂口」，是也。廣韻、集韻上聲姥韻竝音同「⿸厂口」。「不」，四庫本、虛竹齋本竝作「石」，是也。說文「居，美石也」。

2、⿸厂系（床史反，繩履。）「⿸厂系」，當作「⿸⺈系」，廣韻上聲六止「⿸厂系，牀史反，繩履」，周祖謨廣韻校勘記云「案此字當為⿸⺈系字之譌」。

3、⿸厂敢（苦盛反。峻丨，山崖狀。）「盛」，景南宋浙刊、高麗本竝作「感」，是也。廣韻、集韻上聲感韻竝切「口敢」，「口」「若」，同屬溪母。「敢」屬上聲敢韻，「感」屬上聲感韻，音相近。「峑」，高麗本、四庫本竝作「崟」，是也。廣韻下平二十一侵「厰，崟厰，山崖狀也」。

## 厂部去聲

1、厞　隱也。陋也。
「陋」，景南宋浙刊、高麗本竝作「陋」，是也。爾雅釋言「厞，陋、隱也」。

## 厂部入聲

1、厰　亦知也。
「知」，雙鑑樓本、高麗本竝作「短」，是也。玉篇「厰，短也」。

2、厤　之右反。
「右」，景南宋浙刊、舊鈔本、高麗本、四庫本、虛竹齋本竝作「石」，是也。廣韻、集韻昔韻竝切「之石」。

3、厚　陟革又。
「又」，舊鈔本、高麗本、四庫本、虛竹齋本竝作「反」，是也。集韻入聲麥韻正切「陟革」。

4、厒俗。正作屹，山左右岸也。「屹」，高麗本作「𡵉」，是也。爾雅釋山「左右有岸厒」，郝懿行義疏「厒，廣韻作𡵉」，廣韻入聲合韻「𡵉，山左右有岸」。

户部平聲

1. 扇或迫反。「或迫」二字，景南宋浙刊、高麗本竝作「式連」，廣韻平聲仙韻正切「式連」。

2、扅丨戾也。「戾」，景南宋浙刊作「扊」，是也。廣韻上平五支「扅，扊扅，户扃」。

米部平聲

粘俗作黏。三「三」，景南宋浙刊、高麗本、四庫本、虛竹齋本竝作「正」，是也。

2、粦新藏作鱗，在廣弘明集第廿卷。「田」、景南宋浙刊、舊鈔本、高麗本竝作「明」，是也。

3、粇所臻反。「臻」，景南宋浙刊、高麗本竝作「臻」，是也。廣韻上平十九臻正切「所臻」。

4、⿰米建或作，之延天，今作饘。「天」，舊鈔本作「反」，高麗本作「切」，作「反」是也。廣韻下平二仙「饘」作「諸延切」，「諸」「之」同屬照母。

米部上聲

1、粗畧也，鹿也。「鹿」，當作「麤」，廣韻上聲姥韻「粗，麤也」。

2、糗乾飰也。「飰」，高麗本、四庫本、虛竹齋本竝作「飯」，是也。左氏哀十一年「進稻醴粱糗腶脯」，注「糗，乾飯也」。下倣此。

米部去聲

1、粙玉篇云：亦作糟字。案玉篇「粙」下云「亦⿰禾胄字」，檢字書無作「糟」字者，「糟」疑「⿰禾胄」之形訛。

米部入聲

1、粖糜也「糜」，四庫本、虛竹齋本竝作「糜」，是也。廣韻入聲末韻「粖，糜也」。

2、糏 先結反，米麥碎破也。米麥破也」。 「糏」，景南宋浙刊、影宋鈔本、舊鈔本、高麗本竝作「糏」，是也。廣韻入聲屑韻「糏」，先結切。米麥破也」。

## 雨部平聲

1、霾 風而雨土曰！又晦也。 「霾」，高麗本作「霾」，是也。說文「霾，風而雨土為霾，从雨貍聲」。「晦」，景南宋浙刊、高麗本竝作「晦」，是也。釋名釋天「霾，晦也，言如物塵晦之色也」。

2、雺 西務也。 「西務」，高麗本、四庫本、虛竹齋本竝作「霿」，是也。玉篇「雺，霧氣也」。

3、⿱雨炎 音災雨。 「音災雨」，高麗本作「音炎」，小雨」，是也。廣韻下平二十四鹽「⿱雨炎，小雨」，音同「炎」，說文云「⿱雨炎，小雨也」。

## 雨部上聲

1、⿱雨弁 烏迴反。俗。正作[illegible]。 「迴」，景南宋浙刊、高麗本竝作「迴」，蓋是。

2、霣（䨶人胃，雷爲丨也。）「胃」，景南宋浙刊、高麗本、四庫本、虛竹齋本竝作「謂」，是也。

雨部去聲

1. 霸（把也，把持諸侯之權也。）「侯」，景南宋浙刊、影宋鈔本、舊鈔本、高麗本竝作「候」，是也。

2、霧（又昌也。）「昌」，景南宋浙刊作「冒」，是也。釋名釋天「霧，冒也」。

雨部入聲

1. 䨪（通。戶革。正作䨪，實也。）「革」下，舊鈔本、四庫本、虛竹齋本增一「反」字，高麗本增一「切」字，當以增「反」字爲是。廣韻、集韻入聲麥韻「䨪」字竝切「下革」，「下」「戶」同屬匣母。

2、霫（以入、私立二反。）「以」，雙鑑樓本、高麗本竝作「似」，是也。廣韻入聲緝韻正切「似入」。

3、⿱雨乚玉丑反。軋「玉」，景南宋浙刊、舊鈔本、高麗本竝作「正」，是也。

4、⿱雨丑丑八反。「八」，雙鑑樓本、高麗本竝作「入」，是也。廣韻入聲緝韻正切「丑入」。

酉部上聲

1. ⿰酉見⿰酉且⿰酉目三俗。他典反，作⿰酉見，面慙也。也 上一「也」字，高麗本作「正」，蓋是。

2、⿰酉非覆也。或作⿱山非。「⿱山非」，當作「⿸广非」，廣韻上聲五旨「⿰酉非，覆也。或作⿸广非」。

酉部去聲

1、醮奈｜也。「奈」，景南宋浙刊、高麗本、四庫本、盧竹齋本竝作「祭」，是也。說文「醮，冠娶禮祭也」。

2、⿰酉包玉篇：手孝反。「手」，高麗本作「平」，是也。玉篇正切「平孝」，詳見引書考。

齒部平聲

1、齹齒丨跌也。「跌」，舊鈔本、四庫本、虛竹齋本竝作「跌」，是也。說文「齹，齒差跌皃」。

2、齣犬齒也。「犬」，景南宋浙刊、舊鈔本、四庫本、虛竹齋本竝作「大」，是也。集韻平聲麻韻「齣，字林：大齧也」。

3、齻齒耒也。「耒」，高麗本作「牙」，是也。玉篇「齻，牙也」。

齒部上聲

1、齲蠹也。「蠹」，景南宋浙刊、影宋鈔本竝作「蠹」，是也。說文「齲，齒蠹也」。

2、齨齒丨，胃老人齒如臼也。「胃」，景南宋浙刊、高麗本、四庫本、虛竹齋本竝作「謂」，是也。「曰」，景南宋浙刊、舊鈔本、高麗本竝作「臼」，是也。說文「齨，老人齒如臼也」。

齒部去聲

1. ⿰齒旨音詣，口也。⿰齒齊「口」，景南宋浙刊、高麗本竝作「丨」，是也。集韻去聲霽韻「⿰齒旨，⿰齒齊⿰齒旨，⿱刧齒也」。

齒部入聲

1、⿱列齒盧葛，⿱刧齒聲也，「葛」下，四庫本、虛竹齋本竝有「反」字，是也。廣韻入聲曷韻切「盧達」。

耳部平聲

1、聰聽、闇、明察也。「聽闇」二字，高麗本、四庫本、虛竹齋本竝作「聽聞」，是也。廣雅釋詁四「聰，聽也」，下「聽」字倣此。詩王風兎爰「尚寐無聰」，傳「聰，聞也」。

2、聎耳明也。「明」，四庫本、虛竹齋本竝作「鳴」，是也。集韻平聲豪韻「聎，耳病也。一曰耳鳴」。

耳部上聲

1、聳高毛，堅也。毛「堅」，景南宋浙刊、高麗本竝作「竪」，蓋是。

耳部入聲

1、聵，五滑反，無耳吳楚語也。「聵」，高麗本作「聵」，是也。說文「聵，吳楚之外，凡無耳者謂之聵」，廣韻入聲十四黠「聵，無耳，吳楚語也」。

瓦部平聲

1、甄識也，祭也。「祭」，高麗本、四庫本、虛竹齋本竝作「察」，是也。集韻平聲仙韻「甄，一曰察也」。

2、甗音彥二音，無底甑也。上一「音」字，景南宋浙刊、高麗本竝作「言」，是也。廣韻上平二十二元「甗」音同「言」。

3、瓴甋|甗也「甗」，景南宋浙刊、舊鈔本、高麗本竝作「甋」，是也。爾雅釋宮「瓴甋謂之甓」，注「甗甋也」。

4、甔大甖，可受石也。「受」「石」之間，雙鑑樓本、高麗本竝增一「一」字，是也。廣韻平聲覃韻「甔，大甖，可受一石也」。

瓦部去聲

1、甕瓮二正。烏貢反，瓶瓮之大者也。「甕」，四庫本、盧竹齋本竝作「甕」，是也。集韻去聲送韻「瓮，亦从雍（作甕）」。

2、甄踏瓦聲也。「甄」，當作「㽂」，說文「㽂，蹈瓦聲㽂㽂也」。

## 犬部平聲

1、狻猊食虎豹也，即師子，出西國。「師」，高麗本作「獅」，是也。廣韻平聲桓韻「狻，狻猊，獅子猛獸」。

2、⿰犭單嗌也。「嗌」，舊鈔本、四庫本、盧竹齋本竝作「嗌」，玉篇「⿰犭單，嗌也」。

3、獀，古文，音搜，春獵也。「獀」，高麗本作「獀」，是也。集韻平聲尤韻「獀，春獵名」。國語：獀于農隙」。

4、狙士余反，又士慮反。二「士」字，雙鑑樓本、高麗本竝作「七」，是也。廣韻上平魚韻正切「七余」，又切「七預」，「預」「慮」同屬去聲御韻。

## 犬部上聲

1、獱犬不可陌近也。又居狂反。「陌」，景南宋浙刊作「附」，是也。說文「獱，犬獱獱不可附也」。「狂」，雙鑑樓本、高麗本竝作「往」，是也。廣韻上聲養韻正切「居往」。

犬部入聲

1、⿰犭足宋國良犬也。「⿰犭足」，高麗本作「⿰犭疋」，是也。玉篇「⿰犭疋，宋良犬」。

2、獵春曰狩，夏曰苗，秋曰捕，冬曰獵。「捕」，景南宋浙刊、高麗本竝作「獮」，是也。爾雅釋天「秋獵為獮」。

豕部平聲

1、豣音肩「肩」，景南宋浙刊、影宋鈔本、舊鈔本、高麗本竝作「肩」，是也。

豕部上聲

1、貗方主反。「方」，景南宋浙刊、雙鑑樓本、高麗本竝作「力」，是也。廣韻平聲虞韻切「力朱」。

豕部去聲

1、豛（五蓋反，豭，豖也。）「豛」，高麗本作「豛」，是也。廣韻去聲十四泰「豛，豛豭，豖」，廣雅釋獸「豛，豭也」。

## 豸部平聲

1、𧳜（於容反，獸似猿。）「𧳜」，高麗本作「𧳜」，是也。「猿」，景南宋浙刊、高麗本竝作「猨」，是也。廣韻上平三鍾「𧳜，獸似猨也」。

## 豸部上聲

1、𧳏（平表反，似豕善睡也。）「𧳏」，高麗本作「貖」，是也。廣韻上聲三十小「貖，似狐善睡」。

## 豸部入聲

1、貈（出説文，貥出孝聲，𧲝屬也。）「𧲝」，景南宋浙刊作「狐」，是也。説文「貈，似狐善睡獸」。「孝」字，當為「考」之形誤。慧琳一切經音義大寶積經五十七云「貈，正體八亢，考聲亦作貥」，近人龍璋小學蒐佚，輯出此條，歸於考聲。

虎部平聲

1、號 尖也、痛也。「號」，高麗本作「號」，並云「凡號字從口從丂從虍從儿為正。丂音考，虍音呼。今俗從号從虎者誤」，是也。下从「虎」之字倣此。「尖」，高麗本、四庫本、虛竹齋本竝作「哭」，是也。左氏宣公十二年傳「號而出之」，注「號，哭也」。

鬼部平聲

1. 魁 帥也，主也，首也，大也。「魁」，高麗本、四庫本、虛竹齋本竝作「魁」，是也。說文篆作「魁」，隸當作「魁」。下从「鬼」之字倣此。「帥」，高麗本、四庫本、虛竹齋本竝作「帥」，是也。書胤征「殲厥渠魁」，傳「魁，帥也」。

走部平聲

1、趫 去遙、巨憍二反，善走，又緣水也。「憍」，高麗本作「嬌」，是也。廣韻平聲宵韻正切「巨嬌」。「水」，高麗本作「木」，是也。說文「趫，善緣木之士也」。

2、趖 蘇未反。「未」，景南宋浙刋、雙鑑樓本、高麗本竝作「禾」，是也。廣韻、集韻平聲戈韻竝切「蘇禾」。

## 走部上聲

1、趕 丁弭反。「丁」，高麗本作「丘」，是也。廣韻上聲四紙正切「丘弭」。

## 走部去聲

1、趒 又他洞反。「洞」，高麗本作「凋」，是也。廣韻平聲蕭韻切「吐彫」，集韻平聲蕭韻正切「他彫」。

2、趆 行皃也。「趆」，當作「趆」，說文「趆，行皃，从走匠聲」。

## 走部入聲

1、越 于伐反，超也，逾也，揚也。「越」，高麗本作「越」，是也。說文「越，度也」。爾雅釋言「越，揚也」。

2、趚 丨趚，小皃行也。「趚」，景南宋浙刋作「趚」，是也。集韻入聲屋韻「趢趗，小兒行貌」。

3、𧾍（進趣皃也）「趩」，當作「𧾍」，說文「𧾍，趨進𧾍如也。从走，翼聲」。

4、趚（七迹反，趚趚也。）「趚」，高麗本、四庫本、虛竹齋本竝作「趚」，是也。廣韻入聲昔韻「趚，趚趚，行皃」。

羽部平聲

1、翛（羽翼蘸也。）「蘸」，高麗本作「蔽」，是也。玉篇「翛，羽翼蔽皃」，廣韻平聲蕭韻「翛，羽翼蔽皃」。

2、翹（悬也）「悬」，高麗本作「懸」，是也。文選曹植雜詩「翹思慕遠人」，注「善曰：翹，猶懸也」。

3、翭（又月初生。）「月」，雙鑑樓本、高麗本竝作「羽」，是也。說文「翭，羽木也。一曰羽初生」。

羽部入聲

1、翓（翓翃，飛上下也。）「翃」，景南宋浙刊、高麗本竝作「翓」，是也。廣韻入聲屑韻「翓，翓翃，飛上下」。

罒部平聲

1、盪 音手，杯也。「手」，雙鑑樓本、高麗本並作「羊」，是也。廣韻下平十陽正音同「羊」。

网部平聲

1、羈 「羈」，高麗本作「羈」，是也。下从「四」之字倣此。

2、羇 寄也，㝏也。「㝏」，高麗本作「旅」，是也。集韻平聲支韻「羇，旅寓也」。

网部上聲

1、罳 思究、所晏二反。「究」，高麗本、四庫本、虛竹齋本並作「兖」，是也。廣韻上聲獮韻正切「思兖」。

网部去聲

1、詈 力口反。「力」字下有闕文，應依雙鑑樓本、高麗本補一「智」字，廣韻去聲五寘正切「力智」。

网部入聲

1、罬 踊鳥覆車反。 「踊」「反」，高麗本、四庫本、虛竹齋本並作「捕」「也」，是也。說文「罬，捕鳥覆車也」。

2、罼 音里 「里」，雙鑑樓本、高麗本、四庫本、虛竹齋本並作「畢」，是也。廣韻入聲五質正音同「畢」。

## 爪部

1、爪 部相濫。又｜部與瓜 案行均爪部字多屬「瓜」部而溷入「爪」部者，宜分別觀之。茲將誤入爪部者，依排列之先後，更正排列於后，不一一贅述：瓠、瓢、瓤、⿰句瓜、⿰壴瓜、⿰品瓜瓞、⿰田瓜、⿰當瓜、⿰古瓜、⿰瓜玄、⿰类瓜、⿰瓜扁、⿰扁瓜、⿰瓜夌、⿰盧瓜、瓟、⿰瓜瓜、⿰委瓜⿰委瓜、⿰兼瓜、⿰虘瓜、⿰瓜台、⿰執瓜、瓝、⿰瓜交、⿰瓜弗。

## 斗部平聲

1、斟 ｜，酌也，益也，勺也。 「斟」，高麗本、四庫本、虛竹齋本並作「斟」，是也。說文「斟，勺也」。廣雅釋詁四「斟，酌也」。下从「甚」之字倣此。

2、[illegible] 耳斗芳。 「芳」，雙鑑樓本、高麗本並作「旁」，是也。

說文「斛，斛旁有庣也」。

斗部上聲

1、斝古雅皮，玉爵也。「皮」，高麗本作「反」，是也。廣韻上聲三十五馬正切「古疋」。

鼠部平聲

1、⿰鼠唐鼶鼠，二月三易腸也。「二」，雙鑑樓本、高麗本並作「一」，是也。「腸」，高麗本作「腸」，是也。集韻平聲唐韻「⿰鼠唐，鼶⿰鼠唐，鼠屬；一曰：易腸鼠，一月三易腸」。

此部去聲

1、些何也，何也，此也，辭也。下一「何」字，舊鈔本作「可」，是也。廣韻去聲嶝韻「些，可也，此也。」。

彖部

1. 錈緣鞾縫也。「鞾」，雙鑑樓本、高麗本並作「鞾」，是也。廣韻去聲三十三線「錈，緣鞾縫也」。

子部上聲

1、殢音躰。玉篇：「躰」，高麗本、四庫本、虛竹齋本並作「體」，是也。玉篇正作「體」。

鼓部平聲

1、鼘正，烏玄反。鼓聲也。鼘同上。「鼘」「鼘」二字，高麗本作「鼝」，是也。說文「鼝，鼝鼝，鼓聲也。从鼓崩聲」。廣韻下平一先「鼝，鼓聲」，「烏玄切」。集韻平聲先韻「鼝，說文：鼓聲也。或作鼘」。

小部

1、峀俗，古文邦字。正作峀。「邦」，影宋鈔本、高麗本、四庫本、虛竹齋本並作「邦」，蓋是。

缶部平聲

1、罌高耕反。「高」，景南宋浙刊作「烏」，是也。廣韻下平十三耕「烏莖切」。

老部

1、𦒸老也。「𦒸」，高麗本作「耄」，是也。下从「老」之字倣此。「老」，高麗本、四庫本、虛竹齋本竝作「耄」，是也。

## 井部

1、井 去也。深也。 「去」，雙鑑樓本、高麗本竝作「法」，是也。廣雅釋詁一「井，法也」。

## 喜部

1、嚭 嚭俗。乙冀反，正作嚭，溫柔美大也。 「嚭」，高麗本作「懿」，是也。廣韻去聲六至「懿，美也，大也，溫柔聖克也。乙冀切」。

## 里部

1、釐 福也，又理也。 「釐」，高麗本作「釐」，是也。說文十三下里部篆作「釐」，隸當作「釐」。

2、黟 黟二俗。烏兮反，正作黟，水黑也。 注文「黟」字，高麗本作「黟」，是也。「水」，高麗本作「木」，是也。說文「黟，黑木也」。

3、黫，俗。正作黫。黑色也。注文「黫」字，高麗本、虛竹齋本竝作「黫」，是也。廣韻上平二十八山「黫，黑色，出字林」。

4、黚，俗。正作黚，淺黑色。注文「黚」字，高麗本、四庫本、虛竹齋本竝作「黚」，是也。廣韻下平二十四鹽「黚，淺黃黑色」。

5、黲，俗。正作黲。七感反。注文「黲」字，高麗本、四庫本、虛竹齋本竝作「黲」，是也。廣韻上聲四十八感「黲」字正切「七感」。

6、黕，俗。正作黕。垢黑。注文「黕」字，高麗本作「黕」，是也。廣韻上聲四十八感「黕，滓垢也，黑也」。

## 凵部

1、豳，筆巾反，地名，又姓，古文。今作邠。注文「豳」，高麗本、四庫本、虛竹齋本竝作「豳」，是也。廣韻上平十七真「豳，地名。亦作邠，又姓，出姓苑」。

## 臼部

1、臼世本云：䧥文作｜。「䧥」，影宋鈔本、高麗本、四庫本、虛竹齋本竝作「雍」，是也。世本作篇正作「雍」。下倣此。

2、舂足各反，舂也。玉篇又音插。「舂」，當作「𦥯」，玉篇正作「𦥯」，詳見引書考。廣韻入聲十九鐸亦作「𦥯」，云「舂也」，正切「匹各」。

首部

1、䕫｜龍，又州名，亦獸名，似牛，一足，無角，聲如雷，皮可爲鼓也。「䕫」，高麗本作「夔」，是也。說文「夔，神魖也，如龍，一足，从夊；象有角手人面之形」。段注「云如龍，則有角可知，故『丌』象有角；『夊』『止』『巳』，象其似人手；『頁』象其似人面」。

2、䭲古文。今作𩠏，低也，首至地也。「䭲」，高麗本作「𩠏」，是也。玉篇「𩠏」，同「稽」。

1. 示神至「示」，影宋鈔本、高麗本竝作「示」，是也。書中部首即作「示」。

2. 耒盧對「耒」，影宋鈔本、高麗本、四庫本、虛竹齋本竝作「耒」，是也。說文「耒，耕曲木也。从木推丰」，徐鍇本音注正作「盧對」。下倣此。

見部平聲

1. 䚊俗䚋正。直視目不明也。「䚊䚋」，高麗本、四庫本、虛竹齋本竝作「䚊䚋」，是也。說文「䚊，視不明也，一曰直視」。集韻平聲江韻「䚊，亦書作䚋」，是當以「䚊」為正，「䚋」為俗。

2. 𧠟𧠿｜，面柔也。「𧠿」，高麗本、四庫本、虛竹齋本竝作「視」，是也。廣韻上平五支「𧠟，視𧠟，面柔也」。下倣此。

見部上聲

1. 哯小兒歈乳也，又不顧而吐也。「顧」，高麗本作「頋」，景高麗本作「顧」，作「顩」是也。廣韻上聲二十七銑「俔」，小兒歐乳也，又不顧而吐」。

見部去聲

1、覻士慮反，伺視也。「覻」，景南宋浙刊、影宋鈔本竝作「覻」，是也。「士」，高麗本、景高麗本竝作「七」，是也。廣韻去聲九御「覻，伺視也。七慮切」。

2、覽丨儆，高危皃也。敢音許鑑反。「敢」，高麗本、景高麗本、四庫本、盧竹齋本竝作「儆」，是也。廣韻去聲五十九鑑「儆」字正切「許鑑」。

3、𧠄丨口，墟名，在富春清上也。「清」，四庫本、盧竹齋本竝作「渚」，是也。廣韻去聲六十梵訓與行均同誤，周氏廣韻校勘記據段玉裁校本廣韻改作「渚」。

4、覺新藏作覺 注文「覺」字，高麗本、盧竹齋本竝作「竟」，疑是。

見部入聲

1、覡 巫｜也。男曰巫，女曰｜。「覡」，高麗本、景高麗本竝作「覡」，是也。二「曰」字，景南宋浙刋、舊鈔本、景高麗本、四庫本、虛竹齋本竝作「曰」，是也。說文「覡，能齊肅事神明者。在男曰覡，在女曰巫」。

2、覽 芳咸反，暫見皃。「覽」，高麗本作「覽」，是也。「咸」，景南宋浙刋、四庫本、虛竹齋本竝作「減」，是也。集韻入聲十六屑「暫，或从見（作覽）」。

3、規 柔｜規，面柔也。「規」，景南宋浙刋、景高麗本竝作「覞」，是也。廣韻上平五支「覞，規覞，面柔也」。

面部上聲

1、酺 類骨也。「類」，景高麗本作「頰」，是也。說文「酺，頰也」。

又部平聲

1、臤臤 苦于，苦間二反，豎也。二。「臤臤」，高麗本、景高麗本竝作「臤臤」，是也。「于」，景南宋浙刋、高麗本、景高麗本、四庫本、虛竹齋本並作「干」，是也。「豎」，高麗本、景高麗本並作「堅」，是也。廣韻上平二十五寒「臤，堅（原誤作「豎」，依周氏校勘記）也」，「苦寒切」，「寒」「干」同屬寒韻。說文「臤，堅也」。

2、叏 他刀反，丨滑。又腰鼓大頭名也。

「滑」，高麗本、四庫本、虛竹齋本並作「滑」，是也。「叏」，高麗本作「⿱屮又」，是也。廣韻下平六豪「⿱屮又，⿱屮又滑也，又胥鼓大頭名」。

3、⿰朮又 式六反。

「⿰朮又」，高麗本作「叔」，是也。廣韻入聲一屋「叔」字下，音切「式竹」，「竹」「六」同屬屋韻。

## 貝部平聲

1、賣 式羊反，丨賈也。通四方之貨曰丨，行賣也。

「賣」，高麗本作「賫」，是也。廣韻下平十陽「賫，說文曰：行賈也。典籍通用商」，「式羊切」。

2、甖⿱賏正 二正。烏莖反，瓦器也。

「⿱賏正」，景南宋浙刊作「罌」，是也。廣韻下平十三耕「甖，瓦器，烏莖切。罌，同上」。

3、[貝戚] 納受財曰｜也。

「[貝戚]」，高麗本、四庫本、虛竹齋本並作「贓」，是也。廣韻下平十一唐「贓，納賄曰贓」。

4、賁 又符分、三足龜｜也。

「分」下「三」上，高麗本增一「切」字，四庫本、虛竹齋本並增一「反」字，增「反」字，是也。廣韻上平二十文正切「符分」，訓「三足龜」。

貝部上聲

1、貶 俗賻正。貴財問十也。

「貴」，當作「賫」；「十」，高麗本、景高麗本、四庫本、虛竹齋本並作「卜」，是也。說文「貶，賫財卜問為貶」，集韻上聲八語「貶，說文：賫財卜問為貶。或以胥（作賻）」，故宜以「貶」為正體，以「賻」為俗體。

貝部去聲

1、賢 ｜媕也。[木奄]音掩。

「[木奄]」，舊鈔本、高麗本、景高麗本、四庫本、虛竹齋本並作「媕」，是也。廣韻去聲五寘「賢，賢媕也」。

2、贅（佳芮反。）「佳」，高麗本作「朱」，是也。廣韻去聲十三祭切「之芮」，「之」「朱」同屬照母字，集韻去聲祭韻正切「朱芮」。

3、貿（今貿正。交易也，市賣也，又姓。）「貿貿」，高麗本作「貿貿」，是也。說文篆作「貿」，隸作「貿」或作「貿」。

4、覼（初卯反。）「卯」，高麗本作「覲」，是也。廣韻去聲二十一震正切「初覲」。

5、蕢（求位反，二蘢也。）「蕢」，疑為「蕢」字之誤。廣韻去聲六至「蕢，草器也」「求位反」。「二」景南宋浙刋、景高麗本竝作「土」，是也。漢書何武王嘉師丹傳贊「以一蕢障江河」，注「師古曰：蕢，織草為器，所以盛土地」。

6、贙（又胡大反）「大」，景高麗本作「犬」，是也。廣韻上聲二十七銑切「胡畎」，「畎」「犬」同屬銑韻。

7、賵（賻也、贈也。）「賵」，高麗本、景高麗本竝作「賵」，是也。說文新附「賵，贈死者」，廣韻去聲一送「賵，賵賻」

## 貝部入聲

1. 質 之曰反，材、謹、正、信也。又音致，之丨也。「曰」「材」，景南宋浙刊、高麗本、景高麗本竝作「日」「朴」，是也。廣韻入聲質韻「質，朴也。之日切」。下一「之」字，景南宋浙刊作「交」，是也。廣韻去聲六至「質，交質」。

## 攵部平聲

1. 𢿦 迷惑不明也。「𢿦」，四庫本、虛竹齋本竝作「𢿦」，是也。「惑」，舊鈔本、高麗本、景高麗本、四庫本、虛竹齋本竝作「惑」，是也。廣韻上平二十六桓「𢿦，迷惑不解理」。

2. 歋 丨佽也。「佽」，景南宋浙刊、高麗本、景高麗本竝作「佽」，是也。廣韻上平十三佳「歋，歋佽」。

3. 吙 𣢉丨，氣逆病也。𣢉，呼犾反。二「𣢉」字，高麗本竝作「炊」，是也。廣韻上平十三佳「吙，炊吙，氣逆病」。

欠部上聲

1、歐吐也 「土」，高麗本、景高麗本、四庫本、虛竹齋本竝作「吐」，是也。廣韻上聲四十五厚「歐，吐也」。

2、欪玉篇：音巳，欲也。 玉篇欠部「欪」訓「欸也」，此「欲」字當是「欸」之形誤。

欠部去聲

1. 歍歐｜，驢啼也。 「歐」，高麗本作「歐」，是也。廣韻去聲四十禡「歍，歐歍，驢鳴也」。

欠部入聲

1、⿰歲欠於自反。 「自」，高麗本、景高麗本竝作「目」，是也。「目」，屬入聲一屋，「自」屬去聲六至，故當以「目」為是。

2、歙許反反。 上一「反」字，景南宋浙刊、高麗本、四庫本、虛竹齋本竝作「及」，是也。廣韻入聲二十六緝正切「許及」。

3、歡又組感反。「組」，四庫本、虛竹齋本竝作「徂」，是也。廣韻上聲四十八感正切「徂感」。

大部平聲

1、奫於倫反，泉水水勢也。「奫」，四庫本作「奫」，是也。廣韻上平十七真「奫，泉水」「於倫切」。

2、奄音紌，大也。「紌」，高麗本作「純」，是也。廣韻上平十八諄「奄，大也」，音切同「純」。

大部上聲

1、奄衣ナ反。「ナ」，景南宋浙刊、景高麗本、四庫本、虛竹齋本竝作「广」，是也。廣韻上聲五十琰切「衣儉」，而「广」亦屬琰韻。

2、奲車者反，寬也，大也，與奲同。「奲」，高麗本、景高麗本竝作「奲」，是也。廣韻上聲三十五馬「奲，寬大也」。

大部入聲

1、奪奪徒沽反，失也。「沽」，景南宋浙刊、高麗本、景高麗本、四庫本、虛竹齋本竝作「活」，是也。廣韻入聲十三末正切「徒活」。

2、羍羊未反也。「反」，景高麗本作「成」，疑是。廣韻入聲十二曷「羍，小羊也」。

3、奞匹名反，今作顭，面文皃。「名」，景南宋浙刊、高麗本、景高麗本竝作「各」，是也。「文」，當作「大」。廣韻入聲十九鐸「顭，面大皃，匹各切。奞，俗」。

四部平聲

1、𦋺周人謂兄曰丨。「𦋺」，當作「罤」，說文「罤，周人謂兄曰罤」。

四部上聲

1、罷止也，休也，歸也。「帰」，景高麗本、四庫本、虛竹齋本竝作「歸」，是也。

四部去聲

1、罵詈。俗、上莫駕反丨力智反。「丨」，景南宋浙刊、舊鈔本、景高麗本、四庫本、盧竹齋本竝作「下」，是也。廣韻去聲五寘「詈」字正切「力智」。

四部入聲

1、罬一曰罦也。「罦」，景高麗本、四庫本、盧竹齋本竝作「罦」，是也。廣韻入聲十七薛「罬，捕鳥覆車罔，一名罦」。

片部平聲

1、片半也，判也，開也，拆也。「拆」，景南宋浙刊、高麗本、景高麗本竝作「拆」，蓋是。

2、牌|傍也。「傍」，高麗本、景高麗本竝作「牓」，是也。廣韻上平十三佳「牌，牌牓也」。

3、𤗐|牀，築垣短板也。一曰，所以遏水也。「遏」，高麗本、景高麗本竝作「遏」，是也。廣韻上平十虞「𤗐，牀𤗐，所以遏水」。

片部去聲

1、⿰片柬大解理也。「大」，高麗本、盧竹齋本竝作「木」，是也。廣韻去聲三十二霰「⿰片柬，木解理也」。

片部入聲

1、⿰片斥閒也「閒」，景高麗本作「開」，是也。廣韻入聲二十陌「⿰片斥，⿰片斥開」。

2、牐士洽反。「土」，景南宋暇刋、景高麗本、虛竹齋本竝作「士」，是也。廣韻入聲三十一洽正切「士洽」。

示部

1、⿱彭示補音反。「音」，高麗本、景高麗本竝作「盲」，是也。廣韻下平十二庚「⿱彭示」切「甫盲」，「甫」屬非母，「補」屬幫母，均屬唇音，惟輕重不同耳。

鼻部去聲

1、⿰鼻會烏外、烏決二反。「決」，高麗本、景高麗本、四庫本、虛竹齋本竝作「快」，是也。廣韻去聲十七夬正切「烏快」。

耒部上聲

1、耩音誶「誶」，高麗本作「講」，是也。廣韻上聲三講「

耩」字音正同「講」。

## 耒部去聲

1、⿰耒啇（他計反，不耕而種也。）「⿰耒啇」，四庫本、虛竹齋本竝作「⿰耒啇」，是也。廣韻去聲十二霽「⿰耒啇，不耕而種」「他計切」。

## 耒部入聲

1、⿰耒責（士革反，⿰耒散也，反士鎋反，農具也。）第二「反」字，景南宋浙刊、高麗本、景高麗本、四庫本、虛竹齋本竝作「又」，是也。廣韻入聲十五鎋「⿰耒責」切「查鎋」，正訓「農具也」，「查」「士」同屬牀母。

## 二部

1、亳（傍谷反，國名。）「谷」，高麗本、景高麗本、四庫本、虛竹齋本竝作「各」，是也。廣韻入聲十九鐸正切「傍各」。

## 彐部

1、三（頭也。）「三」，景南宋浙刊、影宋鈔本、舊鈔本、高麗本竝作「彐」，是也。廣韻去聲十三祭「彐，彙類」，說文作彑，云豕之頭，象其銳而上見也」。

# 入聲目錄

1、糸莫狄「糸」字，當作「糸」，廣韻入聲二十三錫「糸」字正切「莫狄」。高麗本正作「糸」。下倣此。

2、乇丑略「乇」，當作「乇」，廣韻入聲十八藥「乇」字正切「丑略」。下倣此。

3、巾丑列「巾」，當作「屮」，廣韻入聲十七薛「屮」字正切「丑列」。

# 木部平聲

1、棖虛耕反。「虛」，高麗本、景高麗本竝作「宅」，是也。集韻平聲耕韻切「除耕」，「除」「宅」同屬澄母。

2、橖桂也「桂」，高麗本、景高麗本竝作「柱」，是也。集韻去聲映韻「橖，柱也」。

3、榰柱屋之欹也。「欹」，高麗本、四庫本、虛竹齋本竝作「敧」，蓋是。

4、櫻 烏耕反。「鳥」，高麗本、景高麗本竝作「烏」，是也。廣韻下平十三耕「櫻」切「烏莖」。

5、罘 誤。正作梁，兔罟也。「梁」，景南宋浙刊、高麗本、景高麗本竝作「罘」，是也。廣韻下平十八尤「罘，兔罟」。

6、槍 楚庚反，欃丨，枎星也。「枎」，景南宋浙刊、景高麗本竝作「祆」，是也。廣韻下平十二庚「槍，欃槍，祆星」。

7、杯 與盃同，又𠤱也。「𠤱」，高麗本作𠤱，是也。廣韻上平十五灰「桮，說文曰𠤱也。杯，同上」。

8、櫏 七仙反，棍丨，名也。「櫏」，當作「櫏」，下倣此。下一「反」字，景南宋浙刊、高麗本竝作「木」，是也。廣韻下平二仙「櫏，棍櫏，木名」。

9、柧 棱大也。「大」，景南宋浙刊、影宋鈔本、高麗本、四庫本、虛竹齋本竝作「木」，是也。說文「柧，棱也」，玄應一切經音義十八「通俗文：木四方為棱」。

10、椰 丨子，未名，出交州。「未」，高麗本、景高麗本竝作「木」，是也。「交」，高麗本、景高麗本竝作「交」，是也。廣韻下平九麻「椰，椰子，木名，出交州」。

11、槹 音高，⿰犭絜｜也。「槹」，當作「槔」，下从「皋」之字做此。「⿰犭絜」，景南宋浙刊、景高麗本竝作「㰏」，是也。廣韻入聲十六屑「㰏，㰏槔，汲水具也」。

12、棼 ⿰扌复屋棟也。「⿰扌复」，高麗本、四庫本、虛竹齋本竝作「複」，是也。廣韻上平二十文「棼，複屋棟也」。

13、槄 水名 「水」，景南宋浙刊、影宋鈔本、高麗本、景高麗本竝作「木」，是也。廣韻下平六豪「槄，木名」。

14、枰 又或音彭。「彭」，景南宋浙刊、高麗本竝作「彭」，蓋是。

15、榕 切韻音松，梓通。「通」，景南宋浙刊、影宋鈔本、舊鈔本、景高麗本竝作「道」，是也。故宮宋跋王韻平聲三鍾正作「道」。

16、杠 旌旗餙也，一日床前橫。「餙」，高麗本作「飾」，是也。「日」，景南宋淅刊、舊鈔本、高麗本、景高麗本、四庫本、虛竹齋本竝作「曰」，是也。「横」字下，舊鈔本、高麗本、景高麗本、四庫本、虛竹齋本竝增一「木」字，是也。廣韻上平四江「杠，旌旗飾也。一曰牀前横木」。

17. 檣　尒疋云：白棗。「棗」，景高麗本作「棗」，是也。爾雅釋木「檣，白棗」。

18. 樘　說文云：柱也。「又」，舊鈔本、高麗本、景高麗本、四庫本、虛竹齋本竝作「文」，是也。說文木部「樘」下正訓「柱也」，詳見引書考。

19. 棊　音其，同楪，圜丨也。「楪」「園」，景南宋淅刊、景高麗本、四庫本、虛竹齋本竝作「楪」「圜」，是也。廣韻上平七之「棊，博物志曰：舜造圍棊，丹朱善之」。

20. 櫜　音高，輡也，一曰車上囊。「輡」，高麗本、景高麗本竝作「韜」，是也。「囊」，高麗本、景高麗本竝作「囊」，是也。廣韻下平六豪「櫜，韜也。一曰車上囊」。

21. 桁｜槭也。「槭」，高麗本作「械」，是也。廣韻下平十一唐「桁，械也」。

木部上聲

1、櫰橠上烏可反，下奴可反，｜｜，木四枝乘盛皃也，「櫰橠」，景高麗本作「櫰橠」，是也。「乘」，景南宋浙刊、舊鈔本、高麗本、景高麗本、四庫本、虛竹齋本並作「垂」，蓋是。廣韻上聲三十三哿「櫰，櫰橠，木盛皃」。

2、朶朶水上垂皃。「水」，高麗本、景高麗本並作「木」，是也。廣韻上聲三十四果「朶，木上垂也。朶，同上」。

3、棈他果、徒果反，木器名也。「反」上，高麗本、四庫本、虛竹齋本並增一「二」字，蓋是。

4、楛木名，堪作失幹。「失」，影宋鈔本、高麗本、景高麗本並作「矢」，是也。廣韻上聲十姥「楛，木名，堪為矢榦」。

5、楮觀、楮二音。注文「楮」字，景南宋浙刊、高麗本、景高麗本並作「褚」，是也。廣韻上聲八語「楮」字正音同「褚」。

6、擳槳檝屬，二同。「檝」，影宋鈔本、高麗本、景高麗本竝作「檝」，是也。廣韻上聲三十六養「槳，檝屬，擳，同上」。

7、夲音本。根本也。玉篇「夲」，高麗本作「本」，是也。玉篇木部作「本」，作「楍」，未見作「夲」者，詳見引書考。

## 木部去聲

1、構丨合也，架也，成也，亂也，蓋也。「構」，景高麗本作「構」，是也。說文「構，蓋也，从木冓聲」。下从「冓」之字倣此。

2、械器丨，又相丨丨也。「相」，高麗本、景高麗本竝作「杻」，是也。廣韻去聲十六怪「械，器械，又杻械」。

3、楥許顚反，靴履模丨也。「顚」，高麗本、虛竹齋本竝作「願」，是也。「靴」，高麗本作「靴」，是也。「模」，影宋鈔本、舊鈔本、高麗本、景高麗本、四庫本、虛竹齋本竝作「楥」，是也。廣韻去聲二十五願「楥，靴履楥」。

4、杅 古且反，檀木也。「且」，景南宋浙刊、景高麗本、四庫本、盧竹齋本竝作「旦」，是也。廣韻去聲二十八翰「杅，檀木」「古案切」，「案」「旦」同屬翰韻。

5、抪 芳廢反，斫木斤零丨也。「抪」，當作「柿」，廣韻去聲二十廢「柿，斫木札也。芳廢切」。

6、楙 尔疋云：一名木瓜，實如小瓜，味酢可食。「楙」，高麗本、景高麗本、四庫本、盧竹齋本竝作「楙」，是也。爾雅釋木正作「楙」，詳見引書考。

木部入聲

1、鬱 於勿反，又幽也，茂也，氣也，盛也，香草也，「鬱」，高麗本、四庫本、盧竹齋本竝作「欝」，是也。廣韻入聲八物「欝，香草，又氣也，幽也……」。

2、巘櫱 二割反，頭戠皃也。「櫱」「二」「戠」三字，高麗本、景高麗本竝作「櫱」「五」「截」，是也。廣韻入聲十二曷「巘，頭戴皃，說文曰：伐木餘也。櫱，同上。五割切」

3、檦｜桿，沒水具也。「沒」，景南宋浙刊、高麗本、景高麗本、四庫本、虛竹齋本竝作「汲」，是也。廣韻入聲十六屑「檦，檦桿，汲水具也」。

4、措音背「背」，景南宋浙刊、高麗本、四庫本、虛竹齋本竝作「昔」，是也。廣韻入聲二十三昔「措」字正音同「昔」。

5、柆俗。盧含反，正作拉。「含」，景南宋浙刊、高麗本、四庫本、虛竹齋本竝作「合」，是也。廣韻入聲二十七合「拉」字正切「盧合」。

6、札又木名也，署也，⿱艹⿰卽阝也。「⿱艹⿰卽阝」，景南宋浙刊、高麗本、景高麗本、四庫本、虛竹齋本竝作「櫛」，是也。釋名釋書契「札，櫛也」。

竹部平聲

1、篙市緣反。「緣」，景南宋浙刊、高麗本、景高麗本、四庫本、虛竹齋本竝作「緣」，是也。廣韻下平二仙正切「市緣」。

2、笄　薄經反，竹也。「笄」，高麗本、景高麗本竝作「笄」，是也。廣韻下平十五青「笄，竹名，薄經切」。

3、簝　宗廟盛肉方竹器也。「廣」，景南宋浙刊、高麗本、四庫本、虛竹齋本竝作「廟」，是也。廣韻下平三蕭「簝，宗廟盛肉方竹器」。

4、篷　車篷也。輂音飯。「篷」「輂」二字，高麗本、景高麗本竝作「篷」，是也。廣韻上平一東「篷，車篷」。

5、箂　音箂　注文「箂」字，高麗本、景高麗本、四庫本、虛竹齋本竝作「來」，是也。

6、篗　竹与也。「与」，高麗本、景高麗本、四庫本、虛竹齋本竝作「輿」，是也。廣韻下平二仙「篗，竹輿」。

7　笐　樂器，以竹為之，有兹。「兹」，虛竹齋本作「絃」，是也。集韻平聲唐韻「笐，樂器，有絃」。

8、箟俗。正作箟，梳｜也。注文「箟」字，景南宋浙刋、景高麗本、四庫本、虛竹齋本竝作「篦」，是也。

## 竹部上聲

1、範音犯，法也，常也，式也，則也，模也。「範」，當作「範」，廣韻上聲五十五范「範，法也，常也，式也，前也」。

2、笑申百反，箭也。世本云：黄帝臣夷牟作。「百」，景南宋浙刋、高麗本、景高麗本、四庫本、虛竹齋本竝作「旨」，是也。廣韻上聲五旨「矢，式視切，『矢』又作『笑』，並俗」，「式」「申」同屬審母，「視」「旦」同屬旨韻。

3、筭又物之敬也。「敬」，景南宋浙刋、高麗本、虛竹齋本竝作「數」，是也。廣韻上聲二十四緩「筭，物之數也」。

4、簄篔｜。「簄」，高麗本、虛竹齋本竝作「簾」，是也。詳見引書考。

5、䈔古我反，笴｜。「䈔」，高麗本作「䈔」，是也。「笴」，高麗本、景高麗本竝作「笱」，是也。廣韻上聲三十三哿

「䈑，筍䈑，出南中，古我切」。

竹部去聲

1、箭 音箭，矢也。「箭」，高麗本、景高麗本並作「箭」，是也。說文五上竹部「箭，矢也」，「箭」隸作「箭」，或作「箭」。

2、⿱竹廢⿱竹發 蘆丨也，籧餘之屬。「蘧餘」，景南宋浙刊、景高麗本並作「籧⿱竹餘」，是也。集韻去聲廢韻「⿱竹廢，籧⿱竹餘也，或作⿱竹發」。

3、⿱竹杭 胡浪反，竹竿也。「⿱竹杭」，高麗本、景高麗本並作「⿱竹⿰糹亢」，是也。集韻去聲宕韻「⿱竹杭，竹竿也」。

竹部入聲

1、筏 小曰桴，大曰丨。「捊」，景南宋浙刊、高麗本、四庫本、虛竹齋本並作「桴」，是也。集韻入聲十月「筏，大曰筏，小曰桴」。

2、箔 簾丨也。「簾」，景南宋浙刊、景高麗本、虛竹齋本並作

「簾」，是也。廣韻入聲十九鐸「箔，簾箔」。

3、築（音竹，三｜也。）「三」，高麗本、景高麗本竝作「擣」，是也。廣韻入聲一屋「築，擣也」。

4、蕇（可以漉水也。）「水」，景高麗本作「米」，是也。廣韻入聲一屋「蕇，可以漉米」。

5、簿（大｜棊類也。）「大」，景南宋浙刋、高麗本、景高麗本竝作「六」，是也。廣韻入聲十九鐸「簿，六簿棊類，出說文」。

6、簀（沫｜也。）「沫」，景南宋浙刋、高麗本、景高麗本、虛竹齋本竝作「牀」，是也。廣韻入聲二十一麥「簀，牀簀」。

7、第（与後｜也。）「与」，景高麗本、四庫本、虛竹齋本竝作「輿」，是也。廣韻入聲八物「第，輿後第也」。

8、箴（俗箴亡，音滅，竹皮也）「亡」，景南宋浙刋、高麗本、景高麗本、四庫本、虛竹齋本竝作「正」，是也。

糸部平聲

1、纖 息失反、微細小也。「失」，景南宋浙刊、高麗本、景高麗本、四庫本、虛竹齋本並作「尖」，是也。「徵」，高麗本、景高麗本、四庫本、虛竹齋本並作「微」，是也。下倣此。廣韻下平二十四鹽「纖，細也，微也」「息廉切」，「廉」「尖」同屬鹽韻。

2、繽 丨絣，眾多亂皃也。「絣」，高麗本、景高麗本並作「紛」，是也。文選左思蜀都賦「結駟繽紛」，注「繽紛，眾多貌」。

3、編 布玄反，次也，織也。「編」，影宋鈔本、高麗本並作「編」，是也。廣韻下平一先「編，次也」「布玄切」。

4、緗 音相、淺黃色也。「緗」，影宋鈔本、高麗本並作「緗」，是也。廣韻下平十陽「緗，淺黃」。

5、繱 玉篇：又公斬吻二反。「斬」字下，高麗本增一「許」字，疑是

6、紘（户三反。）

廣韻下平十三耕。「三」，高麗本、景高麗本並作「轟」，是也。廣韻下平十三耕「紘」字切「户萌」，「萌」「轟」同屬耕韻。

7、纕（喪服）

「纕」，高麗本、景高麗本並作「縗」，是也。廣韻上平十五灰「縗，喪衣」。

8、緍（錢貫也，又絲緒釣魚輪也，又姓。）

「緍」，高麗本、四庫本、盧竹齋本並作「緡」，是也。「輪」，四庫本、盧竹齋本並作「綸」，是也。廣韻上平十七真「緡，錢貫，亦絲緒釣魚綸也，又姓」。

9、綱（丨紀也，又繩也。）

「繩」，景南宋浙刊、高麗本、景高麗本、四庫本、盧竹齋本並作「繩」，是也。說文「綱，維紘繩也」。

10、繙（孚表反。又音煩，丨帑亂皃。帑，音於表反。）

兩「表」字，高麗本並作「袁」，是也。廣韻上平二十二元「繙」字正切「孚袁」，「帑」字正切「於袁」。

11、縍 博傷反。 「傷」，高麗本、景高麗本並作「旁」，是也。廣韻下平十一唐正切「博旁」。

12、綡 俗。渠迎反。 「迎」，景南宋浙刊、舊鈔本、高麗本、景高麗本並作「迎」，蓋是。

13、綳 比萌反。 「比」，高麗本、景高麗本並作「北」，是也。廣韻下平十三耕正切「北萌」。

14、緍 郭追。俗，同緡。 「追」，景南宋浙刊、高麗本、景高麗本、四庫本、盧竹齋本並作「逯」，蓋是。

15、綈 切韻：厚繒色，緣而染也。 「染」，景高麗本作「深」，是也。S二〇七一、P二〇一一、P二〇一五、故宮宋跋王韻、廣韻平聲齊韻均作「深」，詳見引書考。

16、絢 似帳，草繩也，又紋也。 「紋」，高麗本、景高麗本並作「絞」，是也。爾雅釋言「絢，絞也」。

糸部上聲

1、纚 韜髮者。 「韜」，景南宋浙刊、高麗本、景高麗本、四庫本、虛竹齋本竝作「韜」，是也。廣韻上聲三講「纚，韜髮者」。

2、紓神與反，綬也，又音書，緩也。「紓」，高麗本、景高麗本竝作「紓」，是也。廣韻上聲八語「紓，緩也，神與切」。

3、綆并索也。「并」，影宋鈔本、高麗本、景高麗本竝作「井」，是也。廣韻上聲三十八梗「綆，井索也」。

4、縒鮮潔皃。「鮮」，景南宋浙刊、高麗本、景高麗本、四庫本竝作「鮮」，是也。廣韻上聲三十三哿「縒，鮮潔皃也」。

5、綮康禮反，戟反，一曰戟衣。「戟反」，景高麗本作「戟支」，是也。廣韻上聲十一薺「綮，戟支，一曰戟衣。康禮反」。

6、繈絲有類也。「類」，高麗本、景高麗本竝作「纇」，是也。廣韻上聲三十六養「繈，絲有纇」。

7、總又倉紕反。「紕」，景南宋浙刊、高麗本、景高麗本、四庫本、虛竹齋本竝作「紅」，是也。集韻平聲東韻切「麤叢」，「叢」「紅」同屬涷韻。

糸部去聲

1、縍俗縵五。莫半反。「五」，高麗本、景高麗本竝作「正」，是也。

2、繐帳也「帳」，影宋鈔本、景高麗本竝作「帳」，是也。廣韻去聲十二霽「繐，繐帳」。

3、䋄則救反，衣不甲也，亦敹子也。「䋄」，高麗本作「縐」，是也。「則」，高麗本、虛竹齋本竝作「側」，是也。「甲」「敹」，影宋鈔本、高麗本、景高麗本、四庫本、虛竹齋本竝作「申」「穀」，是也。廣韻去聲四十九宥「縐，衣不申，又絺之細者」「側救切」。

4、縉淺綘色。「綘」，景南宋淅刊、高麗本、景高麗本、虛竹齋本竝作「絳」，是也。廣韻去聲二十一震「縉，淺絳色」。

5、縊自丨也。「縊」，高麗本作「縊」，是也。廣韻去聲十二霽「縊，自縊」。

糸部入聲

1、綴（子括及。）「及」，影宋鈔本、舊鈔本竝作「反」，是也。廣韻入聲十三末正切「子括」。

2、緁（七茱反，連｜，玉篇又之葉反。）「茱」，景南宋浙刊、景高麗本、虛竹齋本竝作「葉」，是也。廣韻入聲二十九葉切「七接」，「接」「葉」同屬葉韻。

3、絜（音結。｜，麻端爲也。）「絜」，高麗本、虛竹齋本竝作「絜」，是也。廣韻入聲十六屑「絜，說文曰：麻一耑也」。

4、績（紡｜也，繼續也，綪也。）「綪」，高麗本作「緝」，是也。廣韻入聲二十三錫「績，緝也」。

肉部平聲

1、膗（丑㐫反，直也，均也。）「㐫」，高麗本、四庫本、虛竹齋本竝作「凶」，是也。廣韻上平三鍾正切「丑凶」。

2、胆（七余也，｜虫也。）上一「也」字，景南宋浙刊、景高麗本、細庫本、虛竹齋本並作「反」，是也。廣韻上平九魚正切「七余」。

3、肧懷胎一目謂之｜。「目」，景南宋浙刊、高麗本並作「月」，是也。廣韻上平十五灰「肧，懷胎一月」。

4、肬音尤，｜贅也，腫也，瘤也，與⿸疒九同。「⿸疒九」，景南宋浙刊、高麗本、景高麗本並作「疣」，是也。廣韻下平十七登「疣，結病也。肬，同上」。

5、⿰月替⿰月合｜，外善也。「⿰月合」，高麗本作「膌」，是也。廣韻下平二十二覃「⿰月替，膌⿰月替」。

6、臉士廉反，｜臛也。「士」「臛」二字，高麗本、景高麗本並作「七」「⿰月隺」，是也。廣韻下平二十四鹽「臉，臉⿰月隺也」「七廉切」。

7、腱筋也，一曰筋頭。兩「筋」字，高麗本、景高麗本、四庫本並作「筋」，是也。廣韻上平二十二元「腱，筋也，一曰筋頭」。

8、䬴 昨干，但旦二反。 「但」，高麗本作「徂」，是也。廣韻去聲二十八翰「䬴」切「徂贊」，「贊」「旦」同屬翰韻。

9、胠 又庄子篇名，又音去，胠也，脅也。 「庄」，高麗本、四庫本、虛竹齋本並作「莊」，是也。廣韻上平九魚「胠，腋下，又胠篋，莊子篇名」。「脅」，景南宋淅刊、高麗本、四庫本、虛竹齋本並作「脅」，是也。廣韻去聲九御「胠，脅也」。

10、肊 玉篇云：狀也。 「狀」，當作「壯」，詳見引書考。

11. 腴 夾膂肉也。 「膂」，四庫本、虛竹齋本並作「脊」，是也。廣韻上聲六脂「腴，夾脊肉也」。

12、䐤 俗。正作䐤，人目多白。 注文「䐤」字，高麗本、四庫本、虛竹齋本並作「瞷」，是也。廣韻上平二十八山「瞷，人目多白」。

13、骨 俗骨胥，二分。相也，相居反，又姓。 「分」，景高麗本、四庫本、虛竹齋本並作「仒」，是也。

14、脽亦汾脽，巨虛所坐也。又他罪反，胎⿱劦貝也。「虛」，虛竹齋本作「靈」，是也。廣韻上平六脂「脽，尻也，亦汾脽巨靈所坐也」。「⿱劦貝」，景南宋浙刊、高麗本、四庫本、虛竹齋本並作「脅」，是也。

15、脙形之脊也。廣韻下平十八尤「脙，瘠也」。四庫本、虛竹齋本並作「瘠」，是也。

16、臚或作。側加反，今作皻，怉鼻也。「怉」，高麗本作「皰」，是也。廣韻下平九麻「皻，皰鼻」。

## 肉部上聲

1、腫癕也，瘡也。

「癕」，四庫本、虛竹齋本並作「癰」，是也。

說文「腫，癰也」。下倣此。

2、膞時兗反。「兗」，景南宋浙刊、高麗本、景高麗本並作「兖」，是也。廣韻上聲二十八獮正切「時兖」。

3、⿰月引直引反，赤⿸广艮也。「⿸广艮」，景南宋浙刊、影宋鈔本、舊鈔本、高麗本、景高麗本、四庫本、虛竹齋本並作「痕」，是也。廣韻上聲十六軫「⿰月引，杖痕腫處」。

4、腇或作，與脮同，魚敗也。「敗」，景南宋浙刊、舊鈔本、高麗本、景高麗本、四庫本、虛竹齋本竝作「敗」，是也。廣韻上聲十四賄「鮾，魚敗。脮，同上」。

5、脗武粉反，說文云筋頭也。「脗」，當作「脗」，說文「吻，口邊也。脗，吻或从肉从昏」，是「脗」字之或文，玉篇、廣韻上聲十八吻同，詳見引書考。

6、⿰月睘舊藏作丨，方免反，敝兒也「丨」，景高麗本作「⿰目睘」，疑是。

7、⿰月五⿰月午二俗。音五，正作⿰月午，明也。注文「⿰月午」字，景高麗本、四庫本、虛竹齋本竝作「旿」，是也。廣韻上聲十姥「旿，明也」。

8、膘抾了，芳小二反，斗脅也。「膘」，景南宋浙刊、高麗本竝作「膘」，是也。「抾」，景南宋浙刊、高麗本、景高麗本竝作「扶」，是也。廣韻上聲三十小「膘」切「符少」「孚小」，「扶」「符」「孚」同屬奉母，「了」雖屬上聲二十九篠，音近三十小。

## 肉部去聲

1、⿰月闌。俗正作爛。郎且反「且」，景南宋浙刊、景高麗本、四庫本、虛竹齋本竝作「旦」，是也。廣韻去聲二十八翰「爛」切「郎旰」，「旰」「旦」竝屬翰韻。

2、胖。又性之半體也。：「性」，景南宋浙刊、高麗本、景高麗本竝作「牲」，是也。廣韻去聲二十九換「胖，牲之半體」。

3、腠。■丨也。「■」，高麗本、景高麗本竝作「膚」，是也。廣韻去聲五十候「腠，膚腠」。

4、⿰月丁。又音丨。「丨」，高麗本、景高麗本竝作「丁」，蓋是。

5、膈。丨憶也。「憶」，高麗本、景高麗本竝作「臆」，是也。廣韻去聲十三祭「膈，膈臆」。

6、腅。相飲也。「飲」，高麗本作「飯」；是也。廣韻去聲五十四闞「腅，相飯也」。

7、⿱既月。古對反，腰忽痛也。「⿱既月」，高麗本、景高麗本竝作「⿱既月」，是也。廣韻去聲十八隊「臂，胃忽痛也，古對切」。

8、𦢊，俗、正作膭。陰風也。注文「膭」字，景高麗本、四庫本、虛竹齋本竝作「曀」，是也。廣韻去聲十二霽「曀，陰風」。

9、膭，先臥反，骨膏也。「膭」，高麗本作「膭」，是也。廣韻去聲三十九過「膭，骨膏也。先臥切」。

10、臞，音具，瘦也。又音瞿。「臞」「瞿」，高麗本作「臞」「瞿」，是也。廣韻去聲十遇「臞，瘦。又音瞿」，音亦同「具」。

肉部入聲

1、胸，俗。胸，俗通。渠云反。「云」，高麗本、景高麗本竝作「六」，蓋是。

2、膝，脛上骨節也。「膝」，高麗本、景高麗本竝作「膝」，是也。廣韻入聲五質「厀，說文曰：脛節也。膝，同上」。

3、脉，以醎養丨。「醎」，景南宋浙刊、景高麗本、四庫本、虛竹齋本竝作「鹹」，是也。廣韻入聲二十一麥正引周禮（

按即天官瘍醫）曰「以鹹養脈」。

4、肋 ⿱劦貝|也。 「⿱劦貝」，景南宋浙刊、高麗本、四庫本、虛竹齋本並作「脅」，是也。廣韻入聲二十五德「肋，脅肋」。

5、⿰月感 玉篇：⿰月戚|子六反，膏澤。脚瘦也。 「⿰月戚」，高麗本、景高麗本、四庫本、虛竹齋本並作「⿰月戚」，是也。玉篇「⿰月戚，腳⿰月戚。⿰月感，同上。」「脚」當作「腳」，玉篇「腳」字下注「腳⿰月戚，膏澤也」，是「脚」乃「腳」之形譌。

6、⿰月⿸虍上 腭臒，三俗。三各反正作齶也。 下「三」字，高麗本、景高麗本並作「五」，是也。廣韻入聲十九鐸「齶」字正切「五各」。

7、肭 又女六及，月朔見東方也。 「及」，景南宋浙刊、舊鈔本、高麗本、景高麗本並作「反」，是也。

8、⿰月鹿 正作⿰月鹿，眼眩也。⿰月歷|、注文「⿰月鹿」，高麗本作「⿰目鹿」，是也。「⿰目⿸厂止」「眩」，高麗本作「⿰目歷」「淨」，是也。廣韻入聲一屋「⿰目鹿，⿰目歷⿰目鹿，眼淨也」，

目部平聲

1、眩赤支反、與二反。

上一「反」字，高麗本、景高麗本竝作「支」，疑是。

2、眵吒支反。

「吒」，景高麗本作「叱」，是也。廣韻上平五支正切「叱支」。

3、睢丨肝，仰目也。

「肝」，景高麗本、四庫本、虛竹齋本竝作「盱」，是也。文選張衡西京賦「緹衣韎韐，睢盱拔扈」，注「綜曰：字林曰：睢，仰目也；盱，張目也」。

4、睺半音也。

「音」，高麗本、景高麗本竝作「盲」，是也。廣韻下平十九侯「睺，半盲」。

5、睎音若，視也，望也

「睎」，景高麗本、四庫本、虛竹齋本竝作「睎」，是也。廣韻上平八微「睎，視也，眄也，望也」，音正同「希」。下从「希」之字倣此。

6、眈視近而志遠也。

「眈」「視」，景南宋浙刊、高麗本、四庫本、虛竹齋本竝作「眈」「視」，是也。廣韻下平二十二。覃「眈，視近而志遠」。下从「冘」从「視」之字做此。

7、瞷　目目動也。　下一「目」字，虛竹齋本刪去，是也。說文「瞷，目動也」。廣韻、集韻上平十八諄「瞷，目動」。

8、䁔　音義作貪，音含。　「貪」，當作「䀹」，詳見引書考。

9、䁝　目小作態曹｜也。　「曹」，景南宋淅刋、舊鈔本、四庫本、虛竹齋本並作「瞢」，是也。廣韻下平十七登「䁝，目小作態瞢䁝也」。

10、眱　熱視不言也。　「熱」，高麗本、景高麗本、四庫本、虛竹齋本並作「熱」，是也。廣韻上平六脂「眱，熱視不言」。

11、睳　玉篇云：音也。　「睳」，高麗本作「睳」，是也。「音」，高麗本、景高麗本並作「盲」，是也。玉篇目部、廣韻上平十二齊並作「睳」，並訓「目瞢」，蓋即「盲也」之義。

12、眗　｜膢，央皃。　「膢」「央」，高麗本、景高麗本並作「瞜」「笑」，是也。廣韻上平十虞「眗，眗瞜，笑皃」。

13、[目旁] 武延反。密緻也。「[目旁]」，高麗本、景高麗本竝作「矏」，是也。廣韻下平二仙「矏，密緻皃，武延切」。

14、眙 肝｜，縣名。「肝」，景南宋淅刊、舊鈔本、高麗本、景高麗本、四庫本、虛竹齋本竝作「盱」，是也。廣韻上平七之「眙，盱眙縣，在楚州」。

15、[目豆] ｜眵，目汁[目是]。「[目是]」，高麗本作「凝」，是也。廣韻下平十九侯「[目豆]，[目豆]眵，目汁凝」。

## 目部上聲

1、瞽 音古，音｜也。「音」，高麗本、景高麗本、四庫本、虛竹齋本竝作「盲」，是也。廣雅釋詁「瞽，盲也」。

2、盾 千｜，即矛｜也。「千」，景南宋淅刊、景高麗本、四庫本、虛竹齋本竝作「干」，是也。

3、眹 目童子也。又吉凶刑兆日兆｜也。「眹」，高麗本作「朕」，是也。「刑」，高麗本、四庫本、虛竹齋本竝作「形」，是也。「日」，景高麗本、四庫本、虛竹齋本竝作「曰」，是也。廣韻上聲十六軫「眹」，目童子也。又吉凶形兆謂之兆眹」。

4、䀎 俗作䩄。他典反，面慙。正 「䩄」，高麗本、景高麗本竝作「靦」，是也。篇海「䀎，面慚貌，與靦同」。廣韻上聲二十七銑「靦，面慙」，正切「他典」。

5、矕 視皃 「矕」，高麗本作「矕」，是也。廣韻上聲二十五潸「矕，視皃」。

目部去聲

1、𥄲 莫見反，斜視也。 「𥄲」，高麗本、景高麗本竝作「眄」，是也。廣韻去聲三十二霰「眄，斜視」，切「莫甸」，「甸」與「見」同屬霰韻。

2、瞀 瞀｜也。 「瞀」，景南宋浙刊、高麗本、景高麗本、四庫本、虛竹齋本竝作「瞀」，是也。廣韻去聲五十候「瞀，瞀瞀」。

3、䀤 莫報反，目細視也。低 「䀤」，高麗本、虛竹齋本竝作「䁎」，

4、眮 ⿰貝真目顧視也。 說文「眮，吳楚謂瞋目顧視曰眮」。「⿰貝真」，高麗本、景高麗本竝作「瞋」，是也。廣韻三十七号「⿰目冒，低目細視」，正切「莫報」。

5、⿰目為 俗，正作⿰貝為，睹。「睹」，高麗本、四庫本、虛竹齋本竝作「賭」，是也。廣韻去聲五寘「⿰貝為，賭也」。

6、⿰目叓 呼貫反，國名，在流沙。「⿰目叓」，高麗本作「⿰目奐」，是也。廣韻去聲二十九換「⿰目奐，國在流沙東」，切「火貫」。

7、⿰目臽 論文作。經音義作丨，眼陷，丨沒也，在智度論。「⿰目臽」，高麗本作「⿰目臽」，是也。第一「丨」，當作「陷」，玄應一切經音義卷九大智度論「眼陷」下正云「論文作⿰目臽」，慧琳一切經音義卷四六大智度論亦同，詳見引書考。

8、瞐 俗，香靳反。「靳」，景南宋浙刊、高麗本、景高麗本竝作「靳」，蓋是。

目部入聲

1、⿰目室 丨⿰月血也。「⿰月血」，高麗本、景高麗本、四庫本、虛竹齋本竝作「⿰目血」，是也。廣韻入聲十六屑「瞠，瞠⿰目血」。

2、映。嬬｜，戲謔皃也。嬬音士搤反。二「嬬」字，高麗本竝作「⿰女臿」，是也。集韻入聲三十二洽「映，⿰女臿映，戲謔皃」。

日部平聲

1、旹旹，正篇：古文，上音春，下音時。「正」，景南宋浙刋、舊鈔本、景高麗本、四庫本、虛竹齋本竝作「玉」，是也。玉篇日部「時」字下收古文「旹」，行均訛為「旹」，當改。

2、昂，五剛反，舉也。「昂」，高麗本、景高麗本竝作「昂」，是也。廣韻下平十一唐「昂，舉也」，正切「五剛」。

3、⿱日皿，俗，正作盟。明、孟二音。注文「盟」字，景南宋浙刋、影宋鈔本、舊鈔本、高麗本、景高麗本、四庫本、虛竹齋本竝作「盟」，是也。

4、暟，俗，正作皚。雪白皃。注文「暟」字，景南宋浙刋、高麗本、景高麗本、四庫本、虛竹齋本竝作「皚」，是也。

5、⿰日曾，俗。正作䁬，小目作態也。注文「⿰日曾」字，景南宋浙刋、高麗本、景高麗本、四庫本、虛竹齋本竝作「䁬」，是也。廣韻下平十七登「䁬，目小作態瞢䁬也」。

6、䁮 閉目。內思也。俗。正作䁮。，注文「䁮」字，景南宋浙刊、高麗本、景高麗本竝作「䁮」，是也。廣韻下平二十四鹽「䁮，閉目內思」。

7、⿰目孝 呼交反。俗。正作⿰目孝。「⿰目孝」，高麗本作「哮」，是也。廣韻下平五肴「哮，哮闞」，音切「許交」，「許」「呼」同屬曉母。

日部上聲

1、昉 方同反，明也。「同」，高麗本作「罔」，是也。廣韻上聲三十六養「昉，明也。分网切」。「分」「方」同屬非母，「网」「罔」，古今字。

2、㬎 奴板反，溫濕也。又丨諫反。「丨」，疑作「乃」，集韻去聲諫韻「㬎」正切「乃諫」。

3、昑 玉篇：立錦反，明也。「立」，景高麗本作「丘」，是也。玉篇日部「昑」字正切「丘錦」。

4、晘（眼也）「眼」，高麗本、景高麗本竝作「明」，是也。玉篇「晘，明也」。

5、昈（明也，又文綵伏。）「伏」，高麗本、景高麗本竝作「狀」，是也。廣韻上聲十姥「昈，文彩狀，又明也」。

6、昄（大也，切也。）「切」，高麗本、景高麗本竝作「均」，是也。廣韻上聲二十四緩「昄，均大也」。

7、暕（占限反。）「占」，高麗本、景高麗本竝作「古」，是也。廣韻上聲二十六産正切「古限」。

8、晥（胡管二明也，又縣名。）「二」，舊鈔本作「反」，高麗本作「切」，當作「反」為是。廣韻上聲二十四緩正切「胡管」。

9、晃（王作晃，冠｜也。）「王」，景南宋浙刊、舊鈔本、高麗本、景高麗本竝作「正」，是也。

10、⿰日崔（俗。正作⿰日崔，霜雪狀也。）注文「⿰日崔」字，高麗本作「皠」，是也。廣韻上聲十四賄「皠，霜雪白狀」。

# 日部去聲

1、昡縣俗。古「古」，高麗本、景高麗本竝作「音」．蓋是。

2、冐莫報反，覆也，又莫比反，十也，「冐」，高麗本、四庫本竝作「冐」，是也。（宜入冂部不宜入日部）「比」「十」，高麗本、景高麗本竝作「北」「干」，是也。廣韻去聲三十七号「冐，覆也，涉也。莫報切，又莫北切」。廣韻入聲二十五德「冐，干也。莫北切」。

3、旻烏周反。「周」，景高麗本、虛竹齋本竝作「澗」，是也。廣韻去聲三十諫正切「烏澗」。

4、曜弋笑反，充照也。「弋」，高麗本、景高麗本竝作「弋」，是也。「充」，景南宋嘶刋、高麗本、景高麗本竝作「光」，是也。廣韻去聲三十五笑「曜，日光也，又照也」。

5、䁛俗。正作䁛，大視也。注文「䁛」字，景南宋嘶刋、高麗本、景高麗本、四庫本、虛竹齋本竝作「䁛」，是也。廣韻去聲六經「䁌，大視」。

日部入聲

1、曄 曄曄，白光盛皃也。 注文「曄」「白」二字，高麗本、景高麗本竝作「暐」「日」，是也。廣韻入聲三十六緝「曄，暐曄」。

2、晃 今晃。正。說文：突前也。玉篇：莫勒反。 「晃」，當作「冐」，說文、玉篇均作「冐」，詳見引書考。

3、映 俗。正作眏，目患。 注文「映」字，高麗本、虛竹齋本竝作「眏」，是也。廣韻入聲十六屑「眏，目患」。

白部平聲

1、皚 霜聖白皃。 「聖」，景南宋浙刊、高麗本、景高麗本、四庫本竝作「雪」，是也。廣韻上平十六咍「皚，霜雪白皃」。

白部上聲

1、皎 日光也。 「日」，高麗本、景高麗本竝作「月」，是也。

《廣韻》上聲二十九篠「皎，月光」。

臼部去聲

1、晳 星光也。 「晳」，高麗本、景高麗本竝作「晳」，疑是。

玉部平聲

1、璁璁 音忩，石似玉也。 「璁」，高麗本、景高麗本竝作「璁」，是也。《廣韻》上平一東「璁，石似玉也」。

2、⿰王扁 隣丨色皃也，玉光。 「隣」，景南宋浙刊、影宋鈔本、舊鈔本、景高麗本竝作「璘」，是也。《廣韻》上平十七真「霦，璘霦，玉光色。⿰王扁，同上」。

3、琮 十丨，瑞玉大八寸，似車釭也。 「十」，高麗本、景高麗本竝作「寸」，是也。《說文》「琮，瑞玉大八寸，似車釭」。

4、璠璵 上音煩，下音余，丨丨，魯之寶玉也。 「璵」，景南宋浙刊、高麗本、景高麗本竝作「璵」，是也。《廣韻》上平二十二元「璠，璠璵，魯之寶玉」。

5、玗 音二，琅丨，美石次玉也。 「二」，景南宋浙刊、舊鈔本、景高麗本竝作「干」，是也。廣韻上平二十五寒「玕」字，音正同「干」。

6、琛 二衣反，丨寶也。「琛」，高麗本、景高麗本竝作「琛」，是也。「二衣」，高麗本、景高麗本竝作「丑林」，是也。廣韻下平二十一侵「琛，琛寶也。丑林切」。

7、瑧 音瑧，玉名。注文「瑧」字，高麗本、景高麗本竝作「臻」，是也。

8、琱 音凋，丨琢也。「琢」，景南宋浙刋作「琢」，是也。

9、玞 珷丨，美石次玉也。「珷」，景南宋浙刋、高麗本、景高麗本竝作「珷」，是也。廣韻上平十虞「玞，珷玞，美石次玉」。

10、瑹 地胡反，美玉也。「地」，景高麗本、虛竹齋本竝作「他」，是也。廣韻上平十一模正切「他胡」。

11、瑝 户音反。「音」，景南宋浙刋、高麗本、景高麗本竝作「盲」，是也。廣韻下平十二庚正切「户盲」。

玉部上聲

1、玷　玉瑕，玦也。　「玦」，景南宋浙刊、舊鈔本竝作「缺」，是也。下倣此。廣韻上聲五十一忝「玷，玉瑕」，詩大雅召旻「曾不知其玷」，箋「玷，缺也」。

2、玧　克耳玉也。　「克」，景南宋浙刊、高麗本、景高麗本、四庫本、虛竹齋本竝作「充」，是也。廣韻上聲十七準「玧，充耳玉」。

3、瑌　而充反，瑌石，次玉也。　「瑌」，高麗本作「瑌」，是也。「充」，景南宋浙刊、高麗本、景高麗本竝作「兖」，是也。廣韻上聲二十八獮「碝，碝石，次玉。瑌，同上。而兗切」。

4、琲　珠五百枚也。　「枝」，景南宋浙刊、景高麗本、虛竹齋本竝作「枚」，是也。廣韻上聲十四賄「琲，珠五百枚」。

5、珇　珪上起。又　「又」，景南宋浙刊、高麗本、虛竹齋本竝作「文」，是也。廣韻上聲十姥「珇，珪上起」，集韻上聲八語「珇，玉文」。

玉部去聲

1、玩|，弄也。「弄」，景南宋浙刊、景高麗本、四庫本、虛竹齋本竝作「弄」，是也。說文「玩，弄也」。

2、璨倉且反。「且」，景南宋浙刊、高麗本、景高麗本竝作「旦」，是也。廣韻去聲二十八翰「璨」字切「蒼案」，「蒼」「倉」同屬清母，「案」「旦」同屬翰韻。

3、瑇|瑁也。「瑁」，景南宋浙刊、舊鈔本、景高麗本竝作「瑁」，是也。廣韻去聲十九代「瑇，瑇瑁」。

4、瑁音妹，瑇|也。「瑁」，高麗本、虛竹齋本竝作「瑁」，是也。

玉部入聲

1、玓瓅說文云：||，朗珠色也。「朗」，高麗本、景高麗本、四庫本、虛竹齋本竝作「明」，是也。說文「玓」下云「玓瓅，明珠色」。

2、垔堊 二俗。正作堊，白土也。 注文「堊」字，四庫本、虛竹齋本竝作「堊」，是也。廣韻入聲十九鐸「堊，白土」。

3、璍 俗。干涉反。正俗燁，煒丨也。 「干」，高麗本作「于」，是也。下一「俗」字，景南宋浙刋、高麗本、景高麗本竝作「作」，是也。廣韻入聲二十九葉「燁，煒燁，火盛。筠輒切」，「筠」「于」同屬為母。「輒」「涉」同屬葉韻。

石部平聲

1、礭 礙丨，青礪石也。 「礙」「礪」，景南宋浙刋、高麗本、景高麗本竝作「礈」「礪」，是也。廣韻上平十虞「礭，礈礭，青礪」。

2、⿰石苙硝 上音立，下音消，丨丨，藥也。 「⿰石苙」，高麗本、虛竹齋本竝作「硭」，是也。「立」、景高麗本、四庫本、虛竹齋本竝作「亡」，是也。廣韻下平十陽「硭，硭硝」，音正同「亡」。廣韻下平三蕭「硝，硭硝，藥名」。

3、磽磽 二俗，云衡反。 「云」，高麗本作「士」，疑是。

4、碚　｜隆，石落。「隆」，高麗本、景高麗本竝作「隆」，是也。玉篇「碚，隆碚」。

5、碪　禱衣石也。「禱」，景南宋浙刊、景高麗本、四庫本、虛竹齋本竝作「擣」，是也。廣韻下平二十一侵「碪，擣衣石也」。

6、砮砮　石可為失鏃也。「失」，景南宋浙刊、高麗本、景高麗本、四庫本、虛竹齋本竝作「矢」，是也。

7、硎　客庚反。「容」，景高麗本作「客」，是也。廣韻下平十二庚正切「客庚」。

8、砊　｜硠，石聲也。「砊」，高麗本、四庫本、虛竹齋本竝作「砊」，是也。廣韻下平十二庚「砊，砊硠，石聲」。

9、砰　五堅反，掔破也。「砰」，影宋鈔本作「𥓂」，是也。廣韻下平一先「𥓂，掔破。五堅切」。

10、碞　又音吟，僭𢀩。「𢀩」，當作「差」，廣韻下平二十六咸「碞，僭差」。

11、矼石|，石橋也。「橋」，高麗本、四庫本、虛竹齋本竝作「橋」，是也。廣韻上平四江「矼，石矼，石橋也」。

12、咬礉|，戍名。「礉」，景南宋浙刊、舊鈔本、高麗本竝作「礉」，是也。廣韻下平五肴「䂭，䂭礉，戍名」。

石部上聲

1、硾俗硰通硰二，俗碎右。果石反「二」，當作「正」；「俗」，當作「倉」，廣韻上聲三十四果「硰，碎石。倉果切」。

2、⿰石果烏火反。「鳥」，四庫本、虛竹齋本竝作「烏」，是也。玉篇石部正切「烏火」。

3、磒干敏反。「干」，高麗本作「于」，是也。廣韻上聲十六軫正切「于敏」。

石部去聲

1、砅履水石度河也。「水」，宜删。「度」，高麗本、景高麗本、四庫本、虛竹齋本竝作「渡」，是也。說文「砅，履石渡水也」。

2、礉|碤，名也。成「成」，景南宋浙刊、高麗本、景高麗本竝作「戍」，是也。「碤」，當作「礉」。廣韻下平五肴「碤，碤礉，戍名，今濟州是也，出音譜。礉，同上」。

3、碓杵旧也。「旧」，高麗本、景高麗本、四庫本、虛竹齋本竝作「臼」，是也。廣韻去聲十八隊「碓，杵臼」。

石部入聲

1、砞石姊未反，今作撈，逼也。「未」，高麗本作「末」，是也。「撈」，景南宋浙刊、高麗本、景高麗本竝作「撈」，是也。廣韻入聲十三末「撈，逼撈。姊末切」。

2、磯斫|也。「斫」，高麗本、景高麗本竝作「斫」，是也。廣韻入聲十四黠「磯，磯斫，小石」。

3、砉又虎伯反。「伯」，景南宋浙刊；舊鈔本、高麗本、景高麗本竝作「伯」，是也。廣韻入聲二十陌正切「虎伯」。

4、硉矹穩|皃|也，不。「矹」，高麗本、四庫本、虛竹齋本竝作「矹」，是也。廣韻入聲十一沒「矹，硉矹，不穩皃」。

5、䃥丨磓也。「䃥」，景南宋浙刊、高麗本、四庫本、虛竹齋本竝作「䃥」，是也。廣韻入聲二十三錫「䃥，䃥磓」。

6、磰春丨也。「春」，高麗本、景高麗本、四庫本、虛竹齋本竝作「春」，是也。廣韻入聲二十七合「磰，春已復擣之為磰」。

## 革部平聲

1、鞞音卑，牛丨。又縣名。「鞞」，高麗本、景高麗本竝作「鞞」，是也。廣韻上平五支「鞞，牛鞞縣在蜀」。

2、鞇車也重席也。「也」，高麗本、景高麗本竝作「中」，是也。廣韻上平十七真「茵，說文曰：車重席也。鞇，同上」。

3、鞀丁奚反。應法師作低，在呪中。「鞀」，當作「鞮」，玄應一切經音義卷一大方等大集經正作「鞮」，詳見引書考。

4、鞻俗。古茅、力救三反。「三」，景南宋浙刊、高麗本、景高麗本、四庫本、虛竹齋本竝作「二」，是也。

5、鞽，或作踏福。平作橇行也。「平」，景南宋浙刊、高麗本、景高麗本並作「正」，是也。「福」，疑當作「橋」，廣韻下平四宵「橇，蹋橋行。鞽，同上」。

6、鞎，履後怗也。「鞎」，高麗本、景高麗本並作「鞎」，是也。「怗」，景南宋浙刊、影宋鈔本、舊鈔本、高麗本並作「帖」，是也。廣韻下平九麻「鞎，履跟後帖」。

7、韊，盛弩欠人負也。「欠」，高麗本、景高麗本並作「矢」，是也。廣韻上平二十五寒「蘭，盛弩矢人所負也。韊，同上」。

革部上聲

1、韇，—鞜也。「鞜」，景南宋浙刊、景高麗本並作「鞾」，是也。行均書「韇」上次「鞾」，正注云「韇鞾，軟皃」。

革部去聲

1、鞘，俗；鞘，上。—也。力「上」，高麗本、景高麗本並作「正」，是也。「力」，景南宋浙刊、高麗本、景高麗本、四庫本、虛竹齋本竝作「刀」，是也。

革部入聲

1、鞨俗。音。音下「音」字，高麗本、景高麗本竝作「昔」，是也。

2、靻旨熱反，柔皮。「靻」，高麗本作「靼」，是也。廣韻入聲十七薛「靼，柔皮」。

3、乾音怱，急擲也。擲音吁結反。「怱」，影宋鈔本、高麗本、景高麗本、四庫本、虛竹齋本竝作「忽」，是也。「吁」，高麗本、景高麗本竝作「呼」，是也。廣韻入聲十一沒「乾，急擲也。擲，呼結反」，音正同「忽」。

4、靮馬韁也。「韁」，影宋鈔本、高麗本、景高麗本竝作「韁」，是也。廣韻入聲二十三錫「靮，馬韁」。

邑部平聲

1、邩古文。國名。「邩」，高麗本作「邩」，是也。廣韻上聲四十七寑「沈，國名。邩，古文」。下从「冘」之字倣此。

2、鄑｜，城名。「鄑」，高麗本、四庫本、盧竹齋本竝作「鄑」，是也。下从「晋」之字倣此。

3、郶音音，縣名。下「音」字，高麗本、景高麗本、四庫本竝作「盲」，是也。廣韻下平十二庚「郶」字正音同「盲」。

4、鄳音音，縣名。下「音」字，景南宋淅刋、高麗本、四庫本、盧竹齋本竝作「盲」，是也。廣韻下平十二庚「鄳」字正音同「盲」。

5、鄸小地名。「小」，高麗本、景高麗本竝作「宋」，是也。廣韻下平二十六緘「鄸，宋地名」。

6、郣音毫，鄉名。「郣」，景高麗本作「郣」，是也。廣韻下平六豪「郣，鄉名，在南陽」，音正同「毫」。

邑部上聲

1、邢｜刑，地名。「刑」，四庫本、盧竹齋本竝作「郉」，是也。廣韻上聲四十靜「邢，郉，地名」。

2、郼衣厂反，國名。「厂」，高麗本、景高麗本竝作「广」，是也。廣韻上聲五十琰「鄣，國名，衣檢切」，「檢」「广」同屬琰韻。

邑部去聲

1、鄮莫候反，縣名，又姓。「鄮」，高麗本作「鄮」，是也。廣韻去聲五十候「鄮，縣名，在會稽。亦姓，出姓苑。莫候切」。

邑部入聲

1、鼈井列反，必祭二反。「井」，高麗本、景高麗本並作「并」，是也。廣韻入聲十七薛正切「并列」。

足部平聲

1、蹉跌也。跳音徒結反。「跌」「跳」二字，景南宋浙刊、高麗本、景高麗本、四庫本、虛竹齋本並作「跌」，是也。廣韻下平七歌「蹉，跌也」。廣韻入聲十六屑「跌」字正切「徒結」。

2、跟胅著地也。「胅」，高麗本、四庫本、虛竹齋本並作「膝」，是也。廣韻下平十陽「踉，踉蹌」。

3、蹤俗。徒彫、徒加三反。「三」，高麗本、景高麗本並作「二」，是也。

4、踳書容反、|蹋也。「踳」，高麗本、虛竹齋本並作「踳」，是也。廣韻上平三鍾「踳，蹋也。書容反」。

5、跫蹋地聲。「跫」，高麗本作「跫」，是也。廣韻上平四江「跫，蹋地聲」。

6、礶曲脊行也。一曰曲脚。「礶」，景南宋浙刋作「𨇨」，是也。廣韻下平二仙「𨇨，曲脊行也」。

足部上聲

1、跬|蹻，開足皃也。「跬」，景高麗本、四庫本、虛竹齋本並作「跬」，是也。「蹻」，高麗本、景高麗本並作「踽」，是也。廣韻上聲四紙「跬，跬踽，開足之皃」。

2、跐音比。「比」，高麗本作「此」，是也。廣韻上聲四紙正音同「此」。

3、踊踴躍上也，跳也。「踊踴」，高麗本作「踊踴」，是也。廣韻上聲二腫「踊，跳也」。集韻上聲二腫「踊，說文：跳也。或从勇（作踴）」。

## 足部去聲

1、⿰足圣脚｜也。「⿰足圣」，高麗本作「踁」，是也。廣韻去聲四十六徑「脛，脚脛。踁，同上」。

2、躁動也，急也，或作⿺走蔑，亦通，疾也。「⿺走蔑」，高麗本、景高麗本竝作「趮」，是也。集韻去聲三十七号「趮，說文：疾也。或作躁」。

3、⿰足非扶⿰足弗反。「⿰足弗」，高麗本、景高麗本竝作「沸」，是也。廣韻去聲八未「⿰足弗」正切「扶沸」。

4、跀跍二俗，跱。或作｜跪。胡故反，變膝者，或地。上聲「膝者」二字，景南宋浙刊、舊鈔本、高麗本、景高麗本、四庫本、虛竹齋本竝作「膝著」，是也。

5、跘玉篇者盤，｜足也。「者」，景南宋浙刊、高麗本、景高麗本、四庫本、虛竹齋本並作「音」，是也。玉篇作「步般切」，即為「盤」音。

6、⿰𧾷⿱向匕匹詣反。玉篇：行也。「⿰𧾷⿱向匕」，高麗本、景高麗本並作「⿰𧾷⿱白比」，是也。玉篇足部正作「⿰𧾷⿱白比」，詳見引書考。

7、⿰𧾷刂⿰𧾷乚巨幼反，｜⿰𧾷臭⿰酉皃行之皃。「⿰𧾷刂」，高麗本作「⿰𧾷刂」，是也。「⿰𧾷臭」「⿰酉皃」，影宋鈔本、高麗本、景高麗本、虛竹齋本並作「⿰𧾷臭」「醜」，是也。廣韻去聲五十一幼「⿰𧾷刂，⿰𧾷刂⿰𧾷臭，醜行之皃。巨幼切」。

8、⿰𧾷臭丘謬反，｜蹌行皃也。「⿰𧾷臭」，高麗本、景高麗本並作「⿰𧾷臭」，是也。廣韻去聲五十一幼「⿰𧾷臭，⿰𧾷臭蹌，行皃。丘謬切」。

9、⿰𧾷票匹妙足，行輕皃也。「足」，景南宋浙刊、景高麗本、四庫本、虛竹齋本並作「反」，是也。集韻去聲笑韻正切「匹妙」。

足部入聲

1、跡 蒲未反。 「未」，景南宋浙刊、景高麗本並作「末」，蓋是。

2、蹩 ｜躠，行皃也。 「躠」，高麗本、四庫本、虛竹齋本並作「躠」，是也。廣韻入聲十六屑「蹩，蹩躠，旋行皃」。

3、⿱埶足 音蹀，徐步也。 「蹀」，高麗本、景高麗本並作「蹀」，是也。廣韻入聲三十帖「⿱埶足」字正音同「蹀」。

4、踛 音大，趄｜也。 「大」「趄」，景南宋浙刊、舊鈔本、高麗本、景高麗本、四庫本、虛竹齋本並作「六」「翹」，是也。廣韻入聲一屋「踛，翹踛也」，音正同「六」。

5、跊 俗。音未。 「跊」「未」，景南宋浙刊、高麗本、景高麗本並作「跊」「末」，是也。如从「未」，則不屬入聲矣。

6、⿰𧾷祭 俗。倉未反。 「未」，高麗本、景高麗本並作「末」，是也。

7、跍 俗。戶音反。 「音」，高麗本、景高麗本、四庫本、虛竹齋本竝作「吉」，是也。玉篇「跍，許吉切，行」。

8、跋|躠，行皃也。又，獵也。「躠」，高麗本作「躠」，是也。「獵」，高麗本、景高麗本竝作「躐」，是也。廣韻入聲十三末「跋，跋躠，行皃。又躐也」。

9、磔磔二俗，陟格反，正作𥗼，開張也。「𥗼」，高麗本、景高麗本竝作「磔」，是也。廣韻入聲十九鐸「磔，張也，開也。陟格切」。

10、踼跦也。「踼」，高麗本、景高麗本、四庫本、虛竹齋本竝作「踢」，是也。廣韻入聲二十三錫「踢，跦踢，獸名」。

11、蹜俗。許六、丑八二反。「八」，影宋鈔本、高麗本、景高麗本竝作「六」，疑是。

12、跳俗。羊⿰山出反。「⿰山出」，高麗本、景高麗本、四庫本、虛竹齋本竝作「拙」，疑是。

13、跋姊未反，|躠，行皃。「跋」，景高麗本作「蹳」，是也。「未

」，高麗本、景高麗本竝作「未」，是也。廣韻入聲十三
沫「䟢，蹙䟢，行皃，出新字林。姊末切」。

14、躠 音薛，跛丨，行不正皃。「薛」，高麗本、景高麗本、四庫本、虛竹齋本竝作「薛」，是也。下倣此。

15、踂 足刃也。「刃」，景南宋浙刊作「力」，是也。廣韻入聲入物「踂，足多力也」。

16、跲 丨也。路「路」，高麗本、景高麗本、四庫本、虛竹齋本竝作「蹈」，是也。廣韻入聲十九鐸「跲，蹈也」。

## 疒部平聲

1、癃癃 力中反，固疾也，殘丨，病也。「癃癃」，高麗本作「癃癃」，是也。廣韻上平一東「癃，病也，亦作癃。力中切」。

2、疽瘫 七余反，丨也。「疽」，景南宋浙刊、高麗本、景高麗本、四庫本、虛竹齋本竝作「疽」，是也。「瘫」，高麗本、四庫本、虛竹齋本竝作「癰」，是也。廣韻上平九魚「疽，癰疽也。七余切」。

3、瘡。丨痍也。或作創，刑刃傷也
古今作戧，今作丨。
「古今作戧」，高麗本、景高麗本、四庫本、虛竹齋本竝作「古作戧」，蓋是。

4、癡云之反，
愚也。
「癡」，高麗本作「癡」，是也。「云」，高麗本、景高麗本竝作「丑」，是也。廣韻上平七之「癡，不慧也。丑之切」。

5、癵呂團反，
丨病也。
「癵」，當作「癵」，廣韻上平二十六桓「癵，病也，瘦也」。

6、底巨支反，
病也。
「底」，當作「疷」，廣韻上平五支「疷，病也。巨支切」。

7、瘵士佳反，瘦也。反
士賣反，疾也。
第二「反」字，景南宋浙刊、高麗本、景高麗本竝作「又」，是也。廣韻去聲十五卦「瘵，疾也。士懈切」，「懈」「賣」同屬卦韻。

8、⿸疒斛俗。也凋反，正作
⿸疒斛，斗旁耳也。
注文「⿸疒斛」字，高麗本、景高麗本竝作「⿸广斛」，是也。切語「也」字，景高麗本作「他」，是也。廣韻下平三蕭「⿸广斛，斗旁耳。吐彫切」，「吐」「

他」同屬透母。

9、靄　俗。音愛，正作靄。「愛」，高麗本、景高麗本並作「憂」，是也。廣韻下平十八尤「靄」字正音同「憂」。

10、痀　曲脊也。「脊」，景南宋浙刋、舊鈔本、高麗本、景高麗本、四庫本、虛竹齋本並作「脊」，是也。廣韻上平十虞「痀，曲脊」。

11、⿸疒盧　音靁，癱類也。「靁」，高麗本、景高麗本並作「盧」，是也。「癱」，高麗本、四庫本、虛竹齋本並作「癱」，是也。廣韻上平十一模「⿸疒盧」，集略云：「癱類」，音正同「盧」。

12、瘖　郭迻：俗，音皆，正作疾。香嚴：韋。切韻音其久反，正作客。「客」，景高麗本作「疼」，是也。廣韻上聲四十四有「疼，病也。其九切」，「九」「久」同屬有韻。

13、⿸疒八　俗。三。居幽反，⿸疒九腹急。病也。「⿸疒九」，高麗本作「⿸疒开」，是也。「三」，景南宋浙刋、景高麗本並作「正」，是也。廣韻下平二十幽「疒丩，腹急病也。居虯切」。「虯」「幽」同屬幽韻。

14、痰㕣鬲中水病也。「㕣」，四庫本、虛竹齋本並作「胃」，是也。廣韻下平二十三談「痰，胃上水病」。

疒部上聲

1、瘿古作⿱賏内。「⿱賏内」，高麗本、景高麗本並作「⿱賏肉」，疑是。集韻上聲四十靜「瘿，或从肉（作⿱賏月）」。

2、瘰｜歷，病筋結也。「歷」，當作「癧」。「筯」，景南宋浙刊、影宋鈔本、舊鈔本、高麗本、景高麗本、四庫本、虛竹齋本並作「筋」，是也。廣韻上聲三十四果「瘰，瘰癧，病筋結也」。

3、瘦以主反，病也，憂心｜也。「瘦」，高麗本、虛竹齋本並作「瘐」，是也。爾雅釋訓「瘐，病也」，注「賢人失志懷憂病也」。

4、痦俗。正作痦，人名。注文「痦」字，景南宋浙刊、高麗本、景高麗本、四庫本、虛竹齋本竝作「启」，是也。廣韻上聲八語「启，晉大夫名」。

5、腐朽也 「朽」，景南宋浙刋、舊鈔本、高麗本、景高麗本、四庫本、虛竹齋本竝作「朽」，是也。

6、疞音朽，病也。 「朽」，景南宋浙刋、高麗本、景高麗本、四庫本、虛竹齋本竝作「朽」，是也。廣韻上聲四十四有「疞」正音同「朽」。

7、疕禿瘡也，亦瘡上田也。 「田」，高麗本、景高麗本、四庫本竝作「甲」，是也。廣韻上聲四紙「疕，瘡上甲」。

8、⿸疒巂或作⿸疒巂正。病也。瘡裂 下「⿸疒巂」字，高麗本作「⿸疒雟」，是也。廣韻上聲四紙「⿸疒雟，瘡裂」。

9、⿸疒敢，古文。之忍反唇瘡也。 「之」，高麗本作「久」，是也。廣韻上聲十六軫「胗，脣瘍也。⿰月敢、⿸疒敢，竝俗。居忍切」，「居」「久」同屬見母。

1、瘷，俗。正作劾。苦愛反。｜「劾」，景南宋浙刋、高麗本、景高麗本竝作「欬」，是也。廣韻去聲十九代「欬，欬瘷。古愛切」。

2、痛，俗貢反，病也。｜「俗」，景南宋浙刋、高麗本、景高麗本竝作「他」，是也。廣韻去聲一送正切「他貢」。

3、疰，音注，病也。｜「疰」，景南宋浙刋、景高麗本竝作「疰」，是也。廣韻去聲十遇「疰，疰病」，音正同「注」。

4、⿸疒奥，匹備反。玉篇云：氣滿也。查字書未有作「⿸疒奥」者，從切語及引玉篇，知是字蓋為「⿸疒奥」字之誤，或為流俗別體。行均書於「⿸疒奥」字下注云「匹備反。玉篇云：氣滿也」。

5、⿸疒麗，郎計、力智二反，瘦黑也。「⿸疒麗」，高麗本、景高麗本竝作「⿸疒麗」，是也。上一「反」字，高麗本、景高麗本竝作「力」，是也。廣韻去聲五寘「⿸疒麗，瘦黑。力智切，又力計切」。

6、疸，音且、癀病也。「且」「癀」，景南宋浙刋、高麗本、景高麗本、四庫本、虛竹齋本竝作「旦」「黃」，是也。廣韻上聲二十三旱「疸，黄病，又音旦」。

7.疛 直又反，心腹病也，又反音紂。第二「反」字，高麗本、景高麗本竝作「又」，是也。

8.瘑 疣也 「疣」，高麗本、景高麗本竝作「疣」，是也。廣韻去聲十遇「瘑，疣病」。

9.𤺋 烏懈反，病𤺋也。「𤺋」，高麗本作「𤺋」，景高麗本作「聲」，是也。廣韻去聲十五卦「𤺋，病聲」。

疒部入聲。

1.𤼹 先吐反，俗作燮，和也。「吐」，景南宋浙刊、景高麗本竝作「叶」，是也。廣韻入聲三十帖「燮，和也。蘇協切」。「蘇」「先」同屬心母。「協」「叶」古今字。

2.癟 井滅反。「井」，高麗本、景高麗本竝作「并」，是也。集韻入聲十七薛「癟」切「必列」，「并」「必」同屬幫母，「列」「滅」同屬薛韻。

3、⿸疒奭 俗。音三。正作奭，盛也。「三」，高麗本、景高麗本竝作「釋」，是也。廣韻入聲二十二昔「奭，盛也」，音正同「釋」。

4、⿸疒甲 俗。為甲反，正作⿸疒甲，屋壞也。「為」，景高麗本作「烏」，是也。注文「⿸疒甲」字，高麗本、景高麗本竝作「庘」，是也。廣韻入聲三十二狎「庘，屋壞也。烏甲切」。

5、⿸疒夾 或作瘞今。夫涉反，少氣也。又苦叫、苦牒二反，病息也。土香嚴 「⿸疒夾」，當作「瘞」。「夫」，高麗本、景高麗本竝作「去」，是也。廣韻入聲二十九葉「瘞，少氣也。去涉切」。「土」，景南宋、浙刊、舊鈔本、景高麗本竝作「上」，是也。「叫」，高麗本、景高麗本竝作「叶」，是也。廣韻入聲三十怗「⿸疒夾，說文曰：病息也。苦協切」，「協」「叶」古今字。

6、⿸疒朮 音忽，狂病。「⿸疒朮」，高麗本作「⿸疒朮」，是也。廣韻入聲十一沒「⿸疒朮，狂病」，音正同「忽」。

骨部平聲

1、髖舌官反。「舌」，景南宋浙刊、高麗本、景高麗本竝作「苦」，是也。廣韻上平二十六桓正切「苦官」。

2、䯈五丸反，䯈䯊也。「䯈」，高麗本、景高麗本竝作「䯈」，是也。廣韻上平二十六桓「䯈，䯊䯈。五丸切」。

3、髛苦商反，髛骨也。「商」，高麗本、景高麗本竝作「高」，是也。集韻平聲豪韻「髛，骨也，丘刀切」。「丘」「苦」同屬溪母。「刀」「高」同屬豪韻。

4、髃又魚口反，肩前髃骨。「肩」，景南宋浙刊、舊鈔本竝作「肩」，是也。廣韻上聲四十五厚「髃，肩前髃也」。

骨部上聲

1、髒骯髒，身髒也。蟠 「骯」，高麗本作「骯」，是也。集韻上聲三十七蕩「髒，骯髒，體胖也」。

骨部去聲

1、骭骭或作，肋贅骨也，今作幹字 「贅」，景南宋浙刊、高麗本、景高麗本、四庫本、虛竹齋本竝作「贅」，是也。

2、⿰骨叚 口訴反，與⿰骨司同。「訴」，景南宋浙刊、高麗本、景高麗本、四庫本、虛竹齋本竝作「訝」，是也。廣韻去聲四十禡「⿰骨叚」切「枯駕」，「枯」「口」同屬溪母，「駕」「訝」同屬禡韻。

3、⿰骨完 漆丨也。「漆」，四庫本、虛竹齋本竝作「膝」，是也。廣韻去聲二十九換「⿰骨完，膝骨」。

4、⿰骨貴 丘⿰山鬼反。「⿰山鬼」，高麗本、景高麗本竝作「愧」，是也。廣韻去聲六至正切「丘愧」。

## 骨部入聲

1、⿰骨昜 蹲閒汗也。「汗」，景高麗本作「汁」，是也。廣韻入聲二十三錫「⿰骨昜，骨間黃汁」。

2、骱 正骱通⿰骨分，今堅。頭葛反，骨兒。「頭」，高麗本、景高麗本竝作「胡」，是也。廣韻入聲十二曷「骱，骨堅。胡葛切」。

3、⿰骨舌 古活反，骨端也。三篇又音刮。「三」，景南宋浙刊、舊鈔本、高麗本、景高麗本、四庫本、虛竹齋本竝作「玉」，是也。

4、髃扇丨骭。，「扇」，高麗本、虛竹齋本竝作「肩」，是也。廣韻入聲十二曷「髃，髃骭，肩骨」。

5、駽丨駽獸，出北強。注文「駽」字，景南宋浙刊、高麗本、景高麗本竝作「⿰馬出」，是也。「強」，景南宋浙刊、舊鈔本、景高麗本、四庫本、虛竹齋本竝作「海」，是也。廣韻入聲十一沒「駽，駽⿰馬出獸，出北海」。

## 頁部平聲

1、頨又音兩，孔丨子頭也。「兩」，景南宋浙刊、舊鈔本、高麗本、四庫本、虛竹齋本竝作「雨」，是也。廣韻上聲九麌「頨，孔子頭也」，音正同「雨」。

2、⿰舌頁相命反，俗。正作鬚。「命」，高麗本、景高麗本竝作「俞」，是也。「鬚」，高麗本作「須」，景南宋浙刊、景高麗本竝作「鬚」，當以作「須」為是。廣韻上平十虞「須，意所欲也。說文曰：面毛也。俗作鬚」。

3、⿰日頁顐上苦昆反，一五昆反，丨丨，禿無髮也。「一」，景南宋浙刊、舊鈔本、景高麗本竝作「下」，是也。廣韻上平二十三魂「顆」切「牛昆」，「牛」「五」同屬疑母。

4、顲 於父反。「父」，景高麗本、四庫本、虛竹齋本竝作「交」，是也。廣韻下平五肴正切「於交」。

5、頎 音祈，頭長皃。「祈」，景南宋浙刊、高麗本、四庫本、虛竹齋本竝作「祈」，是也。廣韻上平八微「頎」正音同「祈」。

## 頁部上聲

1、頼 傾頭也。「傾」，景南宋浙刊、舊鈔本、高麗本、景高麗本竝作「傾」，是也。廣韻上聲十一薺「頼，傾頭」。下倣此。

2、顉 疾共反。「共」，景南宋浙刊、高麗本、景高麗本竝作「井」，是也。集韻上聲四十靜切「疾郢」「郢」「井」同屬靜韻。

3、頴 余頃反，水名，州名。「頴」，當作「潁」。「頃」，景南宋浙刋、高麗本並作「頃」，是也。廣韻上聲四十靜「潁，水名，亦州名。餘頃切」，「餘」「余」同屬喻母。

4、頴 禾也，又穗也。「頴」，當作「穎」，廣韻上聲四十靜「穎，禾末也，穗也」。

5、纈 口前兩足也。「前」上有闕文，高麗本、景高麗本並補一「絆」字，是也。廣韻上聲九麌「纈，絆前兩足」。

6、藾 俗 顈 正 畮，古文|畝也。去頴反，曰也。今作須。此條高麗本作「頃 去頴切，田百畝也。頔 古文 頣 通 藾顇 俗」，是也。「曰」，景高麗本亦作「田」；「須」，景南宋浙刋亦作「頃」。廣韻上聲四十靜「頃，田百畝也。去頴切。頔，古文」。集韻上聲四十靜「頃，犬頴切。田百畝也。亦从田（作頣）」。

7. 顠 匹沼、甘少二反。「甘」，景高麗本作「付」，是也。廣韻上聲三十小「符少切」，「符」「付」同屬奉母。

8、顫 之往反。「往」，景高麗本作「荏」，是也。廣韻上聲四十七寢「章荏切」，「之」「章」同屬照母。

9、顫 音善反。「音」，高麗本、景高麗本並作「旨」，是也。廣韻上聲二十八獮正切「旨善」。

10、顩 亦頃｜也。「頃」，高麗本作「頊」，是也。廣韻上聲五十琰「顩，頊顩」。

## 頁部去聲

1、頨 從亂反，面圓也。「頨」，高麗本作「頨」，疑是。廣韻下平二仙「頨，頭圓也。須緣切」。集韻下平二仙「頨，圓面也。荀緣切」。

2、頓 都困反，挽繼挈｜也。「頓」，高麗本作「頓」，是也。廣韻去聲二十六慁「頓，說文云：下首也。亦姓。都困切」。荀子勸學「詘五指而頓之」，王念孫讀書雜志「頓者，引也，言挈裘領者，詘五指而引之，則全裘之毛皆順也」。

3、類 筝｜種也。「筝」，高麗本作「等」，是也。廣韻去聲六至「類，等也，種也」。

## 頁部入聲

1. 頡（丨頏，飛上下兒也。）「頏」，高麗本、四庫本、虛竹齋本竝作「頡」，是也。廣韻入聲十六屑「頡，頡頏。詩傳云：飛而上曰頡，飛而下曰頏」。

2. 瀬（丨⿰豸頁，短兒也。）「⿰豸頁」，景南宋浙刊、高麗本、景高麗本、四庫本、虛竹齋本竝作「類」，是也。廣韻入聲十六屑「瀬，瀬類」。

3. ⿰鬲頁（江西徑音指，經自切，五狹反。）「徑」，高麗本、景高麗本、四庫本、虛竹齋本竝作「經」，蓋是。「指」，高麗本作「格」，疑是。

4. ⿰鼻頁（烏葛反，與齃同，鼻丨也。）「齃」，景高麗本作「齃」，是也。廣韻入聲十二曷「齃，鼻齃，烏葛切」。

辵部平聲

1. 辵（凡走之屬，皆從丨也。）「凡走」，高麗本、景高麗本竝作「凡辵」，是也。

2. 迂（音于，遠也，由也）「由」，高麗本作「曲」，是也。廣韻上平十虞「迂，遠也，曲也」。

3、邎 又與卣同，中形樽也。「卣」，高麗本作「卣」，是也。廣韻上聲四十四有「卣，中形罇」。

4、远 远二俗。丨尤二音。「丨」，景高麗本作「元」，疑是。

5、邅 。迍丨 「邅」，高麗本作「邅」，是也。廣韻下平二仙「邅，迍邅」。

6、迍 正迍，今丨。陟倫反邅也。「迍」，高麗本作「迍」，是也。廣韻上平十八諄「迍，迍邅」。

7、進 或作。音懷，胡罪文反，正作匯，澤名也 「音」「文」，景高麗本作「苦二」，是也。廣韻上平十四皆「匯，澤名，苦淮切，又胡罪切」，「懷」亦屬皆韻。

8、遷 誤。正作遷，在續高僧傳。 注文「遷」字，高麗本、景高麗本並作「霔」，是也。續高僧傳卷三釋慧頤傳、卷二十九釋明達傳並作「霔」，詳見引書考。

1、逞（夬也，疾也，通也，極也。）「夬」，高麗本、景高麗本並作「快」，是也。方言第三「逞，快也」。

2、選（思宛、思管、思繢三反，揀擇也。）「宛」「繢」，高麗本、景高麗本並作「兗」「絹」，是也。廣韻上聲二十八獮「選，擇也。思兗切，又思絹切，又思管切」。

3、迨（徒乃反，及也。）上一「及」字，影宋鈔本、景高麗本並作「反」，蓋是。

## 辵部去聲

1、遰（徒計反，迢丨，又底猍反，去也。）「底猍」，四庫本、虛竹齋本並作「底隸」，是也。廣韻去聲十二霽「遰，迢遰。又底隸切，去也，避也」。

2、邂（丨逅，不期之意也。）「邂」，高麗本作「邂」，是也。廣韻去聲十五卦「邂，邂逅」。

3、⿺辶馬（中句反，不行也。）「⿺辶馬」，高麗本、虛竹齋本並作「⿺辶⿰垂馬」，是也。廣韻去聲十遇「⿺辶⿰垂馬，不行。中句切」。

4、逓（下計反。）「下」，高麗本、景高麗本並作「丁」，是也。

集韻去聲霽韻正切「丁計」。

辵部入聲

1、𨗨（徒俗反。）「俗」，高麗本、景高麗本並作「谷」，是也。

廣韻入聲一屋正切「徒谷」。

2、遹（述也，自也，百遵也。）「百」，景南宋浙刊、影宋鈔本、舊鈔本、高麗本、景高麗本、四庫本、虛竹齋本並作「一曰」，是也。廣韻入聲六術「遹，述也，自也，一曰遵也」。

3、蓮（俗。所洽反，正作蓮，瑞莫也。）注文「蓮」字，高麗本作「萐」，是也。「莫」，景南宋浙刊、舊鈔本、高麗本、景高麗本、四庫本、虛竹齋本並作「草」，是也。廣韻入聲二十九葉「萐，萐莆，瑞草。山輒切，又所洽切」。

4、逢（或作，士洽反，今作迊，行疾皃。）「迊」，高麗本作「𧽩」，是也。

廣韻入聲三十一洽「𧽩，行疾也。士洽切」。

5、逳（音有）「有」，景南宋浙刊、高麗本、四庫本、虛竹齋本竝作「育」，是也。廣韻入聲一屋正音同「育」。

6、迟 曲眷也。 「眷」，景南宋浙刋、四庫本、虛竹齋本竝作「脊」，疑是。

7、逪 倉俗反，文上也。 「俗」，高麗本、景高麗本竝作「各」，是也。「文上」，高麗本、景高麗本竝作「交丨」，是也。廣韻入聲十九鐸「逪，說文云：迹逪也。倉各切」。

8、迊 俗迊，正。北末反，急，在也。 「在」，高麗本作「走」，是也。廣韻入聲十三末「迊，急走」。

9、遻 王各万。 「王各万」，景南宋浙刋、高麗本、景高麗本、四庫本、虛竹齋本竝作「五各反」，是也。廣韻入聲十九鐸正切「五各」。

10、邈 莫角反，遠也。 「邈」，當作「邈」，廣韻入聲四覺「邈，遠也，莫角切」。

11、逼 悲力反，迫也，近也。 「逼」，高麗本、虛竹齋本竝作「逼」，是也。廣韻入聲二十四職「逼，迫也」。

12、迮（迫也，隘也。）「迫」，景南宋浙刊、影宋鈔本、舊鈔本、高麗本、景高麗本並作「迫」，是也。廣韻入聲二十陌「迮，迫迮」。

13、遬（曰茅草也。）「曰」，高麗本、虛竹齋本並作「白」，是也。廣韻入聲一屋「遬，白茅也」。

彳部平聲

1、微（無也，隱行也，細也。）「微」，高麗本作「微」，是也。廣韻上平八微「微，妙也，細也，少也。說文曰：隱行也」。

2、衝（尺客反。）「客」，景南宋浙刊、高麗本、景高麗本並作「容」，是也。廣韻上平三鍾正切「尺容」。

3、徼（舌堯反，求也，抄也，又口弔反，循也，小道也。）「舌堯」，景南宋浙刊、高麗本、景高麗本、四庫本、虛竹齋本並作「古堯」，是也。廣韻下平三蕭「徼，求也，抄也。古堯切。」。「口」，景高麗本作「古」，是也。廣韻去聲三十四嘯「徼，循也，小道也。古弔切」。

4、徘徊，上音裴，下音進退皃。「裴」「丨」，景南宋浙刋、高麗本、景高麗本竝作「裴」「回」，是也。廣韻上平十五灰「徘」字音正同「裴」。「坊徨」，景南宋浙刋、景高麗本竝作「彷徨」，是也。

5、衕，人衕反，丨開皃。「人」，高麗本、景高麗本竝作「火」，疑是。集韻去聲沁韻切「火禁」。

6、黴，其悲反，丨棃，垢腐皃。「其」「棃」，高麗本作「莫」「黧」，是也。廣韻上平六脂「黴，黴黧，垢腐皃。武悲切，又莫背切」。集韻上平六脂「黴」字切「旻悲」，「旻」「莫」同屬明母。

7、⿰彳麃，布遙反。「遙」，景南宋浙刋、高麗本、景高麗本竝作「遥」，是也。集韻下平四宵「儦，或从彳（作⿰彳麃）。悲嬌切」，「嬌」「遥」同屬宵韻。

彳部上聲

1、衜，又蹈也。「蹈」，高麗本、景高麗本竝作「蹈」，是也。

廣韻上聲二十八獮「衜，蹈也」。

2、徎，他頂、文并二反。兩後徑也。「文并」「後」，高麗本、景高麗本並作「丈井」「後」，是也。廣韻上聲四十靜「徎，兩後徑也，丈井切」。

## 彳部去聲

1、徇 曰衜名行也。「曰」，高麗本作「自」，是也。廣韻去聲二十二稕「徇，自衜名行」。

2、衖，俗。五到反，慢也。倨也。正作微。「微」，高麗本、虛竹齋本並作「傲」，是也。廣韻去聲三十七号「傲，慢也，倨也」。

## 彳部入聲

1、得 得奇。「奇」，景南宋浙刊、景高麗本並作「音」，是也。

2、術 食棐反。「棐」，高麗本、景高麗本並作「聿」，是也。廣韻入聲六術「食聿切」。

3、衛 所律反，循也。廣韻入聲六術，「衛」，影宋鈔本、高麗本並作「衛」，是也

4、衒（臣器反，倦也。切韻作御。）。廣韻入聲五質「衒，循也。所律切」。「臣」，高麗本、景高麗本竝作「巨」，是也。「御」，景高麗本作「御」，是也。故宮項跋「其」「巨」同屬羣母，「虐」「略」同屬入聲十八藥。王韻、唐韻殘本竝云「御，其虐反，須臾，亦倦」，

# 食部平聲

1、飢（丨，餓也。餧也。）「餧」，景南宋浙刊、四庫本、虛竹齋本竝作「餒」，是也。行均書於「餒」字下注云「餒，餓也」。

2、餚（音修，致嗞味為丨。）「餚」「嗞」，高麗本、四庫本、虛竹齋本竝作「饈」「滋」，是也。集韻下平十八尤「羞，說文：進獻也。一曰：致滋味為羞。或从食（作饈）」。

3、餰饘（之延反，厚粥也。）「饘」，高麗本作「饘」，是也。廣韻下平二仙「餰，厚粥也，諸延切。饘，同上」。

4、⿰飠令（貢零，餌也。）「貢」，景南宋浙刊、舊鈔本、景高麗本、四

庫本、盧竹齋本竝作「音」，是也。廣韻下平十五清「鈴」字正音同「零」。

## 食部上聲

1、䭕 乾麵餅也。

「䭕」，景南宋浙刊、高麗本、景高麗本竝作「䭕」，是也。廣韻上聲二十八獮「䭕，乾麵餅也」。

2、⿰飠僉 食無昧也。

「昧」，景南宋浙刊、高麗本、景高麗本竝作「味」，是也。字彙「⿰飠僉，食無味」。

3、䭊 或作⿰飠兼，正。飽也。音影。

「⿰飠兼」，高麗本作「⿰飠兼」，是也。廣韻上聲三十八梗「⿰飠兼，飽，亦作䭊」。

4、餪 女嫁二日送曰一女也。

「餪」，高麗本作「餪」，是也。注文，景南宋浙刊、高麗本、四庫本、盧竹齋本竝作「女嫁三日送食曰一女也」，是也。廣韻上聲二十四緩「餪，女嫁三日送食曰餪」。

## 食部去聲

1、餧 一也。飲

「飲」，景高麗本作「飯」，是也。廣韻去聲五寘「餧，飯也」。

2、餌如忘反。「忘」，景南宋浙刊、高麗本、景高麗本、四庫本、盧竹齋本竝作「志」，是也。廣韻去聲七志切「仍吏」，「仍」「如」同屬日母，「吏」「志」同屬志韻。

3、⿰食咸於廢反，飯臭也。「⿰食咸」，高麗本、景高麗本竝作「饖」，是也。廣韻去聲二十廢「饖，飯臭，於廢切」。

食部入聲

1、⿱言食⿱谷食⿰食霍三俗。呼各反，正作臛，羹｜。「臛」，景南宋浙刊、高麗本、景高麗本竝作「臛」，是也。廣韻入聲二沃「臛，羹臛」。

2、䬴音末，馬食穀也。「䬴」「未」，景南宋浙刊、舊鈔本、高麗本竝作「䬴」「末」，是也。廣韻入聲十三末「䬴，馬食穀也」，音正同「末」。

麥部平聲

1、⿰麥豊煑麥也。「⿰麥豊」，高麗本、四庫本、盧竹齋本竝作「⿰麥豊」

，是也。廣韻上平一東「麷，煑麥」。

麥部上聲

1、䴺｜也。𪍑餅「䴸」，景南宋浙刊、高麗本、景高麗本並作「䴸」，是也。廣韻上聲四十五厚「䴺，䴺䴸餅」。

2、𪍑索｜也。「𪍑」，高麗本、景高麗本並作「𪍑」，是也。廣韻上聲四十靜「𪍑，索𪍑，出食苑」。

麥部入聲

1、麧｜糒也，正作粇。「粇」，高麗本、四庫本、虛竹齋本並作「粇」，是也。廣韻入聲十六屑「粇，屑米」。

2、麸 高麗本作「𪌭」，疑是。

3、𪌭麥｜也。「麦｜也」，景南宋浙刊、高麗本、景高麗本並作「麥｜也」，是也。廣韻入聲二十四職「𪌭，麥𪌭」。

穴部平聲

1、窺｜覷也。竊且也，小視也。「覷」，高麗本、景高麗本並作「覻」，蓋是。「且」，景南宋浙刊本作「目」，蓋是。

2、宬 屋容受也，正作宬。 注文「宬」字，高麗本、景高麗本、四庫本、虛竹齋本並作「宬」，是也。廣韻下平十四清「宬，屋容受也」。

3、穻 音于，虫篇穴也。 「干」，高麗本、舊鈔本、四庫本、虛竹齋本並作「于」，是也。「虫」，景南宋浙刊、高麗本、景高麗本並作「玉」，是也。玉篇穴部「穻，羽俱切，牖也」，「羽俱」音讀同「于」，「牖」「穴」意近。

4、竆 畀所到國也。 「竆」，景南宋浙刊作「竆」，是也。「畀」「到」，景南宋浙刊、景高麗本並作「羿」「封」，是也。廣韻上平一東「竆，羿所封國」。

穴部上聲

1、窱 吐了反，窈丨，深遠也。 「窱」，高麗本、景高麗本並作「窱」，是也。廣韻上聲二十九篠「窱，窈窱，深遠皃」。

2、竁 塟名也。 「塟」，高麗本、景高麗本並作「葬」，是也。廣韻去聲十三祭「竁，葬穿壙也」。

3、宊 說文：犬從六中出也。 「六」，景南宋浙刊、高麗本、景高麗本、四庫本、虛竹齋本並作「穴」，是也。詳見引書考。

4、窦又於決，穿皃。「決」字下，四庫本、虛竹齋本並增一「反」字，是也。廣韻入聲十六屑「窦，穿皃，於決切」。

角部平聲

1、觲俗，方人反。「方」，高麗本、景高麗本並作「力」，是也。

2、觿今觿正。角錐，童子佩之。下一「觿」字，高麗本、景高麗本並作「觽」，是也。廣韻上平五支「觿，角錐，童子佩之」。

3、⿰角丁⿰角京，二俗。正作衡，角長皃。「衡」，景高麗本、四庫本、虛竹齋本並作「衡」，是也。廣韻下平十二庚「衡，角長皃」。

角部上聲

1、⿰角豸宔買反，獬｜，仁獸也。與廌同，「宔」，高麗本、景高麗本並作「宅」，是也。集韻上聲十二蟹「廌，說文：解廌，獸也。或作⿰角豸」，廣韻上聲十二蟹「廌，解廌。宅買切」。

2、觲觪二或作。今作鯀骸二字，禹乂名也。「乂」，高麗本、四庫本、虛竹齋本並作「父」，是也。廣韻上聲二十一混「鯀，禹父名，亦作骸，尚書本作鯀」。

角部去聲

1、觛小解也。「觧」，景高麗本作「觶」，是也。廣韻去聲二十八翰「觛，小觶」。

角部入聲

1、觷音斈，治角之工。「斈」，高麗本、景高麗本、四庫本、虛竹齋本並作「學」，是也。廣韻入聲四覺「觷，治角之工」，音正同「學」。

2、觼正觿今。環角有舌也。「環」，景南宋浙刊、影宋鈔本、高麗本、景高麗本、四庫本、虛竹齋本並作「環」，是也。廣韻入聲十六屑「觿，環有舌也。觼，上同，出說文」。

3、觱羌人吹角以驚与也。「羌」「与」，高麗本作「羌」「馬」，是也。廣韻入聲五質「觱，說文作觱，云羌人所吹角屠觱以驚馬也」。

4、⿰角問（五縛反，收絲者也。）「五」，景高麗本作「王」，是也。廣韻入聲十八藥「籰，說文曰：收絲者也。王縛切。⿰角問，同上」。

5、觖（巳穴反，怨望也。｜望）「巳」，高麗本作「古」，景南宋浙刊、影宋鈔本作「己」並可，惟原書當作「己」為是。「巳」「己」形近易誤也。廣韻入聲十六屑「觖」切「古穴」，「古」「己」同屬見母。

6、觱（美人吺角也。）「美」「吺」，景南宋浙刊、高麗本、景高麗本、四庫本、虛竹齋本並作「羌」「吹」，是也。集韻入聲五質「觱，說文：羌人所吹角屠觱以驚馬也。咸省（作觱），俗作觱，非是。」

歹部平聲

1、⿰歹古（｜瘴，瘦惡也。）「瘴」，景高麗本作「瘁」，是也。廣韻上平十一模「⿰歹古，⿰歹古瘁。說文：枯也」。

2、⿰歹彭 人|殍，死人胮也。

「殍」，景高麗本作「⿰歹亨」，是也。「胮」，虛竹齋本作「胖」，是也。玉篇「⿰歹彭，死人胖也」。集韻下平十二庚「⿰歹彭⿰歹亨，胖也」。

3、殑 仙疑反，殑|。

「仙」「疑」，高麗本、景高麗本並作「山」「凝」，是也。廣韻下平十六蒸「殑，殑殑，山矜切」。「矜」「凝」同屬蒸韻。

4、殤 音傷。末滅人反|，死也。

「反」，疑「夭」之誤；「滅」，景南宋浙刊、高麗本、景高麗本、四庫本、虛竹齋本並作「成」，是也。廣韻下平十陽「殤，殤夭」，說文「殤，不成人也，人年十九至十六死為長殤，十五至十二死為中殤，十一至八歲死為下殤」。

5、⿰歹冊 單干別名也。

「干」，景南宋浙刊、舊鈔本、高麗本、景高麗本並作「于」，是也。廣韻上平二十七刪「⿰歹冊，單于別名」。

1、歼[昌兗反，殘也，盡也，又對臥也。]「歼」，高麗本作「歼」，當作「舛」。廣韻上聲二十八獮「舛，剝也，說文曰：對臥也。昌兗切」。

2、猥矮[｜十知人也。]注文，高麗本、景高麗本竝作「｜｜，不知人也」，是也。廣韻上聲十四賄「猥，猥矮，不知人也」。

3、殌[俗。巨非反。]「巨非」二字，高麗本、景高麗本竝作「巨井」，疑是。

4、殑[其極反。]「極」，景南宋浙刊、高麗本竝作「拯」，是也。廣韻上聲四十二拯正切「淇拯」。

歹部去聲

1、殀[｜嘆，極妖也，死皃也。]「｜嘆，極妖也」，當作「｜｜，殛妖也」，廣韻去聲十二霽「殀，殀殀，殛妖也，死皃也」。

歹部入聲

1、𣦻[俗。徒結、脂利三反。]「三」，高麗本作「二」，是也。

力部平聲

1、勑（力水反，侮也，犯也，欺也，與麦、勑同。）「水」，景南宋浙刊、高麗本、景高麗本、四庫本、虛竹齋本竝作「冰」，是也。廣韻下平十六蒸「麦」「勑」同切「力膺」，「膺」「冰」同屬蒸韻。

2、勦（麦反、輕捷也。）「麦」，高麗本、景高麗本竝作「士交」，是也。廣韻下平五肴「勦，輕捷也。鉏交切」，「鉏」「士」同屬牀母。

3、𠢕（後健也。）「後」，高麗本、四庫本、虛竹齋本竝作「俊」，是也。廣韻下平六豪「𠢕，俊健」。

4、⿰并力（甫音反，大也。）「音」，景高麗本作「盲」，是也。廣韻下平十二庚「⿰并力，大也。甫盲切」。

5、⿰元力動（｜｜，人）有力也。「⿰元力動」，高麗本、四庫本、虛竹齋本竝作「⿰元力⿰乘力」，是也。廣韻下平十二庚「⿰元力，⿰元力⿰乘力，有力」。

## 力部上聲

1、勐其杏反，勇丨也。與猛義同。「其」，高麗本、景高麗本並作「莫」，是也。廣韻上聲三十八梗「猛」字正切「莫杏」。

2、㔝丨勞，力拒丨也。「勞」，高麗本、景高麗本並作「勥」，是也。廣韻上聲三十六養「㔝，㔝勥，力拒」。

## 力部去聲

1、劵大曰丨，丨曰契也。「劵」當作「券」，且應繫諸「刀」部。說文「券，从刀类聲」。下一「丨」字，景南宋浙刊、舊鈔本、高麗本、景高麗本、四庫本、盧竹齋本並作「小」，是也。

2、勴即也，導也。「即」，景高麗本作「助」，是也。廣韻去聲九御「勴，助也，導也」。

3、劤音斯，多力皃。「斯」，高麗本、景高麗本並作「靳」，是也。廣韻去聲二十四焮「劤，多力皃」，音正同「靳」。

4、㔗壯勇之皃也。「壯」，景南宋浙刊、高麗本、景高麗本、四庫本、虛竹齋本並作「壯」，是也。廣韻去聲八未「勳，壯勇之皃」。

立部平聲

1、竛竮（行不正也。或作竛俜。）注文「竛」字，高麗本作「伶」，是也。廣韻下平十五青「竮，竛竮，行不正，亦作伶俜」。

立部上聲

1、竬（立主反，立也。），「立」，高麗本、景高麗本並作「丘」；「丘」，高麗本、景高麗本並作「立」，是也。玉篇「竬，立也，丘主切」。

鹿部平聲

1、麔（獸名，似絡而八目。）「絡」，高麗本、四庫本、虛竹齋本並作「貉」，是也。廣韻上平十七真「麔，獸名，似貉而八目，出山海經」。

鹿部去聲

1、麐（良刃反，壯騏。），「麐」，當作「麐」。「壯」，景南宋浙刊、舊鈔本、高麗本、四庫本、盧竹齋本竝作「牡」，是也。廣韻去聲二十一震「麐，牡麟。」。

## 鹿部入聲

1、麜 麕牡麌牝丨也

「牡」，景南宋浙刊、高麗本竝作「牡」，是也。廣韻入聲五質「麜，麕牡麌牝麜也」。

## 兀部平聲

1、兀 五忽反。此部與九部相涉。

「忽」，景南宋浙刊、影宋鈔本、高麗本、四庫本、盧竹齋本竝作「忽」，是也。行均書入聲目錄「兀」下正切「五忽」。「九」當作「尢」，五音集韻云「尢，俗作兀」。檢部中之字多有从尢者。

2、⿺尢是 不能行，為人所列。

「列」，高麗本、四庫本、盧竹齋本竝作「引」，是也。廣韻上平十二齊「⿺尢是，說文云：⿺尢虒不能行，為人所引曰⿺尢是⿺尢盧」。

3、⿺尢于 音竽，⿰爿殳也。

「⿰爿殳」，高麗本作「股」，是也。廣韻上平二十五寒「尪，尪股」，音切正同「竿」。

兀部去聲

1、⿺尣采（下卧反。）「下」，高麗本、景高麗本竝作「丁」，是也。玉篇正切「丁臥」。

2、⿺尢危（則足也，又跛也。）「則」，景南宋浙刊、景高麗本竝作「刖」，是也。

3、⿸虍兀⿰喬兀「⿸虍兀⿰喬兀」，當作「⿸虍几⿰喬几」，詳見引書考。

4、⿺兀刂（音兀，同則。）「則」，景高麗本作「刖」，疑是。

色部平聲

1、⿰夋色（俗。七巡反，正作鈹，｜裂也。）「鈹」，高麗本、景高麗本竝作「皴」，是也。梁書武帝紀「執筆觸寒，手為皴裂」。廣韻上平十八諄「皴，皮細起也。七倫切」，「倫」「巡」同在諄韻。

色部入聲

1、⿱卷色（｜栬，無色。）「栬」，景南宋浙刊作「栬」，是也。行均⿰糹書

「⿱癶色」下次「艳」，注云「⿱癶色艳，色不深也」，廣韻入聲十三末「⿱癶色，⿱癶色艳，無色」。

## 赤部上聲

1、⿱日赤 奴⿰礻反反。 「⿰礻反」，景南宋浙刊、舊鈔本、景高麗本、四庫本、盧竹齋本並作「板」，是也。廣韻上聲二十五潸正切「奴板」。

## 谷部

1、⿰丰谷 說文：｜，望山谷間毒也。 「毒」，高麗本、景高麗本並作「青」，是也。說文正作「青」，詳見引書考。

## 攴部平聲

1、⿰木攴 音奇，米之別名也。 「米」，高麗本作「木」，是也。廣韻上平五支「⿰木攴，木之別生也」，音同「奇」。

2、彼 音白，所也，又姓。 「白」，高麗本、景高麗本並作「由」，是也。廣韻下平十八尤正音同「由」。

## 攴部上聲

1、𢿏也。戝「戝」，高麗本、景高麗本並作「鬾」，是也。廣韻上聲十二薺「𣪇，𢿏𣪇，擊聲」。廣韻去聲十二霽「𢿏，𢿏𣪇，毀也」。

攴部去聲

1、效也，或作。胡教反，孝也，成也。「灰斈」，景南宋浙刊、高麗本、景高麗本、四庫本、盧竹齋本並作「反學」，是也。廣韻去聲三十六效「效，具也，學也，象也。胡教切」。

攴部入聲

1、敌擊也。又音格。「敌」，景高麗本作「敋」，是也。廣韻入聲二十陌「敋，擊也」，音正同「格」。

2、攱大析也。「析」，當作「打」，廣韻入聲二十陌「攱，打也」。

黑部上聲

1、黕都感反，黑色也，滓垢也。「黕」，高麗本作「黕」，是也。「滓」，景南宋浙刊、高麗本、景高麗本、四庫本、盧竹齋本竝作「滓」，是也。廣韻上聲四十八感「黕，滓垢也，黑也。都感切」。

黑部去聲

1、黵（[illegible]｜也。）「[illegible]」，影宋鈔本、高麗本、景高麗本竝作「[illegible]」，廣韻去聲四十八嶝「黵，[illegible]黵」。

2、黛（音代，眉黑也。）「眉」，景南宋浙刊、高麗本、景高麗本、四庫本、虛竹齋本竝作「眉」，是也。廣韻去聲十九代「黛，眉黛」。

舌部平聲

1、𦧝（俗。未殊二音。）「未」，景南宋浙刊、高麗本、四庫本、虛竹齋本竝作「朱」，蓋是。

舌部去聲

1、舕（舚｜，占自也。）「占自也」，高麗本、景高麗本竝作「舌皃也」，是也。廣韻去聲五十四闞「舕，舚舕，舌出」。

舌部入聲

1、斛　欧水也。欧音一飯反。

「欧」，景南宋淅刊、高麗本、景高麗本竝作「欿」，是也。此蓋承上「欿水」之「欿」而言。

高部平聲

1、嚻　許獢切，炊氣皃。

「獢」，高麗本、景高麗本竝作「憍」，是也。廣韻下平四宵「嚻，炊氣。許嬌切」，「嬌」「憍」同屬宵韻。

血部

1、衃　血疑也。

「疑」，景高麗本、四庫本、虛竹齋本竝作「凝」，是也。說文「衃，凝血也」。

2、盍　盇　二或作，胡臘反，何不也。正從血作。

「血」，高麗本、景高麗本竝作「皿」，是也。廣韻入聲二十八盍「盍，何不也，說文作盇，覆也；爾雅：合也，胡臘切」。

3、奴　北末反，足｜刺也。

「奴」，當作「癶」，廣韻入聲十三末「癶，足刺癶也。北末切」。

屮部

1、巾丑列反，草初生皃也。「巾」，高麗本作「屮」，是也。見入聲目錄校勘記，此部內之字，凡从「屮」者均誤从「巾」，茲依先後次第更正於后，不一一贅述：芔、艸、茻、⿱喆艸、⿱芔木。

## 足部

1、⿱將足俗。七羊反，正作⿱將足，趍走也。注文「⿱將足」字，高麗本、虛竹齋本並作「⿱將足」，是也。廣韻下平十陽「蹡」，行皃。⿱將足，同上。七羊切」。

## 益部

1、蠲古玄反，⿰阝枼也，契也，明也。「⿰阝枼」，景南宋浙刊、景高麗本並作「除」，是也。「契」，當作「潔」，廣韻下平一先「蠲」，除也，潔也，明也。古玄切」。

2、貖或作⿰易益，於草反，鼠屬。「草」，景南宋浙刊、高麗本、景高麗本並作「革」，是也。廣韻入聲二十麥「鼶」，鼠屬。貖，同上。於革切」。

3、齸 爾雅云：麋鹿曰丨。「麋」，景南宋浙刊、四庫本、虛竹齋本並作「麋」，是也。爾雅釋畜正作「麋」。

甲部

1、⿰革甲 丨鞢也。鞢音文甲反。「文」，景高麗本作「丈」，是也。廣韻入聲三十二狎「鞢」正切「丈甲」。

必部

1、鬯 七丨，又香草也。「鬯」「七」，景南宋浙刊、景高麗本、四庫本、虛竹齋本並作「鬯」「匕」，是也。說文「鬯」，以鬯釀鬱艸，芬芳攸服，以降神也。易曰：不喪匕鬯。

不部

1、⿱不几 彼為反，玉篇云：丨，易卦也。「⿱不几」，高麗本作「否」，是也。玉篇口部「否」字下正引易，詳見引書考。

2、⿱不生 俗。於刼、女傦二反。「傦」，景南宋浙刊、高麗本、景高麗本並作「滑」，疑是。

雜部平聲

1、鉿（牟合反。）「合」，高麗本、景高麗本並作「含」，疑是。

2、虧（去為反，傷也，毀也，少也。落也、玦壞，）「虧」，當作「虧」；「玦」，高麗本、景高麗本並作「缺」，是也。廣韻上平五支「虧，缺也。俗作虧。去為切」。

3、凹（烏瓜、烏文、烏洽二反。）「文」，景南宋浙刊、高麗本、景高麗本並作「交」，是也。集韻下平五爻切「於交」，「於」「烏」同屬影母。「二」，高麗本作「三」，是也。

4、𤛎（變體，上高反，正作𤛎。）「上」，景南宋浙刊、高麗本、景高麗本並作「五」，是也。廣韻下平六豪「𤛎，𤛎皃。五勞切」，「勞」「高」同屬豪韻。

5、餄（舊藏作鉿，牟含反。）「牟」，景南宋浙刊、高麗本、景高麗本並作「牟」，疑是。

6、兜（當侯反，首鎧也。｜鍪）「兜」，當作「兜」。「鍪」，高麗本、景高麗本並作「鍪」，是也。廣韻下平十九侯「兜，兜鍪，首鎧也，當侯切」。

7、𦐾 鳥名，如泉，「泉」，景南宋浙刊、舊鈔本、高麗本、景高麗本並作「梟」，是也。廣韻上聲七尾「𦐾，鳥如梟也」。

8、𣪊 俗交反。曰「曰」，景南宋浙刊、高麗本、景高麗本並作「口」，蓋是。

9、𤳳 居良反，界也，垂也，境也，當也。「𤳳」，景高麗本作「疆」，是也。廣韻下平十陽「畺，說文：界也。疆，同上，居良切」。

10、⿰粦斤 力珍反，水在石間也。「⿰粦斤」，當作「粼」，廣韻上平十七真「粼，水在石間。力珍切」。

11、𡈼 音經，直皮曰丨也。「𡈼」，當作「巠」。「皮」，高麗本、景高麗本並作「波」，是也。廣韻下平十五青「巠，直波為巠」，音正同「經」。

12、⿱非宂 人朱，渠轉二反，柔皮也。「⿱非宂」，當作「⿱非瓦」，廣韻上平十虞「⿱非瓦，柔皮。人朱切」。

13、⿱肘尺：音義云：古文尋字。「子」，高麗本、四庫本、盧竹齋本竝作「字」，是也。慧琳一切經音義卷第四「尋」，古文從肘作⿱肘尺也」。

14、冘：余針反。玉篇：行皃。「冘，行皃。餘針切」。「冘」，當作「冘」，廣韻下平二十一侵部「冘，余針切，冘冘，行皃」。「餘」「余」同屬影母。

15、幫：博⿰亻亡反。「⿰亻亡」，景南宋浙刋作「亡」，高麗本、景高麗本、四庫本、盧竹齋本作「忙」，當以作「忙」為是，蓋「⿰亻亡」乃「忙」形近易誤也。廣韻下平十一唐「幫」字切「博旁」，「旁」「忙」同屬唐韻。

16、黎：郎奚反。「郎」，景高麗本作「郎」，是也。廣韻上平十二齊正切「郎奚」。

17、鼇：五高反，正作■字。「■」，高麗本、景高麗本竝作「鼇」，廣韻下平六豪「鼇」切「五勞」，「勞」「高」同屬豪韻。

18、户奇和「奇」，景南宋浙刊、舊鈔本、高麗本、景高麗本竝作「音」，疑是。

19、譸𨷿哮二俗，閙也。今作「閧」，景南宋浙刊、高麗本、景高麗本竝作「閧」，是也。廣韻下平五肴「哮，哮閧」。

20、夆下江、户冬二反，丨服也。「夆」，影宋鈔本、高麗本、景高麗本竝作「夅」，是也。廣韻上平四江「夅，服也。下江切」。

21、夆符容反，製。「製」，高麗本作「掣也」，是也。廣韻上平三鍾「夆，掣也」。

22、丯芳傛反，丨美好也。又伏風反。「傛」，景南宋浙刊、影宋鈔本、舊鈔本、高麗本、景高麗本竝作「容」，是也。廣韻上平三鍾「丯，敷容切」，「敷」「芳」同屬敷母。「風」，高麗本、景高麗本、四庫本、虛竹齋本竝作「風」，蓋是。

23、骸俗。尸來反。「尸」，高麗本作「丘」，蓋是。

1、⿰丁丁舊藏作舛，昌兗反，對臥也「舛」，高麗本、景高麗本並作「舛」，是也。廣韻上聲二十八獮「舛，剝也。說文曰：對臥也。昌兗切」。

2、氶又食陵反，佐也，翊也，「氶」，當作「丞」，廣韻下平十六蒸「丞，佐也，翊也，署陵切」。

3、⿱斲困俗作閫。苦本反，門限。正「閫」，高麗本、景高麗本並作「閫」，是也。廣韻上聲二十一混「閫，門限也。苦本切」。

4、秉音丙，手執物也。「秉」，高麗本作「秉」，是也。廣韻上聲三十八梗「秉，執持」，音正同「丙」。

5、兕郭璞云：一角，重十斤也。說文云：象刑字。「十」，景高麗本作「千」，是也。爾雅釋獸「兕似牛」，郭注「兕，一角，青色，重千斤」，「十」當為「千」之殘字。「刑」，景南宋浙刊、高麗本、景高麗本、四庫本、盧竹齋本並作「形」，是也。

6、叟老也。正作叜。「叜」，四庫本作「⿱宀叉」，是也。廣韻上聲四十五厚「⿱宀夕，老叜。叟，同上」。

7、⿰缶桑（蘇朗反，鼓也。與⿰缶桑亦同）注文「⿰缶桑」字，高麗本、景高麗本竝作「⿰壴桑」，是也。廣韻上聲三十七蕩「⿰壴桑，鼓匡木也。⿰缶桑，同上」。

8、⿱丆夊（亡犯反，腦盜也，又明添。）「盜」，景南宋淅刊、高麗本、景高麗本竝作「蓋」，是也。「明添」，當作「明忝反」。廣韻上聲五十五范「⿱丆夊，腦蓋也。亡范切，又明忝切」。

## 雜部去聲

1、丿（羊制反，至他。）「他」，高麗本、景高麗本竝作「地」，是也。廣韻去聲十三祭「丿，至地」。

2、乀（曳拂二音，右捩也。又過也。）「右」，當改作「左」，廣韻入聲八物「乀，左戾曰乀」。

3、丽（都計反。）「都」，高麗本作「郎」，疑是。

4、⿱云疋（陟利反，不行。又頊〡也。）「⿱云疋」，當作「疐」。「頊」，景南宋淅刊、高麗本、景高麗本竝作「頓」，是也。廣韻去聲六至「疐，礙不行也。又頓也。陟利切」。

5、𢧵 古文，音載，今作載，染丨也。第二「載」字，景高麗本作「戴」，是也。廣韻去聲十九代「戴，染戴」，音正同「載」。

6、𢦫 ，俗。或志反，又音熱。「戓」，景南宋浙刊、高麗本、景高麗本、四庫本、虛竹齋本竝作「式」，蓋是。

7、𡊅 蘇浪反，同𡔳。「𡊅」，景南宋浙刊作「𠸶」，高麗本作「喪」，竝是也。廣韻去聲四十二宕「喪，亡也，蘇浪切。𠸶，同上」。

## 雜部入聲

1、𦘒 音宿，恭也，敬也，進也，疾也，嚴也。「𦘒」，當作「肅」，廣韻入聲一屋「肅，恭也，敬也，戒也，進也，疾也」，音切同「宿」。

2、蹟 二革反，深也，幽也。「蹟」，高麗本作「蹟」，是也。「二」，景高麗本作「士」，是也。集韻入聲二十一麥「蹟，士革切，幽深難見也」。

3、纛（集訓云：左|，如竿，以羽或氂牛尾為文。）「氂」，高麗本作「氂」，是也。「文」，高麗本、景高麗本並作「之」，是也。廣韻去聲三十七号「纛，左纛，以氂牛尾為之」。

4、嗇（又田夫謂之|天也。）「天」，景南宋浙刊、高麗本、景高麗本、四庫本、虛竹齋本並作「夫」，是也。說文「嗇，愛濇也。从來亩，來者，亩而藏之，故田夫謂之嗇夫」。

5、蔽（分勿反，輔|也。）「蔽」「輔」，景南宋浙刊、高麗本並作「黻」「黼」，是也。廣韻入聲入物「黻，黼黻，分勿切」。

6、亩（春去皮也。）「春」，景南宋浙刊、舊鈔本、景高麗本、四庫本、虛竹齋本並作「舂」，是也。廣韻入聲三十一洽「亩，舂去皮也」。

7、夾（盜竊壞物也。）「夾」，當作「夾」，「壞」，高麗本、景高麗本並作「懷」，是也。說文「夾，盜褱物也」。「褱」「懷」，古今字。

8、屮。玉篇：之出反，草一｜。香嚴：音莫｜反。下一「｜」字，當作「卜」，山部入聲竝收「屮」字，注文全同，正作「香嚴音莫卜反」。

9、⿰月魔，俗。於栄反，正作魔；惡夢也。又上聲。「栄」，高麗本作「葉」，是也。「魔」，高麗本、景高麗本竝作「魘」，是也。廣韻入聲二十九葉「魘，惡夢。於葉切。又於琰切」，「於琰切」屬上聲五十琰，亦即行均所指「又上聲」。

## 第三章　部首探討

小學之書存於今者，以說文、玉篇最古。說文體皆篆籀，其部首據形系聯，部之先後，以形相近為次，部中之字，以義相引為次。然後世字體改篆為隸，或隸為楷，形變殊甚，則無由得據形聯系之迹。玉篇字無次序，略以字義同類者分部。魏晉南北朝唐宋韻書，如切韻、唐韻、廣韻、集韻等，以韻部隸字，名為韻書，實亦字書。明梅膺祚字彙，以筆畫之多寡分部之次第，部中又以筆畫之多寡為列字之次第，清康熙字典因之，近世字典亦多沿用之。

行均龍龕手鑑之分部，以平上去入為次，部中之字以形相繫，復以四聲列之，可謂雜揉偏旁與聲韻之法。在此前唐顏元孫干祿字書已開其端。宋徐鍇撰有說文篆韻譜，蓋苦許氏偏旁奧密，不可意知，因以切韻譜其四聲。李燾復以韻譜局以四聲，偏旁未易見，乃因司馬光所上類篇，依五音先後，悉取說文次第安排，始東終甲，偏旁各以形相從（見李燾說文解字五音韻譜序）。是行均與李燾等皆前有所承也。明趙宧光撰說文長箋，以韻分部，部中又以形繫，其法殆同矣！

行均書，平聲自金部至知部，凡九十七；上聲自手部至果部，凡六十；去聲自見部至句部，凡二十六；入聲自木部至雜部，凡五十九；合計二百四十二部首，視說文五百四十部首少二百九十八，視玉篇五百四十二部首少三百，較字彙（康熙字典同）二百一十四部首則多二十八。部中之字過少時，則不再分以平上去入，如几、杳、章、生、兒、而、羸、龜、雲、番、僉、夭、西、无、凡、名、亭、牙、卑、寧、男、乎、雁、申、虍、占、甘、么、巛、甾、由、尼、月、單、圭、凶、興、冄、知、亨、鼓、小、老、井、喜、古、乃、里、尒、山、逼、臼、也、比、是、首、果、壴、示、自、歲、叓、夜、去、二、寸、令、處、氣、孰、句、谷、入、鬲、學、冂、出、十、卩、血、卜、癶、卓、弗、巾、四、盇、壹、乙、甲、聿、必、不等部均是。卷二、卷三、卷四字有列為部中首字者，或不拘於必為平聲，如虫、鳥、馬、阜、广、厂、豕、豸、网、爪、矢、黍、几、鼠、缶、井、山、黽、片、耒、糸、肉、疒、辵、彳、麥、歹、兀、弋、廿、攴等皆是。行均書於字之偏旁部居，每多雜廁，未能較然分明，如既有瓦部，而甁、甂、甌等字皆入凡部，字俱从凡；既有瓜部，而瓠、瓢、瓤、瓝、瓞、㼎、㼊、甾、瓳、𤬼、㼐、瓐、瓟、㼌、瓠、瓣、瓥、㼼、瓝、㼈等字皆入爪部，字俱从爪，且云「爪部與瓜部相濫」；其中文攴不分，如「歐」「斆」「𢿙」等字應歸入攴部，而誤入文部；又如上聲五十五部首作「臼」，而注云「其九反，兩手捧物也」，顯知莫辨臼臼，部中舂、臽、舅、舃、舊等字从臼，而誤作臼，臼臼實當分立兩部。耑旹入於山部，鬮鬧入於門部，糞奔入於米部，皆有所未當，淆人眼目。又或一字兩部疊見，如壺字，壺部、雜部並見；震字，雨部、雜部並見；弔字，弓部、雜部並見；垐字，水部、土部並見；辨字，多部、辛部並見；䲆字，魚部、火部並見；享字，享部、亠部並見；需字，而部、雨部並見；敷字，文部、支部、攴部並見；

㚘字，生部、草部並見；擕字，乃部、雜部並見；坏字，土部、雜部並見；彤字，彡部、丹部並見；螐字，虫部、鳥部並見；賓字，宀部、貝部並見；蠺字，虫部、单部並見；㲨字，毛部、单部並見；剝字，皮部、刀部並見。如此之類，不遑枚舉。

行均將說文之蟲、蚰并入虫部，熊并入火部，从并入人部，奞并入大部，眉并入目部，箕并入竹部，丌并入一部，麤并入鹿部，稽并入禾部，嵬并入山部，彣并入彡部，筋并入竹部，吅并入口部，豚并入肉部，萑併入草部，畢并入十部，弦并入弓部，次并入水部，它并入宀部，奢并入大部，亢并入亠部，庚并入广部，冥并入冖部，臤并入臣部，林并入月部……（詳見附表），與其後之康熙字典同；又現今字典部首中之ㄱ丄ㄴ部，首見於龍龕手鑑平聲二十；行均又將不易分部之字，及古文、奇字、異體收入雜部，此乃前所未見之分部法也。

為明龍龕手鑑部首次第之排列，及與他書部首之分合去取，茲取說文、玉篇、康熙字典之部首，依李燾說文解字五音韻譜部首先後（如五音韻譜所無者，則依四聲列之於後），列成一表以附焉。

| 部首 | 說文解字 部次 | 說文解字 備註 | 大廣益會玉篇 部次 | 大廣益會玉篇 備註 | 龍龕手鑑 部次 | 龍龕手鑑 備註 | 康熙字典 部次 | 康熙字典 備註 |
|---|---|---|---|---|---|---|---|---|
| 東 | 207 | | 158 | | | | | 在木部 |
| 工 | 147 | | 274 | | | | 48 | |
| 豐 | 165 | | 238 | | | | | 在豆部 |
| 風 | 474 | | 299 | | 平聲18 | | 182 | |
| 蟲 | 473 | | 403 | | | 在虫部 | | 在虫部 |
| 熊 | 381 | | 380 | | | 在火部 | | 在火部 |
| 弓 | 463 | | 258 | | 平聲29 | | 57 | |
| 宮 | 270 | | 139 | | | | | 在宀部 |
| 从 | 290 | | 448 | | | 在人部 | | 在人部 |
| 龍 | 427 | | 381 | | 平聲67 | | 212 | |
| 凶 | 260 | | 153 | | 平聲94 | | | 在凵部 |
| 匈 | 385 | | 328 | | | 在雜部 | | 在口部 |
| 支 | 79 | | 453 | | 平聲15 | | 65 | |

| 部首 | 說文解字部次 | 說文解字備註 | 大廣益會玉篇部次 | 大廣益會玉篇備註 | 龍龕手鑑部次 | 龍龕手鑑備註 | 康熙字典部次 | 康熙字典備註 |
|---|---|---|---|---|---|---|---|---|
| 卮 | 337 | | 253 | | | 在雜部 | | 在己部 |
| 乑 | 217 | | 171 | | | | | 在丿部 |
| 皮 | 90 | | 421 | | 平聲16 | | 107 | |
| 乀 | 448 | | 480 | | | 在雜部 | | 在丿部 |
| 虘 | 166 | | 239 | | | | | 在虍部 |
| 危 | 356 | | 350 | | | | | 在卩部 |
| 隹 | 109 | | 391 | | 平聲28 | | 172 | |
| 尸 | 305 | | 143 | | 平聲34 | | 44 | |
| 厶 | 348 | | 493 | | 平聲48 | | 28 | |
| 爻 | 198 | | 124 | | | | 35 | |
| 奞 | 110 | | 392 | | | 在大部 | | 在大部 |
| 龜 | 476 | | 405 | | 平聲60 | | 213 | |
| 眉 | 101 | | | 在目部 | | | | 在目部 |

| 部首 | 說文解字部次 | 說文解字備註 | 大廣益會玉篇部次 | 大廣益會玉篇備註 | 龍龕手鑑部次 | 龍龕手鑑備註 | 康熙字典部次 | 康熙字典備註 |
|---|---|---|---|---|---|---|---|---|
| 之 | 211 | | 462 | | | | | 在丿部 |
| 甶 | 461 | | 254 | | | 在山部 | | 在山部 |
| 而 | 361 | | 419 | | 平聲57 | | 126 | |
| 思 | 407 | | 88 | | | | | 在心部 |
| 絲 | 469 | | 428 | | | | | 在糸部 |
| 司 | 336 | | 21 | | | | | 在口部 |
| 𦣝 | 440 | | 44 | | | | | 在臣部 |
| 箕 | 144 | | 167 | | | 在竹部 | | 在竹部 |
| 丌 | 145 | | 272 | | | 在一部 | | 在一部 |
| 非 | 429 | | 413 | | | | 175 | |
| 飛 | 428 | | 410 | | | | 183 | |
| 衣 | 300 | | 435 | | 平聲10 | | 145 | |
| 㐆 | 299 | | 230 | | | | | 在丿部 |

| 部首 | 說文解字 部次 | 說文解字 備註 | 大廣益會玉篇 部次 | 大廣益會玉篇 備註 | 龍龕手鑑 部次 | 龍龕手鑑 備註 | 康熙字典 部次 | 康熙字典 備註 |
|---|---|---|---|---|---|---|---|---|
| 韋 | 201 | | 424 | | 平聲38 | | 178 | |
| 囗 | 226 | | 468 | | 平聲37 | | 31 | |
| 魚 | 424 | | 397 | | 平聲35 | | 195 | |
| 鱻 | 425 | | 398 | | | 在魚部、火部 | | 在魚部 |
| 凵 | 171 | | 221 | | | | | 在凵部 |
| 且 | 494 | | 249 | | | | | 在一部 |
| 疋 | 41 | | 77 | | | | 103 | |
| 舁 | 66 | | 69 | | | 在廾部 | | 在臼部 |
| 亏 | 158 | | 98 | | | | | 在二部 |
| 𠌶 | 218 | | 172 | | | 在雜部 | | 在人部 |
| 夫 | 403 | | 29 | | | | | 在大部 |
| 毋 | 444 | | 475 | | | | 80 | |
| 巫 | 149 | | 276 | | | 在一部 | | 在工部 |

| 部首 | 說文解字 部次 | 說文解字 備註 | 大廣益會玉篇 部次 | 大廣益會玉篇 備註 | 龍龕手鑑 部次 | 龍龕手鑑 備註 | 康熙字典 部次 | 康熙字典 備註 |
|---|---|---|---|---|---|---|---|---|
| 須 | 330 | | 61 | | | | | 在頁部 |
| 几 | 88 | | 387 | | | | | 在几部 |
| 殳 | 86 | | 263 | | 平聲65 | | 79 | |
| 麤 | 373 | | 373 | | | 在鹿部 | | 在鹿部 |
| 壼 | 395 | | 252 | | | 在雜部 | | 在士部 |
| 虍 | 167 | | 382 | | 平聲83 | | 141 | |
| 烏 | 120 | | 386 | | | | | 在火部 |
| 齊 | 247 | | 470 | | | | 210 | |
| 襾 | 434 | | 224 | | 平聲71 | | | 在襾部 |
| 禾 | 220 | | 174 | | | | | 在禾部 |
| 稽 | 221 | | 175 | | | 在禾部 | | 在禾部 |
| 兮 | 156 | | 96 | | | | | 在八部 |
| 𠂢 | 442 | | 78 | | | | | 在丿部 |

| 部首 | 説文解字 部次 | 説文解字 備註 | 大廣益會玉篇 部次 | 大廣益會玉篇 備註 | 龍龕手鑑 部次 | 龍龕手鑑 備註 | 康熙字典 部次 | 康熙字典 備註 |
|---|---|---|---|---|---|---|---|---|
| 嵬 | 349 | | 345 | | | 在山部 | | 在山部 |
| 𠂤 | 499 | | 353 | | | 在雜部 | | 在丿部 |
| 來 | 196 | | 191 | | 平聲55 | | | 在人部 |
| 才 | 209 | | 168 | | | | | 在手部 |
| 申 | 536 | | 538 | | 平聲82 | | | 在田部 |
| 身 | 298 | | 32 | | 平聲33 | | 158 | |
| 辰 | 532 | | 534 | | | | 161 | |
| 晨 | 68 | | 306 | | | | | 在日部 |
| 臣 | 85 | | 26 | | 平聲58 | | 131 | |
| 人 | 287 | | 23 | | 平聲2 | | 9 | |
| 儿 | 311 | | 24 | | | | 10 | |
| 辛 | 521 | | 521 | | 平聲47 | | 160 | |
| 頻 | 412 | | 37 | | | | | 在頁部 |

| 部首 | 民 | 灥 | 寅 | 巾 | 屾 | 文 | 彣 | 雲 | 斤 | 筋 | 堇 | 㹜 | 吅 |
|---|---|---|---|---|---|---|---|---|---|---|---|---|---|
| 說文解字 部次 | 445 | 417 | 530 | 281 | 351 | 333 | 332 | 423 | 495 | 136 | 482 | 378 | 24 |
| 說文解字 備註 | | | | | | | | | | | | | |
| 大廣益會玉篇 部次 | 28 | 292 | 532 | 432 | 344 | 64 | 63 | 298 | 260 | 82 | 11 | 365 | 103 |
| 大廣益會玉篇 備註 | | | | | | | | | | | | | |
| 龍龕手鑑 部次 | | | | 平聲24 | | 平聲14 | | 平聲63 | 平聲23 | | | | |
| 龍龕手鑑 備註 | | | | | 在山部 | | 在彡部 | | | 在竹部 | 在草部 | 在犬部 | 在口部 |
| 康熙字典 部次 | | | | 50 | | 67 | | | 69 | | | | |
| 康熙字典 備註 | 在氏部 | 在水部 | 在宀部 | | 在山部 | | 在彡部 | 在雨部 | | 在竹部 | 在土部 | 在犬部 | 在口部 |

| 部首 | 說文解字 部次 | 說文解字 備註 | 大廣益會玉篇 部次 | 大廣益會玉篇 備註 | 龍龕手鑑 部次 | 龍龕手鑑 備註 | 康熙字典 部次 | 康熙字典 備註 |
|---|---|---|---|---|---|---|---|---|
| 言 | 56 | | 90 | | 平聲3 | | 149 | |
| 蚰 | 472 | | 402 | | | 在虫部 | | 在虫部 |
| 門 | 438 | | 141 | | 平聲8 | | 169 | |
| 豚 | 365 | | 367 | | | 在肉部 | | 在肉部 |
| 干 | 47 | | 471 | | | | 51 | |
| 𣦼 | 130 | | 149 | | | 在又部 | | 在歹部 |
| 丹 | 175 | | 339 | | 平聲96 | | | 在丶部 |
| 丸 | 355 | | 506 | | | | | 在丶部 |
| 雈 | 111 | | 393 | | | 在草部 | | 在艸部 |
| 萈 | 376 | | 363 | | | | | 在艸部 |
| 毌 | 243 | | 465 | | | | | 在毌部 |
| 華 | 121 | | 219 | | | 在十部 | | 在十部 |
| 耑 | 265 | | 464 | | | 在山部 | | 在而部 |

| 部首 | 說文解字 部次 | 說文解字 備註 | 大廣益會玉篇 部次 | 大廣益會玉篇 備註 | 龍龕手鑑 部次 | 龍龕手鑑 備註 | 康熙字典 部次 | 康熙字典 備註 |
|---|---|---|---|---|---|---|---|---|
| 𠬞 | 63 | | 68 | | 平聲5 | | | 在屮部 |
| 山 | 350 | | 343 | | | | 46 | |
| 虤 | 169 | | 384 | | | 在虎部 | | 在虍部 |
| 先 | 316 | | 491 | | | | | 在儿部 |
| 田 | 484 | | 13 | | 平聲30 | | 102 | |
| 幵 | 491 | | 472 | | | 在雜部 | | 在干部 |
| 弦 | 465 | | | 在弓部 | | 在弓部 | | 在弓部 |
| 玄 | 126 | | 319 | | | | 95 | |
| 㳄 | 322 | | 115 | | | 在水部 | | 在水部 |
| 羴 | 115 | | 361 | | | 在羊部 | | 在羊部 |
| 延 | 36 | | | 在廴部 | | | | 在廴部 |
| 䇂 | 59 | | 523 | | | | | 在立部 |
| 宀 | 269 | | 138 | | 平聲31 | | 40 | |

| 部首 | 說文解字 部次 | 說文解字 備註 | 大廣益會玉篇 部次 | 大廣益會玉篇 備註 | 龍龕手鑑 部次 | 龍龕手鑑 備註 | 康熙字典 部次 | 康熙字典 備註 |
|---|---|---|---|---|---|---|---|---|
| 泉 | 416 | | 291 | | | 在白部 | | 在水部 |
| 川 | 415 | | 289 | | | | 47 | |
| 叀 | 125 | | 337 | | | | | 在厶部 |
| 員 | 227 | | 469 | | | | | 在口部 |
| 卤 | 246 | | 181 | | | 在卜部 | | 在卜部 |
| 県 | 329 | | 40 | | | | | 在目部 |
| 幺 | 123 | | 317 | | 平聲86 | | 52 | |
| 垚 | 481 | | 10 | | | 在土部 | | 在土部 |
| 爻 | 96 | | 280 | | | | 89 | |
| 交 | 393 | | 334 | | | | | 在亠部 |
| 包 | 344 | | 443 | | | 在勹部 | | 在勹部 |
| 勹 | 343 | | 442 | | 平聲25 | | 20 | |
| 犛 | 20 | | 359 | | | 在牛部 | | 在牛部 |

| 部首 | 說文解字 部次 | 說文解字 備註 | 大廣益會玉篇 部次 | 大廣益會玉篇 備註 | 龍龕手鑑 部次 | 龍龕手鑑 備註 | 康熙字典 部次 | 康熙字典 備註 |
|---|---|---|---|---|---|---|---|---|
| 巢 | 222 | | 160 | | | | | 在巛部 |
| 高 | 187 | | 349 | | 平聲49 | | 189 | |
| 毛 | 303 | | 416 | | 平聲22 | | 82 | |
| 刀 | 137 | | 266 | | 平聲9 | | 18 | |
| 夲 | 400 | | 117 | | | | | 在大部 |
| 戈 | 451 | | 262 | | 平聲36 | | 62 | |
| 禾 | 253 | | 194 | | 平聲27 | | 115 | |
| 多 | 242 | | 315 | | 平聲40 | | | 在夕部 |
| 它 | 475 | | 404 | | | 在宀部 | | 在宀部 |
| 麻 | 263 | | 185 | | | | 200 | |
| 巴 | 519 | | 519 | | | | | 在己部 |
| 奢 | 398 | | 322 | | | 在大部 | | 在大部 |
| 車 | 498 | | 282 | | 平聲6 | | 159 | |

| 部首 | 說文解字 部次 | 說文解字 備註 | 大廣益會玉篇 部次 | 大廣益會玉篇 備註 | 龍龕手鑑 部次 | 龍龕手鑑 備註 | 康熙字典 部次 | 康熙字典 備註 |
|---|---|---|---|---|---|---|---|---|
| 牙 | 39 | | 60 | | 平聲76 | | 92 | |
| 華 | 219 | | 173 | | | | | 在艸部 |
| 瓜 | 267 | | 188 | | 平聲66 | | 97 | |
| 羊 | 114 | | 360 | | 平聲32 | | 123 | |
| 方 | 310 | | 284 | | 平聲17 | | 70 | |
| 匚 | 459 | | 250 | | 平聲64 | | 22 | |
| 亡 | 457 | | 485 | | | | | 在入部 |
| 長 | 358 | | 444 | | | | 168 | |
| 香 | 256 | | 197 | | 平聲43 | | 186 | |
| 畕 | 485 | | 14 | | | 在田部 | | 在田部 |
| 王 | 5 | | 6 | | | | | 在玉部 |
| 倉 | 183 | | 203 | | | | | 在人部 |
| 亢 | 399 | | 45 | | | 在亠部 | | 在亠部 |

| 部首 | 說文解字 部次 | 說文解字 備註 | 大廣益會玉篇 部次 | 大廣益會玉篇 備註 | 龍龕手鑑 部次 | 龍龕手鑑 備註 | 康熙字典 部次 | 康熙字典 備註 |
|---|---|---|---|---|---|---|---|---|
| 尢 | 394 | | 335 | | | | 43 | |
| 黃 | 486 | | 15 | | 平聲46 | | 201 | |
| 庚 | 520 | | 520 | | | 在广部 | | 在广部 |
| 行 | 37 | | 120 | | | | 144 | |
| 明 | 239 | | 311 | | 平聲54 | 作「几」、言古文「明」字 | | 在日部 |
| 冥 | 235 | | 313 | | | 在冖部 | | 在冖部 |
| 生 | 215 | | 463 | | 平聲52 | | 100 | |
| 京 | 190 | | 17 | | | | | 在亠部 |
| 夘 | 341 | | 439 | | | | | 在卩部 |
| 兄 | 312 | | 33 | | | | | 在儿部 |
| 臤 | 84 | | 459 | | | 在臣部 | | 在臣部 |
| 晶 | 236 | | 308 | | | 在日部 | | 在日部 |
| 青 | 176 | | 340 | | | | 147 | |

| 部首 | 說文解字 部次 | 說文解字 備註 | 大廣益會玉篇 部次 | 大廣益會玉篇 備註 | 龍龕手鑑 部次 | 龍龕手鑑 備註 | 康熙字典 部次 | 康熙字典 備註 |
|---|---|---|---|---|---|---|---|---|
| 丁 | 516 | | 516 | | | | | 在一部 |
| 冂 | 188 | | 18 | | 平聲 91 | | 13 | |
| 夊 | 421 | | 296 | | 平聲 53 | | 15 | |
| 能 | 380 | | 379 | | | | | 在肉部 |
| 丘 | 293 | | 16 | | | | | 在一部 |
| 裘 | 301 | | 436 | | | | | 在衣部 |
| 牛 | 19 | | 358 | | 平聲 12 | | 93 | |
| 酋 | 538 | | 540 | | | | | 在酉部 |
| 舟 | 309 | | 283 | | 平聲 21 | | 137 | |
| 雔 | 117 | | 395 | | | 在隹部 | | 在隹部 |
| 矛 | 497 | | 261 | | 平聲 26 | | 110 | |
| 絲 | 124 | | 318 | | | 在幺部 | | 在幺部 |
| 丩 | 52 | | 483 | | | | | 在丨部 |

| 部首 | 說文解字 部次 | 說文解字 備註 | 大廣益會玉篇 部次 | 大廣益會玉篇 備註 | 龍龕手鑑 部次 | 龍龕手鑑 備註 | 康熙字典 部次 | 康熙字典 備註 |
| --- | --- | --- | --- | --- | --- | --- | --- | --- |
| 心 | 408 | | 87 | | 平聲4 | | 61 | |
| 壬 | 523 | | 525 | | | | | 在士部 |
| 先 | 313 | | 487 | | | | | 在儿部 |
| 林 | 208 | | 159 | | | | | 在木部 |
| 音 | 58 | | 100 | | 平聲39 | | 180 | |
| 乑 | 294 | | 449 | | | 竝在人部、雜部 | | 在人部 |
| 金 | 490 | | 269 | | 平聲1 | | 167 | |
| 琹 | 455 | | 231 | | | | | 在玉部 |
| 男 | 487 | | 27 | | 平聲79 | | | 在田部 |
| 三 | 4 | | 5 | | | | | 在一部 |
| 甘 | 150 | | 113 | | 平聲85 | | 99 | |
| 鹽 | 436 | | 226 | | | | | 在鹵部 |
| 炎 | 383 | | 324 | | | 在火部 | | 在火部 |

| 部首 | 說文解字 部次 | 說文解字 備註 | 大廣益會玉篇 部次 | 大廣益會玉篇 備註 | 龍龕手鑑 部次 | 龍龕手鑑 備註 | 康熙字典 部次 | 康熙字典 備註 |
|---|---|---|---|---|---|---|---|---|
| 彡 | 331 | | 62 | | 平聲54 | | 59 | |
| 髟 | 334 | | 65 | | 平聲7 | | 190 | |
| 書 | | 在聿部 | 99 | | | | | 在曰部 |
| 云 | | 乃雲之古文，屬雲部。 | 457 | | 平聲63 | | | 在二部 |
| 單 | | 在吅部 | 494 | | 平聲92 | | | 在口部 |
| 𣏟 | | 在木部 | 474 | | | 在爿部 | | 在爿部 |
| 宂 | | 在冂部 | 121 | | | 在雜部 | | 在宀部 |
| 礻 | | 在示部 | | | 平聲11 | | | 在示部 |
| 爿 | | | | | 平聲13 | | 90 | |
| 亠 | | | | | 平聲20 | | 8 | |
| 尢 | | 在乙部 | | 在乙部 | 平聲41 | | | 在尢部 |
| 光 | | 在火部 | | 在火部 | 平聲42 | | | 在儿部 |
| 䜌 | | 在言部 | | 在言部 | 平聲44 | | | 在言部 |

| 部首 | 說文解字部次 | 說文解字備註 | 大廣益會玉篇部次 | 大廣益會玉篇備註 | 龍龕手鑑部次 | 龍龕手鑑備註 | 康熙字典部次 | 康熙字典備註 |
|---|---|---|---|---|---|---|---|---|
| 殸 | | 在石部 | | 在磬部 | 平聲45 | | | 在殳部 |
| 其 | | 在箕部 | | 在丌部 | 平聲50 | | | 在八部 |
| 章 | | 在音部 | | 在音部 | 平聲51 | | | 在立部 |
| 兒 | | 在儿部 | | 在儿部 | 平聲56 | | | 在儿部 |
| 羸 | | 在羊部 | | 在羊部 | 平聲59 | | | 在羊部 |
| 元 | | 在一部 | | 在一部 | 平聲61 | | | 在儿部 |
| 番 | | 在釆部 | | 在釆部 | 平聲68 | | | 在田部 |
| 僉 | | 在亼部 | | 在亼部 | 平聲69 | | | 在人部 |
| 天 | | 在一部 | | 在一部 | 平聲70 | | | 在大部 |
| 旡 | | 在亡部 | | 在亡部 | 平聲72 | | 71 | |
| 凡 | | 在二部 | | 在二部 | 平聲73 | | | 在几部 |
| 名 | | 在口部 | | 在口部 | 平聲74 | | | 在口部 |
| 亭 | | 在高部 | | 在高部 | 平聲75 | | | 在亠部 |

| 部首 | 說文解字 部次 | 說文解字 備註 | 大廣益會玉篇 部次 | 大廣益會玉篇 備註 | 龍龕手鑑 部次 | 龍龕手鑑 備註 | 康熙字典 部次 | 康熙字典 備註 |
|---|---|---|---|---|---|---|---|---|
| 卑 | | 在ナ部 | | 在屮部 | 平聲77 | | | 在十部 |
| 寧 | | 在丂部 | | 在丂部 | 平聲78 | | | 在宀部 |
| 孚 | | 在爪部 | | 在爪部 | 平聲80 | | | 在子部 |
| 雁 | | 在隹部 | | 在隹部 | 平聲81 | | | 在隹部 |
| 巛 | | 在川部 | | 在巛部 | 平聲87 | | | 在巛部 |
| 甾 | | | | 在田部 | 平聲88 | | | 在田部 |
| 由 | | | | 在由部 | 平聲89 | | | 在田部 |
| 尼 | | 在尸部 | | 在尸部 | 平聲90 | | | 在尸部 |
| 圭 | | 在土部 | | 在土部 | 平聲93 | | | 在土部 |
| 興 | | 在舁部 | | 在舁部 | 平聲95 | | | 在臼部 |
| 知 | | 在矢部 | | 在矢部 | 平聲97 | | | 在矢部 |

（以上平聲）

| 部首 | 說文解字 部次 | 說文解字 備註 | 大廣益會玉篇 部次 | 大廣益會玉篇 備註 | 龍龕手鑑 部次 | 龍龕手鑑 備註 | 康熙字典 部次 | 康熙字典 備註 |
|---|---|---|---|---|---|---|---|---|
| 廾 | 62 | | 67 | | | | 55 | |
| 只 | 49 | | 109 | | | | | 在口部 |
| 氏 | 449 | | 341 | | | | 83 | |
| 豕 | 362 | | 366 | | 上聲22 | | 152 | |
| 是 | 32 | | 137 | | 上聲58 | | | 在日部 |
| 沝 | 411 | | 286 | | | 在水部 | | 在水部 |
| 此 | 30 | | 135 | | 上聲38 | | | 在止部 |
| 惢 | 409 | | 89 | | | 在心部 | | 在心部 |
| 豸 | 366 | | 385 | | 上聲23 | | 153 | |
| 㸚 | 97 | | 281 | | | | | 在爻部 |
| 毇 | 258 | | 201 | | | | | 在殳部 |
| 旨 | 151 | | 114 | | | | | 在日部 |
| 矢 | 181 | | 257 | | 上聲31 | | 111 | |

| 部首 | 說文解字 部次 | 說文解字 備註 | 大廣益會玉篇 部次 | 大廣益會玉篇 備註 | 龍龕手鑑 部次 | 龍龕手鑑 備註 | 康熙字典 部次 | 康熙字典 備註 |
|---|---|---|---|---|---|---|---|---|
| 水 | 410 | | 285 | | 上聲3 | | 85 | |
| 死 | 132 | | 151 | | | | | 在歹部 |
| 彖 | 367 | | 377 | | | 在雜部 | | 在豕部 |
| 黹 | 286 | | 429 | | | | 204 | |
| 夂 | 203 | | 122 | | | 在雜部 | 34 | |
| 履 | 308 | | 146 | | | 在尸部 | | 在尸部 |
| 厽 | 502 | | 356 | | | 在厶部 | | 在厶部 |
| 癸 | 524 | | 526 | | | | | 在癶部 |
| 几 | 493 | | 248 | | 上聲35 | | 16 | |
| 匕 | 289 | | 446 | | | 在雜部 | 21 | |
| 止 | 27 | | 131 | | 上聲40 | | 77 | |
| 齒 | 38 | | 59 | | 上聲18 | | 211 | |
| 耳 | 439 | | 55 | | 上聲19 | | 128 | |

| 部首 | 說文解字 部次 | 說文解字 備註 | 大廣益會玉篇 部次 | 大廣益會玉篇 備註 | 龍龕手鑑 部次 | 龍龕手鑑 備註 | 康熙字典 部次 | 康熙字典 備註 |
|---|---|---|---|---|---|---|---|---|
| 史 | 78 | | 45 | | | | | 在口部 |
| 士 | 9 | | 22 | | | | 33 | |
| 子 | 525 | | 527 | | 上聲42 | | 39 | |
| 巳 | 533 | | 535 | | | | | 在己部 |
| 里 | 483 | | 12 | | 上聲51 | | 166 | |
| 喜 | 159 | | 232 | | 上聲48 | | | 在口部 |
| 己 | 518 | | 518 | | | | 49 | |
| 尾 | 307 | | 144 | | | 在尸部 | | 在尸部 |
| 豈 | 162 | | 235 | | | 在豆部 | | 在豆部 |
| 虫 | 471 | | 401 | | 上聲2 | | 142 | |
| 黽 | 346 | | 301 | | 上聲25 | | 194 | |
| 鼠 | 379 | | 399 | | 上聲37 | | 208 | |
| 黍 | 255 | | 193 | | 上聲32 | | 202 | |

| 部首 | 說文解字 部次 | 說文解字 備註 | 大廣益會玉篇 部次 | 大廣益會玉篇 備註 | 龍龕手鑑 部次 | 龍龕手鑑 備註 | 康熙字典 部次 | 康熙字典 備註 |
|---|---|---|---|---|---|---|---|---|
| 宁 | 504 | | 140 | | | 在宀部 | | 在宀部 |
| 吕 | 271 | | 85 | | | | | 在口部 |
| 女 | 443 | | 35 | | 上聲8 | | 38 | |
| 予 | 127 | | 30 | | | | | 在丨部 |
| 羽 | 108 | | 409 | | 上聲27 | | 124 | |
| 雨 | 422 | | 297 | | 上聲16 | | 173 | |
| 丶 | 174 | | 338 | | | | 3 | |
| 土 | 480 | | 9 | | 上聲5 | | 32 | |
| 卤 | 435 | | 225 | | 上聲33 | | 197 | |
| 虎 | 168 | | 383 | | 上聲24 | | | 在虍部 |
| 古 | 53 | | 509 | | 上聲49 | | | 在口部 |
| 鼓 | 161 | | 234 | | 上聲43 | | 207 | |
| 兆 | 315 | | 490 | | | | | 在儿部 |

| 部首 | 說文解字 部次 | 說文解字 備註 | 大廣益會玉篇 部次 | 大廣益會玉篇 備註 | 龍龕手鑑 部次 | 龍龕手鑑 備註 | 康熙字典 部次 | 康熙字典 備註 |
|---|---|---|---|---|---|---|---|---|
| 户 | 437 | | 142 | | 上聲14 | | 63 | |
| 五 | 507 | | 499 | | | | | 在二部 |
| 午 | 534 | | 536 | | | | | 在十部 |
| 米 | 257 | | 200 | | 上聲15 | | 119 | |
| 氐 | 450 | | 342 | | | 在一部 | | 在氏部 |
| 豊 | 164 | | 237 | | | | | 在豆部 |
| 匸 | 458 | | 486 | | | | 23 | |
| 廌 | 371 | | 371 | | | | | 在广部 |
| 亥 | 540 | | 542 | | | | | 在亠部 |
| 乃 | 153 | | 93 | | 上聲50 | | | 在丿部 |
| 廴 | 35 | | 128 | | | | 54 | |
| 乚 | 456 | | 484 | | | | | 在乙部 |
| 㫃 | 234 | | 255 | | | 在方部 | | 在方部 |

| 部首 | 說文解字部次 | 備註 | 大廣益會玉篇部次 | 備註 | 龍龕手鑑部次 | 備註 | 康熙字典部次 | 備註 |
|---|---|---|---|---|---|---|---|---|
| 㯻 | 225 | | 467 | | | | | 在木部 |
| 丨 | 10 | | 155 | | | | 2 | |
| 厂 | 354 | | 348 | | 上聲13 | | 27 | |
| 卯 | 478 | | 407 | | | 在卩部 | | 在卩部 |
| 丏 | 327 | | 320 | | | 在雜部 | | 在一部 |
| 犬 | 377 | | 364 | | 上聲21 | | 94 | |
| 𡿨 | 413 | | 287 | | | | | 在巛部 |
| 舛 | 199 | | 125 | | | | 136 | |
| 孨 | 527 | | 529 | | | 在子部 | | 在子部 |
| 㼱 | 91 | | 422 | | | | | 在瓦部 |
| 辡 | 522 | | 522 | | | 在辛部 | | 在辛部 |
| 㠭 | 148 | | 275 | | | | | 在工部 |
| 鳥 | 119 | | 390 | | 上聲9 | | 196 | |

| 部首 | 說文解字 部次 | 備註 | 大廣益會玉篇 部次 | 備註 | 龍龕手鑑 部次 | 備註 | 康熙字典 部次 | 備註 |
|---|---|---|---|---|---|---|---|---|
| 了 | 526 | | 528 | | | | | 在亅部 |
| 小 | 15 | | 316 | | 上聲44 | | 42 | |
| 𠬪 | 129 | | 454 | | | 註在又部、爪部 | | 在又部 |
| 卯 | 531 | | 533 | | | | | 在卩部 |
| 爪 | 73 | | 71 | | 上聲30 | | 87 | |
| 丂 | 154 | | 94 | | | | | 在一部 |
| 夰 | 401 | | 118 | | | 在大部 | | 在大部 |
| 夭 | 392 | | 333 | | | 在大部 | | 在大部 |
| 冃 | 276 | | 213 | | | | | 在冂部 |
| 壴 | 302 | | 147 | | 上聲46 | | 125 | |
| 艸 | 12 | | 162 | | 上聲6 | | 140 | |
| 可 | 155 | | 95 | | | | | 在口部 |
| 我 | 453 | | 31 | | | | | 在戈部 |

| 部首 | 說文解字 部次 | 說文解字 備註 | 大廣益會玉篇 部次 | 大廣益會玉篇 備註 | 龍龕手鑑 部次 | 龍龕手鑑 備註 | 康熙字典 部次 | 康熙字典 備註 |
|---|---|---|---|---|---|---|---|---|
| 𠂇 | 77 | | 74 | | | 在雜部 | | 在丿部 |
| 火 | 382 | | 323 | | 上聲4 | | 86 | |
| 馬 | 370 | | 357 | | 上聲10 | | 187 | |
| 冎 | 133 | | 152 | | | | | 在冂部 |
| 丫 | 112 | | 362 | | | | | 在艸部 |
| 瓦 | 462 | | 242 | | 上聲20 | | 98 | |
| 象 | 369 | | 378 | | | | | 在豕部 |
| 㒳 | 278 | | 215 | | | | | 在入部 |
| 弜 | 464 | | 259 | | | 在弓部 | | 在弓部 |
| 亯 | 191 | | 208 | | 上聲38 | | | 在亠部 |
| 网 | 279 | | 218 | | 上聲29 | | 122 | |
| 丄 | 2 | | 2 | | | | | 在一部 |
| 茻 | 14 | | 164 | | | | | 在艸部 |

| 部首 | 說文解字 部次 | 說文解字 備註 | 大廣益會玉篇 部次 | 大廣益會玉篇 備註 | 龍龕手鑑 部次 | 龍龕手鑑 備註 | 康熙字典 部次 | 康熙字典 備註 |
|---|---|---|---|---|---|---|---|---|
| 丙 | 515 | | 515 | | | | | 在一部 |
| 皿 | 170 | | 228 | | 上聲28 | | 108 | |
| 永 | 418 | | 293 | | | | | 在水部 |
| 囧 | 240 | | 312 | | | 在口部 | | 在口部 |
| 黽 | 477 | | 406 | | 上聲54 | | 205 | |
| 井 | 177 | | 290 | | 上聲47 | | | 在二部 |
| 竝 | 405 | | 134 | | | 在立部 | | 在立部 |
| 鼎 | 250 | | 241 | | | 在目部 | 206 | |
| 壬 | 295 | | 227 | | | | | 在土部 |
| 有 | 238 | | 310 | | | | | 在月部 |
| 九 | 510 | | 505 | | 上聲34 | | | 在乙部 |
| 久 | 204 | | 123 | | | | | 在丿部 |
| 韭 | 266 | | 187 | | | 在一部 | 179 | |

| 部首 | 說文解字 部次 | 說文解字 備註 | 大廣益會玉篇 部次 | 大廣益會玉篇 備註 | 龍龕手鑑 部次 | 龍龕手鑑 備註 | 康熙字典 部次 | 康熙字典 備註 |
|---|---|---|---|---|---|---|---|---|
| 臼 | 259 | | 202 | | 上聲55 | | 134 | |
| 酉 | 537 | | 539 | | 上聲17 | | 164 | |
| 缶 | 185 | | 243 | | 上聲45 | | 121 | |
| 不 | 432 | | 414 | | 入聲58 | | | 在一部 |
| 阜 | 500 | | 354 | | 上聲11 | | 170 | |
| 𨺅 | 501 | | 355 | | | | | 在阜部 |
| 首 | 328 | | 39 | | 上聲59 | | 185 | |
| 百 | 325 | | 38 | | | | | 在自部 |
| 手 | 441 | | 66 | | 上聲1 | | 64 | |
| 厹 | 511 | | 376 | | | 在九部 | 114 | |
| 丑 | 529 | | 531 | | | | | 在一部 |
| 旱 | 192 | | 209 | | | | | 在厂部 |
| 后 | 335 | | | | | | | 在口部 |

| 部首 | 說文解字 部次 | 說文解字 備註 | 大廣益會玉篇 部次 | 大廣益會玉篇 備註 | 龍龕手鑑 部次 | 龍龕手鑑 備註 | 康熙字典 部次 | 康熙字典 備註 |
|---|---|---|---|---|---|---|---|---|
| 口 | 22 | | 56 | | 上聲 7 | | 30 | |
| 走 | 26 | | 126 | | 上聲 26 | | 156 | |
| 斗 | 496 | | 246 | | 上聲 36 | | 68 | |
| 品 | 42 | | 104 | | | | | 在口部 |
| 亩 | 194 | | 204 | | | 在亠部 | | 在亠部 |
| 㱃 | 321 | | | 在欠部 | | | | 在欠部 |
| 康 | 245 | | 180 | | | | | 在木部 |
| 𢎘 | 244 | | 179 | | | | | 在弓部 |
| 焱 | 386 | | 325 | | | 在火部 | | 在火部 |
| 冄 | 360 | | 418 | | | | | 在冂部 |
| 广 | 353 | | 347 | | 上聲 12 | | 53 | |
| 凵 | 23 | | 102 | | 上聲 53 | | 17 | |
| 父 | | 在又部 | 25 | | | | 88 | |

| 部首 | 說文解字 部次 | 說文解字 備註 | 大廣益會玉篇 部次 | 大廣益會玉篇 備註 | 龍龕手鑑 部次 | 龍龕手鑑 備註 | 康熙字典 部次 | 康熙字典 備註 |
|---|---|---|---|---|---|---|---|---|
| 兆 | | 在卜部 | 278 | | | | | 在儿部 |
| 丈 | | 在十部 | 511 | | | | | 在一部 |
| 枲 | | 在朩部 | | 在木部 | 上聲41 | | | 在木部 |
| 尒 | | 在㸚部 | | 在㸚部 | 上聲52 | | | 在小部 |
| 也 | | 在乀部 | | 在乀部 | 上聲56 | | | 在乙部 |
| 果 | | 在木部 | | 在木部 | 上聲60 | | | 在木部 |

（以上上聲）

| 部首 | 說文解字 部次 | 說文解字 備註 | 大廣益會玉篇 部次 | 大廣益會玉篇 備註 | 龍龕手鑑 部次 | 龍龕手鑑 備註 | 康熙字典 部次 | 康熙字典 備註 |
|---|---|---|---|---|---|---|---|---|
| 㝱 | 273 | | 86 | | | 在宀部 | | 在宀部 |
| 用 | 95 | | 279 | | | | 101 | |
| 重 | 296 | | 240 | | | | | 在里部 |
| 共 | 64 | | 450 | | | | | 在八部 |
| 皀 | 230 | | | | | | | |
| 朿 | 248 | | 182 | | | | | 在木部 |
| 至 | 433 | | 415 | | | | 133 | |
| 示 | 3 | | 3 | | 去聲11 | | 113 | |
| 二 | 479 | | 4 | | 去聲19 | | 7 | |
| 四 | 503 | | 496 | | 去聲9 | | | 在口部 |
| 自 | 103 | | 47 | | 去聲13 | | 132 | |
| 白 | 104 | 亦「自」字 | | | | | | |
| 㣇 | 363 | | 368 | | | | | 在彑部 |

| 部首 | 說文解字 部次 | 說文解字 備註 | 大廣益會玉篇 部次 | 大廣益會玉篇 備註 | 龍龕手鑑 部次 | 龍龕手鑑 備註 | 康熙字典 部次 | 康熙字典 備註 |
|---|---|---|---|---|---|---|---|---|
| 鼻 | 105 | | 46 | | 去聲 12 | | 209 | |
| 比 | 291 | | 447 | | 上聲 57 | | 81 | |
| 異 | 65 | | 451 | | | | | 在田部 |
| 未 | 535 | | 537 | | | | | 在木部 |
| 气 | 8 | | 300 | | 去聲 24 | | 84 | |
| 皃 | 323 | | 488 | | | | | 在儿部 |
| 去 | 172 | | 262 | | 去聲 18 | | | 在厶部 |
| 句 | 51 | | 482 | | 去聲 26 | | | 在口部 |
| 䀠 | 100 | | 50 | | | 在目部 | | 在目部 |
| 瞿 | 116 | | 394 | | | 在目部 | | 在目部 |
| 壴 | 160 | | 233 | | 去聲 7 | | | 在士部 |
| 步 | 29 | | 130 | | | | | 在止部 |
| 素 | 468 | | 427 | | | | | 在糸部 |

| 部首 | 說文解字部次 | 備註 | 大廣益會玉篇部次 | 備註 | 龍龕手鑑部次 | 備註 | 康熙字典部次 | 備註 |
|---|---|---|---|---|---|---|---|---|
| 皃 | 375 | | 375 | | | | | 在儿部 |
| 瓠 | 268 | | 189 | | | 在瓜部 | | 在瓜部 |
| 弟 | 202 | | 34 | | | | | 在弓部 |
| 系 | 466 | | 426 | | | 在糸部 | | 在糸部 |
| 毳 | 304 | | 417 | | | 在毛部 | | 在毛部 |
| 丏 | 364 | | 369 | | 去聲23 | | 58 | |
| 𠂆 | 447 | | 478 | | | 在雜部 | | 在丿部 |
| 㡀 | 285 | | 216 | | | | | 在巾部 |
| 大 | 389 | | 321 | | 去聲6 | | 37 | |
| 貝 | 228 | | 408 | | 去聲4 | | 154 | |
| 會 | 182 | | 207 | | | | | 在日部 |
| 巜 | 414 | | 288 | | | 在雜部 | | 在巛部 |
| 𠂢 | 419 | | 294 | | | | | 在丿部 |

| 部首 | 說文解字部次 | 備註 | 大廣益會玉篇部次 | 備註 | 龍龕手鑑部次 | 備註 | 康熙字典部次 | 備註 |
| --- | --- | --- | --- | --- | --- | --- | --- | --- |
| 𣏟 | 262 | | 184 | | | | | 在木部 |
| 丯 | 140 | | 190 | | | | | 在丨部 |
| 耒 | 141 | | 196 | | 去聲14 | | 127 | |
| 隶 | 83 | | 458 | | | 在雜部 | 171 | |
| 刃 | 138 | | 268 | | | | | 在刀部 |
| 舛 | 200 | | 165 | | | | | 在舛部 |
| 盾 | 102 | | 49 | | | | | 在目部 |
| 朩 | 261 | | 183 | | | | | 在木部 |
| 囟 | 406 | | 43 | | | 在雜部 | | 在口部 |
| 卂 | 430 | | 412 | | | | | 在十部 |
| 寸 | 89 | | 510 | | 去聲20 | | 41 | |
| 印 | 339 | | 438 | | | | | 在卩部 |
| 倝 | 233 | | 307 | | 去聲25 | | | 在人部 |

| 部首 | 說文解字 部次 | 說文解字 備註 | 大廣益會玉篇 部次 | 大廣益會玉篇 備註 | 龍龕手鑑 部次 | 龍龕手鑑 備註 | 康熙字典 部次 | 康熙字典 備註 |
|---|---|---|---|---|---|---|---|---|
| 半 | 18 | | 504 | | | | | 在十部 |
| 豐 | 69 | | 327 | | | | | 在火部 |
| 旦 | 232 | | 305 | | | | | 在日部 |
| 釆 | 17 | | 503 | | | | 165 | |
| 見 | 318 | | 52 | | 去聲1 | | 147 | |
| 燕 | 426 | | 389 | | | | | 在火部 |
| 片 | 249 | | 473 | | 去聲10 | | 91 | |
| 面 | 326 | | 41 | | 去聲2 | | 176 | |
| 覞 | 319 | | 53 | | | 在見部 | | 在見部 |
| 教 | 93 | | | 在攴部 | | | | 在攴部 |
| 皀 | 314 | | 489 | | | | | 在白部 |
| 号 | 157 | | 97 | | | | | 在口部 |
| 告 | 21 | | 101 | | | | | 在口部 |

| 部首 | 說文解字 部次 | 說文解字 備註 | 大廣益會玉篇 部次 | 大廣益會玉篇 備註 | 龍龕手鑑 部次 | 龍龕手鑑 備註 | 康熙字典 部次 | 康熙字典 備註 |
|---|---|---|---|---|---|---|---|---|
| 冃 | 277 | | 214 | | | | | 在冂部 |
| 左 | 146 | | 273 | | | | | 在工部 |
| 臥 | 297 | | 229 | | | | | 在臣部 |
| 襾 | 280 | | 217 | | | | 146 | |
| 亞 | 506 | | 498 | | | | | 在二部 |
| 匕 | 288 | | 445 | | | | | 在匕部 |
| 放 | 128 | | 271 | | | | | 在攴部 |
| 鬯 | 179 | | 199 | | | | 192 | |
| 誩 | 57 | | 91 | | | 在言部 | | 在言部 |
| 正 | 31 | | 136 | | | | | 在止部 |
| 又 | 76 | | 75 | | 去聲3 | | 29 | |
| 㗊 | 512 | | 370 | | | | | 在口部 |
| 冓 | 122 | | 220 | | | | | 在冂部 |

| 部首 | 說文解字 部次 | 說文解字 備註 | 大廣益會玉篇 部次 | 大廣益會玉篇 備註 | 龍龕手鑑 部次 | 龍龕手鑑 備註 | 康熙字典 部次 | 康熙字典 備註 |
|---|---|---|---|---|---|---|---|---|
| 戊 | 517 | | 517 | | | | | 在戈部 |
| 門 | 75 | | 73 | | | | 191 | |
| 豆 | 163 | | 236 | | 去聲8 | | 151 | |
| 欠 | 320 | | 111 | | 去聲5 | | 76 | |
| 處 | | 在几部 | 132 | | 去聲22 | | | 在虍部 |
| 喿 | | 在品部 | 105 | | | | | 在口部 |
| 磬 | | 在石部 | 352 | | | 在殸部 | | 在石部 |
| 歲 | | 在步部 | | 在步部 | 去聲15 | | | 在止部 |
| 更 | | 在攴部 | | 在攴部 | 去聲16 | | | 在曰部 |
| 夜 | | 在夕部 | | 在夕部 | 去聲17 | | | 在夕部 |
| 令 | | 在卩部 | | 在卩部 | 去聲21 | | | 在人部 |
| 艮 | | 在匕部 | | 在匕部 | | | 138 | |
| (以上去聲) | | | | | | | | |

| 部首 | 說文解字 部次 | 說文解字 備註 | 大廣益會玉篇 部次 | 大廣益會玉篇 備註 | 龍龕手鑑 部次 | 龍龕手鑑 備註 | 康熙字典 部次 | 康熙字典 備註 |
|---|---|---|---|---|---|---|---|---|
| 哭 | 25 | | | 在吅部 | | | | 在口部 |
| 谷 | 420 | | 295 | | 入聲30 | | 150 | |
| 卜 | 94 | | 277 | | 入聲45 | | 25 | |
| 攴 | 92 | | 270 | | 入聲34 | | 66 | |
| 木 | 206 | | 157 | | 入聲1 | | 75 | |
| 禿 | 317 | | 492 | | | | | 在禾部 |
| 彔 | 252 | | 495 | | | | | 在彑部 |
| 鹿 | 372 | | 372 | | 入聲25 | | 198 | |
| 畐 | 193 | | 210 | | | 在田部 | | 在田部 |
| 目 | 99 | | 48 | | 入聲5 | | 109 | |
| 朩 | 264 | | 186 | | | 在小部 | | 在小部 |
| 肉 | 135 | | 81 | | 入聲4 | | 130 | |
| 竹 | 143 | | 166 | | 入聲2 | | 118 | |

| 部首 | 說文解字 部次 | 說文解字 備註 | 大廣益會玉篇 部次 | 大廣益會玉篇 備註 | 龍龕手鑑 部 | 龍龕手鑑 次 | 龍龕手鑑 備註 | 康熙字典 部次 | 康熙字典 備註 |
|---|---|---|---|---|---|---|---|---|---|
| 六 | 508 | | 500 | | | | | | 在八部 |
| 𦥑 | 67 | | 70 | | | | | | 在臼部 |
| 業 | 61 | | 178 | | | | | | |
| 束 | 224 | | 466 | | 入聲56 | | | | 在木部 |
| 蓐 | 13 | | 163 | | | | | | 在艸部 |
| 足 | 40 | | 76 | | 入聲12 | | | 157 | |
| 曲 | 460 | | 251 | | | | | | 在曰部 |
| 玉 | 6 | | 7 | | 入聲8 | | | 96 | |
| 角 | 142 | | 420 | | 入聲21 | | | 148 | |
| 珏 | 7 | | 8 | | | | 在玉部 | | 在玉部 |
| 日 | 231 | | 304 | | 入聲6 | | | 72 | |
| 丵 | 60 | | 177 | | | | | | 在丨部 |
| 率 | 470 | | 430 | | | | | | 在玄部 |

| 部首 | 說文解字 部次 | 說文解字 備註 | 大廣益會玉篇 部次 | 大廣益會玉篇 備註 | 龍龕手鑑 部次 | 龍龕手鑑 備註 | 康熙字典 部次 | 康熙字典 備註 |
|---|---|---|---|---|---|---|---|---|
| 七 | 509 | | 501 | | | | | 在一部 |
| 桼 | 223 | | 176 | | | | | 在木部 |
| 一 | 1 | | 1 | | 入聲29 | | 1 | |
| 壹 | 396 | | 336 | | 入聲52 | | | 在士部 |
| 二 | 514 | | 514 | | 入聲53 | | 5 | |
| 出 | 213 | | 461 | | 入聲41 | | | 在山部 |
| 戌 | 539 | | 541 | | | 在戈部 | | 在戈部 |
| 聿 | 81 | | 456 | | 入聲55 | | 129 | |
| 勹 | 359 | | 256 | | | | | 在勹部 |
| 甶 | 347 | | 302 | | | 並在田部、雜部 | | 在田部 |
| 巿 | 282 | | 433 | | | | | 在巾部 |
| 月 | 237 | | 309 | | | | 74 | |
| 戉 | 452 | | 265 | | | | | 在戈部 |

| 部首 | 說文解字 部次 | 說文解字 備註 | 大廣益會玉篇 部次 | 大廣益會玉篇 備註 | 龍龕手鑑 部次 | 龍龕手鑑 備註 | 康熙字典 部次 | 康熙字典 備註 |
|---|---|---|---|---|---|---|---|---|
| 曰 | 152 | | 92 | | | | 73 | |
| 旻 | 98 | | 51 | | | | | 在目部 |
| 丿 | 454 | | 481 | | | | 6 | |
| 厺 | 528 | | 530 | | | | | 在厶部 |
| 骨 | 134 | | 79 | | 入聲14 | | 188 | |
| 屵 | 352 | | 346 | | | 在山部 | | 在山部 |
| 歺 | 131 | | 150 | | 入聲22 | | 78 | |
| 亣 | 402 | | | | | 在人部 | | |
| 癶 | 28 | | 129 | | 入聲46 | | 105 | |
| 𣎳 | 214 | | 169 | | | 在雜部 | | 在木部 |
| 㓞 | 139 | | 267 | | | | | 在刀部 |
| 乚 | 431 | | 388 | | | | | 在乙部 |
| 八 | 16 | | 502 | | | | 12 | |

| 部首 | 說文解字 部次 | 說文解字 備註 | 大廣益會玉篇 部次 | 大廣益會玉篇 備註 | 龍龕手鑑 部次 | 龍龕手鑑 備註 | 康熙字典 部次 | 康熙字典 備註 |
|---|---|---|---|---|---|---|---|---|
| 殺 | 87 | | 264 | | | | | 在殳部 |
| 冏 | 50 | | 110 | | | | | 在口部 |
| 卩 | 338 | | 437 | | 入聲43 | | 26 | |
| 眉 | 113 | | 54 | | | | | 在目部 |
| 頁 | 324 | | 36 | | 入聲15 | | 181 | |
| 穴 | 272 | | 154 | | 入聲20 | | 116 | |
| 血 | 173 | | 80 | | 入聲44 | | 143 | |
| 丿 | 446 | | 477 | | | 在雜部 | 4 | |
| 舌 | 46 | | 58 | | 入聲36 | | 135 | |
| 屮 | 11 | | 156 | | 入聲49 | | 45 | |
| 叕 | 505 | | 497 | | | 在又部 | | 在又部 |
| 桀 | 205 | | 524 | | | | | 在木部 |
| 龠 | 43 | | 106 | | | | 214 | |

| 部首 | 說文解字部次 | 說文解字備註 | 大廣益會玉篇部次 | 大廣益會玉篇備註 | 龍龕手鑑部次 | 龍龕手鑑備註 | 康熙字典部次 | 康熙字典備註 |
|---|---|---|---|---|---|---|---|---|
| 勹 | 492 | | 247 | | | | | 在勹部 |
| 叕 | 210 | | 161 | | | 在又部 | | 在又部 |
| 辵 | 33 | | 127 | | 入聲16 | | 162 | |
| 皀 | 374 | | 374 | | | | | 在比部 |
| 谷 | 48 | | 57 | | | | | 在谷部 |
| 亯 | 189 | | 19 | | | 在亠部 | | 在高部 |
| 白 | 284 | | 303 | | 入聲7 | | 106 | |
| 帛 | 283 | | 434 | | | | | 在巾部 |
| 乇 | 216 | | 170 | | | 在雜部 | | 在丿部 |
| 丮 | 74 | | 72 | | | | | 在丨部 |
| 麥 | 197 | | 192 | | 入聲19 | | 199 | |
| 冊 | 44 | | 107 | | | 在雜部 | | 在冂部 |
| 疒 | 274 | | 148 | | 入聲13 | | 104 | |

| 部首 | 說文解字 部次 | 說文解字 備註 | 大廣益會玉篇 部次 | 大廣益會玉篇 備註 | 龍龕手鑑 部次 | 龍龕手鑑 備註 | 康熙字典 部次 | 康熙字典 備註 |
|---|---|---|---|---|---|---|---|---|
| 革 | 70 | | 423 | | 入聲10 | | 177 | |
| 畫 | 82 | | | 在書部 | | | | 在田部 |
| 夕 | 241 | | 314 | | | | 36 | |
| 尺 | 306 | | 145 | | | | | 在尸部 |
| 赤 | 388 | | 330 | | 入聲28 | | 155 | |
| 炙 | 387 | | 326 | | | 在火部 | | 在火部 |
| 石 | 357 | | 351 | | 入聲9 | | 112 | |
| 彳 | 34 | | 119 | | 入聲17 | | 60 | |
| 亦 | 390 | | 331 | | | 在亠部 | | 在亠部 |
| 昜 | 368 | | 400 | | | | | 在日部 |
| 辟 | 342 | | 440 | | | 在辛部 | | 在辛部 |
| 糸 | 467 | | 425 | | 入聲3 | | 120 | |
| 口 | 275 | | 212 | | 入聲40 | | 14 | |

| 部首 | 說文解字 部次 | 說文解字 備註 | 大廣益會玉篇 部次 | 大廣益會玉篇 備註 | 龍龕手鑑 部次 | 龍龕手鑑 備註 | 康熙字典 部次 | 康熙字典 備註 |
|---|---|---|---|---|---|---|---|---|
| 秝 | 254 | | 195 | | | 在禾部 | | 在禾部 |
| 鬲 | 71 | | 244 | | 入聲 38 | | 193 | |
| 䰜 | 72 | | 245 | | | | | 在鬲部 |
| 食 | 180 | | 112 | | 入聲 18 | | 184 | |
| 夨 | 391 | | 332 | | | | | 在大部 |
| 色 | 340 | | 42 | | 入聲 27 | | 139 | |
| 嗇 | 195 | | 205 | | | 在雜部 | | 在口部 |
| 力 | 488 | | 83 | | 入聲 23 | | 19 | |
| 茍 | 345 | | 441 | | | | | 在艸部 |
| 𦣝 | 106 | | 512 | | | 在雜部 | | 在白部 |
| 北 | 292 | | 223 | | | | | 在匕部 |
| 黑 | 384 | | 329 | | 入聲 35 | | 203 | |
| 克 | 251 | | 476 | | | | | 在儿部 |

| 部首 | 說文解字部次 | 說文解字備註 | 大廣益會玉篇部次 | 大廣益會玉篇備註 | 龍龕手鑑部次 | 龍龕手鑑備註 | 康熙字典部次 | 康熙字典備註 |
|---|---|---|---|---|---|---|---|---|
| 習 | 107 | | 411 | | | | | 在羽部 |
| 亼 | 181 | | 206 | | | 在入部 | | 在人部 |
| 十 | 54 | | 507 | | 入聲42 | | 24 | |
| 入 | 184 | | 211 | | 入聲33 | | 11 | |
| 㗊 | 45 | | 108 | | | 在口部 | | 在口部 |
| 立 | 404 | | 133 | | 入聲24 | | 117 | |
| 邑 | 229 | | 20 | | 入聲11 | | 163 | |
| 皀 | 178 | | 198 | | | 在白部 | | 在白部 |
| 卅 | 55 | | 508 | | | | | 在十部 |
| 帀 | 212 | | 460 | | | | | 在巾部 |
| 雥 | 118 | | 396 | | | 在隹部 | | 在隹部 |
| 夲 | 397 | | 116 | | | 在大部 | | 在大部 |
| 聿 | 80 | | 455 | | | | | 在聿部 |

| 部首 | 說文解字部次 | 備註 | 大廣益會玉篇部次 | 備註 | 龍龕手鑑部次 | 備註 | 康熙字典部次 | 備註 |
|---|---|---|---|---|---|---|---|---|
| 劦 | 489 | | 84 | | | 在力部 | | 在力部 |
| 甲 | 513 | | 513 | | 入聲54 | | | 在田部 |
| 索 | | 在朩部 | 431 | | | 在糸部 | | 在糸部 |
| 弋 | | 在丿部 | 479 | | 入聲31 | | 56 | |
| 兀 | | 在儿部 | | 在儿部 | 入聲26 | | | 在儿部 |
| 卄 | | 在卄部 | | 在十部 | 入聲32 | | | 在廾部 |
| 萬 | | | | | 入聲37 | | | |
| 學 | | 在敎部 | | 在子部 | 入聲39 | | | 在子部 |
| 卓 | | 在匕部 | | 在匕部 | 入聲47 | | | 在十部 |
| 弗 | | 在丿部 | | 在丿部 | 入聲48 | | | 在弓部 |
| 匹 | | 在匸部 | | 在匸部 | 入聲50 | | | 在匸部 |
| 益 | | 在皿部 | | 在皿部 | 入聲51 | | | 在皿部 |
| 必 | | 在八部 | | 在八部 | 入聲57 | | | 在心部 |

（以上入聲）

# 第四章　說字之形、音、義例

茲編說字形、字音、字義，各有其例。

行均之書並載雅、俗，各類字體甄錄甚夥。正文臚列字之正誤、通俗、古今，並標明之，如卷二火部上聲：「爀炒熿熄炅焆燄熙㷄㷧熵熅古五炒熅㷔今三㷉俗，同上，十五字。」竟收有十五字之多，又如卷四疒部去聲：「㾮瘦瘦瘦瘦瘦瘦瘦瘦瘦瘦俗十一瘦通瘦正」下亦有十四字之多。如正文有所未備，則詳於注文，或謂某字正體當「從某作」，如卷四肉部上聲收有「膸膸膸」三俗字，注云「正從骨作」，是知正體字乃「骨髓」之「髓」；或謂某字為「變體」之字，如卷一門部入聲收有「闕闕闕闕」四俗體字及「闕」今體字、「闕」正體字，注中云「正从三人，如眾字下從三人是也，餘皆變體」，變體者，謂字形有所變易也，如卷四肉部下云「隸書變體作月」；或謂「某字與某同」「某字上同於某字」者，如卷一金部平聲「鈔」字下注云「與抄同」，卷四木部平聲：「桴枹古文，同上，鼓槌也。」，此乃字有歧出，或偏旁有異，或表聲之形符有異，而實則為一字也，「同上」之訓詁術語，玉篇亦屢用之。另有謂「某字合作某」者，「合作」也者，蓋謂「應作某」，如卷一金部平聲「鉼」下云「合作鈃」，意即「鉼」字應作「鈃」，以「鈃」為當也。或又謂「某字出某書」「某書從某」「某書作某」，此皆引書以明字之所從出，並廣益字之別體。行均收錄字體，大半通俗、謬誤、古體之字在前，而正文、今文在後。又字體時有重出者，如卷一人部去聲有「會僉」二字，注云「古文。上厚，下施字」，而其後之十四、十五二字又云「會䏍」「㑹古文施字」，此顯為流俗用字，而僅著其音，不知亦即「厚施」之俗體。

行均書之標音，逕注某某反切者，為全書通例，另有標注直音、標注又音、俗音，或引他書音切者，蓋並存異讀也。有一字數音而義不變者，如卷一金部平聲「鐐鏐」下云「音聊」，又云「上又音料，下音流，義訓皆同」；或有一字數音，音異義亦隨之而異者，如卷二手部平聲「攅」下云「在丸反，聚也」，又云「又音讚，訟也」；或音讀同於上字，下字則不復標注，但云「

音同上」，如卷四日部去聲：「暎（於敬反，影也。）映（音同上。）」。遇有連綿字則云「上某某反，下某某反」、或云「上音某，下音某」，以釋其音。又字有但存音讀，已失其義者，如卷二手部平聲「抂」下云「於往反」，卷三見部上聲「覗」下云「音有」，此多為罕見之僻字也。又義訓之字，音有難讀者，復標注之，如卷一金部平聲「鏄」下云「音孤，鏷鏄也」，又云「鏷音卜」。又有取方音為訓例，如卷二手部上聲「打」下云「德冷反」，又云「江外音都挺反」，此例僅見，然亦音訓之一法也。又有未注明音切，而云「取某字某聲」呼之，或云「取一面呼之」者，如卷二手部上聲「⿰扌永拯」下云「此字無疊韻，取蒸字上聲」，此蓋謂取「蒸」字之音值，而以上聲讀之；卷一山部平聲「嵥嶁⿱山雜⿱山孚⿰山泉⿱山泉」六字並列，下注云「已上六字取一面呼之」，「一面呼之」也者，蓋謂取「聲符」之音讀之歟？亦即今人俗稱「有邊讀邊」者乎？又有「轉舌呼」之例，如卷二口部入聲「嚩」下云「昌納反，轉舌呼」，「轉舌呼」蓋今人所言「捲舌」之謂歟？又有取佛藏「經自切」「舊經切」「新臧自切」「論自切」之例，「經」者，經文也；「舊經」者，蓋舊譯之經文也；「新藏」者，蓋新譯之經文也；「論」者，論文也；此實亦引他書音讀之一例也，特以訓詁用語有異，故另別為一例。又有「一字並讀二聲或三聲」者，如卷一言部平聲「甜」下云「音憨，又上聲」，卷三欠部平聲「欿」下云「音希。又上、去二聲」，此乃音值僅一，而音調數讀也。行均音訓之術語名目繁多，諸如「取某字某聲呼之」「取一面呼之」「轉舌呼」「經自切」，且為他書所罕見。然行均所標之「又音」，時有謬誤，如卷二水部平聲「滴」音啇，又音「都歷反」，則溷啇於商；卷一金部平聲「鐫」「音子泉反」，而又音「尸圭反」，則淆舊於雋（參見錢大昕潛研堂文集卷二十七跋龍龕手鑑）。又有承襲於舊音之說，而出「相承」例，如卷四炙部平聲「逬」字下云「相承堆、推、斐、匪四音」。

行均書之義訓，有增字為訓者，如卷一金部平聲：「鏝泥也。」，使釋義明曉也；又有後詞足成前訓者，如卷一金部平聲：「鈃

（音于，鋅｜，樂器，形如鐘以和鼓也。）」，「樂器」一詞嫌簡，更以「形如鐘以和鼓」而足之；又有二字連綿、駢列合解者，如卷二平聲「哃啺（上音同，下音唐，｜｜，語不中也，又大言也。）」，卷三面部平聲：「⿰面占⿰面令（上竹咸反，下許咸反，｜｜，出頭皃。）」，前者為雙聲連綿字，後者為疊韻連綿字，連綿字不得分而釋之，故須駢列合解。行均書中，此例甚夥。又有蒙上而訓者，如卷一金部平聲「鏒」下云「鏾鏒，馬口中鐵也」，「鏾」下則但云「鏾鏒也」，蓋義已具於前字也。又有訓義同於上字者，如卷二雨部上聲「霰」下云「蘇見反，雨雪雜也」，「霰」下次「⿰雨鮮」，注云「蘇見反，訓同上」，既云「訓同上」，則不復贅釋其義。又有「義合作」者，如卷四頁部上聲：「頙（義合作[illegible]）」，所謂「義合作」，蓋指「義訓合於作某者」。又有取方言俗語為訓者，如卷四木部入聲：「栵（細果也。又江東為栭果，㮚呼為茅栗也。）」，引方言一書為訓者，亦可歸於此例。又有引他書為訓者，如卷一金部平聲：「鈹（說文：大針也。玉篇：刀也。）」，至若引書之詳，具見引書考。又有以類為訓者，如卷一金部平聲：「鉗（｜，索之類也。）」，以鐵有此劫束為鉗，（見說文）以繩有所束縛為索，二者有所束相類，故云鉗，乃索之類也。又有以「異名」「別名」「一名」為訓者，如卷一金部平聲：「鎈音叉，錢異名也。」、卷二草部入聲：「苃鳥頭別名也。」、卷四木部平聲：「枇無－木，一名揄。」，凡一物有異稱者，出此等之例。又有以「一曰」「或曰」為訓者，如卷四食部平聲：「餥餱也。一曰：相請食也。」，卷二草部入聲：「苄羊桃也。或曰：鬼桃也。」，字有異訓，則兼採並存之也。行均義訓，有二反乎歷來字書之現象，即多以引申義在前，而以本義在後，如卷一金部平聲：「鍫－钁，戰慄也，又斤斧柄孔也。」、卷一人部平聲：「條教也，貫也，出也，亂也，科也，小枝也。」、卷一宀部平聲：「騫虧也。一曰馬腹縶也。」、卷二木部平聲：「梢蒲－，良馬名也；又芟也；又搖動也。」、卷二虫部平聲：「蚩輕侮也，又和悅也，又虫名」、卷二大部去聲：「奮進也，動也，振也，起也，又武皃也，又鳥將欲飛先－也。」、卷四木部平聲：「椹鈇－也，斫木質也，又桑－也。」等皆是。

縷析龍龕手鑑字例，計形體十條、音讀十九條、義訓十一條，茲一一條列於左，不復加案語也：

## 壹、文字形體例

### 一、正文標明字之正誤、通俗、古今、籀文、或體例

1. 卷一金部平聲：「鍼今 鍼正」

2. 卷一金部平聲：「鉇訛 鉈正 鉇 鍦今二」

3. 卷一金部平聲：「鈞俗 鈞正」

4. 卷一金部平聲：「鏕訛 鑣正」

5. 卷一金部平聲：「鎪通俗 鎪正」

6. 卷一人部平聲：「仾 㑢俗二 㑀古 伭通 低正 伭今」

7. 卷一人部去聲：「佝俗 㑃古 佝今」

8. 卷一人部去聲：「儌 儌俗二 倖通 儌正」

9. 卷一金部平聲：「鏓今 鍯古」

10. 卷一皮部去聲：「皷 皻 皵 皵 皵 皵 皵俗七 皺正 皷 皷今二」

11. 卷四疒部去聲：「㾪 瘦 瘦 瘦 瘦 瘦 瘦 瘦 瘦 瘯 瘯 瘦 瘦俗十二 瘦通 瘦正」

12. 卷二火部上聲：「爀 炊 燼 焚 炅 焆俗六 熙 熙 熙 熘 熖古五 炒 煀 熏今三 熨俗八同上，十五字。」

13. 卷一衣部入聲：「襲 襲文籀 襲今」

14. 卷一示部平聲：「禩古 禩文籀 祺今」

15. 卷四食部：「饙籀文䭾正饡今」

16. 卷一金部平聲：「鍬鍫二或作鍫正」

17. 卷一金部平聲：「鍫或作鏉正」

二、注文說解字之正誤、通俗、古今、籀文、或體例

1. 卷一心部平聲：「忯誤，音凡，正作忛。」

2. 卷三貝部去聲：「賷誤。正作賷也。」

3. 卷一人部平聲：「炎俗。正作誦。」

4. 卷一刀部去聲：「劭與力部亦通。」

5. 卷四肉部：「肉或俗作宍，亦通。」

6. 卷一言部去聲：「誑古作悊、誑今廖。」

7. 卷一人部平聲：「佯又古文㑥字。」

8. 卷二水部平聲：「𣲖沠二古文流字。」

9. 卷二火部平聲：「熏古文。今作連。」

10. 卷三叉部平聲：「叒古文支字」

11. 卷四囧部平聲：「朙音明，今作明。」

12. 卷一而部：「𦓝籀文因而。」

13. 卷一雁部：「雁籀文鷹字」

14. 卷四糸部去聲：「繪……或作繢。」

三、正從某作例

1. 卷一心部入聲：「⿰忄屋俗，於角反，正從巾作。」

2. 卷一門部入聲：「⿵門仌⿵門仌⿵門仌⿵門仌俗四⿵門仌今⿵門众正。初六反，眾也。正從三人，如眾字下。（餘皆變體）」

3. 卷一羊部上聲：「羑从羊久者正。」

4. 卷二广部平聲：「⿸厂里⿸厂⿱里土二俗：正從广。」

5. 卷四木部去聲：「⿰木罡摑二俗。……正從手作摑。」

6. 卷四肉部平聲：「臏正從骨。」

7. 卷四肉部上聲：「膸⿰月隨⿰月遺三俗。……正從骨作。」

四、某字為變體例

1. 卷一彡部去聲：「⿱髟圣⿱髟正⿱髟圣⿱髟垂⿱髟全⿱髟垂皆變體，音聖、義同。」

2. 卷一門部入聲：「⿵門仌⿵門仌⿵門仌⿵門仌俗四⿵門仌今⿵門众正。初六反，眾也。（正從三人，如眾字下從三人是也。）餘皆變體。」

3. 卷一興部：「⿱𦥑且⿱𦥑直⿱𦥑男三變體。⿱𦥑男正」

4. 卷二火部平聲：「熈變體熙正」

5. 卷三又部去聲：「[illegible]變體叡正」

6. 卷四肉部：「肉隸書變體作月。」

五、某字與某同例

1. 卷一金部平聲：「鈔又與抄同。」

2. 卷三貝部平聲：「貲或與資同。」

3. 卷三貝部去聲：「賫與賚同。」

4. 卷四木部平聲：「杯與盃同。」

5. 卷四竹部平聲：「箋與牋同。」

六、某字合作某例

1. 卷一金部平聲：「[illegible]合作釿。」

2. 卷一心部入聲：「[illegible][illegible]合作[illegible][illegible]二字。」

3. 卷一山部平聲：「[illegible]合作[illegible]。」

4. 卷一示部平聲：「[illegible]合作獷。」

5. 卷四雜部入聲：「[illegible][illegible]合作攢字。」

七、某字上同於某字例

1. 卷一金部平聲：「鐫……鋑古文，同上。」

2. 卷一金部去聲：「鎚……鍺古文，同上。」

3. 卷三貝部去聲：「賬……⿰貝㐱同上」

4. 卷四木部平聲：「桴……枹古文，同上，鼓槌也。」

八、某字出某書例

1. 卷一人部去聲：「傆黠也，出說文。」

2. 卷二豸部入聲：「貀出說文」

3. 卷一金部入聲：「釙金丨也，出玉篇。」

4. 卷一心部平聲：「慪又口侯反，慪惜也，出玉篇。」

5. 卷二水部去聲：「滊許氣反，水也，出玉篇。」

九、某書從某例

1. 卷一心部入聲：「悉說文從釆也。」

2. 卷一車部上聲：「軌說文字樣從九。」

3. 卷一文部平聲：「斆說文從攴。」

4. 卷二火部入聲：「炙（說文從肉在火上。）」

十、某書作某例

1. 卷一金部平聲：「錐（舊藏作錐。）」
2. 卷一金部平聲：「鏓（新藏作鍃。）」
3. 卷一言部入聲：「讁（謫，說文作讁。）」
4. 卷二火部入聲：「熆（切韻作熆。）」
5. 卷二几部去聲：「冗（說文作宂。）」
6. 卷四糸部上聲：「綫（說文作線。）」

# 貳、文字音讀例

一、逕注某某反切例

1. 卷一金部平聲：「鏾（魯音反，｜鐒也。）」
2. 卷二手部平聲：「摧（昨回反，折也，阻也，摧也。）」
3. 卷三見部平聲：「觀（渠脂反，視也。）」
4. 卷四木部平聲：「檛（陟瓜反，捶也。）」

二、標注直音例

1. 卷一金部平聲：「鎔 音容，鑄也。」

2. 卷二手部平聲：「捫 音門，｜，摸也，以手撫摩也。」

3. 卷三見部平聲：「⿰是見 音啼，視也。」

4. 卷四木部平聲：「檣 音墻，船柱也。」

三、標注又音例

1. 卷一金部平聲：「鍮 吐侯反，｜石，次於金也。又徒口反。」

2. 卷一金部平聲：「鉫 音加，又古荷反。」

3. 卷二手部去聲：「掣 昌制反，曳也，制也，又昌折反。」

4. 卷三見部平聲：「觀 音官，視也。又音灌。」

5. 卷四疒部入聲：「⿸疒未 音忽，狂病。又許聿反。」

四、標注俗音例

1. 卷一金部平聲：「⿰金東 音東，｜鑽，車轄也。又俗音鍊。」

2. 卷二手部平聲：「搯 土刀反，｜捾也。又俗苦甲反。」

3. 卷三見部去聲：「睍 音諳，傍視也，又俗奴見反。」

4. 卷四木部上聲：「棓 步項反，大杖也，又音浮，又俗蒲交反。」

五、引他書音讀例

1. 卷一金部平聲：「鑇 經音義去英奚反。」
2. 卷一金部平聲：「鈄 又香嚴作邪、斗二音。」
3. 卷二手部平聲：「⿰扌虎 玉篇音斯。」
4. 卷三見部平聲：「⿰剌見 玉篇又音賴。」
5. 卷四彳部上聲：「徔 ⿰彳彖 隨函音引。」

六、一字數音而義同例

1. 卷一金部平聲：「鐐 鏐 音聊，有孔鑪也。又紫磨金也，又白銀美者也。上又音料，下音流，義訓皆同。」
2. 卷一金部平聲：「錍 必支、婢迷二反，鈭斧也。」
3. 卷二火部入聲：「燠 於六反，熱也；又於告反。」
4. 卷四肉部去聲：「賸 神證反，增益□。又贈也，送也。又音孕，訓同。」
5. 卷四日部上聲：「晛 顯、現二音，日光見也。又奴見反，義同。」
6. 卷四日部入聲：「㬎 五合反，日中視絲也。又音顯，義同。」

七、一字數音而義異例

1. 卷一金部平聲：「鋻 音堅，剛也，又音見，刃也。」

2. 卷二手部平聲：「攢 在丸反，聚也。又音讚，訟也。」

3. 卷二水部平聲：「湍 他官反，急瀨也，淅征也。又音專，水名也。」

4. 卷二火部去聲：「燒 失照反，放火也。自然為—，使人音少。」

5. 卷三見部平聲：「覘 丑廉反，闚視也。又丑焰反，伺候也。」

6 卷四木部平聲：「楟 定耕反，幢也、觸也。又音亭，山梨木名。」

八、音讀同於上字例

1. 卷二手部上聲：「擁 於隴反。—抱也。擁 音同上，持也。」

2. 卷三木部平聲：「檎 巨今反，林—也。[木禁] 禁俗。音同上，枝也。」

3. 卷四日部去聲：「暎 於敬反，影也。映 音同上。」

九、連綿字去上某某反、下某某反例

1. 卷一金部去聲：「倥傯 上苦貢反，下子弄反，——，困兒也。」

2. 卷一言部去聲：「[言豆]譳 上都豆反，下奴豆反，——，不能言也。」

3. 卷二女部上聲：「[女畏]娞 上烏每反，下奴每反，——，好兒也。」

4. 卷三面部上聲：「[面乍][面奈] 上側板反，下奴板反，——，面皺也。」

5. 卷四肉部去聲：「䐗膪 上烏嫁反，下陟嫁反，——，肥兒也。」

十、連綿字云上音某，下音某例

1. 卷一金部平聲：「鎕銻上音唐，下音提，——，火齊皃也。」

2. 卷一金部平聲：「鎡錤上音茲，下音其，——，鋤別名也。」

3. 卷二虫部平聲：「蜣蜋上音羌，下音良，食糞虫也。」

4. 卷三見部平聲：「⿰賓見⿰樊見上音賓，下音煩，——，暫見之皃。」

5. 卷四竹部平聲：「箜篌上音空，下音侯，樂器也。」

十一、但存音讀例

1. 卷一金部平聲：「鐔丁今反。」

2. 卷一金部平聲：「鈂音尤。」

3. 卷一衣部上聲：「褧口穎反。」

4. 卷二手部平聲：「抂於往反。」

5. 卷三見部上聲：「⿰見寺直里反。」

6. 卷三見部上聲：「⿰有見音有。」

7. 卷四肉部入聲：「⿰手月音朔。」

十二、標注訓釋字之音例

1. 卷一金部平聲：「𨱍 音淪，鏷—也。鏷音卜。」

2. 卷一金部平聲：「鋘 音於，—𨫒，血器也。𨫒音所洽反。」

3. 卷二火部上聲：「烗 尺氏反，晟也。晟音成。」

4. 卷三見部去聲：「⿱斬見 子鑑、疾陷二反，—𧢄，高危皃也。𧢄音許鑑反。」

5. 卷四木部平聲：「櫨 音盧，欂—，柱上木也。又木名也。欂音博。」

十三、取方言

1. 卷二手部上聲：「打 德冷反，—，擊也，拍也。又江外音都挺反。」

十四、取某字某聲呼之例

1. 卷二手部上聲：「拯 拯 此字無聲韻，取蒸字上聲。—拔也，救也，上舉也，助也。」

2. 卷四雜部上聲：「氶 取蒸字上聲呼。」

十五、取一面呼之例

1. 卷一山部平聲：「⿱山桼 ⿱山婁 ⿱山維 ⿱山浮 ⿰山泉 ⿱山泉 已上六字，取一面呼之。」

十六、轉舌呼之例

1. 卷二口部去聲：「⿰口侖 去聲，轉舌呼之。」

2. 卷二口部去聲：「⿰口窆 方驗反，轉舌呼。」

3. 卷二口部入聲：「喀 音洛，轉舌呼之。」

4. 卷二口部入聲：「⿰口綽 昌約反，轉舌呼。」

5. 卷四糸部入聲：「⿱略糸 眦藥反，又略字轉舌呼。」

十七、取佛藏自切例

1. 卷一禾部入聲：「⿰禾憂 經自切：烏合反。」

2. 卷二鳥部去聲：「⿰鳥秦 經自切：青犒反，在四阿含慕抄。」

3. 卷一言部去聲：「諚 新藏自切：郭僧反。」

4. 卷二鳥部入聲：「⿰忽鳥 舊經切：胡骨反。」

5. 卷二口部平聲：「⿰口柔 論自切：奴流反。」

十八、一字兼讀二聲或三聲例

1. 卷一金部平聲：「鋪 普胡反，—陳也，布也。又去聲。」

2. 卷一言部平聲：「詌 音憨，又上聲。」

3. 卷二火部上聲：「燎 力小反，照也，照家為明也。又去聲。」

4. 卷二火部上聲：「尞 力照反，以柴祭天名也。又平聲。」

5. 卷三欠部平聲：「欷 音希，歔—，悲啼皃。又上、去二聲。」

6. 卷四肉部平聲：「胍⿰月乇 上音孤，下音都，——，大腹也。又皆去聲。」

十九、相承於舊音例

1. 卷一金部平聲：「鈖 相承方貪反，玉名。」
2. 卷一示部上聲：「⿰礻秀 相承音誘。」
3. 卷二草部平聲：「⿱艹彥 相承敘宜反。」
4. 卷三更部：「⿺更鳥⿺更與 相承子與、土兼二反。」
5. 卷四糸部平聲：「⿺辶非 相承堆、推、裴、匪四音。」

廿、文字義訓例

廿一、增字為訓例

1. 卷一金部平聲：「鎗 —鼎也。」
2. 卷一金部平聲：「鏝 泥—也。」
3. 卷二手部平聲：「拘 —擊也。」
4. 卷二虫部平聲：「虹 紅—，蜺也。又青—也。」
5. 卷二鳥部：「鳥 飛鳥也。」
6. 卷三貝部上聲：「賭 戚—也。」

7. 卷四竹部去聲：「⿱竹扇 竹｜也。」

二、後詞足成前訓例

1. 卷一金部平聲：「釪 音于，錞｜，樂器形如鐘以和鼓也。」
2. 卷一口部上聲：「圄 圄｜，周時獄名也。」
3. 卷二虫部平聲：「螇 螇蚗，虫名，似蟬也。」
4. 卷三見部平聲：「覦 覬｜，欲有所得也。」
5. 卷三耒部去聲：「⿰耒肖 ｜耰，田器也。」
6. 卷四玉部平聲：「玗 玉名」
7. 卷四辵部去聲：「邂 ｜逅，不期之遇也。」
8. 卷三貝部去聲：「贈 送也，以物相遺送也。」

三、二字連綿，駢列合解例

1. 卷一人部平聲：「佔侸 上丁兼反，下當侯反，｜｜，輕薄也。」
2. 卷二口部平聲：「哃⿰口唐 上音同，下音唐，｜｜，語不中也，又大言也。」
3. 卷三氣部：「氤氳 上音因，下於君反，｜｜，元氣也。如雲非雲，似煙不煙，祥瑞氣也。」
4. 卷四玉部平聲：「玲瓏 上音零，下音籠，｜｜，玉聲也。」

5. 卷一人部入聲：「傗傶上丑六反，下息六反，——，不伸也。」

6. 卷二手部上聲：「抖擻上當口反，下蘇口反，——，舉振之皃也。」

7. 卷三面部平聲：「䩄䪾上竹咸反，下許咸反，——，出頭皃。」

四、蒙上而訓例

1. 卷一金部平聲：「鏒鏾—，馬口中鐵也。 鏾—鏒也。」

2. 卷二虫部平聲：「螽—蟴，虫名也。 蟴螽—也。」

3. 卷三片部平聲：「[片婁]—[片朱]，築垣短板也。 [片朱][片婁]—。」

4. 卷四玉部平聲：「珊—瑚，寶樹也。 瑚珊—也。」

五、訓義同於上字例

1. 卷一金部入聲：「鑿鏨也，穿木器也。 [金非]同上。吳人云釜曰—。」

2. 卷二手部去聲：「抗—禦也，扞也，遮也，捍也。 抗義同上。」

3. 卷二雨部去聲：「霰蘇見反，雨雪雜也。人—，星也，水雪相摶如星而散也。 [雨鮮]蘇見反，訓同上。」

六、義合作例

1. 卷一金部去聲：「[金幽]義合作[金幾]。」

2. 卷二手部上聲：「揌義合作揔。」

3.卷二火部平聲：「炟義合作烟。」
4.卷四頁部上聲：「頊義合作顛。」

七、取方言俗語為訓例
1.卷一金部平聲：「鐆青州人呼鐮也。」
2.卷一金部平聲：「錁江淮云鐮也。」
3.卷二土部去聲：「垻蜀人謂平川為平。」
4.卷三又部去聲：「敹楚人謂卜問曰|，今作憝。」
5.卷四木部入聲：「栵細枲也。又江東為栵枲，楚呼為茅枲也。」

八、引他書為訓例
1.卷一金部平聲：「鋋方言云：小矛也。」
2.卷一金部平聲：「鈹說文：大針也。玉篇：刀也。」
3.卷二手部平聲：「捄玉篇：法也。切韻：盛土也。詩云：|之儒。」
4.卷三見部去聲：「覜周禮云：大夫眾來曰|也。」
5.卷四木部平聲：「檉說文云：楊|，河柳也。」

九、以類為訓例

1. 巻一金部平聲：「鉗|，桊之類也。」
2. 巻一衣部平聲：「裱衣名也。」
3. 巻二鳥部平聲：「䳢鳥名。」
4. 巻三豆部平聲：「豍豆名也。」
5. 巻四木部平聲：「柊木名。」

十、以「異名」「別名」「一名」為訓例

1. 巻一金部平聲：「鎈音叉，錢異名也。」
2. 巻一金部入聲：「鍥鐮別名也。」
3. 巻二草部入聲：「芨烏頭別名也。」
4. 巻二鳥部平聲：「鵂|鶹，薰胡別名也。」
5. 巻二鳥部平聲：「鵪鶉別名也。」
6. 巻四白部平聲：「泉|水。又錢別名。」
7. 巻二草部平聲：「蒡菜也。一名荵隱，以蘇可為菹。」
8. 巻二鳥部平聲：「鷿鷉鳥名。一名沉鳬，似鴨而小也。」
9. 巻三倝部：「螒|，天鷄。爾雅云：小虫，赤身、黑頭。一名沙鷄也。」

10. 卷四木部平聲：「枇 無—木，一名揄。」

十一、以「一曰」、「或曰」為訓例

1. 卷一金部平聲：「錡 釜屬，又三足鼎。一曰蘭—。」
2. 卷二女部平聲：「婓 ——，往來皃。一曰：醜。」
3. 卷三見部入聲：「覛 規也。一曰：不見也。」
4. 卷四食部平聲：「餥 餱也。一曰：相請食也。」
5. 卷二草部入聲：「芅 羊桃也。或曰：鬼桃也。」

# 第五章　聲韻考

龍龕手鑑成書於廣韻初修（宋太宗雍熙年間，當西元九八四至九八七年）與重修（宋真宗大中祥符元年，即西元一〇〇八年）之間，故二書有密不可分之關係，由龍龕手鑑切語與廣韻相同者甚夥可證。就其時代背景言，正值以切韻、唐韻、廣韻、集韻四書為主之韻書全盛時期，其書音系當亦屬中古切韻音系。本章聲韻考，考其聲類、韻類，並與廣韻比較，庶可略窺五季宋初北人之音矣！

龍龕手鑑每部雖分平上去入，惟其書係以部首統字之字書，非以韻目繫字之韻書，為便於研究起見，先將校勘後之切語，一一分別抄錄，如有又音，及注文中音釋之切語亦別為抄錄，變更其原來部次，依聲類、韻類之異同，排比所屬聲紐、韻目以考索之。

## 第一節　聲類考

陳澧切韻考卷一條例謂「切語上字與所切之字雙聲，則切語上字同用者、互用者、遞用者，聲必同類也」，今依陳氏切語上字系聯之法，以考龍龕手鑑反切上字，計得聲類四十一。每類取其切字出現最多者，標為類目。惟行均書多釋佛藏中字，一般常用字反闕而弗錄。如切語用字未收錄於書中，乃以該字在廣韻之反切為反切，如「於」作「央居切」、「許」作「虛呂切」、「與」作「余呂切」等是。此類切語，特加括弧以別之。切語旁所注之數字，表明該反切上字所出現之次數；惟行均書以偏旁分部，異部而同切語之字甚夥，故雖同音之字，亦視為數個反切，如力類來母有「燐」「壣」「駗」「驎」「翷」「瞵」「璘」「磷」「轔」「鄰」「亃」「粼」「嶙」十三字皆作「力珍反」，則反切上字數目作十三，不作一，餘可類推。

一、喉音

烏類：

於(央居)四三二、乙(於筆)二三、衣(於希)一三、伊(於脂)一二、一(於悉)八、憶(於力)八、依(於希)四、英(於京)三、憶(於力)二、益(伊昔)二、音(於金)二、憂(於求)一、恚(於避)一、厄(於革)五、意(於記)一、烏（哀都）四三、安（烏寒）一、阿（烏何）二十八字聲同一類。

烏以下三字與上十五字不系聯，實同一類，今據廣韻系聯為一類。

許類：

許（虛呂）三三三、虛（朽居）三五、香（許良）二二、況（許訪）二〇、隳（許規）三、喜（虛里）三、休（許尤）三、舡（許江）二、吁（許俱）一、興（虛陵）一、呼（荒烏）二四九、火（呼果）四、虎（呼古）九、荒（呼光）七、呵（虎何）二、海（呼改）一、訶（虎何）一十七字聲同一類。

呼以下七字與上十字不系聯，實同一類，今據廣韻系聯為一類。

胡類：

胡（戶吳）四一六、戶（侯古）一三六、下（胡雅）三六、侯（戶鉤）三、乎（戶吳）八、何（胡歌）四、行（戶郎）五、兮（胡雞）二、玄（胡涓）二、刑（戶經）二、形（戶經）一、橫（戶盲）一、咸（胡讒）一、患（胡慣）一、遐（戶加）一、苛（胡歌）一十六字聲同一類。

羊類：

羊（與章）一二六、余（羊諸）七七、與（余呂）四一、以（羊己）四四、弋（羊職）二、移（羊支）三、營（余傾）三、亦(羊益)三、餘(羊諸)二、悅(羊雪)二、盈(以成)一、容(餘封)一、尹(余準)一十三字聲同一類。

于類：

于(羽俱)六四、王(雨方)二一、羽(王矩)五、雨(王矩)五、又(于救)三、韋(雨非)二、禹(王矩)一、云(王文)一、往(于兩)一、爲(遠支)一五、鈞(爲贇)四、榮(永兵)三十二字聲同一類。

爲鈞榮三字與其他九字皆不系聯，實同一類，今據廣韻系聯爲一類。

二、牙音

古類：

古(公五)五三四、公(古紅)七、經(古靈)四、加(古牙)二、各(古落)二、革(古核)二、姑(古胡)二、計(古詣)二、圭(古攜)一、結(古屑)一、兼(古添)一、佳(古膎)一、耕(古莖)一、管(古滿)一、皆(古諧)一、谷(古鹿)一、堅(古賢)一、賈(公戶)一、決(古穴)一、關(古還)一、剛(古郎)一、居(九魚)三〇、紀(居理)二一、九(居有)一八、俱(舉朱)九、記(居吏)三、京(舉卿)三、舉(居許)一、姜(居良)一、吉(居質)一、己(居理)一、敬(居慶)一、今(居吟)一三十三字聲同一類。

居以下十二字與上二十字不系聯，實同一類，今據廣韻系聯爲一類。

苦類：

苦（康杜）三九二、口苦后九四、客（苦格）七、謙（苦兼）六、康（苦剛）五、犬苦泫四、空（苦紅）四、窺犬規二、孔（康董）二、啓口禮一、可（苦我）一、去丘據一〇八、丘（去鳩）六四、輕（去盈）四、羌（去羊）二、詰（去吉）一、欠去劍一、欽（去今）一、匡去王一、綺（去奇）一、乞（去訖）一、豈（袪狶）六、驅豈俱一、起（墟里）四二十四字聲同一類。

苦以下十一字、去以下十字、豈驅二字、與起一字，皆不系聯，實同一類，今據廣韻系聯爲一類。

渠類：

渠巨之一六六、其（渠之）一〇三、巨（其呂）七二、求（巨鳩）二〇、奇（渠羈）六、強（巨良）二、具（其遇）二、狂（渠放）一、葵渠維一、及（其立）一、擎（渠京）一十一字聲同一類。

五類：

五（疑古）三三五、魚語居二三一、牛語求一五、語（魚巨）一四、宜（魚奇）八、愚（遇俱）六、研五堅四、牙五加三、遇（牛具）三、凝（魚陵）一、雅（五下）一、午（疑古）一、伍（疑古）一、疑（語其）一、吾（五乎）一、言語軒一十六字聲同一類。

三、舌頭音

都類：

都(當孤)一六五、丁(當經)一四四、當(都郎)三二、冬(都宗)五、底(都禮)一、答(都合)一、的(都歷)一、多(得何)二九、得(多則)五、德(多則)二十字聲同一類。

多以下三字與上七字不系聯，實同一類，今據廣韻系聯為一類。

他類：

他(託何)三二三、土(他魯)二一、吐(他魯)一六、天(他前)六、通(他紅)三、湯(吐郎)一六字聲同一類。

徒類：

徒(同都)四九四、亭(徒丁)六、堂(徒郎)六、陁(徒何)六、杜(徒古)五、特(徒得)五、度(徒故)三、田(徒年)三、地(徒四)二、大(徒蓋)一、怠(徒哀)一、唐(徒郎)一十二字聲同一類。

奴類：

奴(乃都)二二五、乃(奴海)二三、寧(奴丁)六、年(奴顛)三、泥(奴兮)二、你(乃里)一、內(奴對)一七字聲同一類。

四、舌上音

陟類：

陟(竹力)二五五、知(陟池)六四、竹(張六)五〇、張(陟良)二七、中(陟弓)一〇、豬(陟魚)五、卓(竹角)五、摘(卓革)三、嘲陟交一、徵陟里一十字聲同一類。

丑類：

丑（敕久）二二四、敕（恥力）二〇、抽（丑鳩）一、暢丑亮一四字聲同一類。

直類：

直（除力）二一七、丈（直兩）八、池（直離）八、除（直魚）六、持（直之）四、治（直之）一、濁（直角）一、呈（直貞）一、兆（治小）一、長（直良）一、宅（場伯）三一十一字聲同一類。

宅字與上十字不系聯，實同一類，今據廣韻系聯為同一類。

女類：

女（尼呂）四四、尼（女夷）四四二字聲同一類。

五、半舌、半齒音

力類：

力（良直）二六五、良（呂張）四七、呂（力舉）一〇、里（力止）五、立（良入）二、六（力竹）一、林（力尋）一、留（力求）一、郎（魯當）一〇一、魯（郎古）二三、練（郎甸）一、盧（落胡）八一、落（盧各）五〇、勒（盧則）二五、來（落哀）四、鹿（盧谷）三、洛（盧各）一、賴（落蓋）一十八字聲同一類。

力以下八字、郎以下三字與盧以下七字，皆不能系聯，實同一類，今據廣韻系聯為同一類。

而類：

而（如之）七九、人（如鄰）四六、如（人諸）四二、汝（人渚）二八、仍（如乘）八、耳（而止）五、兒（汝支）一、儒（人朱）一、日（人質）一、入（人執）一、二（而至）一、十一字聲同一類。

六、正齒音（近于舌上者）

之類：

之（止而）一五四、章（諸良）二一、支（章移）一〇、旨（職雉）九、職（之翼）八、征（諸盈）七、諸（章魚）五、隻（之石）三、止（諸市）三、織（職吏）二、煮（章與）二、主（之庾）一、脂（旨移）一、遮（正奢）一、正（之盛）一十五字聲同一類。

昌類：

昌（尺良）二六、尺（昌石）四五、赤（昌石）六、叱（昌栗）三、充（昌終）三、處（昌據）三、車（昌遮）二、蚩（尺之）一八字聲同一類。

食類：

食（乘力）三〇、神（食鄰）一五、示（神至）一、乘（食陵）一四字聲同一類。

失類：

失（式質）四五、式（傷食）三九、書（傷魚）三一、施（式支）八、舒（傷魚）五、傷（式陽）五、尸（式脂）二、釋（施隻）一、矢（式視）一、申（失人）一、豕（施是）一、叔（式六）一、升（識蒸）一、始（詩止）一十四字聲同一類。

升字及始字與其他十二字不系聯，實同一類，今據廣韻系聯為一類。

時類：

時（市之）四五、市（時止）四二、常（市羊）二九、是（常紙）一二、氏（常紙）六、殊（市朱）四、承（署陵）四、視（承矢）四、成（是征）二、石（常隻）二、署（常恕）二、植（常職）一、蜀（市玉）一、丹（常演）一十四字聲同一類。

七、正齒音（近于齒頭者）

側類：

側（阻力）八九、阻（側呂）二六、莊（側羊）六、爭（側耕）二、責（爭革）一、詐（側駕）一六字聲同一類。

初類：

初（楚居）一二七、楚（創舉）四七、測（初力）六、叉（初牙）四、芻（惻于）一、惻（初力）一、瘡（楚莊）一七字聲同一類。

士類：

士（鉏里）二三二、鋤（士魚）一六、床（士莊）六、查（鋤加）一、仕（鉏里）一、助（牀據）一六字聲同一類。助字與上五字不系聯，實同一類，今據廣韻系聯為一類。

所類：

所（疏舉）一九五、山（所閒）一三、疏（所菹）一〇、色（所力）五、生（所庚）五、沙（所加）二、霜（色莊）、雙（所江）一、師（疏夷）一九字聲同一類。

八、齒頭音

子類：

子（即里）二三〇、即（子力）五五、則（子德）三二、祖（則古）一九、姊（咨死）一三、資（即夷）一一、將（即羊）九、咨（即夷）四、精（子盈）三、借（子夜）三、茲（子之）三、作（則落）三、足（將渝）二、臧（則郎）一、層（作滕）一、左（則箇）一、醉（將遂）一、翦（子賤）一、走（子苟）一、曾（作滕）一、遵（將倫）一二十一字聲同一類。

七類：

七（親吉）二三一、倉（七岡）九八、千（蒼先）三五、取（七庾）七、清（七情）四、且（七也）二、青（倉經）二、親（七人）一、蒼（七岡）一、麤（倉胡）一、醋（倉故）一、錯（千各）十二、此（雌氏）五、雌（此移）一十四字聲同一類。

此雌二字與上十二字不系聯，實同一類，今據廣韻系聯為一類。

昨類：

昨（在各）六九、才（昨哉）五一、在（昨宰）三七、徂（昨胡）二九、前（昨先）五、藏（昨郎）六、祚（昨誤）二、殂（在胡）八、疾（秦悉）五四、慈（疾之）一六、秦（匠津）一一、情（疾盈）六、自（疾二）四、字（疾置）四、全（疾緣）二、匠（疾亮）二、絕（情雪）一。十七字聲同一類。

昨以下八字與疾以下九字不系聯，實同一類，今據廣韻系聯為一類。

蘇類：

蘇（素姑）一五四、息（相即）九〇、先（蘇前）五四、相（息良）四二、私（息夷）四〇、思（息茲）一六、素（桑故）一五、雖（息遺）一三、桑（息郎）一一、辛（息鄰）六、斯（息移）五、須（相俞）三、司（息茲）三、速（桑木）三、星（桑經）三、悉（息七）一、夙（息逐）一、小（私少）一、心（息林）一、筍（思尹）一、送（蘇弄）一、西（先兮）一、二十二字聲同一類。

徐類：

徐（似魚）三八、似（徐姊）二七、祥（似羊）一六、詞（似茲）四、巡（詳遵）一、詳（似羊）一、辭（似茲）一、巳(徐姊)八字聲同一類。

## 九、重脣音

必類：

必(幷吉)五八、幷(府盈)二五、卑(幷移)二十、彼(甫委)二六、兵(甫明)四、布(博故)五三、北(博墨)三八、博(補各)三〇、補(博古)二〇、百(博陌)一〇、邊(布玄)五、伯(博陌)四、本(布忖)一、包(布交)一、班(布還)一、卜(博木)一、筆(鄙密)一二十七字聲同一類。

必以下三字、彼以下二字、布以下十一字、與筆字，皆不系聯，實同一類，今據廣韻系聯爲一類。幷、彼、兵三字，反切上字以輕脣爲切，據系聯當歸方類，但音韻學家均謂在東、鍾、微、虞、文、元、陽、尤、凡、廢十韻始爲輕脣，其餘皆視作重脣，故此三字併於本類；以下蒲、莫二類同。

匹類：

匹(譬吉)一三四、譬(匹義)二、普(滂古)九五、披(普皮)三、怕(普駕)一五字聲同一類。

匹、譬二字與下三字不系聯，實同一類，今據廣韻系聯爲一類。

蒲類：

蒲(薄胡)一六九、步(薄故)四八、薄(傍各)四八、部(蒲口)一七、傍(步光)一〇、白(傍陌)六、毗(房脂)四七、婢(便俾)四、避(毗義)二、便(毗面)一、平(符兵)一四、皮(符羈)二、瓶(並丁)一十三字聲同一類。

蒲以下六字、毗以下四字、平皮二字、與瓶字，皆不系聯，實同一類，今據廣韻系聯為一類。

莫類：

莫(慕各)二九二、母(莫厚)七、麥(莫獲)三、牟(莫浮)三、覓(莫狄)一、忙(莫郎)一、迷(莫兮)一、埋(莫皆)一、米(莫禮)一、彌(武移)二七、眉(武悲)八、名(武并)九、明(武兵)二、媚(武悲)一、綿(武延)一、美(無鄙)一十六字聲同一類。

莫以下九字、彌以下六字、與美字，皆不系聯，實同一類，今據廣韻系聯為一類。

十、輕脣音

方類：

方(甫良)六九、甫(方矩)一九、悲(府眉)八、府(方矩)七、分(府文)五、非(甫微)四、付(方遇)一、鞞(府移)一、封(府容)一、夫(府符)四、旁(府良)一十一字聲同一類。

芳類：

芳（敷方）一三六、敷（芳夫）二一、孚（芳無）七、撫（芳武）二、拂（芳勿）一、妃（芳非）一、妨（敷方）一七字聲同一類。

符類：

符（防無）四九、房（符方）四五、扶（防無）二四、縛（符臥）三、浮（伏牟）三、父（扶雨）二、伏（房六）二、逢（符容）一、防（符方）一、附（符遇）一十字聲同一類。

武類：

武（文甫）三四、亡（武方）二〇、文（武分）七、無（武扶）七、旻（武巾）二、毋（武夫）一、尾（無匪）一七字聲同一類。

## 龍龕手鑑聲類與廣韻四十一聲類對照表

茲取以上所考之龍龕手鑑聲類，與高師仲華所撰廣韻切語上字表，作一比較如下：

| 發音部位 | 類名 | 龍書聲類 | 類名 | 廣韻聲類 |
|---|---|---|---|---|
| 喉音 | 烏 | 於乙衣伊一憶厄依英億益音憂恚意烏安阿 | 影 | 烏安烟鷖愛哀握於乙衣伊一央紆憶依憂謁委挹 |
| | 許 | 許虛香況隳烋喜休舡吁興呼火虎荒呵訶海 | 曉 | 呼火荒虎海呵馨花許虛香況興休喜朽羲 |
| | 胡 | 胡户下侯乎行何兮玄刑形橫咸患遐苛 | 匣 | 胡户下侯何黃乎護懷獲 |
| | 羊 | 羊余以與弋移營亦餘悅盈容尹 | 喻 | 以羊余餘與弋夷予翼營移悅 |

| 舌 | 音 | | | 牙 | |
|---|---|---|---|---|---|
| 都 | 五 | 渠 | 苦 | 古 | 于 |
| 都丁當冬底答的<br>多得德 | 五魚牛語宜愚研牙遇凝雅午<br>伍疑吾言 | 渠其巨求奇強具狂葵及擎 | 苦口客謙康犬空窺孔啓可<br>去丘輕羌詰欠欽匡綺乞<br>豈駈<br>起 | 古公經加各革姑計圭結兼佳<br>耕管皆谷堅賈決關剛<br>居紀九俱記京舉姜吉己敬今 | 于王羽雨又韋禹云往<br>為筠<br>榮 |
| 端 | 疑 | 群 | 溪 | 見 | 為 |
| 都丁當冬多得德 | 五吾研俄魚語牛宜虞疑擬愚<br>遇危玉 | 渠其巨求奇暨臼衢強具狂跪 | 苦口康枯空恪牽謙楷客可去<br>丘區墟起驅羌綺欽傾窺詰祛<br>豈曲卿棄乞 | 古公過各格兼姑佳詭居舉九<br>俱紀几規吉 | 于王雨為羽云永有雲筠遠韋<br>洧榮薳 |

| 頭音 | | | 舌上音 | | | | 半舌 | 半齒 | 正近) | |
|---|---|---|---|---|---|---|---|---|---|---|
| 他 | 徒 | 奴 | 陟 | 丑 | 直 | 女 | 力 | 而 | 之 | 昌 |
| 他土吐天通湯 | 徒亭堂陁杜特度田地大怠唐 | 奴乃寧年泥你內 | 陟知竹張中豬卓摘嘲徵 | 丑敕抽暢 | 直丈池除持治濁呈兆長 宅 | 女尼 | 力良呂里立六林留 郎魯練 盧落勒來鹿洛賴 | 而人如汝仍耳兒儒日入二 | 之章支旨職征諸隻止織煮主 脂遮正 | 昌尺赤叱充處車蚩 |
| 透 | 定 | 泥 | 知 | 徹 | 澄 | 娘 | 來 | 日 | 照 | 穿 |
| 他吐土託湯天通台 | 徒杜特度唐同陀堂田地 | 奴乃那諾內嬭 | 陟竹知張中豬徵追卓珍迍 | 丑敕恥癡楮褚抽 | 直除丈宅持柱池遲治場佇馳 墜 | 女尼拏穠 | 盧郎落魯來洛勒賴辣練力良 呂里林離連縷 | 而如人汝仍兒耳儒 | 之職章諸旨止脂征正占支煮 | 昌尺充赤處叱春姝 |

| 齒音(于舌上者) | | | 正齒音(近于齒頭者) | | | | 齒 | |
|---|---|---|---|---|---|---|---|---|
| 食 | 失 | 時 | 側 | 初 | 士 | 所 | 子 | 七 |
| 食神示乘 | 失式書施舒傷尸釋矢申豕叔 升 始 | 時市常是氏殊承視成石署植 蜀丹 | 側阻莊爭責詐 | 初楚測义芻惻瘡 | 士鋤床查仕 助 | 所山疏色生沙霜雙師 | 子即則祖姊資將咨精借玆作 足臧層左醉箭走曾遵 | 七倉千取清且青親蒼麤醋錯 此雌 |
| 神 | 審 | 禪 | 莊 | 初 | 牀 | 疏 | 精 | 清 |
| 食神實乘示 | 式書失舒施傷識賞詩始試矢 釋商 | 時常市是承視署氏殊寔臣殖 嘗蜀成植 | 側莊阻鄒簪仄爭 | 初楚測义芻廁創瘡 | 士仕鋤牀鉏查雛助豺崇崱俟 | 所山疎色數砂沙疏生史 | 作則祖臧子即將資姊遵玆借 醉 | 倉千采蒼麤麁青醋七此親遷 取雌且 |

| 頭音 | | | 重脣音 | | |
|---|---|---|---|---|---|
| 昨 | 蘇 | 徐 | 必 | 匹 | 蒲 |
| 昨才在組前藏祚殂<br>疾慈秦情自字全匠絕 | 蘇息先相私思素雖桑辛斯須<br>司速星悉夙小心筭送西 | 徐似祥詞巡詳辭巳 | 必卑并<br>布北博補百邊伯本包班卜<br>彼兵<br>筆 | 匹譬<br>普披怕 | 蒲步薄部傍白<br>毗婢避便<br>平皮<br>瓶 |
| 從 | 心 | 邪 | 幫 | 滂 | 並 |
| 昨組才在藏酢前疾慈秦自匠<br>漸情 | 蘇先桑素速息相私思斯辛司<br>雖悉寫胥須 | 徐似祥辝詳寺辭隨旬夕 | 博北布補邊伯百巴晡必彼卑<br>兵陂拜筆畀鄙 | 普匹滂譬披丕 | 蒲薄傍步部白裴捕皮毗平婢<br>便弼 |

| | 輕脣音 | | | |
|---|---|---|---|---|
| 莫 | 方 | 芳 | 符 | 武 |
| 莫母麥牟皃忙迷埋米 彌名眉明媚綿 美 | 方甫悲府分非夫付鞞封旁 | 芳敷孚撫拂妃妨 | 符房扶縛浮父伏逢防附 | 武亡文無旻毋尾 |
| 明 | 非 | 敷 | 奉 | 微 |
| 莫模謨摸慕母矛彌眉靡明美 綿 | 方甫府分封 | 芳敷撫孚妃峯拂 | 符扶房防附縛浮馮父苻 | 武亡無文巫望 |

## 第二節　韻類考

陳澧切韻考卷一條例謂「切語下字與所切之字為疊韻，則切語下字同用者、互用者、遞用者，韻必同類也」；今依陳氏切語下字系聯之法，以考龍龕手鑑之韻類。韻目名稱依廣韻，韻類則取每類切字出現最多者標之。若有切語不能系聯者，則取四聲等子之開合等呼系聯之。智光龍龕手鑑序有云「又撰五音圖式附於後」，今行均書後不見五音圖式。考四聲等子序曰「近以龍龕手鑑重校，……慮方音之不一，脣齒之不分，既類隔假借之不明，則歸母協聲，何由取準？遂以此附龍龕手鑑之後」。顧實以為此書殆即遼僧行均所著龍龕手鑑後附之五音圖式。四聲等子序中云「切韻之作，始乎陸氏；關鍵之設，肇自智公」；智公者，蓋即作龍龕手鑑序及五音圖式之之智光。顧實重刻四聲等子序又云「龍龕既以平上去入四聲為次，此書亦二十圖，每圖皆四層，層各以平上去入為次，因而又有四聲等子之名也歟？」而趙蔭棠等韻源流亦以為「四聲等子是產生於龍龕手鑑之後」。總之，四聲等子與龍龕手鑑自有密切之關係，故遇韻類無法系聯時，則依四聲等子之開合等呼辨之；如東韻中「公」「東」「空」三字，於四聲等子同屬合口一等字，故歸於「紅類」；「中」字，於四聲等子屬合口三等，因而歸於「中類」。若或龍龕手鑑反切下字不見於四聲等子者，採下列五種變通之法：㈠取四聲等子中與龍龕手鑑反切下字相同之字系聯之，如「紅」字，四聲等子未見，但合口一等有「翁」字，「翁」字龍龕手鑑作「烏紅反」，據此知「紅」字亦屬合口一等字；㈡取廣韻音同之字系聯字，如：「汲」「級」二字，四聲等子未見，廣韻「汲」「級」二字與「急」同音，故知其韻類與「急」同；㈢取廣韻切語系聯之，如：「碑」字，四聲等子未見，廣韻「碑」作「彼為切」，故「碑」與「為」字同類；㈣參酌韻鏡辨之，如：「為」「危」「垂」「吹」四字，韻鏡屬合口三等字，是以定此四字為一類；㈤其有難以辨別者，則取高師廣韻切語下字表、林師二百九十四韻類表以定之，如：真韻之另立「巾」「貧」「旻」「銀」四字為「巾」類是也。

每韻類之下，均注明四聲等子之開合等第，如紅類下注云「(合口一等)」是也，若有特例，再詳說明；其次並臚陳其反切下字及注明出現之次數。系聯時如龍龕手鑑已有之反切，逕注其下；其同用、互用、遞用者，則加括號以示之。今考得龍龕手鑑韻類，計二百七十九：平聲八十二、上聲七十、去聲八十、入聲四十七，茲分述如右：

平聲

△東韻計有二類：

紅類(合口一等)：紅72 公9 東3 空1

中類(合口三等)：中14 弓11 戎6 終3 宮2 隆1 風1 充1

依陳澧系聯條例，可分作紅、公、東、空、弓戎据、終、宮、隆、中六、風、充十類，但依音理而言，自古及今，未有一韻分類如斯之多者，試驗之高師仲華廣韻切語下字表，東韻僅分二類；而「公」「東」「空」三字，於四聲等子同屬合口一等字；「紅」字，四聲等子未見出現，但有「翁」字，「翁」字龍書作「烏紅反上，於四聲等子與「公」「東」「空」同屬合口一等字，故其韻類當同。「中」字，於四聲等子屬合口三等字；「宮」字，四聲等子未見出現，但有「穹」字，「穹」字龍書作「去宮反」，於四聲等子與「中」同屬合口三等，故韻類當與「中」同；「弓」字，四聲等子未見出現，但有「雄」字，「雄」字龍書作「兮弓反」，於四聲等子與「中」同屬合口三等字，故其韻類當與「中」同；「終」「風」「充」三字，於韻鏡與「中」「弓」同屬合口三等字；是以據此分作上述二類。

△冬韻僅有一類：

冬類一等合：冬19 宗12

「冬」「宗」，廣韻同屬一類，今龍書「鉖」字作「徒宗反」，「㣚」「𡨦」「独」「鼕」「痋」「𧱩」「𡨦」七字竝作「徒冬反」，依陳氏「上字同類者下字必有同類」之分析條例，當析為二類，惟龍龕手鑑為字書，其使用反切上下字未若韻書之畫一，亦有同一音而切語用字不同者，今據高師廣韻切語下字表，冬韻僅有一類；「冬」「宗」二字，於韻鏡同屬合口一等字；是以「冬」「宗」二字當同屬一類。

△鍾韻僅有一類：

容類(合三等)：容110 恭10 凶4 龍1 鍾1 封1 共1。

依陳氏系聯條例，鍾韻可分作恭、凶(許容)、龍(力鍾)、封、共五類，今據高師廣韻切語下字表，鍾韻僅有一類；「恭」「龍」「鍾」「封」「共」五字，於四聲等子同屬合口三等字；四聲等子未見「容」字，但其合口三等有「鱅」字，廣韻「容」「鱅」同音，故「容」字亦屬合口三等字。

△江韻僅有一類：

江類(開口二等)：江58 邦1

邦(博江)

△支韻計有二類：

支類(開口三四等)：支72 宜29 移25 奇22 知20 羈6 離5 皮3 彌2 馳1 池1 斯1 披1

為類（合三、四等）：為36 規9 隨9 危4 垂2 吹1 撝1 碑1

依陳氏系聯條例，可分作支章移（移弋支）、宜魚奇（羈居宜 皮符羈 披普皮）、知陟池（馳直知）、離、彌、斯、規居隨、吹昌為（撝許為）、危、垂、碑十一類，今據高師廣韻切語下字表，支韻僅分二類；「支」「宜」「奇」「知」「離」「皮」「馳」「披」八字，於四聲等子同屬開口三等字；「移」字，於四聲等子雖居開口四等，實三等字也，蓋與「為」母示別也；「彌」字，於四聲等子雖居開口四等，實三等字也，蓋三等位置已為重脣所佔故也；「斯」字，於四聲等子雖居開口四等，實三等字也，蓋三等位置已為照系字所佔故也。「規」「隨」二字，於四聲等子雖同居合口四等，實三等字也，惟與上述各字自不同類；「為」「危」「垂」「吹」四字，於韻鏡同屬合口三等字；「撝」字，龍書作「許為反」、「碑」字，廣韻作「彼為切」，故「撝」「碑」二字當與「為」同類。今據以分作上述二類。

△脂韻計有二類：

脂類（開口三四等）：脂 34 尼 19 夷 13 資 7 私 6 尸 1 祁 1

追類（合口三四等）：追 36 悲 14 佳 8 維 3 惟 3 雖 1 唯 1 眉 1 遺 1

依陳氏系聯條例，可分作尼（女夷）、資、尸（式脂）（祁（巨脂））、私、追、悲、佳（織惟）、維、惟、雖、眉、遺十二類，今據高師廣韻切語下字表，脂韻僅分二類；「尼」字，於四聲等子屬開口三等字；「資」字，於四聲等子雖居開口四等，實三等字也；「脂」「尸」二字，於韻鏡與「尼」同屬開口三等字；「夷」「私」二字，於韻鏡雖居開口四等，實三等字也；「祁」字，龍書作「巨脂反」，故其韻類當與「脂」同。「追」字，於四聲等子屬合口三等字；「維」字，於四聲等子雖居合口四等，實三等字也；「惟」字，於韻鏡雖居合口四等，實三等字也；龍書「佳」字作「織惟反」，廣韻「悲」作「府眉切」、「雖」作「息遺切」、「唯」作「以追切」、「眉」作「武悲切」、「遺」作「以追切」，故「佳」「悲」「雖」「唯」「眉」「遺」當與「追」「維」「惟」同類。

△之韻僅有一類：

之類（開口三等）：之76 其24 持13

依陳氏系聯條例，可分作其（渠之）、持二類，今據高師廣韻切語下字表，之韻僅有一類；「之」「其」二字，於韻鏡同屬開口三等字；廣韻「持」作「直之切」，故「持」字當與「之」「其」同類。

△微韻計有二類：

依類（開口三等）：依11 希6 衣4

非類（合口三等）：非13 韋5 歸4

依陳氏系聯條例，可分作依、衣（於希）、韋（雨非）、歸四類，今據高師廣韻切語下字表，微韻僅分二類；「依」「希」二字，於韻鏡同屬開口三等字；「衣」字，龍書作「於希反」，故其韻類當與「希」同。「非」「歸」二字，於四聲等子同屬合口三等字；四聲等子未見「韋」字，但其合口三等有「幃」字，廣韻「韋」「幃」同音，故「韋」字亦屬合口三等字；是以「非」「韋」「歸」

三字自當另屬一類。

△魚韻僅有一類：

余類（開口三、四等）：余$^{28}$居$^{26}$魚$^{25}$諸$^{2}$於$^{2}$除$^{1}$

依陳氏系聯條例，可分作余、魚居、諸、於、除五類，今據高師廣韻切語下字表，魚韻僅有一類；「余」（本當下移「喻母四等」，惟亦真三等也）「居」「魚」「諸」「於」「除」六字，於韻鏡同屬開口三等字，故併作一類。

△虞韻僅有一類：

朱類（合口三、四等）：朱$^{44}$俱$^{43}$于$^{27}$無$^{25}$俞$^{11}$夫$^{2}$珠$^{1}$愚$^{1}$須$^{1}$扶$^{1}$誅$^{1}$

依陳氏系聯條例，可分作朱、俱、于、無、俞、夫、珠、愚、須、扶、誅十一類，今據高師廣韻切語下字表，虞韻僅有一類；「朱」「于」「無」「夫」「扶」五字，於四聲等子同屬合口三等字；「須」字，於四聲等子雖居合口四等，實三等字也；廣韻「俱」作「舉朱切」、「俞」作「羊朱切」、「珠」作「章俱切」、「愚」作「遇俱切」、「誅」作「陟輸切」（廣韻「輸」作

「式朱切」）；是以「朱」「俱」「于」「無」「俞」「夫」「珠」「愚」「須」「扶」「誅」十一字當屬一類。

△模韻僅有一類：

胡類一等合口：胡52 孤12 姑3 烏2 吳1 吾1 奴1 都1

依陳氏系聯條例，可分作胡、孤、姑、烏、吳、吾、奴、都八類，今據高師廣韻切語下字表，模韻僅有一類；「胡」「孤」「烏」「吾」「奴」「都」六字，於四聲等子同屬合口一等字；廣韻「姑」作「古胡切」、「吳」作「五乎切」，同屬一類；是以「胡」「孤」「姑」「烏」「吳」「吾」「奴」「都」八字同屬一類。

△齊韻計有二類：

兮類四等開口：兮72 奚14 迷20 西6 泥3 雞3 低1 倪1

圭類四等合口：圭21 攜13

依陳氏系聯條例，可分作奚、迷、西先兮（雞古兮、倪五兮）、泥、低、攜圭六類，今據高師廣韻切語下字表，齊韻僅分二類；「奚」「迷」「西」「泥」「雞」五字，於四聲等子同屬開口四等字；「兮」「倪」二字，於韻鏡與「迷」「西」「泥」「雞」諸字同屬開口四等字；四聲等子未見「低」字，但其開口四等有「氐」字，廣韻「低」「氐」同音，故「低」字亦屬開口四等字；是以「兮」「奚」「迷」「西」「泥」「雞」「低」「倪」八字當同屬一類。「圭」字，於四聲等子屬合口四等字，故與上述八字之韻類自異；「攜」字，於韻鏡與「圭」同屬合口四等字，故「圭」「攜」二字自成一類。

△佳韻計有二類：

佳類（開口二等）：佳27 街8 鞋3 柴1

蛙類（合口二等）：蛙5 蝸1

依陳氏系聯條例，可分作佳、街、鞋、柴、蛙、蝸六類，今據高師廣韻切語下字表，佳韻僅分二類；「佳」「柴」二字，於四聲等子同屬開口二等字；廣韻「街」字與「佳」音同、「鞋」作「戶佳切」，是以「佳」「街」「鞋」「柴」四字當屬一類。「

蛙」字，於韻鏡屬合口二等字；廣韻「蝸」作「古蛙切」，是以「蛙」「蝸」二字另立一類。

△皆韻計有二類：

皆類開口二等：皆32

懷類合口二等：懷15 乖5 淮1

依陳氏系聯條例，可分作皆、懷、乖、淮四類，今據高師廣韻切語下字表，皆韻僅分二類；「皆」字，於韻鏡屬開口二等字，自成一類。「懷」「乖」二字於四聲等子同屬合口二等字；廣韻「淮」字與「懷」字音同，是以「懷」「乖」「淮」三字另成一類。

△灰韻僅有一類：

回類合口一等：回99 杯7 灰4 雷2 梅1

依陳氏系聯條例，可分作杯布回（灰呼回）、雷、梅三類，今據高師廣韻切語下字表，灰韻僅有一類；「回」「灰」「雷」三字，於四聲等子同屬合口一等字；四聲等子未見「杯」「梅」二字，但其合口一等有「桮」「枚」二字，廣韻「杯」與「桮」、「梅」與「枚」同音，故「杯」「梅」二字亦屬合口一等字；是以「回」「杯」「灰」「雷」「梅」五字當併為一類。

△咍韻僅有一類：

來類開口一等：來40 哀18 開2 才1 臺1

依陳氏系聯條例，可分作來落哀、開、才、臺四類，今據高師廣韻切語下字表，咍韻僅有一類；「來」「哀」「開」「臺」四字，於四聲等子同屬開口一等字；四聲等子未見「才」字，但其開口一等有「裁」字，廣韻「才」「裁」同音，故「才」字亦屬開口一等字；是以「來」「哀」「開」「才」「臺」可併成一類。

△真韻計有二類：

珍類開口三、四等：珍18 人12 真8 賓5 隣4 辛1 津1 寅1

巾類開口三等：巾25 貧3 旻2 銀1

依陳氏系聯條例，可分作人隣如（隣力珍、辛隣息）、真、賓、津、寅、巾銀居（旻巾武）、貧七類，今據高師廣韻切語下字表，真韻僅分二類；「珍」「人」「真」「隣」四字，於四聲等子同屬開口三等字，「賓」「寅」「津」三字，於四聲等子雖居四等，實三等字也；是以「珍」「人」「真」「賓」「隣」「辛」「津」「寅」八字併成一類。「貧」「旻」「銀」三字，於四聲等子亦同屬開口三等字，今據高師廣韻切語下字表，林師二百九十四韻類表，與「巾」字另立一類。按陳新雄老師廣韻研究第三章廣韻之韻類七、二百六韻之韻類分析於真韻注云「本韻巾銀一類韻鏡列於外轉十七開。考法國巴黎國家圖書館藏唐本文選音殘卷，臻切側巾，詵切所巾，榛切仕巾，顯然可知本韻巾銀一類字原與臻韻相配之喉牙脣音也，故韻鏡隨臻韻植於十七轉開口，迫切韻真臻有別，此類字乃置於真韻，就韻母言仍為齊齒音，其有以為撮口者未必然也」。

△諄韻僅有一類：

倫類合三等：倫21 輪13 巡11 旬5 勻5 贇2 筠2 淪2 純2 春1 屯1

依陳氏系聯條例，可分作筠為贇（贇於倫、屯陟倫）、勻羊巡、淪力純、輪、旬、春、屯七類，今據高師廣韻切語下字表，諄韻僅有一類；「倫」「純」「春」三字，於四聲等子同屬合口三等字；「旬」「匀」二字，於四聲等子雖居合口四等，實三等字也；四聲等子未見「屯」字，但其合口三等有「迍」字，廣韻「屯」「迍」同音，故「屯」字亦屬合口三等字；廣韻「輪」「淪」二字與「倫」音同，故其韻類亦同；是以「倫」「輪」「巡」「旬」「匀」「贇」「筠」「淪」「純」「春」「屯」十一字同屬一類。

△臻韻僅有一類：

臻類開口二等：臻23

△文韻僅有一類：

云類合口三等：云18 文18 分11 君2 軍1

依陳氏系聯條例，可分作云文王（文分武）、君、軍、弅四類，今據高師廣韻切語下字表，文韻僅有一類；「云」「文」「分」「君」四字，於四聲等子同屬合口三等字；廣韻「軍」與「君」音同，故其韻類當與「君」同；是以「云」「文」「分」「君」「

單」五字併為一類。

△殷韻僅有一類。

斤類開三等：斤8 忻1

斤（居忻）

元韻計有二類：

言類開三等：言16 軒1

袁類合三等：袁19 元6 煩3

依陳氏系聯條例，可分作許言（語軒）、元（愚袁）、煩三類，今據高師廣韻切語下字表，元韻僅分二類；「言」「軒」二字，於四聲等子同屬開口三等字，是以自成一類。「袁」「元」「煩」三字，於四聲等子同屬合口三等字，故另立一類。

△魂韻僅有一類：

昆類合一等：昆63 門8 渾4 奔3 魂2 敦1

依陳氏系聯條例，可分作昆（古渾）（渾戶昆、門莫奔、奔博昆、敦都昆）、魂二類，今據高師廣韻切語下字表，魂韻僅有一類；「昆」「門」「奔」「魂」「敦」五字，於四聲等子同屬合口一等字，是以自成一類。

痕韻僅有一類：

恩類（開一等）：恩4 根3

依陳氏系聯條例，可分作恩、根二類，今據高師廣韻切語下字表，痕韻僅有一類；「根」字，於四聲等子屬開口一等字，又「恩」「根」二字，於韻鏡同屬開口一等字，是以「恩」「根」二字可併為一類。

△寒韻僅有一類：

干類（開一等）：干35 安10 丹6 寒1 單1 餐1

依陳氏系聯條例，可分作丹干多、單寒都、餐安倉三類，今據高師廣韻切語下字表，寒韻僅有一類；「干」「安」「餐」「單」「餐」五字，於四聲等子同屬開口一等字，是以併為一類。

△桓韻僅有一類：

官類（合一等）：官94 丸9 端5 桓2 巒1 寬1 團1 潘1 院1

依陳氏系聯條例，可分作丸、端、桓、鑾落官（寬苦官、團徒官）、潘、院六類，今據高師廣韻切語下字表，桓韻僅有一類；「官」「端」「桓」「寬」「團」「潘」六字，於四聲等子同屬合口一等字；廣韻「丸」「院」二字與「桓」音同；是以「官」「丸」「端」「桓」「鑾」「寬」「團」「潘」「院」九字併為一類。

△刪韻計有二類：

顏類開口二等：顏6 姦5

還類合口二等：還11 關9 班5

依陳氏系聯條例，可分作姦古顏、還戶關（關古還）、班三類，今據高師廣韻切語下字表，刪韻僅分二類；「顏」字，於四聲等子屬開口二等字；廣韻「姦」作「古顏切」；是以「顏」「姦」二字自成一類。「還」「關」「班」三字，於四聲等子同屬合口二等字；是以另立一類。

△山韻計有二類：

閑類開口二等：閑23 閒5 山3 慳1

頏類二等合：頏1

依陳氏系聯條例，可分作山閒所、慳閑客、頏三類，今據高師廣韻切語下字表，山韻僅分二類；「閑」「閒」「山」三字，於四聲等子同屬開口二等子；是以「閑」「閒」「山」「慳」四字當為一類。「頏」字於四聲等子屬合口二等字，是以另立一類。

△先韻僅有一類：

田類四等開：田17年16堅15賢7前5千2煙1憐1。

玄類四等合：玄28邊1

依陳氏系聯條例，可分作田年徒、堅、前、千、煙賢伸、憐、玄、邊八類，今據高師廣韻切語下字表，先韻僅分二類；「田」「年」「堅」「賢」「前」「千」「煙」七字，於四聲等子同屬開口四等字，四聲等子雖無「憐」字出現，然其開口四等有「蓮」字，廣韻「憐」「蓮」音同，故「憐」字韻類當與「蓮」同；是以「田」「年」「堅」「賢」「前」「千」「煙」「憐」八字併為一類。「玄」字，於四聲等子屬合口四等字；廣韻「邊」作「布玄切」；是以「玄」「邊」二字另為一類。

△仙韻計有二類：

延類開口三四等：延$^{39}$ 連$^{35}$ 乾$^{13}$ 然$^{8}$ 仙$^{6}$

緣類合口三四等：緣$^{30}$ 員$^{18}$ 泉$^{12}$ 專$^{8}$ 全$^{6}$ 綿$^{2}$ 權$^{1}$ 宣$^{1}$

依陳氏系聯條例，可分作延、連、乾、然、仙、綿、緣、泉、專、全、權、員、宣十二類，今據高師廣韻切語下字表，仙韻僅分二類；「連」「乾」「然」三字，於四聲等子同屬開口三等字；「延」字，於四聲等子雖居四等，實三等字也；廣韻「仙」作「相然切」，故其韻類當與「然」同；是以「延」「連」「乾」「然」「仙」五字當為一類。「專」字，於四聲等子屬合口三等字；「全」「綿」「宣」三字，於四聲等子雖同居合口四等，實三等字也；四聲等子未見「權」字，但其合口三等有「拳」字，廣韻「權」「拳」同音，故「權」字亦屬合口三等字；廣韻「泉」與「全」同音、「緣」作「與專切」、「員」作「王權切」；是以「緣」「員」「泉」「專」「全」「綿」「權」「宣」八字併為一類。

△蕭韻僅有一類：

聊類開口四等：聊27 堯20 彫19 幺8 澆1 迢1 釗1

依陳氏系聯條例，可分作彫、幺堯於（釗堯古）、澆、迢聊徒四類，今據高師廣韻切語下字表，蕭韻僅有一類；「聊」「堯」「幺」「澆」四字，於四聲等子同屬開口四等字；廣韻「彫」作「都聊切」，故其韻類當與「聊」同；是以「聊」「堯」「彫」「幺」「澆」「迢」「釗」七字同為一類。

△宵韻僅有一類：

遙類開口三等：遙35 昭19 焦11 逍10 喬9 嬌8 苗5 憍3 囂3 搖3 消2 招2 饒1 橋1 朝1 妖1 驕1 霄1 姚1

依陳氏系聯條例，可分作遙昭余（搖昭羊）、焦、逍、嬌喬居（驕喬居）、苗、憍、囂饒許、消、招、橋妖渠、朝、霄、姚十三類，「昭」「喬」「嬌」「苗」「囂」「饒」「朝」「妖」八字，於四聲等子同屬開口三等字；「昭」「喬」「苗」「囂」「朝」「妖」「

嬌」七字，於韻鏡同屬開口三等字；廣韻「昭」與「招」音同、「焦」作「即消切」、「逍」作「相邀切」、「憍」作「舉喬切」、「消」作「相邀切」「招」、作「止遙切」、「霄」作「相邀切」、「姚」與「遙」音同；是以「遙」「昭」「焦」「逍」「喬」「嬌」「苗」「憍」「囂」「搖」「消」「招」「饒」「橋」「朝」「妖」「驕」「霄」「姚」十九字同為一類。

△肴韻僅有一類：

交類開口二等：交19 包4 爻1 茅1

包布交 爻胡茅 茅莫餚

△豪韻僅有一類：

刀類開口一等：刀60 高37 勞9 毛8 遭3 曹1 袍1

依陳氏系聯條例，可分作刀都勞（高古勞、曹昨勞）、毛莫袍（袍薄毛）、遭三類，今據高師廣韻切語下字表，豪韻僅有一類；「刀」「高」「勞」「毛」「曹」「袍」六字，於四聲等子同屬開口一等字；四聲等子未見「遭」字，但其合口三等有「糟」字，廣韻「

遭」「糟」同音，故「遭」字亦屬合口三等字；是以「刀」「高」「勞」「毛」「遭」「曹」「袍」併為一類。

△歌韻僅有一類：

何類開口一等：何47 那1 哥1 多1

依陳氏系聯條例，可分作那、哥、多何得三類，今據高師廣韻切語下字表，歌韻僅有一韻；「何」「那」「哥」「多」四字，於四聲等子同屬開口一等字，是以「何」「那」「哥」「多」四字併為一類。

△戈韻計分三類：

禾類合口一等：禾42 戈42 和5 婆1

靴類合口三等：靴1

迦類開口三等：迦3

依陳氏系聯條例，可分作禾妒（戈秙）、和、婆、靴、迦五類，今據高師廣韻切語下字表，戈韻僅分三類；「戈」「和」「婆」三字，於四聲等子同屬合口一等字；是以「禾」「戈」「和」

「婆」四字併為一類。「靴」字於四聲等子屬合口三等字，故自成一類。「迦」字於四聲等子屬開口三等字，故又自為一類。

△麻韻討有三類：

加類開口二等：加81 巴6 牙3

邪類開口三等：邪9 虵8 遮4

瓜類合口二等：瓜25 花11

依陳氏系聯條例，可分作牙五加、巴、邪、虵食遮、瓜古花五類，今據高師廣韻切語下字表，麻類僅分三類；「加」「巴」「牙」三字，於四聲等子同屬開口二等字，是以自為一類。「遮」字於四聲等子屬開口三等字，「邪」字，於四聲等子雖居四等，實三等字也；是以「邪」「虵」「遮」三字又立一類。「瓜」「花」二字，於四聲等子同屬合口三等字，是以「瓜」「花」二字又另為一類。

△陽韻討有二類：

羊類開口三等：羊47 良40 莊4 章1

王類 合口三等：王9

依陳氏系聯條例，可分作羊類（章諸良）、莊、王三類，今據高師廣韻切語下字表，陽韻僅分二類；「良」「章」二字，於四聲等子同屬開口三等字；「羊」字，於四聲等子雖居開口四等，實三等字也；「莊」字，於四聲等子雖居開口二等，實三等字也；是以「羊」「良」「莊」「章」四字，同屬一類。「王」字於四聲等子屬合口三等字，是以另為一類。

△唐韻計有二類：

郎類 開口一等：郎61 剛9 當4 忙1

光類 合口一等：光20 黃1 旁1

依陳氏系聯條例，可分作郎、剛、當、光古黃（黃胡光、旁步光）、忙五類，今據高師廣韻切語下字表，唐韻僅分二類；「郎」「剛」「當」「忙」四字，於四聲等子同屬開口一等字，是以併為一類。「光」「黃」二字，於四聲等子同屬合口一等字，是以「光」「黃」「旁」三字另為一類。

△庚韻計有四類：

庚類(開口二等)：庚45 盲11 行8 更3 亨1 生1

京類(開口三等)：京4 驚1 迎1

橫類(合口二等)：橫6

兵類(合口三等)：兵1

依陳氏系聯條例，可分作庚古行(更古行、生所庚)、盲、亨、京、驚、迎、橫、兵八類，今據高師廣韻切語下字表，廣韻僅分四類；「亨」「生」二字，於四聲等子同屬開口二等字；「庚」「盲」「行」「亨」「生」五字，於韻鏡同屬開口二等字，是以「庚」「盲」「行」「更」「亨」「生」六字併為一類。「京」字，於韻鏡屬開口三等字；廣韻「驚」音同「京」，「迎」作「語京切」，故「京」「驚」「迎」三字自當另為一類。「橫」字，於四聲等子屬合口二等字，自當為一類。「兵」字，於四聲等子屬合口三等字，故又另立一類。

△耕韻計有二類：

耕類開口二等：耕81 莖6 爭1

萌類合口二等：萌30 宏2 轟2 厷1

依陳氏系聯條例，可分作莖胡耕、爭、宏戶萌（轟呼宏、厷戶萌）三類，今據高師廣韻切語下字表，耕韻僅分二類；「耕」「莖」「爭」三字，於四聲等子同屬開口二等字，是以自為一類。四聲等子未見「宏」字，但其合口二等有「宖」字，廣韻「宏」「宖」同音，故「宏」字亦屬合口二等字；「宏」「轟」二字，於韻鏡同屬合口二等字；是以「萌」「宏」「轟」「厷」四字另為一類。

△清韻計有二類：

盈類開口三等：盈13 貞4 并1 成1 呈1

營類合口三四等：營16 傾1 縈1

依陳氏系聯條例，可分作盈、貞、并、成、呈、傾苦營（縈於營）六類，今據高師廣韻切語下字表，清韻僅分二類；「盈」「并」二字，於四聲等子雖同居開口四等，實三等字也；「成」字，於韻鏡屬開口三等字，廣韻「貞」作「陟盈切」、「呈」作「直貞切」；是以「盈」「貞」「并」「成」「呈」五字當為一類。「營」「頃」「縈」三字，於四聲等子雖同居合口四等，實三等字也；是以另立一類。

△青韻計有二類：

丁類開口：丁 36 經 11 瓶 2 刑 1 形 1

熒類合口：熒 2

依陳氏之系聯條例，可分作經、瓶丁竝、刑、形、熒五類，今據高師廣韻切語下字表，青韻僅分二類；「丁」「經」「瓶」「形」四字，於四聲等子同屬開口四等字；廣韻「刑」與「形」音同，故其韻類亦與「形」同；是以「丁」「經」「瓶」「刑」「形」五字併為一類。「熒」字，於四聲等子屬合口四等字，是以另立一類。

△蒸韻僅有一類：

陵類開口：陵 20 凌 10 冰 9 仍 8 凝 5 應 3 兢 2 承 1 升 1 乘 1

依陳氏系聯條例，可分作凌冰力、仍升如、凝、應、兢陵居、承、乘七類，今據高師廣韻切語下字表，蒸韻僅有一韻；「陵」「冰」「凝」「兢」「升」五字，於四聲等子同屬開口三等字；「陵」「凝」「兢」「承」「升」五字，於韻鏡同屬開口三等字，廣韻「應」作「於陵切」、「乘」作「食陵切」，是以「陵」「凌」「冰」「仍」「凝」「應」「兢」「承」「升」「乘」十字同為一類。

△登韻計分二類：

登類（開口一等）：登35 崩4 恒3 朋2 曾2 能1

弘類（合口一等）：弘9

依陳氏系聯條例，可分成登、崩、恒、曾、能、弘七類，今據高師廣韻切語下字表，登韻僅分二類；「登」「崩」「恒」「朋」「能」五字，於四聲等子同屬開口一等字；四聲等子未見「曾」字，然其開口一等有「增」字，廣韻「曾」「增」同音，故「曾」字亦屬開口一等字；是以「登」「崩」「恒」「朋」「曾」「能」六字併為一類。「弘」字，於四聲等子屬合口一等字，故另作一類。

△尤韻計有一類：

由類（開口三四等）：由42 流16 求16 尤10 休9 鳩7 周6 浮4 留3 秋2 牟2 牛1 搜1 愁1 丘1 州1

據陳澧系聯條例，可分作由（以周）、流、尤（羽求）（鳩（居求）牛（語求））、休、浮（伏牟）（牟（莫浮））、留、秋、謀、搜（所丘）、愁、州十一類，今據高師廣韻切語下字表，尤韻僅有一類；「求」「尤」「休」「鳩」「周」「浮」「謀」「牛」「丘」九字，於四聲等子雖居開口三等字；「由」「秋」二字，於四聲等子雖居開口四等，實三等字也；「搜」「愁」二字，於四聲等子雖居二等，實三等字也；四聲等子未見「流」「留」二字，但其開口三等有「劉」字，廣韻「流」「留」「劉」同音，故「流」「留」二字，亦屬開口三等字；廣韻「牟」音同「謀」、「州」音同「周」；是以「由」「求」「流」「尤」「休」「鳩」「周」「浮」「留」「秋」「牟」「謀」「牛」「搜」「愁」「丘」「州」十七字同為一類。

△侯韻計有一類：

侯類開口一等：侯87婁1溝1鉤1。

據陳氏系聯條例，可分作鉤古侯（溝古侯）二類，今依高師廣韻切語下字表，侯韻僅有一類；「侯」「婁」「鉤」三字，於四聲等子同屬開口一等字，是以「侯」「婁」「溝」「鉤」四字併為一類。

△幽韻僅有一類：

幽類開口四等：幽20

△侵韻僅有一類：

林類開口三等：林35今24金11針10心10淫5深5音4壬2任2吟1陰1

依陳氏系聯條例，可分作今、金居音（音於金）、心息林、淫餘針、深、壬、任、吟、陰九類，今據高師廣韻切語下字表，侵韻僅有一類；「林」「金」「針」「深」「音」「任」「吟」七字，於四聲等子同屬開口三等字；「心」「淫」二字，於四聲等子雖居開口四等，實三等字也；又廣韻「今」與「金」同音，「壬」與「

任」同音、「陰」與「音」同音；是以「林」「今」「金」「針」「心」「淫」「深」「音」「壬」「任」「吟」「陰」十二字為同類。

△覃韻僅有一類：

含類（開一等）：含 69 南 8 男 3 貪 1

依陳氏系聯條例，可分作南、男（含奴）、貪三類，今據高師廣韻切語下字表，覃韻僅有一類；「男」「貪」二字，於四聲等子同屬開口一等字，廣韻「南」字與「男」字同音，故其韻類當與「男」同；是以「含」「南」「男」「貪」四字併為一類。

△談韻僅有一類：

甘類（開一等）：甘 46 談 3 三 2 酣 1

依陳氏系聯條例，可分甘（三古）（酣胡）、談二類，今據高師廣韻切語下字表，談韻僅有一類；「甘」「三」二字，於四聲等子同屬開口一等字；「談」「酣」二字，於韻鏡與「甘」「三」同屬開口一等字；是以「甘」「談」「三」「酣」四字同屬一類。

△鹽韻僅有一類：

廉類(開口三四等)：廉$^{56}$ 鹽$^{20}$ 占$^{15}$ 淹$^{10}$ 炎$^{6}$ 閻$^{5}$ 尖$^{4}$ 潛$^{3}$

依陳氏系聯條例，可分作廉力（尖潛、閻廉余）、鹽、占、淹炎於四類，今據高師廣韻切語下字表，鹽韻僅有一類；「廉」「淹」「炎」三字，於四聲等子同屬開口三等字；「鹽」「尖」「潛」三字，於四聲等子雖同屬開口四等，實三等字也；四聲等子未見「占」字，但其開口三等有「詹」字，廣韻「占」「詹」音同，故「占」字亦屬開口三等字；是以「廉」「鹽」「占」「淹」「炎」「閻」「潛」等八字併為一類。

△添韻僅有一類：

兼類(開口四等)：兼$^{31}$ 恬$^{2}$ 添$^{1}$

依陳氏系聯條例，可分作恬兼徒、添二類，今據高師廣韻切語下字表，添韻僅有一類；「兼」「添」二字，於四聲等子同屬開口四等字；是以「兼」「恬」「添」三字併為一類。

△咸韻僅有一類：

咸類（開口二等）：咸45 緘1 儳1

緘古咸 儳士咸

△銜韻僅有一類：

銜類（開口二等）：銜33 衫3 監1

依陳氏系聯條例，可分為銜、衫、監三類，今據高師廣韻切語下字表，銜韻僅有一類；「衫」「監」二字，於四聲等子同屬開口二等字；「銜」字，於韻鏡與「衫」「監」同屬開口二等字；是以「銜」「衫」「監」三字併為一類。

△嚴韻僅有一類：

嚴類（開口三等）：嚴5

上聲

△董韻僅有一類

孔類合一等：孔27 董8 動1

依陳氏系聯條例，可分作孔、董、動三類，今據高師廣韻切語下字表，董韻僅有一類；「孔」「董」「動」三字，於四聲等子同屬合口一等字；是以併作一類。

△腫韻計有二類：

勇類合三等：勇37 隴18 悚5 拱4 腫1 聳1 恐1 冢1

隴勇力 悚勇息 腫勇之 聳勇息 冢勇知 拱聳居 恐隴丘。

△講韻計有一類：

項類開二等：項10 講3

項講乎

△紙韻計有二類：

尒類開三等：尒29 綺24 氏18 弭13 紙11 婢9 是6 彼5 蟻5 倚3 此3 紫1

委類合三等：委50 捶4 毀2

依陳氏系聯條例，可分作尒(兒氏)(此(雌氏))、是(常紙)、蟻(魚綺)(倚(於蟻))、紫、弭(婢名)、彼、捶(之累)、毀八類，今據高師廣韻切語下字表，紙韻僅分二類：「尒」「綺」「彼」（案：廣韻「彼」字作「甫委切」，切語用「委」字，蓋其疏也。今全王本「彼」字作「補靡反」，四聲等子、韻鏡、經史正音切韻指南均屬開口，故據正。）「是」「蟻」「倚」六字，於四聲等子同屬開口三等字；「弭」「婢」「此」「紫」四字，於四聲等子雖居開口四等，實三等字也；是以上述「尒」「綺」「氏」「弭」「紙」「婢」「是」「彼」「蟻」「倚」「此」「紫」十二字當屬一類。「委」字，於四聲等子屬合口三等字；「捶」「毀」二字，於韻鏡與「委」字同屬合口三等字，故其韻類當與上述各字異，是以又另立一類。

△旨韻計有二類：

几類(開口三四等)：几17 履7 旨3 死3 姊3 視2 矢1 指1

水類(合口三四等)：水22 美12 鄙8 軌3 癸2 累2

依陳氏系聯條例，可分作几(居履)(履(力几))、旨、姊(咨死)、矢(式視)、指、水軌書（軌水居）、鄙美悲、癸、累九類，今據高師廣韻切語下字表「指」韻僅分二類；「几」「履」「旨」「視」「矢」五字，於韻鏡同屬開口三等字；「姊」「死」二字，於韻鏡雖居開口四等，實三等字也；「指」字，廣韻與「旨」同音，是以「几」「履」「旨」「死」「姊」「視」「矢」「指」八字自當同屬一類。「水」「累」二字，於四聲等子同屬合口三等字；「軌」字於韻鏡與「水」同屬合口三等字；「癸」字於四聲等子雖居合口四等，實三等字也；廣韻「美」作「無鄙切」、「鄙」作「方美切」，「鄙」「美」互用，今依高師廣韻切語下字表、林師二百九十四韻類表，併入合口；是以「水」「美」「鄙」「軌」「癸」「累」等六字自當另屬一類。

△止韻僅有一類：

里類（開口三四等）：里31 史9 騃5 止4 已3 紀3 起2 矣1 市1 耳1 俟1 子1 以1

依陳氏系聯條例，可分作里力止（子即里、止市諸）、騃、已、紀、起、矣、耳、俟、竢、子、以十類，今據高師廣韻切語下字表，止韻僅有一類；「史」「俟」二字，於四聲等子雖居開口二等，實開口三等字也；「里」「止」「紀」「起」「市」「耳」「以」〈「以」為喻母四等字，當下移四等，惟本實三等〉七字，於韻鏡同屬開口三等字；「子」字，於韻鏡雖居四等，實三等字也；廣韻「騃」與「俟」音同；廣韻「巳」作「詳里切」、「矣」作「于紀切」；是以「里」「史」「騃」「止」「巳」「紀」「起」「矣」「市」「耳」「俟」「子」「以」十三字自當屬一類。

△尾韻計有二類：

豈類開口三等：豈12

鬼類合口三等：鬼24 尾12 偉5

依陳氏系聯條例，可分作豈、鬼偉居、尾三類，今據高師廣韻切語下字表，尾韻僅分二類；「豈」字，於韻鏡屬開口三等字，自成一類。「鬼」「尾」二字，於四聲等子同屬合口三等字，故「鬼」「尾」「偉」三字自當另為一類。

△語韻僅有一類：

呂類開口三二四等：呂65與8許7舉2暑2語1所1序1

依陳氏系聯條例，可分作呂、與、許、舉、暑、語、所、序八類，今據高師廣韻切語下字表，語韻僅有一類；「暑」字，於四聲等子屬開口三等字；「所」字，於四聲等子雖居開口二等，實三等字也；「呂」「許」「舉」「暑」「語」五字。於韻鏡同屬開口三等字；廣韻「與」作「余呂切」、「序」作「徐呂切」；是以「呂」「與」「許」「舉」「暑」「語」「所」「序」八字同為一類。

△麌韻僅有一類：

主類合口三四等：主42雨14武13矩9庾1

依陳氏系聯條例，可分作雨矩主、武、庾主三類，今據高師廣韻切語下字表，麌韻僅有一類；「主」「雨」「武」「矩」四字，於四聲等子同屬合口三等字；「庾」字，於四聲等子雖居四等，實三等字也；是以「主」「雨」「武」「矩」「庾」五字同屬一類。

△姥韻僅有一類：

古類（合口一等）：古34 五4 補3 魯2 戶1 苦1

依陳氏系聯條例，可分作古（公戶）、補、魯、苦四類，今據高師廣韻切語下字表，姥韻僅有一類；「古」「五」「補」「魯」「戶」「苦」六字，於四聲等子同屬合口一等字，故自當同屬一類。

△薺韻僅有一類：

禮類（開口四等）：禮28 米5 啓2

米（莫禮）啓（口禮）

△蟹韻僅有一類：

買類（開口二等）：買25 解4 蟹1

依陳氏系聯條例，可分作買、解、蟹三類，惟「買」「解」「蟹」三字，於四聲等子同屬開口二等字，是以併為一類。

△駭韻僅有一類：

駭類開口二等：駭4 楷3

駭楷

△賄韻僅有一類：

罪類合口一等：罪43 每23 賄7 猥7

依陳氏系聯條例，可分作罪、賄呼每(猥烏每)二類，今據高師廣韻切語下字表，賄韻僅有一類；「罪」「賄」「猥」三字，於四聲等子同屬合口一等字，是以「罪」「每」「賄」「猥」四字可併成一類。

△海韻僅有一類：

海類開口一等：海12 改6 亥5 乃5 宰1 愷1

依陳氏系聯條例，可分作改古海(乃奴海)、宰、亥、愷四類，今據高師廣韻切語下字表，海韻僅有一類；「海」「改」「亥」「乃」「宰」「愷」六字，於四聲等子同屬開口一等字，是以併成一類。

△軫韻計有二類：

忍類（開口三、四等）：忍58 引11 愍2 盡1

殞類（開口三等）：殞12 敏6

依陳氏系聯條例，可分作忍、引、愍、盡、殞敏於（敏殞）五類，今據高師廣韻切語下字表，軫韻僅分二類；「忍」「愍」二字，於四聲等子同屬開口三等字；「引」「盡」二字，於四聲等子雖居開口四等，實三等字也；是以「忍」「引」「愍」「盡」四字併為一類。廣韻「殞」作「于敏切」「敏」音同「愍」，故「殞」「敏」亦屬開口三等字，今遵高師林師之說，與平聲已分二類，故「殞」「敏」另立一類。

△準韻僅有一類：

尹類（合口三、四等）：尹12 准6 允2

依陳氏系聯條例，可分作尹、准、允三類，今據高師廣韻切語下字表，準韻僅分一類；「尹」字，於四聲等子雖居合口四等，實三等字也；廣韻「允」與「尹」音同，「准」作「之尹切」；是以「尹」「准」「允」三字當併為一類。

△吻韻僅有一類：

粉類三等合口：粉12吻9忿1

粉吻方忿吻芬

△隱韻僅有一類：

謹類三等開口：謹2近1隱1

依陳氏系聯條例，可分作謹、近、隱三類，今據高師廣韻切語下字表，隱韻僅有一類；「謹」「隱」二字，於四聲等子同屬開口三等字，「謹」「近」「隱」三字，於韻鏡又同屬開口三等字，是以併為一類。

△阮韻計有二類：

偃類三等開口：偃14幰1堰1

遠類三等合口：遠12阮9返3晚2

依陳氏系聯條例，可分作幰偃許、堰、阮遠魚（晚遠无）、返四類，今據高師廣韻切語下字表，阮韻僅分二類；「堰」字，於四聲等子屬開口三等也；「幰」「堰」二字，於韻鏡同屬開口三等字；

是以「偃」「㦾」「堰」三字自成一類。「遠」「阮」「晚」三字，於四聲等子同屬合口三等字；四聲等子未見「返」字，但其合口三等字有「反」字，廣韻「返」「反」音同，故「返」字亦當屬合口三等字；是以「遠」「阮」「返」「晚」四字當另立為一類。

△混韻僅有一類：

本類（合一等）：本54 損9 袞1 忖1

依陳氏系聯條例，可分作本、損、袞、忖四類，今據高師廣韻切語下字表，混韻僅有一類；「本」「損」「忖」三字，於四聲等子同屬合口一等字；四聲等子未見「袞」字，但其合口一等有「鯀」字，廣韻「袞」「鯀」同音，故「袞」字亦屬合口一等字；是以「本」「損」「袞」「忖」四字同屬一類。

△很韻僅有一類：

很類（開一等）：很5 墾2 懇1

很胡墾 墾口很 懇可很

△旱韻僅有一類：

旱類開一等：旱32 散5 但2 誕2 懶1

依陳氏系聯條例，可分作旱、但、誕、懶散勤四類，今據高師廣韻切語下字表，旱韻僅有一類；「旱」「散」「但」「嬾」（瀧龕手鑑「嬾」字下云：「與懶同」）四字，於四聲等子同屬開口一等字；廣韻「誕」與「但」音同，是以「旱」「散」「但」「誕」「懶」五字當為一類。

△緩韻僅有一類：

管類一等合：管39 短5 滿1

依陳氏系聯條例，可分作管、短、滿三類，今據高師廣韻切語下字表，緩韻僅有一類；「管」「短」「滿」三字，於四聲等子同屬合口一等字，是以併為一類。

△潸韻僅有一類：

板類二等合：板20 綰7 版1

依陳氏系聯條例，可分作綰板鳥、版二類，今據高師廣韻切語下字表，潸韻僅有一類；「綰」「版」二字，於四聲等子同屬合口二等字，是以「板」「綰」「版」三字可併為一類。

△產韻僅有一類：

限類開口：限14 產4 簡4

依陳氏系聯條例，可分作限、產、簡三類，「限」「產」二字，於四聲等子同屬開口二等字；「限」「產」「簡」三字，於韻鏡同屬開口二等字；是以三字可併為一類。

△銑韻計有二類：

典類開口：典66 殄1 顯1

犬類合口：犬22 泫1

依陳氏系聯條例，可分作殄典徒、顯、犬泫苦（泫炫犬）三類，今據高師廣韻切語下字表，銑韻僅分二類；「典」「殄」「顯」三字，於四聲等子同屬開口四等字，自成一類。「犬」「泫」二字，於四聲等子同屬合口四等字，另為一類。

△獮韻計有二類：

展類（開口三等）：展19 蹇17 淺15 演15 善13 免7 輦3

兗類（合口三等）：兗46 轉4 緬2

依陳氏系聯條例，可分作展知演（輦力展、蹇九輦）、淺、善、免、兗、轉、緬七類，今據高師廣韻切語下字表，獮韻僅分二類；「展」「蹇」「免」「輦」四字，於四聲等子同屬開口三等字；「淺」「演」二字，於四聲等子雖居四等，實三等字也；是以「展」「蹇」「淺」「演」「善」「免」「輦」七字同屬一類。「兗」「緬」二字於四聲等子雖同居合口四等，實三等字也；「轉」字於韻鏡居合口三等；是以「兗」「轉」「緬」三字又另屬一類。

△篠韻僅有一類：

了類（開口四等）：了56 鳥9 皎2

鳥丁了 皎古了

△小韻僅有一類：

小類（開口三等）：小43 沼15 表10 少7 夭3 兆1 遶1 眇1

依陳氏系聯條例，可分作小私少（沼之少、眇彌小）、表、夭於兆、遶四類，今據高師廣韻切語下字表，小韻僅有一類；「沼」「表」「少」「夭」「兆」「遶」六字，於四聲等子同屬開口三等字；是以「小」「沼」「表」「少」「夭」「兆」「遶」「眇」八字同為一類。

△巧韻僅有一類：

巧類（開口二等）：巧31 絞7 爪1 卯1

依陳氏系聯條例，可分作絞古巧（爪側巧）、卯二類，今據高師廣韻切語下字表，巧韻僅有一類；「巧」「絞」「爪」「卯」四字，於四聲等子同屬開口二等字，故可併為一類。

△皓韻僅有一類：

老類（開口一等）：老59 好2 討1 皓1 草1

依陳氏系聯條例，可分作老盧討（討他老、皓胡老、草倉老）、好二類，今據高師廣韻切語下字表，皓韻僅有一類；「老」「好」「討」「皓」「草」五字，於四聲等子同屬開口一等字，故可併為一類。

△哿韻僅有一類：

可類（開口一等）：可52 我7 荷1

依陳氏系聯，可分作可、我、荷三類，今據高師廣韻切語下字表，哿韻僅有一類；「可」「我」「荷」三字，於四聲等子同屬開口一等字，是以併為一類。

△果韻僅有一類：

果類（合口一等）：果83 火16

果古火 火呼果

△馬韻計有三類：

下類（開口二等）：下17 雅7 賈6 馬2

者類（開口三等）：者13 也10 野3

瓦類（合口二等）：瓦34 寡2

依陳氏系聯條例，可分作雅、賈、馬莫下、瓦五寡（寡古瓦）、也羊者（野以者）五類，今據高師廣韻切語下字表，馬韻僅分三類；「下」「雅」「賈」「馬」四字，於四聲等子同屬開口二等字，自為一類。「者」字，於四聲等子屬開口三等字；「也」字，於四聲等子雖居四等，實三等字也；是以「者」「也」「野」三字自屬一類。「瓦」「寡」二字，於四聲等子屬合口二等字，自又成一類。

△養韻計有二類：

兩類（開口三、四等）：兩 86 罔 4 丈 3 掌 3 養 2 上 1 仗 1

往類（合口三等）：往 5

依陳氏系聯條例，可分作罔兩、丈、掌、養、上、仗、往七類，今據高師廣韻切語下字表，養韻僅分二類；「兩」「罔」「丈」「掌」「上」五字，於四聲等子同屬開口三等字；「養」字雖居開口四字，實三等字也；廣韻「仗」與「丈」字音同；是以「兩」「罔」「丈」「掌」「養」「上」「仗」七字併為一類。「往」字，於四聲等子屬合口三等字，是以另立一類。

△蕩韻計有二類：

朗類開一等：朗64 莽1

廣類合一等：廣8

依陳氏系聯條例，可分作莽朗、廣二類，今據高師廣韻切語下字表，蕩韻僅分二類；「朗」「莽」二字，於四聲等子同屬開口一等字，是以立為一類。「廣」字，於四聲等子屬合口一等字，是以另立一類。

△梗韻計有四類：

猛類開二等：猛17 杏6 冷4 梗1

景類開三等：景4 影3 省2

礦類合二等：礦3

永類合三等：永7 丙2

依陳氏系聯條例，可分作猛、杏、冷、梗、景、影、省、礦、永、丙十類，今據高師廣韻切語下字表，梗韻計有四類；「杏」「冷」二字，於四聲等子同屬開口二等字；「猛」「杏」「冷」「梗」四字，於韻鏡同屬開口二等字；是以「猛」「杏」「冷」

「梗」四字自成一類。「景」「影」二字，於四聲等子同屬開口三等字；「省」字，於四聲等子雖居開口四等，實三等字也；是以「景」「影」「省」三字當為一類。「礦」字，於四聲等子屬合口二等字，故又自成一類。「永」「丙」二字，於四聲等子同屬合口三等字，是以又另立一類。

△耿韻僅有一類：

耿類二開：耿5、幸2

依陳氏系聯條例，可分作耿、幸二類，今據高師廣韻切語下字表，耿韻僅有一類；「耿」「幸」二字，於韻鏡同屬開口二等字，是以併為一類。

△靜韻計有二類：

井類三開：井22、領8、郢7、整2、請2

潁類三合：潁7、頃4

依陳氏系聯條例，可分作井請子，郢整以（整領之）、潁頃餘三類，今據高師廣韻切語下字表，靜韻僅分二類；「井」「郢」「請」三字，於四聲等子雖同居開口四等，實三等字也；是以「井」「頸」「郢」「整」「請」五字併為一類。「穎」「頃」二字，於四聲等子雖同居合口四等，實三等字也；是以另立一類。

△迥韻計有二類：

頂類開口四等：頂41 醒1

迥類合口四等：迥10 並1

依陳氏系聯條例，可分作醒頂、迥、並三類，今據高師廣韻切語下字表，迥韻僅分二類；「頂」字，於四聲等子屬開口四等字，是以「頂」「醒」二字併為一類。「迥」字，於四聲等子屬合口四等字；廣韻「並」作「蒲迥切」；是以「迥」「並」二字併為一類。

△拯韻僅有一類：

拯類開口三等：拯2

△等韻僅有一類：

等類開口一等：等5

△宥韻僅有一類：

九類（開三等）：九42 久21 柳6 酉4 有3 首1 酒1 否1

依陳氏系聯條例，可分作九䏲（酉九𦍋、首九書）、久、柳、有、酒、否六類，今據高師廣韻切語下字表，宥韻僅有一類；「九」「柳」「有」三字，於四聲等子同屬開口三等字；「酉」「酒」二字，於四聲等子雖居開口四等，實三等字也。又廣韻「久」字與「九」字音同，故其韻類當與「九」同；四聲等子未見「否」字，但其開口三等有「缶」字，廣韻「否」「缶」同音，故「否」字亦屬開口三等字。是以「九」「久」「柳」「酉」「有」「首」「酒」「否」八字當為一類。

△厚韻僅有一類：

口類（開一等）：口67 走6 后5 斗5 狗2 苟1 垢1 厚1 後1

依陳氏系聯條例，可分作口啹（走吇、斗噹、狗咕、苟咕）、垢、厚、後四類，今據高師廣韻切語下字表，厚韻僅有一類；「口」「走」「斗」「苟」「厚」五字，於四聲等子同屬開口一等字；廣韻「垢」與「苟」音同、「後」與「厚」音同；是以「口」「走」「后」「斗」「狗」「苟」「垢」「厚」「後」九字併為一類。

△黝韻僅有一類：

糾類開口四等：糾2

△寑韻僅有一類：

錦類開口三等：錦18 稔14 甚12 飲5 荏5 審4 朕4 枕3

依陳氏系聯條例，可分作錦、稔如審（荏而審、枕章荏）、甚、飲、朕五類，今據高師廣韻切語下字表，寑韻僅有一類；「錦」「甚」「飲」「荏」「審」「朕」「枕」七字，於四聲等子同屬開口三等字，是以「錦」「稔」「甚」「飲」「荏」「審」「朕」「枕」八字同為一類。

△感韻僅有一類：

感類開口一等：感94

△敢韻僅有一類：

敢類開口一等：敢37 覽2

依陳氏系聯條例，可分作敢、覽二類，今據高師廣韻切語下字表，敢韻僅有一類；「覽」字，於四聲等子同屬開口一等字，「敢」「覽」二字，於韻鏡同屬開口一等字，是以併為一類。

△琰韻僅有一類：

撿類開口三等：撿21 琰19 冉16 染11 檢8 斂2 奄2 漸1 厭1

依陳氏系聯條例，可分作撿、琰染、檢、斂、奄、漸、厭七類，今據高師廣韻切語下字表，琰韻僅有一類：「冉」「檢」「斂」「奄」四字，於四聲等子同屬開口三等字；「琰」字，於四聲等子雖居開口四等，實三等字也；廣韻「撿」與「斂」字音同，故其韻類當與「斂」同；廣韻「漸」作「慈染切」、「厭」作「於琰切」；是以「撿」「琰」「冉」「染」「檢」「斂」「奄」「漸」「厭」等九字同為一類。

△忝韻僅有一類：

點類開口四等：點11 忝8 玷3 簟1

點丁忝忝他點玷多忝簟徒忝

△豏韻僅有一類：

斬類謂開口二等：斬14 減7 黯2

減古斬黯乙減

△檻韻僅有一類：

檻類謂開口二等：檻5 黤3

檻胡黤黤於檻

△儼韻僅有一類：

广類謂開口三等：广4 儼1 埯1

依陳氏系聯條例，可分作儼、埯於广二類，今據高師廣韻切語下字表，儼韻僅有一類；「儼」字，於四聲等子屬開口二等字；廣韻「埯」作「於广」切、「广」音同「儼」；是以「广」「儼」「埯」三字併為一類。

△范韻僅有一類：

犯類謂合口三等：犯5 范2

依陳氏系聯條例，可分作犯、范二類，今據高師廣韻切語下字表，范韻僅有一類；「范」字，於四聲等子屬合口三等字；廣韻「犯」與「范」字音同；是以「犯」「范」二字併為一類。

去聲

△送韻計有二類

貢類合口一等：貢23 弄21 送3

仲類合口三等：仲0 鳳2 眾1

依陳氏系聯條例，可分作貢、弄、送、仲、鳳、眾六類，今據高師廣韻切語下字表，送韻僅分兩類；「貢」「弄」「送」三字，於四聲等子同屬合口一等字。「仲」「鳳」二字，於四聲等子則另屬合口三等字；「眾」字，四聲等子未曾出現，惟廣韻作「之仲切」，故其韻類當與「仲」「鳳」同。

△宋韻僅有類：

宋韻合口一等：宋3

△用韻僅有一類：

用類合口三等：用3 種1

依陳氏系聯條例，可分作用、種二類，今據高師廣韻切語下字表，用韻僅有一類；「種」字於四聲等子屬合口三等字；「用」

字，四聲等子未曾出現，但有「朧」字，「朧」字龍書作「力用反」，於四聲等子與「種」同屬合口三等字，故韻類當與「種」同。

△絳韻僅有一類：

絳類開口二等：絳10降8巷1

絳巷降

△寘韻計有二類：

義類開口三四等：義24智20寄13賜13企1

僞類合口三四等：僞16恚5睡3累2瑞2

依陳氏系聯條例，可分作義、寄、賜、企[illegible]、恚、睡、累僞、瑞八類，今據高師廣韻切語下字表，寘韻僅分二類：「義」「智」「寄」三字，於四聲等子雖同居開口四等，實三等字也；廣韻「僞」作「危睡切」、「瑞」音同「睡」；是以「僞」「恚」「睡」「累」「瑞」五字另併為一類。

△至韻計有二類：

利類（開口三等）：利40冀23至17器12弃6季6二3庇1恣1致1稚1四1
位類（合口三等）：位25醉18類11備7祕6愧6遂4媚2
依陳氏系聯條例，可分作冀、器、弃詰利（致陟利、稚直利、四息利）、季、二而至、庇、恣、位、醉將遂、備、祕、愧、遂、媚十四類，今據高師廣韻切語下字表，逕分二類；「二」字，於四聲等子屬開口三等字；「利」「冀」「至」「器」「致」五字，於韻鏡與「二」字同屬開口三等字；「恣」「四」二字，於韻鏡雖居開口四等，實三等字也；廣韻「季」作「居悸切」、「庇」作「必至切」；是以「利」「冀」「至」「器」「弃」「季」「二」「庇」「恣」「致」「稚」「四」等十二字自當屬一類。「類」字，於四聲等子屬合口三等字；「醉」「遂」二字，於四聲等子雖居合口四等，實三等字也；「位」「類」二字，於韻鏡屬合口三等字；廣韻「備」作「平祕切」、「祕」作「兵媚切」、「愧」作「俱位切」、「遂」作「徐醉切」、「媚」作「明祕切」；是以「位」「醉」「類」「備」「祕」「愧」「遂」「媚」等八字自當另屬一類。

△志韻僅有一類：

志類(開口三等)：志22記15異2吏1廁1

依陳氏系聯條例，可分作記、異、吏、廁(初)四類，今據高師廣韻切語下字表，志韻僅有一類；「廁」字，於四聲等子雖居開口二等，實三等字也；「志」「記」「吏」三字，於韻鏡屬開口三等；「異」字，於韻鏡雖居開口四等，實三等字也。是以「志」「記」「異」「吏」「廁」等五字自當同屬一類。

△未韻計有二類：

既類(開口三等)：既24氣2

味類(合口三等)：味13未9沸8貴8胃4畏2魏1

依陳氏系聯條例，可分作氣(既去)、味、沸(排)、貴、胃、畏、魏七類，今據高師廣韻切語下字表，未韻僅分二類；「既」「氣」二字，於韻鏡同屬開口三等字，是以自成一類。「未」「沸」「貴」「胃」四字，於四聲等子同屬合口三等字；「未」「沸」「貴」「胃」「魏」五字，於韻鏡同屬合口三等；廣韻「味」作「無沸切」，「畏」作「於胃切」；是以「味」「未」「沸」「貴」「胃」「畏」「魏」七字自當另屬一類。

△御韻僅有一類：

恕類(開口三等)：恕22 據20 去5 慮4 預4 庶3 御2 疏1

依陳氏系聯條例，可分作恕、去據（預拜）、慮、庶、御、疏六類，今據陳師廣韻切語下字表，御韻僅有一類；「恕」「據」「去」「慮」「御」五字，於韻鏡同屬開口三等字；廣韻「庶」作「商署切」（「署」作「常恕切」）、「疏」作「所去切」；是以「恕」「據」「去」「慮」「預」「庶」「御」「疏」八字同屬一類。

△遇韻僅有一類：

句類(合口三等)：句33 遇22 注6 戍3 附3 喻2 付1

依陳氏系聯條例，可分作句遇、戍注傷、附、喻、付五類，今據陳師廣韻切語下字表，遇韻僅有一類；「句」「遇」「注」「戍」「附」「付」五字，於四聲等子同屬合口三等字；廣韻「喻」作「羊戍切」；是以「句」「遇」「注」「戍」「附」「喻」「付」七字同屬一類。

△暮韻僅有一類：

故類合一等：故40悟2誤1布1

依陳氏系聯條例，可分作故、悟、誤、布四類，今據高師廣韻切語下字表，暮韻僅有一類；「故」「布」二字，於四聲等子同屬合口一等字；四聲等子未見「悟」「誤」二字，但其合口一等有「悞」字，廣韻「悟」、「誤」「悞」同音，故「悟」「誤」二字亦屬合口一等字；是以「故」「悟」「誤」「布」四字同屬一類。

△霽韻計有二類：

計類開四等：計110詣1細4戾1隸1

惠類合四等：惠4桂1

依陳氏系聯條例，可分作詣、細、戾郎、隸、惠、桂大類，今據高師廣韻切語下字表，霽韻僅分二類；「計」「詣」「細」三字，於四聲等子同屬開口四等字；廣韻「戾」作「郎計切」、「隸」作「郎計切」；是以「計」「詣」「細」「戾」「隸」五字同屬一類。「惠」「桂」二字，於四聲等子同屬合口四等字，故自成一類。

△祭韻計分二類：

制類(開口三等)：制45 例43 祭16 世5 罽4 袂3 厲1 逝1 勢1 蔽1

稅類(合口三等)：稅20 芮18 衛15 歲6 銳1

依陳氏系聯條例，可分作祭、世、罽(居例)、袂(彌蔽)、厲(力制)(逝時制)、勢、芮(而稅)(銳羊稅、歲相銳)、衛八類，今據高師廣韻切語下字表，祭韻僅分二類；「世」「罽」二字，於四聲等子屬開口三等字；「稅」「芮」「衛」三字，於四聲等子同屬合口三等；「歲」「銳」二字，於四聲等子雖居合口四等，實三等字也；「制」「例」「逝」三字，於韻鏡與「世」同屬開口三等字；廣韻「祭」作「子例切」，「勢」作「舒制切」，故「祭」「勢」二字之韻類當與「例」「制」同；廣韻「袂」作「獮蔽切」「蔽」作「必袂切」，「蔽」「袂」互用，今依高師廣韻切語下字表、林師仁百九十四韻類表，併入開口；是以「制」「例」「祭」「世」「罽」「袂」「厲」「逝」「勢」「蔽」十字併爲一類。是以「稅」「芮」「衛」「歲」「稅」五字又自成一類。

△泰韻計有二類

蓋類開：蓋34太2大2帶1

外類合：外51會6最2膾1

依陳氏系聯條例，可分作太、大徒蓋（帶當蓋）、會、最子外（膾古外）四類，今據高師廣韻切語下字表，泰韻僅分二類；「蓋」「帶」二字，於四聲等子同屬開口一等字；四聲等子未見「太」字，但其開口一等有「泰」字，廣韻「泰」「太」同音，故「太」字亦屬開口一等字；「大」字，於韻鏡與「蓋」「太」「帶」「大」四字併爲一類。「外」「會」「最」三字，於韻鏡同屬合口一等字，是以「外」「會」「最」「膾」四字另成一類。

△卦韻計有二類：

賣類開口二等：賣15 懈7 隘1

卦類合口二等：卦10

依陳氏系聯條例，可分作隘懈（懈古賣）、卦二類；「賣」字，於四聲等子屬開口二等字；「懈」「隘」二字，於韻鏡同屬開口二等字，是以「賣」「懈」「隘」自成一類。「卦」字，於韻鏡屬合口二等字，故另成一類。

△怪韻計有二類：

拜類開口二等：拜17 戒17 芥10 界9 介7

怪類合口二等：怪8 壞2 喟1

依陳氏系聯條例，可分作拜、戒、芥、界、介、喟壞（怪古壞）大類，今據高師廣韻切語下字表，怪韻僅分二類；「戒」字，於四聲等子屬開口二等字；「拜」字，於韻鏡屬開口二等字，廣韻「芥」「界」「介」皆作「古拜切」；是以「拜」「戒」「芥」「界」「介」五字可併成一類。「怪」字，於四聲等子屬合口二等字；「壞」字，於韻鏡與「怪」同屬合口二等字；廣韻「喟」作「苦怪切」，是以「怪」「壞」「喟」三字另屬一類。

△夬韻僅有一類：

快類韻：快6敗2邁2

依陳氏系聯條例，可分作快、敗、邁三類；「快」字，於四聲等子屬合口二等字；「敗」「邁」二字，於韻鏡與「快」同屬合口二等字；是以「快」「敗」「邁」三字同屬一類。

△隊韻僅有一類：

對類韻：對46內15昧10隊6妹2誨1

依陳氏系聯條例，可分作內、昧、隊對、妹、誨五類，今依高師廣韻切語下字表，隊韻僅有一類；「對」「內」「隊」「妹」「誨」五字，於四聲等字同屬合口一等字；「昧」字，廣韻與「妹」同音，故「昧」之韻類當與「妹」同；是以「對」「內」「昧」「隊」「妹」「誨」成為一類。

△代韻僅有一類：

代類開口一等：代27愛21槩1耐

依陳氏系聯條例，可分作代、槩古愛（耐奴愛）二類，今據高師廣韻切語下字表，代韻僅有一類：「代」「愛」「耐」三字，於四聲等子同屬開口一等字，是以「代」「愛」「槩」「耐」四字可併成一類。

△廢韻僅有一類：

廢類合口三等：廢 吠8肺1

廢吠方　肺廢芳

△震韻計有二類：

刃類開口三、四等：刃5晉1振1怯1。

印類開口四等：印1

依陳氏系聯條例，可分作刃、晉、振、怯、印五類，今據高師廣韻切語下字表，震韻僅分二類；四聲等子未見「刃」「振」「怯」「晉」四字，但其開口三等有「認」「震」「吝」、開口四等（實三等字也）有「進」，廣韻「刃」「認」、「振」「震」

、「恡」「吝」同音，故「刃」「晉」「振」「恡」四字同屬一類。「印」字，於四聲等子雖居開口四等，亦實三等字也，今依高師林師之說，平上已分二類，故將「印」字另立一類。

△稕韻計有一類：

閏類（合口三等）：閏25峻8順2俊1

俊峻子峻閏第閏順如

△問韻僅有一類：

問類（合口三等）：問14運8

依陳氏系聯條例，可分作問、運二類，今據高師廣韻切語下字表，問韻僅有一類；「問」「運」二字，於四聲等子同屬合口三等字，是以併成一類。

△焮韻僅有一類：

靳類（開口三等）：靳14近7

依陳氏系聯條例，可分作靳、近二類，今據高師廣韻切語下字表，焮韻僅有一類；「靳」字於四聲等子屬開口三等字；廣韻「

近」作「巨靳切」，故其韻類當與「靳」同。

△願韻計分二類：

建類開口三等：建8 健1

願類合口三等：願14 万10 楦1

依陳氏系聯條例，可分作健渠建、万、楦許願三類，今據高師廣韻切語下字表，願韻僅分二類；「建」「健」二字，於四聲等子同屬開口三等，是以同為一類。「願」「万」「楦」（廣韻云「楦」為「楥」之俗字）三字，於四聲等子同屬合口三等字，故另屬一類。

△慁韻僅有一類：

困類合口一等：困7 悶9 寸3 損2 鈍1

依陳氏系聯條例，可分作悶、寸倉困、損、鈍四類，今據高師廣韻切語下字表，慁韻僅有一類；「困」「悶」「寸」「損」「鈍」五字，於四聲等子同屬合口一等字，是以併成一類。

△恨韻僅有一類：

恨類韻：恨5

△翰韻僅有一類：

旦類韻：旦36 按13 案7 漢3 岸3 汗1

依陳氏系聯條例，可分作按漢、案、岸旦、汗四類，今據高師廣韻切語下字表，翰韻僅有一類；「旦」「按」「漢」「岸」四字，於四聲等子同屬開口一等字；四聲等子未見「汗」字，但其開口一等有「翰」字，廣韻「汗」「翰」同音，故「汗」字亦屬開口一等字；廣韻「案」字與「按」字同音，故其韻類亦同；是以「旦」「按」「案」「漢」「岸」「汗」大字併為一類。

△換韻僅有一類：

貫類韻：貫31 亂25 半13 玩4 算2 幔1

依陳氏系聯條例，可分作亂、玩貫、算、幔半四類，今據高師廣韻切語下字表，換韻僅有一類；「貫」「亂」「半」「玩」「算」「幔」大字，於四聲等子同屬合口一等字，是以併成一類。

△諫韻計分二類：

晏類開口二等：晏17諫6澗3

患類合口二等：患14

依陳氏系聯條例，可分作晏鴈、諫、患三類，今據高師廣韻切語下字表，諫韻僅分二類；「晏」「澗」二字，於四聲等子同屬開口二等字；廣韻「諫」字與「澗」字同音，故其韻類亦同；是以「晏」「諫」「澗」併為一類。「患」字，於四聲等子屬合口二等字，是以另成一類。

△襉韻計分二類：

莧類開口二等：莧6

辦類合口二等：辦3幻2

依陳氏系聯條例，可分作莧、幻辦二類，今據高師廣韻切語下字表，襉韻僅分二類；「莧」字，於四聲等子屬開口二等字，自成一類。四聲等子未見「辦」字，但其合口二等有「瓣」字，廣韻「辦」「瓣」同音，故「辦」字亦屬合口二等字；廣韻「幻」作「胡辦切」；是以「辦」「幻」二字同屬一類。

△霰韻計有二類：

見類(開口四等)：見31練11電4麵1

縣類(合口四等)：縣止

依陳氏系聯條例，可分作練、見電占、麵、縣四類，今據高師廣韻切語下字表，霰韻僅分二類；「練」「見」「電」「麵」四字，於四聲等子同屬開口四等字，是以自成一類。「縣」字，於四聲等子屬合口四等字，故另立為一類。

△線韻計有二類：

戰類(開口三等)：戰13箭9面6扇3線2賤2

眷類(合口三等)：眷16絹13戀9掾1變1

依陳氏系聯條例，可分作面箭(彌)、(線箭私)、扇戰(式)、賤、戀、掾以絹、變眷級大類，今據高師廣韻切語下字表，線韻僅分二類；「戰」「扇」二字，於四聲等子同屬開口三等字；「賤」字，於四聲等子雖屬開口四等，實三等字也；廣韻「箭」作「子賤切」、「面」作「彌箭切」，「線」作「私箭切」；是以「戰」「箭」「

面」「廟」「線」「賤」大字當為一類。「眷」「戀」二字，於四聲等子同屬合口三等字；「絹」字，於四聲等子雖屬合口四等，實三等字也；是以「眷」「絹」「戀」「掾」「變」五字當另主一類。

△嘯韻僅有一類：

弔類開口四等：弔36 叫3

叫 弔古

△笑韻僅有一類：

笑類開口三四等：笑23 妙15 照11 召5 廟4 肖1

依陳氏系聯條例，可分作妙、照、召、廟笑明、肖五類，今據高師廣韻切語下字表，笑韻僅有一類；「照」「召」「廟」三字，於四聲等子同屬三等字；「妙」字，於四聲等子雖居開口四等，實三等字也；廣韻「肖」作「私妙切」；是以「笑」「妙」「照」「召」「廟」「肖」大字同為一類。

△效韻僅有一類：

教類開二等：教41 孝10 皃7 效2 豹1

依陳氏系聯條例，可分作皃、效胡教、豹北教三類，今據高師廣韻切語下字表，效韻僅有一類；「教」「孝」「貌」（廣韻云「貌」乃籀文「皃」）「效」「豹」五字，於四聲等子同屬開口二等字；是以「教」「孝」「皃」「效」「豹」為一類。

△號韻僅有一類：

到類開一等：到34 報17 告、號2

依陳氏系聯條例，可分作到、報、告、號四類，今據高師廣韻切語下字表，號韻僅有一類；「到」「報」「告」「號」四字，於四聲等子同屬開口二等字，是以併為一類。

△箇韻僅有一類：

个類開一等：个9 佐7 賀2

依陳氏系聯條例，可分作个、佐、賀三類，今據高師廣韻切語下字表，箇韻僅有一類；「个」（箇）「佐」「賀」三字，於四聲等子同屬開口一等字，是以併為一類。

△過韻僅有一類：

臥類諧：臥47過十

依陳氏系聯條例，可分作臥、過二類，今據高師廣韻切語下字表，過韻僅有一類；「臥」「過」二字，於四聲等子同屬合口一等字，故併為一類。

△禡韻計有三類：

嫁類諧：嫁62訝7駕5亞3霸3迓1

夜類諧：夜37謝1舍1

化類諧：化7

依陳氏系聯條例，可分作訝嫁五、迓嫁五）、駕、亞、霸、化、夜謝、舍七類，今據高師廣韻切語下字表，禡韻僅分三類；「亞」「迓」「霸」三字，於四聲等子同屬開口二等字；「駕」字於韻鏡與「亞」「迓」同屬開口二等字；是以「嫁」「訝」「駕」「亞」「霸」「迓」六字同屬一類。「化」字，於四聲等子屬合口二等字，故另為一類。「舍」字，於四聲等子屬開口三等字；「

謝」「夜」二字，於四聲等子雖居四等，實三等字也；是以「夜」「謝」「舍」又另立一類。

△漾韻計有二類：

亮類(開口三等)：亮46向7匠1

放類(合口三等)：放5況5誑2妄1

依陳氏系聯條例，可分作向、匠疾亮、放、誑居況、妄五類，今據高師廣韻切語下字表，漾韻僅分二類；「亮」「向」二字，於四聲等子同屬開口三等字；「匠」字，於四聲等子雖居開口四等，實三等字也；是以「亮」「向」「匠」三字同為一類。「況」「誑」二字，於四聲等子同屬合口三等字；「放」「妄」二字，於四聲等子同屬開口三等字，今遵高師、林師之說，將其與「況」「誑」併為一類。

△宕韻計有二類：

浪類(開口一等)：浪47葬1

謗類(合口一等)：謗4曠3

依陳氏系聯條例，可分作浪、莽、曠謗三類，今據高師廣韻切語下字表，宕韻僅分二類；「浪」「莽」二字，於四聲等子同屬開口一等字，故併為一類。「曠」字，於四聲等子屬開口一等字；故「謗」「曠」另立一類。

△映韻計有三類：

孟類（開口二等）：孟12更3

敬類（開口三等）：敬7

命類（合口三等）：命5詠1

依陳氏系聯條例，可分作更孟、敬、命、詠四類；「更」字，於四聲等子屬開口二等字；龍龕「更」作「古孟反」；是以「孟」「更」併為一類。「敬」字，於四聲等子屬開口三等字，故另立一類。「命」「詠」二字，於四聲等子同屬開口三等字，是以又立一類。

△諍韻僅有一類：

諍類（開口二等）：諍3迸2

迸 鉼正

△切韻僅有一類：

正類（開口三四等）：正之倂之性之姓ノ

依陳氏系聯條例，可分作倂（正必）、性、姓三類，今據高師廣韻切語下字表，切韻僅有一類；「姓」字，於四聲等子雖居開口四等，實三等字也；四聲等子未見「正」字，但其開口三等有「政」字，廣韻「正」「政」同音，故「正」字亦屬開口三等字；廣韻「倂」作「畀政切」，「性」音同「姓」，故「倂」「性」二字亦屬開口三等字；是以「正」「倂」「性」「姓」四字可倂為一類。

△徑韻僅有一類：

定類（開口四等）：定引徑之

徑 定古

△嶝韻僅有一類：

鐙類（開口三四等）：鐙刁乃予⊻

考證

△嶝韻僅有一類：

鄧類（開口一等）：鄧18 鐙0 亘3 蹬1 贈1

依陳氏系聯條例，可分成鐙都鄧（贈昨鐙）、亘古蹬二類，今據高師廣韻切語下字表，嶝類僅有一類；「鄧」「亘」「贈」三字，於四聲等子同屬開口一等字；龍書「鐙」作「都鄧」、「亘」作「古蹬」；是以「鄧」「鐙」「亘」「蹬」「贈」五字併為一類。

△宥韻僅有一類：

救類（開口三等）：救64 又22 咒3 溜2 就2

依陳氏系聯條例，可分作又于救、咒職救）、溜、就三類，今據高師廣韻切語下字表，宥韻僅有一類；「救」「咒」「溜」三字，於四聲等子同屬開口三等字，「就」字，於四聲等子雖居開口四等，實三等字也；四聲等子未見「又」字，但其開口三等有「宥」字，廣韻「又」「宥」同音，故「又」字亦屬開口三等字；是以「救」「又」「呪」「溜」「就」五字併爲一類。

△侯韻僅有一類：

侯類（開口一等）：侯44豆16奏14構3透1

依陳氏系聯條例，可分成豆侯（構侯）、奏、透三類，今據高師廣韻切語下字表，侯韻僅有一類；「侯」「豆」「奏」「透」四字，於四聲等子同屬開口一等字；四聲等子未見「構」字，但其開口一等有「遘」字，廣韻「構」「遘」同音，故「構」字亦屬開口一等字；是以「侯」「豆」「奏」「構」「透」五字併爲一類。

△幽韻僅有一類：

幽類（開口）：幼1謬1

依陳氏系聯條例，可分作幼、謬二類，今據高師廣韻切語下字表，幽韻僅有一類；「幼」「謬」二字於四聲等子同屬開口四等字，是以併爲一類。

△沁韻僅有一類：

禁類開口三等：禁34 鴆5 任4 浸1

依陳氏系聯條例，可分作鴆禁、任、浸三類，今據高師廣韻切語下字表，沁韻僅有一類；「禁」「鴆」「任」三字，於四聲等子同屬開口三等字；「浸」字，於四聲等子雖居開口四等，實三等字也；是以「禁」「鴆」「任」「浸」五字併為一類。

△勘韻僅有一類：

紺類開口一等：紺25 暗2 勘1

依陳氏系聯條例，可分作紺暗、勘二類，今據高師廣韻切語下字表，勘韻僅有一類；「紺」「暗」「勘」三字，於四聲等子同屬開口一等字，是以併為一類。

△闞韻僅有一類：

濫類開口一等：濫10 暫4 淡1 擔1

依陳氏系聯條例，可分作濫淡、暫、擔三類，今據高師廣韻切語下字表，闞韻僅有一類；「暫」「擔」二字，於四聲等子同屬開口一等字；「濫」字，於韻鏡與「暫」「擔」同屬開口一等字；龍書「濫」作「盧淡切」，故「淡」之韻類當與「濫」同；是以「濫」「暫」「淡」「擔」四字併成一類。

△釅韻僅有一類：

焰類開口三等：焰13 驗8 贍1 豔1

依陳氏系聯條例，可分作焰贍、驗、豔三類，今據高仰廣韻切語下字表，釅韻僅有一類；「豔」字，於四聲等子雖開口四等，實三等字也；「焰」字，於廣韻與「豔」同音，故其韻類亦同「豔」；「驗」字，廣韻作「魚窆切」，「窆」字，於四聲等子屬開口三等字，故「驗」亦屬開口三等字；「贍」字，廣韻作「時豔切」，故其韻類何與「豔」同；是以「焰」「驗」「贍」「豔」四字併為一類。

△㮇韻僅有一類：

念類開口四等：念30

△陷韻僅有一類

陷類開口二等：陷18

△鑑韻僅有一類：

鑒類開口二等：鑒15鑑2懺2監1

依陳氏系聯條例，可分作鑒、鑑、懺、監四類，今據高師廣韻切語下字表，鑑韻僅有一類，「懺」「監」二字，於四聲等子同屬開口二等字，「鑒」「鑑」二字，於廣韻與「監」同音，故「鑒」「鑑」二字亦屬開口二等字，是以「鑒」「鑑」「懺」「監」四字併為一類。

△釅韻僅有一類：

劍類開口三等：劍8欠4

欠　劍去

△梵韻僅有一類：

梵類合口三等：梵3

入聲

△屋韵計有二類：

木類（合口一等）：木46谷26鹿2卜2族1

六類（合口三等）：六18竹11目4福2叔1菊1育1

依陳氏系聯條例，可分作木莫卜（卜博木）、谷古鹿（鹿盧谷）、族、竹張六（目莫六叔式六育余六菊居六）、福五類，今據高師黃韵切語下字表、屋韵僅分二類；「木」「谷」「卜」「族」四字，於四聲等子同屬合口一等字；「鹿」字，四聲等子未見出現，惟龍書「鹿」作「盧谷反」，知其當與「木」「谷」「卜」「族」同類。「六」「竹」「福」「叔」四字，於四聲等子合口三等字；「目」字於韵鏡與「六」「竹」「福」「叔」諸字同屬合口三等字；「菊」字，龍書作「居六反」，得知其韵類當與「六」同；「育」字，於四聲等子雖居合口四等，實三等字也；故分作上述二類。

△沃韵僅有一類：

沃類（合口一等）：沃24毒7酷2篤1

依陳氏系聯條例，可分作沃酷（酷苦沃）、篤纛二類，今據高師廣韻切語下字表，沃韻僅有一類；「沃」「毒」「篤」三字，於四聲等子同屬合口一等；「酷」字，於韻鏡與「沃」「篤」同屬合口一等字，是以「沃」「毒」「酷」「篤」四字併為一類。

△燭韻僅有一類：

玉類（合口三等）：玉54欲18足2蜀2燭1曲1

依陳氏系聯條例，可分作玉燭（足即玉燭之欲）、蜀、曲三類，今據高師廣韻切語下字表，燭韻僅有一類；「玉」「蜀」「燭」「曲」四字，於四聲等子同屬合口三等字；「欲」「足」二字，於四聲等子雖同居合口四等，實三等字也；是以「玉」「欲」「足」「蜀」「燭」「曲」六字併為一類。

△覺韻僅有一類：

角類（開口二等）：角138岳5兒1

依陳氏系聯條例，可分作角岳、兒二類，今據高師廣韻切語下字表，覺韻僅有一類；「角」「岳」二字，於四聲等子未見「兒」字，但其開口二等有「邈」字，廣韻「皃」「邈」同音，故「皃」字亦屬開口二等字；是以「角」「岳」「皃」三字併為一類。

△質韻計有二類：

栗類(開口三四等)：栗22必17吉16日12一7悉6七5逸3比1

乙類(開口三等)：乙24密7筆6

依陳氏系聯條例，可分作栗、必詰、質昵(日質)、一悉(悉七)、逸、比、乙密(密筆)七類，今據高師廣韻切語下字表，質韻僅分二類；「必」「吉」「悉」「七」「逸」五字，於四聲等子雖同居開口四等字，實三等字也；「栗」「質」「日」「一」四字，於四聲等子同屬開口三等字；廣韻「比」作「毗必切」，故其韻類當與「必」同；「筆」字，於四聲等子亦屬開口三等字；「密」字，於四聲等子雖屬開口四等，實三等字也；龍龕、廣韻「乙」字均作「於筆反」，故其韻類當與「筆」同；今遵高師林師之說，及依四聲相承之理，其平上去均分二類，故將質韻分作上述二類。

△術韻僅有一類：

律類系：律35聿20邮1術1恤1

依陳氏系聯條例，可分作聿餘律（術食聿、恤須律）、邮二類，今據高師廣韻切語下字表，術韻僅有一類；「律」字，於四聲等子屬合口三等字；「聿」「邮」二字，於四聲等子雖居合口四等，實三等字也；四聲等子未見「術」字，但其合口三等有「述」字，廣韻「術」「述」同音，故「術」字亦屬合口三等字；廣韻「恤」「邮」同音，故「恤」字亦屬合口三等字；是以「律」「聿」「邮」「術」「恤」五字同屬一類。

△櫛韻僅有一類：

瑟類系：瑟4

△物韻僅有一類：

勿類系：勿33物4弗1

依陳氏系聯條例，可分作物、弗分二類，今據高師廣韻切語下字表，物韻僅有一類；「物」「弗」二字，於四聲等子同屬合口三等字；廣韻「勿」與「物」同音，故其韻類亦與「物」同；是以「勿」「物」「弗」三字併為一類。

△迄韻僅有一類：

乞類（三等開口）：乞11訖10

依陳氏系聯條例，可分作乞、訖二類，今據高師廣韻切語下字表，迄韻僅有一類；「乞」「訖」二字，於四聲等子同屬開口三等字，是以併成一類。

△月韻計分二類：

謁類（三等開口）：謁14竭3歇2

月類（三等合口）：月37發9厥7伐5

依陳氏系聯條例，可分作謁、竭其（歇許謁）、發、厥、伐四類，今據高師廣韻切語下字表，月韻僅分二類；「謁」「竭」「歇」三字，於四聲等子同屬開口三等字，故併為一類。「月」「厥」「伐」三字，於四聲等子同屬合口三等字；四聲等子未見「發」

字，但其合口三等有「髮」字，廣韻「發」「髮」同音，故「發」字亦屬合口三等字；是以「月」「發」「厥」「伐」四字另立一類。

△沒韻僅有一類：

沒類合一等：沒87骨17忽6訥1

依陳氏系聯條例，可分作沒、骨忽古（訥骨）二類，今據高師廣韻切語下字表，沒韻僅有一類；「沒」「骨」「忽」「訥」四字，於四聲等子同屬合口一等字，故併成一類。

△曷韻僅有一類：

葛類開口一等：葛55達21割10渴1曷1

依陳氏系聯條例，可分作達葛徒、割、渴、曷四類，今據高師廣韻切語下字表，曷韻僅有一類；「達」「割」「渴」「曷」四字，於四聲等子同屬開口一等字；廣韻「葛」與「割」同音，故其韻類亦同；是以「葛」「達」「割」「渴」「曷」五字併為一類。

△沫韻僅有一類：

末類韻：末40 活36 括26

依陳氏系聯條例，可分作末、括活二類，今據高師廣韻切語下字表，沫韻僅有一類；「末」「活」「括」三字，於四聲等子同屬合口一等字，故併成一類。

△黠韻計有二類：

八類韻：八45 黠12

滑類韻：滑7

依陳氏系聯條例，可分作黠八、滑二類；高師廣韻切語下字表亦分作二類。

△鎋韻計分二類：

鎋類韻：鎋3 瞎7 轄1

刮類韻：刮13 㓯2

依陳氏系聯條例，可分作鎋瞎（瞎鎋、轄瞎）、刮㓯二類；高師廣韻切語下字表亦分作二類。

△屑韻計有二類：

結類開口：結167蔑3

穴類合口：穴18決9

依陳氏系聯條例，可分作蔑纈、穴決二類；高師廣韻切語下字表亦分作二類。

△薛韻計有二類：

列類開口：列77滅13熱7別4設2烈1

劣類合口：劣44悅5絕4雪3拙1

依陳氏系聯條例，可分作滅、熱列、別、設、烈、劣、悅、絕、雪、拙十類，今據高師廣韻切語下字表，薛韻僅分二類；「列」「熱」「別」「設」四字，於四聲等子同屬開口三等字；廣韻「烈」字音同「列」、「滅」作「亡列切」，故「烈」「滅」二字之韻類當與「列」同；是以「列」「滅」「熱」「別」「設」「烈」六字併為一類。「劣」「拙」二字，於四聲等字同屬合口三等字；「悅」「絕」「雪」三字，於四聲等子雖同居合口四等，實三等字也；是以「方」「恍」「絕」「雪」「拙」五字另立為一類。

△藥韻計有二類：

略類開口等：略23若20藥11雀10虐9約9爵1

縛類合口等：縛23

依陳氏系聯條例，可分作若、藥略於、爵略即）、雀、虐、約、縛六類，今據高師廣韻切語下字表，藥韻僅分二類；「略」「若」「虐」「約」四字，於四聲等子同屬開口三等字；「藥」「雀」二字，於四聲等子雖同居開口四等，實三等字也；四聲等子未見「爵」字，但其開口四等（實三等字）有「嚼」字，廣韻「爵」「嚼」同音，故「爵」字韻類當與「嚼」同；是以「略」「若」「藥」「雀」「虐」「約」「爵」七字併為一類。「縛」字，於四聲等子屬合口三等字，是以另立一類。

△鐸韻計有二類：

各類開口等：各109落1

郭類合一等：郭22鑊1

依陳氏系聯條例，可分作各、落、鑊胡郭三類，今據高師廣韻切語下字表，繹韻僅分二類：「各」「落」二字，於四聲等子同屬開口一等字；是以併為一類。「郭」字，於四聲等子屬合口一等字；龍書「鑊」作「胡郭反」，故其韻類當與「郭」同；是以「郭」「鑊」另立一類。

△陌韻計有三類：

格類開二等：格31百9陌9白7伯7

逆類開三等：逆14戟上

虢類合二等：虢上

依陳氏系聯條例，可分作格、百、白傍陌、伯、戟京逆、虢六類，今據高師廣韻切語下字表，陌韻僅分三類：「百」「陌」「白」三字，於四聲等子同屬開口二等字；廣韻「格」作「古伯切」、「伯」音同「百」，故「格」「伯」二字之韻類當與「百」同；是以「格」「百」「陌」「白」「伯」五字併為一類。龍書「戟」作「京逆反」，是以「戟」「逆」韻類當同。

△繆韻計有二類：

革類開口二等：革50厄12責9核1

麥類合口二等：麥32獲2

依陳氏系聯條例，可分作革核（核革下）、厄、責、麥獲莫四類，今據高師廣韻切語下字表，繆韻僅分二類；「厄」「責」「核」三字，於四聲等子同屬開口二等字；四聲等子未見「革」字，但其開口二等有「隔」字，廣韻「革」「隔」同音，故「革」字亦屬開口二等字；是以「革」「厄」「責」「核」四字併為一類。「獲」字，於四聲等子屬合口二等字；龍龕「麥」作「莫獲反」；是以「麥」「獲」二字另立一類。

△措韻計有二類：

亦類開口三等：亦34石16昔14益7隻6炙3積2赤1尺1迹1

碧類合口三等：碧5

依陳氏系聯條例，可分作亦、石（炙石之、赤石昌）、益迹（迹韻）、積、尺、碧六類，今據高師廣韻切語下字表，僅分二類：「石」「隻」「尺」三字，於四聲等子同屬開口三等字；「昔」「益」「積」三字，於四聲等子雖同居開口四等，實三等字也；廣韻「炙」音同「隻」、「赤」音同「尺」、「迹」音同「積」，故其韻類「炙」同於「隻」、「赤」同於「尺」、「迹」同於「積」；四聲等子未見「亦」字，但其開口四等（實三等字）有「繹」字，廣韻「亦」「繹」音同，故「亦」之韻類與「繹」同；是以「亦」「石」「昔」「益」「隻」「炙」「積」「赤」「尺」「迹」十字併為一類。「碧」字，於四聲等子屬合口三等；故另立為一類。

△錫韻僅有一類：

歷類開口四等：歷57擊38覓18的11狄9績1激1壁1笛1

依陳氏系聯條例，可分作擊、覓、的、狄、激歷（壁激北）、笛、績七類，「歷」「覓」「的」「績」「激」「壁」六字，於四聲等子同屬開口四等字；廣韻「擊」音同「激」，故其韻類當與

「激」同；四聲等子未見「狄」「笛」二字，但其開口四等有「糴」字，廣韻「狄」「笛」「糴」同音，故「狄」「笛」二字亦屬開口四等字；是以「歷」、「擊」「覓」「的」「狄」「績」「激」「壁」「笛」九字併為一類。

△職韻僅有一類：

力類（開口三等）：力59逼33即10職7側2織2食1棘1直1域1測1陟1

依陳氏系聯條例，可分作力類（逼憊、食棘、域逼為、測初）、即、職、側、織、棘、陟七類，今據高師廣韻切語下字表，職韻僅有一類；「力」「逼」「職」「食」「直」「域」「陟」七字，於四聲等子同屬開口三等字；四聲等子未見「棘」字，但其開口三等有「殛」字，廣韻「棘」「殛」同音，故「棘」字亦屬開口三等字；廣韻「即」作「子力切」、「側」「測」並作「初力切」，故「即」「側」「測」三字之韻類當與「力」同；廣韻「織」音同「職」，故其韻類亦同；是以「力」「逼」「即」「職」「側」「織」「食」「棘」「直」「域」「測」「陟」十二字併爲一類。

△德韻計有二類：

北類開口一等：北19得12德7則5勒4

或類合口一等：或2

依陳氏系聯條例，可分作北、得、德、則、勒、或六類，今據高師廣韻切語下字表，德韻僅分二類；「北」「德」「則」「勒」四字，於四聲等子同屬開口一等字；廣韻「得」與「德」同音，故其韻類亦同；是以「北」「得」「德」「則」「勒」五字併爲一類。「或」字，於四聲等子屬合口一等字，故另立一類。

△緝韻僅有一類：

立類開口三等：立43入33及12急3執3汲2緝2邑2級1十1

依陳氏系聯條例，可分作立、入(十入時、入執)、及、急、緝、邑、汲、級六類，今據高師廣韻切語下字表，緝韻僅有一類；「立」「入」「及」「急」「執」「邑」「十」七字，於四聲等子同屬開口三等字；「緝」字，於四聲等子雖居開口四等，實三等字也；廣韻「汲」「級」二字，音同於「急」，故其韻類亦與「急」同；是以「立」「入」「及」「急」「執」「汲」「緝」「邑」「級」「十」十字併為一類。

△合韻僅有一類：

合類開口一等：合 11 答 6 沓 2 閤 1 納 1

依陳氏系聯條例，可分作答郃（沓[illegible]）、閤、納三類，今據高師廣韻切語下字表，合韻僅有一類，「合」「答」「沓」「閤」「納」五字，於四聲等子同屬開口一等字，故可併為一類。

△盍韻僅有一類：

盍類開口一等：盍 8 臘 6 㙣 4 搭 1

依陳氏系聯條例，可分作盍臘、㙣、搭三類，今據高師廣韻切語下字表，盍韻僅有一類，「盍」「臘」二字，於韻鏡同屬開口一等字；廣韻「㙣」「搭」二字並作「吐盍切」，是以「盍」「臘」「㙣」「搭」四字同屬一類。

△葉韻僅有一類：

涉類（開口三等）：涉42葉31輒21獵1

依陳氏系聯條例，可分作葉、輒、獵涉三類，今據高師廣韻切語下字表，葉韻僅有一類；「輒」字，於四聲等子屬開口三等字；「葉」字，雖居開口四等，實三等字也；四聲等子未見「獵」字，但其開口三等有「儠」字，廣韻「獵」「儠」音同，故「獵」字亦屬開口三等字；廣韻「涉」作「時攝切」，而「攝」字於四聲等子屬開口三等字，故「涉」字亦屬開口三等字；是以「涉」「葉」「輒」「獵」四字併為一類。

△帖韻僅有一類：

叶類（開口四等）：叶7頰5貼3俠1篋1協1

依陳氏系聯條例，可分作叶（貼胡）、俠（頰胡）、篋、協四類，今據高師廣韻切語下字表，帖韻僅有一類；「頰」「篋」「協」三字，於四聲等子同屬開口四等字；廣韻「叶」乃「協之古文」、「貼」音同「帖」（「帖」字，於四聲等子亦屬開口四等字）、「俠」音同「協」；是以「叶」「頰」「貼」「俠」「篋」「協」六字併為一類。

△洽韻僅有一類：

洽類開口二等：洽5ᵖ夾ㄱ插丨

洽咸夾　夾古洽　插初洽

△狎韻僅有一類：

甲類開口二等：甲51押丨

甲古押

△業韻僅有一類：

業類開口三等：業ㄓ劫8

依陳氏系聯條例，可分作業、劫二類，今據高師廣韻切語下字表，業韻僅有一類，「業」「劫」二字，於四聲等子同圖開口三等字，是以併為一類。

## 龍龕手鑑與廣韻韻類對照表

茲取以上所考之龍龕手鑑韻類，與高師仲華所撰廣韻切語下字表，作一比較如下：

### 平聲

| 廣韻韻目 | 龍書韻類：類 | 龍書韻類：反切下字 | 廣韻韻類：類 | 廣韻韻類：反切下字 |
|---|---|---|---|---|
| 東 | 紅 | 紅、公、東、空。 | 東一 | 紅、東、公。 |
| | 中 | 中、弓、戎、終、宮、隆、風、充。 | 東二 | 弓、戎、中、融、宮、終。 |
| 冬 | 冬 | 冬、宗。 | 冬 | 冬、宗。 |
| 鍾 | 容 | 容、恭、凶、龍、鍾、封、共。 | 鍾 | 容、恭、鍾、封、凶、庸。 |
| 江 | 江 | 江、邦。 | 江 | 江、雙。 |
| 支 | 支 | 支、宜、移、奇、知、羈、離、皮、彌、馳、池、斯、披。 | 支一 | 支、移、宜、羈、離、知、奇。 |
| | 為 | 為、規、隨、危、垂、吹、撝、碑。 | 支二 | 為、垂、危、吹、規、隨、隋。 |
| 脂 | 脂 | 脂、尼、夷、資、私、尸、祁。 | 脂一 | 夷、脂、飢、私、資、尼、肌。 |

| | | | | |
|---|---|---|---|---|
| 脂 | 追 | 追、悲、佳、維、惟、雖、唯、眉、遺。 | 脂二 | 追、悲、佳、遺、維、綏、眉。 |
| 之 | 之 | 之、其、持。 | 之 | 之、其、茲、持、而、甾。 |
| 微 | 依 | 依、希、衣。 | 微一 | 希、依、衣。 |
| | 非 | 非、韋、歸。 | 微二 | 非、韋、微、歸。 |
| 魚 | 余 | 余、居、魚、諸、於、除。 | 魚 | 魚、居、諸、余、菹。 |
| 虞 | 朱 | 朱、俱、于、無、俞、夫、珠、愚、須、扶、誅。 | 虞 | 俱、朱、于、無、逾、俞、輸、誅、隅、芻、夫。 |
| 模 | 胡 | 胡、孤、姑、烏、吳、吾、奴、都。 | 模 | 胡、都、孤、吳、烏、乎、姑、吾。 |
| 齊 | 兮 | 兮、奚、迷、西、泥、雞、低、倪。 | 齊一 | 奚、稽、雞、兮、迷、離、低、觿。 |
| | 圭 | 圭、攜。 | 齊二 | 攜、圭。 |
| 佳 | 佳 | 佳、街、鞋、柴。 | 佳一 | 佳、膎。 |
| | 蛙 | 蝸、蛙。 | 佳二 | |
| 皆 | 皆 | 皆。 | 皆一 | 皆、諧。 |
| | 懷 | 懷、乖、淮。 | 皆二 | 懷、乖、淮。 |
| 灰 | 回 | 回、杯、灰、雷、梅。 | 灰 | 回、恢、灰、杯。 |

| 廣韻韻目 | 龍書韻類：類 | 龍書韻類：反切下字 | 廣韻韻類：類 | 廣韻韻類：反切下字 |
|---|---|---|---|---|
| 咍 | 來 | 來、哀、開、才、臺。 | 咍 | 來、哀、才、開、哉。 |
| 真 | 珍 | 珍、人、真、賓、隣、辛、津、寅。 | 真一 | 鄰、真、人、珍、賓。 |
| | 巾 | 巾、貧、旻、銀。 | 真二 | 巾、銀。 |
| 諄 | 倫 | 倫、輪、巡、旬、匀、贇、筠、淪、純、春、屯。 | 諄 | 倫、匀、綸、迍、脣、旬、遵、筠、贇。 |
| 臻 | 臻 | 臻 | 臻 | 臻、詵。 |
| 文 | 云 | 云、文、分、君、軍。 | 文 | 云、分、文。 |
| 殷 | 斤 | 斤、忻。 | 殷 | 斤、欣。 |
| 元 | 言 | 言、軒。 | 元一 | 言、軒。 |
| | 袁 | 袁、元、煩。 | 元二 | 袁、元、煩。 |
| 魂 | 昆 | 昆、門、渾、奔、魂、敦。 | 魂 | 昆、渾、奔、尊、魂。 |
| 痕 | 恩 | 恩、根。 | 痕 | 痕、根、恩。 |
| 寒 | 干 | 干、安、丹、寒、單、餐。 | 寒 | 干、寒、安。 |

| | | |
|---|---|---|
| 桓 | 官 | 官、丸、端、桓、巒、寬、團、番、院。 |
| 删 | 顏 | 顏、姦。 |
| | 還 | 還、關、班。 |
| 山 | 閑 | 閑、閒、山、慳。 |
| | 頑 | 頑。 |
| 先 | 田 | 田、年、堅、賢、前、千、煙、憐。 |
| | 玄 | 玄、邊。 |
| 仙 | 延 | 延、連、乾、然、仙。 |
| | 緣 | 緣、員、泉、專、全、綿、權、宣。 |
| 蕭 | 聊 | 聊、堯、彫、幺、澆、迢、釗。 |
| 宵 | 遙 | 遙、昭、焦、逍、喬、嬌、苗、憍、囂、搖、 |
| | | 消、招、鐃、橋、朝、妖、驕、霄、姚。 |
| 肴 | 交 | 交、包、爻、茅。 |
| 豪 | 刀 | 刀、高、勞、毛、遭、曹、袍。 |
| 歌 | 何 | 何、那、哥、多。 |

| | |
|---|---|
| 桓 | 官、丸、端、潘。 |
| 删一 | 姦、顏。 |
| 删二 | 還、關、班。 |
| 山一 | 閑、閒、山。 |
| 山二 | 頑、鰥。 |
| 先一 | 前、賢、先、田、年、堅、煙、 |
| 先二 | 玄、涓。 |
| 仙一 | 連、延、然、乾、仙、焉。 |
| 仙二 | 緣、員、權、泉、宣、專、川、全、圓、孿。 |
| 蕭 | 聊、彫、堯、幺、蕭。 |
| 宵 | 遙、招、嬌、昭、霄、喬、邀、宵、消、焦、 |
| | 囂、瀌。 |
| 肴 | 交、茅、肴、嘲。 |
| 豪 | 刀、勞、毛、袍、曹、遭、牢、褒。 |
| 歌 | 何、俄。 |

| 廣韻韻目 | 龍書分類：類 | 龍書分類：反切下字 | 廣韻分類：類 | 廣韻分類：反切下字 |
|---|---|---|---|---|
| 戈 | 禾 | 禾、戈、和、婆。 | 戈一 | 禾、戈、波、婆、和。 |
| | 鞾 | 鞾。 | 戈二 | 鞾、骲、肥。 |
| | 迦 | 迦。 | 戈三 | 伽、迦。 |
| 麻 | 加 | 加、巴、牙。 | 麻一 | 加、巴、牙、霞。 |
| | 邪 | 邪、虵、遮。 | 麻二 | 遮、邪、車、嗟、奢、賒。 |
| | 瓜 | 瓜、花。 | 麻三 | 瓜、華、花。 |
| 陽 | 羊 | 羊、良、莊、章。 | 陽一 | 良、羊、方、莊、章、張、陽。 |
| | 王 | 王。 | 陽二 | 王。 |
| 唐 | 郎 | 郎、剛、當、忙。 | 唐一 | 郎、當、岡、剛。 |
| | 光 | 光、黃、旁。 | 唐二 | 光、黃、旁。 |
| 庚 | 庚 | 庚、盲、行、更、亨、生。 | 庚一 | 庚、盲、行。 |
| | 京 | 京、驚、迎。 | 庚二 | 京、卿、驚。 |
| | 橫 | 橫。 | 庚三 | 橫。 |

| | | | | |
|---|---|---|---|---|
| | 兵 | 兵。 | 庚四 | 兵、明、榮。 |
| 耕 | 耕 | 耕、莖、爭。 | 耕一 | 耕、莖。 |
| | 萌 | 萌、宏、轟、厷。 | 耕二 | 萌、宏。 |
| 清 | 盈 | 盈、貞、并、成、呈。 | 清一 | 盈、貞、成、情、征、并。 |
| | 營 | 營、傾、縈。 | 清二 | 營、傾。 |
| 青 | 丁 | 丁、經、瓶、刑、形。 | 青一 | 經、丁、靈、刑。 |
| | 熒 | 熒。 | 青二 | 螢、扃。 |
| 蒸 | 陵 | 陵、凌、冰、仍、凝、應、競、承、升、乘。 | 蒸 | 陵、冰、兢、矜、仍、乘、膺、蒸、升。 |
| 登 | 登 | 登、崩、恒、朋、曾、能。 | 登一 | 登、滕、增、棱、崩、恒、朋。 |
| | 弘 | 弘。 | 登二 | 肱、弘。 |
| 尤 | 由 | 由、流、求、尤、休、鳩、周、浮、留、秋、牟、謀、牛、搜、愁、丘、州。 | 尤 | 鳩、求、由、流、尤、秋、周、州、浮、謀。 |
| 侯 | 侯 | 侯、婁、溝、鉤。 | 侯 | 侯、鉤、婁。 |
| 幽 | 幽 | 幽。 | 幽 | 幽、虯、彪、烋。 |
| 侵 | 林 | 林、今、金、針、心、淫、深、音、任、吟、陰。 | 侵 | 林、金、針、心、吟、深、淫、尋、任、簪、今。 |

| 廣韻韻目 | 龍書分類 類 | 龍書分類 反切下字 | 廣韻分類 類 | 廣韻分類 反切下字 |
|---|---|---|---|---|
| 覃 | 含 | 含、南、男、貪。 | 覃 | 含、南、男。 |
| 談 | 甘 | 甘、談、三、酣。 | 談 | 甘、三、酣、談。 |
| 鹽 | 廉 | 廉、鹽、占、淹、炎、閻、尖、潛。 | 鹽 | 廉、鹽、占、炎、淹。 |
| 添 | 兼 | 兼、恬、添。 | 添 | 兼、甜。 |
| 咸 | 咸 | 咸、緘、儳。 | 咸 | 咸、讒。 |
| 銜 | 銜 | 銜、衫、監。 | 銜 | 銜、監。 |
| 嚴 | 嚴 | 嚴。 | 嚴 | 嚴、𩐨。 |
| 凡 | | | 凡 | 芝、凡。 |

上聲：

| 廣韻韻目 | 龍書分類 類 | 龍書分類 反切下字 | 廣韻分類 類 | 廣韻分類 反切下字 |
|---|---|---|---|---|

| | | |
|---|---|---|
| 董 | 孔 | 孔、董、動。 |
| 腫 | 勇 | 勇、隴、悚、拱、腫、聳、恐、冢。 |
| 講 | 項 | 項、講。 |
| 紙 | 介 | 介、綺、氏、弭、紙、婢、是、彼、蟻、倚、此、紫。 |
| | 委 | 委、捶、毀。 |
| 旨 | 几 | 几、履、旨、死、姊、視、矢、指。 |
| | 水 | 水、美、鄙、軌、癸、累。 |
| 止 | 里 | 里、史、騃、止、巳、紀、起、矣、市、耳、俟、子、以。 |
| 尾 | 豈 | 豈。 |
| | 鬼 | 鬼、尾、偉。 |
| 語 | 呂 | 呂、與、許、舉、暑、語、所、序。 |
| 麌 | 主 | 主、雨、武、矩、庾。 |
| 姥 | 古 | 古、五、補、魯、戶、苦。 |

| | |
|---|---|
| 董 | 孔、董、動、揔、蠓。 |
| 腫 | 隴、勇、拱、踵、奉、冗、冢、悚、湩、鴆。 |
| 講 | 項、講、㑌。 |
| 紙一 | 氏、綺、倚、靡、紙、爾、是、此、豸、侈。 |
| 紙二 | 委、彼、弭、婢、累、捶、詭、靡、毀、髓、俾。 |
| 旨一 | 几、履、姊、雉、視、矢。 |
| 旨二 | 軌、鄙、水、壘、美、誄、癸、洧。 |
| 止 | 里、止、紀、士、史、市、理、巳、擬。 |
| 尾一 | 豈、豨。 |
| 尾二 | 鬼、偉、尾、匪。 |
| 語 | 呂、與、舉、許、巨、渚。 |
| 麌 | 庾、矩、主、雨、武、甫、羽、禹。 |
| 姥 | 古、補、魯、戶、杜。 |

| 廣韻韻目 | 薺 | 蟹 | 蟹 | 駭 | 賄 | 海 | 軫 | 軫 | 準 | 吻 | 隱 | 阮 | 阮 |
|---|---|---|---|---|---|---|---|---|---|---|---|---|---|
| 龍書分類 類 | 禮 | 買 | | 駭 | 罪 | 海 | 忍 | 殞 | 尹 | 粉 | 謹 | 偃 | 遠 |
| 反切下字 | 禮、米、啓。 | 買、解、蟹。 | | 駭、楷。 | 罪、每、賄、猥。 | 海、改、亥、乃、宰、愷。 | 忍、引、盡。 | 殞、敏、愍。 | 尹、准、允。 | 粉、吻、忿。 | 謹、近、隱。 | 偃、幰、堰。 | 遠、阮、返、晚。 |

| 廣韻分類 類 | 薺 | 蟹一 | 蟹二 | 駭 | 賄 | 海 | 軫一 | 軫二 | 準 | 吻 | 隱 | 阮一 | 阮二 |
|---|---|---|---|---|---|---|---|---|---|---|---|---|---|
| 反切下字 | 禮、啟、米、弟。 | 蟹、買。 | 夥、𡯁。 | 駭、楷。 | 罪、猥、賄。 | 亥、改、宰、愷、紿、乃、在。 | 忍、引、軫、盡、腎、紖。 | 殞、敏。 | 尹、準、允。 | 粉、吻。 | 謹、隱、[illegible]。 | 偃、幰。 | 阮、遠、晚。 |

| 混 | 很 | 旱 | 緩 | 潸 | | 産 | | 銑 | | 獮 | | 篠 | 小 | 巧 |
| --- | --- | --- | --- | --- | --- | --- | --- | --- | --- | --- | --- | --- | --- | --- |
| 本 | 很 | 旱 | 管 | | 板 | 限 | | 典 | 犬 | 展 | 兗 | 了 | 小 | 巧 |
| 本、損、衮、忖。 | 很、懇、懇。 | 旱、散、但、誕、懶。 | 管、短、滿。 | | 板、綰、版。 | 限、産、簡。 | | 典、殄、顯。 | 犬、泫。 | 展、蹇、淺、演、善、免、輦。 | 兗、轉、緬。 | 了、鳥、皎。 | 小、沼、表、少、夭、兆、遶、眇。 | 巧、絞、卯、爪。 |
| 混 | 很 | 旱 | 緩 | 潸一 | 潸二 | 産一 | 産二 | 銑一 | 銑二 | 獮一 | 獮二 | 篠 | 小 | 巧 |
| 本、損、忖、衮。 | 很、墾。 | 旱、笴、但。 | 管、緩、滿、纂、伴、卯。 | 赧。 | 板、綰、鯇。 | 限、簡。 | 綰。 | 典、殄、繭、峴。 | 泫、畎。 | 善、演、免、淺、展、輦、蹇、翦、辯。 | 兗、轉、緬、篆。 | 了、鳥、皎、鼂。 | 小、沼、兆、夭、表、少、矯。 | 巧、絞、飽、爪。 |

| 廣韻韻目 | 龍書分類反切下字：類 | 龍書分類反切下字 | 廣韻分類反切下字：類 | 廣韻分類反切下字 |
| --- | --- | --- | --- | --- |
| 皓 | 老 | 老、好、討、皓、草。 | 皓 | 皓、老、浩、早、道、抱。 |
| 哿 | 可 | 可、我、荷。 | 哿 | 可、我。 |
| 果 | 果 | 果、火。 | 果 | 果、火。 |
| 馬 | 下 | 下、雅、賈、馬。 | 馬一 | 下、雅、疋、賈。 |
| | 者 | 者、也、野。 | 馬二 | 者、也、野、姐、冶。 |
| | 瓦 | 瓦、寡。 | 馬三 | 瓦、寡。 |
| 養 | 兩 | 兩、罔、丈、掌、養、上、仗。 | 養一 | 兩、丈、奬、网、掌、養。 |
| | 往 | 往 | 養二 | 往。 |
| 蕩 | 朗 | 朗、莽。 | 蕩一 | 朗、黨。 |
| | 廣 | 廣。 | 蕩二 | 晃、廣。 |
| 梗 | 猛 | 猛、杏、冷、梗。 | 梗一 | 梗、杏、猛、眚。 |
| | 景 | 景、影、省。 | 梗二 | 景、影。 |
| | 礦 | 礦。 | 梗三 | 礦。 |

| 韻目 | 字 | 所收字 | 韻目 | 所收字 |
| --- | --- | --- | --- | --- |
| 耿 | 永 | 永、囧。 | 梗四 | 永、憬。 |
|  | 耿 | 耿、幸。 | 耿 | 幸、耿。 |
| 静 | 井 | 井、領、郢、整、請。 | 静一 | 郢、井、整、静。 |
|  | 穎 | 穎、頃。 | 静二 | 頃、穎。 |
| 迥 | 頂 | 頂、醒。 | 迥一 | 挺、鼎、頂、醒、剄、涬。 |
|  | 迥 | 迥、並。 | 迥二 | 迥、熲。 |
| 拯 | 拯 | 拯。 | 拯 | 拯、庱。 |
| 等 | 等 | 等。 | 等 | 等、肯。 |
| 有 | 九 | 九、久、柳、酉、有、首、酒、否。 | 有 | 九、久、有、柳、酉、否、婦。 |
| 厚 | 口 | 口、走、后、斗、狗、茍、垢、厚、後。 | 厚 | 口、后、厚、垢、茍、斗。 |
| 黝 | 糾 | 糾。 | 黝 | 黝、糾。 |
| 寢 | 錦 | 錦、稔、甚、飲、荏、審、朕、枕。 | 寑 | 錦、荏、甚、稔、飲、枕、朕、澟、瘁。 |
| 感 | 感 | 感。 | 感 | 感、禫、唵。 |
| 敢 | 敢 | 敢、覽。 | 敢 | 敢、覽。 |
| 琰 | 撿 | 撿、琰、冉、染、檢、斂、奄、漸、厭。 | 琰 | 琰、冉、檢、染、斂、漸、奄、儉、險。 |

| 廣韻韻目 | 龍書分類：類 | 龍書分類：反切下字 | 廣韻分類：類 | 廣韻分類：反切下字 |
| --- | --- | --- | --- | --- |
| 忝 | 點 | 點、忝、玷、簟。 | 忝 | 忝、玷、簟。 |
| 豏 | 斬 | 斬、減、黯。 | 豏 | 減、斬、豏。 |
| 檻 | 檻 | 檻、黤。 | 檻 | 檻、黤。 |
| 儼 | 广 | 广、儼、埯。 | 儼 | 广、掩。 |
| 范 | 犯 | 犯、范。 | 范 | 犯、鋄、范。 |

去聲：

| 廣韻韻目 | 龍書分類：類 | 龍書分類：反切下字 | 廣韻分類：類 | 廣韻分類：反切下字 |
| --- | --- | --- | --- | --- |
| 送 | 貢 | 貢、弄、送。 | 送一 | 貢、弄、送、凍。 |
|  | 仲 | 仲、鳳、衆。 | 送二 | 仲、鳳、衆。 |
| 宋 | 宋 | 宋。 | 宋 | 綜、宋、統。 |
| 用 | 用 | 用、種。 | 用 | 用、頌。 |

| 絳 | 寘 | | 至 | | | 志 | 未 | | 御 | 遇 | 暮 | 霽 | | 祭 |
|---|---|---|---|---|---|---|---|---|---|---|---|---|---|---|
| 絳 | 義 | 僞 | 利 | | 位 | 志 | 既 | 味 | 恕 | 句 | 故 | 計 | 惠 | 制 |
| 絳、降、巷。 | 義、智、寄、賜、企。 | 僞、恚、睡、累、瑞。 | 利、冀、至、器、弃、季二、庇、恣、致、 | 穉、四。 | 位、醉、類、備、秘、愧、遂、媚。 | 志、記、異、吏、廁、 | 既、氣。 | 味、未、沸、貴、胃、畏、魏。 | 恕、據、去、慮、預、庶、御、疏。 | 句、遇、注、戍、附、喻、付。 | 故、悟、誤、布。 | 計、詣、細、戾、隸。 | 惠、桂。 | 制、例、祭、世、罽、袂、厲、逝、勢、蔽。 |
| 絳 | 寘一 | 寘二 | 至一 | | 至二 | 志 | 未一 | 未二 | 御 | 遇 | 暮 | 霽一 | 霽二 | 祭一 |
| 絳、降、巷。 | 義、智、賜、寄、豉、企。 | 僞、恚、睡、瑞、累、避。 | 利、至、四、冀、季二、器、自、寐、悸。 | | 醉、類、遂、位、愧、秘、萃、媚、備。 | 吏、記、置、志。 | 既、家。 | 貴、胃、沸、畏、未、味。 | 據、倨、恕、御、慮、預、去、助、洳、署。 | 遇、句、戍、注、具。 | 故、誤、暮、祚、路。 | 計、詣、戾。 | 惠、桂。 | 例、制、祭、袂、弊、罽、憩、蔽。 |

| 廣韻韻目 | 龍普分類：類 | 龍普分類：反切下字 | 廣韻分類：類 | 廣韻分類：反切下字 |
| --- | --- | --- | --- | --- |
| 祭 | 稅 | 稅、芮、衛、歲、銳。 | 祭二 | 芮、銳、歲、衛、稅。 |
| 泰 | 蓋 | 蓋、太、大、帶、 | 泰一 | 蓋、太、大、帶、艾、貝。 |
| | 外 | 外、會、最、膾 | 泰二 | 外、會、最。 |
| 卦 | 賣 | 賣、懈、隘。 | 卦一 | 懈、賣、隘。 |
| | 卦 | 卦。 | 卦二 | 卦、賣。 |
| 怪 | 拜 | 拜、戒、芥、界、介。 | 怪一 | 拜、介、戒、界。 |
| | 怪 | 怪、壞、喟。 | 怪二 | 怪、壞。 |
| 夬 | | | 夬一 | 犗、喝。 |
| | 快 | 快、敗、邁。 | 夬二 | 夬、邁、快、話。 |
| 隊 | 對 | 對、内、昧、隊、妹、誨。 | 隊 | 對、内、佩、隊、繢、妹、昧、輩。 |
| 代 | 代 | 代、愛、槩、耐。 | 代 | 代、槩、耐、愛、溉。 |
| 廢 | 廢 | 廢、吠、肺。 | 廢 | 廢、肺、穢、吠。 |
| 震 | 刃 | 刃、晉、振、恡。 | 震一 | 刃、覲、晉、遴、振。 |

| | | |
|---|---|---|
| 震 | 印 | 印。 |
| 稕 | 閏 | 閏、峻、順、俊。 |
| 問 | 問 | 問、運。 |
| 焮 | 靳 | 靳、近。 |
| 願 | 建 | 建、健。 |
| | 願 | 願、万、楦。 |
| 慁 | 困 | 困、悶、寸、頓、鈍。 |
| 恨 | 恨 | 恨 |
| 翰 | 旦 | 旦、按、案、漢、岸、汗。 |
| 換 | 貫 | 貫、亂、半、玩、算、幔。 |
| 諫 | 晏 | 晏、諫、澗。 |
| | 患 | 患。 |
| 襇 | 莧 | 莧。 |
| | 辨 | 辨、幻。 |
| 霰 | 見 | 見、練、電、麪。 |

| | |
|---|---|
| 震二 | 印。 |
| 稕 | 閏、峻、順。 |
| 問 | 問、運。 |
| 焮 | 靳、焮 |
| 願一 | 建、堰。 |
| 願二 | 願、万、怨、販。 |
| 慁 | 困、悶、寸。 |
| 恨 | 恨、艮。 |
| 翰 | 旰、案、按、旦、贊。 |
| 換 | 貫、玩、半、亂、筭、段、換、喚、漫。 |
| 諫一 | 晏、澗、諫、鴈。 |
| 諫二 | 患、慣。 |
| 襇一 | 莧、襇。 |
| 襇二 | 幻、辨。 |
| 霰一 | 甸、電、練、佃、麪、見。 |

| 廣韻韻目 | 龍書分類：類 | 龍書分類：反切下字 | 廣韻分類：類 | 廣韻分類：反切下字 |
|---|---|---|---|---|
| 霰 | 縣 | 縣。 | 霰二 | 縣、絢。 |
| 線 | 戰 | 戰、箭、面、扇、線、賤。 | 線一 | 戰、箭、線、面、扇、賤、碾、膳。 |
| | 眷 | 眷、絹、戀、掾、變。 | 線二 | 絹、戀、眷、變、倦、卷、掾、釧、彥、囀。 |
| 嘯 | 弔 | 弔、叫。 | 嘯 | 弔、嘯、叫。 |
| 笑 | 笑 | 笑、妙、照、召、廟、肖、 | 笑 | 照、召、笑、廟、妙、肖、要、少。 |
| 效 | 教 | 教、孝、皃、效、豹。 | 效 | 教、孝、皃、稍。 |
| 號 | 到 | 到、報、告、號。 | 號 | 到、報、導、耗。 |
| 箇 | 个 | 个、佐、賀。 | 箇 | 箇、佐、賀、个、邏。 |
| 過 | 臥 | 臥、過。 | 過 | 臥、過、貨、唾。 |
| 禡 | 嫁 | 嫁、訝、駕、亞、霸、迓。 | 禡一 | 駕、訝、嫁、亞、罵。 |
| | 亱 | 亱、謝、舍。 | 禡二 | 亱、謝。 |
| | 化 | 化。 | 禡三 | 化、霸、吳。 |
| 漾 | 亮 | 亮、向、匠。 | 漾一 | 亮、讓、樣、向。 |

| | | | | |
|---|---|---|---|---|
| 漾 | 放 | 放、況、誑、妄。 | 漾二 | 放、況、訪、妄。 |
| 宕 | 浪 | 浪、葬。 | 宕一 | 浪、宕。 |
| | 謗 | 謗、曠。 | 宕二 | 曠、謗。 |
| 映 | 孟 | 孟、更。 | 映一 | 孟、更。 |
| | 敬 | 敬。 | 映二 | 敬、慶。 |
| | | | 映三 | 橫、孟。 |
| | 命 | 命、詠。 | 映四 | 命、病。 |
| 諍 | 諍 | 諍、迸。 | 諍 | 迸、諍。 |
| 勁 | 正 | 正、併、性、姓。 | 勁 | 正、政、盛、鄭、令、姓。 |
| 徑 | 定 | 定、徑。 | 徑 | 定、徑、佞。 |
| 證 | 證 | 證、孕。 | 證 | 證、應、孕、甑、餕。 |
| 嶝 | 鄧 | 鄧、鐙、亘、蹬、贈。 | 嶝 | 鄧、亘、隥、贈。 |
| 宥 | 救 | 救、又、咒、溜、就。 | 宥 | 救、祐、副、呪、又、溜、就、僦。 |
| 候 | 候 | 候、豆、奏、構、透。 | 候 | 候、奏、遘、豆、漏。 |
| 幼 | 幼 | 幼、謬。 | 幼 | 幼、謬。 |

| 廣韻韻目 | 龍書分類 類 | 龍書分類 反切下字 | 廣韻分類 類 | 廣韻分類 反切下字 |
| --- | --- | --- | --- | --- |
| 沁 | 禁 | 禁、鴆、任、浸。 | 禁 | 禁、鴆、蔭、任、譖。 |
| 勘 | 紺 | 紺、暗、勘。 | 紺 | 紺、暗。 |
| 闞 | 濫 | 濫、暫、淡、擔。 | 濫 | 濫、瞰、蹔、瞰。 |
| 豔 | 焰 | 焰、驗、贍、豔。 | 豔 | 豔、驗、贍、窆。 |
| 㮇 | 念 | 念。 | 念 | 念、店。 |
| 陷 | 陷 | 陷。 | 陷 | 陷、韽、賺。 |
| 鑑 | 鑒 | 鑒、鑑、懺、監。 | 鑑 | 鑑、懺、鑒。 |
| 釅 | 劍 | 劍、欠。 | 釅 | 欠、劍、釅。 |
| 梵 | 梵 | 梵。 | 梵 | 泛、梵。 |

入聲：

| 廣韻韻目 | 龍書分類 類 | 龍書分類 反切下字 | 廣韻分類 類 | 廣韻分類 反切下字 |
| --- | --- | --- | --- | --- |
| 屋 | 木 | 木、谷、鹿、卜、族。 | 屋一 | 木、谷、卜、祿。 |

| | | |
|---|---|---|
| 屋 | 六 | 六、竹、目、福、叔、匊、育。 |
| 沃 | 沃 | 沃、毒、酷、篤。 |
| 燭 | 玉 | 玉、欲、足、蜀、燭、曲。 |
| 覺 | 角 | 角、岳、皃。 |
| 質 | 栗 | 栗、必、質、吉、日、一、悉、七、逸、比。 |
| | 乙 | 乙、密、筆。 |
| 術 | 律 | 律、聿、卹、術、恤。 |
| 櫛 | 瑟 | 瑟 |
| 物 | 勿 | 勿、物、弗。 |
| 迄 | 乞 | 乞、訖。 |
| 月 | 謁 | 謁、竭、歇。 |
| | 月 | 月、發、厥、伐。 |
| 没 | 没 | 没、骨、忽、訥。 |
| 麧、 | | |
| 曷 | 葛 | 葛、達、割、渴、曷。 |

| | |
|---|---|
| 屋二 | 六、竹、匊、福、逐、宿、菊。 |
| 沃 | 沃、毒、酷、篤。 |
| 燭 | 玉、蜀、欲、錄、足、曲。 |
| 覺 | 角、岳、覺。 |
| 質一 | 質、吉、悉、栗、必、一、日、畢、叱、 |
| 質二 | 筆、乙、密。 |
| 術 | 律、聿、卹、 |
| 櫛 | 瑟、櫛。 |
| 物 | 勿、物、弗。 |
| 迄 | 迄、訖、乞。 |
| 月一 | 竭、訐、歇、謁。 |
| 月二 | 月、伐、厥、越、發。 |
| 没 | 没、骨、忽、勃。 |
| 麧 | |
| 曷 | 割、葛、達、曷。 |

| 廣韻韻目 | 末 | 黠 | 鎋 | 屑 | 薛 | 藥 | 鐸 |
|---|---|---|---|---|---|---|---|

龍書分類反切下字

| 類 | |
|---|---|
| 末 | 末、活、括。 |
| 八 | 八、黠。 |
| 滑 | 滑。 |
| 鎋 | 鎋、瞎、轄。 |
| 刮 | 刮、刷。 |
| 結 | 結、蔑。 |
| 穴 | 穴、決。 |
| 列 | 列、滅、熱、別、設、烈。 |
| 劣 | 劣、悅、絕、雪、拙。 |
| 略 | 略、若、葯、雀、虐、約、爵。 |
| 縛 | 縛。 |
| 各 | 各、落。 |
| 郭 | 郭、鑊。 |

廣韻分類反切下字

| 類 | |
|---|---|
| 末 | 括、活、撥、末、栝。 |
| 黠一 | 八、黠、拔。 |
| 黠二 | 滑。 |
| 鎋一 | 鎋、瞎、轄。 |
| 鎋二 | 刮、頒。 |
| 屑一 | 結、屑、蔑。 |
| 屑二 | 決、穴。 |
| 薛一 | 列、薛、熱、滅、竭、別。 |
| 薛二 | 劣、悅、雪、絕、輟、爇。 |
| 藥一 | 略、約、灼、若、勺、藥、爵、雀、虐。 |
| 藥二 | 縛、钁、篗。 |
| 鐸一 | 各、落。 |
| 鐸二 | 郭、博、穫。 |

| | | |
|---|---|---|
| 陌 | 格 | 格、百、陌、白、伯。 |
| | 逆 | 逆、戟。 |
| | 虢 | 虢。 |
| 麥 | 革 | 革、厄、責、核。 |
| | 麥 | 麥、獲。 |
| 昔 | 亦 | 亦、石、昔、益、隻、炙、積、赤、尺、迹。 |
| | 碧 | 碧。 |
| 錫 | 歷 | 歷、擊、覓、的、狄、績、激、壁、笛。 |
| | | |
| 職 | 力 | 力、逼、即、職、側、織、食、棘、直、域、測、陟。 |
| 德 | 北 | 北、得、德、則、勒。 |
| | 或 | 或。 |
| 緝 | 立 | 立、入、及、急、執、汲、緝、邑、級、十。 |
| 合 | 合 | 合、答、沓、閤、納。 |
| 盍 | 盍 | 盍、臘、塔、搭。 |

| | |
|---|---|
| 陌一 | 伯、格、陌、白。 |
| 陌二 | 戟、劇、逆、郤。 |
| 陌三 | 虢、擭。 |
| 麥一 | 革、核、厄、戹、責、摘。 |
| 麥二 | 獲、麥、摑。 |
| 昔一 | 益、昔、隻、亦、石、迹、積、易、辟、炙。 |
| 昔二 | 役。 |
| 錫一 | 歷、擊、狄、激。 |
| 錫二 | 闃、鶪、狊。 |
| 職 | 力、逼、職、翼、直、即、極、側。 |
| 德一 | 則、得、北、德、勒、墨、黑。 |
| 德二 | 或、國。 |
| 緝 | 入、立、及、執、戢、汁、汲、急。 |
| 合 | 合、荅、閤、沓、雜。 |
| 盍 | 盍、臘、榼。 |

| 廣韻韻目 | 龍書分類 類 | 龍書分類 反切下字 | 廣韻分類 類 | 廣韻分類 反切下字 |
|---|---|---|---|---|
| 葉 | 涉 | 涉、葉、輒、獵。 | 葉 | 輒、涉、葉、攝、接。 |
| 怗 | 叶 | 叶、頰、貼、俠、篋、協。 | 怗 | 協、頰、愜、牒。 |
| 洽 | 洽 | 洽、夾、插。 | 洽 | 洽、夾、図。 |
| 狎 | 甲 | 甲、押。 | 狎 | 甲、狎。 |
| 業 | 業 | 業、劫。 | 業 | 業、怯、劫。 |
| 乏 | | | 乏 | 法、乏。 |

附：

# 龍龕手鑑反切上下字表

## 說明

一、取龍龕手鑑切語，以反切上字為經、下字為緯，依聲類考、韻類考所得列表示之。

一、表上所用之韻目依廣韻，韻類則取每類切字出現最多者標之。

一、聲類排列先後，依發音部位而定，即喉、牙、舌頭、舌上、半舌半齒、正齒、齒頭而至脣音。

一、韻類依廣韻四聲相承排列，「聲調」一欄，標注「平」「上」「去」「入」。

一、聲類代表字，取其切字出現最多者標之。

一、以龍龕手鑑與四聲等子關係密切，故特標出四聲等子之等第，若其反切下字不見於四聲等子者，則依韻類考中所用之變通法定之，並加〇以別之。

## 表二 冬韻

| | 聲調 | 龍書韻類代表字 | 四聲等子等第 | 發音部位 | 喉音 | | | | | 牙音 | | | 舌頭音 |
|---|---|---|---|---|---|---|---|---|---|---|---|---|---|
| | | | | 龍書聲類代表字 | 烏 | 許 | 許 | 胡 | 胡 | 古 | 苦 | 五 | 都 |
| | | | | 龍書所用反切上字 / 龍書所用反切下字 / 相逢字數 | 烏 | 虎 | 火 | 戶 | 胡 | 古 | 苦 | 五 | 都 |
| 〇一 | 平聲 | 冬 | ① | 冬 | | 1 | | 2 | | | | | |
| 〇二 | | | ① | 宗 | | | | | | | | | |
| 〇三 | 去聲 | 宋 | ① | 宋 | | | | | | | | | |
| 〇四 | 入聲 | 沃 | 1 | 沃 | | | 2 | | 7 | 7 | 5 | 1 | |
| 〇五 | | | 1 | 毒 | 1 | | | | | | | | 1 |
| 〇六 | | | ① | 酷 | 2 | | | | | | | | |
| 〇七 | | | 1 | 篤 | | | | | | | | | |
| 〇八 | | | | | | | | | | | | | |
| 〇九 | | | | | | | | | | | | | |
| 一〇 | | | | | | | | | | | | | |
| 一一 | | | | | | | | | | | | | |
| 一二 | | | | | | | | | | | | | |
| 一三 | | | | | | | | | | | | | |
| 一四 | | | | | | | | | | | | | |
| 一五 | | | | | | | | | | | | | |
| 一六 | | | | | | | | | | | | | |
| 一七 | | | | | | | | | | | | | |
| 一八 | | | | | | | | | | | | | |
| 一九 | | | | | | | | | | | | | |
| 二〇 | | | | | | | | | | | | | |
| 二一 | | | | | | | | | | | | | |
| 二二 | | | | | | | | | | | | | |

| | 齒頭音 | | | | | | | | | 半舌音 | 舌頭音 | | | | |
|---|---|---|---|---|---|---|---|---|---|---|---|---|---|---|---|
| | 蘇 | 蘇 | 昨 | 昨 | 昨 | 昨 | 昨 | 子 | 子 | 力 | 奴 | 徒 | 他 | 都 | |
| | 先 | 私 | 祖 | 昨 | 藏 | 自 | 才 | 子 | 走 | 力 | 奴 | 徒 | 他 | 冬 | |
| | | | | | | | | | 1 | 2 | 4 | 7 | 2 | | 〇一 |
| | | 2 | 1 | 1 | 3 | 1 | 3 | | | | | 1 | | | 〇二 |
| | | | | | | | | 3 | | | | | | | 〇三 |
| | | | | | | | | | | | | 3 | | | 〇四 |
| | | | | | | | | | | | | | | 5 | 〇五 |
| | | | | | | | | | | | | | | | 〇六 |
| | 1 | | | | | | | | | | | | | | 〇七 |
| | | | | | | | | | | | | | | | 〇八 |
| | | | | | | | | | | | | | | | 〇九 |
| | | | | | | | | | | | | | | | 一〇 |
| | | | | | | | | | | | | | | | 一一 |
| | | | | | | | | | | | | | | | 一二 |
| | | | | | | | | | | | | | | | 一三 |
| | | | | | | | | | | | | | | | 一四 |
| | | | | | | | | | | | | | | | 一五 |
| | | | | | | | | | | | | | | | 一六 |
| | | | | | | | | | | | | | | | 一七 |
| | | | | | | | | | | | | | | | 一八 |
| | | | | | | | | | | | | | | | 一九 |
| | | | | | | | | | | | | | | | 二〇 |
| | | | | | | | | | | | | | | | 二一 |
| | | | | | | | | | | | | | | | 二二 |

表三 鍾韻

| 聲調 | 龍書韻類代表字 | 四聲等子等第 | 龍書所用反切下字 | 喉音 烏 於 | 許 許 | 羊 容 | 羊 余 | 牙音 古 九 | 古 居 | 苦 丘 | 渠 渠 | 渠 其 | |
|---|---|---|---|---|---|---|---|---|---|---|---|---|---|
| 平聲 | 容 | ④ | 容 | 15 | 4 | | | 1 | | | 11 | | 〇一 |
| | | 3 | 恭 | | 1 | | | | | | | | 〇二 |
| | | ③ | 凶 | | | | | | | | | | 〇三 |
| | | 3 | 龍 | | | | | | | | | | 〇四 |
| | | 3 | 鍾 | | | | | | | | | | 〇五 |
| | | 3 | 封 | | | | | | | | | | 〇六 |
| | | 3 | 共 | | | | | | | | | | 〇七 |
| 上聲 | 勇 | ④ | 勇 | | | | | | 1 | | | | 〇八 |
| | | 3 | 隴 | 2 | | | 4 | | | 1 | 1 | | 〇九 |
| | | ④ | 悚 | | | | | | 5 | | | | 一〇 |
| | | 3 | 拱 | | 2 | | 1 | | | | | | 一一 |
| | | 3 | 腫 | | | 1 | | | | | | | 一二 |
| | | ④ | 聳 | | | | | | 1 | | | | 一三 |
| | | 3 | 恐 | | | | | | 1 | | | | 一四 |
| | | 3 | 冡 | | | | | | | | | | 一五 |
| 去聲 | 用 | ④ | 用 | | | | | | | 1 | | | 一六 |
| | | 3 | 種 | | | | | | | | | | 一七 |
| 入聲 | 玉 | 3 | 玉 | | 6 | | | | 10 | | 7 | 1 | 一八 |
| | | 4 | 欲 | | | | | | | | | | 一九 |
| | | 4 | 足 | | | | | | | | | | 二〇 |
| | | 3 | 蜀 | | | | | | | | | | 二一 |
| | | 3 | 燭 | | | | | | | | | | 二二 |
| | | 3 | 曲 | | | | | | | | | | |

| 齒音 | 半齒音 | | 半舌 | | 舌上音 | | | | | | 齒音 | 牙音 | | | |
|---|---|---|---|---|---|---|---|---|---|---|---|---|---|---|---|
| 之 | 而 | 而 | 力 | 力 | 女 | 直 | 丑 | 陟 | 陟 | 陟 | 都 | 五 | 五 | 渠 | |
| 之 | 人 | 而 | 良 | 力 | 女 | 直 | 丑 | 陟 | 竹 | 知 | 都 | 愚 | 魚 | 巨 | |
| 1 | | 14 | | | 8 | 3 | 1 | | | | | | 2 | 1 | 〇一 |
| | | | | | | | | | | | | | | | 〇二 |
| | | | | | | | 3 | | | | | 1 | | | 〇三 |
| | | | | | | | 1 | | | | | | | | 〇四 |
| | | | | 1 | | | | | | | | | | | 〇五 |
| | | | | | | | | | | | | | | | 〇六 |
| | | | | | | | | | | | | | | | 〇七 |
| 4 | 2 | | | 2 | | | 1 | | | 3 | 1 | | | | 〇八 |
| | | 5 | | | | 1 | 1 | | | | | | | | 〇九 |
| | | 6 | | | | | | | | | | | | | 一〇 |
| | | | | | | | | | | 1 | | | | | 一一 |
| | | | | | | | | | | | | | | | 一二 |
| | | | | | | | | | | | | | | | 一三 |
| | | | | | | | | | | | | | | | 一四 |
| | | | | | | | | | | | | | | | 一五 |
| | | 2 | 1 | 1 | | | 1 | | 3 | | | | | 1 | 一六 |
| | | | | 1 | | | | | | | | | | | 一七 |
| | | 1 | | 2 | | 2 | 4 | 5 | | | | | | | 一八 |
| 6 | | | | | | | | | | | | | 2 | | 一九 |
| | | | | | | | 1 | | | | | | | | 二〇 |
| | | | | | | | | | | | | | | | 二一 |
| | | 2 | | | | | | | | | | | | | 二二 |

| | 齒頭音 | | | | 正齒音 | | | | | | | | | | |
|---|---|---|---|---|---|---|---|---|---|---|---|---|---|---|---|
| | 子 | 子 | 子 | 子 | 時 | 時 | 時 | 失 | 食 | 昌 | 昌 | 昌 | 之 | 之 | 之 |
| | 足 | 恣 | 子 | 即 | 時 | 蜀 | 市 | 書 | 神 | 昌 | 赤 | 尺 | 隻 | 職 | 章 |
| 一 | 1 | | 1 | 5 | | 1 | | 6 | | 3 | | 5 | 1 | 1 | |
| 二 | | | | | | | | | | | | | | | |
| 三 | | | | | | | | | | | | | | | |
| 四 | | | | | | | | | | | | | | | |
| 五 | | | | | | | | | | | | | | | |
| 六 | | | | | | | | | | | | | | | |
| 七 | | | | | | | | | | | | | | | |
| 八 | | | | | 4 | | | | | 1 | 1 | | | | |
| 九 | | | | | | | | | | | | | | | |
| 一〇 | | | | | | | | | | | | | | | |
| 一一 | | | | | | | | | | | | | | | |
| 一二 | | | | | | | | | | | | | | | |
| 一三 | | | | | | | | | | | | | | | |
| 一四 | | | | | | | | | | | | | | | |
| 一五 | | | 1 | | | | | | | | | | | | |
| 一六 | | 1 | 1 | | | | | | | 4 | | 1 | | | |
| 一七 | | | | | | | | | | | | | | | |
| 一八 | | | | 1 | | | | | | | | | | | |
| 一九 | | | | | | | | | | | | | | | 1 |
| 二〇 | | | | | | | | | | | | | | | |
| 二一 | | | | | | | | | | | | | | | |
| 二二 | | | | | | | | | | | | | | | |
| 二三 | | | | | | | | | 1 | | | | | | |

| | 齒頭音 | | | | | | 脣音 | | | | | | | | | |
|---|---|---|---|---|---|---|---|---|---|---|---|---|---|---|---|---|
| | 七 | 昨 | 蘇 | 蘇 | 蘇 | 徐 | 蒲 | 莫 | 方 | 方 | 方 | 芳 | 芳 | 符 | 符 | 符 |
| | 七 | 疾 | 息 | 須 | 相 | 似 | 蒲 | 莫 | 府 | 封 | 方 | 敷 | 芳 | 房 | 扶 | 符 |
| 一 | 3 | 2 | | | | | 1 | | 1 | | 1 | 5 | 8 | 1 | | 3 |
| 二 | 5 | | 4 | | | | / | | | | | | | | | |
| 三 | | | | | | | | | | | | | | | | |
| 四 | | | | | | | | | | | | | | | | |
| 五 | | | | | | | | | | | | | | | | |
| 六 | | | | | | | | | | | | | | | | 1 |
| 七 | | | 1 | | | | | | | | | | | | | |
| 八 | | | 8 | | | | | | | | | | 2 | | | |
| 九 | | | | 1 | 2 | | | | | | | | | | | |
| 一〇 | | | | | | | | | | | | | | | | |
| 一一 | | | | | | | | | | | | | | | | |
| 一二 | | | | | | | | | | | | | | | | |
| 一三 | | | | | | | | | | | | | | | | |
| 一四 | | | | | | | | | | | | | | | | |
| 一五 | | | | | | | | 1 | | | | | | | 3 | |
| 一六 | | | | | | | | | | | | | | | | |
| 一七 | | | | | | | | | | | | | | 1 | | |
| 一八 | | | | | | | | | | | | | | | | |
| 一九 | | | | | | | | | | | | | | | | |
| 二〇 | | | | | | 1 | | | | | | | | | | |
| 二一 | | | | | | | | | | | | | | | | |
| 二二 | | | | | | | | | | | | | | | | |
| 二三 | | | | | | | | | 1 | | | | | | | |

表四 江韻

| 聲調 | 龍書韻類代表字 | 四聲等子等第 | 發音部位／龍書聲類代表字／龍書所用切上字 ＼ 龍書所用反切下字／相逢字數 | 喉音 烏 烏 | 喉音 烏 於 | 喉音 許 火 | 喉音 許 許 | 喉音 許 虛 | 喉音 許 呼 | 喉音 胡 乎 | 喉音 胡 下 | 喉音 胡 胡 |
|---|---|---|---|---|---|---|---|---|---|---|---|---|
| 〇一 平聲 | 江 | 2 | 江 | | | | 4 | | 1 | | 5 | |
| 〇二 | | 2 | 邦 | | | | | | | | | |
| 〇三 上聲 | 項 | 2 | 項 | | | | | | | | | 1 |
| 〇四 | | 2 | 講 | | | | | 1 | | 1 | | |
| 〇五 去聲 | 絳 | 2 | 絳 | | | | | | 1 | | | 2 |
| 〇六 | | ② | 降 | | | | | | | | 1 | 2 |
| 〇七 | | 2 | 巷 | | | | | | | | | |
| 〇八 入聲 | 角 | 2 | 角 | 3 | 1 | 1 | 4 | | 4 | 1 | | 9 |
| 〇九 | | 2 | 岳 | | | | | | | | | |
| 一〇 | | ② | 皃 | | | | | | | | | |
| 一一 | | | | | | | | | | | | |
| 一二 | | | | | | | | | | | | |
| 一三 | | | | | | | | | | | | |
| 一四 | | | | | | | | | | | | |
| 一五 | | | | | | | | | | | | |
| 一六 | | | | | | | | | | | | |
| 一七 | | | | | | | | | | | | |
| 一八 | | | | | | | | | | | | |
| 一九 | | | | | | | | | | | | |
| 二〇 | | | | | | | | | | | | |
| 二一 | | | | | | | | | | | | |
| 二二 | | | | | | | | | | | | |

| 半舌音 | 舌上音 | | | | | | | | | | 牙音 | | | | |
|---|---|---|---|---|---|---|---|---|---|---|---|---|---|---|---|
| 力 | 女 | 直 | 直 | 直 | 丑 | 丑 | 陟 | 陟 | 陟 | 陟 | 五 | 苦 | 苦 | 古 | |
| 呂 | 女 | 宅 | 濁 | 直 | 敕 | 丑 | 卓 | 知 | 陟 | 竹 | 五 | 口 | 苦 | 古 | |
| 2 | 4 | 5 | 1 | | | 2 | | | 2 | | 1 | | 6 | | 〇一 |
| | | | | | | | | | | | | | | | 〇二 |
| | | | | | | | | | | | | | | | 〇三 |
| | | | | | | | | | | | | | | | 〇四 |
| | | | | | | 3 | 1 | | | | | | | | 〇五 |
| | | | | | | | | | 3 | | | | | | 〇六 |
| | | | | | | | | | | | | | | 1 | 〇七 |
| 3 | 5 | | | 1 | 3 | 4 | | 1 | | 11 | 4 | 2 | 17 | | 〇八 |
| | | | | | | | | | | | | | 1 | 4 | 〇九 |
| | | | | | | | | | | | | | | | 一〇 |
| | | | | | | | | | | | | | | | 一一 |
| | | | | | | | | | | | | | | | 一二 |
| | | | | | | | | | | | | | | | 一三 |
| | | | | | | | | | | | | | | | 一四 |
| | | | | | | | | | | | | | | | 一五 |
| | | | | | | | | | | | | | | | 一六 |
| | | | | | | | | | | | | | | | 一七 |
| | | | | | | | | | | | | | | | 一八 |
| | | | | | | | | | | | | | | | 一九 |
| | | | | | | | | | | | | | | | 二〇 |
| | | | | | | | | | | | | | | | 二一 |
| | | | | | | | | | | | | | | | 二二 |

| | 脣音 | | | | | | | 齒頭音 | 正齒音 | | | | | | |
|---|---|---|---|---|---|---|---|---|---|---|---|---|---|---|---|
| | 匹 | 匹 | 必 | 必 | 必 | 必 | 必 | 七 | 所 | 所 | 士 | 初 | 初 | 初 | 側 |
| | 匹 | 普 | 北 | 補 | 布 | 百 | 博 | 七 | 所 | 生 | 士 | 測 | 楚 | 初 | 側 |
| 一 | 2 | | | | | | 1 | | 3 | | 1 | | 2 | | |
| 二 | | 1 | | | | | | | | | | | | | |
| 三 | | | | | | | | | | | | | | | 1 |
| 四 | | | | | | | | | | | | | | | |
| 五 | | | | | | | | | | | 1 | | 1 | | |
| 六 | | | | | | | | | | | | | | | |
| 七 | | | | | | | | | | | | | | | |
| 八 | 12 | | 1 | 1 | 2 | 3 | | 1 | 6 | 1 | 10 | 3 | | 3 | 2 |
| 九 | | | | | | | | | | | | | | | |
| 一〇 | 1 | | | | | | | | | | | | | | |
| 一一 | | | | | | | | | | | | | | | |
| 一二 | | | | | | | | | | | | | | | |
| 一三 | | | | | | | | | | | | | | | |
| 一四 | | | | | | | | | | | | | | | |
| 一五 | | | | | | | | | | | | | | | |
| 一六 | | | | | | | | | | | | | | | |
| 一七 | | | | | | | | | | | | | | | |
| 一八 | | | | | | | | | | | | | | | |
| 一九 | | | | | | | | | | | | | | | |
| 二〇 | | | | | | | | | | | | | | | |
| 二一 | | | | | | | | | | | | | | | |
| 二二 | | | | | | | | | | | | | | | |
| 二三 | | | | | | | | | | | | | | | |

| | 脣音 | | | | | |
|---|---|---|---|---|---|---|
| | 蒲 | 蒲 | 蒲 | 蒲 | 蒲 | 莫 |
| | 步 | 薄 | 白 | 蒲 | 皮 | 莫 |
| 一 | | 2 | | | | 14 |
| 二 | | | | | | |
| 三 | 6 | | 1 | | | 2 |
| 四 | | | | | | 1 |
| 五 | | | | | | |
| 六 | | | | | | |
| 七 | | | | | | |
| 八 | 2 | | | 7 | 1 | 9 |
| 九 | | | | | | |
| 一〇 | | | | | | |
| 一一 | | | | | | |
| 一二 | | | | | | |
| 一三 | | | | | | |
| 一四 | | | | | | |
| 一五 | | | | | | |
| 一六 | | | | | | |
| 一七 | | | | | | |
| 一八 | | | | | | |
| 一九 | | | | | | |
| 二〇 | | | | | | |
| 二一 | | | | | | |
| 二二 | | | | | | |
| 二三 | | | | | | |

| | | | | | | | | | | | | | | | |
|---|---|---|---|---|---|---|---|---|---|---|---|---|---|---|---|
| / | | | | | | | | | | | | | / | / | 二二 |
| | | | | | | | | | | | | | | | 二三 |
| | | | / | 7 | | | | / | | /. | | | | | 二四 |
| 2 | | | | | | | | | | | | | / | | 二五 |
| | | | | | | | | / | | | | | | | 二六 |
| | | | | | | | | | | | | | | | 二七 |
| | | | | | | | | | | | | | | | 二八 |
| | | | | | | | | | | | | | | | 二九 |
| | | | | | | | | | | | | | | | 三〇 |
| | | | | | | | | / | | | | | / | | 三一 |
| | | | | | | | | | | | | | | | 三二 |
| | | | | | | | | | | | | | | | 三三 |
| | | | | | | | | | | | | | | | 三四 |
| | | | | | | | | | | | | | | | 三五 |
| | | | | | | | | | | | | | | | 三六 |
| | | | | | | 7 | | | | | | | | | 三七 |
| | | | | | | | | | | | | | 4 | | 三八 |
| | | | | | | | | | | | | | | | 三九 |
| | | | | | | | | | | | | | | | 四〇 |
| | | | | | | | | | | | | | | | 四一 |
| | | | | | | | | | | | | | | | 四二 |
| | | | | | | | | | | | | | | | 四三 |
| | | | | | / | | | / | | | | | | | 四四 |
| | | | | | | | | | | | | | | | 四五 |
| | | | | | | | | / | | | | | | | 四六 |
| | | | | | | | | | | | | | | | 四七 |
| | | | | | | | | | | | | | | | 四八 |
| | | | | | | | | | | | | | | | 四九 |
| | | | | | | | | | | | | | | | 五〇 |

| | | | | | | | | | | | | | |
|---|---|---|---|---|---|---|---|---|---|---|---|---|---|
| | | | | | | | | | | [illegible] | [illegible] | | |
| 二二 | | | | | | | 1 | | | 尒 | 3 | | |
| 二三 | | | | | | | | | 2 | 綺 | 3 | | 上 |
| 二四 | | | 1 | 1 | | | | | | 氏 | ③ | | |
| 二五 | | 1 | 1 | | | | | | | 紙 | ③ | | |
| 二六 | | | | | | | | | | 是 | 3 | 尒 | |
| 二七 | | | | | | | | | 2 | 蟻 | 3 | | |
| 二八 | | | | | | | | 1 | | 倚 | 3 | | |
| 二九 | | | | | | | | | | 此 | 4 | | |
| 三〇 | | | | | | | | | | 紫 | 4 | | |
| 三一 | | | 1 | | | 1 | 4 | | | 委 | 3 | 委 | |
| 三二 | | | | | | | | | | 弭 | 4 | | |
| 三三 | | | | | | | | | | 婢 | 4 | 尒 | |
| 三四 | | | | | | | | | | 彼 | 3 | | |
| 三五 | | | 3 | | | | | | | 捶 | ③ | | 聲 |
| 三六 | | | | | | | | | | 毀 | ③ | 委 | |
| 三七 | | | | | | | | | 1 | 義 | 3 | | |
| 三八 | | | | | | | 1 | | | 智 | 3 | | 去 |
| 三九 | | | | | | | | | | 寄 | 3 | 義 | |
| 四〇 | | | | | | | | | | 賜 | 4 | | |
| 四一 | | | | | | | | | | 企 | 4 | | |
| 四二 | | | 1 | | | | | | 3 | 僞 | ③ | | |
| 四三 | | | | | | | | | | 恚 | 4 | | |
| 四四 | | | | | | | | | | 睡 | 3 | 僞 | |
| 四五 | | | | | | | | | | 累 | ③ | | 聲 |
| 四六 | | | | | | | | | | 瑞 | ③ | | |
| 四七 | | | | | | | | | | | | | |
| 四八 | | | | | | | | | | | | | |
| 四九 | | | | | | | | | | | | | |
| 五〇 | | | | | | | | | | | | | |

表五 支韻

| | 聲調 | 龍書韻類代表字 | 四聲等子等第 | 龍書所用反切下字 \ 龍書所用反切上字 \ 相逢字數 | 烏 於 | 許 興 | 許 許 | 許 虛 | 羊 與 | 羊 余 | 羊 羊 | 羊 弋 | 羊 悅 |
|---|---|---|---|---|---|---|---|---|---|---|---|---|---|
| 〇一 | 平聲 | 支 | 3 | 支 | 5 | | | | 4 | | 4 | 3 | |
| 〇二 | | | 3 | 宜 | 1 | | 8 | | | | | | |
| 〇三 | | | 4 | 移 | | | | | | | | | |
| 〇四 | | | 3 | 奇 | 1 | | 1 | | | | | | |
| 〇五 | | | 3 | 知 | | | | | | | | | |
| 〇六 | | | ③ | 羈 | | | 3 | | | | | | |
| 〇七 | | | 3 | 離 | 1 | | | | | | | | |
| 〇八 | | | 3 | 皮 | | | | | | | | | |
| 〇九 | | | 4 | 彌 | | | | | | | | | |
| 一〇 | | | 3 | 馳 | | | | | | | | | |
| 一一 | | | ③ | 池 | | | | | | | | | |
| 一二 | | | 4 | 斯 | | | | | | | | | |
| 一三 | | | 3 | 披 | | | | | | | | | |
| 一四 | | 為 | ③ | 為 | 9 | | 5 | | | | | | |
| 一五 | | | 4 | 規 | | | 6 | | | | | | |
| 一六 | | | 4 | 隨 | | | | | | | | | |
| 一七 | | | ③ | 危 | | | 1 | | | | | | |
| 一八 | | | ③ | 垂 | | | | | | | | | |
| 一九 | | | ③ | 吹 | | | | | | | | | 1 |
| 二〇 | | | ③ | 撝 | | | | | | | | | |
| 二一 | | | ③ | [illegible] | | | | | | | | | |

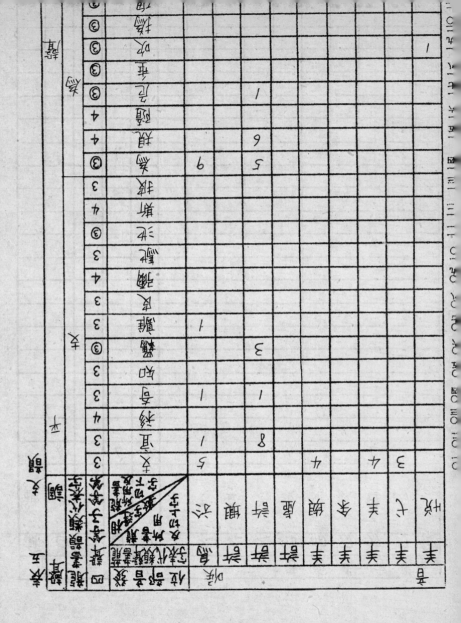

| | 舌頭音 | 半 | 舌 | 半 | 齒 | 音 | 正 | | | | 齒 | | | | 音 |
|---|---|---|---|---|---|---|---|---|---|---|---|---|---|---|---|
| | 徒 | 力 | 力 | 力 | 而 | 而 | 之 | 之 | 之 | 之 | 昌 | 昌 | 昌 | 昌 | 食 |
| | 地 | 力 | 呂 | 良 | 兒 | 汝 | 之 | 章 | 支 | 正 | 尺 | 昌 | 赤 | 叱 | 神 |
| 一 | | 2 | 1 | | | 1 | | | | | 3 | 1 | 1 | 1 | |
| 二 | | | | 1 | | | | | | | | | | | |
| 三 | | | | | | | | 3 | | | | | | | |
| 四 | | | | | | | | | | | | | | | |
| 五 | | 2 | | | | | | | | | | | | | |
| 六 | | | | | | | | | | | | | | | |
| 七 | | | | | | | | | | | | | | | |
| 八 | | | | | | | | | | | | | | | |
| 九 | | | | | | | | | | | | | | | |
| 一〇 | | | | | | | | | | | | | | | |
| 一一 | | | | | | | | | | | | | | | |
| 一二 | | | | | | | | | | | | | | | |
| 一三 | | | | | | | | | | | | | | | |
| 一四 | | 2 | | | | | | | | | | 1 | | | |
| 一五 | | | | | | | | | | | | | | | |
| 一六 | | | | | | | | | | | | | | | |
| 一七 | | | | | | | | | | | | | | | |
| 一八 | | | | | | | | | | | | | | | |
| 一九 | | | | | | | | | | | | | | | |
| 二〇 | | | | | | | | | | | | | | | |

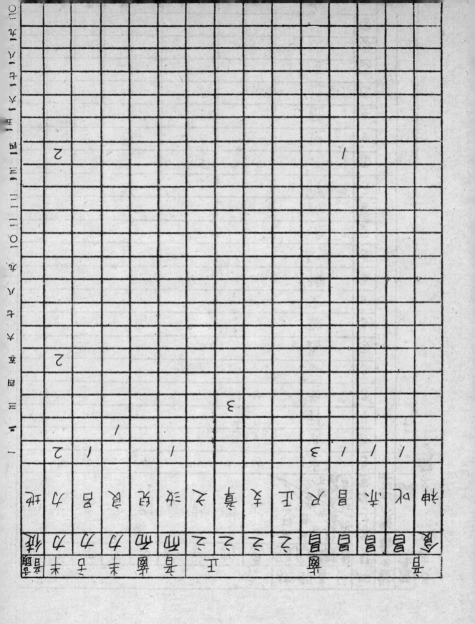

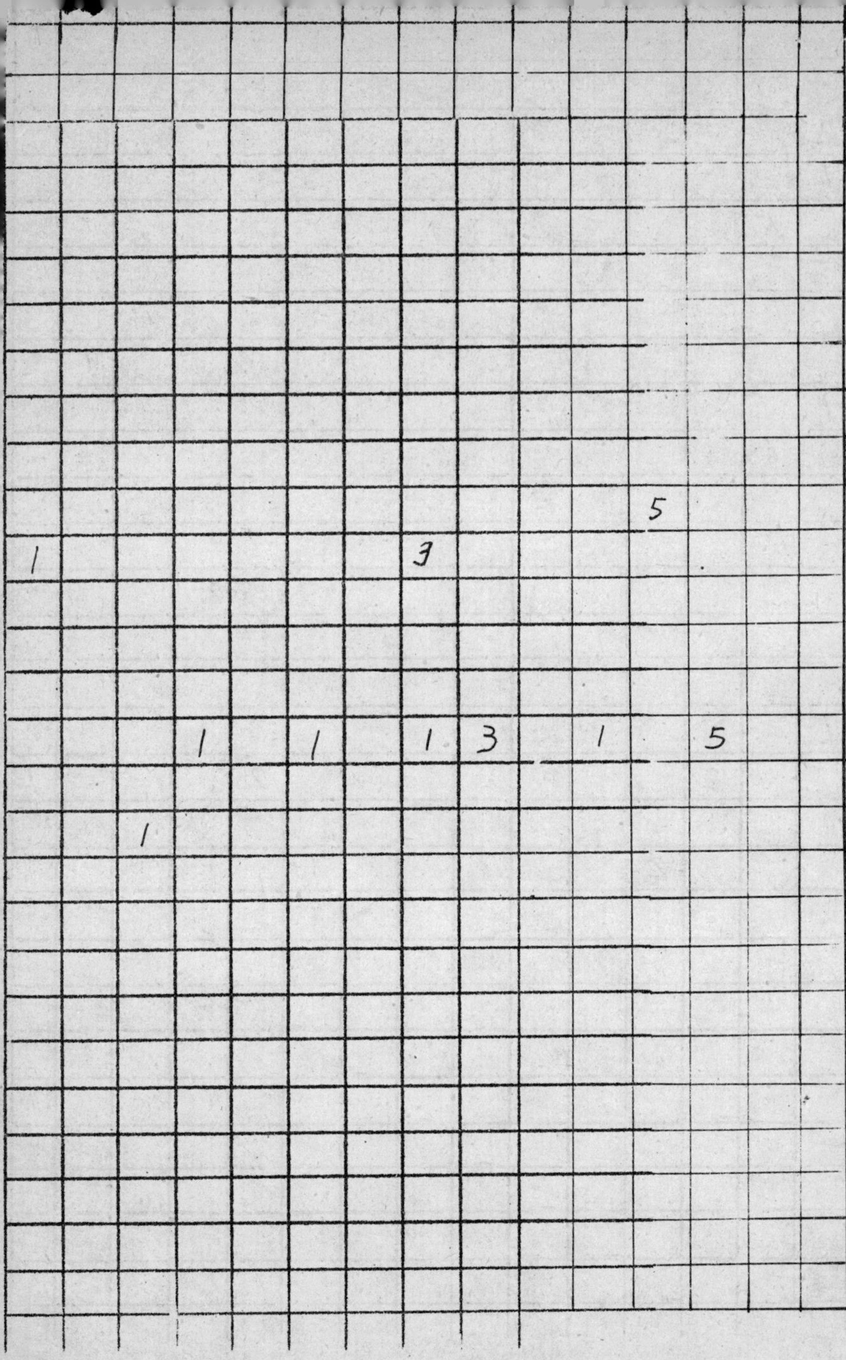
5
1
3
1
1
1
3
1
5
1

| | | | | | | | | | | | | | | | |
|---|---|---|---|---|---|---|---|---|---|---|---|---|---|---|---|
| | | | | | | | | | | | | | | 1 | |
| | | | | | | | | | | | | | | | |
| 2 | | | | | | | 1 | | | | | | | | |
| 1 | | | | | | | | | | | | | | | |
| | | | | | | | | | | | | | | | |
| | | | | | | | | | | | | | | | |
| | | | | | | | | | | | | | | | |
| | | | | | | | | | | | | | 1 | | |
| 1 | | | | | | | | | | | | | | | |
| | 6 | | | | | | | | | | | | | | |
| | | | | | | | | | | | | | | | |
| | | | | | | | | | | | | | | | |
| | | | | | | | | | | | | | | | |
| | | | | 1 | | | | | | | | | | | |
| | | | | | | | | | | | | | | | |
| 1 | | | | | | | | | | | | | | | |
| | | 2 | | | | | | | | 2 | | | | | |
| | | | | | | | | | | | | | | | 三九 |
| | | | 2 | | | 8 | | | 1 | | | | | | 四〇 |
| | | | | | | | | | | | | | | | 四一 |
| | | | | | | | | | | | | | | | 四二 |
| | | | | | | | | | | | | | | | 四三 |
| | | | | | | | | | | | | | | | 四四 |
| | | | | | | | | | | | | | | 1 | 四五 |
| | | | | | | | | | | | | | | | 四六 |
| | | | | | | | | | | | | | | | 四七 |
| | | | | | | | | | | | | | | | 四八 |
| | | | | | | | | | | | | | | | 四九 |
| | | | | | | | | | | | | | | | 五〇 |

| 齒頭音 | | | | | | | | | | | | | | |
|---|---|---|---|---|---|---|---|---|---|---|---|---|---|---|
| 子 | 子 | 子 | 子 | 子 | 子 | 七 | 七 | 七 | 昨 | 昨 | 昨 | 昨 | 蘇 | 蘇 |
| 子 | 茲 | 姊 | 遵 | 資 | 箭 | 此 | 雌 | 七 | 疾 | 才 | 昨 | 前 | 息 | 斯 |
| 1 | | | | | | | | | | | | | | |
| | | 1 | | | | | | | | | | | | |
| 1 | | | | | | 2 | | 1 | 5 | | | | 2 | |
| | | | | | | | | | | | | | | |
| | | | | | | | | | | | | | | |
| | | | | | | | | | | | | | | |
| | | | | | | | | | | | | | | |
| | | | | | | | | | | | | | | |
| | | | | | | | | | | | | | | |
| | | | | | | | | | | | | | | |
| | | | | | | | | | | | | | | |
| 1 | | | | | | | | | | | | | | |
| | | | | | | | | | | | | | | |
| 1 | | | 1 | | | | | | | | | | 1 | |
| | | | | | | | | | | | | | | |
| | | 2 | | | | | | | | | | | | |
| | | | | | | | | | | | | | | |
| 1 | | | | | | | | | | | | | | |
| | | | | | | | | | | | | | | |
| | | | | | | | | | | | | | | |

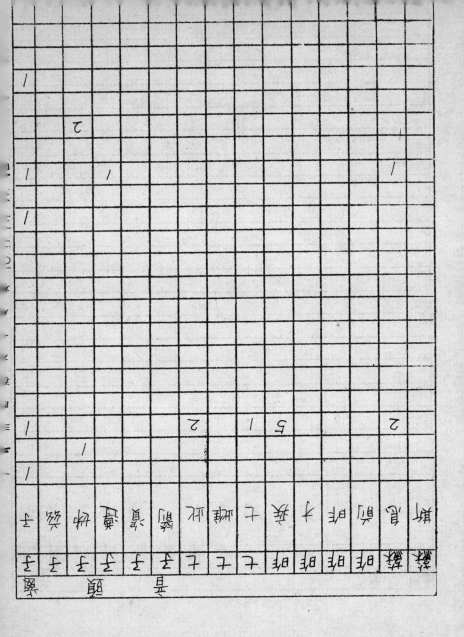

| [illegible]音 | 脣 | | | | | | | | | | | | 音 | |
|---|---|---|---|---|---|---|---|---|---|---|---|---|---|---|
| 徐 | 必 | 必 | 必 | 必 | 匹 | 匹 | 匹 | 蒲 | 蒲 | 蒲 | 蒲 | 蒲 | 莫 | 莫 |
| 巳 | 必 | 彼 | 并 | 卑 | 普 | 披 | 匹 | 婢 | 平 | 避 | 毗 | 皮 | 美 | 綿 |
| | 1 | | | | | | | | | 1 | | | | |
| | | | | | 2 | | 1 | | | | | | | |
| | | | 1 | | | | | | | | | | | |
| | | | | | | | | | | | | | | |
| | | | | | | | | | | | | | | |
| | | | | | | | | | | | | | | |
| | | | | | | | | | | | | | | |
| | | | | | | | | | | | | | | |
| | | | | | 2 | | 1 | 2 | | | | | | |
| | | | | | | | | | | | | | | |
| | | | | | | | | | | | | | | |
| | | | | | | | | | | | | | | |
| 1 | | | | | | | | | | | | | | |
| | | | | | | | | | | | | | 4 | |
| | | | | | | | | | | | | | | |
| | | | | | | | | | | | | | | |
| | | | | | | | | | | | | | | |
| | | | | | | | | | | | | | | |
| | | | | | | | | | | | | | | |
| | | | | | | | | | | | | | | |

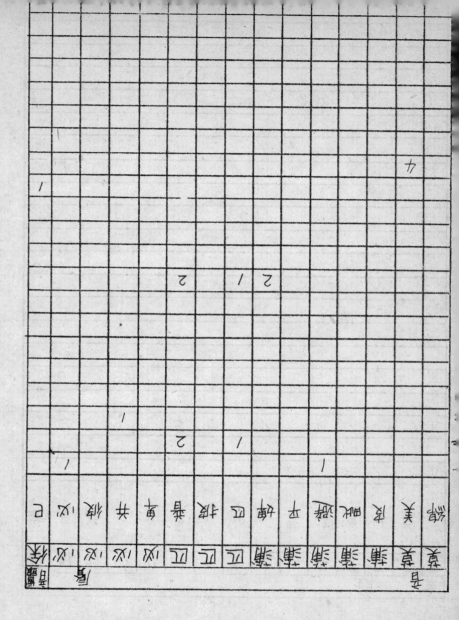

| 脣音 | | | | | | | | | | | | | | | |
|---|---|---|---|---|---|---|---|---|---|---|---|---|---|---|---|
| | 莫 | 莫 | | 莫 | 芳 | 芳 | 符 | 符 | 武 | 武 | 武 | | | | |
| | 迷 | 明 | | 名 | 敷 | 芳 | 符 | 附 | 亡 | 武 | 文 | | | | |
| 一 | | | | | | | 8 | 1 | | | | | | | |
| 二 | | | | | | | | | | | | | | | |
| 三 | | | | | | | | | | | | | | | |
| 四 | | | | | | | | | | | | | | | |
| 五 | | | | | | | | | | | | | | | |
| 六 | | | | | 1 | 1 | 1 | | | | | | | | |
| 七 | | | | | | | | | | | | | | | |
| 八 | | | | | | | | | | | | | | | |
| 九 | | | | | | | | | | | | | | | |
| 一〇 | | | | | | | | | | | | | | | |
| 一一 | | | | | | | | | | | | | | | |
| 一二 | | | | | | | | | | | | | | | |
| 一三 | | | | | | | | | | | | | | | |
| 一四 | | | | | | | | | | | | | | | |
| 一五 | | | | | | | | | | | | | | | |
| 一六 | | | | | | | | | | | | | | | |
| 一七 | | | | | | | | | | | | | | | |
| 一八 | | | | | | | | | | | | | | | |
| 一九 | | | | | | | | | | | | | | | |
| 二〇 | | | | | | | | | | | | | | | |

| | 音 | 頭 | 齒 | 音 | | | | | | 齒 | | | | | 正 |
|---|---|---|---|---|---|---|---|---|---|---|---|---|---|---|---|
| | 子 | 子 | 子 | 所 | 士 | 士 | 初 | 側 | 時 | 時 | | 失 | 失 | 失 | 失 |
| | 將 | 即 | 足 | 所 | 師 | 士 | 楚 | 側 | 石 | 常 | | 施 | 失 | 豕 | 式 |
| 一 | | | | | | | | | | | | | 1 | | 2 |
| 二 | | | | 5 | | | | | | | | | | | |
| 三 | | 10 | | | | | | | | | | | | | |
| 四 | | | | | | | | | | | | | | | |
| 五 | | | | | | 1 | | | | | | | | | |
| 六 | | | | | | | | | | | | | | | |
| 七 | | | | | | | | | | | | | | | |
| 八 | | | | | | | | | | | | | | | |
| 九 | | | | | | | | | | | | | | | |
| 一〇 | | | | | | | | | | | | | | | |
| 一一 | | | | | | | | | | | | | | | |
| 一二 | | | | | | | | | | | | | | | |
| 一三 | | | | | | | | | | | | | | | |
| 一四 | | | | | | | | | | | | | | | |
| 一五 | | | | | | | | | | | | | | | |
| 一六 | | | | | | | | | | | | | | | |
| 一七 | | | | | | | 1 | | | | | | | | |
| 一八 | | | | | | | | | | | | | | | |
| 一九 | | | | | | | | | | | | | | | |
| 二〇 | | | | | | | | | | | | | | | |
| 二一 | | | | | | | | | | | | | | | |

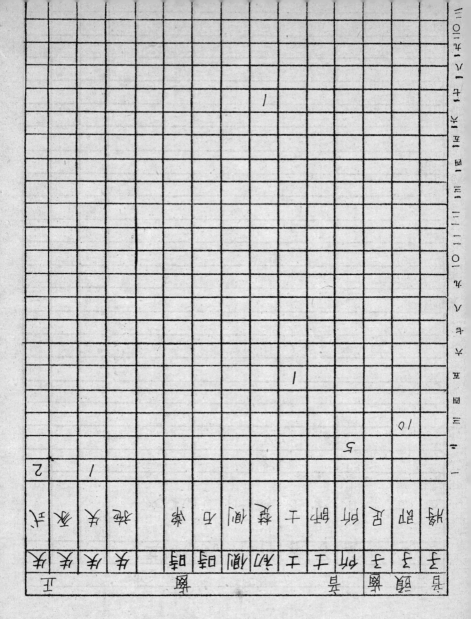

| | | | | | | | | | | | | | | | |
|---|---|---|---|---|---|---|---|---|---|---|---|---|---|---|---|
| 二二 | | | | | | | | | | | | | 1 | | |
| 二三 | | | | 9 | | | | | 1 | | | | | | |
| 二四 | | | 1 | | | | | 1 | | | | | | | |
| 二五 | | | | | | | | | | 1 | | | | 1 | |
| 二六 | | | | | | | | 1 | | | | | | | |
| 二七 | | | | | 1 | | | | | | | | | | |
| 二八 | | | | | | | | | | | | | | | |
| 二九 | 1 | 1 | | | | | | | | | | 3 | | | |
| 三〇 | | | | | | | | | | | | | | | |
| 三一 | | 3 | | | | | | | | | | | | | |
| 三二 | | | | | | | | | | | | | | | |
| 三三 | | | | | | | | | | | | | | | |
| 三四 | | | | | | | | | | | | | | | |
| 三五 | | | | | | | | | | | | | | | |
| 三六 | | | | | | | | | | | | | | | |
| 三七 | | | | | | | | 1 | | | | | | | |
| 三八 | | | | | | | | | | | | 1 | | | |
| 三九 | | | | 7 | | | | | | | | | | | |
| 四〇 | | | | | | | | | | | | | | | |
| 四一 | | | | | | | | | | | | | | | |
| 四二 | | | | | | | | | | | | | | | |
| 四三 | | | | 1 | | | | | | | | | | | |
| 四四 | | | | | | | | | | | | | | | |
| 四五 | | | | | | | | | | | | | | | |
| 四六 | | | | | | | | | | | | | | | |
| 四七 | | | | | | | | | | | | | | | |
| 四八 | | | | | | | | | | | | | | | |
| 四九 | | | | | | | | | | | | | | | |
| 五〇 | | | | | | | | | | | | | | | |

| | | | | | | | | | | | | | | |
|---|---|---|---|---|---|---|---|---|---|---|---|---|---|---|
| | | | | | | | | | | | | | | |
| | | | | | 1 | | | | | | | | | |
| | | | | | | | | | | | | | | |
| | | | | | | | | | | | | | | |
| | | | | | | | | | | | | | | |
| | | | | | | | | | | | | 1 | | |
| | | | | | | | | | | | | | | |
| | | | | | | | | | | | | | | |
| | | | | | | | | | | | | | | |
| 13 | | 5 | | | 2 | | | 1 | | | | | | |
| | | | | | | | | | | 13 | 1. | | 1 | |
| | | | | | 10 | | | | | | 3 | | | |
| | | | | | | | | | | | | | | |
| | | | | | | | | | | | | | | |
| | 1 | | | | | | | | 2 | | | 1 | | |
| 5 | | | | | 1 | | | | | | | | | |
| | | | | | | | | | | | | | | |
| | | | | | | | | | | | | | | |
| | | | | | | | | | | | | 1 | | |
| | | 2 | | | | | | | | | | | | |
| | | | | | | | | | | 2 | 2 | | | |
| | | | | | | | | | | | | | | |
| | | | | | | | | | | | | | | |
| | | | | | | | | | | | | | | |
| | | | | | | | | | | | | | | |
| | | | | | | | | | | | | | | |
| | | | | | | | | | | | | | | |
| | | | | | | | | | | | | | | |

| | | | | | | | | | | | | | | |
|---|---|---|---|---|---|---|---|---|---|---|---|---|---|---|
| | | | | | | | | | | | | | | |
| | | | | | | | | | | | | | | |
| | | | | | | | | | | | | | | |
| | | | | | | | | 4 | 1 | | | | | 1 |
| | | | | | | | | | | 1 | 3 | | | |
| | | | | | | | | | | | | | | |
| | | | 1 | | | | | | | | | | | |
| 1 | | | | 1 | | | | | | | | | | |
| | | | | | | | | | | | | | | |
| | 1 | 2 | 1 | | | | | 2 | | | | | | |
| | | | 1 | | | 1 | | 5 | | | | | | |
| | | | | | | | | | | | | | | |
| | | | | | | | | | | | | | | |
| | 1 | | | | | | | | | | | | 1 | |
| | | | | | | | | 1 | | | | | | |
| | | | | | | | | | | | | | | |
| | | | | | | | | | | | | | | |
| | | | | | | | | | | | | | | |
| | | | 4 | | | | | | | | | | | |
| | | | | | | | | | | | | | | |
| | | | | | | | | | | | | | | 1 |
| | | | | | | | | | | | | | | |
| | | | | | | | | | | | | | | |
| | | | | | | | | | | | | | | |
| | | | | | | | | | | | | | | |
| | | | | | | | | | | | | | | |
| | | | | | | | | | | | | | | |
| | | | | | | | 1 | | | | | | | |
| | | | | | | | | | | | | 1 | | |

| 牙音 | | | | | | | | | | 喉音 | | | | |
|---|---|---|---|---|---|---|---|---|---|---|---|---|---|---|
| 苦 | 苦 | 苦 | 苦 | 苦 | 苦 | 古 | 古 | 古 | 古 | 于 | 于 | 羊 | 羊 | 羊 |
| 葵 | 去 | 輕 | 丘 | 窺 | 口 | 俱 | 古 | 居 | 九 | 于 | 榮 | 余 | 與 | 弋 |
| | | | | | | | | 1 | | | | | | |
| | | | | | | | | | | | | | | |
| | | | | | 1 | | | 1 | | | | | | |
| | | | | | | | | | | | | | | |
| | | | | | | | | | | | | | | |
| | | | | | | | | | | | | | | |
| | | | | | | | | 1 | | | | | | |
| | | | | | | | | | | | | | | |
| | | | 1 | | | | | 4 | | | | | | |
| | | | | | | | | | | 1 | | | | |
| | | | | | | | | | | | | | | |
| | | | | | | | | | | | | | | |
| | | | | | | | | | | | | | | |
| | | | | | | | | | | | | | | |
| | | | | | | | | | | | | | | |
| | | | | | | | | | | | | | | |
| | | | | | | | | | | | | | | |
| | | | | | | | | 4 | | | | | | |
| | | | | | | | | | | | | | | |
| | | | | | | | | | | | | | | |

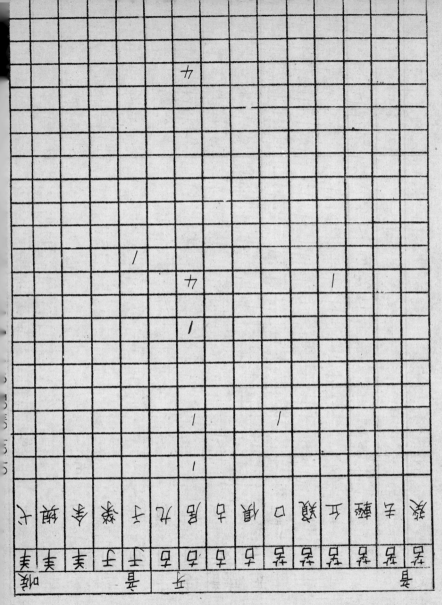

| 音 | | | 上 | | | 舌 | 音聶 | 音 | | | | | | 牙 |
|---|---|---|---|---|---|---|---|---|---|---|---|---|---|---|
| 直 | 渠 | 丑 | 陟 | 陟 | 陟 | 陟 | 都 | 五 | 五 | 渠 | 渠 | 渠 | 渠 | 渠 |
| 直 | 其 | 丑 | 豬 | 知 | 陟 | 竹 | 端 | 宜 | 魚 | 求 | 其 | 渠 | 狂 | 巨 |
| | | 3 | | | | | | | | | | 7 | | 2 |
| 16 | | 1 | | | 1 | | 1 | | | | | | | |
| | | | | | | | | | | | | | | |
| | | | | | | | | | | | | | | |
| | | | | | | | | | | | | | | |
| | | | | | | | | | | | | | | |
| | | | | | | | | | | | | | | |
| | | | | | | | | | | | | | | |
| 5 | | | | | | | | | | | | 13 | | |
| | | | | | | | | | | | | 3 | | |
| | | | | | | | | | | | | 1 | | |
| | | | | | | | | | | | | | | |
| | | | | | | | | | | | | | | |
| | | | | | | | | | | | | | | |
| | | | | | | | | | | | | | | |
| | | | | | | | | | | | | | | |
| 3 | | 1 | 1 | 1 | 1 | 2 | | | | | | 1 | | |
| | | | | | | | | | | | | | | |
| | | | | | | | | | | | | | | |
| | | | | | | | | | | | | | | |
| | | | | | | | | | | | | | | |

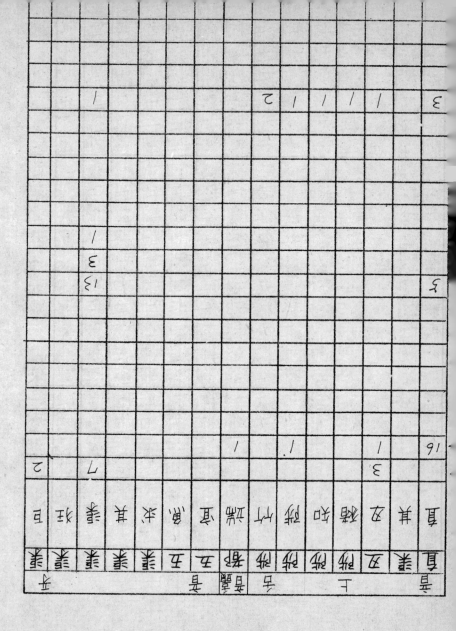

| | 正齒音 | | | | | | | 半齒音 | | | | 半舌 | | 舌上音 | |
|---|---|---|---|---|---|---|---|---|---|---|---|---|---|---|---|
| | 失 | 失 | 昌 | 昌 | 之 | 之 | 之 | 而 | 而 | 而 | 而 | 力 | 力 | 女 | 女 |
| | 式 | 失 | 尺 | 昌 | 脂 | 織 | 之 | 而 | 儒 | 汝 | 如 | 立 | 力 | 女 | 尼 |
| 一 | 1 | | | 4 | | | | | | | | | 10 | | |
| 二 | | | | | | | | | | | | | | | |
| 三 | | | | | | | | | | | | | 1 | 1 | |
| 四 | | | | | | | | | | | | | | | |
| 五 | | | | | | | | | | | | | | | |
| 六 | | | | | | | | | | | | | 1 | | |
| 七 | | | | | | | | | | | | | | | |
| 八 | | | | | | | | | | | | | | | |
| 九 | | | | | | | | | | | | | 10 | | |
| 一〇 | | | | | | | | | | | | | | | |
| 一一 | | | | | | | | 1 | 1 | 2 | 3 | | | | |
| 一二 | | | | | | | | | | | | | | | |
| 一三 | | | | | | | | | | | | | | | |
| 一四 | | | | | | | | | | | | | | | |
| 一五 | | | | | | 1 | | | | | | | | | |
| 一六 | | | | | | | | | | | | | | | |
| 一七 | | | | | | | | | | | | | 1 | | 1 |
| 一八 | | | | | | | | | | | | | | | |
| 一九 | | 1 | | 1 | | | | | | | | | | | |
| 二〇 | | | | | | | | | | | | | | | |
| 二一 | | | | | | | | | | | | | | | |

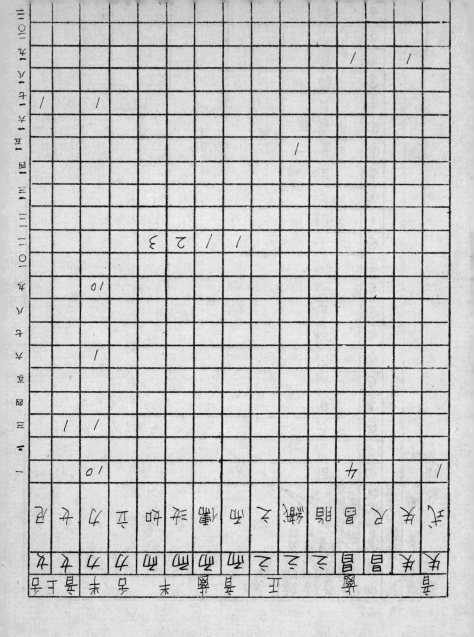

表六　脂韻

| 聲調 | 龍書韻類代表字 | 四聲等子等第 | 龍書所用及切下字 ＼ 相逢字數 ＼ 龍書所用及切上字 | 喉音 烏 於 | 烏 以 | 烏 乙 | 許 虛 | 許 喜 | 許 許 | 許 火 | 羊 以 | 羊 | |
|---|---|---|---|---|---|---|---|---|---|---|---|---|---|
| 平聲 | 脂 | ③ | 脂 | 1 | 4 | | | | | | | 1 | ○一 |
| | | 3 | 尼 | | | | | | | | | | ○二 |
| | | ④ | 夷 | | | | | 3 | | | | | ○三 |
| | | 4 | 資 | | | | | | | | | | ○四 |
| | | ④ | 私 | | | | | | | | | | ○五 |
| | | ③ | 尸 | | | | | | | | | | ○六 |
| | | ③ | 祁 | | | | | | | | | | ○七 |
| | 追 | ④ | 遺 | | | | | | | | | | ○八 |
| | | 3 | 追 | | 1 | | | | | | | | ○九 |
| | | ③ | 悲 | | | | | | | | | | 一○ |
| | | ③ | 佳 | | | 1 | | | | | | | 一一 |
| | | 4 | 維 | | | | | 2 | | | | | 一二 |
| | | ④ | 帷 | | | | | | | | | | 一三 |
| | | ④ | 雖 | | | | | | | 1 | | | 一四 |
| | | ④ | 唯 | | | | | | | | | | 一五 |
| | | ③ | 眉 | | | | | | | | | | 一六 |
| 上聲 | 几 | ③ | 几 | | | | | | | | | | 一七 |
| | | ③ | 履 | | | | | | | | | | 一八 |
| | | ③ | 旨 | | | | | | | | | | 一九 |
| | | ④ | 死 | | | | | | | | | | 二○ |
| | | ④ | 姊 | | | | | | | | | | 二一 |

| | | | | | | | | | | | | | | |
|---|---|---|---|---|---|---|---|---|---|---|---|---|---|---|
| 二二 | | | | | | | | | | | 視 | ③ | | |
| 二三 | | | | | | | | | | | 矢 | ③ | | |
| 二四 | | | | | | | | | | | 指 | ③ | | |
| 二五 | | 2 | | | | | | | | | 水 | 3 | | |
| 二六 | | | | | | | | | | | 美 | ③ | | |
| 二七 | | | | | | | | | | | 鄙 | ③ | 水 | |
| 二八 | | | | | | | | | | | 軌 | ③ | | |
| 二九 | | | | | | | | | | | 癸 | 4 | | 聲 |
| 三〇 | | | | | | | | | | | 累 | 3 | | |
| 三一 | | | | | | | 1 | | | | 利 | ③ | 利 | |
| 三二 | | | | 3 | | | | | | | 位 | ③ | 位 | 去 |
| 三三 | | | | | | | 6 | | 2 | | 冀 | ③ | 利 | |
| 三四 | | 1 | | | | | | | | | 醉 | 4 | 位 | |
| 三五 | 4 | | | | | | | | | | 至 | ③ | 利 | |
| 三六 | | | | 2 | | 5 | | | | | 器 | ③ | | |
| 三七 | | | | | | | | | | | 類 | 4 | | |
| 三八 | | | | | | | | | | | 備 | ③ | | |
| 三九 | | | | | | | | | | | 秘 | ③ | 位 | |
| 四〇 | | | | | | | | | | | 愧 | ③ | | |
| 四一 | | | | | | | | | | | 弃 | ④ | 利 | |
| 四二 | | | | | | | | | | | 季 | ④ | | |
| 四三 | | | | | | | | | | | 遂 | 4 | 位 | |
| 四四 | | | | | | | | | | | 二 | 3 | 利 | |
| 四五 | | | | | | | | | | | 媚 | ③ | 位 | |
| 四六 | | | | | | | | | | | 庇 | ③ | | |
| 四七 | | | | | | | | | | | 恣 | ④ | 利 | |
| 四八 | | | | | | | | | | | 致 | ③ | | |
| 四九 | | | | | | | | | | | 推 | ③ | | 聲 |
| 五〇 | | | | | | | | | | | 四 | ④ | | |

| | | | | | | | | | | | | | | | |
|---|---|---|---|---|---|---|---|---|---|---|---|---|---|---|---|
| 2 | | | | | | | | | | | | | | | 二二 |
| | | | | | | | | | | | | | | | 二三 |
| | 1 | | | | | | | | | | | | | | 二四 |
| | | | | | | | | | | 2 | | 9 | | | 二五 |
| | | | | | | | | | | | | | | | 二六 |
| | | | | | | | | | | | | | | | 二七 |
| | | | | | | | | | | | | | | | 二八 |
| | | | | | | | | | | | | 1 | | | 二九 |
| | | | | | | 2 | | | | | | | | | 三〇 |
| | | | | 2 | | | | | | | | | 4 | | 三一 |
| | | | | | | | | | | | | | | | 三二 |
| | | | | | | | | | | | | | | | 三三 |
| | | | | | | | | | | | | | | | 三四 |
| | | | | | | | | | | | | 1 | 1 | | 三五 |
| | | | | | | | | | | | | | | | 三六 |
| | | | | | | | | | | | | | | | 三七 |
| | | | | | | | | | | | | | | | 三八 |
| | | | | | | | | | | | | | | | 三九 |
| | | | | | | | | | | | 1 | | | | 四〇 |
| | | 1 | | | | | | | | | | | | | 四一 |
| | | | | | | | | | | | | | | | 四二 |
| | | | | | | | | | | | | | | | 四三 |
| | | | | | | | | | | | | | | | 四四 |
| | | | | | | | | | | | | | | | 四五 |
| | | | | | | | | | | | | | | | 四六 |
| | | | | | | | | | | | | | | | 四七 |
| | | | | | | | | | | | | | | | 四八 |
| | | | | | | | | | | | | | | | 四九 |
| | | | | | | | | | | | | | | | 五〇 |

| | | | | | | | | | | | | | | |
|---|---|---|---|---|---|---|---|---|---|---|---|---|---|---|
| | | | | | | | | | | | | | | |
| | | | | | | | | | | | | | | |
| | | | | | | | | 1 | 1 | | | | | |
| | | | | | 3 | | | | | | | | | |
| | | | | | | | | | | | | | | |
| | | | | | | | | | | | | | | |
| | | | | | | | | | | | | | | |
| | | | | | | | | | | | | | | |
| | | | | | | | | | | | | | | |
| | | | | | | | | | | | | | | |
| | | | | | | | | | | | | | | 2 |
| | | | | | | | | | | | | | | |
| | | | | | | | | | | | | | | |
| | | | | | | | 1 | | | | 2 | | | |
| | | | | 1 | | | | | | | | | | 1 |
| | | | | | | | | | | | | | | |
| | | | | | | | | | | | | | | |
| | | | | | | | | | | | | | | |
| | | | | | | | | | | | | | | |
| | | | | | | | | | | 1 | | 1 | | |
| | | | | | | | | | | | | | | |
| | | | | | | | | | | | | | | |
| | | | | | | | | | | | | | | |
| | | | | | | | | | | | | | | |
| | | | | | | | | | | | | | | |

| | | | | | | | | | | | | | | |
|---|---|---|---|---|---|---|---|---|---|---|---|---|---|---|
| | | | | | | | | 3 | | | | | | |
| | | | | | | | | | | | | | | |
| | | | | | | | | | | | | | | |

| | | | | | | | | | | | | | | |
|---|---|---|---|---|---|---|---|---|---|---|---|---|---|---|
| | | | | | | | | | | | | | | |
| | | | | | | | | | | | | | | |
| 2 | | 4 | | | | | | | | | | | | |
| | | 4 | | | | | | | | | | | | |
| | | | | | | | | | | | | | | |
| | | | | | | | | | | | | | | |
| | | | | | | | | | | | | | | |
| | 1 | | | | | | | | | | | | | |
| | | | | | | | | | | | | | | |
| 2 | | | | | | | | | | | | | | |
| | | | | | | | | 1 | 9 | | | 1 | 1 | 1 |
| | | | | | 2 | | | | | | | | | |
| | | | | | | | | | | | | | | |
| | | | | | | | | | | | | | | |
| | | 4 | | | | | | | | | | | | |
| | | 1 | | | | | | | | | | | | |
| | | | | | | | | | | | | | | |
| | | 2 | | | | | | 1 | | | | | | |
| | | | | | | | | | | | | | | |
| | | | | | | | | | 4 | | | | | |
| | | | | | | | | | | | | | | 1 |
| 1 | | | | 1 | | | | | | | | | | |
| | | | | | | | | | | | | | | |
| | | | | | | | | | | 1 | | | | |
| | | | | | | | | | | | | | | |
| | | | | | | | | | | | | | | |

| 音 | | | | | | | 脣 | 音 | | | 頭 | | | 齒 |
| --- | --- | --- | --- | --- | --- | --- | --- | --- | --- | --- | --- | --- | --- | --- |
| 蒲 | 蒲 | 匹 | 匹 | 必 | 必 | 必 | 必 | 徐 | 蘇 | 蘇 | 蘇 | 昨 | 昨 | 昨 |
| 皮 | 平 | 匹 | 普 | 兵 | 必 | 卑 | 彼 | 徐 | 雖 | 思 | 息 | 秦 | 情 | 疾 |
| | | | | | | | | | | | | | | |
| | | | | | | | | | | | | | | |
| | | 4 | | | | | | | | | 2 | | | |
| | | | | | | | | | | | | | | 7 |
| | | | | | | | | | | | | | | |
| | | | | | | | | | | | | | | |
| | | | | | | | | | | | | | | |
| | | | | | | | | | | | 1 | | | |
| | | | | | | | | | | | | | | |
| | | 2 | 1 | | | | | | | | | | | |
| | | | | | | | | | | | | | | |
| | | | | | | | | | | | | | | |
| | | | | | | | | | | | | | | |
| | | | | | | | | | | | | | | |
| | | | | | | | | | | | | | | |
| | | | | | | | 1 | | | | | | | |
| | | 1 | | | | | | 1 | | | | | | |
| | | | | | | 3 | | | | | | | | |
| | | | | | | | | | | | | | | |
| | | | | | | | | 2 | | | | | | |

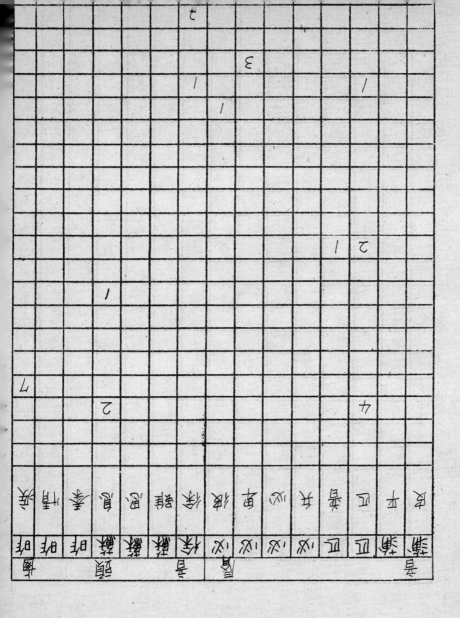

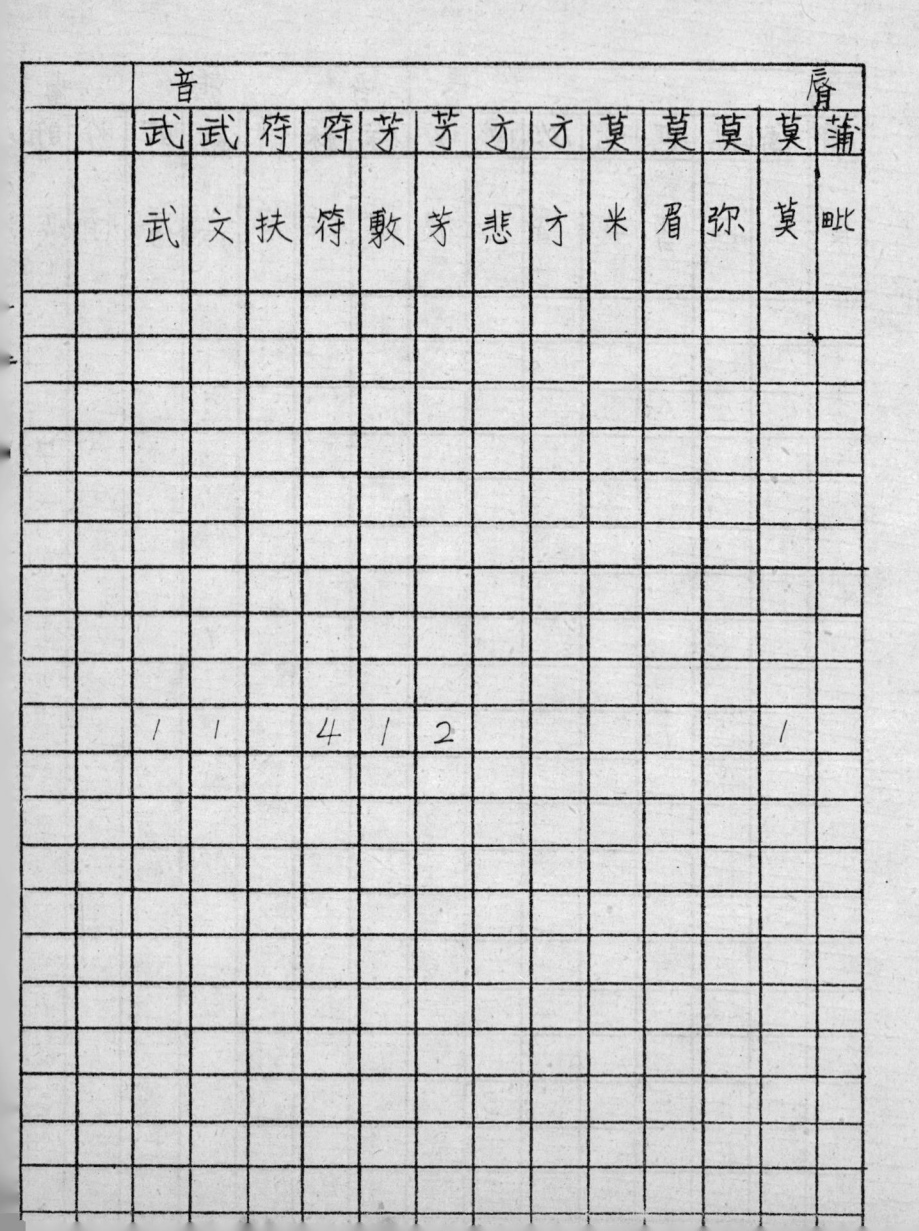

| | | 音 | | | | | | | | | | | | 脣 |
|---|---|---|---|---|---|---|---|---|---|---|---|---|---|---|
| | | 武 | 武 | 符 | 符 | 芳 | 芳 | 方 | 方 | 莫 | 莫 | 莫 | 莫 | 蒲 |
| | | 武 | 文 | 扶 | 符 | 敷 | 芳 | 悲 | 方 | 米 | 眉 | 弥 | 莫 | 毗 |
| | | 1 | 1 | | 4 | 1 | 2 | | | | | | 1 | |

一
二
三
四
五
六
七
八
九
一〇
一一
一二
一三
一四
一五
一六
一七
一八
一九
二〇

| | 齒頭音 | | | | | | | 正齒音 | | | | | | | |
|---|---|---|---|---|---|---|---|---|---|---|---|---|---|---|---|
| | 七 | 七 | 七 | 子 | 子 | 子 | 子 | 時 | 時 | 時 | 食 | 失 | 失 | 失 | 失 |
| | 七 | 千 | 取 | 即 | 洛 | 醉 | 將 | 所 | 成 | 常 | 神 | 失 | 釋 | 書 | 申 |
| 一 | | | | | | | | | | | | | | | |
| 二 | | | | | | | | | | | | | | | |
| 三 | | | | | | | | | | | | | | | |
| 四 | | | | | | | | | | | | | | | |
| 五 | | | 6 | | | | | | | | | | | | |
| 六 | | | | | | | | | | | | | | | |
| 七 | | | | | | | | | | | | | | | |
| 八 | | | | | | | | | | | | | | | |
| 九 | | | | | | 1 | | 1 | | | | | | | |
| 一〇 | | | | | | | | | | | | | | | |
| 一一 | | | | | | | | | | | | | | | |
| 一二 | | | | | | | | | | | | | | | |
| 一三 | | | | | | | | | | | | | | | |
| 一四 | | | | | | | | | | | | | | | |
| 一五 | | | | | | | | | | | | | | | |
| 一六 | | | | | | | | | | | | | | | |
| 一七 | | | | | | | 1 | | | | | | | | |
| 一八 | | | | | | | | | | | | | | | |
| 一九 | | | | | | | | | | | | | | | 1 |
| 二〇 | | | | | 1 | | | | | | | | | | |

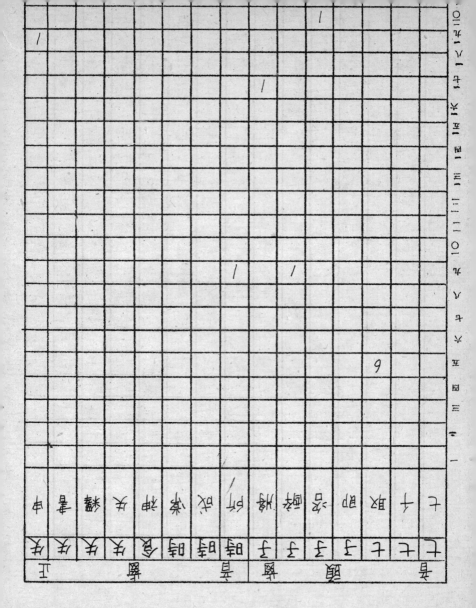

| | | | | | | | | | | | | | | | |
|---|---|---|---|---|---|---|---|---|---|---|---|---|---|---|---|
| 二二 | | | | | | | | | | | | | | | |
| 二三 | | | | | | | | | | | | | | | |
| 二四 | | | | | | | | | | | | | | | |
| 二五 | | 2 | | 1 | | | | | | | | | | | |
| 二六 | | | | | | | | | | | | | | | |
| 二七 | | | | | | | | | | | | | | | |
| 二八 | | | | | | | | | | | | | | 1 | |
| 二九 | | | | | | | | | | | | | | | |
| 三〇 | | | | | | | | | | | | | | | |
| 三一 | 1 | | | | | | | | | 1 | | 1 | | | |
| 三二 | | | | | | | | | | | | | | | |
| 三三 | | | | | | | | | | | | | | | |
| 三四 | 2 | | | | | | | | | | | | | | |
| 三五 | | | | | | | | | | 1 | 4 | | | | |
| 三六 | | | | | | | | | | | | | | | |
| 三七 | | | | | | | | | | | | | 1 | | |
| 三八 | | | | | | | | | | | | | | | |
| 三九 | | | | | | | | | | | | | | | |
| 四〇 | | | | | | | | | | | | | | | |
| 四一 | | | | | | | | | 1 | | | | | | |
| 四二 | | | | | | | | | | | | | | | |
| 四三 | | | | | | | | | | | | | | | |
| 四四 | | | | | | | | | | | | | | | |
| 四五 | | | | | | | | | | | | | | | |
| 四六 | | | | | | | | | | | | | | | |
| 四七 | | | | | | | | | | | | | | | |
| 四八 | | | | | | | | | | | | | | | |
| 四九 | | | | | | | | | | | | | | | |
| 五〇 | | | | | | | | | | | | | | | |

| | 正齒音 | | | | | 半齒半舌音 | | | | | | | 舌上音 | | |
|---|---|---|---|---|---|---|---|---|---|---|---|---|---|---|---|
| | 失 | 昌 | 昌 | 昌 | 之 | 而 | 而 | 而 | 而 | 力 | 力 | 力 | 直 | 丑 | 丑 |
| | 式 | 赤 | 昌 | 尺 | 諸 | 人 | 而 | 如 | 仍 | 里 | 郎 | 力 | 直 | 勑 | 丑 |
| 一 | 1 | 2 | | 4 | | 1 | | 2 | | 3 | | 13 | | | 4 |
| 二 | | | | | | | | | | | | | | | |
| 三 | | | | | | | | | | | | | | | |
| 四 | | | 1 | | | | | | | | | | 9 | 1 | 2 |
| 五 | | | | | | | | | | | | | | | |
| 六 | | | | | | | | | | | | | | | |
| 七 | | | | 1 | | | 1 | | | | | 1 | | | |
| 八 | | | | | | | | | | | | | | | |
| 九 | | | | | | | | | | | | 1 | | | |
| 一〇 | | | | | | | | | | | | | | | |
| 一一 | | | | | | | | | | | | | | | |
| 一二 | | | | | 1 | | | | | | | | | | |
| 一三 | | | 1 | | | | | | | | | | | | |
| 一四 | | | | | | | | | | | | | | | |
| 一五 | | | | | | | | | | | | | | | |
| 一六 | | | | | | | | | | | | | | | |
| 一七 | 3 | | 6 | 1 | | | 2 | 1 | 1 | | | 1 | | | |
| 一八 | | | | | | | | | | | | | | | |
| 一九 | | | | | | | | | | | 1 | | | | |
| 二〇 | | | | | | | | | 7 | | | | | | 1 |
| 二一 | | | | | | | | | | | | | | | |
| 二二 | | | | | | | | | | | | | | | |
| 二三 | | | | | | | | | | | | | | | |

| 喉音 | 齒頭音 | | | | | | 正齒音 | | | | | | | | |
|---|---|---|---|---|---|---|---|---|---|---|---|---|---|---|---|
| 烏 | 蘇 | 蘇 | 七 | 子 | 子 | 子 | 所 | 士 | 士 | 初 | 初 | 側 | 側 | 時 | |
| 於 | 星 | 息 | 七 | 即 | 茲 | 子 | 疏 | 床 | 士 | 初 | 楚 | 阻 | 側 | 時 | |
| | | | | | | 7 | | | 1 | | | | | | 一 |
| | | | | | | | | | | | | | | | 二 |
| | | | | | | | | | | | 1 | | 12 | | 三 |
| | 1 | 3 | | 2 | 2 | | | | | | | | | | 四 |
| | | | | | | | | 5 | | | | 4 | | | 五 |
| | | | | | | | | | | | | | | | 六 |
| | | | | | | | | | | | | | | 1 | 七 |
| | | | | | | | | | | 1 | | | | | 八 |
| | | | | | | | | | | 1 | | | | | 九 |
| | | | | | | | | | | | | | | | 一〇 |
| | | | | | | | | | | | | | | | 一一 |
| | | | | | | | | | | | | | | | 一二 |
| 1 | | | | | | | | | | | | | | | 一三 |
| | | | | | | | | | | | | | | | 一四 |
| | | | | | | | | | | | | | | | 一五 |
| | | | 1 | | | | | | | 1 | | | | | 一六 |
| | | | | | | | | | | | | | | | 一七 |
| | | | | | | | | | | | | | | | 一八 |
| | | | | | | | | | | | | | | | 一九 |
| | | | | | | 1 | | | | | | | 6 | | 二〇 |
| | | | | | | | | | | | | | | | 二一 |
| | | | | | | | | | | | | | | | 二二 |
| | | | | | | | | | | | | | | | 二三 |

表七 之韻

| | 聲調 | 龍書韻類代表字 | 四聲等子等第 | 龍書所用反切下字 \ 相逢字數 \ 龍書所用反切上字 | 喉音 | | | | | | | | |
|---|---|---|---|---|---|---|---|---|---|---|---|---|---|
| | | | | 發音部位／龍書聲類代表字 | 烏 | 于 | 許 | 許 | 胡 | 胡 | 羊 | 羊 | 羊 |
| | | | | | 於 | 為 | 許 | 虛 | 侯 | 下 | 以 | 弋 | 羊 |
| 〇一 | 平聲 | 之 | ③ | 之 | | | 2 | 2 | | | 2 | | |
| 〇二 | | | ③ | 其 | 4 | | 14 | | | | | | |
| 〇三 | | | ③ | 持 | | | | | | | | | |
| 〇四 | 上聲 | 里 | ③ | 里 | 1 | | | 1 | | | | 1 | |
| 〇五 | | | 2 | 史 | | | | | | | | | |
| 〇六 | | | ② | 駛 | 1 | 1 | | | 1 | | | | |
| 〇七 | | | ③ | 止 | | | | | | | | | |
| 〇八 | | | ③ | 紀 | | | | | | | | | |
| 〇九 | | | ④ | 巳 | 1 | | | | | | | | |
| 一〇 | | | ③ | 起 | 1 | | | | | | | | |
| 一一 | | | ③ | 矣 | | | | | | | | | |
| 一二 | | | ③ | 市 | | | | | | | | | |
| 一三 | | | ③ | 耳 | | | | | | | | | |
| 一四 | | | 2 | 俟 | | | | | | | | | |
| 一五 | | | ④ | 子 | | | | | | | | | |
| 一六 | | | ④ | 以 | | | | | | | | | |
| 一七 | 去聲 | 志 | ③ | 志 | | | | | | | | | |
| 一八 | | | ③ | 記 | 1 | | 3 | | | 1 | | | |
| 一九 | | | ④ | 異 | | | 1 | | | | | | |
| 二〇 | | | ③ | 吏 | 1 | | | | | | | | 2 |
| 二一 | | | 2 | 廁 | | | | | | | | | |
| 二二 | | | | | | | | | | | | | |

| 舌上音 | | | 舌頭音 | | 牙音 | | | | | | | | 齒頭音 | 喉 | |
|---|---|---|---|---|---|---|---|---|---|---|---|---|---|---|---|
| 陟 | 陟 | 陟 | 都 | 都 | 五 | 五 | 渠 | 渠 | 苦 | 苦 | 古 | 于 | 蘇 | 羊 | |
| 竹 | 豬 | 陟 | 怠 | 丁 | 宜 | 魚 | 其 | 渠 | 去 | 苦 | 居 | 于 | 星 | 與 | |
| | | | | | | | | 1 | | | 5 | | | | 〇一 |
| | | | | | | | | | | | 5 | 1 | | | 〇二 |
| | | | | | | | | | | | | | | | 〇三 |
| | | 4 | 1 | 1 | | | | | | | | | 1 | | 〇四 |
| | | | | | | | | | | | | | | | 〇五 |
| | | | | | | | | | | 2 | | | | | 〇六 |
| | | | | | | | | | | | | | | | 〇七 |
| | | | | | | | 2 | | | | | | | | 〇八 |
| | | | | | | | | | | | | | | | 〇九 |
| | | | | | | | | 1 | | | | | | | 一〇 |
| | | | | | | | 1 | | | | | | | | 一一 |
| | | | | | | | | | | | | | | | 一二 |
| | | | | | | | | | | | | | | | 一三 |
| | | | | | | | | | | | | | | | 一四 |
| | | | | | | | | | | | | | | | 一五 |
| | | | | | | | | | | | | | | | 一六 |
| 1 | | | | | | | | | | | | | | | 一七 |
| | | | | | 1 | 4 | 1 | 4 | | | | | | | 一八 |
| | | | | | | | | | | | | | | | 一九 |
| | | | | | | | | | 3 | | | | | | 二〇 |
| | 1 | | | | | | | | | | | | | | 二一 |
| | | | | | | | | | | | | | | | 二二 |

| | 齒頭音 | | | 脣音 | |
|---|---|---|---|---|---|
| | 蘇 | 蘇 | 蘇 | 必 | 蒲 |
| | 思 | 私 | 相 | 必 | 毗 |
| 一 | | | | | |
| 二 | | | | | |
| 三 | | | | | |
| 四 | | | | | |
| 五 | | | | | |
| 六 | | | | | |
| 七 | | | | | |
| 八 | | | | | |
| 九 | | | | | |
| 一〇 | | | | | |
| 一一 | | | | | |
| 一二 | | | | | |
| 一三 | | | | | |
| 一四 | | | | | |
| 一五 | / | | | | |
| 一六 | | / | | | |
| 一七 | | | / | / | / |
| 一八 | | | | | |
| 一九 | | | | | |
| 二〇 | | | | | |
| 二一 | | | | | |
| 二二 | | | | | |
| 二三 | | | | | |

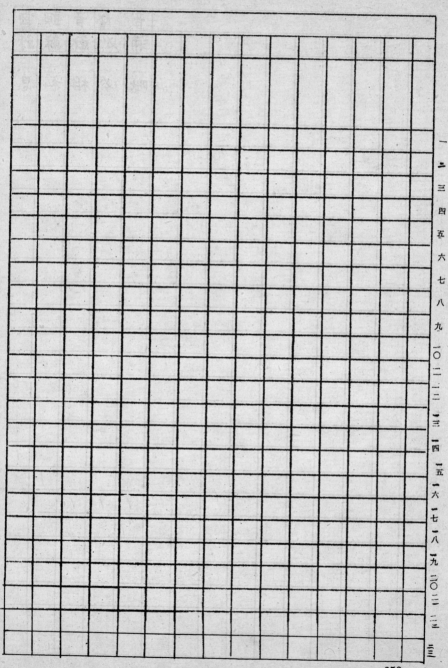

表八 微韻

| 序 | 聲調 | 龍書韻類代表字 | 四聲等子等第 | 龍書所用反切下字 \ 龍書所用反切上字 | 喉音 | | | | | | | | |
|---|---|---|---|---|---|---|---|---|---|---|---|---|---|
| | | | | 龍書聲類代表字 | 烏 | 烏 | 烏 | 許 | 許 | 許 | 于 | 于 | 于 |
| | | | | | 於 | 烏 | 一 | 呼 | 許 | 虛 | 雨 | 于 | 王 |
| 〇一 | 平聲 | 依 | ③ | 依 | | | | | | | | | |
| 〇二 | | | ③ | 希 | 2 | | | | | | | | |
| 〇三 | | | ③ | 衣 | | | | | 1 | | | | |
| 〇四 | | 非 | 3 | 非 | | | | | | | 2 | | 1 |
| 〇五 | | | ③ | 韋 | | | | | | | | | |
| 〇六 | | | 3 | 歸 | 1 | | 1 | | 1 | | | 1 | |
| 〇七 | 上聲 | 鬼 | 3 | 鬼 | 2 | | | | 6 | | | 15 | |
| 〇八 | | 豈 | ③ | 豈 | 3 | | | | 1 | 5 | | | |
| 〇九 | | 鬼 | 3 | 尾 | | | | | | | | | |
| 一〇 | | | ③ | 偉 | | | | 1 | 2 | 1 | | | |
| 一一 | 去聲 | 既 | ③ | 既 | | | | | 15 | | | | |
| 一二 | | | ③ | 氣 | | | | | 2 | | | | |
| 一三 | | | ③ | 味 | | | | | | | | | |
| 一四 | | | 3 | 未 | | 1 | | | | | | | |
| 一五 | | | 3 | 沸 | | | | | | | | | |
| 一六 | | 味 | 3 | 貴 | 2 | | | | 2 | | | | 1 |
| 一七 | | | 3 | 胃 | 3 | | | | | | | | |
| 一八 | | | ③ | 畏 | | | | | | | | | |
| 一九 | | | ③ | 魏 | | | | | 1 | | | | |
| 二〇 | | | | | | | | | | | | | |
| 二一 | | | | | | | | | | | | | |
| 二二 | | | | | | | | | | | | | |

| | 牙音 | | | | | | | | 正齒音 | 脣音 | | | | | |
|---|---|---|---|---|---|---|---|---|---|---|---|---|---|---|---|
| | 古 | 古 | 苦 | 苦 | 苦 | 渠 | 渠 | 五 | 初 | 方 | 方 | 芳 | 芳 | 符 | 符 |
| | 居 | 計 | 去 | 口 | 丘 | 渠 | 巨 | 魚 | 楚 | 非 | 方 | 芳 | 敷 | 符 | 浮 |
| 〇一 | 11 | | | | | | | | | | | | | | |
| 〇二 | | | | | | 3 | 1 | | | 6 | | | | | |
| 〇三 | 1 | | | | | | | 2 | | | | | | | |
| 〇四 | | | | | | | | | | | | 6 | | 1 | |
| 〇五 | | | | | | | | 5 | | | | | | | |
| 〇六 | | | | | | | | | | | | | | | |
| 〇七 | | | | | | | | | | | | | | | 2 |
| 〇八 | 1 | | | | | | 1 | 1 | | | | | | | |
| 〇九 | | | | | | | | | | 2 | 2 | 7 | 1 | | |
| 一〇 | 1 | | | | | | | | | | | | | | |
| 一一 | | 1 | 2 | | | | | 6 | | | | | | | |
| 一二 | | | | | | | | | | | | | | | |
| 一三 | | | | | | | | | | 1 | 6 | 4 | | | |
| 一四 | | | | | | | | | | 1 | 1 | 2 | | | |
| 一五 | | | | | | | | | | | | | | | 1 |
| 一六 | | | | 1 | | | | 1 | 1 | | | | | | |
| 一七 | 1 | | | | | | | | | | | | | | |
| 一八 | | | | | 1 | | | | | | | | | | |
| 一九 | | | | | | | | | | | | | | | |
| 二〇 | | | | | | | | | | | | | | | |
| 二一 | | | | | | | | | | | | | | | |
| 二二 | | | | | | | | | | | | | | | |
| 二三 | | | | | | | | | | | | | | | |

| | 唇音 | | | |
|---|---|---|---|---|
| | 符父 | 符房 | 符扶 | 武尾 |
| 一 | | | | |
| 二 | | | | |
| 三 | | | | |
| 四 | 1 | | 1 | 1 |
| 五 | | | | |
| 六 | | | | |
| 七 | | | | |
| 八 | | | | |
| 九 | | | | |
| 一〇 | | | | |
| 一一 | | | | |
| 一二 | | | | |
| 一三 | | | 2 | |
| 一四 | | 1 | 3 | |
| 一五 | | | 7 | |
| 一六 | | | | |
| 一七 | | | | |
| 一八 | | | 1 | |
| 一九 | | | | |
| 二〇 | | | | |
| 二一 | | | | |
| 二二 | | | | |
| 二三 | | | | |

表九 魚韻

| 編號 | 聲調 | 龍書韻類代表字 | 四聲等子等第 | 發音部位 | 喉音 | | | | | | 牙音 | | |
|---|---|---|---|---|---|---|---|---|---|---|---|---|---|
| | | | | 龍書聲類代表字 | 烏 | 烏 | 許 | 羊 | 羊 | 羊 | 古 | 苦 | 苦 |
| | | | | 龍書所用反切上字 / 龍書所用反切下字 / 相逢字數 | 於 | 依 | 香 | 與 | 余 | 羊 | 居 | 去 | 丘 |
| 〇一 | 平聲 | 余 | ④ | 余 | | | | | | | | | |
| 〇二 | | | ③ | 居 | | | 1 | 1 | | | | 2 | |
| 〇三 | | | ③ | 魚 | | | | | | | | 8 | |
| 〇四 | | | ③ | 諸 | | | | | | 1 | | | |
| 〇五 | | | ③ | 於 | | | | | | | | | |
| 〇六 | | | ③ | 除 | | | | | | | | | |
| 〇七 | 上聲 | 呂 | ③ | 呂 | | | | | | | 3 | 1 | |
| 〇八 | | | ④ | 與 | | | | | | | | | |
| 〇九 | | | ③ | 許 | 4 | | | | | | 3 | | |
| 一〇 | | | ③ | 舉 | 1 | | | | | | | 1 | |
| 一一 | | | 3 | 暑 | | | | | | | | | |
| 一二 | | | ③ | 語 | | | | | | | 1 | | |
| 一三 | | | 2 | 所 | | | | | | | | | |
| 一四 | | | ④ | 序 | | | | | | | | | |
| 一五 | 去聲 | 恕 | ③ | 恕 | | | | | | 7 | | | |
| 一六 | | | ③ | 據 | 1 | 2 | | | 1 | | | | 2 |
| 一七 | | | ③ | 去 | | | | | | 1 | 2 | | |
| 一八 | | | ③ | 慮 | | | | | | | | | |
| 一九 | | | ④ | 預 | | | | | | | | | |
| 二〇 | | | ③ | 庶 | | | | | | | | | |
| 二一 | | | ③ | 御 | 1 | | | | | | 1 | | |
| 二二 | | | ② | 疏 | | | | | | | | | |
| | | | | | | | | | | | | | |

| | 牙音 | | | | | | 舌頭音 | 舌上音 | | | | | | | |
|---|---|---|---|---|---|---|---|---|---|---|---|---|---|---|---|
| | 苦 | 渠 | 渠 | 五 | 五 | 五 | 都 | 陟 | 陟 | 丑 | 丑 | 丑 | 丑 | 女 | 女 |
| | 羌 | 強 | 其 | 語 | 魚 | 遇 | 丁 | 張 | 陟 | 敕 | 抽 | 丑 | 直 | 女 | 尼 |
| 〇一 | | | | | | | | | | | | | | 5 | |
| 〇二 | | | | | | 1 | | | | | | 5 | | | |
| 〇三 | 1 | 1 | | 1 | | | | | | | | | 1 | | |
| 〇四 | | | | | | | | | | | | | | | |
| 〇五 | | | | | | | | | | 1 | | 1 | | | |
| 〇六 | | | | | | | | | | | | | | | |
| 〇七 | | | 13 | | | | 1 | 36 | | | | 1 | 8 | | 1 |
| 〇八 | | | | | | | | | | | | | | | |
| 〇九 | | | | | | | | | | | | | | | |
| 一〇 | | | | | | | | | | | | | | | |
| 一一 | | | | | | | | | | | | | | | |
| 一二 | | | | | | | | | | | | | | | |
| 一三 | | | | | | | | | | | | | | | |
| 一四 | | | | | | | | | | | | | | | |
| 一五 | | | | | | | | | | | | | | | 1 |
| 一六 | | | 3 | | 3 | | | | 1 | | 1 | 1 | 4 | | |
| 一七 | | | | | | | | | | | | | | | |
| 一八 | | | | | | | | | 1 | | | | | | 1 |
| 一九 | | | | | | | | | | | | | | | |
| 二〇 | | | 1 | | | | | | | | | | | | |
| 二一 | | | | | | | | | | | | | | | |
| 二二 | | | | | | | | | | | | | | | |

| | 正齒音 | | | | | | | | | | | | 半舌半齒音 | | |
|---|---|---|---|---|---|---|---|---|---|---|---|---|---|---|---|
| | 初 | 側 | 側 | 時 | 時 | 時 | 失 | 失 | 食 | 昌 | 之 | 之 | 而 | 力 | 力 |
| | 初 | 莊 | 側 | 石 | 常 | 署 | 書 | 舒 | 神 | 昌 | 之 | 章 | 人 | 力 | 良 |
| 一 | | | | | | | | | | | | | | | |
| 二 | | | | | | | | | | | | | | 6 | |
| 三 | | | 3 | | | 2 | | | | | | | | | |
| 四 | | | | | | | | | | | | | 1 | | |
| 五 | | | | | | | | | | | | | | | |
| 六 | | | | | | | | | | | | | | | 1 |
| 七 | 1 | | 2 | | | | 2 | 2 | 1 | 2 | | | | | |
| 八 | | | | | | | | | | 1 | 1 | | | | |
| 九 | | | | | | | | | | | | | | | |
| 一〇 | | | | | | | | | | | | | | | |
| 一一 | | | | | | | | | | | 1 | | 1 | | |
| 一二 | | | | | | | | | | | | | | | |
| 一三 | | 1 | | | | | | | | | | | | | |
| 一四 | | | | | | | | | | | | | | | |
| 一五 | | | | | 3 | | | | | 2 | 3 | 1 | 2 | | |
| 一六 | | | | | | | | | | | | | | | |
| 一七 | | | | | | | | | | | | | | | |
| 一八 | | | | | | | | | | | | | | | |
| 一九 | | | | 1 | 1 | | | | | | | | | | |
| 二〇 | | | | | | | | | | | 1 | | | 1 | |
| 二一 | | | | | | | | | | | | | | | |
| 二二 | | 1 | | | | | | | | | | | | | |
| 二三 | | | | | | | | | | | | | | | |

| | 正齒音 | | 齒頭音 | | | | | | | | | | | | |
|---|---|---|---|---|---|---|---|---|---|---|---|---|---|---|---|
| | 士 | 所 | 子 | 子 | 子 | 七 | 昨 | 昨 | 蘇 | 蘇 | 蘇 | 徐 | 徐 | | |
| | 士 | 所 | 子 | 足 | 將 | 七 | 慈 | 才 | 相 | 私 | 息 | 似 | 徐 | | |
| 一 | | | 2 | | | 20 | | | 1 | | | | | | |
| 二 | | | | | | | | | 10 | | | | | | |
| 三 | 4 | | 3 | | | | | | | | | 1 | | | |
| 四 | | | | | | | | | | | | | | | |
| 五 | | | | | | | | | | | | | | | |
| 六 | | | | | | | | | | | | | | | |
| 七 | | | | 1 | | | 3 | 1 | | 5 | | | 6 | | |
| 八 | | 2 | | | | 1 | | | | | | | 1 | | |
| 九 | | | | | | | | | | | | | | | |
| 一〇 | | | | | | | | | | | | | | | |
| 一一 | | | | | | | | | | | | | | | |
| 一二 | | | | | | | | | | | | | | | |
| 一三 | | | | | | | | | | | | | | | |
| 一四 | | | | | 1 | | | | | | | | | | |
| 一五 | | | | | 1 | | | | | | | | | | |
| 一六 | | | | | | | | | | | | | | | |
| 一七 | | | | | | | | | | | 1 | | | | |
| 一八 | | | | | 2 | | | | | | | | | | |
| 一九 | | 1 | | | | | | | | | | | | | |
| 二〇 | | | | | | | | | | | | | | | |
| 二一 | | | | | | | | | | | | | | | |
| 二二 | | | | | | | | | | | | | | | |
| 二三 | | | | | | | | | | | | | | | |

表十 虞韻

| | 聲調 | 龍書韻類代表字 | 四聲等子等第 | 龍書所用及切下字 | 相逢字數 喉音 烏衣 | 烏憶 | 烏於 | 烏億 | 烏乙 | 烏意 | 許許 | 許況 | 許香 |
|---|---|---|---|---|---|---|---|---|---|---|---|---|---|
| 〇一 | 平聲 | 朱 | 3 | 朱 | | | | | | | | | |
| 〇二 | | | ③ | 俱 | | 6 | | 2 | | 1 | 1 | | |
| 〇三 | | | 3 | 于 | | | | | | | 3 | 10 | |
| 〇四 | | | 3 | 無 | | | | | | | | | |
| 〇五 | | | ④ | 俞 | | | | | | | | | |
| 〇六 | | | 3 | 夫 | | | | | | | | | |
| 〇七 | | | ③ | 珠 | | | | | | | | | |
| 〇八 | | | ③ | 愚 | | | | | | | | | |
| 〇九 | | | 4 | 須 | | | | | | | | | |
| 一〇 | | | 3 | 扶 | | | | | | | | | |
| 一一 | | | ③ | 誅 | | | | | | | | | |
| 一二 | 上聲 | 主 | 3 | 主 | | | | | | | | | |
| 一三 | | | 3 | 雨 | | | | | | | | 5 | |
| 一四 | | | 3 | 武 | | | 2 | | | | | | |
| 一五 | | | 3 | 矩 | | | 2 | | | | | | |
| 一六 | | | 4 | 庾 | | | | | | | | | |
| 一七 | 去聲 | 句 | 3 | 句 | | | | | 1 | | | 1 | 5 |
| 一八 | | | 3 | 遇 | 1 | | | | | | | | |
| 一九 | | | 3 | 注 | | | | | | | | | |
| 二〇 | | | 3 | 戍 | | | | | | | | | |
| 二一 | | | 3 | 附 | | | | | | | | | |
| 二二 | | | ④ | 喻 | | | | | | | | | |
| 二三 | | | 3 | 付 | | | | | | | | | |

| 音 | | | | | | | | | 牙 | 音 | | | | 喉 | |
|---|---|---|---|---|---|---|---|---|---|---|---|---|---|---|---|
| 渠 | 苦 | 苦 | 苦 | 苦 | 苦 | 古 | 古 | 古 | 古 | 于 | 于 | 羊 | 羊 | 羊 | |
| 其 | 去 | 丘 | 丘 | 匡 | 豈 | 紀 | 九 | 俱 | 舉 | 王 | 禹 | 與 | 以 | 羊 | |
| 17 | 2 | | 1 | | 4 | 1 | 1 | | 1 | | | 1 | | 8 | 〇一 |
| | | | | | | | | | | | | | | | 〇二 |
| 1 | | | | | | | | | | | | | | | 〇三 |
| | | | | | | | | | | | | | | | 〇四 |
| | | | | | | | | | | | | | | | 〇五 |
| | | | | | | | | | | | | | | | 〇六 |
| | | | | | | | | | | | | | | 1 | 〇七 |
| | | | | | | | | | | | 1 | | | | 〇八 |
| | | | | | | | | | | | | | | | 〇九 |
| | | | | | | | | | | | | | | | 一〇 |
| | | | | | | | | | | | | | | | 一一 |
| 1 | | 2 | 2 | | | | | | | | | 1 | 1 | 13 | 一二 |
| | | | 1 | | | | | 4 | | | | | | | 一三 |
| | | | | | | | | | | | | | | | 一四 |
| 4 | | | | | | | | | | 2 | | | | | 一五 |
| | | | | | | | | | | | | | | | 一六 |
| | | | | 1 | | | | | | | | | | 2 | 一七 |
| 1 | | | | | | | | | | 2 | | | | | 一八 |
| | | | | | | | | | | | | | | | 一九 |
| | | | | | | | | | | | | | | | 二〇 |
| | | | | | | | | | | | | | | | 二一 |
| | | | | | | | | | | | | | | | 二二 |
| | | | | | | | | | | | | | | | 二三 |

| | 音 | | | | 上 | | | 舌 | | 舌頭 | 音 | | | | 牙 |
|---|---|---|---|---|---|---|---|---|---|---|---|---|---|---|---|
| | 直 | 丑 | 丑 | 丑 | 陟 | 陟 | 陟 | 陟 | 陟 | 女 | 五 | 五 | 五 | 五 | 五 |
| | 直 | 敕 | 丑 | 暢 | 中 | 竹 | 張 | 知 | 陟 | 寧 | 言 | 語 | 愚 | 遇 | 牛 |
| 一 | | | | 1 | | | | | 1 | | | | | | |
| 二 | | | | | | | | | | | | 1 | | 2 | |
| 三 | | 1 | | | | | | | | | | | | | |
| 四 | | | | | | | | | | | | | | | |
| 五 | | | | | | | | | | | | | | | |
| 六 | | | | | | | | | | | | | | | |
| 七 | | | | | | | | | | | | | | | |
| 八 | | | | | | | | | | | | | | | |
| 九 | | | | | | | | | | | | | | | |
| 一〇 | | | | | | | | | | | | | | | |
| 一一 | | | | | | | | | | | | | | | |
| 一二 | 1 | | | | | 1 | 1 | 1 | | | | | | | |
| 一三 | | | | | | | | | 1 | | | | 2 | | |
| 一四 | | | | | | | | | | | | | | | |
| 一五 | | | | | | | | | | | | | 1 | | |
| 一六 | | | | | | | | | | | | | | | |
| 一七 | | | | | 8 | | | | | 1 | 1 | | | | 2 |
| 一八 | | | | | | | | | | | | | | | |
| 一九 | | | 1 | | | | | | | | | | | | |
| 二〇 | | | | | | | | | | | | | | | |
| 二一 | | | | | | | | | | | | | | | |
| 二二 | | | | | | | | | | | | | | | |
| 二三 | | | | | | | | | | | | | | | |

| 正齒音 | | | | | | | | | 半齒音 | | 半舌 | | 舌上音 | | |
|---|---|---|---|---|---|---|---|---|---|---|---|---|---|---|---|
| 初 | 失 | 時 | 時 | 失 | 失 | 食 | 昌 | 之 | 而 | 而 | 力 | 力 | 女 | 女 | |
| 惻 | 式 | 常 | 市 | 傷 | 失 | 神 | 昌 | 之 | 而 | 人 | 良 | 力 | 尼 | 女 | |
| | 2 | | 4 | | 1 | 1 | 3 | | | 9 | | 8 | | 1 | 一 |
| | | | | | | | | | | | | | | | 二 |
| 1 | | | 1 | | | | | | | | | | 1 | | 三 |
| | | | | | | | | | | | | | | | 四 |
| | | | | | | | | | | | | | | | 五 |
| | | | | | | | | | | | | | | | 六 |
| | | | | | | | | | | | | | | | 七 |
| | | | | | | | | | | | | | | | 八 |
| | | | | | | | | | | | | | | | 九 |
| | | | | | | | | | | | | | | | 一〇 |
| | | | | | | | | | | | | 1 | | | 一一 |
| | | | | | | | | | | 1 | | 13 | 1 | | 一二 |
| | | | | | | | | | | | | | | | 一三 |
| | | | | | | | | | | | | | | | 一四 |
| | | | | | | | | | | | | | | | 一五 |
| | | | | | | | | | | | | | | | 一六 |
| | | 2 | | | | | | | | | 1 | | | | 一七 |
| | | | | 3 | | | | | 3 | 1 | | | | | 一八 |
| | | | | 1 | | | | | 1 | 2 | | | | | 一九 |
| | | | | | | | | 3 | | | | | | | 二〇 |
| | | | | | | | | | | | | | | | 二一 |
| | | | | | | | | | | | | | | | 二二 |
| | | | | | | | | | | | | | | | 二三 |

| | 脣音 | 齒頭音 | | | | | | | | 正齒音 | | | 齒頭音 | 正齒音 | |
|---|---|---|---|---|---|---|---|---|---|---|---|---|---|---|---|
| | 莫 | 蘇 | 蘇 | 蘇 | 昨 | 七 | 七 | 子 | 子 | 所 | 所 | 士 | 蘇 | 初 | 初 |
| | 莫 | 息 | 思 | 相 | 才 | 千 | 七 | 子 | 將 | 疏 | 霜 | 士 | 蘇 | 測 | 初 |
| 一 | | | | | | | 1 | | | | | | | | |
| 二 | | | | | | | 1 | 1 | | | 1 | | | | |
| 三 | | | | | | | | 2 | | | | 3 | | 3 | |
| 四 | | | | | | | | | | | | | | | |
| 五 | | | | | | | | 1 | | | | | | | |
| 六 | | | | | | | | | | | | | | | |
| 七 | | | | | | | | | | | | | | | |
| 八 | | | | | | | | | | | | | | | |
| 九 | | | | | | | | | 1 | | | | | | |
| 一〇 | | | | | | | | | | | | | | | |
| 一一 | | | | | | | | | | | | | | | |
| 一二 | | 1 | 1 | 1 | | | | | | 1 | | | | | |
| 一三 | | | | 1 | | | | | | | | | | | |
| 一四 | | | | | | | | | | | | | | | |
| 一五 | | | | | | | | | | | | | | | |
| 一六 | | 1 | | | | | | | | | | | | | |
| 一七 | | | | 4 | | 1 | 2 | | | | | | 1 | | |
| 一八 | | | | | | | | | | | | | | | |
| 一九 | | | | | | | | | | | | | | | 1 |
| 二〇 | | | | | | | | | | | | | | | |
| 二一 | 1 | | | | | | | | | | | | | | |
| 二二 | | | | 2 | | | | | | | | | | | |
| 二三 | | | | | | | | | | | | | | | |

| | 脣音 | | | | | | |
|---|---|---|---|---|---|---|---|
| | 方 | 方 | 芳 | 芳 | 符 | 武 | 武 |
| | 甫 | 方 | 芳 | 妦 | 符 | 武 | 亡 |
| 一 | | | | | | | |
| 二 | | | | | | | |
| 三 | | | 1 | | | | |
| 四 | 2 | | 23 | | | | |
| 五 | | | | | | | |
| 六 | | | 2 | | | | |
| 七 | | | | | | | |
| 八 | | | | | | | |
| 九 | | | | | | | |
| 一〇 | | | | | | | 1 |
| 一一 | | | | | | | |
| 一二 | | | | | | | |
| 一三 | | | | | | | |
| 一四 | | 2 | 9 | | | | |
| 一五 | | | | | | | |
| 一六 | | | | | | | |
| 一七 | | | | | | | |
| 一八 | | 1 | 5 | | 1 | | 2 |
| 一九 | | | | | | | |
| 二〇 | | | | | | | |
| 二一 | | | | 2 | | | |
| 二二 | | | | | | | |
| 二三 | | | 1 | | | | |

## 表十一 模韻

| 序 | 聲調 | 龍書韻類代表字 | 四聲等子等第 | 龍書所用切下字＼龍書所用切上字及相透字數 | 喉音：烏（安） | 喉音：烏（烏） | 喉音：胡（荒） | 喉音：胡（火） | 喉音：胡（呼） | 喉音：胡（侯） | 喉音：胡（胡） | 喉音：羊（羊） | 牙音：古（古） |
|---|---|---|---|---|---|---|---|---|---|---|---|---|---|
| 〇一 | 平聲 | 胡 | 1 | 胡 | | | 1 | | | | | | 3 |
| 〇二 | | | 1 | 孤 | | | 1 | | | | | | |
| 〇三 | | | ① | 姑 | 1 | | | | | | | | |
| 〇四 | | | 1 | 烏 | | | 2 | | | | | | |
| 〇五 | | | ① | 吳 | | | | | | | | | |
| 〇六 | | | 1 | 吾 | | | | | | | | | |
| 〇七 | | | 1 | 奴 | | | | | | | | | |
| 〇八 | | | 1 | 都 | | | | | | | | | |
| 〇九 | 上聲 | 古 | 1 | 古 | 7 | 1 | | | 2 | 1 | 1 | | |
| 一〇 | | | 1 | 五 | | | | | | | | | |
| 一一 | | | 1 | 補 | | | | | | | | | |
| 一二 | | | 1 | 魯 | | | | | | | | | |
| 一三 | | | 1 | 戶 | | | | 1 | | | | | |
| 一四 | | | 1 | 苦 | | | | | | | | 1 | |
| 一五 | 去聲 | 故 | 1 | 故 | | 9 | 1 | | | | 5 | | |
| 一六 | | | ① | 悟 | | | | | | | 1 | | |
| 一七 | | | ① | 誤 | | | | | | | | | |
| 一八 | | | 1 | 布 | | | | | | | | | |
| 一九 | | | | | | | | | | | | | |
| 二〇 | | | | | | | | | | | | | |
| 二一 | | | | | | | | | | | | | |
| 二二 | | | | | | | | | | | | | |

| 半舌 | 舌頭音 | | | | | | | | | | 牙音 | | | | |
|---|---|---|---|---|---|---|---|---|---|---|---|---|---|---|---|
| 力 | 奴 | 奴 | 徒 | 徒 | 他 | 他 | 都 | 都 | 都 | 五 | 苦 | 苦 | 古 | 古 | |
| 落 | 奴 | 乃 | 徒 | 陀 | 湯 | 他 | 丁 | 當 | 都 | 五 | 苦 | 口 | 姑 | 公 | |
| 1 | | 1 | | 1 | | 7 | | | | | 3 | | | | 〇一 |
| | | | | | | | | | | | 2 | 2 | | | 〇二 |
| | | | | | | | | | | | 2 | | | | 〇三 |
| | | | | | | | | | | | | | | | 〇四 |
| | | | | | | 1 | | | | | | | | | 〇五 |
| | | | | | | | | | | | | | | | 〇六 |
| | | | | | | | | | | | | | | | 〇七 |
| | | | | | | | | | | | | | | | 〇八 |
| | 1 | | 5 | | | | | 1 | 1 | | | | | | 〇九 |
| | | | | | | | | | | | | | 1 | 3 | 一〇 |
| | | | | | | | | | | | | | | | 一一 |
| | | | | | | | | | | | | | | | 一二 |
| | | | | | | | | | | | | | | | 一三 |
| | | | | | | | | | | | | | | | 一四 |
| | 1 | 1 | | | 1 | | 1 | 9 | 1 | 1 | 3 | | | | 一五 |
| | | | | | | | | | | | | | | | 一六 |
| | | | | | | | | | | | | | | | 一七 |
| | | | | | | | | | | | | | | | 一八 |
| | | | | | | | | | | | | | | | 一九 |
| | | | | | | | | | | | | | | | 二〇 |
| | | | | | | | | | | | | | | | 二一 |
| | | | | | | | | | | | | | | | 二二 |

| | 唇音 | | | | | 齒頭音 | | | | | | | | | 半舌 |
|---|---|---|---|---|---|---|---|---|---|---|---|---|---|---|---|
| | 蒲 | 匹 | 匹 | 必 | 必 | 蘇 | 昨 | 昨 | 昨 | 昨 | 七 | 七 | 七 | 子 | 力 |
| | 薄 | 匹 | 普 | 博 | 布 | 桑 | 昨 | 在 | 祖 | 才 | 倉 | 七 | 千 | 則 | 郎 |
| 一 | 2 | 1 | 9 | 1 | 3 | | 1 | 2 | | | 6 | | | | |
| 二 | | | 1 | 5 | 1 | | | | | | | | | | |
| 三 | | | | | | | | | | | | | | | |
| 四 | | | | | | | | | | | | | | | |
| 五 | | | | | | | | | | | | | | 1 | |
| 六 | | | | | | | | | | | | | 1 | | |
| 七 | | | | | | | | | | 1 | | | | | |
| 八 | | | | | | | 1 | | 3 | | 1 | 1 | | 4 | 2 |
| 九 | | | | | | | | | | | | | | | |
| 一〇 | | | | | | | | | | | | | | | |
| 一一 | | | | | | | | | | | | | | | |
| 一二 | | | | | | | | | | | | | | | |
| 一三 | | | | | | | | | | | | | | | |
| 一四 | | | 1 | | | 2 | | | | 1 | 3 | | | | |
| 一五 | | | | | | | | | | | | | | | |
| 一六 | | | | | | | | | | | | | | | |
| 一七 | | | | | | | | | | | | | | | |
| 一八 | | | | | | | | | | | | | | | |
| 一九 | | | | | | | | | | | | | | | |
| 二〇 | | | | | | | | | | | | | | | |
| 二一 | | | | | | | | | | | | | | | |
| 二二 | | | | | | | | | | | | | | | |
| 二三 | | | | | | | | | | | | | | | |

| | 韻 莫 |
|---|---|
| | 莫 |
| 一 | 9 |
| 二 | |
| 三 | |
| 四 | |
| 五 | |
| 六 | |
| 七 | |
| 八 | |
| 九 | 2 |
| 一〇 | |
| 一一 | 3 |
| 一二 | |
| 一三 | |
| 一四 | |
| 一五 | |
| 一六 | |
| 一七 | |
| 一八 | 1 |
| 一九 | |
| 二〇 | |
| 二一 | |
| 二二 | |
| 二三 | |

表十二 齊韻

| | 聲調 | 龍書韻類代表字 | 四聲等子等第 | 龍書所用反切下字＼龍書聲類代表字 相逢字數 | 喉音（發音部位）烏：烏 | 烏：一 | 烏：於 | 許：呼 | 許：火 | 許：許 | 胡：胡 | 胡：下 | 胡：戶 |
|---|---|---|---|---|---|---|---|---|---|---|---|---|---|
| 〇一 | 平聲 | 兮 | ④ | 兮 | 7 | | | 4 | | | | | |
| 〇二 | | | 4 | 奚 | 11 | | 2 | 2 | 1 | | | | |
| 〇三 | | | 4 | 迷 | | | | | | | | | |
| 〇四 | | | 4 | 西 | | | | | | | | | |
| 〇五 | | | 4 | 泥 | | | | | | | | | |
| 〇六 | | | 4 | 雞 | | | | 1 | | | 2 | | |
| 〇七 | | | ④ | 低 | | | | | | | | | |
| 〇八 | | | ④ | 倪 | | | | | | | | | |
| 〇九 | | | | | | | | | | | | | |
| 一〇 | | 圭 | 4 | 圭 | | | | 1 | | 1 | | | 18 |
| 一一 | | | 4 | 攜 | 1 | | | | | | | | |
| 一二 | 上聲 | 禮 | 4 | 禮 | 3 | | | | | | 4 | | |
| 一三 | | | 4 | 米 | | | | | | | | | |
| 一四 | | | 4 | 啓 | | | | | | | | | |
| 一五 | 去聲 | 計 | 4 | 計 | 5 | 1 | 16 | | | | 14 | 1 | 1 |
| 一六 | | | 4 | 詣 | | | | | | | | | |
| 一七 | | | 4 | 細 | | | | | | | | | |
| 一八 | | | ④ | 戾 | | | | | | | | | |
| 一九 | | | ④ | 隸 | | | | | | | | | |
| 二〇 | | 惠 | 4 | 惠 | | | | 2 | | | | | |
| 二一 | | | 4 | 桂 | | | | | | | 1 | | |
| 二二 | | | | | | | | | | | | | |
| 二三 | | | | | | | | | | | | | |
| | | | | | | | | | | | | | |

| | 牙音 | | | | | | | | | | 舌頭音 | | | | |
|---|---|---|---|---|---|---|---|---|---|---|---|---|---|---|---|
| | 古 | 古 | 苦 | 苦 | 苦 | 苦 | 苦 | 渠 | 五 | 五 | 都 | 都 | 都 | 都 | 他 |
| | 計 | 古 | 口 | 苦 | 詰 | 康 | 輕 | 巨 | 五 | 研 | 的 | 底 | 丁 | 都 | 他 |
| 〇一 | | 4 | | | | | | | 15 | | | | 4 | 3 | 2 |
| 〇二 | 1 | 2 | | | | | | | 2 | | | | 8 | 12 | |
| 〇三 | | | | | | | | | | | | | | | |
| 〇四 | | | | | | | | | | | | | | | |
| 〇五 | | | | | | | | | 1 | | 1 | | 1 | | |
| 〇六 | | | | | | | | | | | | | | | |
| 〇七 | | | | | | | | 1 | | | | | | | |
| 〇八 | | | | | 1 | | | | | | | | | | |
| 〇九 | | | | | | | | | | | | | | | |
| 一〇 | | | | | | | | | | | | | | | |
| 一一 | | 3 | | 9 | | | | | | | | | | | |
| 一二 | | | 3 | 2 | | 3 | 2 | | 1 | 3 | | | 14 | 6 | 4 |
| 一三 | | | | | | | | | | | | | | | |
| 一四 | | | | | | | | | | | | | | | |
| 一五 | | 3 | | | | | | | 1 | | | | 2 | 4 | 14 |
| 一六 | | 1 | | | | | | | | | | | | | |
| 一七 | | | | | | | | | | | | | | | |
| 一八 | | | | | | | | | 1 | | | | | | |
| 一九 | | | | | | | | | | | | 1 | | | |
| 二〇 | 2 | | | | | | | | | | | | | | |
| 二一 | | | | | | | | | | | | | | | |
| 二二 | | | | | | | | | | | | | | | |

| | 齒頭音 | | | | 正齒音 | 半舌半齒音 | | | 舌頭音 | | | | | |
|---|---|---|---|---|---|---|---|---|---|---|---|---|---|---|
| | 子 | 子 | 子 | 子 | 時 | 而 | 力 | 力 | 奴 | 徒 | 徒 | 徒 | 徒 | 他 | 他 |
| | 作 | 子 | 又 | 祖 | 成 | 人 | 郎 | 力 | 奴 | 地 | 大 | 特 | 徒 | 吐 | 土 |
| 一 | | 1 | | 9 | | 1 | 1 | 1 | 2 | | 1 | | 5 | | 3 |
| 二 | | 2 | | 1 | | | 9 | 1 | | 1 | | | | 1 | |
| 三 | | | | | | | | | | | | | | | |
| 四 | | 3 | | 1 | | | | | | | | | | | |
| 五 | | | | | | | | | | | | | | | |
| 六 | | | | | | | | | | | | | | | |
| 七 | | | | | | | | | | | | | | | |
| 八 | | | | | | | | | | | | | | | |
| 九 | | | | | | | | | | | | | | | |
| 一〇 | | | | | | | | | | | | | | | |
| 一一 | | | | | | | | | | | | | | | |
| 一二 | 1 | 5 | 1 | | | | | | 9 | | | | 1 | | |
| 一三 | | | | | | | | | | | | | | | |
| 一四 | | | | | | | | | | | | | 1 | | |
| 一五 | | 7 | | 1 | | | 20 | 1 | 2 | | | 3 | 2 | | |
| 一六 | | | | | | | | | | | | | | | |
| 一七 | | | | | | | | | | | | | | | |
| 一八 | | | | | | | | | | | | | | | |
| 一九 | | | | | | | | | | | | | | | |
| 二〇 | | | | | | | | | | | | | | | |
| 二一 | | | | | | | | | | | | | | | |
| 二二 | | | | | | | | | | | | | | | |
| 二三 | | | | | | | | | | | | | | | |

| 脣音 | | | | | | | 齒頭音 | | | | | | | | |
|---|---|---|---|---|---|---|---|---|---|---|---|---|---|---|---|
| 匹 | 必 | 必 | 必 | 必 | 必 | 必 | 昨 | 昨 | 昨 | 昨 | 七 | 七 | 子 | 子 | |
| 匹 | 布 | 并 | 博 | 必 | 補 | 邊 | 在 | 情 | 徂 | 才 | 千 | 七 | 祚 | 即 | |
| | | | | 2 | | 2 | | | | 1 | | 2 | | 1 | 一 |
| | | 1 | | | | 2 | | | | | | | | | 二 |
| 3 | 1 | 1 | | 4 | | | | | | | | | | | 三 |
| | | | | | | | | | | | | 1 | | | 四 |
| | | | | | | | | | | | | | | | 五 |
| | | | | | | | | | | | | | | | 六 |
| | | | | | | | | | | | | | | | 七 |
| | | | | | | | | | | | | | | | 八 |
| | | | | | | | | | | | | | | | 九 |
| | | | | | | | | | | | | | | | 一〇 |
| | | | | | | | | | | | | | | | 一一 |
| | | | | | | | | | 1 | | 2 | 1 | 1 | | 一二 |
| 1 | | | | | 1 | | | | | | | | | | 一三 |
| | | | | | | | | | | | | | | | 一四 |
| 1 | | | 1 | | | | 1 | | | | | 2 | | | 一五 |
| 7 | | | | | | | 4 | 1 | | | | | | | 一六 |
| | | | | | | | 2 | 1 | | | | | | | 一七 |
| | | | | | | | | | | | | | | | 一八 |
| | | | | | | | | | | | | | | | 一九 |
| | | | | | | | | | | | | | | | 二〇 |
| | | | | | | | | | | | | | | | 二一 |
| | | | | | | | | | | | | | | | 二二 |
| | | | | | | | | | | | | | | | 二三 |

| | | | | | | 音 | | | | | | | | | 脣 |
|---|---|---|---|---|---|---|---|---|---|---|---|---|---|---|---|
| | | | | | | 方 | 莫 | 蒲 | 蒲 | 蒲 | 蒲 | 蒲 | 蒲 | 蒲 | 匹 |
| | | | | | | 方 | 莫 | 毗 | 薄 | 傍 | 婢 | 蒲 | 步 | 部 | 普 |
| 一 | | | | | | 1 | | | | | | | | | |
| 二 | | | | | | 1 | | | | | | | | | |
| 三 | | | | | | | | | | | 1 | | 5 | 5 | |
| 四 | | | | | | | | | | | | | | | |
| 五 | | | | | | | | | | | | | | | |
| 六 | | | | | | | | | | | | | | | |
| 七 | | | | | | | | | | | | | | | |
| 八 | | | | | | | | | | | | | | | |
| 九 | | | | | | | | | | | | | | | |
| 一〇 | | | | | | | | | 1 | | | | | | |
| 一一 | | | | | | | | | | | | | | | |
| 一二 | | | | | | 1 | | | | 4 | | 1 | | | 2 |
| 一三 | | | | | | | | 1 | | | | | | | 1 |
| 一四 | | | | | | 2 | | | 1 | | | | | | |
| 一五 | | | | | | | | 1 | | | | | | | |
| 一六 | | | | | | | | | | | | | | | |
| 一七 | | | | | | | | | | | | | | | |
| 一八 | | | | | | | | | | | | | | | |
| 一九 | | | | | | | | | | | | | | | |
| 二〇 | | | | | | | | | | | | | | | |
| 二一 | | | | | | | | | | | | | | | |
| 二二 | | | | | | | | | | | | | | | |
| 二三 | | | | | | | | | | | | | | | |

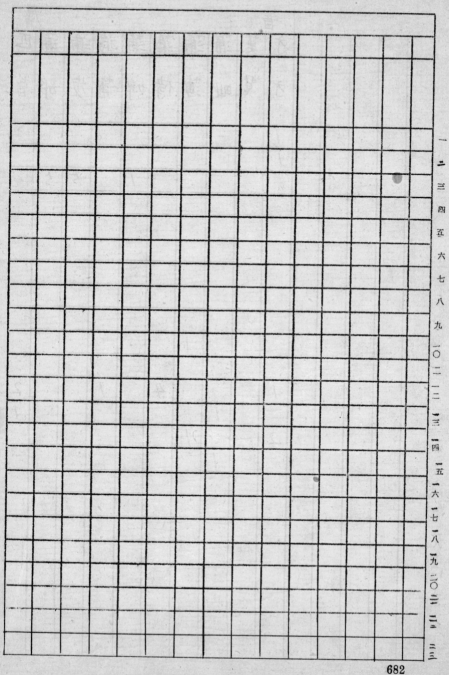

一
二
三
四
五
六
七
八
九
一〇
一一
一二
一三
一四
一五
一六
一七
一八
一九
二〇
二一
二二
二三

# 表十三 祭韻

| | 牙音 | 喉音 | | | | | | | | 發音部位 | 四聲等第 | 龍書韻類代表字 | 聲調 |
|---|---|---|---|---|---|---|---|---|---|---|---|---|---|
| | 古 | 于 | 羊 | 羊 | 羊 | 羊 | 羊 | 許 | 烏 | 龍書聲類代表字 | | | |
| | 居 | 于 | 與 | 以 | 餘 | 余 | 羊 | 許 | 於 | 龍書所用反切上字／相逢字數／龍書所用反切下字 | | | |
| 01 | | | 1 | | 1 | 6 | 13 | | | 制 | ③ | 制 | 去聲 |
| 02 | 9 | | | | | | | | 3 | 例 | ③ | | |
| 03 | | | | | | | | | | 祭 | ③ | | |
| 04 | | | | | | | 2 | | 1 | 世 | 3 | | |
| 05 | | | | | | | | | 4 | 罽 | 3 | | |
| 06 | | | | | | | | | | 袂 | ③ | | |
| 07 | | | | | | | | | | 厲 | ③ | | |
| 08 | | | | | | | | | | 逝 | ③ | | |
| 09 | | | | | | | | | | 勢 | ③ | | |
| 10 | | | | | | | | | | 蔽 | ③ | | |
| 11 | 1 | | | 1 | | | 3 | | | 税 | 3 | 税 | |
| 12 | | 1 | | 6 | | | | | | 芮 | 3 | | |
| 13 | 7 | | | | | | | 2 | | 衛 | 3 | | |
| 14 | | | | | | | | | | 歲 | 4 | | |
| 15 | | | | | | | | | | 銳 | 4 | | |
| 16 | | | | | | | | | | | | | |
| 17 | | | | | | | | | | | | | |
| 18 | | | | | | | | | | | | | |
| 19 | | | | | | | | | | | | | |
| 20 | | | | | | | | | | | | | |
| 21 | | | | | | | | | | | | | |
| 22 | | | | | | | | | | | | | |
| 23 | | | | | | | | | | | | | |

| 齒 | 正 | 齒 | 舌 | 半 | 上 | | 舌 | | 頭舌 | 音 | | | 牙 | | |
|---|---|---|---|---|---|---|---|---|---|---|---|---|---|---|---|
| 之 | 之 | 而 | 而 | 力 | 直 | 丑 | 陟 | 陟 | 都 | 五 | 五 | 苦 | 古 | 古 | |
| 之 | 征 | 而 | 二 | 力 | 直 | 丑 | 陟 | 竹 | 都 | 研 | 臭 | 去 | 京 | 佳 | |
| | | | | 5 | | | | | | | | | | | 〇一 |
| | 3 | | 1 | | 7 | 5 | | 2 | | | | 8 | 2 | | 〇二 |
| | | | | | | | | | | 1 | 8 | | | | 〇三 |
| 1 | | | | | | 1 | | | | | | | | | 〇四 |
| | | | | | | | | | | | | | | | 〇五 |
| | | | | | | | | | | | | | | | 〇六 |
| | | | | | | | | | 1 | | | | | | 〇七 |
| | | | | | | | | | | | | | | | 〇八 |
| | | | | | | | | | | | | | | | 〇九 |
| | | | | | | | | | | | | | | | 一〇 |
| | | 4 | | | | | 2 | | | | | | | | 一一 |
| 2 | | | | | | | | | | | | | | 1 | 一二 |
| | | | | | | | 6 | | | | | | | | 一三 |
| | | | | | | | | | | | | | | | 一四 |
| | | | | | | | | | | | | | | | 一五 |
| | | | | | | | | | | | | | | | 一六 |
| | | | | | | | | | | | | | | | 一七 |
| | | | | | | | | | | | | | | | 一八 |
| | | | | | | | | | | | | | | | 一九 |
| | | | | | | | | | | | | | | | 二〇 |
| | | | | | | | | | | | | | | | 二一 |
| | | | | | | | | | | | | | | | 二二 |
| | | | | | | | | | | | | | | | 二三 |

| | 頭 | | 齒 | | | 齒 | | | | | | | 正 | | |
|---|---|---|---|---|---|---|---|---|---|---|---|---|---|---|---|
| | 七 | 七 | 子 | 所 | 初 | 初 | 時 | 時 | 失 | 失 | 失 | 昌 | 昌 | 昌 | 之 |
| | 千 | 七 | 子 | 所 | 楚 | 初 | 上 | 時 | 書 | 舒 | 式 | 充 | 尺 | 昌 | 支 |
| 一 | | | | | | | | 5 | | 1 | | | 6 | 7 | |
| 二 | | | | 2 | | | 1 | | | | | | | | |
| 三 | | | | | | | | | | | | | | | |
| 四 | | | | | | | | | | | | | | | |
| 五 | | | | | | | | | | | | | | | |
| 六 | | | | | | | | | | | | | | | |
| 七 | | | | | | | | | | | | | | | |
| 八 | | | | | | | | | | | | | | | 1 |
| 九 | | | | | | | | | | | | 1 | | | |
| 一〇 | | | | | | | | | | | | | | | |
| 一一 | | 3 | | | 2 | 2 | | | | | | | | 1 | |
| 一二 | 1 | | 1 | | | | | | 3 | | 1 | | | 1 | |
| 一三 | | | | | | | | | | | | | | | |
| 一四 | | 1 | | | | | | | | | | | | | |
| 一五 | | | | | | | | | | | | | | | |
| 一六 | | | | | | | | | | | | | | | |
| 一七 | | | | | | | | | | | | | | | |
| 一八 | | | | | | | | | | | | | | | |
| 一九 | | | | | | | | | | | | | | | |
| 二〇 | | | | | | | | | | | | | | | |
| 二一 | | | | | | | | | | | | | | | |
| 二二 | | | | | | | | | | | | | | | |
| 二三 | | | | | | | | | | | | | | | |

| | 齒頭 | | 脣音 | | | | |
|---|---|---|---|---|---|---|---|
| | 蘇 | 徐 | 必 | 必 | 必 | 蒲 | 莫 |
| | 相 | 祥 | 必 | 北 | 并 | 毗 | 弥 |
| 一 | | | | | | | |
| 二 | | | | | | | |
| 三 | | | 1 | | 1 | 5 | |
| 四 | | | | | | | |
| 五 | | | | | | | |
| 六 | | | | | | 3 | |
| 七 | | | | | | | |
| 八 | | | | | | | |
| 九 | | | | | | | |
| 一〇 | | | | | | | 1 |
| 一一 | | | 1 | | | | |
| 一二 | | | | 1 | | | |
| 一三 | | | | | | | |
| 一四 | | 5 | | | | | |
| 一五 | 1 | | | | | | |
| 一六 | | | | | | | |
| 一七 | | | | | | | |
| 一八 | | | | | | | |
| 一九 | | | | | | | |
| 二〇 | | | | | | | |
| 二一 | | | | | | | |
| 二二 | | | | | | | |
| 二三 | | | | | | | |

表十四 泰韻

| | 聲調 | 龍書韻類代表字 | 四聲等子等第 | 龍書所用反切下字 | 喉音 | | | | | 牙音 | | | |
|---|---|---|---|---|---|---|---|---|---|---|---|---|---|
| | | | | 龍書聲類代表字 | 烏 | 烏 | 許 | 許 | 于 | 古 | 苦 | 苦 | 五 |
| | | | | 龍書所用反切上字 | 於 | 烏 | 呼 | 胡 | 于 | 古 | 口 | 苦 | 五 |
| 〇一 | 去聲 | 蓋 | 一 | 蓋 | 9 | | | | 1 | | | 6 | 2 |
| 〇二 | | | ◎ | 太 | | | | | | 1 | | | |
| 〇三 | | | ◎ | 大 | | | | | | | | | |
| 〇四 | | | 一 | 帶 | | | | | | | | | |
| 〇五 | | 外 | 一 | 外 | | 5 | 3 | 1 | | 17 | 2 | 1 | |
| 〇六 | | | 一 | 會 | | 1 | 3 | | | 1 | | 1 | |
| 〇七 | | | 一 | 最 | | | | | | | | | |
| 〇八 | | | ◎ | 膾 | 1 | | | | | | | | |
| 〇九 | | | | | | | | | | | | | |
| 一〇 | | | | | | | | | | | | | |
| 一一 | | | | | | | | | | | | | |
| 一二 | | | | | | | | | | | | | |
| 一三 | | | | | | | | | | | | | |
| 一四 | | | | | | | | | | | | | |
| 一五 | | | | | | | | | | | | | |
| 一六 | | | | | | | | | | | | | |
| 一七 | | | | | | | | | | | | | |
| 一八 | | | | | | | | | | | | | |
| 一九 | | | | | | | | | | | | | |
| 二〇 | | | | | | | | | | | | | |
| 二一 | | | | | | | | | | | | | |
| 二二 | | | | | | | | | | | | | |

| 齒頭音 | | | | | | 半舌音 | | | 舌頭音 | | | | | | |
| --- | --- | --- | --- | --- | --- | --- | --- | --- | --- | --- | --- | --- | --- | --- | --- |
| 蘇 | 昨 | 昨 | 七 | 七 | 子 | 力 | 力 | 力 | 奴 | 奴 | 徒 | 他 | 都 | 都 | |
| 先 | 殂 | 才 | 倉 | 七 | 子 | 勒 | 鹿 | 郎 | 乃 | 奴 | 徒 | 他 | 當 | 丁 | |
| | | | 1 | | | | | | | | 1 | | 5 | | 〇一 |
| | | | | | | | | | 1 | | | | | | 〇二 |
| | | | | 1 | | 1 | | | | | | | | | 〇三 |
| | | | | | | | | | | 1 | | | | | 〇四 |
| 1 | 1 | 1 | | 1 | 3 | | | 4 | | | 4 | 5 | | 2 | 〇五 |
| | | | | | | | | | | | | | | | 〇六 |
| | | | | | | | 1 | | | 1 | | | | | 〇七 |
| | | | | | | | | | | | | | | | 〇八 |
| | | | | | | | | | | | | | | | 〇九 |
| | | | | | | | | | | | | | | | 一〇 |
| | | | | | | | | | | | | | | | 一一 |
| | | | | | | | | | | | | | | | 一二 |
| | | | | | | | | | | | | | | | 一三 |
| | | | | | | | | | | | | | | | 一四 |
| | | | | | | | | | | | | | | | 一五 |
| | | | | | | | | | | | | | | | 一六 |
| | | | | | | | | | | | | | | | 一七 |
| | | | | | | | | | | | | | | | 一八 |
| | | | | | | | | | | | | | | | 一九 |
| | | | | | | | | | | | | | | | 二〇 |
| | | | | | | | | | | | | | | | 二一 |
| | | | | | | | | | | | | | | | 二二 |
| | | | | | | | | | | | | | | | 二三 |

脣音

| 必 | 匹 | 蒲 | 蒲 |
|---|---|---|---|
| 博 | 普 | 蒲 | 薄 |
| 2 | 4 | 2 | 1 |

一 二 三 四 五 六 七 八 九 一〇 一一 一二 一三 一四 一五 一六 一七 一八 一九 二〇 二一 二二 二三

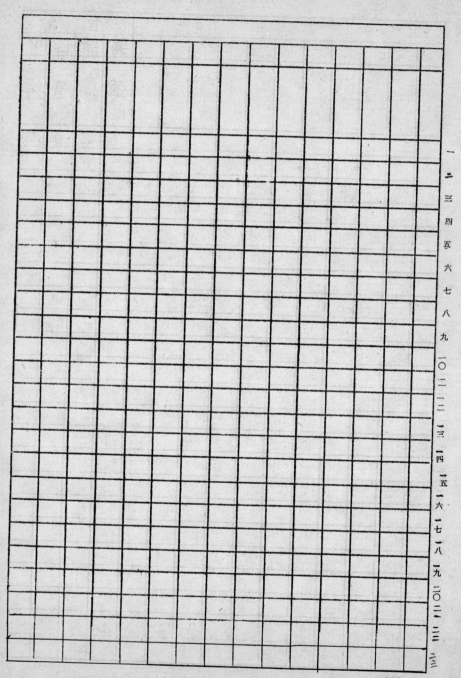

一
二
三
四
五
六
七
八
九
一〇
一一
一二
一三
一四
一五
一六
一七
一八
一九
二〇
二一
二二
二三

## 表十五 佳韻

| 聲調 | 龍書韻類代表字 | 四聲等子等第 | 龍書所用反切下字 ＼ 相逢字數 ＼ 所用反切上字 | 喉音 烏（烏） | 喉音 烏（於） | 喉音 許（呼） | 喉音 許（火） | 喉音 許（許） | 喉音 胡（戶） | 喉音 胡（胡） | 牙音 古（加） | 牙音 古（古） | |
|---|---|---|---|---|---|---|---|---|---|---|---|---|---|
| 平聲 | 佳 | 2 | 佳 | | | | 1 | | 3 | 1 | | | 〇一 |
| | | ② | 街 | 3 | 4 | | 1 | | | | | | 〇二 |
| | | ② | 鞋 | | | | | | | | | | 〇三 |
| | | 2 | 柴 | 1 | | | | | | | | | 〇四 |
| | 蛙 | 2 | 蛙 | | | | | | | | | 4 | 〇五 |
| | | 2 | 蝸 | | | | | | | | | | 〇六 |
| 上聲 | 解 | 2 | 解 | 2 | | | | | | | | | 〇七 |
| | 買 | 2 | 買 | 1 | | | | | | 4 | 1 | 2 | 〇八 |
| | | 2 | 蟹 | | 1 | | | | | | | | 〇九 |
| 去聲 | 賣 | 2 | 賣 | | | | | | | | | 4 | 一〇 |
| | | ② | 懈 | 3 | | | | | | | | | 一一 |
| | | ② | 隘 | | | | | | | | | 1 | 一二 |
| | 卦 | ② | 卦 | | | 1 | | | | 9 | | | 一三 |
| | | | | | | | | | | | | | 一四 |
| | | | | | | | | | | | | | 一五 |
| | | | | | | | | | | | | | 一六 |
| | | | | | | | | | | | | | 一七 |
| | | | | | | | | | | | | | 一八 |
| | | | | | | | | | | | | | 一九 |
| | | | | | | | | | | | | | 二〇 |
| | | | | | | | | | | | | | 二一 |
| | | | | | | | | | | | | | 二二 |

| 正齒音 | | | | 齶聯 | 舌上音 | | | | | 齶聯 | 牙音 | | | | |
| --- | --- | --- | --- | --- | --- | --- | --- | --- | --- | --- | --- | --- | --- | --- | --- |
| 初 | 初 | 側 | 側 | 而 | 女 | 直 | 直 | 直 | 丑 | 奴 | 五 | 五 | 苦 | 古 | |
| 楚 | 初 | 側 | 阻 | 如 | 女 | 兆 | 直 | 宅 | 丑 | 奴 | 厄 | 五 | 苦 | 革 | |
| 1 | 1 | | | 1 | 1 | | | | 1 | | | | 1 | | ○一 |
| | | | | | | | | | | | | 7 | | | ○二 |
| | | | | | | | | | | | | 1 | | 1 | ○三 |
| | | | | | | | | | | | | | | | ○四 |
| | | | | | | | | | | | | | 1 | | ○五 |
| | | | | | | | | | | | | | 1 | | ○六 |
| | | | | | | | | | | | | | | | ○七 |
| | | 1 | 1 | | | 1 | 1 | 4 | | 1 | | | | 1 | ○八 |
| | | | | | | | | | | | | | | | ○九 |
| | | | | | | | | | | | 1 | 1 | | | 一○ |
| | 2 | | | | | | | | | | | | | | 一一 |
| | | | | | | | | | | | | | | | 一二 |
| | | | | | | | | | | | | | | | 一三 |
| | | | | | | | | | | | | | | | 一四 |
| | | | | | | | | | | | | | | | 一五 |
| | | | | | | | | | | | | | | | 一六 |
| | | | | | | | | | | | | | | | 一七 |
| | | | | | | | | | | | | | | | 一八 |
| | | | | | | | | | | | | | | | 一九 |
| | | | | | | | | | | | | | | | 二○ |
| | | | | | | | | | | | | | | | 二一 |
| | | | | | | | | | | | | | | | 二二 |
| | | | | | | | | | | | | | | | 二三 |

| | 脣音 | | | | | | | | 齒頭音 | | | 正齒音 | | |
|---|---|---|---|---|---|---|---|---|---|---|---|---|---|---|
| | 莫 | 蒲 | 蒲 | 蒲 | 匹 | 匹 | 必 | 必 | 徐 | 蘇 | 子 | 所 | 所 | 士 |
| | 莫 | 蒲 | 薄 | 白 | 匹 | 普 | 北 | 百 | 徐 | 小 | 即 | 所 | 山 | 士 |
| 一 | 1 | | 1 | | | | | | | 1 | 1 | | 1 | 4 |
| 二 | | | | | | | | | | | | | | |
| 三 | 1 | | | | | | | | | | | | | |
| 四 | | | | | | | | | | | | | | |
| 五 | | | | | | | | | | | | | | |
| 六 | | | | | | | | | | | | | | |
| 七 | | | | | | | | | | | | 2 | | |
| 八 | | 1 | 3 | | | | 1 | 1 | 1 | | | | | |
| 九 | | | | | | | | | | | | | | |
| 一○ | | 1 | | 1 | 1 | 1 | | | | | | 3 | | 2 |
| 一一 | | | | | | | | | | | | | | |
| 一二 | | | | | | | | | | | | | | |
| 一三 | | | | | | | | | | | | | | |
| 一四 | | | | | | | | | | | | | | |
| 一五 | | | | | | | | | | | | | | |
| 一六 | | | | | | | | | | | | | | |
| 一七 | | | | | | | | | | | | | | |
| 一八 | | | | | | | | | | | | | | |
| 一九 | | | | | | | | | | | | | | |
| 二○ | | | | | | | | | | | | | | |
| 二一 | | | | | | | | | | | | | | |
| 二二 | | | | | | | | | | | | | | |
| 二三 | | | | | | | | | | | | | | |

一
二
三
四
五
六
七
八
九
一〇
一一
一二
一三
一四
一五
一六
一七
一八
一九
二〇
二一
二二
二三

表十六 皆韻

| 編號 | 聲調 | 龍書韻類代表字 | 四聲等子等第 | 龍書所用反切下字 \ 龍書聲類代表字相逢字數 / 及切上字 | 喉音 烏 烏 | 烏 於 | 烏 乙 | 烏 依 | 許 呼 | 許 許 | 許 火 | 許 行 | 胡 户 |
|---|---|---|---|---|---|---|---|---|---|---|---|---|---|
| 〇一 | 平聲 | 皆 | 2 | 皆 | 2 | | 2 | | | | 1 | | 6 |
| 〇二 | | 懷 | 2 | 懷 | 1 | | 1 | | 1 | | | | |
| 〇三 | | | 2 | 乖 | 1 | | | | | | | | 2 |
| 〇四 | | | ② | 淮 | | | | | | | | | |
| 〇五 | 上聲 | 駭 | ② | 駭 | | | | | | | | | |
| 〇六 | | | ② | 楷 | | | | | | | | 1 | |
| 〇七 | 去聲 | 拜 | ② | 拜 | | | | | | | | | |
| 〇八 | | | 2 | 戒 | 2 | | | 1 | | 3 | | | |
| 〇九 | | | ② | 芥 | | 2 | | | | | 1 | | |
| 一〇 | | | ② | 界 | 1 | 1 | | | | 1 | | | |
| 一一 | | | ② | 介 | | | | | | 2 | | | |
| 一二 | | 怪 | 2 | 怪 | 1 | | | | | | 1 | | |
| 一三 | | | ② | 壞 | | | | | | | | | |
| 一四 | | | ② | 喟 | | | | | | | | | |
| 一五 | | | | | | | | | | | | | |
| 一六 | | | | | | | | | | | | | |
| 一七 | | | | | | | | | | | | | |
| 一八 | | | | | | | | | | | | | |
| 一九 | | | | | | | | | | | | | |
| 二〇 | | | | | | | | | | | | | |
| 二一 | | | | | | | | | | | | | |
| 二二 | | | | | | | | | | | | | |

| | 喉音 | | | 牙音 | | | | | | | | 舌上音 | | | |
|---|---|---|---|---|---|---|---|---|---|---|---|---|---|---|---|
| | 胡 | 胡 | 于 | 古 | 古 | 苦 | 五 | 五 | 五 | 五 | 五 | 陟 | 陟 | 丑 | 丑 |
| | 胡 | 下 | 往 | 古 | 口 | 苦 | 魚 | 雅 | 五 | 牙 | 厄 | 卓 | 陟 | 丑 | 敕 |
| 〇一 | | | | | 3 | 1 | | 1 | | | | 2 | 2 | 1 | 1 |
| 〇二 | | | 1 | 2 | 2 | 3 | | | | | | | | | |
| 〇三 | | | | | 1 | 1 | | | | | | | | | |
| 〇四 | | | | | | 1 | | | | | | | | | |
| 〇五 | | | | | | 1 | | | 3 | | | | | | |
| 〇六 | 1 | | | | | | | | | 1 | | | | | |
| 〇七 | | | | 1 | | | | | | | | | | | |
| 〇八 | 6 | 1 | | | | 2 | 1 | | | | | | | | |
| 〇九 | | | | | | | | | | | 1 | | | | 4 |
| 一〇 | 4 | | | | | | | | | | | | | | |
| 一一 | 1 | | | | | | | | 1 | | | | | | |
| 一二 | | | | | | 12 | | | 4 | | | | | | |
| 一三 | | | | 2 | | | | | | | | | | | |
| 一四 | | | | | | | | | | | | | | | |
| 一五 | | | | | | | | | | | | | | | |
| 一六 | | | | | | | | | | | | | | | |
| 一七 | | | | | | | | | | | | | | | |
| 一八 | | | | | | | | | | | | | | | |
| 一九 | | | | | | | | | | | | | | | |
| 二〇 | | | | | | | | | | | | | | | |
| 二一 | | | | | | | | | | | | | | | |
| 二二 | | | | | | | | | | | | | | | |

| | 音 | | | | 脣 | | 音 | | 齒 | | 正 | 音 | 舌半 | 齒舌 |
|---|---|---|---|---|---|---|---|---|---|---|---|---|---|---|
| | 符 | 莫 | 莫 | 蒲 | 蒲 | 匹 | 所 | 所 | 士 | 昌 | 昌 | 力 | 力 | 女 |
| | 符 | 埋 | 莫 | 蒲 | 步 | 普 | 所 | 山 | 士 | 側 | 昌 | 力 | 賴 | 女 |
| 一 | | | | | 4 | | | 1 | | 3 | | | 1 | 1 |
| 二 | | | | | | | | | 1 | | | 1 | | |
| 三 | | | | | | | | | | | | | | |
| 四 | | | | | | | | | | | | | | |
| 五 | | | | | | | | | | | | | | |
| 六 | | | | | | | | | | | | | | |
| 七 | | 1 | 2 | 8 | | 1 | 4 | | | | | | | |
| 八 | | | | | | | 1 | | | 1 | | | | |
| 九 | | | 1 | | | | | | | | | | | |
| 一〇 | | | | | | | | | | 1 | | | | |
| 一一 | | | | | | | | | | | 1 | | | 1 |
| 一二 | | | | | | | | | | | | | | |
| 一三 | | | | | | | | | | | | | | |
| 一四 | 1 | | | | | | | | | | | | | |
| 一五 | | | | | | | | | | | | | | |
| 一六 | | | | | | | | | | | | | | |
| 一七 | | | | | | | | | | | | | | |
| 一八 | | | | | | | | | | | | | | |
| 一九 | | | | | | | | | | | | | | |
| 二〇 | | | | | | | | | | | | | | |
| 二一 | | | | | | | | | | | | | | |
| 二二 | | | | | | | | | | | | | | |

# 表十七 夬韻

| | 聲調 | 龍書韻類代表字 | 四聲等子等第 | 發音部位 / 龍書聲類代表字 / 相逢數字（龍書所用反切下字 ╲ 龍書所用反切上字） | 喉音 | | | | 牙音 | 正齒 | | | |
|---|---|---|---|---|---|---|---|---|---|---|---|---|---|
| | | | | 龍書聲類代表字 | 烏 | 許 | 許 | 于 | 古 | 初 | | | |
| | | | | 龍書所用反切上字 | 烏 | 火 | 胡 | 又 | 古 | 楚 | | | |
| 〇一 | 去聲 | 快 | 2 | 快 | 2 | | 1 | | 1 | 2 | | | |
| 〇二 | | | ② | 敗 | | 1 | | 1 | | | | | |
| 〇三 | | | ② | 邁 | | | | | 2 | | | | |
| 〇四 | | | | | | | | | | | | | |
| 〇五 | | | | | | | | | | | | | |
| 〇六 | | | | | | | | | | | | | |
| 〇七 | | | | | | | | | | | | | |
| 〇八 | | | | | | | | | | | | | |
| 〇九 | | | | | | | | | | | | | |
| 一〇 | | | | | | | | | | | | | |
| 一一 | | | | | | | | | | | | | |
| 一二 | | | | | | | | | | | | | |
| 一三 | | | | | | | | | | | | | |
| 一四 | | | | | | | | | | | | | |
| 一五 | | | | | | | | | | | | | |
| 一六 | | | | | | | | | | | | | |
| 一七 | | | | | | | | | | | | | |
| 一八 | | | | | | | | | | | | | |
| 一九 | | | | | | | | | | | | | |
| 二〇 | | | | | | | | | | | | | |
| 二一 | | | | | | | | | | | | | |
| 二二 | | | | | | | | | | | | | |

## 表十八 灰韻

| | 聲調 | 龍書韻類代表字 | 四聲等子等第 | 發音部位 | 喉音 | | | | | | 牙音 | | |
|---|---|---|---|---|---|---|---|---|---|---|---|---|---|
| | | | | 龍書聲類代表字 | 烏 | 許 | 許 | 許 | 胡 | 胡 | 古 | 古 | 苦 |
| | | | | 龍書所用反切下字 ＼ 相逢字數 ＼ 龍書所用反切上字 | 烏 | 荒 | 呼 | 胡 | 戶 | 乎 | 古 | 公 | 口 |
| 〇一 | 平聲 | | 1 | 回 | 4 | | 5 | | | | 2 | 3 | 1 |
| 〇二 | | | ① | 杯 | | | | | | | | | |
| 〇三 | | 回 | 1 | 灰 | 4 | | | | | | | | |
| 〇四 | | | 1 | 雷 | | | | | | | | | |
| 〇五 | | | ① | 梅 | | | | | | | | | |
| 〇六 | 上聲 | | 1 | 罪 | | | 3 | 5 | 1 | | | | 1 |
| 〇七 | | 罪 | ① | 每 | 4 | | | 1 | | | | | |
| 〇八 | | | 1 | 賄 | 5 | | | | | | | | |
| 〇九 | | | 1 | 猥 | | | | | | | | | 1 |
| 一〇 | 去聲 | | 1 | 對 | | | 1 | 8 | | | | | |
| 一一 | | | 1 | 內 | 1 | 2 | 1 | | | 1 | | | 1 |
| 一二 | | 對 | ① | 昧 | | | | | | | | | |
| 一三 | | | 1 | 隊 | 5 | | | | | | | | |
| 一四 | | | 1 | 妹 | | | | | | | | | |
| 一五 | | | 1 | 誨 | | | | | | | | | |
| 一六 | | | | | | | | | | | | | |
| 一七 | | | | | | | | | | | | | |
| 一八 | | | | | | | | | | | | | |
| 一九 | | | | | | | | | | | | | |
| 二〇 | | | | | | | | | | | | | |
| 二一 | | | | | | | | | | | | | |
| 二二 | | | | | | | | | | | | | |

| | 牙音 | | 舌頭音 | | | | | | | | 舌上音 | | 半舌音 | | |
|---|---|---|---|---|---|---|---|---|---|---|---|---|---|---|---|
| | 苦 | 五 | 都 | 都 | 都 | 他 | 徒 | 徒 | 徒 | 奴 | 陟 | 直 | 力 | 力 | 力 |
| | 苦 | 五 | 丁 | 都 | 多 | 他 | 徒 | 杜 | 度 | 奴 | 陟 | 池 | 郎 | 落 | 魯 |
| 〇一 | 13 | 4 | 2 | 13 | | 4 | 8 | 5 | 1 | 3 | 1 | | 1 | | 1 |
| 〇二 | | | | | | | | | | | | | | | |
| 〇三 | | | | | | | | | | | | | | | |
| 〇四 | | | | | 1 | 1 | | | | | | | | | |
| 〇五 | | | | | | | | | | | | | | | |
| 〇六 | 2 | 4 | | 3 | | 2 | 3 | | | 5 | | | 2 | | |
| 〇七 | | 2 | | | | 4 | | | | 4 | | 1 | | 2 | |
| 〇八 | | | | | | 1 | | | | | 1 | | | | |
| 〇九 | | | | 1 | | 2 | | | | | | | 1 | 2 | |
| 一〇 | | | | | | | 9 | | | | | | | | |
| 一一 | | | | | | 1 | | | | | | | | | |
| 一二 | | | | | | | | | | | | | | | |
| 一三 | | | | | | | | | | | | | | | |
| 一四 | | | | | | | | | | | | | | | |
| 一五 | | | | | | | | | | | | | | | |
| 一六 | | | | | | | | | | | | | | | |
| 一七 | | | | | | | | | | | | | | | |
| 一八 | | | | | | | | | | | | | | | |
| 一九 | | | | | | | | | | | | | | | |
| 二〇 | | | | | | | | | | | | | | | |
| 二一 | | | | | | | | | | | | | | | |
| 二二 | | | | | | | | | | | | | | | |

| | 脣音 | 齒頭音 | | | | | | | | | | 正齒 | 半舌音 | | |
|---|---|---|---|---|---|---|---|---|---|---|---|---|---|---|---|
| | 必 | 蘇 | 蘇 | 蘇 | 昨 | 昨 | 七 | 七 | 七 | 子 | 子 | 初 | 力 | 力 | 力 |
| | 布 | 相 | 蘇 | 素 | 昨 | 徂 | 千 | 七 | 倉 | 子 | 作 | 瘡 | 盧 | 力 | 勒 |
| 一 | 2 | | | 6 | 3 | 1 | 1 | | 3 | 1 | 1 | | | | |
| 二 | | | | | | | | | | | | | | | |
| 三 | | | | | | | | | | | | | | | |
| 四 | | | | | | | | | | | | | | | |
| 五 | | | | | | | | | | | | | | 1 | |
| 六 | | | | | | | | 6 | | | | | | 1 | 1 |
| 七 | | | | | | | | 1 | | | | | 1 | 2 | 1 |
| 八 | | | | | | | | | | | | | | | |
| 九 | | | | | | | | | | | | | | | |
| 一〇 | | 1 | 4 | | | | | | | 6 | | | 9 | | |
| 一一 | | | | | | | 2 | 3 | | 1 | | 1 | | | |
| 一二 | | | | | | | | | | | | | | | |
| 一三 | | | | | | | | | | | | | 1 | | |
| 一四 | | | | | | | | | | | | | | | |
| 一五 | | | | | | | | | | | | | | | |
| 一六 | | | | | | | | | | | | | | | |
| 一七 | | | | | | | | | | | | | | | |
| 一八 | | | | | | | | | | | | | | | |
| 一九 | | | | | | | | | | | | | | | |
| 二〇 | | | | | | | | | | | | | | | |
| 二一 | | | | | | | | | | | | | | | |
| 二二 | | | | | | | | | | | | | | | |
| 二三 | | | | | | | | | | | | | | | |

| | 脣 | | | | | 音 |
|---|---|---|---|---|---|---|
| | 必 | 匹 | 薄 | 蒲 | 莫 | 芳 |
| | 北 | 普 | 薄 | 蒲 | 莫 | 芳 |
| 一 | | | 1 | 1 | 4 | |
| 二 | | 3 | | | | |
| 三 | | | | | | |
| 四 | | | | | | |
| 五 | | | | | | |
| 六 | | | | | | |
| 七 | | | | | | |
| 八 | | | | | | |
| 九 | | | | | | |
| 一〇 | | 1 | | | | |
| 一一 | | | | | | |
| 一二 | 3 | | | | | |
| 一三 | | | | | | |
| 一四 | 2 | | | | | |
| 一五 | | | | | | |
| 一六 | | | | | | |
| 一七 | | | | | | |
| 一八 | | | | | | |
| 一九 | | | | | | |
| 二〇 | | | | | | |
| 二一 | | | | | | |
| 二二 | | | | | | |
| 二三 | | | | | | |

表十九 哈韻

| | 聲調 | 龍書韻類代表字 | 四聲等子等第 | 發音部位 / 龍書聲類代表字 | 喉音 烏 | 喉音 烏 | 喉音 許 | 喉音 許 | 喉音 胡 | 喉音 胡 | 牙音 古 | 牙音 苦 | 牙音 苦 |
|---|---|---|---|---|---|---|---|---|---|---|---|---|---|
| | | | | 龍書所用反切下字 \ 相逢字數 \ 龍書所用切上字 | 於 | 烏 | 呼 | 海 | 户 | 胡 | 古 | 苦 | 口 |
| 〇一 | 平聲 | 來 | 一 | 來 | | 1 | 4 | | 7 | | 4 | | |
| 〇二 | | | 一 | 哀 | | | | | | | 12 | | |
| 〇三 | | | 一 | 開 | | 2 | | | | | | | |
| 〇四 | | | ① | 才 | | | | | | | | | |
| 〇五 | | | 一 | 臺 | | | | | | | | | |
| 〇六 | 上聲 | 海 | 一 | 海 | | | | | | | 1 | 6 | 1 |
| 〇七 | | | 一 | 改 | 2 | 1 | | | | | | 1 | |
| 〇八 | | | 一 | 亥 | | | | | | | | | |
| 〇九 | | | 一 | 乃 | | | | | | | | | |
| 一〇 | | | 一 | 宰 | | | | | | | | | |
| 一一 | | | 一 | 愷 | | | | | | | | | |
| 一二 | 去聲 | 代 | 一 | 代 | | | | | | | 5 | | |
| 一三 | | | 一 | 愛 | | | | 1 | | 3 | 3 | 5 | |
| 一四 | | | ① | 槩 | | | | | | 1 | | | |
| 一五 | | | 一 | 耐 | | | | | | | | | |
| 一六 | | | | | | | | | | | | | |
| 一七 | | | | | | | | | | | | | |
| 一八 | | | | | | | | | | | | | |
| 一九 | | | | | | | | | | | | | |
| 二〇 | | | | | | | | | | | | | |
| 二一 | | | | | | | | | | | | | |
| 二二 | | | | | | | | | | | | | |

| 齒頭音 | 正齒音 | 半舌音 | | | | | 舌頭音 | | | | | | | 牙音 | |
|---|---|---|---|---|---|---|---|---|---|---|---|---|---|---|---|
| 子 | 昌 | 力 | 力 | 力 | 力 | 力 | 奴 | 徒 | 他 | 他 | 他 | 都 | 都 | 五 | |
| 作 | 昌 | 洛 | 力 | 勒 | 來 | 落 | 奴 | 徒 | 他 | 吐 | 土 | 都 | 丁 | 五 | |
| | | | | | | | 1 | 2 | 1 | 1 | 1 | | 1 | 7 | 〇一 |
| | | | | | | 1 | | 4 | 1 | | | | | | 〇二 |
| | | | | | | | | | | | | | | | 〇三 |
| | | | | | | | | | | | | | | | 〇四 |
| | | | | | | | | | | | | | | | 〇五 |
| 1 | | | | | | | 1 | 1 | | | | | | | 〇六 |
| | | | | | 1 | | | | | | | | | | 〇七 |
| | | | | | | | | 2 | 1 | | | | | | 〇八 |
| | | | | | | | | 3 | | | | | | | 〇九 |
| | | | | | | | | | | | | | | | 一〇 |
| | | | | | | | | | | | | | | | 一一 |
| | | 1 | 3 | 3 | | 1 | 3 | | 1 | | | | | 2 | 一二 |
| | | | | | | | 1 | 1 | 1 | | | 1 | | 5 | 一三 |
| | | | | | | | | | | | | | | | 一四 |
| 1 | | | | | | | | | | | | | | | 一五 |
| | | | | | | | | | | | | | | | 一六 |
| | | | | | | | | | | | | | | | 一七 |
| | | | | | | | | | | | | | | | 一八 |
| | | | | | | | | | | | | | | | 一九 |
| | | | | | | | | | | | | | | | 二〇 |
| | | | | | | | | | | | | | | | 二一 |
| | | | | | | | | | | | | | | | 二二 |
| | | | | | | | | | | | | | | | 二三 |

| | 齒頭音 | | | | | | 脣音 | | | | | | | | | |
|---|---|---|---|---|---|---|---|---|---|---|---|---|---|---|---|---|
| | 子 | 七 | 昨 | 明 | 蘇 | 蘇 | 四 | 匹 | 蒲 | 莫 | | | | | | |
| | 子 | 倉 | 昨 | 才 | 蘇 | 先 | 普 | 疋 | 薄 | 莫 | | | | | | |
| 一 | | 3 | 2 | | 5 | | | | | | | | | | | |
| 二 | | | | | | | | | | | | | | | | |
| 三 | | | | | | | | | | | | | | | | |
| 四 | | 1 | | | | | | | | | | | | | | |
| 五 | | | | | 1 | | | | | | | | | | | |
| 六 | | | | | | | | | | | | | | | | |
| 七 | | | | | | | | | | | | | | | | |
| 八 | | | | | | | | | 1 | 1 | | | | | | |
| 九 | | | | | | | 2 | | | | | | | | | |
| 一〇 | | 1 | | | | | | | | | | | | | | |
| 一一 | | | | | | | | 1 | | | | | | | | |
| 一二 | 1 | | | 1 | | 3 | | | | 1 | | | | | | |
| 一三 | | | | | | | | | | | | | | | | |
| 一四 | | | | | | | | | | | | | | | | |
| 一五 | | | | | | | | | | | | | | | | |
| 一六 | | | | | | | | | | | | | | | | |
| 一七 | | | | | | | | | | | | | | | | |
| 一八 | | | | | | | | | | | | | | | | |
| 一九 | | | | | | | | | | | | | | | | |
| 二〇 | | | | | | | | | | | | | | | | |
| 二一 | | | | | | | | | | | | | | | | |
| 二二 | | | | | | | | | | | | | | | | |
| 二三 | | | | | | | | | | | | | | | | |

一
二
三
四
五
六
七
八
九
一〇
一一
一二
一三
一四
一五
一六
一七
一八
一九
二〇
二一
二二
二三

# 表二十 廢韻

聲調：去聲

龍書韻類代表字：廢

| | 四聲等子等第 | 龍書所用反切下字／相逢字數 | 喉音 烏 於 | 喉音 許 許 | 牙音 五 牛 | 牙音 五 魚 | 脣音 必 兵 | 脣音 才 方 | 脣音 芳 芳 |
|---|---|---|---|---|---|---|---|---|---|
| 〇一 | 3 | 廢 | 3 | 4 | | | | | 4 |
| 〇二 | 3 | 吠 | 1 | | 1 | | 1 | 4 | 1 |
| 〇三 | 3 | 胏 | | | | 1 | | | |
| 〇四 | | | | | | | | | |
| 〇五 | | | | | | | | | |
| 〇六 | | | | | | | | | |
| 〇七 | | | | | | | | | |
| 〇八 | | | | | | | | | |
| 〇九 | | | | | | | | | |
| 一〇 | | | | | | | | | |
| 一一 | | | | | | | | | |
| 一二 | | | | | | | | | |
| 一三 | | | | | | | | | |
| 一四 | | | | | | | | | |
| 一五 | | | | | | | | | |
| 一六 | | | | | | | | | |
| 一七 | | | | | | | | | |
| 一八 | | | | | | | | | |
| 一九 | | | | | | | | | |
| 二〇 | | | | | | | | | |
| 二一 | | | | | | | | | |
| 二二 | | | | | | | | | |

（發音部位／龍書聲類代表字／龍書所用反切上字）

〇一
〇二
〇三
〇四
〇五
〇六
〇七
〇八
〇九
一〇
一一
一二
一三
一四
一五
一六
一七
一八
一九
二〇
二一
二二

| | | | | | | | | | | | | | | | |
|---|---|---|---|---|---|---|---|---|---|---|---|---|---|---|---|
| 二二 | | | | | | | | | | | | | | | |
| 二三 | | | | | | | | | | | | | | | |
| 二四 | | | | | | | | | | | | | | | |
| 二五 | | | | | | | | | | | | | | | |
| 二六 | | | 1 | | | | | | | | | | | | 1 |
| 二七 | | | | | | | | | | | | | | | |
| 二八 | | | | | | | 3 | | | | | | 3 | 1 | 6 |
| 二九 | | | | | | | | | | | | | | | |
| 三〇 | | | | | 9 | | | | | | | | | | 3 |
| 三一 | | | | | | | | | | | | | | | |
| 三二 | | | | | | | | | | | | | | 1 | |
| 三三 | | | | | | | | | | | | | | | |
| 三四 | | | | | | | | | | | | | | | |
| 三五 | | | | | | | | | | | | | | | |
| 三六 | | | | | | | | | | | | | 4 | 4 | |
| 三七 | | | | | | | | | | | | | | | |
| 三八 | | | | | | | | | | | | | | | |
| 三九 | | | | | | | | | | | | | | | |
| 四〇 | | | | | | | | | | | | | | | |
| 四一 | | | | | | | | | | | | | | | |
| 四二 | | | | | | | | | | | | | | | |
| 四三 | | | | | | | | | | | | | | | |
| 四四 | | | | | | | | | | | | | | | |
| 四五 | | | | | | | | | | | | | | | |
| 四六 | | | | | | | | | | | | | | | |
| 四七 | | | | | | | | | | | | | | | |
| 四八 | | | | | | | | | | | | | | | |
| 四九 | | | | | | | | | | | | | | | |
| 五〇 | | | | | | | | | | | | | | | |

| | | | | | | | | | | | | | | | | |
|---|---|---|---|---|---|---|---|---|---|---|---|---|---|---|---|---|
| | | | | | | | | | | | | | | | | 二二 |
| | | | | | | | | | | | | | | | | 二三 |
| | | | | | | | | | | 1 | | | | | | 二四 |
| | | | | | | | | | | | | | | | | 二五 |
| | 4 | 1 | | 12 | | | | | | | | | | | | 二六 |
| | | | | | | | | | | | | | | | | 二七 |
| | | | | | | 1 | | | | | | | | | 1 | 二八 |
| | | | | | 1 | | | | | | | 2 | 6 | | | 二九 |
| | | | | | | | | | | | | | | | | 三〇 |
| | 1 | | | 1 | 1 | | | | | | | | | | | 三一 |
| | | | | | | | | | | | | | | | | 三二 |
| | | | | | | | | | | | | | | | | 三三 |
| | | | | | | | | | | | | | | | | 三四 |
| | | | | | | | | | | | | | | | | 三五 |
| | 1 | | | | | | | | | 5 | 4 | | | | 3 | 三六 |
| | | | | | | | | | | | | | | | | 三七 |
| | | | 1 | | | | | | | | | | | | | 三八 |
| | | | | | | | | | | | | | | | | 三九 |
| | | | | | | | | | | | | | | | | 四〇 |
| | | | | | | | | | | | | | | | | 四一 |
| | | | | | | | | | | | | | | | | 四二 |
| | | | | | | | | | | | | | | | | 四三 |
| | | | | | | | | | | | | | | | | 四四 |
| | | | | | | | | | | | | | | | | 四五 |
| | | | | | | | | | | | | | | | | 四六 |
| | | | | | | | | | | | | | | | | 四七 |
| | | | | | | | | | | | | | | | | 四八 |
| | | | | | | | | | | | | | | | | 四九 |
| | | | | | | | | | | | | | | | | 五〇 |

| | 牙音 | | | | | | | | | 舌頭 | | 舌上音 | | | | |
|---|---|---|---|---|---|---|---|---|---|---|---|---|---|---|---|---|
| | 古 | 苦 | 苦 | 渠 | 渠 | 五 | 五 | 五 | 五 | 他 | 奴 | 陟 | 陟 | 陟 | 丑 | 丑 |
| | 居 | 丘 | 去 | 巨 | 渠 | 魚 | 牛 | 語 | 宜 | 他 | 寧 | 陟 | 徵 | 知 | 丑 | 敕 |
| 〇一 | | | | | | | | | | | | | | | 1 | |
| 〇二 | | | | | | | | | | | | | | | 1 | |
| 〇三 | | | | | | | | | | | | | | | | |
| 〇四 | | | | | | | | | | | | | | | | |
| 〇五 | | | | | | | | | | | | | | | | |
| 〇六 | | | | | | | | | | | | | | | | |
| 〇七 | | | | | | | | | | | | | | | | |
| 〇八 | | | | | | | | | | | | | | | | |
| 〇九 | | | | 2 | | 2 | | 3 | | | | | | | | |
| 一〇 | | | | | | | | | | | | | | | | |
| 一一 | | | | | | | | | | | | | | | | |
| 一二 | 1 | | | | | | | | | | | | | | | |
| 一三 | 1 | | | | | | | | | | | | | | 1 | 1 |
| 一四 | | 1 | | | | | | | 3 | | | | | | | |
| 一五 | | | | | | | | | | | | | | | | |
| 一六 | | | | | | | | | | | | | | | | |
| 一七 | | | | | | | | | | | | | | | | |
| 一八 | | | | | | | | | | | | | | | | |
| 一九 | | | | | 1 | | 1 | | | | | | | | | |
| 二〇 | | | | | | | | | | | | | | | | |
| 二一 | | | 1 | | | | | | | | | | | | 2 | |

| | 正齒音 | | | | | | 半齒音 | | 半舌音 | | | | 舌上音 | | |
|---|---|---|---|---|---|---|---|---|---|---|---|---|---|---|---|
| | 失 | 食 | 昌 | 之 | 之 | 之 | 而 | 而 | 力 | 力 | 力 | 力 | 女 | 女 | 直 |
| | 式 | 食 | 昌 | 隻 | 之 | 章 | 人 | 如 | 力 | 良 | 立 | 呂 | 尼 | 女 | 直 |
| 一 | | | | | | | | | | | | 1 | | 1 | |
| 二 | 1 | | | | | | | | | | | | | | |
| 三 | | | 5 | | | | | | | | | | | | |
| 四 | | | | | | | | | | | | | | | |
| 五 | | 1 | | | | | | 1 | | | | | | | |
| 六 | | | | | | | | | | | | | | | |
| 七 | | | | | | | | | | | | | | | |
| 八 | | | | | | | | | | | | | | | |
| 九 | | | | | | | | | | | | | | | |
| 一〇 | | | | | | | | | | | | | | | |
| 一一 | | | | | | | | | | | | | | | |
| 一二 | | | | | | | | | | | | | | | |
| 一三 | | | | 1 | 2 | | | | 2 | 1 | 1 | | | | 4 |
| 一四 | 1 | | | | | | | | | | | | | | |
| 一五 | | | | | | | | | | | | | | | |
| 一六 | | | | | | | | | | | | | | | |
| 一七 | | | | | | | | | | | 1 | | | | |
| 一八 | | | | | | | | | | | | | | | |
| 一九 | | | | | | | | | | | | | | | |
| 二〇 | | | | | | | | | | | | | | | |
| 二一 | | | | | [illegible] | [illegible] | | | [illegible] | [illegible] | | | | | [illegible] |

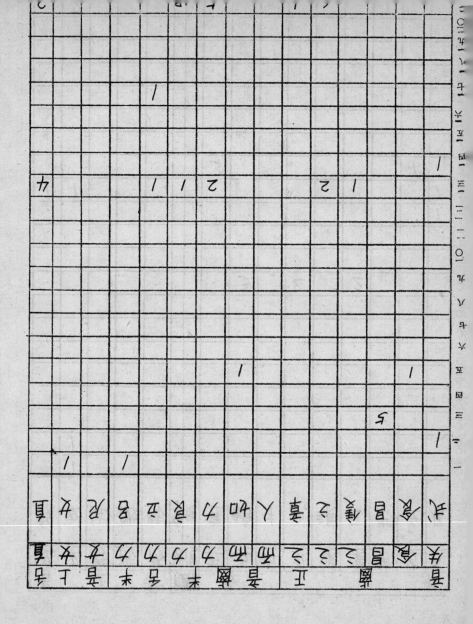

| 類 | 聲母 | 字 | 一 | 二 | 三 | 四 | 五 | 六 | 七 | 八 | 九 | 一〇 | 一一 | 一二 | 一三 | 一四 | 一五 | 一六 | 一七 | 一八 | 一九 | 二〇 |
|---|---|---|---|---|---|---|---|---|---|---|---|---|---|---|---|---|---|---|---|---|---|---|
| 正齒音 | 失 | 失 | | 4 | | | | | | | | | | | 4 | | | | | | | |
| | 時 | 時 | | 1 | | | | | | | | | | | | 1 | | | | | | |
| | 時 | 侍 | | | | | | | | | | | | | 1 | | | | | | | |
| | 初 | 初 | | | | | | | | | | | | | | | | | | | | |
| 齒頭音 | 子 | 子 | | | | | | 1 | | | | | | | | | | | | | | |
| | 子 | 資 | | | | | | | | | | | | | | | | | | | | |
| | 昨 | 匠 | | | | | | | 1 | | | | | | | | | | | | | |
| | 昨 | 疾 | | | | | | | | | | | | | | | | | | | | |
| | 蘇 | 相 | | | | | | | | | | | | | | | | | | | | |
| | 蘇 | 息 | | | | | 1 | | | | | | | | | | | | | | | |
| | 蘇 | 私 | | | | | | | | | | | | | | | | | | | | |
| | 徐 | 徐 | | | | | | | | | | | | | | | | | | | | |
| | 徐 | 詳 | | | | | | | | | | | | | | | | | | | | |
| 脣音 | 必 | 筆 | | | | | | | | | 5 | | 2 | | | | | | | | | |
| | 必 | 必 | | | | | | | | | | | | | | | | | | | | |
| | 必 | 并 | | | | | | | | | | | | | | | | | | | | |

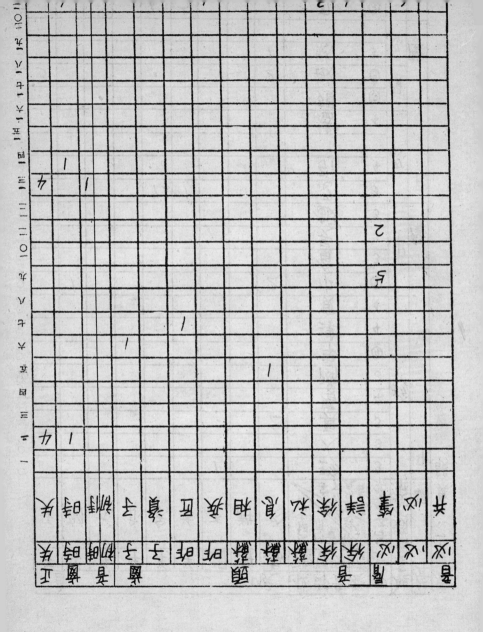

表二十一 真韻

| | 聲調 | 龍書韻類代表字 | 四聲等子等第 | 龍書所用反切下字 \ 相逢數字 \ 龍書所用反切上字 | 喉音 烏 於 | 許 許 | 胡 下 | 羊 羊 | 羊 余 | 羊 亦 | 羊 弋 | 于 羽 | 于 于 |
|---|---|---|---|---|---|---|---|---|---|---|---|---|---|
| 〇一 | 平聲 | 珍 | 3 | 珍 | | | 1 | | | | | | |
| 〇二 | | | 3 | 人 | | | | | | | | | |
| 〇三 | | | 3 | 真 | 2 | | | | | | | | |
| 〇四 | | | 4 | 賓 | | | | | | | | | |
| 〇五 | | | 3 | 隣 | | | | | | | | | |
| 〇六 | | | ④ | 辛 | | | | | | | | | |
| 〇七 | | | 4 | 津 | | | | | | | | | |
| 〇八 | | | 4 | 寅 | | | | | | | | | |
| 〇九 | | 巾 | ③ | 巾 | 2 | | | | | | | 1 | |
| 一〇 | | | 3 | 貧 | | | | | | | | | |
| 一一 | | | 3 | 旻 | | | | | | | | | |
| 一二 | | | 3 | 銀 | | | | | | | | | |
| 一三 | 上聲 | 忍 | 3 | 忍 | | | | 1 | 1 | | | | |
| 一四 | | | 4 | 引 | | | | | | | | | |
| 一五 | | | | | | | | | | | | | |
| 一六 | | | 4 | 盡 | | | | | | | | | |
| 一七 | | 頣 | ③ | 頣 | | | | | | | | | |
| 一八 | | | ③ | 敏 | 2 | | | | | | | | 3 |
| 一九 | | 忍 | 3 | 愍 | 1 | | | | | | | | |
| 二〇 | | | | | | | | | | | | | |
| 二一 | 上 | | ③ | 刃 | 1 | | | 5 | 1 | | | | |

| | | | | | | | | | | | | | |
|---|---|---|---|---|---|---|---|---|---|---|---|---|---|
| 二二 | | | | | | 1 | | | | 晉 | ④ | 刃 | 去聲 |
| 二三 | | | | 1 | | | | | | 振 | ③ | | |
| 二四 | | | | | | | | | | 慭 | ③ | | |
| 二五 | | | | | | | | | | 印 | 4 | 印 | |
| 二六 | | | | | | | | | | 栗 | 3 | | 入 |
| 二七 | | | | | | | | | | 必 | 4 | | |
| 二八 | | | 1 | | 1 | 1 | | | | 質 | 3 | | |
| 二九 | | | | | | | | 4 | | 吉 | 4 | | |
| 三〇 | | | | | | | | | | 日 | 3 | 栗 | |
| 三一 | | | | | | | | | | 一 | 3 | | |
| 三二 | | | | | | | | 4 | 2 | 悉 | 4 | | |
| 三三 | | | | | | | | | | 七 | 4 | | |
| 三四 | | | | | | | | | | 逸 | 4 | | |
| 三五 | | | | | | | | | | 比 | ③ | | |
| 三六 | | | | | | | | 1 | | 乙 | ③ | | |
| 三七 | | | | | | | | | | 密 | 4 | 乙 | 聲 |
| 三八 | 2 | | | | | | | | 1 | 筆 | 3 | | |
| 三九 | | | | | | | | | | | | | |
| 四〇 | | | | | | | | | | | | | |
| 四一 | | | | | | | | | | | | | |
| 四二 | | | | | | | | | | | | | |
| 四三 | | | | | | | | | | | | | |
| 四四 | | | | | | | | | | | | | |
| 四五 | | | | | | | | | | | | | |
| 四六 | | | | | | | | | | | | | |
| 四七 | | | | | | | | | | | | | |
| 四八 | | | | | | | | | | | | | |
| 四九 | | | | | | | | | | | | | |
| 五〇 | | | | | | | | | | | | | |

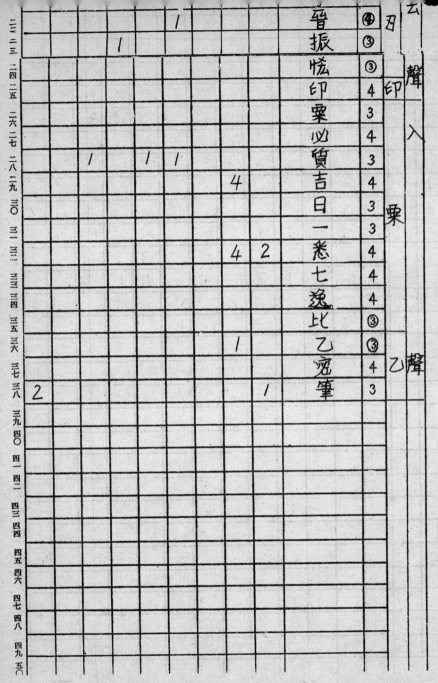

| | | | | | | | | | | | | | | | |
|---|---|---|---|---|---|---|---|---|---|---|---|---|---|---|---|
| | 6 | | 1 | 5 | | | | 1 | | | | | 4 | | |
| | | | | | | | | | | | | | | | 二二 |
| | | | | | | | | | | | | | | | 二三 |
| | | | | | | | | | | | | | | | 二四 |
| | | | | | | | | | | | | 1 | | | 二五 |
| | | | | | | | | | | | | 3 | | | 二六 |
| | | | | | | | | | | | | | | | 二七 |
| | | | | | | | | | | | | | | | 二八 |
| 1 | | | | | | | | | | | | | | | 二九 |
| | | | | | | | | | | | | | | | 三〇 |
| | | | | | | 1 | | | | | | 1 | | | 三一 |
| | | | | | | | | | | 3 | | | | | 三二 |
| | | | | | 1 | 2 | | | | 1 | 1 | | | | 三三 |
| | | | | | | | 2 | | | | | | | | 三四 |
| | | | | | | | | | | | | | | | 三五 |
| | | | | | | | | | | | | | | | 三六 |
| | | | | | | | | | | | | | | | 三七 |
| | | | | | | | | | | | | | | | 三八 |
| | | | | | | | | | | | | | | | 三九 |
| | | | | | | | | | | | | | | | 四〇 |
| | | | | | | | | | | | | | | | 四一 |
| | | | | | | | | | | | | | | | 四二 |
| | | | | | | | | | | | | | | | 四三 |
| | | | | | | | | | | | | | | | 四四 |
| | | | | | | | | | | | | | | | 四五 |
| | | | | | | | | | | | | | | | 四六 |
| | | | | | | | | | | | | | | | 四七 |
| | | | | | | | | | | | | | | | 四八 |
| | | | | | | | | | | | | | | | 四九 |
| | | | | | | | | | | | | | | | 五〇 |

| | 脣音 | | | | |
|---|---|---|---|---|---|
| | 芽 | 符 | 符 | 武 | 武 |
| | 芽 | 符 | 房 | 武 | 亡 |
| 一 | | | | | |
| 二 | | 1 | | | |
| 三 | | 1 | | | |
| 四 | | | | | |
| 五 | | | | | |
| 六 | | | | | |
| 七 | | | | | |
| 八 | | | | | |
| 九 | | | | 6 | |
| 一〇 | | | | | |
| 一一 | | | | | |
| 一二 | | | | | |
| 一三 | | | | 1 | |
| 一四 | | | | | |
| 一五 | | | | | |
| 一六 | | | | | 1 |
| 一七 | | | | | |
| 一八 | | | | | |
| 一九 | | | | | |
| 二〇 | | | | | |

| | 脣音 | | | | | | | | | | | | | | |
|---|---|---|---|---|---|---|---|---|---|---|---|---|---|---|---|
| | 方 | 方 | 莫 | 莫 | 莫 | 莫 | 莫 | 蒲 | 蒲 | 蒲 | 蒲 | 匹 | 匹 | 匹 | 必 |
| | 方 | 府 | 名 | 莫 | 眉 | 彌 | 美 | 百 | 毗 | 平 | 步 | 普 | 譬 | 匹 | 彼 |
| 一 | | | | | | | | | | | | | | | |
| 二 | | | | | | | | | 1 | | | | | 2 | |
| 三 | | | | | | | | | | | | | | | |
| 四 | | | | | | | | | | | 1 | | | 4 | |
| 五 | | | | | | | | | | | | | | | |
| 六 | | | | | | 1 | | | | | | | | | |
| 七 | | | | | | | | | | | | | | | |
| 八 | | | | | | | | | 1 | | | | | | |
| 九 | | 4 | | | | | | | | | | | | | |
| 一〇 | 1 | | | 1 | | | | 1 | | | | | | | |
| 一一 | | | | | | | | | | | | | | | |
| 一二 | | | | | | | | | | | | | | | |
| 一三 | | | | | 1 | 1 | | | 4 | | | | | | |
| 一四 | | | | | | 3 | | | | | 1 | | | | |
| 一五 | | | | | | | | | | | | | | | |
| 一六 | | | | | | | | | | | | | | | |
| 一七 | | | | | 4 | | | | | | | | | | |
| 一八 | | | | | | | | | | | | | | | |
| 一九 | | | | | | | | | | | | | | | |
| 二〇 | | | | | | | | | | | | | | | |

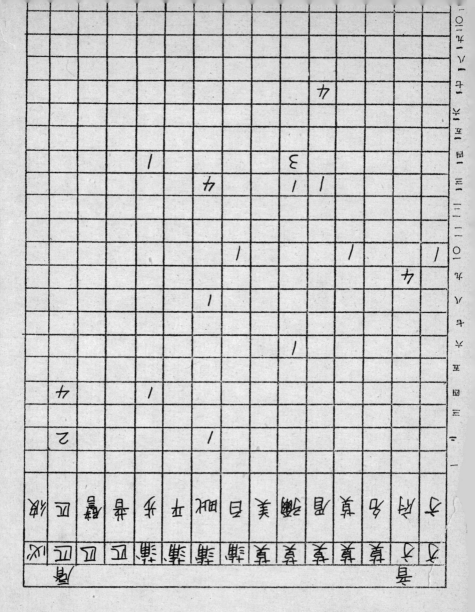

| | | | | | | | | | | | | | | | |
|---|---|---|---|---|---|---|---|---|---|---|---|---|---|---|---|
| 二二 | | | | | | | | | | | | | | | |
| 二三 | | | | | | | | | | | | | | | |
| 二四 | | | | | | | | | | | | | | | |
| 二五 | | | | | | | | | | | | | | | |
| 二六 | | | | | | | | | | | | | | | |
| 二七 | | | 1 | 1 | | 2 | | | 13 | | | | | | |
| 二八 | | | | | | | | | | | | | | | |
| 二九 | | | | | | | | | | 2 | | | 2 | | |
| 三〇 | | | | | | | | | | | | | | | |
| 三一 | | | | | | | | | | | | | | | |
| 三二 | | | | | | | | | | | | | | | |
| 三三 | | | | | | | | | | | | | | | |
| 三四 | | | | | | | | | 1 | | | | | | |
| 三五 | | | | | | | | | | | | | | | |
| 三六 | | | | | | | | | | | | | | | |
| 三七 | | | | | | | | | | | | 1 | | | 1 |
| 三八 | | | | | | | 2 | | | | | | | | |
| 三九 | | | | | | | | | | | | | | | |
| 四〇 | | | | | | | | | | | | | | | |
| 四一 | | | | | | | | | | | | | | | |
| 四二 | | | | | | | | | | | | | | | |
| 四三 | | | | | | | | | | | | | | | |
| 四四 | | | | | | | | | | | | | | | |
| 四五 | | | | | | | | | | | | | | | |
| 四六 | | | | | | | | | | | | | | | |
| 四七 | | | | | | | | | | | | | | | |
| 四八 | | | | | | | | | | | | | | | |
| 四九 | | | | | | | | | | | | | | | |
| 五〇 | | | | | | | | | | | | | | | |

## 表二十二 諄韻

| | 聲調 | 龍書韻類代表字 | 四聲等子等第 | 龍書所用反切下字 \ 龍書所用反切上字及相逢字數 | 喉音 烏 於 | 許 許 | 羊 羊 | 羊 余 | 羊 餘 | 于 為 | 牙音 古 居 | 古 九 | 古 谷 |
|---|---|---|---|---|---|---|---|---|---|---|---|---|---|
| 〇一 | 平聲 | 倫 | 3 | 倫 | 3 | | | | | | | | 1 |
| 〇二 | | | ③ | 輪 | | | | | | | | | |
| 〇三 | | | ③ | 巡 | | | 1 | | | | | | |
| 〇四 | | | 4 | 旬 | | | 1 | | | | 1 | | |
| 〇五 | | | 4 | 勻 | | | | | | | 1 | | |
| 〇六 | | | ③ | 贇 | | | | | | 2 | | | |
| 〇七 | | | ③ | 筠 | | | | | | | 2 | | |
| 〇八 | | | ③ | 淪 | | | | | | | | | |
| 〇九 | | | 3 | 純 | | | | | | | | | |
| 一〇 | | | 3 | 春 | | | | | | | | | |
| 一一 | | | ③ | 屯 | | | | | | | | | |
| 一二 | 上聲 | 尹 | 4 | 尹 | | | | | | | | | |
| 一三 | | | ③ | 准 | | | | 1 | | | | | |
| 一四 | | | ④ | 允 | | | | | | | | | |
| 一五 | 去聲 | 閏 | 3 | 閏 | | | | | | | | | |
| 一六 | | | 4 | 峻 | | | | | | | | 1 | |
| 一七 | | | 3 | 順 | | | | | | | | | |
| 一八 | | | 4 | 俊 | | | | | | | | | |
| 一九 | 入聲 | 律 | 3 | 律 | | | 1 | 6 | 1 | | | | |
| 二〇 | | | 4 | 聿 | | 4 | | | | 4 | | | |
| 二一 | | | 4 | 卹 | | | | | | | | | |
| 二二 | | | ③ | 術 | | | | | | | | | |
| | | | ④ | 恤 | | | | | | | | | |

| 音 | 齒正 | 音 | 齒半 | 舌 | 半 | 音 | | 上 | | 舌 | | 音 | | 牙 | |
|---|---|---|---|---|---|---|---|---|---|---|---|---|---|---|---|
| | | | | | | 女 | 直 | 丑 | 丑 | 陟 | 陟 | 渠 | 苦 | 古 | |
| 之 | 章 | 而 | 如 | 力 | 呂 | 女 | 直 | 丑 | 敕 | 竹 | 陟 | 巨 | 去 | 決 | |
| | 1 | | | | | | 2 | | | | 4 | | 1 | | 〇一 |
| | 4 | | | | | | | | 1 | | | | | | 〇二 |
| | | | | | | | | | | | | | | | 〇三 |
| | | | | | | | | | | | | | | | 〇四 |
| | | | 3 | | | | | | | | | | | 1 | 〇五 |
| | | | | | | | | | | | | | | | 〇六 |
| | | | | | | | | | | | | | | | 〇七 |
| | | | | | | | | | 1 | | | | | | 〇八 |
| | | | 1 | 1 | | | | | | | | | | | 〇九 |
| | | | | | 1 | | | | | | | | | | 一〇 |
| | | | | 1 | | | | | | | | | | | 一一 |
| | | | | | | | | | | | | | | | 一二 |
| | | | | | | | | 1 | | | | | | | 一三 |
| | | 1 | | | | | | | | | | | | | 一四 |
| 4 | | | | | | | | | | | | | | | 一五 |
| | | | | | | | | | | | | | | | 一六 |
| | | | | | | | | | | | | | | | 一七 |
| | | | | | | | | | | | | | | | 一八 |
| | | | | | | 1 | 1 | 5 | | 7 | 1 | | | | 一九 |
| | | | | | | | | 1 | | | | 1 | | | 二〇 |
| | | | | | | | | | | | | | | | 二一 |
| | | | | | | | | | | | | | | | 二二 |

| 齒頭音 | | | | | | | 正齒音 | | 喉音 | 正齒音 | | | | |
|---|---|---|---|---|---|---|---|---|---|---|---|---|---|---|
| 蘇 | 蘇 | 昨 | 昨 | 七 | 七 | 子 | 所 | 時 | 胡 | 失 | 失 | 失 | 食 | 昌 |
| 息 | 筍 | 才 | 慈 | 七 | 倉 | 子 | 所 | 常 | 戶 | 舒 | 失 | 矢 | 食 | 昌 |

| | 蘇息 | 蘇筍 | 昨才 | 昨慈 | 七七 | 七倉 | 子子 | 所所 | 時常 | 胡戶 | 失舒 | 失失 | 失矢 | 食食 | 昌昌 |
|---|---|---|---|---|---|---|---|---|---|---|---|---|---|---|---|
| 一 | 2 | | | | | | | | 4 | | | | | | |
| 二 | | | | | | | | | 4 | | | | | | |
| 三 | 1 | | | | 9 | | | | | | | | | | |
| 四 | 1 | | | | 1 | | 1 | | | | | | | | |
| 五 | | | | | | | | | | | | | | | |
| 六 | | | | | | | | | | | | | | | |
| 七 | | | | | | | | | | | | | | | |
| 八 | | | | | | | | | | | | | | | |
| 九 | | | | | | | | | | | | | | | |
| 一〇 | | | | | | | | | | | | | | | |
| 一一 | | | | | | | | | | | | | | | |
| 一二 | | | | | | | 1 | | | | | 4 | | 1 | 2 |
| 一三 | | | | | | | | | | | | | 4 | | |
| 一四 | | | | | | | | | | | | 1 | | | |
| 一五 | | 1 | | | | | 2 | | | 1 | 1 | | | 2 | |
| 一六 | | | | | | | 7 | | | | | | | | |
| 一七 | | | | | | | | | | | | | | | |
| 一八 | 1 | | | | | | | | | | | | | | |
| 一九 | | | | | | | 1 | 4 | | | | | | 2 | 1 |
| 二〇 | 1 | | | | | 1 | 3 | | | | | | | 2 | |
| 二一 | | | | 1 | | | | | | | | | | | |
| 二二 | | | | 1 | | | | | | | | | | | |
| 二三 | | | 1 | | | | | | | | | | | | |

| | | | | | | | 脣音 | 齒頭音 | | | | | | | |
|---|---|---|---|---|---|---|---|---|---|---|---|---|---|---|---|
| | | | | | | | 匹 | 徐 | 徐 | 蘇 | 蘇 | 蘇 | 蘇 | 蘇 | |
| | | | | | | | 匹 | 巡 | 詞 | 私 | 相 | 思 | 辛 | 須 | |
| | | | | | | | | | | | 2 | | | | 一 |
| | | | | | | | | | | | 4 | | | | 二 |
| | | | | | | | | | | | | | | | 三 |
| | | | | | | | | | | | | | | | 四 |
| | | | | | | | | | | | | | | | 五 |
| | | | | | | | | | | | | | | | 六 |
| | | | | | | | | | | | | | | | 七 |
| | | | | | | | | | | | | | | | 八 |
| | | | | | | | | | | | | | | | 九 |
| | | | | | | | | | | | | | | | 一〇 |
| | | | | | | | | | | | | | | | 一一 |
| | | | | | | | 1 | | | | | 2 | | | 一二 |
| | | | | | | | | | | | | | | | 一三 |
| | | | | | | | | | | | | | | | 一四 |
| | | | | | | | | 1 | 3 | 9 | | | | | 一五 |
| | | | | | | | | | | | | | | | 一六 |
| | | | | | | | | | | | | | | | 一七 |
| | | | | | | | | | | | | | | | 一八 |
| | | | | | | | | | | | | | 3 | 1 | 一九 |
| | | | | | | | | | | | | | 3 | | 二〇 |
| | | | | | | | | | | | | | | | 二一 |
| | | | | | | | | | | | | | | | 二二 |
| | | | | | | | | | | | | | | | 二三 |

表二十三　臻韻

| | 聲調 | 龍書韻類代表字 | 四聲等子等第 | 發音部位 | 正齒音 | | | | | | | |
|---|---|---|---|---|---|---|---|---|---|---|---|---|
| | | | | 龍書聲類代表字 | 側 | 士 | 所 | | | | | |
| | | | | 龍書所用及切上字 ／ 相逢數 ／ 龍書所用及切下字 | 阻 | 士 | 所 | | | | | |
| 〇一 | 平 | 臻 | 2 | 臻 | | 3 | 20 | | | | | |
| 〇二 | 入 | 瑟 | 2 | 瑟 | 4 | | | | | | | |
| 〇三 | | | | | | | | | | | | |
| 〇四 | | | | | | | | | | | | |
| 〇五 | | | | | | | | | | | | |
| 〇六 | | | | | | | | | | | | |
| 〇七 | | | | | | | | | | | | |
| 〇八 | | | | | | | | | | | | |
| 〇九 | | | | | | | | | | | | |
| 一〇 | | | | | | | | | | | | |
| 一一 | | | | | | | | | | | | |
| 一二 | | | | | | | | | | | | |
| 一三 | | | | | | | | | | | | |
| 一四 | | | | | | | | | | | | |
| 一五 | | | | | | | | | | | | |
| 一六 | | | | | | | | | | | | |
| 一七 | | | | | | | | | | | | |
| 一八 | | | | | | | | | | | | |
| 一九 | | | | | | | | | | | | |
| 二〇 | | | | | | | | | | | | |
| 二一 | | | | | | | | | | | | |
| 二二 | | | | | | | | | | | | |

〇一
〇二
〇三
〇四
〇五
〇六
〇七
〇八
〇九
一〇
一一
一二
一三
一四
一五
一六
一七
一八
一九
二〇
二一
二二

表二十四 文韻

| | 聲調 | 龍書韻類代表字 | 四聲等子等第 | 龍書所用反切下字 | 喉音 烏 於 | 許 許 | 于 王 | 于 于 | 牙音 古 居 | 古 九 | 苦 口 | 苦 去 | 渠 渠 |
|---|---|---|---|---|---|---|---|---|---|---|---|---|---|
| 〇一 | 平聲 | 云 | 3 | 云 | 6 | 9 | | | | | 1 | | |
| 〇二 | | | 3 | 文 | | | 2 | | | | | | |
| 〇三 | | | 3 | 分 | | | | | | | | | |
| 〇四 | | | 3 | 君 | 1 | 1 | | | | | | | |
| 〇五 | | | ③ | 軍 | | | | | | | | | |
| 〇六 | | | | | | | | | | | | | |
| 〇七 | 上聲 | 粉 | 3 | 粉 | 7 | | | | | | | | |
| 〇八 | | | 3 | 吻 | | | | | | | | | |
| 〇九 | | | 3 | 忿 | | | | | | | | | |
| 一〇 | 去聲 | 問 | 3 | 問 | 2 | | | 1 | | | | | |
| 一一 | | | 3 | 運 | | 4 | | | 4 | | | | |
| 一二 | 入聲 | 勿 | ③ | 勿 | 3 | 8 | 3 | 2 | 1 | 5 | | 4 | 5 |
| 一三 | | | 3 | 物 | 1 | | | | | | | | 3 |
| 一四 | | | 3 | 弗 | | | | | | | | | |
| 一五 | | | | | | | | | | | | | |
| 一六 | | | | | | | | | | | | | |
| 一七 | | | | | | | | | | | | | |
| 一八 | | | | | | | | | | | | | |
| 一九 | | | | | | | | | | | | | |
| 二〇 | | | | | | | | | | | | | |
| 二一 | | | | | | | | | | | | | |
| 二二 | | | | | | | | | | | | | |

| 音 | | | | | | | | | | | 唇 | | 舌 | 音 | 牙 | |
|---|---|---|---|---|---|---|---|---|---|---|---|---|---|---|---|---|
| 符 | 符 | 符 | 符 | 符 | 芳 | 芳 | 方 | 方 | 方 | 方 | 莫 | 匹 | 奴 | 五 | 渠 | |
| 扶 | 夫 | 符 | 房 | 父 | 芳 | 拂 | 分 | 甫 | 方 | 府 | 莫 | 匹 | 徒 | 魚 | 巨 | |
| 1 | | 1 | | | | | | | | | | | | | | 〇一 |
| 5 | | 3 | | 1 | 4 | 1 | | 1 | | 1 | | | | | | 〇二 |
| | | 8 | | | | | | | | | | | | | | 〇三 |
| | | | | | | | | | | | | | | | | 〇四 |
| | | | | | | | | | | | | | 1 | | | 〇五 |
| | | | | | | | | | | | | | | | | 〇六 |
| | | | 5 | | 2 | | | | | | | | | 1 | | 〇七 |
| | | | 4 | | 1 | | | | 2 | | | | | 2 | | 〇八 |
| | | | | | | | | | 1 | | | | | | | 〇九 |
| | 1 | | | | 1 | | | | 7 | | | 2 | | | | 一〇 |
| | | | | | | | | | | | | | | | | 一一 |
| | 2 | | | | 4 | | 3 | 1 | | | | | | | 1 | 一二 |
| | | | | | | | | | | | | | | | | 一三 |
| | | | | | | | | | | | | | | | | 一四 |
| | | | | | | | | | | | | | | | | 一五 |
| | | | | | | | | | | | | | | | | 一六 |
| | | | | | | | | | | | | | | | | 一七 |
| | | | | | | | | | | | | | | | | 一八 |
| | | | | | | | | | | | | | | | | 一九 |
| | | | | | | | | | | | | | | | | 二〇 |
| | | | | | | | | | | | | | | | | 二一 |
| | | | | | | | | | | | | | | | | 二二 |

| | 唇武 無 | 音武 武 |
|---|---|---|
| 一 | | |
| 二 | | |
| 三 | 1 | 2 |
| 四 | | |
| 五 | | |
| 六 | | |
| 七 | | 7 |
| 八 | | |
| 九 | | |
| 一〇 | | |
| 一一 | | |
| 一二 | | |
| 一三 | | |
| 一四 | | 1 |
| 一五 | | |
| 一六 | | |
| 一七 | | |
| 一八 | | |
| 一九 | | |
| 二〇 | | |
| 二一 | | |
| 二二 | | |
| 二三 | | |

一
二
三
四
五
六
七
八
九
一〇
一一
一二
一三
一四
一五
一六
一七
一八
一九
二〇
二一
二二
二三

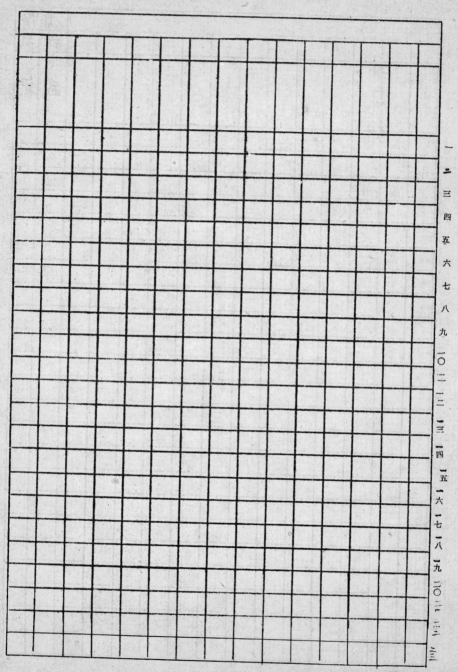

表二十五　殷韻

| | 聲調 | 龍書韻類代表字 | 四聲等子等第 | 龍書聲類代表字 / 龍書所用反切下字 \ 相逢字數 \ 龍書所用反切上字 | 烏 | 許 | 許 | 許 | 于 | 古 | 苦 | 苦 | 渠 |
|---|---|---|---|---|---|---|---|---|---|---|---|---|---|
| | | | | 發音部位 | 喉音 | | | | | 牙音 | | | |
| | | | | | 於 | 許 | 香 | 火 | 于 | 居 | 去 | 丘 | 巨 |
| ○一 | 平聲 | 斤 | 3 | 斤 | 1 | 2 | | | | | 1 | | 1 |
| ○二 | | | ③ | 忻 | | | | | | 1 | | | |
| ○三 | 上聲 | 謹 | 3 | 謹 | 1 | 1 | | | | | | | |
| ○四 | | | ③ | 近 | | | | | | | | | |
| ○五 | | | 3 | 隱 | | | | | | | | 1 | |
| ○六 | 去聲 | 靳 | 3 | 靳 | 5 | 2 | 3 | 1 | | | | | |
| ○七 | | | ③ | 近 | | | | | | | | | |
| ○八 | 入聲 | 乞 | 3 | 乞 | | 4 | | | 2 | | | | |
| ○九 | | | 3 | 訖 | | 5 | | | | | | | |
| 一○ | | | | | | | | | | | | | |
| 一一 | | | | | | | | | | | | | |
| 一二 | | | | | | | | | | | | | |
| 一三 | | | | | | | | | | | | | |
| 一四 | | | | | | | | | | | | | |
| 一五 | | | | | | | | | | | | | |
| 一六 | | | | | | | | | | | | | |
| 一七 | | | | | | | | | | | | | |
| 一八 | | | | | | | | | | | | | |
| 一九 | | | | | | | | | | | | | |
| 二○ | | | | | | | | | | | | | |
| 二一 | | | | | | | | | | | | | |
| 二二 | | | | | | | | | | | | | |

| | 牙音 | | | | 正齒音 | |
|---|---|---|---|---|---|---|
| | 渠 | 五 | 五 | 五 | 初 | 所 |
| | 其 | 魚 | 語 | 牛 | 初 | 所 |
| 〇一 | | | 2 | | | 1 |
| 〇二 | | | | | | |
| 〇三 | | | | | 1 | |
| 〇四 | | | | | | |
| 〇五 | | | | | | |
| 〇六 | | 1 | 1 | | 1 | |
| 〇七 | | | | 1 | 6 | |
| 〇八 | | | 5 | | | |
| 〇九 | 1 | | 4 | | | |
| 一〇 | | | | | | |
| 一一 | | | | | | |
| 一二 | | | | | | |
| 一三 | | | | | | |
| 一四 | | | | | | |
| 一五 | | | | | | |
| 一六 | | | | | | |
| 一七 | | | | | | |
| 一八 | | | | | | |
| 一九 | | | | | | |
| 二〇 | | | | | | |
| 二一 | | | | | | |
| 二二 | | | | | | |

表二十六　元韻

| | 聲調 | 龍書韻類代表字 | 四聲等子等第 | 相逢字數／龍書所用反切下字 | 喉音 烏（於） | 喉音 許（虛） | 喉音 許（許） | 喉音 許（香） | 喉音 許（況） | 喉音 許（休） | 牙音 古（居） | 牙音 古（九） | 牙音 苦（丘） |
|---|---|---|---|---|---|---|---|---|---|---|---|---|---|
| 〇一 | 平聲 | 言 | 3 | 言 | 1 | 1 | 2 | | | | 8 | | 4 |
| 〇二 | | | 3 | 軒 | | | | | | | | | |
| 〇三 | | 袁 | 3 | 袁 | 2 | | 2 | | 1 | | | | |
| 〇四 | | | 3 | 元 | 6 | | | | | | | | |
| 〇五 | | | 3 | 煩 | | | | | | | | | |
| 〇六 | 上聲 | 偃 | ③ | 偃 | | | 2 | 1 | | | 4 | | |
| 〇七 | | | ③ | 幰 | 1 | | | | | | | | |
| 〇八 | | | 3 | 堰 | | | | | | | 1 | | |
| 〇九 | | 遠 | 3 | 遠 | 9 | | | | | | | | |
| 一〇 | | | 3 | 阮 | 7 | | | | | | | | |
| 一一 | | | ③ | 返 | | | | | | | | | |
| 一二 | 去聲 | 建 | 3 | 晚 | | | 1 | | 1 | | | | |
| 一三 | | | 3 | 建 | 4 | | 3 | | | | | | |
| 一四 | | | 3 | 健 | | | 1 | | | | | | |
| 一五 | | 願 | 3 | 願 | 1 | | 2 | | | 1 | 1 | | |
| 一六 | | | 3 | 万 | | | | | | | | | |
| 一七 | | | 3 | 楦 | | | | | | | | | |
| 一八 | 入聲 | 謁 | 3 | 謁 | | | 1 | 1 | | | 3 | | |
| 一九 | | | 3 | 竭 | 1 | | 1 | | | | | | |
| 二〇 | | | 3 | 歇 | 2 | | | | | | | | |
| 二一 | | 月 | 3 | 月 | 5 | | 6 | | | | 11 | 1 | |
| 二二 | | | ③ | 發 | | | | | | | | | |
| 二三 | | | 3 | 厥 | 1 | | | | | | | | |
| 二四 | | | 3 | 伐 | | | | | | | | | |

| | 牙音 | | | | | | | | | 舌頭音 | 正齒音 | 齒頭音 | 脣音 | | |
|---|---|---|---|---|---|---|---|---|---|---|---|---|---|---|---|
| | 苦 | 渠 | 渠 | 渠 | 渠 | 渠 | 五 | 五 | 五 | 都 | 之 | 七 | 方 | 方 | 芳 |
| | 去 | 其 | 渠 | 狂 | 巨 | 求 | 語 | 魚 | 愚 | 丁 | 至 | 千 | 甫 | 方 | 芳 |
| 〇一 | | | | | | | | | | | | | | | |
| 〇二 | | | | | | | 1 | | | | | | | | |
| 〇三 | | | | | | | 1 | | 2 | | | | | | 2 |
| 〇四 | | | | | | | | | | | | | | | |
| 〇五 | | | | | | | | | | | | | 2 | 1 | |
| 〇六 | | 1 | | | | | | 4 | | | 1 | | | | |
| 〇七 | | | | | | | | | | | | | | | |
| 〇八 | | | | | | | | | | | | | | | |
| 〇九 | 1 | | | | | | | 1 | | | | | | | |
| 一〇 | 2 | | | | | | | | | | | | | | |
| 一一 | | | | | | | | | | | | | | | |
| 一二 | | | | | | | | | | | | | | | |
| 一三 | | | 1 | | | | | | | | | | | | |
| 一四 | | | | | | | | | | | | | | | |
| 一五 | 5 | | | 1 | | 1 | | | | | | | | | |
| 一六 | | | | | | | | | | | | | | 1 | 8 |
| 一七 | | | | | | | | | | | | 1 | | | |
| 一八 | 5 | 1 | 1 | | | | 1 | 1 | | | | | | | |
| 一九 | 1 | | | | | | | | | | | | | | |
| 二〇 | | | | | | | | | | | | | | | |
| 二一 | 3 | 9 | 1 | | 1 | | | | | | | | | | |
| 二二 | | | | | | | | | | | | | | | |
| 二三 | | | | | | | | 2 | | | | | | | |
| 二四 | | | | | | | | | | | | | | | |

| | 脣 | | | | | 音 | | | | | | | | |
|---|---|---|---|---|---|---|---|---|---|---|---|---|---|---|
| | 芳 | 符 | 符 | 符 | 武 | 武 | | | | | | | | |
| | 孚 | 符 | 房 | 扶 | 無 | 亡 | | | | | | | | |
| 一 | | | | | | | | | | | | | | |
| 二 | | | | | | | | | | | | | | |
| 三 | 6 | | | | | | | | | | | | | |
| 四 | | | | | | | | | | | | | | |
| 五 | | | | | | | | | | | | | | |
| 六 | | | | | | | | | | | | | | |
| 七 | | | | | | | | | | | | | | |
| 八 | | | | | | | | | | | | | | |
| 九 | | | | | 1 | | | | | | | | | |
| 一〇 | | | | | | | | | | | | | | |
| 一一 | | | | | 1 | 2 | | | | | | | | |
| 一二 | | | | | | | | | | | | | | |
| 一三 | | | | | | | | | | | | | | |
| 一四 | | | | | | | | | | | | | | |
| 一五 | | | | | | | | | | | | | | |
| 一六 | | 1 | | | | | | | | | | | | |
| 一七 | | | | | | | | | | | | | | |
| 一八 | | | | | | | | | | | | | | |
| 一九 | | | | | | | | | | | | | | |
| 二〇 | | | | | | | | | | | | | | |
| 二一 | | | 1 | 1 | 1 | 6 | | | | | | | | |
| 二二 | | | | | | | | | | | | | | |
| 二三 | | | | | | | | | | | | | | |

一
二
三
四
五
六
七
八
九
一〇
一一
一二
一三
一四
一五
一六
一七
一八
一九
二〇
二一
二二
二三

表二十七 魂韻

| | 聲調 | 龍書韻類代表字 | 四聲等子等第 | 龍書所用反切下字 \ 相逢字數 \ 龍書所用反切上字 | 喉音 | | | | | | 牙音 | | |
|---|---|---|---|---|---|---|---|---|---|---|---|---|---|
| | | | | 龍書聲類代表字 | 烏 | 許 | 胡 | 胡 | 胡 | 胡 | 古 | 古 | 古 |
| | | | | | 烏 | 呼 | 胡 | 下 | 乎 | 户 | 古 | 公 | 管 |
| 〇一 | 平聲 | 昆 | 1 | 昆 | 1 | | 1 | | 1 | 9 | | | |
| 〇二 | | | 1 | 門 | | | | | | | | | |
| 〇三 | | | ① | 渾 | | | | | | | 2 | | |
| 〇四 | | | 1 | 魂 | 1 | | | | | | | | |
| 〇五 | | | 1 | 奔 | | | | | | | | | |
| 〇六 | | | 1 | 敦 | | | | | | | | | |
| 〇七 | 上聲 | 本 | 1 | 本 | 5 | | 3 | | | | 9 | 1 | |
| 〇八 | | | 1 | 損 | | | | | | | | | |
| 〇九 | | | ① | 衮 | | | | | | | | | |
| 一〇 | | | 1 | 忖 | | | | | | | | | |
| 一一 | 去聲 | 困 | 1 | 困 | 3 | 1 | 6 | | | | 3 | | |
| 一二 | | | 1 | 悶 | | | | | | | | | 1 |
| 一三 | | | 1 | 寸 | | | | | | | | | |
| 一四 | | | 1 | 頓 | | 1 | | | | | | | |
| 一五 | | | 1 | 鈍 | | | | | | | | | |
| 一六 | 入聲 | 沒 | 1 | 沒 | 11 | | 2 | 3 | | | 1 | | |
| 一七 | | | 1 | 骨 | | | 2 | | | 5 | | | |
| 一八 | | | 1 | 忽 | | | | | | | 3 | | |
| 一九 | | | 1 | 訥 | | | | | | | | | |
| 二〇 | | | | | | | | | | | | | |
| 二一 | | | | | | | | | | | | | |
| 二二 | | | | | | | | | | | | | |
| 二三 | | | | | | | | | | | | | |

| 音 | | | | 頭 | | | | | | 舌 | 音 | | | 牙 | |
| --- | --- | --- | --- | --- | --- | --- | --- | --- | --- | --- | --- | --- | --- | --- | --- |
| 奴 | 奴 | 奴 | 奴 | 徒 | 徒 | 他 | 都 | 都 | 都 | 都 | 五 | 五 | 渠 | 苦 | |
| 內 | 奴 | 乃 | 泥 | 徒 | 陁 | 他 | 當 | 都 | 丁 | 多 | 牛 | 五 | 渠 | 苦 | |
| | | | | 20 | | 5 | | 11 | | 1 | 2 | 4 | | 2 | 〇一 |
| | | | | | | 1 | | | | | | | | | 〇二 |
| | | | | 2 | | | | | | | | | | | 〇三 |
| | | | | | | | | | | | | | | | 〇四 |
| | | | | | | | | | | | | | | | 〇五 |
| | | | | 1 | | | | | | | | | | | 〇六 |
| | | 1 | 1 | 2 | | 1 | | | | | | | | 9 | 〇七 |
| | | | | 6 | | | | | | | | | | | 〇八 |
| | | | | | | | | | | | | | | | 〇九 |
| | | | | | | | | | | | | | | | 一〇 |
| | | 4 | | 3 | | | | 2 | | | | | | | 一一 |
| | | | | 1 | | | | | | | | 1 | | | 一二 |
| | | | | | | | | | | | | | | | 一三 |
| | | | | | | | | | | | | | | 1 | 一四 |
| | | 1 | | | | | | | | | | | | | 一五 |
| | | 1 | | 5 | | 2 | 1 | | | | | | 1 | 8 | 一六 |
| 3 | 4 | | 4 | 4 | 5 | 2 | | 1 | 2 | | | 5 | | 4 | 一七 |
| | | | | | | | | | | | | 3 | | | 一八 |
| | | | | | | | | | | | | | | | 一九 |
| | | | | | | | | | | | | | | | 二〇 |
| | | | | | | | | | | | | | | | 二一 |
| | | | | | | | | | | | | | | | 二二 |

| | 齒頭音 | | | | | | | | | | 半舌音 | | | | |
|---|---|---|---|---|---|---|---|---|---|---|---|---|---|---|---|
| | 昨 | 昨 | 昨 | 七 | 七 | 七 | 子 | 子 | 子 | 子 | 力 | 力 | 力 | 力 | 力 |
| | 才 | 昨 | 慈 | 村 | 千 | 倉 | 子 | 茲 | 洛 | 則 | 郎 | 力 | 盧 | 勒 | 魯 |
| 一 | | | | | | | | | | | | 1 | | | 1 |
| 二 | | | | | | | | | | | | | | | |
| 三 | | | | | | | | | | | | | | | |
| 四 | | | | | | | | | | | | | | | |
| 五 | | | | | | | | | | | | | | | |
| 六 | | | | | | | | | | | | | | | |
| 七 | | | 1 | | | 2 | 1 | 1 | 1 | 1 | | | 1 | | |
| 八 | | | | | | | | | | | | | | | |
| 九 | | | | | | | | | | | | | | | |
| 一〇 | | | | | | | | | | | | | | | |
| 一一 | | | | | | 1 | | | | | | | | | |
| 一二 | 1 | | | | | | | | | | | | | | |
| 一三 | | | | | | | 2 | | | | | | | | |
| 一四 | | | | | | | | | | | | | | | |
| 一五 | | | | | | | | | | | | | | | |
| 一六 | | 7 | | 1 | 1 | 1 | 1 | | | | 1 | | | 4 | |
| 一七 | | | | | | | | | | 1 | | | 3 | | |
| 一八 | | | | | | | | | | | | | | | |
| 一九 | | | | | | | | | | | | 1 | | | |
| 二〇 | | | | | | | | | | | | | | | |
| 二一 | | | | | | | | | | | | | | | |
| 二二 | | | | | | | | | | | | | | | |
| 二三 | | | | | | | | | | | | | | | |

| | 齒頭音 | | | 脣音 | | | | | | | | | | | |
|---|---|---|---|---|---|---|---|---|---|---|---|---|---|---|---|
| | 昨 | 蘇 | 徐 | 必 | 必 | 必 | 必 | 匹 | 匹 | 蒲 | 莫 | 符 | | | |
| | 組 | 蘇 | 徐 | 布 | 補 | 本 | 博 | 匹 | 普 | 蒲 | 莫 | 扶 | | | |
| 一 | | | | 1 | | | 3 | | | | | | | | |
| 二 | | | | 1 | | 1 | | | 3 | 1 | | 1 | | | |
| 三 | | | | | | | | | | | | | | | |
| 四 | | | | | | | | | | 1 | | | | | |
| 五 | | | | | | | | 1 | | | 2 | | | | |
| 六 | | | | | | | | | | | | | | | |
| 七 | | 1 | | | | | | | | 4 | 3 | | | | |
| 八 | | | | | | | | | | | | | | | |
| 九 | | | | | | | | | | | | | | | |
| 一〇 | | | | 1 | | | | | | | | | | | |
| 一一 | | 4 | | | | | | | | | | | | | |
| 一二 | | | | | | | | | 2 | 2 | | 1 | | | |
| 一三 | 1 | | | | | | | | | | | | | | |
| 一四 | | | | | | | | | | | | | | | |
| 一五 | | | | | | | | | | | | | | | |
| 一六 | | | | | 1 | | | | 4 | 31 | | | | | |
| 一七 | | 7 | | | | | | | | | 1 | | | | |
| 一八 | | | | | | | | | | | | | | | |
| 一九 | | | | | | | | | | | | | | | |
| 二〇 | | | | | | | | | | | | | | | |
| 二一 | | | | | | | | | | | | | | | |
| 二二 | | | | | | | | | | | | | | | |
| 二三 | | | | | | | | | | | | | | | |

## 表二十八 痕韻

| 序 | 聲調 | 龍書韻類代表字 | 四聲等子等第 | 發音部位 | 喉音 | | | 牙音 | | | | | |
|---|---|---|---|---|---|---|---|---|---|---|---|---|---|
| | | | | 龍書聲類代表字 | 烏 | 胡 | 胡 | 古 | 古 | 苦 | 苦 | 苦 | 苦 |
| | | | | 龍書所用反切上字 / 相逢字數 / 龍書所用反切下字 | 烏 | 戶 | 胡 | 剛 | 古 | 口 | 苦 | 康 | 可 |
| 〇一 | 平聲 | 恩 | ① | 恩 | | 2 | | 1 | 1 | | | | |
| 〇二 | | | 1 | 根 | | 1 | | | | | | | |
| 〇三 | 上聲 | 很 | ① | 很 | | | | | | 2 | | 2 | 1 |
| 〇四 | | | 1 | 墾 | | | 2 | | | | | | |
| 〇五 | | | ① | 懇 | | | | | 1 | | | | |
| 〇六 | 去聲 | 恨 | ① | 恨 | 1 | | | | 2 | | 1 | | |
| 〇七 | | | | | | | | | | | | | |
| 〇八 | | | | | | | | | | | | | |
| 〇九 | | | | | | | | | | | | | |
| 一〇 | | | | | | | | | | | | | |
| 一一 | | | | | | | | | | | | | |
| 一二 | | | | | | | | | | | | | |
| 一三 | | | | | | | | | | | | | |
| 一四 | | | | | | | | | | | | | |
| 一五 | | | | | | | | | | | | | |
| 一六 | | | | | | | | | | | | | |
| 一七 | | | | | | | | | | | | | |
| 一八 | | | | | | | | | | | | | |
| 一九 | | | | | | | | | | | | | |
| 二〇 | | | | | | | | | | | | | |
| 二一 | | | | | | | | | | | | | |
| 二二 | | | | | | | | | | | | | |

韻部 他

吐

ㄧ

表二十九 寒韻

| | 聲調 | 龍書韻類代表字 | 四聲等子等第 | 龍書所用反切下字 | 喉音 烏 | 喉音 烏 | 喉音 許 | 喉音 許 | 喉音 胡 | 喉音 胡 | 牙音 古 | 牙音 古 | 牙音 苦 |
|---|---|---|---|---|---|---|---|---|---|---|---|---|---|
| 相逢字數 \ 龍書所用反切上字 | | | | | 烏 | 阿 | 呼 | 許 | 胡 | 侯 | 古 | 居 | 空 |
| 〇一 | 平聲 | 干 | 1 | 干 | | | | | | | | | |
| 〇二 | | | 1 | 安 | | | | | 2 | | 2 | | |
| 〇三 | | | ① | 丹 | | | | | | | | | |
| 〇四 | | | 1 | 寒 | | | | | | | | | |
| 〇五 | | | 1 | 單 | | | | | | | | | |
| 〇六 | | | 1 | 餐 | | | | | | | | | |
| 〇七 | 上聲 | 旱 | 1 | 旱 | | | 5 | | | | 11 | | 1 |
| 〇八 | | | 1 | 散 | | | 2 | | | | | | |
| 〇九 | | | 1 | 但 | | | | | | | | | |
| 一〇 | | | ① | 誕 | | | | | | | | | |
| 一一 | | | 1 | 嬾 | | | | | | | | | |
| 一二 | 去聲 | 旦 | 1 | 旦 | | | 3 | | 5 | | 2 | | |
| 一三 | | | 1 | 按 | | | | | 1 | 3 | 4 | | |
| 一四 | | | ① | 案 | | | | | | | 2 | | |
| 一五 | | | 1 | 漢 | 1 | | | | | | | | |
| 一六 | | | 1 | 岸 | | | | | | | 3 | | |
| 一七 | | | ① | 汗 | | | | | | | 1 | | |
| 一八 | 入聲 | 葛 | ① | 葛 | 8 | 2 | 4 | 1 | 7 | | | | |
| 一九 | | | 1 | 達 | | | | | | | | | |
| 二〇 | | | 1 | 割 | | | | | | | | | |
| 二一 | | | 1 | 渴 | | | | | | | | 1 | |
| 二二 | | | 1 | 曷 | | | | | | | | | |
| 二三 | | | | | | | | | | | | | |

| 半舌音 | | 舌頭音 | | | | | | | | | 牙音 | | | | |
|---|---|---|---|---|---|---|---|---|---|---|---|---|---|---|---|
| 力 | 力 | 奴 | 徒 | 徒 | 徒 | 他 | 胡 | 都 | 都 | 都 | 五 | 五 | 苦 | 苦 | |
| 力 | 落 | 奴 | 徒 | 亭 | 地 | 他 | 當 | 多 | 得 | 都 | 魚 | 五 | 口 | 苦 | |
| | 3 | 1 | 6 | | | 4 | | 3 | | 2 | | 2 | 1 | 4 | 〇一 |
| | | | 1 | | | | | | | | | | | 1 | 〇二 |
| | | 1 | | | | 5 | | | | | | | | | 〇三 |
| | | | | | | | | | | 1 | | | | | 〇四 |
| | | | | 1 | | | | | | | | | | | 〇五 |
| | | | | | | | | | | | | | | | 〇六 |
| | 1 | | 4 | | | 1 | | 5 | | | | | | 1 | 〇七 |
| | 1 | | | | | | | | | | | | | | 〇八 |
| | | 1 | | | | 1 | | | | | | | | | 〇九 |
| 1 | | | | | | | | | | | | | | | 一〇 |
| | | | | | | 1 | | | | | | | | | 一一 |
| | | 2 | 4 | | | 1 | | | | | 1 | 4 | | 4 | 一二 |
| | | 2 | 1 | | | | | | 1 | | | 1 | | | 一三 |
| | | 3 | | | | | | | | | | | | | 一四 |
| | | | | | | | | | | | | | | | 一五 |
| | | | | | | | | | | | | | | | 一六 |
| | | | | | | | | | | | | | | | 一七 |
| | | 3 | 1 | | | | 3 | 1 | | | | 9 | | 1 | 一八 |
| | | 1 | | | 1 | 14 | 1 | | | | | | | | 一九 |
| | | | | | | | 1 | | | | | 8 | | | 二〇 |
| | | | | | | | | | | | | | | | 二一 |
| | | | | | | | | | | | | | | 1 | 二二 |
| | | | | | | | | | | | | | | | |

| | 音 | | | | | 頭 | | | | 齒 | 正齒 | 音 | 舌 | 半 |
|---|---|---|---|---|---|---|---|---|---|---|---|---|---|---|
| | 蘇 | 昨 | 昨 | 昨 | 七 | 七 | 七 | 子 | 子 | 子 | 子 | 時 | 力 | 力 | 力 |
| | 素 | 昨 | 徂 | 才 | 七 | 千 | 倉 | 祖 | 子 | 作 | 則 | 植 | 郎 | 盧 | 勒 |
| 一 | | 4 | | | | | | | | | | | | | |
| 二 | 1 | | | 1 | | | 2 | | | | | | | | |
| 三 | | | | | | | | | | | | | | | |
| 四 | | | | | | | | | | | | | | | |
| 五 | | | | | | | | | | | | | | | |
| 六 | | | | | | | | | | | 1 | | | | |
| 七 | | | | 1 | | 1 | | | | | | | | | |
| 八 | | | | | | | | | | | 1 | | | | 1 |
| 九 | | | | | | | | | | | | | | | |
| 一〇 | | | | | | | | | | | | | | 1 | |
| 一一 | | | | | | | | | | | | | | | |
| 一二 | | 1 | 2 | 1 | | | 4 | | | 1 | 1 | | | | |
| 一三 | | | | | | | | | | | | | | | |
| 一四 | | | | | | | 2 | | | | | | | | |
| 一五 | | | | | | | | | | | | | 2 | | |
| 一六 | | | | | | | | | | | | | | | |
| 一七 | | | | | | | | | | | | | | | |
| 一八 | | | | 3 | 1 | | 3 | | | | | 1 | | 4 | |
| 一九 | | | | | | | | 1 | 1 | | | | 3 | 7 | |
| 二〇 | | | | | | | | | | | 1 | | | | |
| 二一 | | | | | | | | | | | | | | | |
| 二二 | | | | | | | | | | | | | | | |
| 二三 | | | | | | | | | | | | | | | |

| | 齒頭 | 脣音 |
|---|---|---|
| | 蘇 | 莫 |
| | 蘇 | 莫 |
| 一 | 4 | 1 |
| 二 | | |
| 三 | | |
| 四 | | |
| 五 | | |
| 六 | | |
| 七 | 1 | |
| 八 | | |
| 九 | | |
| 一〇 | | |
| 一一 | | |
| 一二 | | |
| 一三 | | |
| 一四 | | |
| 一五 | | |
| 一六 | | |
| 一七 | | |
| 一八 | | |
| 一九 | | |
| 二〇 | | |
| 二一 | | |
| 二二 | | |
| 二三 | | |

表三十 桓韻

| | 聲調 | 龍書韻類代表字 | 四聲等子等第 | 龍書所用反切下字 ╲ 相逢字數 ╲ 龍書所用反切上字 | 喉音 烏 於 | 烏 一 | 烏 烏 | 許 呼 | 胡 胡 | 胡 下 | 胡 户 | 胡 乎 | 牙音 古 古 |
|---|---|---|---|---|---|---|---|---|---|---|---|---|---|
| ○一 | 平聲 | 官 | 一 | 官 | | | 6 | 7 | 12 | — | 1 | | |
| ○二 | | | ① | 丸 | 1 | | | | | | | | |
| ○三 | | | 一 | 端 | | | | | | | | | |
| ○四 | | | 一 | 桓 | | 1 | | | | | | | |
| ○五 | | | | | | | | | | | | | |
| ○六 | | | ① | 巒 | | | | | | | | | |
| ○七 | | | 一 | 寬 | | | | | | | | | |
| ○八 | | | 一 | 團 | | | | | | | | | |
| ○九 | | | 一 | 潘 | | | | | | | | | |
| 一○ | | | ① | 院 | | | | | | | | | |
| 一一 | 上聲 | 管 | 一 | 管 | | | 4 | | 8 | | | | |
| 一二 | | | 一 | 短 | | | | | | | | | |
| 一三 | | | 一 | 滿 | | | | | | | | | 1 |
| 一四 | 去聲 | 貫 | 一 | 貫 | | | 4 | 8 | 4 | | | | |
| 一五 | | | 一 | 亂 | | | | | 1 | | | | |
| 一六 | | | 一 | 半 | | | 2 | | | 1 | | | |
| 一七 | | | 一 | 玩 | | | | | | | | | 3 |
| 一八 | | | 一 | 算 | | | | | | | | | |
| 一九 | | | 一 | 慢 | | | | | | | | | |
| 二○ | 入聲 | 末 | 一 | 末 | | | | 3 | | | | | |
| 二一 | | | 一 | 活 | | | 2 | 1 | | | | | 12 |
| 二二 | | | 一 | 括 | | | 5 | 2 | | | | | |

| | 牙音 | | 舌頭音 | | | | | | | | | | 半舌音 | | |
|---|---|---|---|---|---|---|---|---|---|---|---|---|---|---|---|
| | 苦 | 五 | 都 | 都 | 都 | 都 | 他 | 他 | 徒 | 徒 | 徒 | 奴 | 力 | 力 | 力 |
| | 苦 | 五 | 都 | 多 | 丁 | 當 | 他 | 通 | 徒 | 大 | 度 | 奴 | 鹿 | 郎 | 魯 |
| 〇一 | 3 | 5 | | | | | 1 | | 2 | | 2 | | 1 | | 2 |
| 〇二 | | 3 | | | | | | | | | | | | | |
| 〇三 | | | | | | | 4 | | 1 | | | | | | |
| 〇四 | | 1 | | | | | | | | | | | | | |
| 〇五 | | | | | | | | | | | | | | | |
| 〇六 | | | | | | | | | | | | | 1 | | |
| 〇七 | | | | | | | | | | | | 1 | | | |
| 〇八 | | | | | | | | | | | | | | | |
| 〇九 | | | | | | | | | | | | | | | |
| 一〇 | | | | | | | | | | | | | | | |
| 一一 | 5 | | 2 | 1 | | | | | 1 | | | 5 | | | |
| 一二 | | | | | | | 3 | | 1 | | | | | | |
| 一三 | | | | | | | | | | | | | | | |
| 一四 | | 7 | 4 | | | | 1 | 3 | | | | | | | |
| 一五 | | | | | | | | | 5 | 1 | | 4 | | | |
| 一六 | | | | | | | | | | | | | | | |
| 一七 | | | | | | | | | 1 | | | | | | |
| 一八 | | | | | | | | | | | | | | | |
| 一九 | | | | | | | | | | | | | | | |
| 二〇 | | | | | | | | | | | | | | | |
| 二一 | 1 | 1 | 2 | 1 | 1 | | | | 8 | | | | | 3 | |
| 二二 | | | 1 | 2 | | 1 | 3 | | | | | | | 1 | |

| | 齒 | | | | | 頭 | | | | | | 音 | 半 | 舌 | 音 |
|---|---|---|---|---|---|---|---|---|---|---|---|---|---|---|---|
| | 蘇 | 蘇 | 蘇 | 蘇 | 昨 | 昨 | 七 | 七 | 子 | 子 | 子 | 子 | 力 | 力 | 力 |
| | 桑 | 蘇 | 思 | 素 | 徂 | 在 | 七 | 倉 | 姊 | 子 | 作 | 借 | 良 | 落 | 呂 |
| 一 | | 4 | | 1 | | 1 | | | | 1 | | 3 | | 7 | |
| 二 | | | | | 1 | 3 | | 1 | | | | | | | |
| 三 | | | | | | | | | | | | | | | |
| 四 | | | | | | | | | | | | | | | |
| 五 | | | | | | | | | | | | | | | |
| 六 | | | | | | | | | | | | | | | |
| 七 | | | | | | | | | | | | | | | |
| 八 | | | | | | | | | | | | | | | 1 |
| 九 | | | | | | | | | | | | | | | |
| 一〇 | | | | | | | | | | | | | 1 | | |
| 一一 | 1 | | 1 | | | | | | | | 5 | | | 2 | |
| 一二 | | | | | | | | | | | | | | | |
| 一三 | | | | | | | | | | | | | | | |
| 一四 | | | | | | | 13 | 1 | | | | | | | |
| 一五 | | | | | | | | | | | | | | | |
| 一六 | | | | | | | | | | | | | | | |
| 一七 | | | | | | | | | | 2 | | | | | |
| 一八 | | | | | | | | | | | | | | | |
| 一九 二〇 | | | | | 1 | | | | 4 | | | | | | |
| 二一 | | | | | | | | | | | | | | | |
| 二二 | | | | | | | 2 | 3 | | 5 | | | | | |
| 二三 | | | | | | | | | | | | | | | |

| | 脣 | | | | | | | | | | | 音 | | | |
|---|---|---|---|---|---|---|---|---|---|---|---|---|---|---|---|
| | 必 | 必 | 必 | 必 | 必 | 匹 | 蒲 | 蒲 | 蒲 | 莫 | 莫 | 武 | | | |
| | 北 | 博 | 布 | 卜 | 班 | 普 | 薄 | 蒲 | 步 | 莫 | 母 | 母 | | | |
| 一 | 5 | | 1 | | | 4 | 2 | 3 | 4 | 8 | 7 | 1 | | | |
| 二 | | | | | | | | | | | | | | | |
| 三 | | | | | | | | | | | | | | | |
| 四 | | | | | | | | | | | | | | | |
| 五 | | | | | | | | | | | | | | | |
| 六 | | | | | | | | | | | | | | | |
| 七 | | | | | | | | | | | | | | | |
| 八 | | | | | | | | | | | | | | | |
| 九 | 1 | | | | | | | | | | | | | | |
| 一〇 | | | | | | | | | | | | | | | |
| 一一 | | 2 | | 1 | | | | | | | | | | | |
| 一二 | | | | | | | | | | 1 | | | | | |
| 一三 | | | | | | | | | | | | | | | |
| 一四 | | | | | | | | | | | | | | | |
| 一五 | | | | | | | | | | | | | | | |
| 一六 | | | | | | 1 | 1 | | | 8 | | | | | |
| 一七 | | | | | | | | | | | | | | | |
| 一八 | | | | | | | | | | | | | | | |
| 一九 | | | | | 1 | | | | | | | | | | |
| 二〇 | 11 | 1 | | | | 5 | | 15 | | | | | | | |
| 二一 | | | | | | 4 | | | | | | | | | |
| 二二 | | | | | | | | | | | | | | | |
| 二三 | | | | | | | | | | | | | | | |

表三十一 刪韻

| | 聲調 | 龍書韻類代表字 | 四聲等子等第 | 龍書所用反切下字 ＼ 相逢字數 ＼ 龍書所用反切上字 | 喉音 | | | | | | 牙音 | | |
|---|---|---|---|---|---|---|---|---|---|---|---|---|---|
| | | | | 龍書聲類代表字 | 烏 | 許 | 許 | 胡 | 胡 | 胡 | 古 | 古 | 古 |
| | | | | | 烏 | 呼 | 火 | 胡 | 户 | 下 | 患 | 皆 | 古 |
| 〇一 | 平聲 | 顏 | 2 | 顏 | | | | | | | | | 5 |
| 〇二 | | | ② | 姦 | | | | | | | | | |
| 〇三 | | 還 | 2 | 還 | 1 | | 1 | | | | | | 5 |
| 〇四 | | | 2 | 關 | 1 | | | | 7 | | | | |
| 〇五 | | | 2 | 班 | | | | | | | | | |
| 〇六 | 上聲 | 板 | ② | 板 | 3 | | | 2 | 2 | 1 | | | |
| 〇七 | | | 2 | 綰 | | | | | | | | | |
| 〇八 | | | 2 | 版 | | | | | | | | | |
| 〇九 | 去聲 | 晏 | 2 | 晏 | | | | | | 2 | | | 2 |
| 一〇 | | | ② | 諫 | | | | | | | | | |
| 一一 | | | 2 | 澗 | 2 | | | | | | | | |
| 一二 | | 患 | 2 | 患 | 1 | | | | | | | | 3 |
| 一三 | 入聲 | 八 | 2 | 八 | 10 | 2 | | 1 | 4 | | 1 | 1 | 6 |
| 一四 | | | ② | 黠 | 3 | | | | | | | | 4 |
| 一五 | | 滑 | 2 | 滑 | | | | | | | | | |
| 一六 | | | | | | | | | | | | | |
| 一七 | | | | | | | | | | | | | |
| 一八 | | | | | | | | | | | | | |
| 一九 | | | | | | | | | | | | | |
| 二〇 | | | | | | | | | | | | | |
| 二一 | | | | | | | | | | | | | |
| 二二 | | | | | | | | | | | | | |

| 正齒音 | | | | | 舌上音 | | | | 舌頭音 | | 牙音 | | | | |
|---|---|---|---|---|---|---|---|---|---|---|---|---|---|---|---|
| 所 | 士 | 初 | 初 | 側 | 女 | 女 | 丑 | 陟 | 奴 | 奴 | 五 | 苦 | 苦 | 古 | |
| 生 | 士 | 叉 | 初 | 側 | 尼 | 女 | 丑 | 竹 | 奴 | 乃 | 五 | 口 | 苦 | 關 | |
| | | | | | | | | | | | | | 1 | | 〇一 |
| | | | | | | | | | | | | | 4 | | 〇二 |
| | | | | | | | | | 1 | | 1 | | | | 〇三 |
| | | | | | | | | | | | 1 | | | | 〇四 |
| | 1 | | | 1 | | | | | | | | | | | 〇五 |
| | | | | | 2 | | | | 5 | | 1 | | | | 〇六 |
| | | | 1 | | | | | | | | | | | | 〇七 |
| | | | | | | | | | | | | | | | 〇八 |
| | | | 1 | | | | 1 | | | | 4 | | | | 〇九 |
| | | 1 | | | | 1 | | | | 1 | 1 | | | | 一〇 |
| | | | 1 | | | | | | | | | | | | 一一 |
| 1 | | | 2 | | | 1 | | | | | | | | 1 | 一二 |
| | | | | 1 | | | | | | | 1 | 1 | 4 | | 一三 |
| | | | 4 | | | 1 | | | | | | | | | 一四 |
| | | | | | | 2 | | 3 | | | 4 | | | | 一五 |
| | | | | | | | | | | | | | | | 一六 |
| | | | | | | | | | | | | | | | 一七 |
| | | | | | | | | | | | | | | | 一八 |
| | | | | | | | | | | | | | | | 一九 |
| | | | | | | | | | | | | | | | 二〇 |
| | | | | | | | | | | | | | | | 二一 |
| | | | | | | | | | | | | | | | 二二 |

| | 正齒音 | 齒頭音 | 脣音 | | | | |
|---|---|---|---|---|---|---|---|
| | 所 | 七 | 必 | 匹 | 蒲 | 蒲 | 莫 |
| | 所 | 七 | 布 | 普 | 蒲 | 薄 | 莫 |
| 一 | | | | | | | |
| 二 | 4 | | | | | | |
| 三 | | | | | | | 2 |
| 四 | | | | | | | |
| 五 | 1 | | 1 | 1 | | | 3 |
| 六 | 1 | | | | | 1 | 1 |
| 七 | | | 4 | 1 | 1 | | |
| 八 | | | | | | | |
| 九 | 3 | | | | 1 | | 4 |
| 一〇 | 2 | | | | | | |
| 一一 | | | | | | | |
| 一二 | 1 | | | 3 | | | |
| 一三 | | 1 | | 3 | 1 | | 8 |
| 一四 | | | | | | | |
| 一五 | | | | | | | |
| 一六 | | | | | | | |
| 一七 | | | | | | | |
| 一八 | | | | | | | |
| 一九 | | | | | | | |
| 二〇 | | | | | | | |
| 二一 | | | | | | | |
| 二二 | | | | | | | |
| 二三 | | | | | | | |

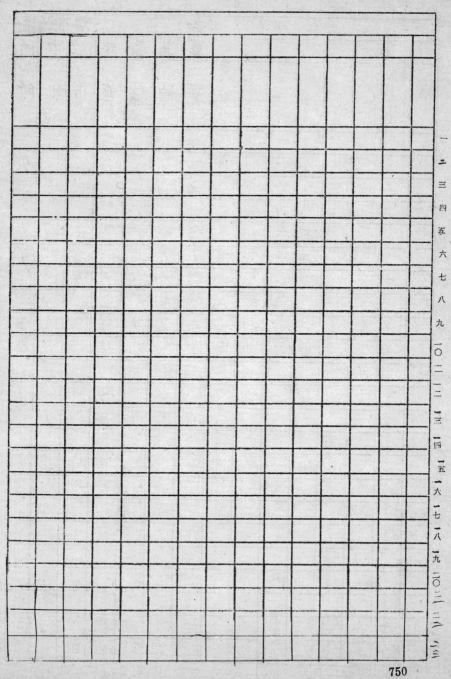

表三十二　山韻

| | 聲調 | 龍書韻類代表字 | 四聲等子等第 | 龍書所用反切下字 ＼ 相逢字數 ＼ 龍書所用反切上字 | 烏 乙 | 烏 烏 | 許 許 | 許 火 | 胡 乎 | 胡 侯 | 許 許 | 胡 下 | 胡 胡 |
|---|---|---|---|---|---|---|---|---|---|---|---|---|---|
| | | | | 發音部位 | 喉音 | | | | | | | | |
| | | | | 龍書聲類代表字 | 烏 | 烏 | 許 | 許 | 胡 | 胡 | 許 | 胡 | 胡 |
| 〇一 | 平聲 | 閑 | 2 | 閑 | | 6 | 1 | | | | | | |
| 〇二 | | | 2 | 閒 | | | | | | | | | |
| 〇三 | | | 2 | 山 | | | | | | | | | |
| 〇四 | | | ② | 慳 | | | | 1 | | | | | |
| 〇五 | | 頑 | 2 | 頑 | | | | | | | | | |
| 〇六 | 上聲 | 限 | 2 | 限 | | | | | | | | | |
| 〇七 | | | 2 | 產 | | | | | | | | | |
| 〇八 | | | ② | 簡 | | | | | | | | | |
| 〇九 | | | | | | | | | | | | | |
| 一〇 | 去聲 | 莧 | 2 | 莧 | | | | | | 1 | | | |
| 一一 | | 辦 | ② | 辦 | | | | | 1 | | | | |
| 一二 | | | ② | 幻 | | | | | | | | | |
| 一三 | 入聲 | 鎋 | 2 | 鎋 | 2 | 1 | 1 | | | | | | |
| 一四 | | | 2 | 瞎 | | | | | | | | | 5 |
| 一五 | | | ② | 轄 | | | | | | | | | |
| 一六 | | 刮 | 2 | 刮 | | | | | | | | 4 | 2 |
| 一七 | | | 2 | 刷 | | | | | | | | | |
| 一八 | | | | | | | | | | | | | |
| 一九 | | | | | | | | | | | | | |
| 二〇 | | | | | | | | | | | | | |
| 二一 | | | | | | | | | | | | | |
| 二二 | | | | | | | | | | | | | |
| 二三 | | | | | | | | | | | | | |

| 音齒正 | | | | 齡料 | 音上舌 | | | | 音牙 | | | | | | |
|---|---|---|---|---|---|---|---|---|---|---|---|---|---|---|---|
| 側 | 食 | 昌 | 昌 | 力 | 女 | 直 | 丑 | 陟 | 五 | 苦 | 苦 | 苦 | 苦 | 古 | |
| 阻 | 示 | 充 | 尺 | 力 | 女 | 文 | 敕 | 陟 | 五 | 苦 | 起 | 客 | 口 | 古 | |
| | 1 | | | 1 | 1 | | | | 4 | 3 | | 1 | | 2 | 〇一 |
| | | | | 1 | | | | | | | | | | | 〇二 |
| | | 1 | 1 | | | | | 1 | | | | | | | 〇三 |
| | | | | | | | | | | | | | | | 〇四 |
| | | | | | | | | | | | | | | 1 | 〇五 |
| 1 | | | | | | 1 | | | | | 1 | | 1 | 2 | 〇六 |
| | | | | | | | | | | | | | | | 〇七 |
| | | | | | | | | | | | | | | | 〇八 |
| | | | | | | | | | | | | | | | 〇九 |
| | | | | | | | | | | | | | | 4 | 一〇 |
| | | | | | | 1 | | | | | | | | | 一一 |
| | | | | | | | | | | | | | | | 一二 |
| | | | | | | | | 1 | 4 | | | | | 1 | 一三 |
| | | | | | | | | | | | | | | 2 | 一四 |
| | | | | | | | 1 | | | | | | | | 一五 |
| | | | | | 4 | | | | 3 | | | | | | 一六 |
| | | | | | | | | | | | | | | 2 | 一七 |
| | | | | | | | | | | | | | | | 一八 |
| | | | | | | | | | | | | | | | 一九 |
| | | | | | | | | | | | | | | | 二〇 |
| | | | | | | | | | | | | | | | 二一 |
| | | | | | | | | | | | | | | | 二二 |
| | | | | | | | | | | | | | | | 二三 |

| | 正 | 齒 | 音 | | 齒頭 | 脣 | | | 音 | | | | | |
|---|---|---|---|---|---|---|---|---|---|---|---|---|---|---|
| | 初 | 士 | 士 | 所 | 昨 | 必 | 必 | 匹 | 蒲 | | | | | |
| | 初 | 士 | 查 | 所 | 昨 | 布 | 伯 | 匹 | 薄 | | | | | |
| 一 | | 1 | | | 2 | | | | | | | | | |
| 二 | | | | 1 | | 1 | 2 | | | | | | | |
| 三 | | | | | | | | | | | | | | |
| 四 | | | | | | | | | | | | | | |
| 五 | | | | | | | | | | | | | | |
| 六 | 5 | 3 | | | | | | | | | | | | |
| 七 | 3 | 1 | | | | | | | | | | | | |
| 八 | 3 | | | 1 | | | | | | | | | | |
| 九 | | | | | | | | | | | | | | |
| 一〇 | | | | | | | | 1 | 1 | | | | | |
| 一一 | | | | | | | | 1 | | | | | | |
| 一二 | | | | | | | | | 2 | | | | | |
| 一三 | 2 | 1 | 1 | | | | | | | | | | | |
| 一四 | | | | | | | | | | | | | | |
| 一五 | | | | | | | | | | | | | | |
| 一六 | | | | | | | | | | | | | | |
| 一七 | | | | | | | | | | | | | | |
| 一八 | | | | | | | | | | | | | | |
| 一九 | | | | | | | | | | | | | | |
| 二〇 | | | | | | | | | | | | | | |
| 二一 | | | | | | | | | | | | | | |
| 二二 | | | | | | | | | | | | | | |
| 二三 | | | | | | | | | | | | | | |

表三十三 先韻

| | 聲調 | 龍書韻類代表字 | 四聲等子等第 | 龍書反切下字 | 烏 | 烏 | 烏 | 烏 | 許 | 許 | 許 | 許 | 胡 |
|---|---|---|---|---|---|---|---|---|---|---|---|---|---|
| | | | | 發音部位 | 喉音 | | | | | | | | |
| | | | | 龍書相逢字數（龍書所用反切上字 / 龍書所用反切下字） | 於 | 乙 | 伊 | 烏 | 呼 | 虎 | 許 | 火 | 下 |
| 〇一 | 平聲 | 田 | 4 | 田 | | | | | | | | | |
| 〇二 | | | 4 | 年 | | | | | | | | | |
| 〇三 | | | 4 | 堅 | | | | | | | 1 | | |
| 〇四 | | | 4 | 賢 | | | 1 | | | | | | |
| 〇五 | | | 4 | 前 | | | | | | | | | |
| 〇六 | | | 4 | 千 | | | | | | | | | |
| 〇七 | | | 4 | 煙 | | | | | 1 | | | | |
| 〇八 | | | ④ | 憐 | | | | | | | | | |
| 〇九 | | 玄 | 4 | 玄 | 1 | | | 11 | | | | 4 | |
| 一〇 | | | ④ | 邊 | | | | | | | | | |
| 一一 | 上聲 | 典 | 4 | 典 | 3 | | | | 2 | | | | |
| 一二 | | | 4 | 殄 | | | | | | | | | |
| 一三 | | | 4 | 顯 | | | | | | | | | |
| 一四 | | 犬 | 4 | 犬 | | | | | | | | 1 | 1 |
| 一五 | | | 4 | 泫 | | | | | | | | | |
| 一六 | 去聲 | 見 | 4 | 練 | | | | | | | | | |
| 一七 | | | 4 | 見 | 3 | | | 1 | | | | | |
| 一八 | | | 4 | 電 | | | | | | | | | |
| 一九 | | | 4 | 麵 | | | | | | | | | |
| 二〇 | | 縣 | 4 | 縣 | | | | | 2 | | 5 | | |
| 二一 | 入聲 | 結 | 4 | 結 | | | | 3 | 4 | 2 | | 1 | 1 |
| 二二 | | | 4 | 蔑 | | | | | | | | | |
| 二三 | | 穴 | 4 | 穴 | | | | | | | | | |
| | | | 4 | 決 | 4 | 1 | 1 | | 2 | | | | |

| 音 | 頭 | 舌 | 音 | | | 牙 | | | | | 音 | | 喉 | | |
|---|---|---|---|---|---|---|---|---|---|---|---|---|---|---|---|
| 他 | 都 | 都 | 都 | 五 | 苦 | 苦 | 古 | 古 | 古 | 古 | 烏 | 胡 | 胡 | 胡 | |
| 他 | 都 | 丁 | 多 | 五 | 咯 | 苦 | 圭 | 己 | 姑 | 古 | 焉 | 户 | 玄 | 胡 | |
| | | | | | | | | | | | | | | 1 | 〇一 |
| | 4 | 10 | | | | | | | | | | | | | 〇二 |
| | | | | 11 | 1 | 1 | | | | | | | | | 〇三 |
| | | | | | | | | | | 1 | | | | | 〇四 |
| 1 | | | | | | | | | | | | | | | 〇五 |
| | | | | | | | | | | | | | | | 〇六 |
| | | | | | | | | | | | | | | | 〇七 |
| | | | | | | | | | | | | | | | 〇八 |
| | | | | | | | | | | 8 | | | | | 〇九 |
| | | | | | | | | | | | | | | | 一〇 |
| 15 | | | | | | 1 | | | | 11 | | | | 4 | 一一 |
| | | | 1 | | | | | | | | | | | | 一二 |
| | | | | | | | | | | | | | | | 一三 |
| | | | | | | | 1 | | 1 | 5 | | 1 | 1 | 10 | 一四 |
| | | | | | | 1 | | | | | | | | | 一五 |
| | | 1 | | | | | | | | | | | | | 一六 |
| 2 | | | | 2 | | 4 | | | | | | | | | 一七 |
| 1 | | | | | | | | | | 1 | | | | | 一八 |
| | | | | | | | | | | | | | | | 一九 |
| | | | | | | | | | | | 1 | | | | 二〇 |
| 3 | | 9 | | 15 | | 10 | | | | | | | | 15 | 二一 |
| | | | | | | | | | | | | | | | 二二 |
| | | | | | | 4 | | 1 | | | | | | | |
| | | | | | | | | | | | | | | 1 | |

| | 齒頭音 | | | | | 正齒 | 半舌音 | | | 舌上音 | | | | | |
|---|---|---|---|---|---|---|---|---|---|---|---|---|---|---|---|
| | 七 | 七 | 七 | 子 | 子 | 食 | 力 | 力 | 力 | 奴 | 奴 | 徒 | 徒 | 徒 | 徒 |
| | 倉 | 千 | 七 | 則 | 子 | 食 | 郎 | 力 | 練 | 年 | 奴 | 唐 | 田 | 徒 | 堂 |
| 一 | | | | | 1 | | | | | | | | | | |
| 二 | | | | | | | | | | | | | | 2 | |
| 三 | | | | | | | | | | | | | | 1 | |
| 四 | | | | | | | | | | | | | | | |
| 五 | | | | 3 | 1 | | | | | | | | | | |
| 六 | | | | 2 | | | | | | | | | | | |
| 七 | | | | | | | | | | | | | | | |
| 八 | | | | | | 1 | | | | | | | | | |
| 九 | | | | | | | | | | | | | | | |
| 一〇 | | | | | | | | | | | | | | | |
| 一一 | | | 1 | | | | | 1 | | 2 | 4 | | | 4 | |
| 一二 | | | | | | | | | | | | | | | |
| 一三 | | | | | | | | | | | | | | | |
| 一四 | | | | | | | | | | | | | | | |
| 一五 | | | | | | | | | | | | | | | |
| 一六 | 2 | | | | | | | | | | | 1 | | 2 | 5 |
| 一七 | 4 | | 1 | | | | | | | | 3 | | | | 1 |
| 一八 | | | | | | | 2 | | | | | | | | |
| 一九 | | | | | | | | | | | | | | | |
| 二〇 | | | | | | | | | | | | | | | |
| 二一 | 1 | 4 | | | 4 | | | 1 | 1 | 1 | 4 | | 3 | 32 | |
| 二二 | | | | | | | | | | | | | | | |
| 二三 | | | | | | | | | | | | | | | |

| | 齒頭音 | | | | 脣音 | | | | | | | | | | |
|---|---|---|---|---|---|---|---|---|---|---|---|---|---|---|---|
| | 昨 | 昨 | 蘇 | 蘇 | 必 | 必 | 必 | 必 | 匹 | 匹 | 蒲 | 蒲 | 蒲 | 蒲 | 蒲 |
| | 昨 | 才 | 蘇 | 先 | 布 | 必 | 博 | 卑 | 足 | 普 | 步 | 薄 | 部 | 瓶 | 毗 |
| 一 | | | | | | | | | | | 2 | | 12 | | |
| 二 | | | | | | | | | | | | | | | |
| 三 | | | | | | | | | | | | | | | |
| 四 | | | | | | | | | | | | | | | |
| 五 | | | | | | | | | | | | | | | |
| 六 | | | | | | | | | | | | | | | |
| 七 | | | | | | | | | | | | | | | |
| 八 | | | | | | | | | | | | | | | |
| 九 | | | | | | | | 1 | | | 3 | | | | |
| 一〇 | | | | | | | | | | | | | | 1 | |
| 一一 | | | 1 | | 1 | 3 | | | | | | 4 | | | |
| 一二 | | | | | | | | | | | | | | | |
| 一三 | | | | | | | 1 | | | | | | | | |
| 一四 | | | | | | | | | | | | 1 | | | |
| 一五 | | | | | | | | | | | | | | | |
| 一六 | | | | | | | | | | | | | | | |
| 一七 | | | 4 | | | | | | | 1 | | | | | |
| 一八 | | | | | | | | | | | | | | | |
| 一九 | | | | | | | | | | 1 | | | | | |
| 二〇 | | | | | | | | | | | | | | | |
| 二一 | 1 | 3 | | 12 | | | | 1 | 1 | 4 | | | | | 1 |
| 二二 | | | | | | | | | | 2 | | | | | |
| 二三 | | | | | | | | | | | | | | | |

蒲
蒲
1

莫
莫
5
6
13

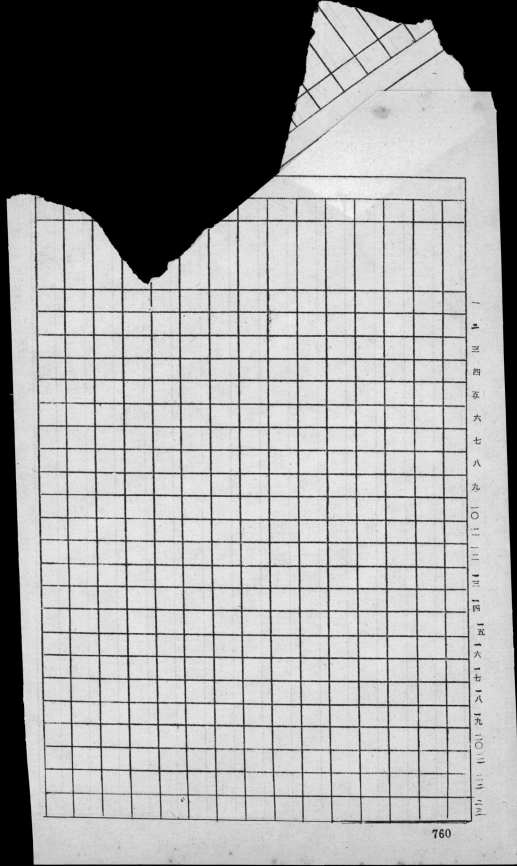

| | | | | | | | | | | | | | | |
|---|---|---|---|---|---|---|---|---|---|---|---|---|---|---|
| | | | | | | | | | | | | | | |
| | | | | | | 1 | | | | | | | | |
| | | | | | | | | 1 | | | | | | |
| | | | | | | | | | | | | | | |
| | | | | | | | | | | | | 2 | | |
| | | | | | | | | | | | | | | |
| | | | | | | | | | | | | | | |
| | | | | | | | | | | | | 2 | | |
| | | | | | | | | | | | | | | |
| 1 | | | | | | | | | | | | | | |
| | | | | | | | | | | | | | | |
| | | | | | | | | | | | | | | |
| 4 | | 1 | | | | | 1 | | 9 | | | 6 | 1 | |
| | | | | | | | | | | | | | | |
| | | | | | | | | | | | | | | |
| | | | | | | | | | | | | | | |
| | | | | | | | | | | | | | | |
| | | | | | | | | | 1 | | | | | |
| 4 | 1 | 12 | | | | | | | | | | | | |
| | | | | | | | | | | | | | | |
| | | | | | | | | | | | | | | |
| | | | | | | | | | | | | | | |
| | | | | | | | | | | | | | | |
| | | | | | | | | | | | | | | |
| | | | | | | | | | | | | | | |
| | | | | | | | | | | | | | | |

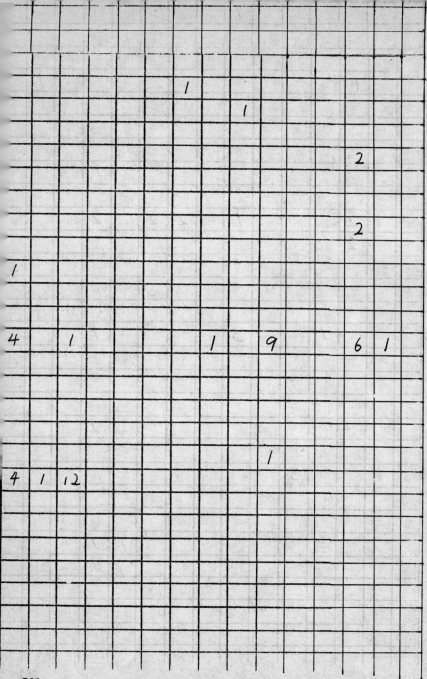

| | | | | | | | | | | | | | | |
|---|---|---|---|---|---|---|---|---|---|---|---|---|---|---|
| | | | | | | 1 | | | | | | | | |
| | | | | | | | | | | | | | | |

| | | | | | | | | | | | | | | |
|---|---|---|---|---|---|---|---|---|---|---|---|---|---|---|
| | | | | | | | | | | | | | | |
| | | 1 | | | | | | | | | | | 1 | |
| | | | | | | | | | | | | | | |
| | | | | | | | | | | | | | | |
| | | | | | | | | | | | | | | |
| | | | | | | | | | | | 1 | | | |
| | | | | | | | | | | | | | | |
| | | 2 | | | | 1 | | 2 | 2 | | 2 | | | |
| | | 2 | | | | | | | | | | | | |
| | | | | | | | | | | | | | | |
| | | | | | 1 | | | | | | | | | |
| | | | | | | | | | | | | | | |
| | | | 1 | | | 3 | | | | | 1 | | | |
| | | | | | | | | | | | | | | |
| | | | | | | | | | | | | | | |
| | | | | | | | | | | | | | | |
| | | | | | | | | | | | 2 | | | |
| | | | | | | | | | | | | | | |
| | 1 | | | 3 | | | | | | | | | | |
| | | | | | | | | | | | | | | |
| | | | | | | | | | | | | | | |
| | | | | | | | | | | 1 | 1 | | | |
| | | | | | | | | | | | 1 | | | |
| | | | | | | | | | | | | | | |
| | | | | | | | | | | | | | | |
| | | | | | | | | | | | | | | |
| | | | | | | | | | | | | | | |

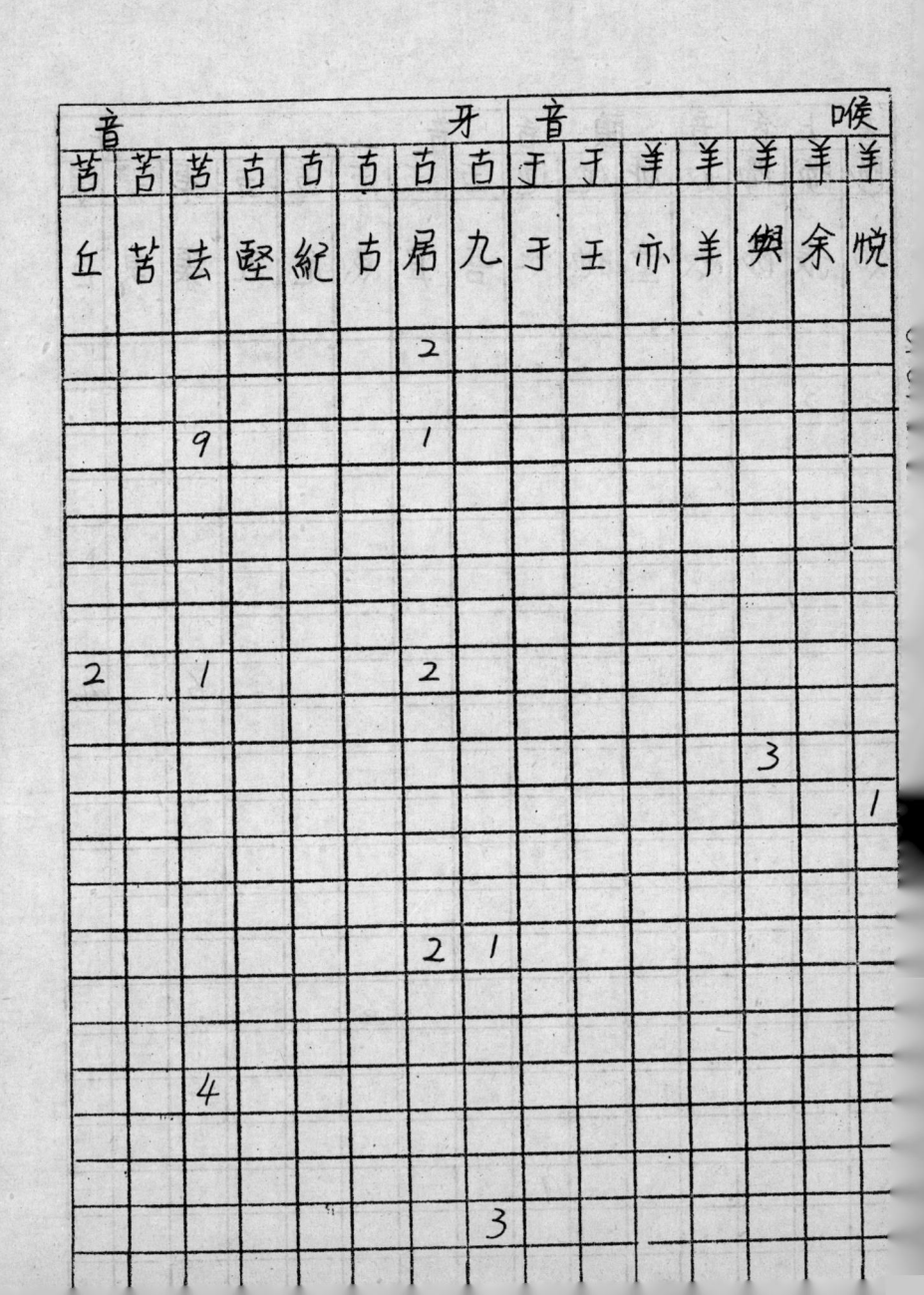

| 音 | | | | | | | 牙 | 音 | | | | | | 喉 |
|---|---|---|---|---|---|---|---|---|---|---|---|---|---|---|
| 苦 | 苦 | 苦 | 古 | 古 | 古 | 古 | 古 | 于 | 于 | 羊 | 羊 | 羊 | 羊 | 羊 |
| 丘 | 苦 | 去 | 堅 | 紀 | 古 | 居 | 九 | 于 | 王 | 亦 | 羊 | 與 | 余 | 悅 |
| | | | | | | 2 | | | | | | | | |
| | | | | | | | | | | | | | | |
| | | 9 | | | | 1 | | | | | | | | |
| | | | | | | | | | | | | | | |
| | | | | | | | | | | | | | | |
| | | | | | | | | | | | | | | |
| | | | | | | | | | | | | | | |
| 2 | | 1 | | | | 2 | | | | | | | | |
| | | | | | | | | | | | | | | |
| | | | | | | | | | | | | 3 | | |
| | | | | | | | | | | | | | | 1 |
| | | | | | | | | | | | | | | |
| | | | | | | | | | | | | | | |
| | | | | | | 2 | 1 | | | | | | | |
| | | | | | | | | | | | | | | |
| | | | | | | | | | | | | | | |
| | | 4 | | | | | | | | | | | | |
| | | | | | | | | | | | | | | |
| | | | | | | | | | | | | | | |
| | | | | | | | 3 | | | | | | | |
| | | | | | | | | | | | | | | |

| 舌上音 | | | 舌頭音 | | | | 牙音 | | | | | | | |
|---|---|---|---|---|---|---|---|---|---|---|---|---|---|---|
| 陟 | 陟 | 陟 | 奴 | 徒 | 他 | 他 | 五 | 五 | 五 | 五 | 五 | 渠 | 渠 | 渠 |
| 知 | 張 | 陟 | 奴 | 堂 | 他 | 土 | 吾 | 宜 | 魚 | 危 | 五 | 渠 | 其 | 巨 |
| 3 | 2 | 1 | | | | | | | | | | | | |
| | | | | | | | | | | | | 6 | | 4 |
| | | | | | | | | | 6 | | | | | |
| 5 | | | | | | | | | | | | | | |
| | | | | | | 1 | | | | | | | | |

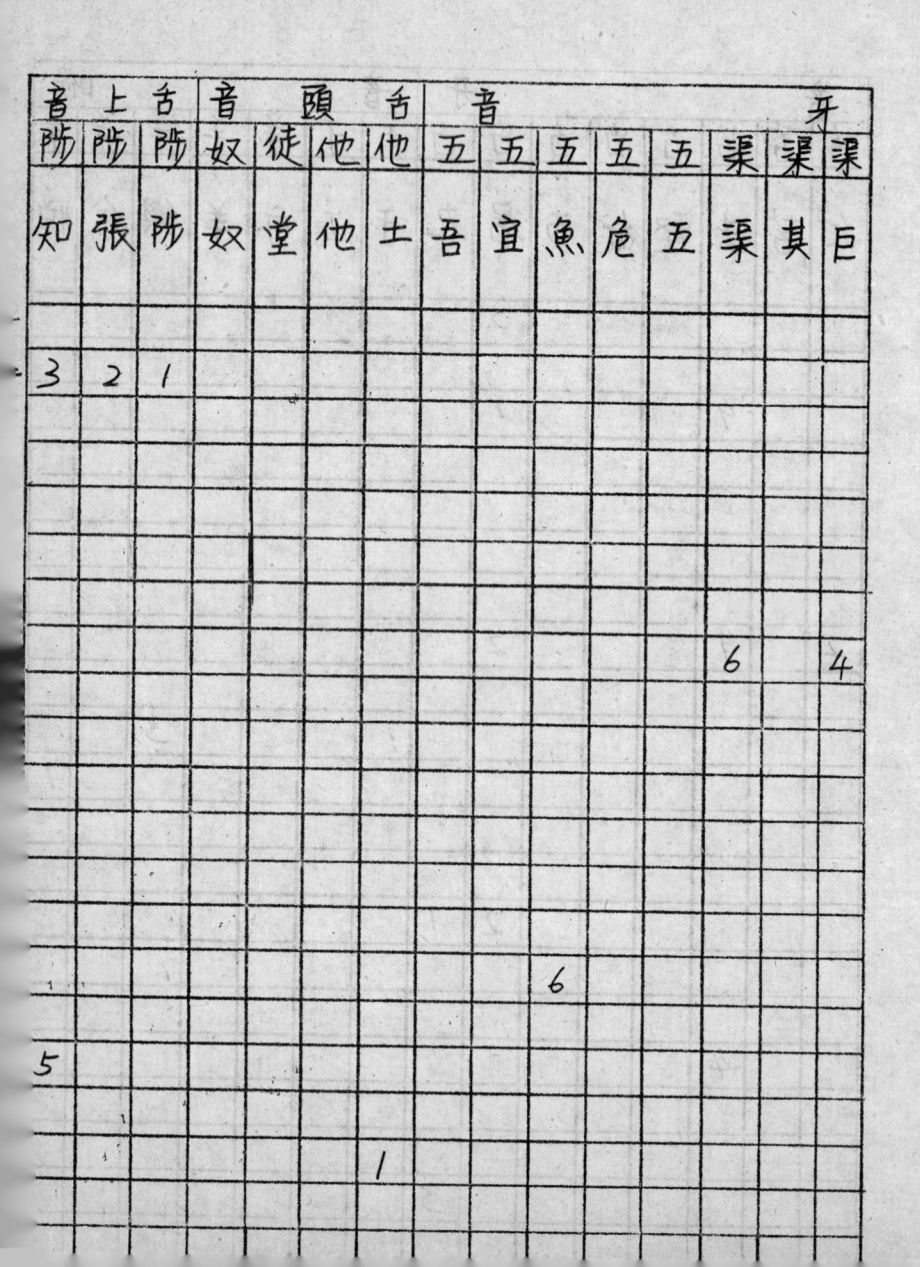

| 脣音 | | | | | | | | 齒頭音 | | | | | | |
|---|---|---|---|---|---|---|---|---|---|---|---|---|---|---|
| 蒲 | 蒲 | 匹 | 匹 | 必 | 必 | 必 | 必 | 徐 | 徐 | 徐 | 蘇 | 蘇 | 蘇 | 蘇 |
| 皮 | 毗 | 匹 | 普 | 卑 | 彼 | 必 | 并 | 祥 | 辭 | 似 | 蘇 | 息 | 相 | 思 |
| | | | | | | | | 1 | | 2 | | 1 | | |
| | 2 | | | 3 | | 1 | | | | | | | | |
| | | | | | | | | | | | | | | |
| | | | | | | | | | | | | | 2 | |
| | | | | | | | | | | | | | | |
| | | 1 | | | | 1 | | | | | | | | |
| | | | | | | | | | | | | | | |
| | | | | | | | | | | | | | | |
| | | | | | | | | | | | | | | |
| | | | | | | | | | | | | | | |
| | | | | | | | | | | | | | | |
| | | | | | | | | | | | | | | |
| | | | | | | | | | | | | | | |
| | | | | | | | | | | | | | | |
| | | | | | | | | | | | | | | |
| | | | 1 | | | | | | | | | | | |
| | | | | | | | | | | 8 | | | | |
| | | | | | | | | | | | | | | |
| | | | | | | | | | | | | | | |
| | | | | | | | | | | | | | | |

| | | | | | | | | | | | | | | |
|---|---|---|---|---|---|---|---|---|---|---|---|---|---|---|
| | | | | | | | | | | | | | | |
| | | | | | | | | | | | | | | |
| | | | | | | | | | | | | 1 | | |
| | | 1 | 1 | | | | | 1 | | 2 | | | | |
| | | | | | | | | | | | | | | |
| | | | | | | | | | | | | | | |
| | | | | | | | | | | | | | | |
| | | | | | 1 | | | | | | | | | |
| | | | | | | | | | 1 | 1 | | 3 | | 1 |
| | | | | | | | | | | 1 | | | | |
| | | | | | | | | | | | | | | |
| 1 | | | | | | | | | | | | | | |
| | | | | | 1 | | 8 | | | | | | | |
| | | 2 | 3 | | | 1 | 4 | | | | | | | |
| | | | | | | | | | | | | | | |
| | | | | | 2 | | | | | | | | | |
| | | | | | | | | | | | | | | |
| | 1 | | | | | | | | | | | | | |
| | | | | | | | | | | | | | | |
| | | | | | | | | | | | | | | |
| | | | | | | | | | | | | | | |
| | | | | | | | | | | 2 | | | 1 | |
| | | | | | | | | | | | | | | |
| | | | | | | | | | | | | | | |
| | | | | | | | | | | | | | | |
| | | | | | | | | | | | | | | |
| | | | | | | | | | | | | | | |

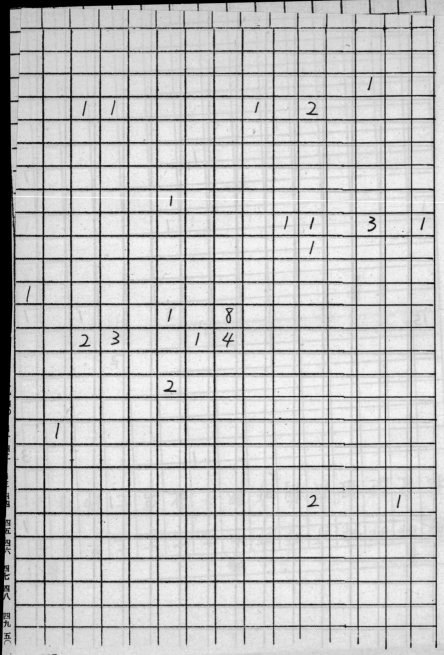

| 音 | | | | | | | 脣 | 音 | | 頭 | | | 齒 | |
|---|---|---|---|---|---|---|---|---|---|---|---|---|---|---|
| 蒲 | 蒲 | 匹 | 匹 | 必 | 必 | 必 | 必 | 徐 | 徐 | 徐 | 蘇 | 蘇 | 蘇 | 蘇 |
| 皮 | 毗 | 匹 | 普 | 卑 | 彼 | 必 | 并 | 祥 | 辭 | 似 | 蘇 | 息 | 相 | 思 |
| | | | | | | | | 1 | | 2 | | 1 | | |
| | 2 | | | 3 | | 1 | | | | | | | | |
| | | | | | | | | | | | | | | |
| | | | | | | | | | | | | | 2 | |
| | | | | | | | | | | | | | | |
| | | 1 | | | | 1 | | | | | | | | |
| | | | | | | | | | | | | | | |
| | | | | | | | | | | | | | | |
| | | | | | | | | | | | | | | |
| | | | | | | | | | | | | | | |
| | | | | | | | | | | | | | | |
| | | | | | | | | | | | | | | |
| | | | | | | | | | | | | | | |
| | | | | | | | | | | | | | | |
| | | | | | | | | | | | | | | |
| | | | 1 | | | | | | | | | | | |
| | | | | | | | | | | | 8 | | | |
| | | | | | | | | | | | | | | |
| | | | | | | | | | | | | | | |
| | | | | | | | | | | | | | | |

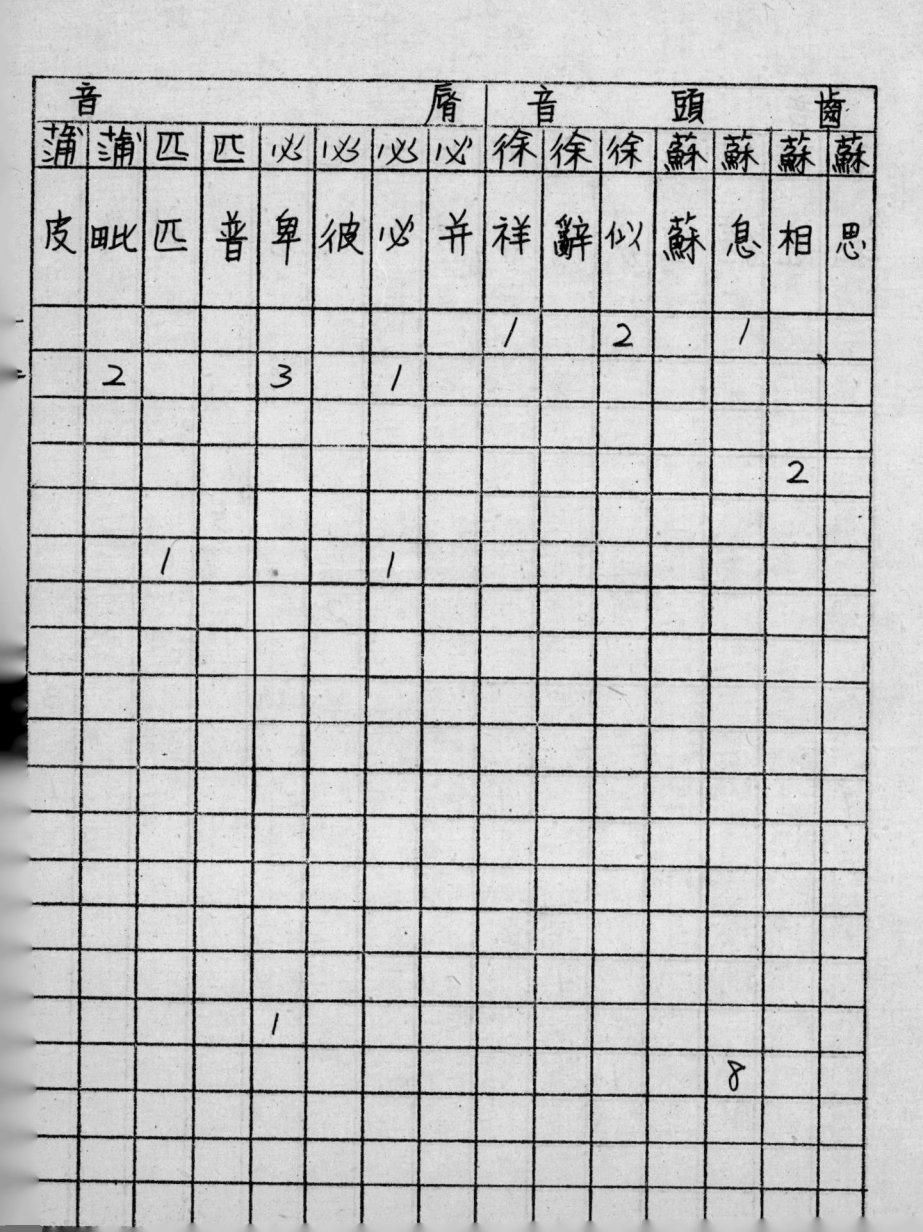

| | 音 | | | | | | 頭 | | | | | | | 齒 |
|---|---|---|---|---|---|---|---|---|---|---|---|---|---|---|
| 蘇 | 昨 | 昨 | 昨 | 昨 | 昨 | 昨 | 七 | 七 | 七 | 七 | 七 | 子 | 子 | 子 |
| 私 | 在 | 絕 | 徂 | 疾 | 前 | 昨 | 取 | 千 | 此 | 倉 | 七 | 姊 | 作 | 子 |
| | | | | | | | | | | | | | | |
| | | | | | | | | | | | | | | |
| | | | | | | | | | | | | | | |
| | | | | | | | | | | | | | | |
| | | | | | | | | | | | 5 | | | |
| | | | | | | | | | | | | | | |
| | | | | | | | | | 2 | | | | | |
| | | | | | | | | | | | | | | |
| | | | | | | | | | | | | | | 3 |
| | | | | | | | | | | | | | | |
| 1 | | | | | | 1 | | | | | | | | 1 |
| | | | | | | | | | | | | | | |
| | | | | | | | | | | | | | | |
| | | | | | 1 | | | | | | | | | |
| | | | | | | | | | | | | | | |
| | | | | 1 | | | | | | | | | | |

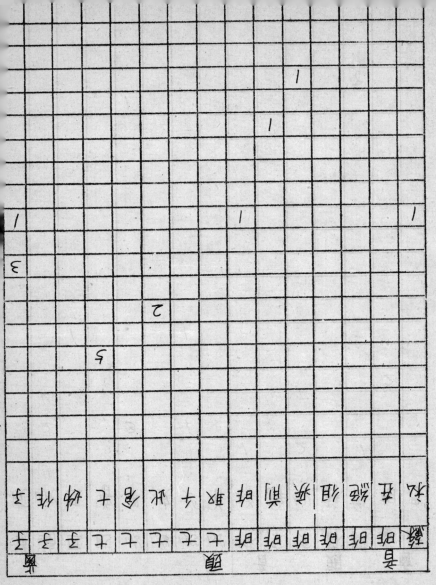

| | | | | | | | | | | | | | | |
|---|---|---|---|---|---|---|---|---|---|---|---|---|---|---|
| | | | | | | | | | | | | | | |
| | | | | | | | | | | | | | | |
| | | | | | | | | | | | | | | |
| | | | | | | | | | | | | | | |
| | | | | | | | | | | | | | | |
| | | | | | | | | | 1 | | | | | |
| | | | | | | | | | | | | | | 1 |
| | | | | | | | | | | | | | | |
| | | | | | | | | | | 1 | | | | |
| | | | | | | | | | | | | | | |
| | | | | | | | | | | | | | | |
| | | | | | | | | | | | | | | |
| 15 | | | | | | | | | | | | | 1 | 1 |
| | | | | | | | | | | | | | | |
| | | | | | | | | | | | | | | |
| | | | | | | | | | | | | | | |
| | | | | | | | | | | | | | | |
| | | | | | | | | | | | | | | |
| | | | | | | | | | 1 | | | | | 3 |
| | | | | | | | | | | | | | | |
| | | | | | | | | | | | 1 | | | |
| | | | | | | | | | | | | | | 1 |
| | | | | | | | | | | | | | | |
| | | | | | | | | | | | | | | |
| | | | | | | | | | | | | | | |
| | | | | | | | | | | | | | | |

| | | | | | | | | | | | | | | |
|---|---|---|---|---|---|---|---|---|---|---|---|---|---|---|
| | | | | | | | | | | | | | | |
| | | | | | | | | | | | | | | |
| | | | | | | | | | | | | 1 | | |
| | | 1 | 1 | | | | | 1 | | 2 | | | | |
| | | | | | | | | | | | | | | |
| | | | | | | | | | | | | | | |
| | | | | | | | | | | | | | | |
| | | | | | 1 | | | | | | | | | |
| | | | | | | | | | 1 | 1 | | 3 | | 1 |
| | | | | | | | | | | 1 | | | | |
| | | | | | | | | | | | | | | |
| 1 | | | | | | | | | | | | | | |
| | | | | | 1 | | 8 | | | | | | | |
| | | 2 | 3 | | | 1 | 4 | | | | | | | |
| | | | | | | | | | | | | | | |
| | | | | | 2 | | | | | | | | | |
| | | | | | | | | | | | | | | |
| | 1 | | | | | | | | | | | | | |
| | | | | | | | | | | | | | | |
| | | | | | | | | | | | | | | |
| | | | | | | | | | | 2 | | | 1 | |
| | | | | | | | | | | | | | | |
| | | | | | | | | | | | | | | |
| | | | | | | | | | | | | | | |
| | | | | | | | | | | | | | | |
| | | | | | | | | | | | | | | |

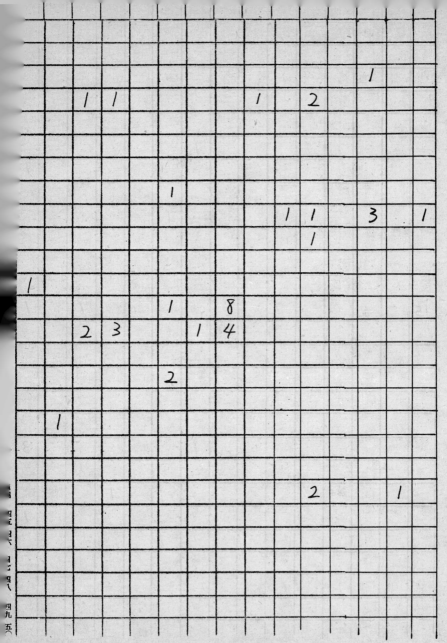

脣音

| | | 一 | 二 | 三 | 四 | 五 | 六 | 七 | 八 | 九 | 一〇 | 一一 | 一二 | 一三 | 一四 | 一五 | 一六 | 一七 | 一八 | 一九 | 二〇 |
|---|---|---|---|---|---|---|---|---|---|---|---|---|---|---|---|---|---|---|---|---|---|
| 蒲 | 步 | | 1 | | | | | | | | | | | | | | | | | | |
| 莫 | 彌 | | | | | | | | | | | | | | | | | 1 | | | |
| 莫 | 莫 | | | | | | | | | | | | | | | | | | | | |
| 才 | 才 | | | | | | | | | | | | | | | | | | 1 | 3 | |
| 芽 | 芽 | | 1 | | | | | | | | | | | | | | | | | | |
| 符 | 符 | | | | | | | | | | | | | | | 3 | | | | | |
| 符 | 房 | | 4 | | | | | | | | | | | | | | | | | | |
| 武 | 武 | 5 | | | | | | | | | | | | | | | | | | | |

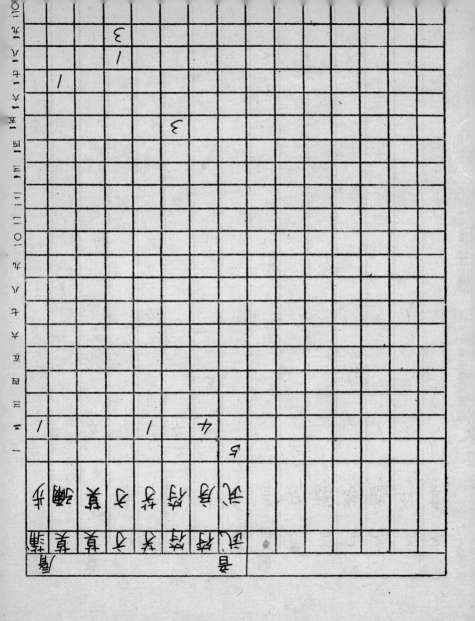

| 齒頭音 | 正齒音 | | | | | | | | | | | | | | |
|---|---|---|---|---|---|---|---|---|---|---|---|---|---|---|---|
| | 子 | 側 | 士 | 時 | 時 | 失 | 失 | 食 | 昌 | 昌 | 之 | 之 | 之 | 之 | 之 |
| | 即 | 莊 | 士 | 時 | 市 | 式 | 失 | 食 | 昌 | 尺 | 諸 | 隻 | 遮 | 征 | 章 |
| 一 | | | | | | 2 | | | | 2 | 1 | | | | 1 |
| 二 | | | 4 | | 2 | 4 | 2 | | | | | | 1 | | |
| 三 | | | | | | | | | | | | | | | |
| 四 | | | | | | | 3 | | | | | 1 | | | |
| 五 | | | | | | | | | | | | | | | |
| 六 | | | | | | | | | | | | | | | |
| 七 | | | | | 7 | | | | | | | | | 1 | |
| 八 | | 1 | | | | | | | | | | | | | |
| 九 | | | | | | | | | | | | | | | |
| 一〇 | | | 1 | | 2 | | | | 1 | | | | | | |
| 一一 | | | | | | | | | | | | | | | |
| 一二 | | | | | | | | | | | | | | | |
| 一三 | | | | | | | | | | | | | | | |
| 一四 | | | | | | | | | | | | | | | |
| 一五 | 5 | | | | | | | | | | | | | | |
| 一六 | | | | | | | | | | | | | | | |
| 一七 | 1 | | | | | | | | 1 | | | | | | |
| 一八 | | | | | | | 1 | | 3 | | | | | | |
| 一九 | | | 1 | | | | | | | | | | | | |
| 二〇 | | | | | | | | | | | | | | | |

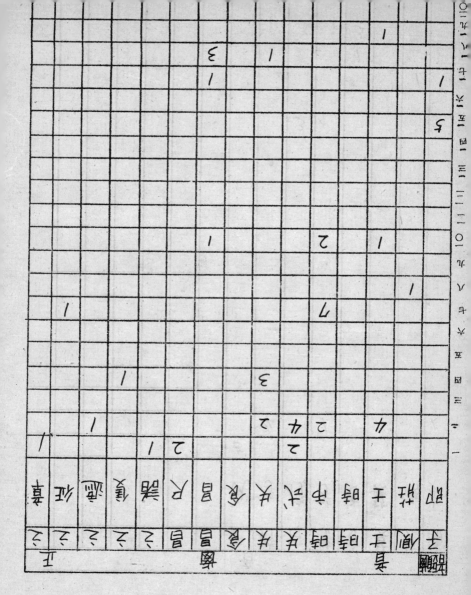

| | | | | | | | | | | | | | | | |
|---|---|---|---|---|---|---|---|---|---|---|---|---|---|---|---|
| 二三 | | | | | | | | | | | | | | | |
| 二四 | | | | | | | | | | | | | | | |
| 二五 | | | 1 | 5 | | 1 | 2 | | | | | | | | |
| 二六 | | | | | | | | | | | | | | | |
| 二七 | | | | | | | | | | | | | | | |
| 二八 | | | | | | | | | | | | | | | |
| 二九 | | | | | | | | | | | | | | | |
| 三〇 | 1 | | | | | | | | | | | | | | |
| 三一 | | | 1 | | | | | | | | | | | | |
| 三二 | | | | | | | | | | 1 | | | | | |
| 三三 | | | 5 | | | | | | | | | | | | 1 |
| 三四 | | | | | | | | | | | | | | | |
| 三五 | | | | | | | | | | | | | | | |
| 三六 | | | | | | | | 1 | | | | | | 1 | |
| 三七 | | | | | | | | | | | | | | | |
| 三八 | | | | | | 1 | | | | | | | | | 1 |
| 三九 | | | | | | | | | | | | | | | |
| 四〇 | | | | | | | | | | | | | | | |
| 四一 | | | | | | | | | | | | | | | |
| 四二 | | | | | | | | | 2 | | | | | 1 | |
| 四三 | | | | | | | | | | | | | | | |
| 四四 | | | | | | | | | | | | | | | |
| 四五 | | | | | | | | | | | | | | | |
| 四六 | | | | | | | | | | | | | | | |
| 四七 | | | | | | | | | | | | | | | |
| 四八 | | | | | | | | | | | | | | | |
| 四九 | | | | | | | | | | | | | | | |
| 五〇 | | | | | | | | | | | | | | | |

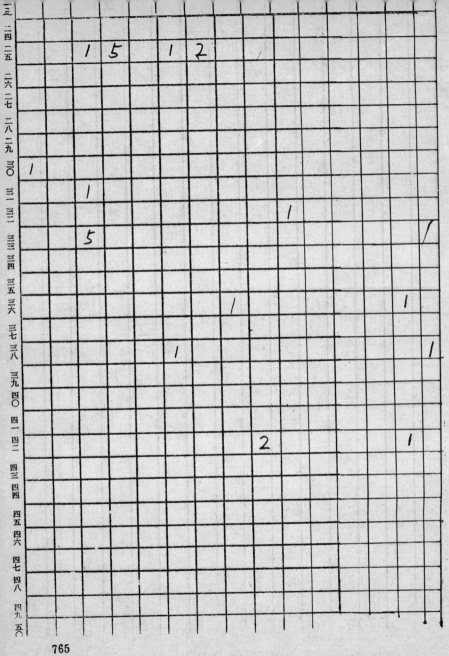

表三十五 蕭韻

| 序 | 聲調 | 龍書韻類代表字 | 龍書所用反切下字 | 四聲等子等第 | 喉音 烏（於） | 喉音 烏（烏） | 喉音 許（許） | 喉音 許（呼） | 喉音 胡（胡） | 喉音 胡（回） | 喉音 于（又） | 牙音 古（古） | 牙音 古（去） |
|---|---|---|---|---|---|---|---|---|---|---|---|---|---|
| 〇一 | 平聲 | 聊 | 聊 | 4 | | | | | | | | 1 | |
| 〇二 | | | 堯 | 4 | 5 | | 2 | | | | | 7 | 2 |
| 〇三 | | | 彫 | ④ | | | | | | | | | |
| 〇四 | | | 幺 | 4 | | | 5 | | | | | | |
| 〇五 | | | 澆 | 4 | | | | | | | | | |
| 〇六 | | | 迢 | ④ | | | | | | | | | |
| 〇七 | | | 刁 | ④ | | | | | | | | | |
| 〇八 | 上聲 | 了 | 了 | 4 | | 11 | | | 2 | | 1 | 9 | |
| 〇九 | | | 鳥 | 4 | | 1 | | 2 | | | | | |
| 一〇 | | | 皎 | 4 | | 2 | | | | | | | |
| 一一 | | | | | | | | | | | | | |
| 一二 | 去聲 | 弔 | 弔 | 4 | | | | | | 1 | | 3 | |
| 一三 | | | 叫 | 4 | | | | | | | | | |
| 一四 | | | | | | | | | | | | | |
| 一五 | | | | | | | | | | | | | |
| 一六 | | | | | | | | | | | | | |
| 一七 | | | | | | | | | | | | | |
| 一八 | | | | | | | | | | | | | |
| 一九 | | | | | | | | | | | | | |
| 二〇 | | | | | | | | | | | | | |
| 二一 | | | | | | | | | | | | | |
| 二二 | | | | | | | | | | | | | |
| 二三 | | | | | | | | | | | | | |

（表頭：發音部位／龍書聲類代表字；相逢字數：龍書所用反切上字 × 龍書所用反切下字）

| 半舌音 | | 舌頭音 | | | | | | | | | | 牙音 | | | |
|---|---|---|---|---|---|---|---|---|---|---|---|---|---|---|---|
| 力 | 力 | 奴 | 奴 | 徒 | 徒 | 徒 | 徒 | 他 | 都 | 都 | 都 | 五 | 苦 | 古 | |
| 力 | 落 | 寧 | 奴 | 亭 | 徒 | 土 | 吐 | 他 | 都 | 多 | 丁 | 五 | 苦 | 居 | |
| | | | | 1 | 13 | | | | 8 | | 2 | 1 | | | 〇一 |
| 1 | 1 | | | | | | | 1 | | | | | | | 〇二 |
| | | | | | 1 | 2 | | 6 | | | | | | | 〇三 |
| | | | | | | | | | | | | | 2 | | 〇四 |
| | | | | | | | | | | | | | | | 〇五 |
| | | | | | | | | | | | | | | | 〇六 |
| | | | | | | | | | | | | | | | 〇七 |
| | | 1 | 9 | 1 | 8 | | 1 | 2 | 1 | | 2 | | | | 〇八 |
| 1 | | | 4 | | | | | | | | | | | | 〇九 |
| | | | | | | | | | | | | | | | 一〇 |
| | | | | | | | | | | | | | | | 一一 |
| 6 | | | 1 | | 6 | | | 15 | | | | 2 | 3 | | 一二 |
| | | | | | | | | | | 2 | | | | | 一三 |
| | | | | | | | | | | | | | | | 一四 |
| | | | | | | | | | | | | | | | 一五 |
| | | | | | | | | | | | | | | | 一六 |
| | | | | | | | | | | | | | | | 一七 |
| | | | | | | | | | | | | | | | 一八 |
| | | | | | | | | | | | | | | | 一九 |
| | | | | | | | | | | | | | | | 二〇 |
| | | | | | | | | | | | | | | | 二一 |
| | | | | | | | | | | | | | | | 二二 |

| | 正齒 | 正齒音 | 齒頭 | | | 音 | 脣 | | | 音 |
|---|---|---|---|---|---|---|---|---|---|---|
| | 昌 | 昌 | 子 | 蘇 | 所 | 蘇 | 必 | 必 | 匹 | 符 |
| | 昌 | 時 | 子 | 蘇 | 所 | 先 | 必 | 并 | 普 | 扶 |
| 一 | | | 1 | | | | | | | |
| 二 | | | | | | | 1 | | | |
| 三 | | | | 10 | | | | | | |
| 四 | | | | | | | 1 | | | |
| 五 | | | | | | | | | 1 | |
| 六 | | | | | 1 | | | | | |
| 七 | | 1 | | | | | | | | |
| 八 | 1 | | 3 | | | 1 | | | | 1 |
| 九 | | | | | | 1 | | | | |
| 一〇 | | | | | | | | | | |
| 一一 | | | | | | | | | | |
| 一二 | | | | 2 | | | | | | |
| 一三 | | | | | | | | 1 | | |
| 一四 | | | | | | | | | | |
| 一五 | | | | | | | | | | |
| 一六 | | | | | | | | | | |
| 一七 | | | | | | | | | | |
| 一八 | | | | | | | | | | |
| 一九 | | | | | | | | | | |
| 二〇 | | | | | | | | | | |
| 二一 | | | | | | | | | | |
| 二二 | | | | | | | | | | |
| 二三 | | | | | | | | | | |

| 牙音 | | | | | | | | 舌上音 | | | | | 半舌音 | 半齒音 |
|---|---|---|---|---|---|---|---|---|---|---|---|---|---|---|
| 古 | 苦 | 苦 | 苦 | 苦 | 渠 | 渠 | 五 | 陟 | 丑 | 丑 | 直 | 直 | 力 | 而 |
| 居 | 去 | 丘 | 起 | 羌 | 渠 | 巨 | 牛 | 陟 | 敕 | 丑 | 直 | 治 | 力 | 如 |
| | 1 | | | 1 | 1 | | | 2 | | | 2 | | 1 | |
| | | | | | | | | | | | | | | 1 |
| | | | | | | | | | | | | | | |
| | 2 | | | | | | | | | | | | | |
| 3 | 1 | | 1 | | 1 | | | | | | | | | |
| | | | | | 4 | | | | | | | | | |
| | | | | | 1 | 1 | | | | | | | | |
| | | | | | | | | | | | | | | |
| | 1 | | 2 | | | | | | | | | | | |
| | | | | | | | | | | | | | | |
| | | | | | | | | | | | | | | |
| | | | | | | | | | | | | | | 1 |
| | | | | | | | | | | | | | | |
| | | | | | | | | | | | | | | |
| 1 | | | | | | | | | | | | | | |
| | | | | | 1 | | | | | | | | | |
| | | | | | | | | 1 | | | | | | |
| | | | | | | | | | 1 | | | | | |
| | | | | | 1 | | | | | | | | | |
| | | | | | | | | | | 2 | | 2 | | |

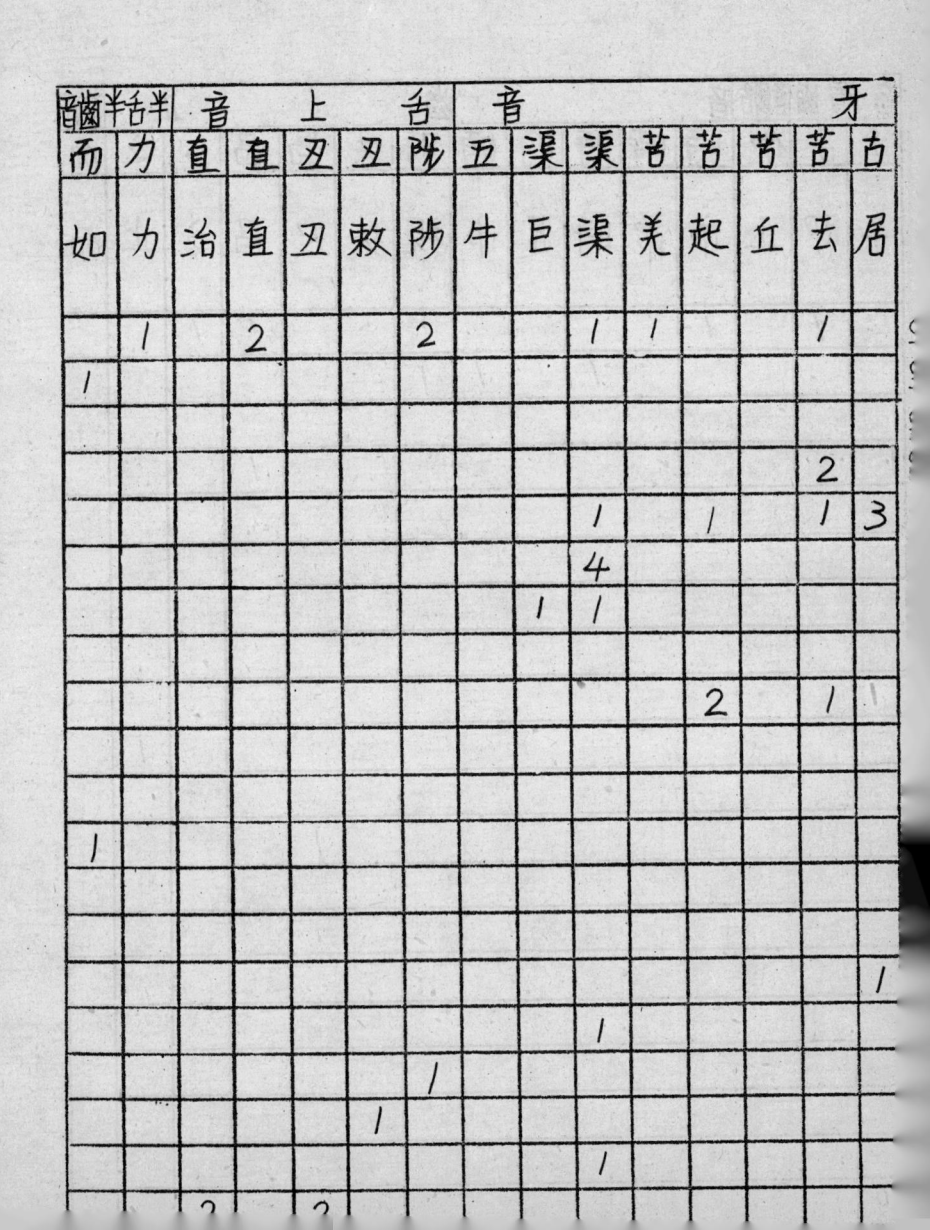

| 音頭齒 | | 音頭舌 | 音 | | | | | 齒 | | | | 正 | | 音齒半 |
|---|---|---|---|---|---|---|---|---|---|---|---|---|---|---|
| 子 | 子 | 他 | 時 | 時 | 時 | 時 | 時 | 時 | 失 | 昌 | 昌 | 之 | 之 | 而 |
| 子 | 即 | 土 | 市 | 常 | 時 | 是 | 市 | 視 | 失 | 尺 | 昌 | 之 | 止 | 而 |
| | / | | / | | | | | | | | / | / | | |
| | | | | | / | | / | / | | | | | | |
| | | | | | | | | | | | | | | |
| | | | | | | | | | | | / | | | |
| | | | | | | | | | | | | | | |
| | | | | | | | | | | | | | | |
| | | | | | | | | | | | | | | |
| | | | | | | | | | | | | | | |
| / | | | | | | | | | | | | | | |
| | | | | | | | | | | | | | / | |
| | | | | | | | | | | | | | | |
| | | | | | | | | | | / | | | | |

0

| 脣音 | | | | | | | 齒頭音 | | | | | | | | |
|---|---|---|---|---|---|---|---|---|---|---|---|---|---|---|---|
| 四 | 必 | 必 | 必 | 必 | 必 | 必 | 蘇 | 蘇 | 蘇 | 昨 | 昨 | 昨 | 七 | 七 | |
| 四 | 布 | 并 | 筆 | 卑 | 必 | 悲 | 私 | 蘇 | 息 | 昨 | 才 | 在 | 親 | 七 | |
| 5 | 10 | | | | 4 | | | | | | | | | 1 | 一 |
| 7 | | | | | | | | | | | | | | | 二 |
| | | | | | | | | | | 10 | | 1 | | | 三 |
| 1 | | | | | | | | 1 | | | | | | | 四 |
| | | | | | | | | | | | | | | | 五 |
| | | | | | | | | | | | | | | | 六 |
| | | | 2 | | | | | | | | | | | | 七 |
| | | | | | | | | | | | | | | | 八 |
| | | | | | | | | | | | | | | | 九 |
| | | | | | 1 | | | | | | | | | | 一〇 |
| | | | | | | | | | | | | | | | 一一 |
| | | | | | | | | | | | | | | | 一二 |
| | | | | | | | | | | | | | | | 一三 |
| | | | | | | | | | | | | | | | 一四 |
| | | | | | | | | | | | | | | | 一五 |
| | | | | | | | | | | | | | | | 一六 |
| | | | | | | | | | | | | | | | 一七 |
| | | | | | | | | | | | | | | | 一八 |
| | | | | | | | | | | | | | | | 一九 |
| 1 | | | | 1 | 1 | | | | | | | | 1 | 2 | 二〇 |

表三十六 宵韻

聲調：平聲

龍書韻類代表字：遙

| | | 發音部位 | 喉音 | | | | | | | |
|---|---|---|---|---|---|---|---|---|---|---|
| | | 龍書聲類代表字 | 烏 | 烏 | 許 | 羊 | 羊 | 羊 | 羊 | 羊 | 羊 |
| | 四聲等第 | 龍書所用反切下字 ＼ 相逢字數 ＼ 龍書所用反切上字 | 於 | 一 | 許 | 羊 | 與 | 弋 | 余 | 以 | 亦 |
| 〇一 | ④ | 遙 | | | | | | | | | |
| 〇二 | 3 | 昭 | | | | 1 | | | 5 | | |
| 〇三 | ④ | 焦 | | | | | | | | | |
| 〇四 | ④ | 逍 | | 1 | | | | | | | |
| 〇五 | 3 | 喬 | 2 | | 1 | | | | | | |
| 〇六 | 3 | 嬌 | 1 | | | | | | | | |
| 〇七 | 3 | 苗 | | | | | | | | | |
| 〇八 | ③ | 僑 | | | 3 | | | | | | |
| 〇九 | 3 | 囂 | | | | | | | | | |
| 一〇 | ④ | 搖 | | | | | | | | | |
| 一一 | ④ | 消 | 2 | | | | | | | | |
| 一二 | ③ | 招 | | | | | | | | | |
| 一三 | 3 | 饒 | | | 1 | | | | | | |
| 一四 | ③ | 橋 | | | 1 | | | | | | |
| 一五 | 3 | 朝 | | | | | | | | | |
| 一六 | 3 | 妖 | | | | | | | | | |
| 一七 | ③ | 驕 | | | | | | | | | |
| 一八 | ④ | 宵 | | | | | | | | | |
| 一九 | ④ | 姚 | | | | | | | | | |
| 二〇 | ④ | 小 | 5 | | | 1 | | | | 1 | |

去聲

笑

| | | |
|---|---|---|
| 夭 | 3 | |
| 兆 | 3 | |
| 遶 | 3 | |
| 眇 | ④ | |
| 笑 | ④ | 4 3 |
| 妙 | 4 | |
| 照 | 3 | 1 1 |
| 召 | 3 | |
| 廟 | 3 | |
| 肖 | ④ | |

| | | | | | | | | | | | | | | |
|---|---|---|---|---|---|---|---|---|---|---|---|---|---|---|
| | | | | | | 1 | | | | | | | | 二三 |
| | | | | | | | | | | | | | | 二四 |
| | | | | | | | | | | | | | | 二五 |
| | | 1 | | | | | | | | | | | | 二六 |
| | | | | 1 | | | | | | | 5 | | 3 | 二七 |
| 8 | | | | | 2 | | | | 3 | | | | | 二八 |
| | | | | | | | | | | | | | | 二九 |
| 1 | | | | | | | | | | | | | | 三〇 |
| | | | | | | | | | | | | | | 三一 |
| | | | | | | | | | | | | | | 三二 |
| | | | | | | | | | | | | | | 三三 |
| | | | | | | | | | | | | | | 三四 |
| | | | | | | | | | | | | | | 三五 |
| | | | | | | | | | | | | | | 三六 |
| | | | | | | | | | | | | | | 三七 |
| | | | | | | | | | | | | | | 三八 |
| | | | | | | | | | | | | | | 三九 |
| | | | | | | | | | | | | | | 四〇 |
| | | | | | | | | | | | | | | 四一 |
| | | | | | | | | | | | | | | 四二 |
| | | | | | | | | | | | | | | 四三 |
| | | | | | | | | | | | | | | 四四 |
| | | | | | | | | | | | | | | 四五 |
| | | | | | | | | | | | | | | 四六 |
| | | | | | | | | | | | | | | 四七 |
| | | | | | | | | | | | | | | 四八 |
| | | | | | | | | | | | | | | 四九 |
| | | | | | | | | | | | | | | 五〇 |

脣符
符
2

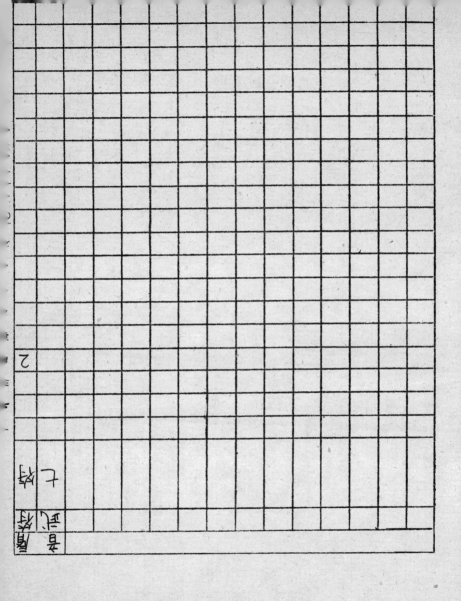

音武
七

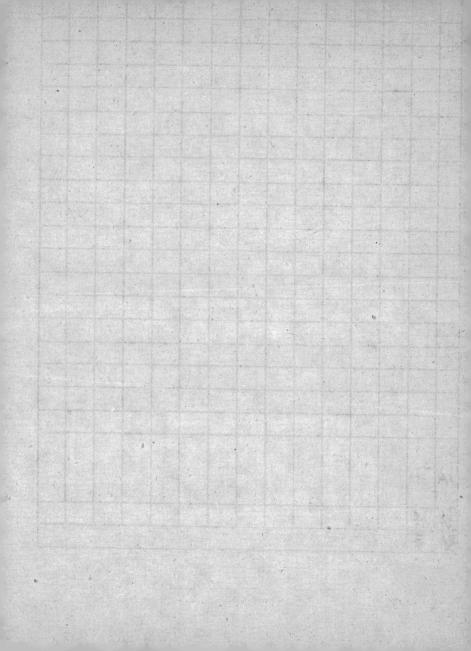

| | 脣音 | | | | | | | | | | | | | | |
|---|---|---|---|---|---|---|---|---|---|---|---|---|---|---|---|
| | 符 | 符 | 芳 | 芳 | 芳 | 方 | 方 | 方 | 方 | 莫 | 莫 | 莫 | 莫 | 蒲 | 蒲 |
| | 房 | 扶 | 芳 | 敷 | 撫 | 旁 | 方 | 付 | 甫 | 覓 | 名 | 明 | 彌 | 平 | 毗 |
| 一 | | 1 | | | | | | | | | | | 2 | | |
| 二 | | | | 1 | 1 | | | | | | | | | | |
| 三 | | | | | | | | | | | | | | | |
| 四 | | | | | | | | | | | | | | | 2 |
| 五 | | | | | | | | | | | | | | | |
| 六 | | | | | | | | | 3 | | | | | | |
| 七 | | | | | | | | | 1 | | | | | | |
| 八 | | | | | | | | | | | | | | | |
| 九 | | | | | | | | | | | | | | | |
| 一〇 | | | | | | | | | | | | | 1 | | |
| 一一 | | | | | | | | | | | | | | | |
| 一二 | | | | | | | | | | | | | | | |
| 一三 | | | | | | | | | | | | | | | |
| 一四 | | | | | | | | | | | | | | | |
| 一五 | | | | | | | | | | | | | | | |
| 一六 | | | | | | | | | | | | | | | |

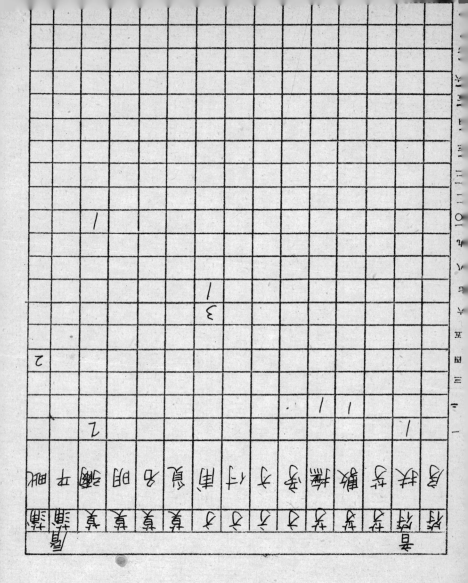

二三
二四
二五
二六
二七
二八
二九
三〇
三一
三二
三三
三四
三五
三六
三七
三八
三九
四〇
四一
四二
四三
四四
四五
四六
四七
四八
四九
五〇

表三十七 肴韻

| 序 | 聲調 | 龍書韻類代表字 | 四聲等子等第 | 龍書所用反切下字 \ 龍書所用反切上字 | 喉音 烏 | 烏 | 許 | 許 | 胡 | 胡 | 胡 | 胡 | 牙音 古 |
| --- | --- | --- | --- | --- | --- | --- | --- | --- | --- | --- | --- | --- | --- |
| | | | | 相逢字數 | 於 | 烏 | 許 | 呼 | 戶 | 下 | 行 | 胡 | 古 |
| 〇一 | 平聲 | 交 | 2 | 交 | 3 | 8 | 7 | 7 | 6 | | 1 | 13 | |
| 〇二 | | | 2 | 包 | | | | | | | | | |
| 〇三 | | | ② | 爻 | | | | | | | | | 1 |
| 〇四 | | | ② | 茅 | | | | | | | | | 1 |
| 〇五 | 上聲 | 巧 | 2 | 巧 | | | | | | 5 | | | 8 |
| 〇六 | | | 2 | 絞 | 1 | 1 | | | | | | | |
| 〇七 | | | 2 | 爪 | | | | | | | | | |
| 〇八 | | | 2 | 卯 | | | | | | | | | |
| 〇九 | 去聲 | 教 | 2 | 教 | 3 | | | | | | | 4 | |
| 一〇 | | | 2 | 孝 | | | | | | | | 2 | 5 |
| 一一 | | | 2 | 皃 | | | | | | | | | |
| 一二 | | | 2 | 效 | | | | | | | | | 1 |
| 一三 | | | 2 | 豹 | | | | | | | | | |
| 一四 | | | | | | | | | | | | | |
| 一五 | | | | | | | | | | | | | |
| 一六 | | | | | | | | | | | | | |
| 一七 | | | | | | | | | | | | | |
| 一八 | | | | | | | | | | | | | |
| 一九 | | | | | | | | | | | | | |
| 二〇 | | | | | | | | | | | | | |
| 二一 | | | | | | | | | | | | | |
| 二二 | | | | | | | | | | | | | |

| | 牙音 | | | | 舌頭 | 舌上音 | | | | | | | | | |
|---|---|---|---|---|---|---|---|---|---|---|---|---|---|---|---|
| | 苦 | 苦 | 五 | 五 | 奴 | 陟 | 陟 | 陟 | 陟 | 陟 | 陟 | 丑 | 直 | 女 | |
| | 口 | 苦 | 五 | 厄 | 奴 | 摘 | 卓 | 竹 | 張 | 陟 | 知 | 敕 | 直 | 女 | 尼 |
| 〇一 | 11 | 7 | 4 | | 1 | 1 | | | | 5 | | 2 | | 7 | |
| 〇二 | | | | | | | | | | | | | | | |
| 〇三 | | | | | | | | | | | | | | | |
| 〇四 | | | | | | | | | | | | | | | |
| 〇五 | | | 4 | | 4 | | | | | | | | | | |
| 〇六 | | | | 1 | | | | | 1 | 1 | | | | | |
| 〇七 | | | | | | | | | | | | | | | |
| 〇八 | | | | | | | | | | | | | | | |
| 〇九 | 2 | | 1 | | 4 | | 1 | 1 | | | 3 | 3 | 1 | | 2 |
| 一〇 | | | | | | | | | | 1 | | | | | |
| 一一 | | | | | | | | | | | | | | | |
| 一二 | | | | | | | | | | | | | | | |
| 一三 | | | | | | | | | | | | | | | |
| 一四 | | | | | | | | | | | | | | | |
| 一五 | | | | | | | | | | | | | | | |
| 一六 | | | | | | | | | | | | | | | |
| 一七 | | | | | | | | | | | | | | | |
| 一八 | | | | | | | | | | | | | | | |
| 一九 | | | | | | | | | | | | | | | |
| 二〇 | | | | | | | | | | | | | | | |
| 二一 | | | | | | | | | | | | | | | |
| 二二 | | | | | | | | | | | | | | | |

| | 脣音 | | | | | | | 正齒音 | | | | | | | |
|---|---|---|---|---|---|---|---|---|---|---|---|---|---|---|---|
| | 蒲 | 蒲 | 匹 | 必 | 必 | 必 | 必 | 所 | 所 | 士 | 士 | 初 | 初 | 側 | 昌 |
| | 蒲 | 百 | 普 | 匹 | 布 | 比 | 包 | 所 | 山 | 士 | 鋤 | 初 | 楚 | 側 | 尺 |
| 一 | 7 | | | 4 | 4 | | | 14 | 1 | 3 | 2 | 5 | 2 | 3 | |
| 二 | | | 1 | | | | | | | | | | | | |
| 三 | | | | | | | | | | | | | | | |
| 四 | | | | | | | | | | | | | | | |
| 五 | | | | | | | | | | | | 4 | | 3 | 3 |
| 六 | | | | | | | | | | | | | | 2 | |
| 七 | | | | | | | | 1 | | | | | | | |
| 八 | | | | 1 | | | | | | | | | | | |
| 九 | 2 | 1 | 2 | | 2 | 1 | 1 | 3 | | | | 3 | | | 1 |
| 一〇 | | | | | | | | | | | | 1 | | | |
| 一一 | | | | 6 | | | | | | | | | | | |
| 一二 | 1 | | | | | | | | | | | | | | |
| 一三 | | | | | | | | | | | | | | | |
| 一四 | | | | | | | | | | | | | | | |
| 一五 | | | | | | | | | | | | | | | |
| 一六 | | | | | | | | | | | | | | | |
| 一七 | | | | | | | | | | | | | | | |
| 一八 | | | | | | | | | | | | | | | |
| 一九 | | | | | | | | | | | | | | | |
| 二〇 | | | | | | | | | | | | | | | |
| 二一 | | | | | | | | | | | | | | | |
| 二二 | | | | | | | | | | | | | | | |
| 二三 | | | | | | | | | | | | | | | |

| | 唇音 | | | | |
|---|---|---|---|---|---|
| | 蒲 | 蒲 | 莫 | 莫 | 符 |
| | 薄 | 步 | 麥 | 莫 | 防 |
| 一 | 1 | 7 | 1 | 2 | |
| 二 | | | 1 | 1 | |
| 三 | | | | | |
| 四 | | | | | |
| 五 | 1 | | | 1 | |
| 六 | | | | | |
| 七 | | | | | |
| 八 | | | | | |
| 九 | | 1 | | | |
| 一〇 | | | | | 1 |
| 一一 | | | | | |
| 一二 | | | | | |
| 一三 | | | | 1 | |
| 一四 | | | | | |
| 一五 | | | | | |
| 一六 | | | | | |
| 一七 | | | | | |
| 一八 | | | | | |
| 一九 | | | | | |
| 二〇 | | | | | |
| 二一 | | | | | |
| 二二 | | | | | |
| 二三 | | | | | |

表三十八 豪韻

| | 聲調 | 龍書韻類代表字 | 四聲等子等第 | 相逢字數 / 龍書所用反切下字 | 喉音 烏 | 喉音 烏 | 喉音 許 | 喉音 胡 | 喉音 胡 | 牙音 古 | 牙音 苦 | 牙音 五 | 舌頭音 都 |
|---|---|---|---|---|---|---|---|---|---|---|---|---|---|
| 發音部位 | | | | | 喉音 | | | | | 牙音 | | | 舌頭音 |
| 龍書聲類代表字 | | | | | 烏 | 烏 | 許 | 胡 | 胡 | 古 | 苦 | 五 | 都 |
| 龍書所用反切上字 | | | | | 於 | 烏 | 呼 | 胡 | 戶 | 古 | 苦 | 五 | 都 |
| 〇一 | 平聲 | 刀 | 一 | 刀 | 2 | 1 | | 9 | | | 2 | | |
| 〇二 | | | 一 | 高 | | 1 | 4 | | 1 | | 2 | 28 | |
| 〇三 | | | 一 | 勞 | | | 1 | | | 1 | | 1 | 1 |
| 〇四 | | | 一 | 毛 | | | 2 | | | | | | |
| 〇五 | | | ① | 遭 | | | | | | | | | |
| 〇六 | | | 一 | 曹 | | | | | | | | | |
| 〇七 | | | | | | | | | | | | | |
| 〇八 | | | 一 | 袍 | | | | | | | | | |
| 〇九 | 上聲 | 老 | 一 | 老 | | 7 | 1 | 13 | | 8 | 5 | 1 | 9 |
| 一〇 | | | 一 | 好 | | | | | | | | | |
| 一一 | | | 一 | 討 | | | | | | | | | |
| 一二 | | | 一 | 皓 | | | | | | | | | |
| 一三 | | | 一 | 草 | | | | | | | | | |
| 一四 | 去聲 | 到 | 一 | 到 | | 1 | 3 | | | | 3 | 3 | |
| 一五 | | | 一 | 報 | | | | | | | | | |
| 一六 | | | 一 | 告 | 1 | 3 | | | | | 2 | 2 | 1 |
| 一七 | | | 一 | 號 | | | | | | | | | |
| 一八 | | | | | | | | | | | | | |
| 一九 | | | | | | | | | | | | | |
| 二〇 | | | | | | | | | | | | | |
| 二一 | | | | | | | | | | | | | |
| 二二 | | | | | | | | | | | | | |

| 音 | 頭 | | | | 齒 | 音 | 舌 | | 半 | 音 | 頭 | | | 舌 | |
|---|---|---|---|---|---|---|---|---|---|---|---|---|---|---|---|
| 昨 | 七 | 七 | 子 | 子 | 子 | 力 | 力 | 力 | 力 | 奴 | 徒 | 他 | 他 | 他 | |
| 昨 | 七 | 倉 | 則 | 祖 | 作 | 盧 | 落 | 魯 | 郎 | 奴 | 徒 | 吐 | 土 | 他 | |
| | 1 | 2 | | | | | | 2 | | 9 | 20 | 1 | 4 | 20 | 〇一 |
| | | | | | | | | | | | | | | | 〇二 |
| 2 | | | | | 2 | | | | | | | | | | 〇三 |
| | | | | | | | | | | | | | | | 〇四 |
| | | | | | | | | | | | | | | | 〇五 |
| | | | | | 1 | | | | | | | | | | 〇六 |
| | | | | | | | | | | | | | | | 〇七 |
| | | | | | | | | | | | | | | | 〇八 |
| | | 1 | | | 1 | | | | | 2 | 1 | | | 2 | 〇九 |
| | | | | | | | 1 | | | 1 | | | | | 一〇 |
| | | | | | | | | 1 | | | | | | | 一一 |
| | | | | | | 1 | | | | | | | | | 一二 |
| 1 | | | | | | | | | | | | | | | 一三 |
| | 3 | | 1 | | | | | | 4 | 3 | 5 | | | | 一四 |
| | | | | | | | | | | | | | | | 一五 |
| | | | | 1 | | | | | | | | | | | 一六 |
| | | | | | | | | | 1 | | | | | | 一七 |
| | | | | | | | | | | | | | | | 一八 |
| | | | | | | | | | | | | | | | 一九 |
| | | | | | | | | | | | | | | | 二〇 |
| | | | | | | | | | | | | | | | 二一 |
| | | | | | | | | | | | | | | | 二二 |

| | | | | 脣音 | | | | | | | 齒頭音 | | | | |
|---|---|---|---|---|---|---|---|---|---|---|---|---|---|---|---|
| | | | | 莫 | 蒲 | 蒲 | 蒲 | 匹 | 必 | 必 | 蘇 | 蘇 | 蘇 | 昨 | 昨 |
| | | | | 莫 | 步 | 蒲 | 薄 | 普 | 必 | 博 | 先 | 蘇 | 桑 | 在 | 徂 |
| 一 | | | | | | | | | | | | 6 | 1 | | |
| 二 | | | | | | | | 1 | | | | | | | |
| 三 | | | | 1 | | | | | | | | | | | |
| 四 | | | | | | | 2 | | | 4 | | | | | |
| 五 | | | | | | | | | | | | 3 | | | |
| 六 | | | | | | | | | | | | | | | |
| 七 | | | | | | | | | | | | | | | |
| 八 | | | | 1 | | | | | | | | | | | |
| 九 | | | | | | | 1 | | 1 | | | 5 | 1 | | |
| 一〇 | | | | | | | | | | | | | | | |
| 一一 | | | | | | | | | | | | | | | |
| 一二 | | | | | | | | | | | | | | | |
| 一三 | | | | | | | | | | | | | | | |
| 一四 | | | | | | | | | | | 1 | 5 | 1 | 1 | |
| 一五 | | | | 17 | 2 | 3 | 4 | | | | | | | | |
| 一六 | | | | 1 | | | | | | | | | | | 1 |
| 一七 | | | | | | | | | | | | | | | |
| 一八 | | | | | | | | | | | | | | | |
| 一九 | | | | | | | | | | | | | | | |
| 二〇 | | | | | | | | | | | | | | | |
| 二一 | | | | | | | | | | | | | | | |
| 二二 | | | | | | | | | | | | | | | |
| 二三 | | | | | | | | | | | | | | | |

## 表三十九 歌韻

| | 聲調 | 龍書韻類代表字 | 四聲等子等第 | 龍書聲類代表字（龍書所用反切下字 ╲ 相逢字數 ╲ 龍書所用反切上字） | 喉：烏（烏） | 喉：許（虛） | 喉：許（許） | 喉：許（呼） | 喉：羊（以） | 牙音：古（古） | 牙音：苦（苦） | 牙音：五（五） | 舌頭：都（得） |
|---|---|---|---|---|---|---|---|---|---|---|---|---|---|
| 〇一 | 平聲 | | 1 | 何 | 2 | | 1 | | | 1 | 3 | 2 | 1 |
| 〇二 | | | 1 | 那 | | | | | 1 | | | | |
| 〇三 | | 何 | 1 | 哥 | | | | | | | | | |
| 〇四 | | | | | | | | | | | | | |
| 〇五 | | | 1 | 多 | | | | | | | | | |
| 〇六 | 上聲 | | 1 | 可 | 8 | | | 3 | | | | | |
| 〇七 | | 可 | 1 | 我 | | 2 | | | | 3 | 2 | | |
| 〇八 | | | 1 | 荷 | | | | | | 1 | | | |
| 〇九 | 去聲 | | 1 | 个 | | | | 1 | | | 2 | | |
| 一〇 | | 个 | 1 | 佐 | | | | | | | | | |
| 一一 | | | 1 | 賀 | | | | | | | | | |
| 一二 | | | | | | | | | | | | | |
| 一三 | | | | | | | | | | | | | |
| 一四 | | | | | | | | | | | | | |
| 一五 | | | | | | | | | | | | | |
| 一六 | | | | | | | | | | | | | |
| 一七 | | | | | | | | | | | | | |
| 一八 | | | | | | | | | | | | | |
| 一九 | | | | | | | | | | | | | |
| 二〇 | | | | | | | | | | | | | |
| 二一 | | | | | | | | | | | | | |
| 二二 | | | | | | | | | | | | | |

| 齒頭音 | | | | 半舌音 | | | | | 舌頭音 | | | | | | |
|---|---|---|---|---|---|---|---|---|---|---|---|---|---|---|---|
| 七 | 七 | 七 | 子 | 力 | 力 | 力 | 力 | 力 | 奴 | 直 | 他 | 他 | 都 | 都 | |
| 七 | 千 | 倉 | 則 | 盧 | 勤 | 力 | 郎 | 來 | 奴 | 徒 | 他 | 吐 | 當 | 丁 | |
| 5 | | 2 | | | | 1 | | | 3 | 5 | | 1 | | | 〇一 |
| | | | | | | | | | | | | | | | 〇二 |
| | | | | | | | | | | 1 | | | | | 〇三 |
| | | | | | | | | | | | | | | | 〇四 |
| | 1 | | | | | | | | | | | | | | 〇五 |
| | | 1 | | | 5 | | 1 | 2 | 9 | 11 | 1 | | 1 | 3 | 〇六 |
| | | | | | | | | | | | | | | | 〇七 |
| | | | | | | | | | | | | | | | 〇八 |
| 1 | | | 2 | 1 | | | 1 | | | | | | | | 〇九 |
| | | | | | | 1 | 3 | | | | | | | 3 | 一〇 |
| | 1 | | | | | | | | 1 | | | | | | 一一 |
| | | | | | | | | | | | | | | | 一二 |
| | | | | | | | | | | | | | | | 一三 |
| | | | | | | | | | | | | | | | 一四 |
| | | | | | | | | | | | | | | | 一五 |
| | | | | | | | | | | | | | | | 一六 |
| | | | | | | | | | | | | | | | 一七 |
| | | | | | | | | | | | | | | | 一八 |
| | | | | | | | | | | | | | | | 一九 |
| | | | | | | | | | | | | | | | 二〇 |
| | | | | | | | | | | | | | | | 二一 |
| | | | | | | | | | | | | | | | 二二 |

| | | | | | | 脣音 | | | | 齒頭音 | | | | |
|---|---|---|---|---|---|---|---|---|---|---|---|---|---|---|
| | | | | | | 武 | 莫 | 蒲 | 匹 | 蘇 | 蘇 | 昨 | 昨 | 昨 |
| | | | | | | 無 | 莫 | 蒲 | 普 | 蘇 | 素 | 昨 | 在 | 才 |
| 一 | | | | | | | | | | | 3 | 14 | 1 | 1 |
| 二 | | | | | | | | | | | | | | |
| 三 | | | | | | | | | | | | | | |
| 四 | | | | | | | | | | | | | | |
| 五 | | | | | | | | | | | | | | |
| 六 | | | | | | 1 | 3 | 1 | 1 | 1 | | | | |
| 七 | | | | | | | | | | | | | | |
| 八 | | | | | | | | | | | | | | |
| 九 | | | | | | | | | | 1 | | | | |
| 一〇 | | | | | | | | | | | | | | |
| 一一 | | | | | | | | | | | | | | |
| 一二 | | | | | | | | | | | | | | |
| 一三 | | | | | | | | | | | | | | |
| 一四 | | | | | | | | | | | | | | |
| 一五 | | | | | | | | | | | | | | |
| 一六 | | | | | | | | | | | | | | |
| 一七 | | | | | | | | | | | | | | |
| 一八 | | | | | | | | | | | | | | |
| 一九 | | | | | | | | | | | | | | |
| 二〇 | | | | | | | | | | | | | | |
| 二一 | | | | | | | | | | | | | | |
| 二二 | | | | | | | | | | | | | | |
| 二三 | | | | | | | | | | | | | | |

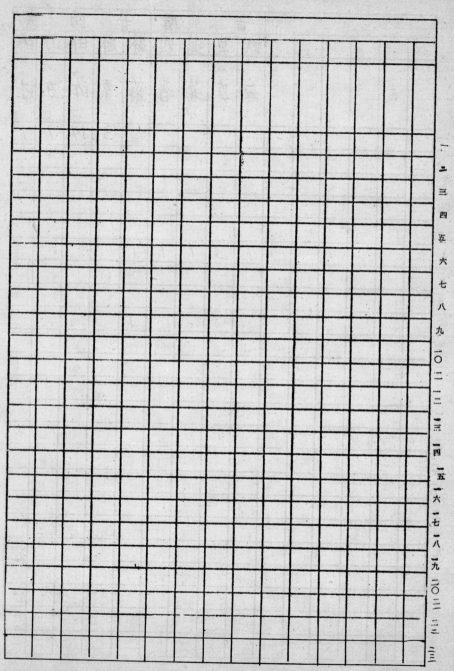

# 表四十 戈韻

| | 聲調 | 龍書韻類代表字 | 四聲等子等第 | 龍書所用切下字及相逢字數 \ 龍書所用切上字 | 安 | 烏 | 一 | 於 | 呼 | 户 | 胡 | 古 | 苦 |
|---|---|---|---|---|---|---|---|---|---|---|---|---|---|
| 發音部位 | | | | | 喉音 | | | | | | | 牙音 | |
| 龍書聲類代表字 | | | | | 烏 | 烏 | 烏 | 烏 | 許 | 胡 | 胡 | 古 | 苦 |
| 01 | 平聲 | 禾 | ① | 禾 | | 5 | | | | | | 4 | 3 |
| 02 | | | 1 | 戈 | | 1 | | | | 1 | | | |
| 03 | | | 1 | 和 | | | | | | | | | 1 |
| 04 | | | 1 | 婆 | | | | | | | | | |
| 05 | | 鞾 | 3 | 鞾 | | | | 1 | | | | | |
| 06 | | 迦 | 3 | 迦 | | | | | | | | | |
| 07 | 上聲 | 果 | 1 | 果 | | 3 | 1 | | 1 | | 8 | | 3 |
| 08 | | | 1 | 火 | | 1 | | | | | | 2 | |
| 09 | 去聲 | 臥 | 1 | 臥 | 1 | 6 | | | | | 1 | 1 | 2 |
| 10 | | | 1 | 過 | | | | | | | | | |
| 11 | | | | | | | | | | | | | |
| 12 | | | | | | | | | | | | | |
| 13 | | | | | | | | | | | | | |
| 14 | | | | | | | | | | | | | |
| 15 | | | | | | | | | | | | | |
| 16 | | | | | | | | | | | | | |
| 17 | | | | | | | | | | | | | |
| 18 | | | | | | | | | | | | | |
| 19 | | | | | | | | | | | | | |
| 20 | | | | | | | | | | | | | |
| 21 | | | | | | | | | | | | | |
| 22 | | | | | | | | | | | | | |

| 半舌音 | | | 舌頭音 | | | | | | | | 牙音 | | | | |
|---|---|---|---|---|---|---|---|---|---|---|---|---|---|---|---|
| 力 | 力 | 力 | 奴 | 徒 | 他 | 他 | 他 | 都 | 都 | 都 | 五 | 渠 | 苦 | 苦 | |
| 郎 | 盧 | 落 | 奴 | 徒 | 土 | 他 | 吐 | 都 | 丁 | 多 | 五 | 求 | 丘 | 口 | |
| 1 | | 1 | 2 | 5 | 2 | | 1 | | | | 6 | | | | 〇一 |
| | 1 | 15 | | | | | | | 1 | | 1 | | | | 〇二 |
| | | | | 1 | | | | | | | | | | | 〇三 |
| | | | | | | | | | | | | | | | 〇四 |
| | | | | | | | | | | | | | | | 〇五 |
| | | | | | | | | | 10 | | | 2 | 1 | | 〇六 |
| 12 | | | 1 | 12 | | 9 | | 4 | | 1 | 5 | | | | 〇七 |
| | | | 1 | | | | | | | | | | | | 〇八 |
| 1 | 2 | | 4 | 7 | 1 | 3 | | 1 | 1 | | | | | 1 | 〇九 |
| | | | | | | | | | | | | | | | 一〇 |
| | | | | | | | | | | | | | | | 一一 |
| | | | | | | | | | | | | | | | 一二 |
| | | | | | | | | | | | | | | | 一三 |
| | | | | | | | | | | | | | | | 一四 |
| | | | | | | | | | | | | | | | 一五 |
| | | | | | | | | | | | | | | | 一六 |
| | | | | | | | | | | | | | | | 一七 |
| | | | | | | | | | | | | | | | 一八 |
| | | | | | | | | | | | | | | | 一九 |
| | | | | | | | | | | | | | | | 二〇 |
| | | | | | | | | | | | | | | | 二一 |
| | | | | | | | | | | | | | | | 二二 |

| | 音 | | | 脣 | 音 | | | | | 頭 | | | | 齒 | 齒半 |
|---|---|---|---|---|---|---|---|---|---|---|---|---|---|---|---|
| | 蒲 | 四 | 必 | 必 | 蘇 | 蘇 | 蘇 | 蘇 | 昨 | 七 | 七 | 七 | 子 | 子 | 力 |
| | 步 | 普 | 補 | 布 | 蘇 | 先 | 素 | 藏 | 昨 | 倉 | 醋 | 麁 | 祖 | 則 | 力 |
| 一 | | 1 | | | 4 | | 1 | 1 | 3 | | 1 | | | | |
| 二 | | | | | | | | | | | | | | | 2 |
| 三 | | | | | 2 | | 1 | | | | | | | | |
| 四 | | | | | | | | | | | | | | | |
| 五 | | | | | | | | | | | | | | | |
| 六 | | | | | | | | | | | | | | | |
| 七 | | | | | 8 | 1 | | | | 2 | | | | | 1 |
| 八 | | 5 | 1 | 5 | | | | | | | | | | | |
| 九 | 1 | | | 1 | | 1 | | | | 2 | | 1 | 1 | 3 | 2 |
| 一〇 | | | 3 | 1 | | | | | | | | | | | |
| 一一 | | | | | | | | | | | | | | | |
| 一二 | | | | | | | | | | | | | | | |
| 一三 | | | | | | | | | | | | | | | |
| 一四 | | | | | | | | | | | | | | | |
| 一五 | | | | | | | | | | | | | | | |
| 一六 | | | | | | | | | | | | | | | |
| 一七 | | | | | | | | | | | | | | | |
| 一八 | | | | | | | | | | | | | | | |
| 一九 | | | | | | | | | | | | | | | |
| 二〇 | | | | | | | | | | | | | | | |
| 二一 | | | | | | | | | | | | | | | |
| 二二 | | | | | | | | | | | | | | | |
| 二三 | | | | | | | | | | | | | | | |

| | 唇莫 莫 | 音莫 忙 |
|---|---|---|
| 一 | 1 | |
| 二 | | |
| 三 | | |
| 四 | 1 | |
| 五 | | |
| 六 | | |
| 七 | | 1 |
| 八 | 1 | |
| 九 | 2 | |
| 一〇 | | |
| 一一 | | |
| 一二 | | |
| 一三 | | |
| 一四 | | |
| 一五 | | |
| 一六 | | |
| 一七 | | |
| 一八 | | |
| 一九 | | |
| 二〇 | | |
| 二一 | | |
| 二二 | | |
| 二三 | | |

8

| 舌頭音 | | | | | 牙音 | | | | | | 喉音 | | | |
|---|---|---|---|---|---|---|---|---|---|---|---|---|---|---|
| 奴 | 徒 | 徒 | 都 | 都 | 五 | 五 | 苦 | 苦 | 苦 | 古 | 于 | 羊 | 羊 | 胡 |
| 奴 | 亭 | 徒 | 丁 | 都 | 牙 | 五 | 丘 | 口 | 苦 | 古 | 王 | 以 | 羊 | 胡 |
| 2 | | 1 | | | | 2 | 1 | | 3 | | | | | 5 |
| | | | | | | | | | | | | | | |
| | | | | | | | | | | 1 | | | | |
| | | | | 1 | | | | | | | | | | |
| | | | | | | | | | | | | | | |
| | | | | | | | | | | | | 1 | | |
| | | | | | | 2 | | | 4 | | | | | |
| | | | | | | | | | | 7 | | | | |
| | | | | | | | | | | | | | | |
| | | | | | | | | 1 | | 1 | 1 | | | |
| 1 | | | | | | | | | | 3 | | | | |
| | | | | | 1 | | | | | | | | | |
| | | | | | | | | | | 2 | | | | |
| | | | | | | | | 1 | 1 | 5 | | | | 13 |
| 1 | | | | | | 1 | | | | | | | | |
| | | | | | | | | | | | | 2 | 1 | |
| | | | 1 | | | | | | | | | | | |
| | | | | | | | | | | | | | | |
| 1 | | | | | | 4 | | | 6 | | | | | |
| | | | | | | | | 1 | 1 | | | | | |

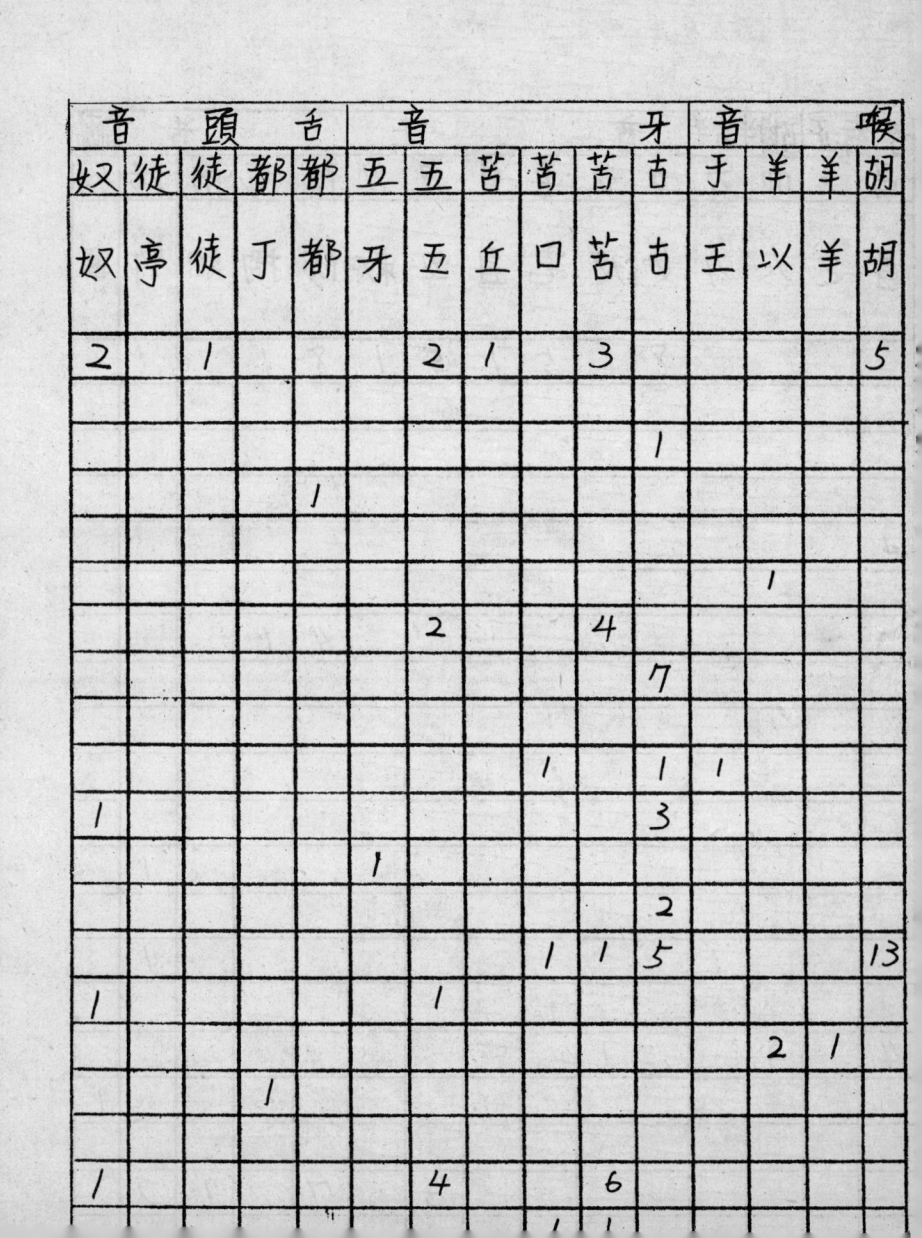

| 音 齒正 | | 音齒半舌半 | | 音 | | | | 上 | | | | 舌 | | 音舌 |
|---|---|---|---|---|---|---|---|---|---|---|---|---|---|---|
| 昌 | 之 | 而 | 力 | 女 | 女 | 直 | 直 | 丑 | 丑 | 陟 | 陟 | 陟 | 陟 | 奴 |
| 昌 | 之 | 人 | 力 | 女 | 尼 | 宅 | 直 | 丑 | 敕 | 陟 | 摘 | 知 | 竹 | 寧 |
| | | | | 8 | | 5 | 1 | 5 | 1 | 8 | 1 | | 1 | |
| | | | | | | | | | | | | | | |
| | | | | | | | | | | | | | | |
| | | | | | | | | | | | | | | |
| 1 | | | | | | | | | | | | | | |
| | | | | | | | | | | | | | | |
| | | | | | | | | | | 4 | 1 | | | |
| | | | | | | | | | | | | | | |
| | | | | | | | | | | | | | | |
| | | | | | | | | | | | | | | |
| | | | | | | | | | | | | | | |
| | | | | | | | | | | | | | 1 | |
| | | | | | | | | | | | | | | |
| | | | 1 | | | | | | | | | | 1 | |
| | | | | | | | | | | | | | | |
| 4 | | 3 | | | 1 | | | | | | | | | |
| | | | | | | | | | | | | | | 1 |
| | | | | | | | | | | | | | | |
| | | | | | | | 3 | | 7 | | | 1 | 2 | |

| | 正齒音 | | | | | | | | | | | | | | |
|---|---|---|---|---|---|---|---|---|---|---|---|---|---|---|---|
| | 所 | 士 | 士 | 士 | 初 | 初 | 側 | 時 | 時 | 時 | 失 | 失 | 食 | 食 | 閩 |
| | 沙 | 鋤 | 床 | 士 | 义 | 初 | 側 | 責 | 時 | 視 | 失 | 式 | 神 | 食 | 軟 |
| 一 | | 2 | | 1 | | 1 | 11 | 1 | | | | | | | |
| 二 | | | | | | | | | | | | | | | |
| 三 | | | | | | | | | | | | | | | |
| 四 | | | | | | | | | | | | | | | |
| 五 | | | | | | | | | | | 2 | 3 | | 1 | |
| 六 | | | | | | | | | | 2 | 1 | | | | |
| 七 | | | | | | | 1 | | | | | | | | |
| 八 | | | | | | | | | | | | | | | |
| 九 | | | | | | | | | | | | | | | |
| 一〇 | | | | | | | 4 | | | | | | | | |
| 一一 | | | | | | | 1 | | | | | | | | |
| 一二 | | | | | | | | | | | | | | | |
| 一三 | | | | | | | | | | | | | | | |
| 一四 | | | | | 1 | 3 | | | | | | | | | |
| 一五 | | | | | | | | | | | | | | | |
| 一六 | | | | | | | | | | | | | | | 3 |
| 一七 | | | | | | | | | | | | | | | |
| 一八 | | | | | | | | | | | | | | | |
| 一九 | | 1 | 1 | | | 1 | 3 | | | | | | | | |

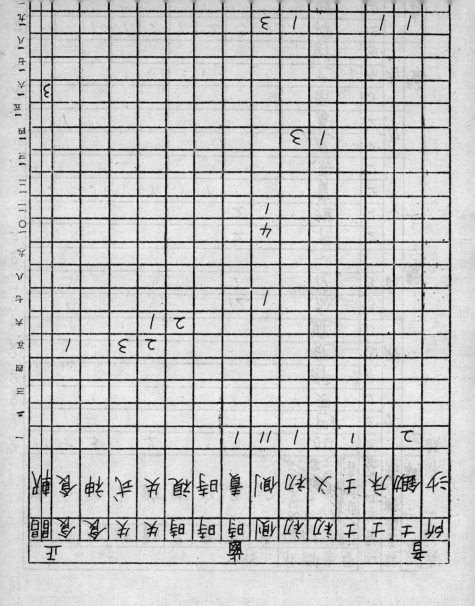

表四十一 麻韻

| | 聲調 | 龍書韻類代表字 | 四聲等第 | 龍書所用反切下字 | 烏 於 | 烏 烏 | 烏 衣 | 烏 依 | 許 許 | 許 火 | 許 呼 | 胡 戶 | 胡 乎 |
|---|---|---|---|---|---|---|---|---|---|---|---|---|---|
| 〇一 | 平聲 | 加 | 2 | 加 | | 3 | | | 2 | | 3 | 9 | 1 |
| 〇二 | | | 2 | 巴 | | | | | | | | | |
| 〇三 | | | 2 | 牙 | | 1 | | | | | 1 | | |
| 〇四 | | 邪 | 4 | 邪 | | | | | | | | | |
| 〇五 | | | ③ | 蛇 | | | | | | | | | |
| 〇六 | | | 3 | 遮 | | | | | | | | | |
| 〇七 | | 瓜 | 3 | 瓜 | | 12 | | | | | | 1 | |
| 〇八 | | | 3 | 花 | | 1 | | | | | | 3 | |
| 〇九 | | | | | | | | | | | | | |
| 一〇 | 上聲 | 下 | 2 | 下 | | 2 | | | | | | | |
| 一一 | | | 2 | 雅 | | 2 | | | | | | | |
| 一二 | | | 2 | 賈 | | | 1 | | 1 | | 1 | | |
| 一三 | | | 2 | 馬 | | | | | | | | | |
| 一四 | | 瓦 | 2 | 瓦 | | | | | | | | 1 | |
| 一五 | | | 2 | 寡 | | | | | | | | | |
| 一六 | | 者 | 3 | 者 | | | | | | | | | |
| 一七 | | | 4 | 也 | | | | | | | | | |
| 一八 | | | ④ | 野 | | | | | | | | | |
| 一九 | 去聲 | | ② | 嫁 | 2 | 3 | 2 | 1 | 1 | 1 | 10 | | |
| 二〇 | | | ② | 訝 | | | | | | | | | |

發音部位：喉音

| | | | | |
|---|---|---|---|---|
| | | 过 | 2 | |
| | 化 | 化 | 2 | |
| | 嫁 | 霸 | 2 | 1 |
| | | 夜 | 4 | |
| 聲 | 夜 | 謝 | 4 | |
| | | 舍 | 3 | |

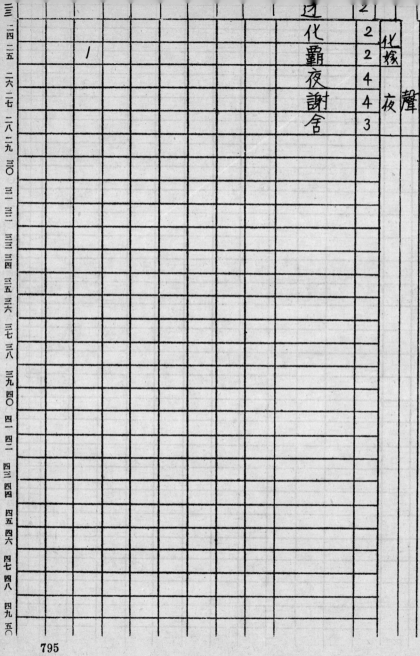

| | | | | | 1 | | | | | | | | 二三 |
| --- | --- | --- | --- | --- | --- | --- | --- | --- | --- | --- | --- | --- | --- |
| | | | | | | | | | | | | | 二四 |
| | | | | | | | | | | | | | 二五 |
| | | | | | | 1 | | | | 2 | | | 二六 |
| | | | | | | | | | | | | | 二七 |
| | | | | | | | | | | | | | 二八 |
| | | | | | | | | | | | | 1 | 二九 |
| | | | | | | | | | | | | | 三〇 |
| | | | | | | | | | | | | | 三一 |
| | | | | | | | | | | | | | 三二 |
| | | | | | | | | | | | | | 三三 |
| | | | | | | | | | | | | | 三四 |
| | | | | | | | | | | | | | 三五 |
| | | | | | | | | | | | | | 三六 |
| | | | | | | | | | | | | | 三七 |
| | | | | | | | | | | | | | 三八 |
| | | | | | | | | | | | | | 三九 |
| | | | | | | | | | | | | | 四〇 |
| | | | | | | | | | | | | | 四一 |
| | | | | | | | | | | | | | 四二 |
| | | | | | | | | | | | | | 四三 |
| | | | | | | | | | | | | | 四四 |
| | | | | | | | | | | | | | 四五 |
| | | | | | | | | | | | | | 四六 |
| | | | | | | | | | | | | | 四七 |
| | | | | | | | | | | | | | 四八 |
| | | | | | | | | | | | | | 四九 |
| | | | | | | | | | | | | | 五〇 |

1

2

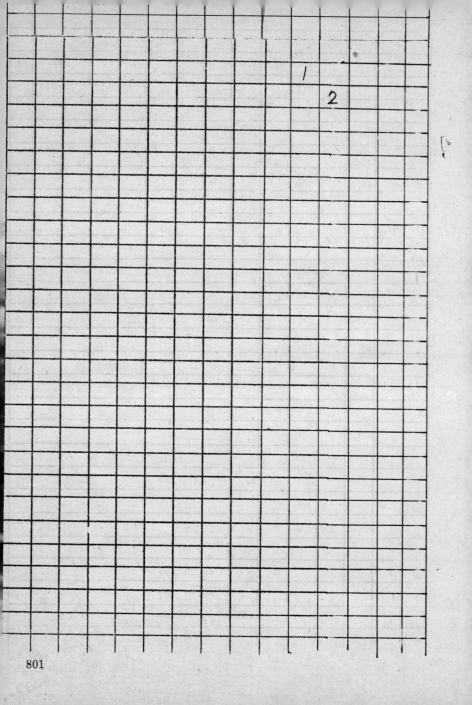

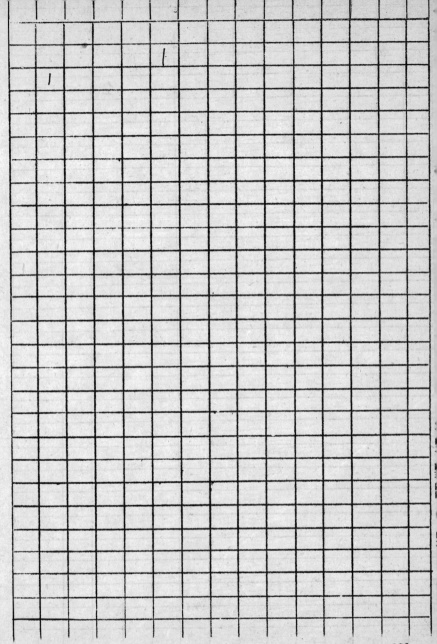

| 音 | | | | | | | | | | | | 脣 | [illegible] | | |
|---|---|---|---|---|---|---|---|---|---|---|---|---|---|---|---|
| 蒲 | 蒲 | 蒲 | 蒲 | 蒲 | 匹 | 匹 | 必 | 必 | 必 | 必 | 必 | 必 | 必 | 徐 | |
| 毗 | 避 | 傍 | 蒲 | 薄 | 普 | 怕 | 博 | 卑 | 補 | 北 | 并 | 百 | 必 | 徐 | |
| | | | | | | | | | 1 | | | | 1 | | 一 |
| | | | 1 | | 4 | 1 | | | | | | | | | 二 |
| | | | | | | | | | | | | | | | 三 |
| | | | | | | | | | | | | | | | 四 |
| | | | | | | | | | | | | | | | 五 |
| | | | | | | | | | | | | | | | 六 |
| | | | | | | | | | | | | | | | 七 |
| | | | | | | | | | | | | | | | 八 |
| | | | | | | | | | | | | | | | 九 |
| | | 1 | 1 | | | | 1 | | | | | | | | 一〇 |
| | | | | | | | | | | | | | | | 一一 |
| | | | | 1 | | | | | | | | | | | 一二 |
| | | | | | | | | | | | | | | | 一三 |
| | | | | | | | 1 | | | | | | | | 一四 |
| | | | | | | | | | | | | | | | |
| | | | | | | | | | | | | | | | |
| 1 | | | | | | | | 2 | | | 1 | | | 1 | |
| | | | | | | | | | | | | | | 1 | |

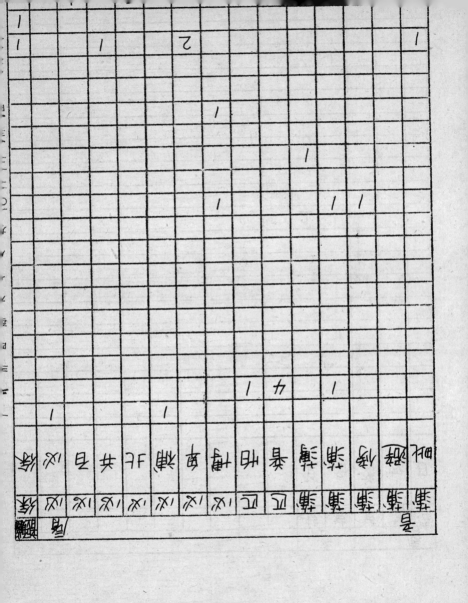

| 脣音 | | | | |
| --- | --- | --- | --- | --- |
| 蒲白 | 蒲步 | 莫麥 | 莫名 | 莫莫 |
| | | 1 | | |
| | | | | |
| | | | | |
| | | | | |
| | | | | |
| | | | | |
| | | | | |
| | | | | |
| | | | | |
| | | | | 2 |
| | | | | |
| | | | | |
| | | | | |
| | | | | |
| | | | | |
| | | | | |
| | | | 1 | |
| | | | | |
| 1 | | | | |

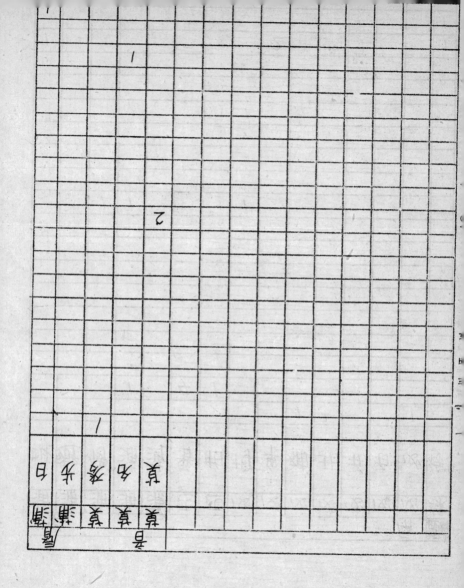

一 二 三 四 五 六 七 八 九 一〇 一一 一二 一三 一四 一五 一六 一七 一八 一九

| | 齒頭音 | | | | | | | | | | | | | 齒 | 正齒音 |
|---|---|---|---|---|---|---|---|---|---|---|---|---|---|---|---|
| | 徐 | 蘇 | 蘇 | 蘇 | 蘇 | 蘇 | 蘇 | 昨 | 昨 | 昨 | 七 | 子 | 子 | 所 | 所 |
| | 祥 | 先 | 司 | 息 | 夙 | 星 | 悉 | 情 | 慈 | 才 | 千 | 洛 | 子 | 所 | 疏 |
| 一 | | | | | | | | | | | | | | | |
| 二 | | | | | | | | | | | | | | | |
| 三 | | | | | | | | | | | | | | | |
| 四 | | | | 2 | | 1 | | | | 1 | | | 4 | | |
| 五 | | | | | | | | | | | | | | | |
| 六 | | | | | | | | | | | | | | | |
| 七 | | | | | | | | | | | | | | | |
| 八 | | | | | | | | | | | | | | | |
| 九 | | | | | | | | | | | | | | | |
| 一〇 | | | | | 1 | | | | | | | | | 1 | |
| 一一 | | | | | | | | | | | | | | | |
| 一二 | | | | | | | | | | | | | | | |
| 一三 | | | | | | | | | | | | | | | |
| 一四 | | | | | | | | | | | | | | 3 | 1 |
| 一五 | | | | | | | | | | | | | | | |
| 一六 | | | | | | | | | | | | | | | |
| 一七 | | | | | | | 1 | | | | | | | | |
| 一八 | | | | | | | | | | 1 | | 1 | | | |

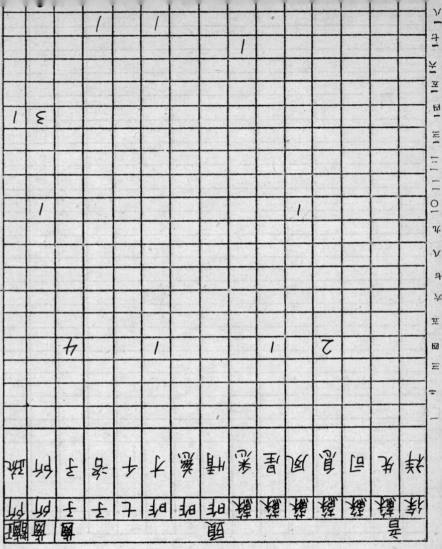

| | | | | | | | | | | | | | | | |
|---|---|---|---|---|---|---|---|---|---|---|---|---|---|---|---|
| 二三 | | | | | | | | | | | | | | | |
| 二四 | | | | | | | | | | | | | | 1 | |
| 二五 | | | | | | | | | | | | | | | |
| 二六 | 1 | 1 | 3 | | | | | 1 | 1 | 2 | 2 | | | | |
| 二七 | | | | | | | | | | | | | | | |
| 二八 | | | | | | | | | | | | | | | |
| 二九 | | | | | | | | | | | | | | | |
| 三〇 | | | | | | | | | | | | | | | |
| 三一 | | | | | | | | | | | | | | | |
| 三二 | | | | | | | | | | | | | | | |
| 三三 | | | | | | | | | | | | | | | |
| 三四 | | | | | | | | | | | | | | | |
| 三五 | | | | | | | | | | | | | | | |
| 三六 | | | | | | | | | | | | | | | |
| 三七 | | | | | | | | | | | | | | | |
| 三八 | | | | | | | | | | | | | | | |
| 三九 | | | | | | | | | | | | | | | |
| 四〇 | | | | | | | | | | | | | | | |
| 四一 | | | | | | | | | | | | | | | |
| 四二 | | | | | | | | | | | | | | | |
| 四三 | | | | | | | | | | | | | | | |
| 四四 | | | | | | | | | | | | | | | |
| 四五 | | | | | | | | | | | | | | | |
| 四六 | | | | | | | | | | | | | | | |
| 四七 | | | | | | | | | | | | | | | |
| 四八 | | | | | | | | | | | | | | | |
| 四九 | | | | | | | | | | | | | | | |
| 五〇 | | | | | | | | | | | | | | | |

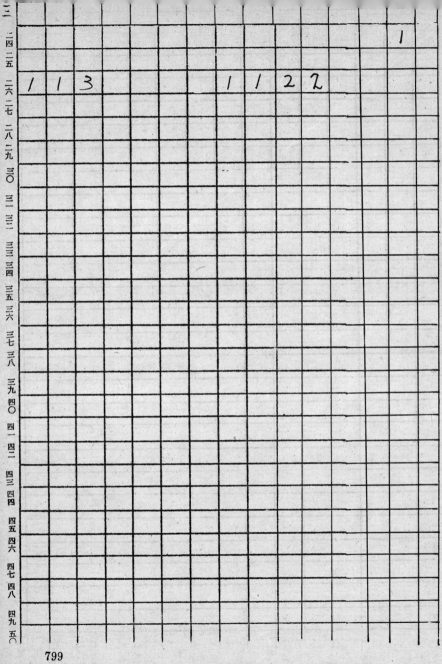

5

1 1 2

| | | | | | | | | | | | | | | |
|---|---|---|---|---|---|---|---|---|---|---|---|---|---|---|
| | | | 1 | | | | | | | | | | | |
| | | | | | | | | | | | | | | |
| | | | | | | | | 1 | | 7 | | | | |
| | | | | | | 1 | | | | | 1 | | | 1 |
| | | | | | | | | | | | | | | |
| | | | | | | | 1 | | 1 | | | | 1 | 12 |

| 舌上音 | | | 舌頭音 | | | 牙音 | | | | | | | | |
|---|---|---|---|---|---|---|---|---|---|---|---|---|---|---|
| 丑 | 陟 | 陟 | 徒 | 徒 | 都 | 五 | 渠 | 渠 | 渠 | 渠 | 苦 | 苦 | 古 | 古 |
| 丑 | 張 | 知 | 徒 | 亭 | 多 | 魚 | 渠 | 巨 | 具 | 其 | 去 | 丘 | 俱 | 居 |
| | | | | | | | | | | | | | | |
| 3 | | | | | | | | | | | | | | 10 |
| | | | | | | | | | | | | | | |
| | | | | | | | | | | | | | | |
| | | | | | | | | | | | | 9 | | |
| 1 | | 3 | | | | 1 | | 1 | | 4 | | | 1 | 6 |
| | | | | | | | | | | | | | | |
| | | | | | | | | | | | | | | |
| | | | | | | | | | | | | | | |
| | | | | | 1 | | | | | | | | | |
| | | | | | | | | | | 1 | | | | |
| | | | | | | | | | | | | | | |
| | | | | | | | | | | | | | 1 | 1 |
| 6 | 1 | 2 | | | | | | | | 1 | | | 1 | 1 |
| | | | | | | 1 | | | | | | | | |
| | | | | 1 | | | | | | | | | | |
| | | | | | | | 1 | | | | 1 | | | |
| | | | | | | | | | | | | | | 2 |
| | | | | | | | | | | | 1 | | | |

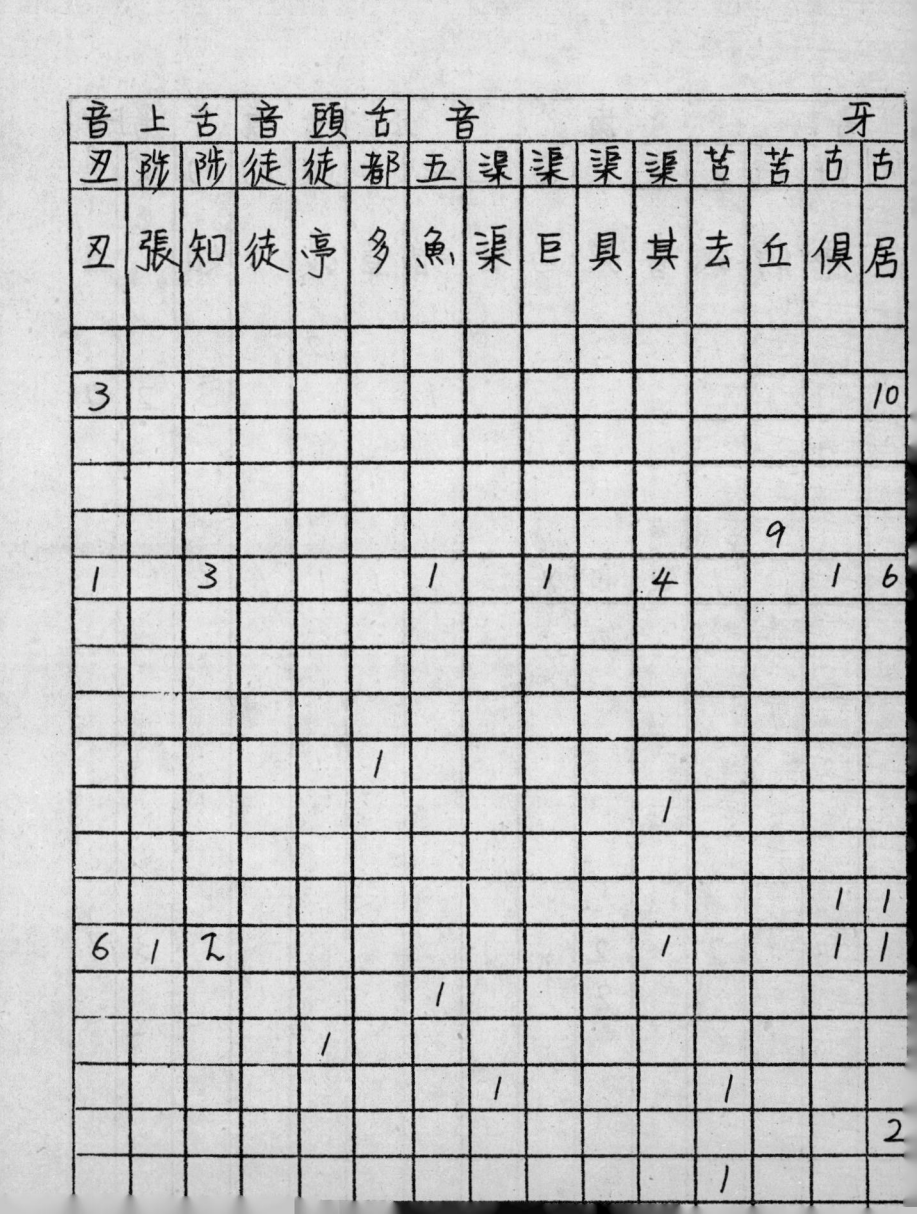

| 正齒音 | | | | | | | | | | 半齒音 | | | 舌上音 | |
|---|---|---|---|---|---|---|---|---|---|---|---|---|---|---|
| 側 | 時 | 時 | 失 | 失 | 失 | 昌 | 之 | 之 | 之 | 而 | 而 | 而 | 女 | 直 |
| 莊 | 市 | 時 | 式 | 書 | 失 | 昌 | 之 | 諸 | 章 | 汝 | 人 | 如 | 女 | 直 |
| | | | 1 | | 2 | | | | | 12 | | | | |
| | | | | | | | | 1 | | | | 3 | 2 | 4 |
| | | | | | | | | | | | | | | |
| | | | | | | | | | | | | | | |
| | | | | | | | | | | | | | | |
| | | | 1 | 2 | | 8 | | | 1 | 1 | 1 | 1 | | |
| | | | | | | | | | | | | | | |
| | | | | | | | | | | | | | | |
| | | 1 | | | | | | | | | | | | |
| | | | | | | | | | | | | | | |
| | | | | | | | | | | | | | | |
| | | | | | | | | | | | | | | |
| | | | | | | | | | | | | | | |
| | | | 2 | | 2 | | | | | | | | 3 | 1 |
| | | | | | 2 | | | | | | 1 | | | |
| | | | | | | | | | | | | | | |
| | | | | | | | | | | | | | | |
| | | | | | | | | | | | | | | |
| | | | | | | | | | | | | | | |

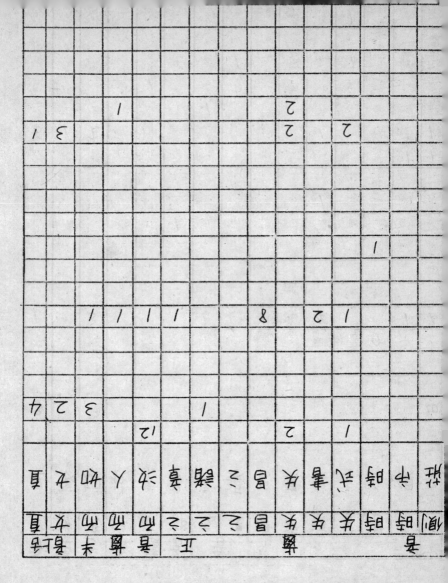

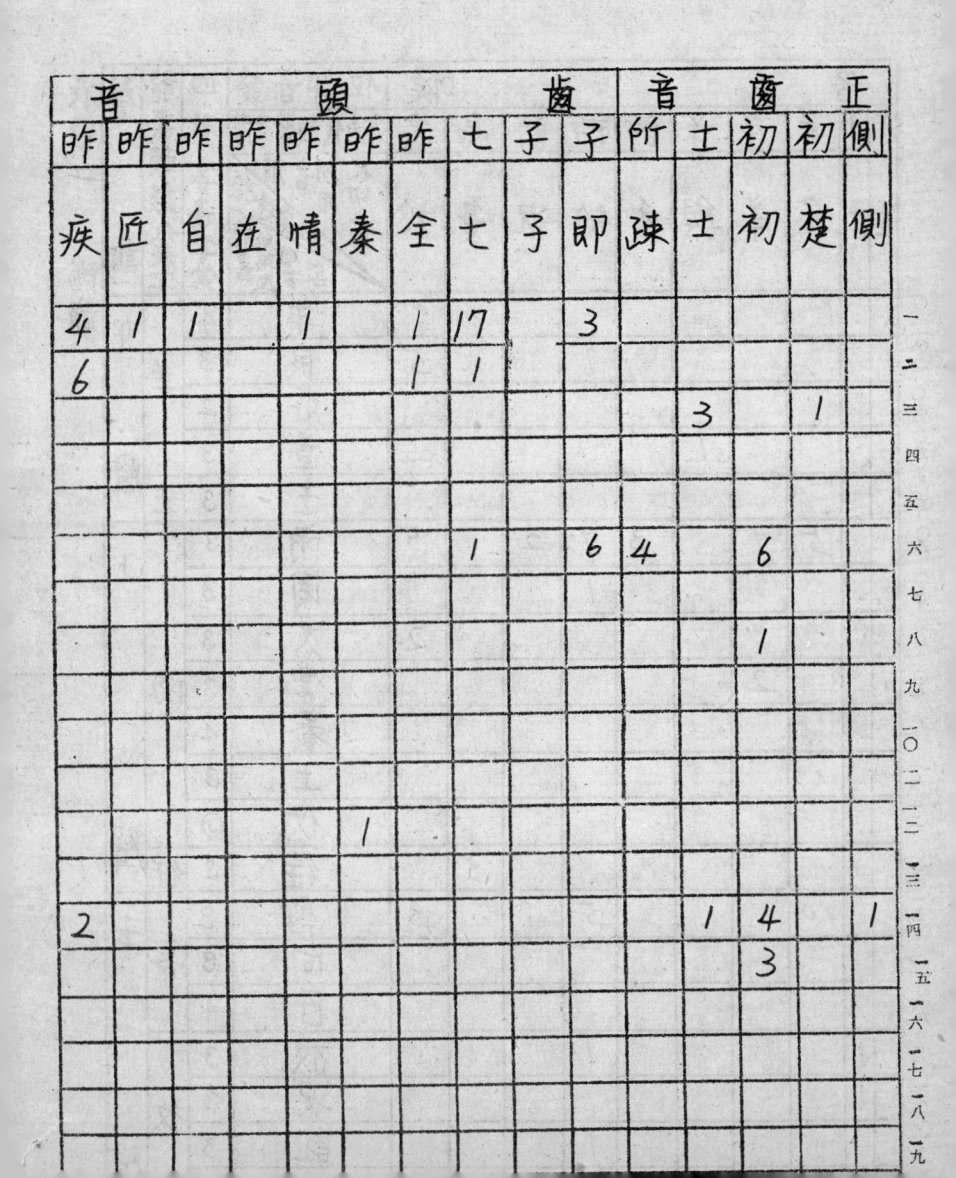

| 齒頭音 | | | | | | | | | | 正齒音 | | | | | |
|---|---|---|---|---|---|---|---|---|---|---|---|---|---|---|---|
| 昨 | 昨 | 昨 | 昨 | 昨 | 昨 | 昨 | 七 | 子 | 子 | 所 | 士 | 初 | 初 | 側 | |
| 疾 | 匠 | 自 | 在 | 情 | 秦 | 全 | 七 | 子 | 即 | 疎 | 士 | 初 | 楚 | 側 | |
| 4 | 1 | 1 | | 1 | | 1 | 17 | | 3 | | | | | | 一 |
| 6 | | | | | | 1 | 1 | | | | | | | | 二 |
| | | | | | | | | | | | 3 | | 1 | | 三 |
| | | | | | | | | | | | | | | | 四 |
| | | | | | | | | | | | | | | | 五 |
| | | | | | | | 1 | | 6 | 4 | | 6 | | | 六 |
| | | | | | | | | | | | | | | | 七 |
| | | | | | | | | | | | | 1 | | | 八 |
| | | | | | | | | | | | | | | | 九 |
| | | | | | | | | | | | | | | | 一〇 |
| | | | | | | | | | | | | | | | 一一 |
| | | | | | 1 | | | | | | | | | | 一二 |
| | | | | | | | | | | | | | | | 一三 |
| 2 | | | | | | | | | | | 1 | 4 | | 1 | 一四 |
| | | | | | | | | | | | | 3 | | | 一五 |
| | | | | | | | | | | | | | | | 一六 |
| | | | | | | | | | | | | | | | 一七 |
| | | | | | | | | | | | | | | | 一八 |
| | | | | | | | | | | | | | | | 一九 |

表四十二　陽韻

| | 聲調 | 龍書韻類代表字 | 四聲等子等第 | 龍書所用反切下字 ＼ 相逢字數 ＼ 龍書所用反切上字 | 喉音 烏 於 | 烏 憂 | 許 況 | 許 許 | 許 香 | 羊 與 | 羊 羊 | 羊 余 | 于 于 | 于 王 |
|---|---|---|---|---|---|---|---|---|---|---|---|---|---|---|
| 〇一 | 平聲 | 羊 | 4 | 羊 | | | | | | | | | | |
| 〇二 | | | 3 | 良 | 5 | | | 1 | | | | | | |
| 〇三 | | | 2 | 莊 | | | | | | | | | | |
| 〇四 | | | 3 | 章 | | | | | | 1 | | | | |
| 〇五 | | 王 | 3 | 王 | | | | | | | | | | |
| 〇六 | 上聲 | 兩 | 3 | 兩 | 5 | | 2 | 7 | 3 | | 1 | 5 | | |
| 〇七 | | | 3 | 罔 | | | | 1 | | | | | | |
| 〇八 | | | 3 | 丈 | 2 | | | | | | | | | |
| 〇九 | | | 3 | 掌 | | | | | | | 2 | | | |
| 一〇 | | | 4 | 養 | | | | | | | | | | |
| 一一 | | | 3 | 上 | | | | | | | | | | |
| 一二 | | | ③ | 仗 | | | | | | | | | | |
| 一三 | | 往 | 3 | 往 | | 3 | | | | | | | | |
| 一四 | 去聲 | 亮 | 3 | 亮 | 3 | | | 5 | | | | 10 | | |
| 一五 | | | 3 | 向 | | | | | | | | | | |
| 一六 | | | 4 | 匠 | | | | | | | | | | |
| 一七 | | 放 | 3 | 放 | | | | 1 | | | | | 1 | |
| 一八 | | | 3 | 況 | | | | | | | | | 1 | |
| 一九 | 聲 | | 3 | 誑 | | | | 1 | | | | | | |

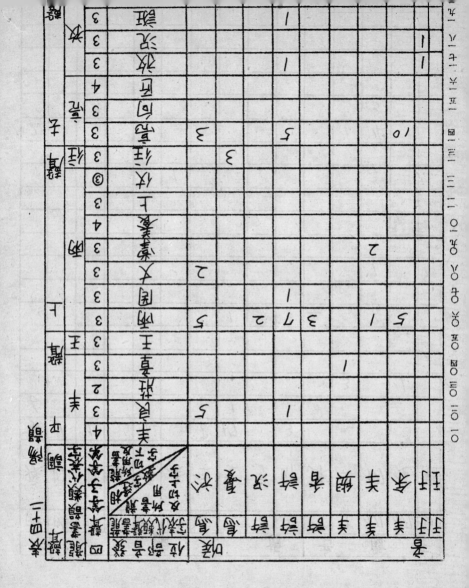

| | | | | | | | | | | | | | | |
|---|---|---|---|---|---|---|---|---|---|---|---|---|---|---|
| 二三 | | | | | | | | | | | 葯 | 4 | | |
| 二四 | | | | | | | | | | | 雀 | 4 | 略 | |
| 二五 | | | | | | | 1 | | | | 虐 | 3 | | |
| 二六 | | | | | | | | | | | 約 | 3 | | |
| 二七 | | | | | | | | | | | 爵 | ④ | | 聲 |
| 二八 | 5 | | | | | | 2 | 1 | | | 縛 | 3 | 縛 | |
| 二九 | | | | | | | | | | | | | | |
| 三〇 | | | | | | | | | | | | | | |
| 三一 | | | | | | | | | | | | | | |
| 三二 | | | | | | | | | | | | | | |
| 三三 | | | | | | | | | | | | | | |
| 三四 | | | | | | | | | | | | | | |
| 三五 | | | | | | | | | | | | | | |
| 三六 | | | | | | | | | | | | | | |
| 三七 | | | | | | | | | | | | | | |
| 三八 | | | | | | | | | | | | | | |
| 三九 | | | | | | | | | | | | | | |
| 四〇 | | | | | | | | | | | | | | |
| 四一 | | | | | | | | | | | | | | |
| 四二 | | | | | | | | | | | | | | |
| 四三 | | | | | | | | | | | | | | |
| 四四 | | | | | | | | | | | | | | |
| 四五 | | | | | | | | | | | | | | |
| 四六 | | | | | | | | | | | | | | |
| 四七 | | | | | | | | | | | | | | |
| 四八 | | | | | | | | | | | | | | |
| 四九 | | | | | | | | | | | | | | |
| 五〇 | | | | | | | | | | | | | | |

2 1

2 8

1

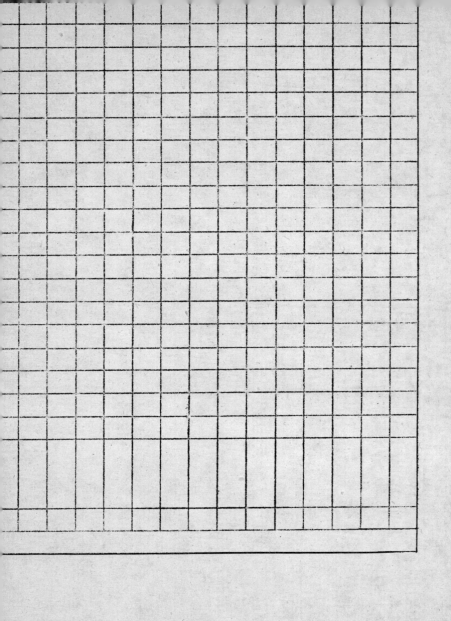

| | | | 脣音 | | | | | | | | 齒頭音 | | | | |
|---|---|---|---|---|---|---|---|---|---|---|---|---|---|---|---|
| | | | 武 | 武 | 芳 | 芳 | 才 | 才 | 才 | 才 | 徐 | 徐 | 蘇 | 蘇 | 昨 |
| | | | 無 | 文 | 妃 | 芳 | 才 | 南 | 分 | 夫 | 徐 | 似 | 息 | 先 | 才 |
| 一 | | | | | | | | | | | | 1 | 2 | 1 | |
| 二 | | | | | | | | | | | | | | | |
| 三 | | | | | | | | | | | | | | | |
| 四 | | | | | | | | | | | | | | | |
| 五 | | | | | | | | | | | | | | | |
| 六 | | | 1 | 2 | 1 | 2 | | 1 | 2 | 1 | 4 | | | | |
| 七 | | | | | | | 3 | | | | | | | | |
| 八 | | | | | | | | | | | | | | | |
| 九 | | | | | | | | | | | | | | | |
| 一〇 | | | | | | | | | | | | | | | |
| 一一 | | | | | | | | | | | | | | | |
| 一二 | | | | | | | | | | | | | | | |
| 一三 | | | | | | | | | | | | | | | |
| 一四 | | | | | | | | | | | | | | | |
| 一五 | | | | | | | | | | | | | | | |
| 一六 | | | | | | | | | | | | | | | |
| 一七 | | | 1 | | | | | | | | | | | | |
| 一八 | | | | | | | | | | | | | | | |
| 一九 | | | | | | | | | | | | | | | |

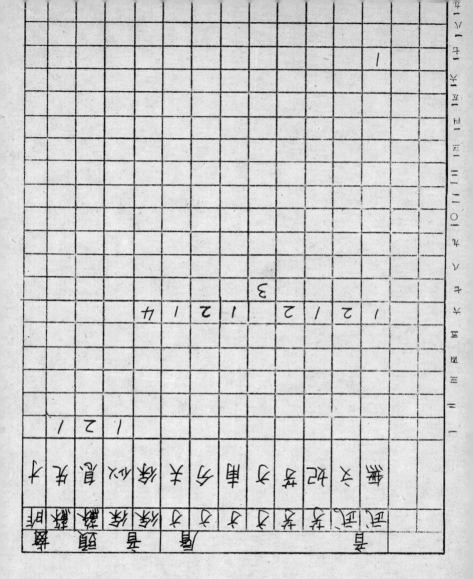

表四十三 唐韻

| | 喉音 | | | | | | | | | 發音部位 | | | |
|---|---|---|---|---|---|---|---|---|---|---|---|---|---|
| | 胡 | 胡 | 胡 | 胡 | 許 | 許 | 許 | 烏 | 烏 | 龍書聲類代表字 | 四聲等子等第 | 龍書韻類代表字 | 聲調 |
| | 下 | 胡 | 何 | 戶 | 虛 | 呼 | 呵 | 烏 | 於 | 龍書所用反切上字 / 相逢字數 / 龍書所用反切下字 | | | |
| 〇一 | | 7 | | 3 | | 1 | | 1 | | 郎 | 1 | 郎 | 平聲 |
| 〇二 | | | | 1 | | 2 | | | | 剛 | 1 | | |
| 〇三 | | | | | | | | | | 當 | 1 | | |
| 〇四 | | 1 | | | | 6 | | 9 | | 光 | 1 | 光 | |
| 〇五 | | | | | | | | | | 黃 | 1 | | |
| 〇六 | | | | | | | | | | 忙 | 1 | 郎光 | |
| 〇七 | | | | | | | | | | 旁 | ① | | |
| 〇八 | | 4 | | | | 2 | | 5 | | 朗 | 1 | 朗 | 上聲 |
| 〇九 | | | | | | | | | | 莽 | 1 | | |
| 一〇 | | 6 | | | | 2 | | | | 廣 | 1 | 廣 | |
| 一一 | | 4 | | | | | | 3 | 1 | 浪 | 1 | 浪 | 去聲 |
| 一二 | | | | | | | | | | 葬 | 1 | | |
| 一三 | | | | | | | | | | 謗 | ① | 謗 | |
| 一四 | | 2 | | | | | | 1 | | 曠 | 1 | | |
| 一五 | 1 | 3 | 3 | 1 | | 11 | 2 | 6 | | 各 | 1 | 各 | 入聲 |
| 一六 | | | | | | | | | | 落 | 1 | | |
| 一七 | | 8 | | | 1 | 2 | | 5 | | 郭 | 1 | 郭 | |
| 一八 | | | | | | | | | | 鑊 | ① | | |
| 一九 | | | | | | | | | | | | | |
| 二〇 | | | | | | | | | | | | | |
| 二一 | | | | | | | | | | | | | |
| 二二 | | | | | | | | | | | | | |
| 二三 | | | | | | | | | | | | | |

| 齒頭音 | 半舌音 | | 舌頭音 | | | | | | | 牙音 | | | | 喉音 | |
|---|---|---|---|---|---|---|---|---|---|---|---|---|---|---|---|
| 子 | 力 | 力 | 奴 | 徒 | 他 | 他 | 都 | 都 | 都 | 五 | 苦 | 古 | 古 | 于 | |
| 子 | 魯 | 盧 | 奴 | 徒 | 吐 | 他 | 多 | 丁 | 都 | 五 | 苦 | 古 | 各 | 為 | |
| | | | 4 | | 1 | | | | | 4 | 3 | 8 | | | ○一 |
| | | | | | | | | | | 3 | 2 | | | | ○二 |
| | 1 | | 3 | | | | | | | | | | | | ○三 |
| | | | | | | | | | | | 2 | | | | ○四 |
| | | | | | | | | | | | | 1 | | | ○五 |
| | | | | | | | | | | | | | | | ○六 |
| | | | | | | | | | | | | | | | ○七 |
| 4 | | | | 12 | | 8 | 4 | | | | 1 | 3 | 1 | | ○八 |
| | | | | | | | | | | | | | | | ○九 |
| | | | | | | | | | | | | | | | 一○ |
| | | | 1 | 8 | | 1 | | 4 | 1 | 1 | 12 | 3 | | | 一一 |
| | | | | | | | | | | | | | | | 一二 |
| | | | | | | | | | | | 4 | | | | 一三 |
| | | | | | | | | | | | | | | | 一四 |
| | | 1 | 1 | 12 | | 4 | | | | 22 | 3 | | | 1 | 一五 |
| | | | | | | | | | | | | | | | 一六 |
| | | | | | | | | | | | 6 | | | | 一七 |
| | | | | | | | | | | | | 1 | | | 一八 |
| | | | | | | | | | | | | | | | 一九 |
| | | | | | | | | | | | | | | | 二○ |
| | | | | | | | | | | | | | | | 二一 |
| | | | | | | | | | | | | | | | 二二 |

| | 音 | 脣 | 音 | | | | | | | 頭 | | | | | |
|---|---|---|---|---|---|---|---|---|---|---|---|---|---|---|---|
| | 必 | 必 | 蘇 | 蘇 | 蘇 | 昨 | 昨 | 昨 | 七 | 七 | 七 | 子 | | | |
| | 北 | 博 | 桑 | 息 | 蘇 | 昨 | 組 | 莊 | 千 | 倉 | 錯 | 左 | 作 | 祖 | 則 |
| 一 | | | | 1 | | 1 | | | | | | | 2 | | 11 |
| 二 | | | | | | | | | | | 1 | | | | |
| 三 | | | | | | | | | | | | | | | |
| 四 | | | | | | | | | | | | | | | |
| 五 | | | | | | | | | | | | | | | |
| 六 | | 1 | | | | | | | | | | | | | |
| 七 | | 1 | | | | | | | | | | | | | |
| 八 | 2 | | 1 | | 6 | | | | | | | | | 1 | |
| 九 | | | | | | | | | | | | | | | |
| 一〇 | | | | | | | | | | | | | | | |
| 一一 | | | | | 2 | | 1 | | | | | 1 | | 1 | 1 |
| 一二 | | | 1 | | | | | | | | | | | | |
| 一三 | | | | | | | | | | | | | | | |
| 一四 | | | | | | | | | | | | | | | |
| 一五 | | | 1 | | 4 | | | 1 | 1 | 4 | | | | | |
| 一六 | | | | | | | | 1 | | | | | | | |
| 一七 | | | | | | | | | | | | | | 1 | |
| 一八 | | | | | | | | | | | | | | | |
| 一九 | | | | | | | | | | | | | | | |
| 二〇 | | | | | | | | | | | | | | | |
| 二一 | | | | | | | | | | | | | | | |
| 二二 | | | | | | | | | | | | | | | |
| 二三 | | | | | | | | | | | | | | | |

| 脣音 | | | | | | | | |
|---|---|---|---|---|---|---|---|---|
| | 必 布 | 必 補 | 匹 普 | 匹 匹 | 蒲 步 | 蒲 傍 | 蒲 薄 | 莫 莫 |
| 一 | | | 5 | | 1 | | | 6 |
| 二 | | | | | | | | |
| 三 | | | | | | | | |
| 四 | | | | | 2 | | | |
| 五 | | | | | | | | |
| 六 | | | | | | | | |
| 七 | | | | | | | | |
| 八 | | | | 1 | | | | 9 |
| 九 | 1 | | | | | | | |
| 一〇 | | | | | | | | |
| 一一 | 1 | | | | | | | 1 |
| 一二 | | | | | | | | |
| 一三 | | | | | | | | |
| 一四 | | | | | | | | |
| 一五 | 1 | 7 | | 11 | 1 | 5 | 2 | |
| 一六 | | | | | | | | |
| 一七 | | | | | | | | |
| 一八 | | | | | | | | |
| 一九 | | | | | | | | |
| 二〇 | | | | | | | | |
| 二一 | | | | | | | | |
| 二二 | | | | | | | | |
| 二三 | | | | | | | | |

| | | | | | | | | | | | | | | | |
|---|---|---|---|---|---|---|---|---|---|---|---|---|---|---|---|
| | | | | | | 1 | | | | | | | | | |
| | | | | | | 1 | | | | | | | | | |
| | | | | | | | | 2 | 1 | | | | | | |
| | | | | | | | | | | | | | | | |
| | | | | | | | | | | | | | | | |
| | | | | | 1 | 3 | | | | | | | | | |
| | | | | | | | | | | | | | | | |
| | | | | | | 2 | | | | | | | | | |
| 三〇 | | | | | | | | | | | | | | | |
| 三一 | | | | | | | | | | | | | | | |
| 三二 | | | | | | | | | | 3 | 1 | 1 | 1 | 2 | |
| 三三 | | | | | | | | | | | | 1 | | | |
| 三四 | | | | | | | | | | | | | | | |
| 三五 | | | | | | | | | | | | | | | |
| 三六 | | | | | | | | | | | | | | | |
| 三七 | | | | | | | | | | | | | | | |
| 三八 | | | | | | | | | | | | | | | |
| 三九 | | | | | | | | | | | | | | | |
| 四〇 | | | | | | | | | | | | | | | |
| 四一 | | | | | | | | | | | | | | | |
| 四二 | | | | | | | | | | | | | | | |
| 四三 | | | | | | | | | | | | | | | |
| 四四 | | | | | | | | | | | | | | | |
| 四五 | | | | | | | | | | | | | | | |
| 四六 | | | | | | | | | | | | | | | |
| 四七 | | | | | | | | | | | | | | | |
| 四八 | | | | | | | | | | | | | | | |
| 四九 | | | | | | | | | | | | | | | |
| 五〇 | | | | | | | | | | | | | | | |

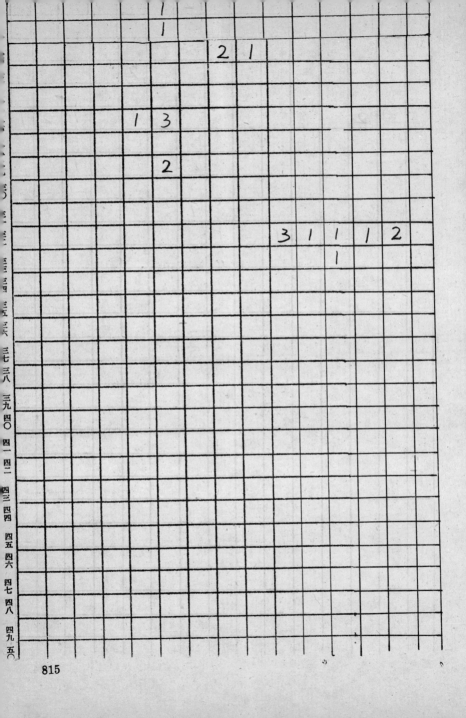

| | | | | | | | | | | | | | | |
|---|---|---|---|---|---|---|---|---|---|---|---|---|---|---|
| | | | | | | | | 2 | | | | | | |

| | | | | | | | | | | | | | | |
|---|---|---|---|---|---|---|---|---|---|---|---|---|---|---|
| | | | | | | | | | | | | | | |
| | | | | | | | | | | 2 | | | | |
| | | | | | | | | | | | | | | |
| | | 2 | | | | | | | | | | 1 | 2 | 1 |
| | | | | | | | | | | | | | | |
| | | | | | | | | | | | | 1 | | |
| | | | | | | | | | | | | | | |
| | | | | | | | | 1 | | | | | 1 | |
| | | | 1 | | 1 | | 1 | | | | | | | |
| 1 | | | | | | | | | | | | | | |
| | | | | | | | | | | | | | | |
| | | | | | | | | | | | | | | |
| | | | | | | | | | | | | | | |
| | | | | | | | | | | | | | | |
| | | | | | | | | | | | | | | |
| | | | | | | | | | | | | | | |
| | | | | | | | | | | | | | | |
| | | | | | | | | | | | | | | |
| | | | | | | | | | | | | | | |
| | | | | | | | | | | | | | | |
| | | | | | | | | | | | | | | |
| | | | | | | | | | | | | | | |
| | | | | | | | | | | | | | | |
| | | | | | | | | | | | | | | |
| | | | | | | | | | | | | | | |
| | | | | | | | | | | | | | | |

| 牙音 | | | | | | | | | | 喉音 | | | | | |
|---|---|---|---|---|---|---|---|---|---|---|---|---|---|---|---|
| 苦 | 苦 | 苦 | 古 | 古 | 古 | 古 | 古 | 古 | 古 | 于 | 胡 | 胡 | 許 | 許 | |
| 綺 | 口 | 苦 | 記 | 居 | 紀 | 俱 | 京 | 古 | 吉 | 為 | 胡 | 戶 | 呼 | 亨 | |
| | 1 | | | | | | | | | | | 6 | | | ○一 |
| | | | | | | | | | | | | 1 | | | ○二 |
| | | | | | | | | 7 | | | | | | | ○三 |
| | | | | | | | | | | | | | | | ○四 |
| | | | | | | | | | | | | | | | ○五 |
| | | | | | | | | | | | | | | | ○六 |
| | | | | | | | | | | | | | | | ○七 |
| | | | | | | | | | | | | | | | ○八 |
| | | | | | | | | | | | | | | | ○九 |
| | | | | | | | | 3 | | | | | | | 一○ |
| | | | | | | | | | | | | | | | 一一 |
| | | | | | | | | 9 | | | 1 | | | | 一二 |
| | | | | | | | | 2 | | | | | | | 一三 |
| | 1 | | | | | | | | | | | | | | 一四 |
| | | | | | | | | | | | | | | | 一五 |
| | | | | | | | | | | | | | | | 一六 |
| | | | | 3 | | | | | | | | | | | 一七 |
| | | | | | | | | 1 | | | | | | | 一八 |
| | | 2 | | | | | | | | | | | | | 一九 |
| | | | | 1 | | 3 | | | 1 | | | | | | 二○ |

| | 牙音 | | | | | | | | | | | 舌頭音 | | | |
|---|---|---|---|---|---|---|---|---|---|---|---|---|---|---|---|
| | 苦 | 苦 | 苦 | 苦 | 苦 | 苦 | 渠 | 渠 | 渠 | 五 | 五 | 都 | 都 | 徒 | 奴 |
| | 客 | 丘 | 豈 | 去 | 乞 | 奇 | 㘖 | 渠 | 其 | 五 | 牙 | 都 | 德 | 徒 | 乃 |
| 一 | 6 | | | | | | | | | | | | | | 2 |
| 二 | | | | | | | | | | | | | | | |
| 三 | | | | | | | | | | | | | | | |
| 四 | | | | | | | | | | | | 1 | | | |
| 五 | | | | | | | | | | | | | | | |
| 六 | | | | | | | | | | | | | | | |
| 七 | | | | | | | | | | | | | | | |
| 八 | | | | | | | | | | | | | | | |
| 九 | | | | | | | | 1 | | | | | | | |
| 一〇 | | | | | | | | | | | | | | | |
| 一一 | | | | | | | | | | | | | | | |
| 一二 | | | | | | | | | | | | | | | |
| 一三 | | | | | | | | | 1 | | | | | 1 | |
| 一四 | | | | | | | | | | | | | 1 | 1 | |
| 一五 | | | | | | | | | | | | | | | |
| 一六 | | | | | | | | | | | | | | | |

| 正齒音 | | 半舌音 | | 舌上音 | | | | | | | | | | | |
| --- | --- | --- | --- | --- | --- | --- | --- | --- | --- | --- | --- | --- | --- | --- | --- |
| 初 | 側 | 力 | 力 | 女 | 女 | 直 | 直 | 直 | 丑 | 陟 | 陟 | 陟 | 陟 | 陟 | |
| 乂 | 詐 | 良 | 留 | 女 | 尼 | 宅 | 除 | 直 | 丑 | 張 | 陟 | 豬 | 竹 | 知 | |
| | | | | | | 1 | | 6 | 7 | | 2 | | | | 一 |
| | | | | | | | | | | | | | 3 | | 二 |
| | | | | | | | | | | | | | | | 三 |
| | | | | | | | | | | | | | | | 四 |
| | | | | | | | | | 1 | | | | | | 五 |
| | | 1 | | | | | | | | | | | | | 六 |
| | | | | | | | | | | | | | | | 七 |
| | | | | | | | | | | | | | | | 八 |
| | | | | | | | | | | | | | | | 九 |
| | | | | | | | | | | | | | | | 一〇 |
| | | | | | | | | | | | | | | | 一一 |
| | | | | | | | | | | | | | | | 一二 |
| | | | | | | | | | | | | | | | 一三 |
| | | | | | | | | | | | | | | | 一四 |
| | | | | | | | | | | | | | | | 一五 |
| | | | | | | | | | | | | | | | 一六 |
| | | | | | | | | | | | | | | | 一七 |
| | | | | | | | | | | | | | | | 一八 |
| | | | | | | | | | | | | | | | 一九 |
| | | | | | | | | | | | | | | | 二〇 |

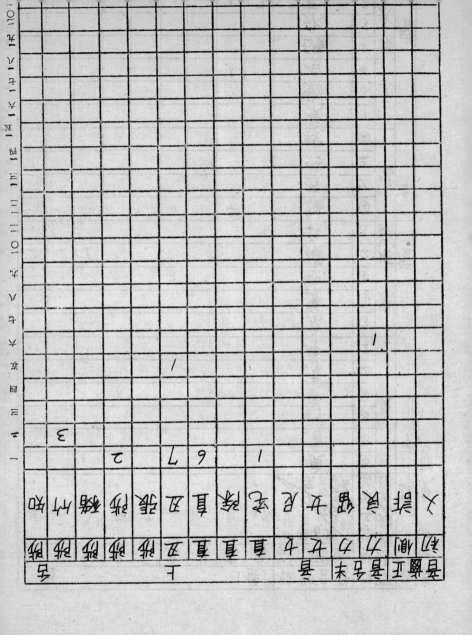

表四十四 庚韻

| | 聲調 | 龍書韻類代表字 | 四聲等子等第 | 龍書所用反切下字 \ 相逢字數 \ 龍書所用反切上字 | 於 | 烏 | 乙 | 一 | 音 | 虛 | 火 | 許 | 虎 |
|---|---|---|---|---|---|---|---|---|---|---|---|---|---|
| | | | | 龍書聲類代表字 | 烏 | 烏 | 烏 | 烏 | 烏 | 烏 | 許 | 許 | 許 |
| | | | | 發音部位 | 喉音 | | | | | | | | |
| 〇一 | 平聲 | 庚 | ② | 庚 | | | | | | | | | |
| 〇二 | 平聲 | 庚 | ② | 盲 | | | | | | | | | |
| 〇三 | 平聲 | 庚 | ② | 行 | | | | | | | | | |
| 〇四 | 平聲 | 庚 | ② | 更 | | | | | | 1 | | | |
| 〇五 | 平聲 | 庚 | 2 | 亨 | | | | | | | | | |
| 〇六 | 平聲 | 庚 | 2 | 生 | | | | | | | | | |
| 〇七 | 平聲 | 京 | 3 | 京 | 4 | | | | | | | | |
| 〇八 | 平聲 | 京 | ③ | 驚 | 1 | | | | | | | | |
| 〇九 | 平聲 | 京 | ④ | 迎 | | | | | | | | | |
| 一〇 | 平聲 | 橫 | 2 | 橫 | | | | | | | 1 | | 2 |
| 一一 | 平聲 | 兵 | 3 | 兵 | | | | | | | | | |
| 一二 | 上聲 | 猛 | ② | 猛 | | 4 | | | | | | | |
| 一三 | 上聲 | 猛 | 2 | 杏 | | | | | | | | | |
| 一四 | 上聲 | 猛 | 2 | 冷 | | | | | | | | | |
| 一五 | 上聲 | 猛 | ② | 梗 | | | | | | | | | |
| 一六 | 上聲 | 景 | 3 | 景 | | | | | | | | | |
| 一七 | 上聲 | 景 | 3 | 影 | | | | | | | | | |
| 一八 | 上聲 | 景 | 4 | 省 | | 1 | | | | | | | |
| 一九 | 上聲 | 礦 | 2 | 礦 | | | | | | | | | |
| 二〇 | 上聲 | 永 | 3 | 永 | | | | | | | | | |
| 二一 | 上聲 | [illegible] | 3 | [illegible] | 2? | | | | | | | | |

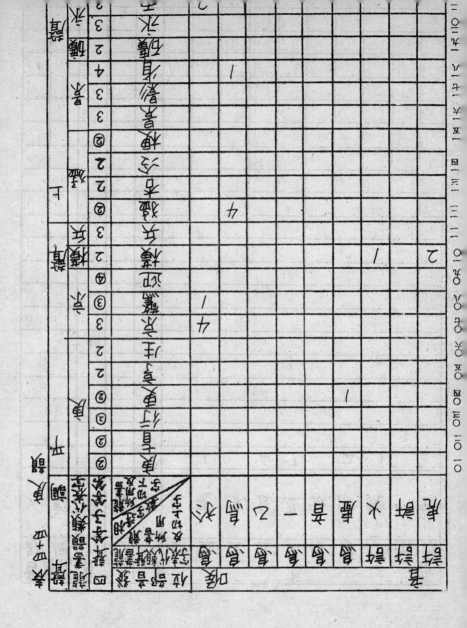

| | | | | | | | | | | | | | | |
|---|---|---|---|---|---|---|---|---|---|---|---|---|---|---|
| 二三 | | | | | | | | | | | 更 | 2 | 孟 | 去 |
| 二四 | | | | | | | | | 5 | | 敬 | 3 | 敬 | |
| 二五 | | | | | | | | | | | 命 | 3 | 命 | 聲 |
| 二六 | | | | | | | | | | | 詠 | 3 | | |
| 二七 | | 1 | | | | | | | 1 | | 格 | ② | | 入 |
| 二八 | | | | | | | | | 1 | | 百 | 2 | | |
| 二九 | | | | | | | 1 | | | | 陌 | 2 | 格 | |
| 三〇 | | | | | | | 2 | | | | 白 | 2 | | |
| 三一 | 4 | | | | | | | | | | 伯 | ② | | |
| 三二 | | | | | 1 | | | | | | 逆 | ③ | 逆 | |
| 三三 | | | | | | | | | | | 戟 | ③ | | 聲 |
| 三四 | | | | | | 3 | 1 | | | | 虢 | ② | 虢 | |
| 三五 | | | | | | | | | | | | | | |
| 三六 | | | | | | | | | | | | | | |
| 三七 | | | | | | | | | | | | | | |
| 三八 | | | | | | | | | | | | | | |
| 三九 | | | | | | | | | | | | | | |
| 四〇 | | | | | | | | | | | | | | |
| 四一 | | | | | | | | | | | | | | |
| 四二 | | | | | | | | | | | | | | |
| 四三 | | | | | | | | | | | | | | |
| 四四 | | | | | | | | | | | | | | |
| 四五 | | | | | | | | | | | | | | |
| 四六 | | | | | | | | | | | | | | |
| 四七 | | | | | | | | | | | | | | |
| 四八 | | | | | | | | | | | | | | |
| 四九 | | | | | | | | | | | | | | |
| 五〇 | | | | | | | | | | | | | | |

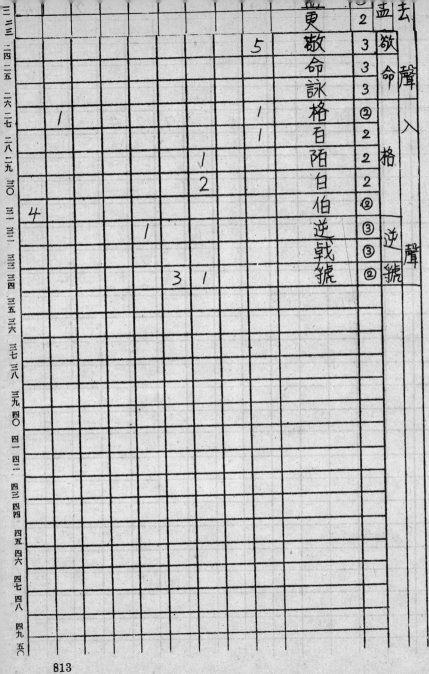

| | | | | | | | | | | | | | | | |
|---|---|---|---|---|---|---|---|---|---|---|---|---|---|---|---|
| | | | | | | 1 | 1 | | | | 1 | 2 | | 4 | 二二 |
| | | | | | | | 1 | | | | | | | | 二三 |
| | | | | | | | | | | | | | | | 二四 |
| | | | | | | | | | | | | | | | 二五 |
| | | | | | | | | | | | | | | | 二六 |
| | | | | | | | | | 7 | 2 | 4 | | | 5 | 二七 |
| | | | | | | | | | | | | | | | 二八 |
| | | | | | | | | | | | | | | | 二九 |
| 1 | | | | 1 | 1 | | | | | | | | | | 三〇 |
| | | | | | | | | | | | | | | | 三一 |
| | 1 | | | | | | | 1 | | | | | | | 三二 |
| | | | | | | | | | | | | | | | 三三 |
| | | | | | | | | | | | | | | | 三四 |
| | | | 1 | | | | | | | | | | | | 三五 |
| | | | | | | | | | | | | | | | 三六 |
| | | | | | | | | | | | | | | | 三七 |
| | | | | | | | | | | | | | | | 三八 |
| | | | | | | | | | | | | | | | 三九 |
| | | | | | | | | | | | | | | | 四〇 |
| | | | | | | | | | | | | | | | 四一 |
| | | | | | | | | | | | | | | | 四二 |
| | | | | | | | | | | | | | | | 四三 |
| | | | | | | | | | | | | | | | 四四 |
| | | | | | | | | | | | | | | | 四五 |
| | | | | | | | | | | | | | | | 四六 |
| | | | | | | | | | | | | | | | 四七 |
| | | | | | | | | | | | | | | | 四八 |
| | | | | | | | | | | | | | | | 四九 |
| | | | | | | | | | | | | | | | 五〇 |

2/1

| 脣 | | | 音 |
| --- | --- | --- | --- |
| 莫 | 方 | 方 | 武 |
| 莫 | 甫 | 悲 | 武 |
| | | | |
| | 2 | | |
| | | | |
| 1 | | | |
| | | | |
| | | | |
| | | | |
| | | | |
| | | | |
| | | | |
| | | | 1 |
| | | | |
| 1 | | | |
| | | | |
| 1 | | | |
| | | | |
| | | | |
| | | | |
| | | | |
| | | | |

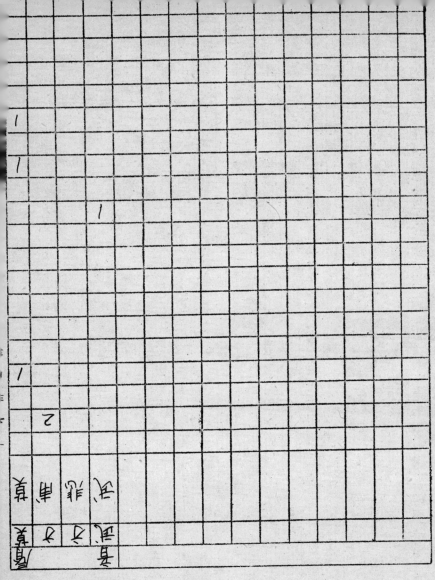

| 脣音 | | | | | | | | | 正齒音 | | | | | |
|---|---|---|---|---|---|---|---|---|---|---|---|---|---|---|
| 蒲 | 蒲 | 蒲 | 蒲 | 匹 | 匹 | 必 | 必 | 必 | 所 | 士 | 士 | 士 | 初 | 初 |
| 平 | 白 | 傍 | 蒲 | 匹 | 普 | 補 | 彼 | 布 | 所 | 士 | 鋤 | 助 | 初 | 楚 |

| | 平 | 白 | 傍 | 蒲 | 匹 | 普 | 補 | 彼 | 布 | 所 | 士 | 鋤 | 助 | 初 | 楚 |
|---|---|---|---|---|---|---|---|---|---|---|---|---|---|---|---|
| 一 | | | | 4 | 3 | 1 | | | | 1 | 1 | | 1 | | 2 |
| 二 | | 2 | | | | | 2 | | 1 | | | | | | |
| 三 | | | | | | | | | | | | | | | 1 |
| 四 | | | | | | | | | | | | | | | |
| 五 | | | | | | | | | | | | | | | |
| 六 | | | | | | | | | | | | | | | |
| 七 | | | | | | | | | | | | | | | |
| 八 | | | | | | | | | | | | | | | |
| 九 | | | | | | | | | | | | | | | |
| 一〇 | | | | | | | | | | | | | | | |
| 一一 | | | | | | | | | | | | | | | |
| 一二 | | | | 1 | | | | | | | | | | | |
| 一三 | | | | | | | | | | 1 | | | | | |
| 一四 | | | | | | | | | | 1 | | | | | |
| 一五 | | | | | | | | | | | | | | | |
| 一六 | | | | | | | | | | 4 | | | | | |
| 一七 | | | | | | | | | | | | | | | |
| 一八 | | | | | | | | | | | | | | | |
| 一九 | | | | | | | | | | | | | | 1 | |
| 二〇 | | | | | | | | | | | | | | | |

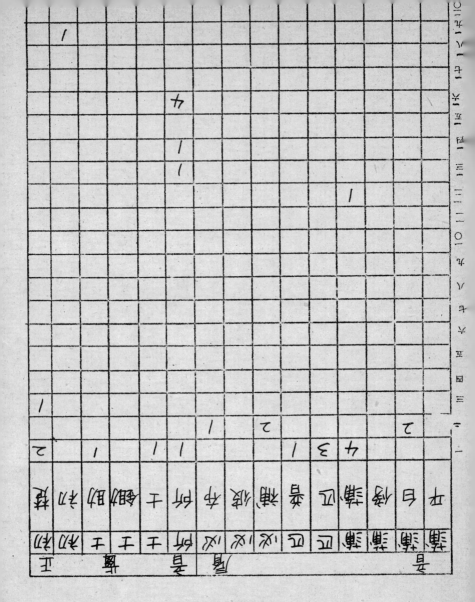

| | | | | | | | | | | | | | | | |
|---|---|---|---|---|---|---|---|---|---|---|---|---|---|---|---|
| 二三 | | | | | | | | | | | | | | | 1 |
| 二四 | | | | | | | | | | 1 | | | | | |
| 二五 | | | | | | | | 1 | | | | | | | |
| 二六 | | | | | | | | | | | | | | | |
| 二七 | | | | | | | | | | | 1 | | | | |
| 二八 | | | | | | | | | | | 1 | 3 | | | |
| 二九 | | | 1 | | | | | | | | | | | | |
| 三〇 | | | | | 1 | | | | | | | | | | |
| 三一 | | | | | | 1 | | | | | | | | | |
| 三二 | | | | | | | | | | | | | | | |
| 三三 | | | | | | | | | | 2 | | | | | |
| 三四 | 1 | | | | | | | | | | | | | | |
| 三五 | | | | | | | | | | | | | | | |
| 三六 | | | | | | | | | | | | | | | |
| 三七 | | | | | | | | | | | | | | | |
| 三八 | | | | | | | | | | | | | | | |
| 三九 | | | | | | | | | | | | | | | |
| 四〇 | | | | | | | | | | | | | | | |
| 四一 | | | | | | | | | | | | | | | |
| 四二 | | | | | | | | | | | | | | | |
| 四三 | | | | | | | | | | | | | | | |
| 四四 | | | | | | | | | | | | | | | |
| 四五 | | | | | | | | | | | | | | | |
| 四六 | | | | | | | | | | | | | | | |
| 四七 | | | | | | | | | | | | | | | |
| 四八 | | | | | | | | | | | | | | | |
| 四九 | | | | | | | | | | | | | | | |
| 五〇 | | | | | | | | | | | | | | | |

## 表四十五 耕韻

| | 聲調 | 龍書韻類代表字 | 四聲等子等第 | 龍書所用反切下字 | 喉音 烏（於） | 喉音 烏（烏） | 喉音 烏（伊） | 喉音 許（呼） | 喉音 許（火） | 喉音 許（虛） | 喉音 許（何） | 喉音 許（胡） | 喉音 胡（下） |
|---|---|---|---|---|---|---|---|---|---|---|---|---|---|
| 〇一 | 平聲 | 耕 | 2 | 耕 | | 13 | | | | 1 | | 1 | |
| 〇二 | | | 2 | 莖 | | 2 | | | | | | | |
| 〇三 | | | 2 | 爭 | | | | | | | | | |
| 〇四 | | 萌 | ② | 萌 | | 2 | | 5 | | | | | |
| 〇五 | | | ② | 宏 | | 1 | | 1 | | | | | |
| 〇六 | | | ② | 轟 | | | | | | | | | |
| 〇七 | | | ② | 厷 | | | | 1 | | | | | |
| 〇八 | 上聲 | 耿 | ② | 耿 | | | | | | | 1 | 1 | |
| 〇九 | | | ② | 幸 | | | | | | | | | |
| 一〇 | 去聲 | 諍 | 2 | 諍 | | | | | | | | | |
| 一一 | | | 2 | 迸 | | | 1 | | | | | | |
| 一二 | 入聲 | 革 | ② | 革 | 2 | 1 | | | | | | 1 | 2 |
| 一三 | | | 2 | 戹 | | | | | | | | | |
| 一四 | | | 2 | 責 | | | | | | | | | |
| 一五 | | | 2 | 核 | | | | | | | | | |
| 一六 | | 麥 | ② | 麥 | | | | 14 | 2 | | | 4 | |
| 一七 | | | 2 | 獲 | | | | | | | | | |
| 一八 | | | | | | | | | | | | | |
| 一九 | | | | | | | | | | | | | |
| 二〇 | | | | | | | | | | | | | |
| 二一 | | | | | | | | | | | | | |
| 二二 | | | | | | | | | | | | | |

| | 喉音 | | | 牙音 | | | | | | 舌頭音 | | 舌上音 | | | | |
|---|---|---|---|---|---|---|---|---|---|---|---|---|---|---|---|---|
| | 胡 | 胡 | 胡 | 古 | 苦 | 苦 | 五 | 五 | 都 | 奴 | 陟 | 陟 | 陟 | 陟 | 陟 |
| | 橫 | 户 | 行 | 古 | 苦 | 口 | 五 | 牛 | 丁 | 奴 | 嘲 | 中 | 知 | 陟 | 卓 |
| 〇一 | | 2 | | | 1 | 9 | 1 | 1 | | 1 | | | | 2 | |
| 〇二 | | | | 1 | | | 1 | | | | | 2 | | | |
| 〇三 | | | | | | | | | | | | | | | |
| 〇四 | | 15 | | | | | | | | | | | | | |
| 〇五 | | | | | | | | | | | | | | | |
| 〇六 | | 2 | | | | | | | | | | | | | |
| 〇七 | | | | | | | | | | | | | | | |
| 〇八 | | | | | | | | | | | | | | | |
| 〇九 | | | | | | | | | | | | | | | |
| 一〇 | | | | | | | | | | | | | | | |
| 一一 | | | | | | | | | | | | | | 1 | |
| 一二 | | 1 | 1 | | | | 3 | | 1 | | 1 | | 4 | 5 | 1 |
| 一三 | | | | 1 | | | | | | | | | | | |
| 一四 | | | | | | | | | | | | | | | |
| 一五 | | | | 1 | | | | | | | | | | | |
| 一六 | 1 | | | 10 | | | | | | | | | | | |
| 一七 | | | | 1 | | | | | | | | | | | |
| 一八 | | | | | | | | | | | | | | | |
| 一九 | | | | | | | | | | | | | | | |
| 二〇 | | | | | | | | | | | | | | | |
| 二一 | | | | | | | | | | | | | | | |
| 二二 | | | | | | | | | | | | | | | |

| | 脣音 | 正齒音 | | | | | | | | 半舌 | 舌上音 | | | | |
|---|---|---|---|---|---|---|---|---|---|---|---|---|---|---|---|
| | 必 | 所 | 所 | 士 | 初 | 初 | 側 | 側 | 側 | 力 | 女 | 女 | 直 | 直 | 丑 |
| | 北 | 生 | 所 | 士 | 初 | 楚 | 爭 | 阻 | 側 | 力 | 女 | 尼 | 宅 | 直 | 丑 |
| 一 | | | | 3 | | 2 | | 1 | 2 | | 9 | | 14 | 5 | 1 |
| 二 | | | | | | | | | | | | | | | |
| 三 | 1 | | | | | | | | | | | | | | |
| 四 | 3 | | | | | | | | | | | | | | |
| 五 | | | | | | | | | | | | | | | |
| 六 | | | | | | | | | | | | | | | |
| 七 | | | | | | | | | | | | | | | |
| 八 | | | 2 | | | | | | | | | | | | |
| 九 | | | | | | | | | | | | | | | |
| 一〇 | 1 | | | | | | | | | | | | | | |
| 一一 | | | | | | | | | | | | | | | |
| 一二 | | 1 | 1 | 6 | 5 | 10 | 1 | 1 | | | | | | | 2 |
| 一三 | | | | | | | | | | 1 | 2 | 1 | | | |
| 一四 | | | 8 | | 1 | | | | | | | | | | |
| 一五 | | | | | | | | | | | | | | | |
| 一六 | | | | | | | | | | 1 | | | | | |
| 一七 | | | | | | | | | | | | | | | |
| 一八 | | | | | | | | | | | | | | | |
| 一九 | | | | | | | | | | | | | | | |
| 二〇 | | | | | | | | | | | | | | | |
| 二一 | | | | | | | | | | | | | | | |
| 二二 | | | | | | | | | | | | | | | |
| 二三 | | | | | | | | | | | | | | | |

| | | | | 音 | | | | | | | | | | 唇 | |
|---|---|---|---|---|---|---|---|---|---|---|---|---|---|---|---|
| | | | | 方 | 莫 | 蒲 | 蒲 | 匹 | 必 | 必 | 必 | 必 | 必 | 必 | |
| | | | | 悲 | 莫 | 薄 | 蒲 | 普 | 補 | 佰 | 百 | 必 | 伯 | 博 | |
| | | | | | 7 | 1 | | 8 | 1 | 1 | 2 | 1 | | | 一 |
| | | | | | | | | | | | | | | | 二 |
| | | | | | | | | | | | | | | | 三 |
| | | | | | | 3 | | 1 | | | | | 1 | | 四 |
| | | | | | | | | | | | | | | | 五 |
| | | | | | | | | | | | | | | | 六 |
| | | | | | | | | | | | | | | | 七 |
| | | | | | | | 1 | | | | 1 | | | | 八 |
| | | | | | 1 | | | 1 | | | | | | | 九 |
| | | | | | | | 1 | | | | | | | | 一〇 |
| | | | | | | | | | | | | | | | 一一 |
| | | | | | | | | | | | | | | | 一二 |
| | | | | 1 | 2 | | | 1 | | | | | | 3 | 一三 |
| | | | | | | | | | | | | | | | 一四 |
| | | | | | | | | | | | | | | | 一五 |
| | | | | | 1 | | | | | | | | | | 一六 |
| | | | | | | | | | | | | | | | 一七 |
| | | | | | | | | | | | | | | | 一八 |
| | | | | | | | | | | | | | | | 一九 |
| | | | | | | | | | | | | | | | 二〇 |
| | | | | | | | | | | | | | | | 二一 |
| | | | | | | | | | | | | | | | 二二 |
| | | | | | | | | | | | | | | | 二三 |

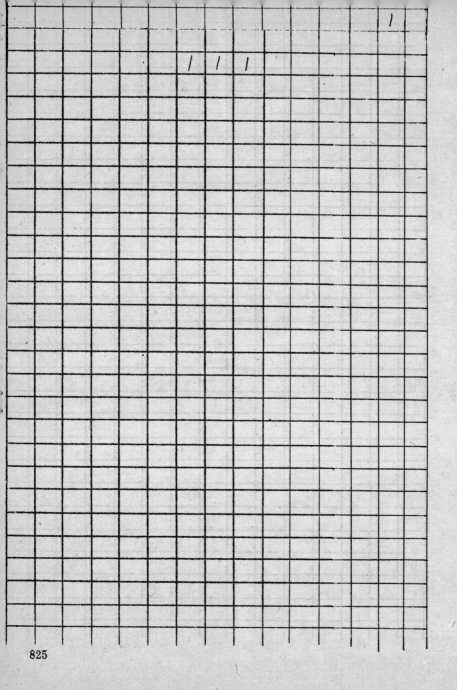

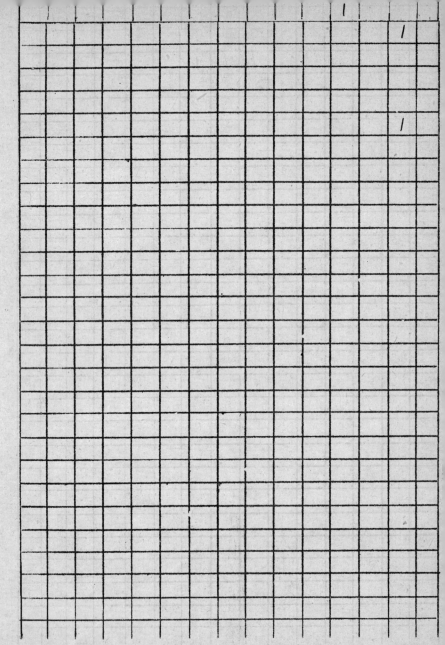

| 牙音 | | | | | | | | | | | 喉音 | | | |
|---|---|---|---|---|---|---|---|---|---|---|---|---|---|---|
| 渠 | 渠 | 苦 | 苦 | 苦 | 苦 | 苦 | 古 | 古 | 古 | 古 | 羊 | 羊 | 羊 | 羊 |
| 其 | 巨 | 孔 | 去 | 口 | 丘 | 苦 | 結 | 居 | 經 | 古 | 盈 | 羊 | 營 | 余 |
| | | | | | | | | | | | | | | |
| | | | | | | | | | | | | | | |
| | | | | | | | | | | | | | | |
| | | | | | | | | | | | | | | |
| | | | | | | | | | | | | | | |
| | | | 1 | | | 2 | | | | 5 | | | | |
| | 1 | | | | | | | | | | | | | |
| | | | | | | | | | | | | | | |
| | 2 | | | | | | | 1 | | | | | | |
| | | | | | | | | | | | | | | |
| 1 | 2 | | | | | | | | 1 | | | | | |
| | | | | | | | | | | | | | | |
| | | | | | | | | | | | | | | |
| | | 1 | 3 | 1 | 1 | 1 | | | | | | | | |
| | 1 | | | | | | | | | | | | | 3 |
| | | | | | | | 1 | 1 | | | | 1 | | |
| | | | | | | | | | | | | | | |
| | | | | | | | | | | | | | | |
| | | | | | | | | | | | | | | |
| | | | | | | | | | | | | 1 | | |

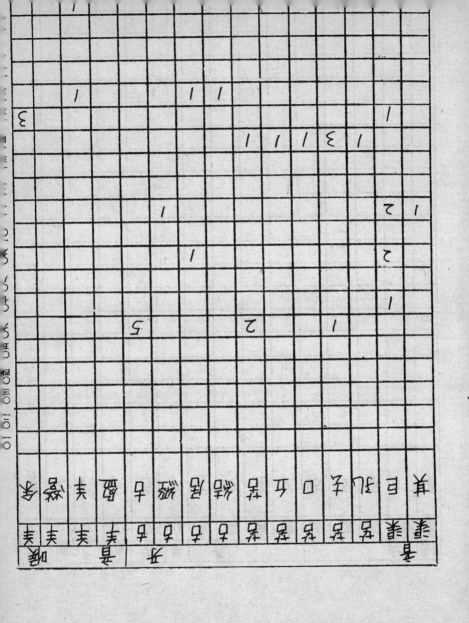

| | 正齒音 | | | 半舌音 | | | 舌上音 | | | | | | | | 牙音 |
|---|---|---|---|---|---|---|---|---|---|---|---|---|---|---|---|
| | 之 | 之 | 之 | 力 | 力 | 力 | 直 | 直 | 直 | 直 | 丑 | 丑 | 丑 | 陟 | 渠 |
| | 章 | 之 | 諸 | 良 | 呂 | 力 | 呈 | 池 | 直 | 丈 | 敕 | 丑 | 蚩 | 竹 | 渠 |
| 一 | | | 2 | | | | | | | | | | 1 | | |
| 二 | | | | | 1 | | | | | | 1 | 2 | | | |
| 三 | | | | | | | | | | | | | | | |
| 四 | | | | | | | | | | | | | | | |
| 五 | | | | | | | | | | | | | | | |
| 六 | | | | | | | | | | | | | | | 7 |
| 七 | | | | | | | | | | | | | | | |
| 八 | | | | | | | | | | | | | | | 1 |
| 九 | | | | | | | | | | 2 | | 2 | | | |
| 一〇 | 1 | 2 | | | | | | | | | | 5 | | | |
| 一一 | | | | 1 | | | | | | | | | | | |
| 一二 | | | | | | | | | | | | | | | |
| 一三 | | | | | | | | | | | | | | | |
| 一四 | | | | | | | | | | | | | | | |
| 一五 | | | | | | | | | | | | | | | |
| 一六 | | | | | | 1 | | | 1 | | | 2 | | | |
| 一七 | | | | | | | | | | | | | | | |
| 一八 | | | | | | | | | | | | | | | |

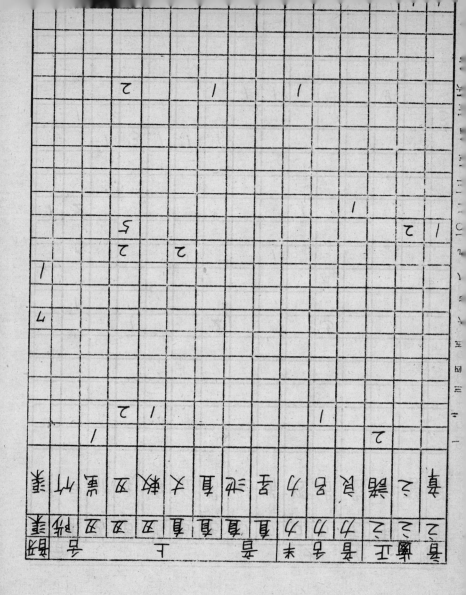

| 正齒音 | | | | 齒頭 | | | | | | | | 喉音 | 音 | |
|---|---|---|---|---|---|---|---|---|---|---|---|---|---|---|
| 之 | 昌 | 失 | 失 | 子 | 子 | 子 | 七 | 七 | 昨 | 昨 | 昨 | 烏 | 蘇 | 蘇 |
| 支 | 昌 | 始 | 施 | 子 | 精 | 資 | 七 | 清 | 在 | 情 | 秦 | 音 | 息 | 先 |
| | 1 | | | | | | | | | | | | | |
| | | | | | | | | | | | | | | |
| | | | | | | | | | | | | | | |
| | | | | | | | | | | | | | | |
| | | | | | | | | | | | | | | |
| | | | | | | | | | | | | | | |
| | | | | | | | | | | | | | | |
| | | | | | | | | | | | | | | |
| | | | | | | | | | | | | | | 1 |
| | | | | | | | | | | | | | | |
| | | | | | | | | | | | | | | |
| | | | | | | | | | | | | | | |
| | | | | 2 | | | | | | | | | | |
| | | | | | | | | | | | | | | |
| | | | | | | | | | | | | | | |
| | | | | | | | 1 | | | | | | | |
| | | | | | | | | | | | | | | |
| | | | | | | | | | 1 | | | | | |
| | | | | | | | | | | | | | | |

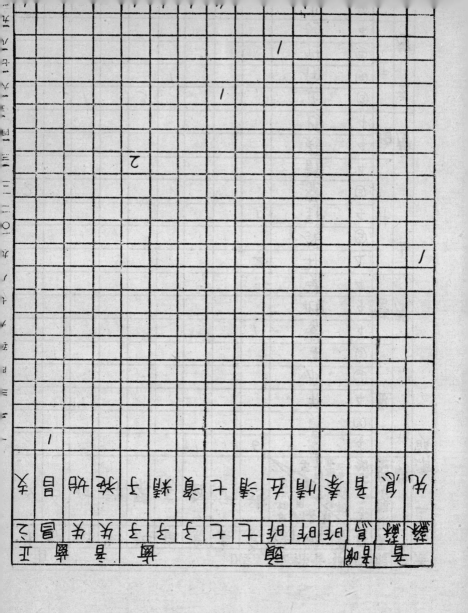

表四十六 清韻

| | 聲調 | 龍書韻類代表字 | 四聲等第 | 發音部位 / 龍書聲類代表字 → 龍書所用反切下字 | 喉音 烏 於 | 喉音 烏 伊 | 喉音 烏 益 | 喉音 烏 恚 | 喉音 許 隳 | 喉音 許 許 | 喉音 許 休 | 喉音 胡 户 | 喉音 羊 以 |
|---|---|---|---|---|---|---|---|---|---|---|---|---|---|
| 一 | 平聲 | 盈 | 4 | 盈 | 6 | 1 | 1 | | | | | | |
| 二 | | | ③ | 貞 | | | | | | | | | |
| 三 | | | 4 | 并 | | | | | | | | | |
| 四 | | | ③ | 成 | | | | | | | | | 1 |
| 五 | | | ③ | 呈 | | | | | | | | 1 | |
| 六 | | 營 | 4 | 營 | 1 | | | | | | | | |
| 七 | | | 4 | 傾 | | | | | | | | | |
| 八 | | | 4 | 縈 | | | | | | | | | |
| 九 | 上聲 | 井 | 4 | 井 | 2 | | | | | | | | |
| 一〇 | | | ③ | 領 | | | | | | | | | |
| 一一 | | | 4 | 郢 | 1 | | | | | | | | |
| 一二 | | | ③ | 整 | | | | | | | | | 2 |
| 一三 | | 潁 | 4 | 請 | | | | | | | | | |
| 一四 | | | 4 | 潁 | | | | | | | | | |
| 一五 | | | 4 | 頃 | | | | | | | | | |
| 一六 | 去聲 | 正 | ③ | 正 | | | | | 3 | | 1 | | |
| 一七 | | | ④ | 併 | | | | 1 | | | | | |
| 一八 | | | ④ | 性 | | | | | | | | | |
| 一九 | | | 4 | 姓 | | | | | | | | | |
| 二〇 | | | ④ | 亓 | | | | | | | | | |

| | | | |
|---|---|---|---|
| 益 | | | |
| 隻 | 3 | 亦 | |
| 炙 | ③ | | |
| 積 | 4 | | |
| 赤 | ③ | | |
| 尺 | 3 | | |
| 迹 | ④ | | 聲 |
| 碧 | 3 | 碧 | |

1

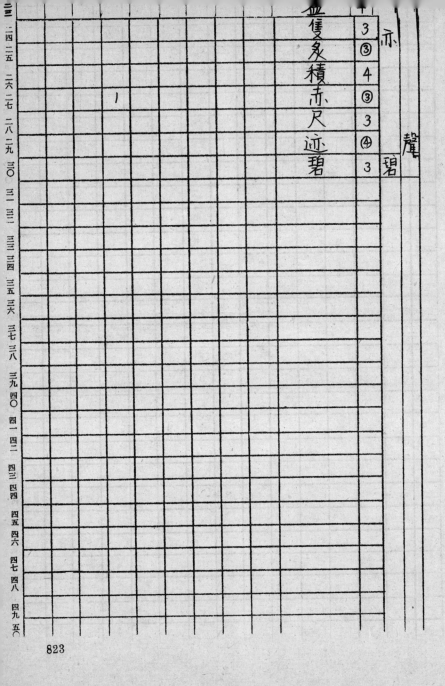

4

1

1

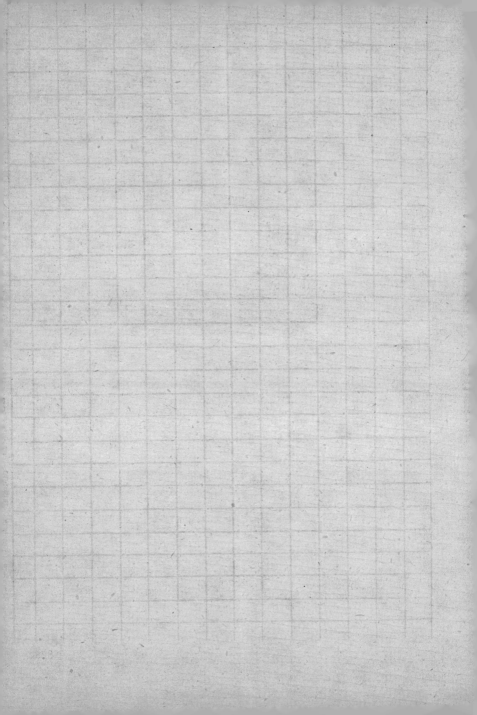

| | | | | | | | | | | | | | | | |
|---|---|---|---|---|---|---|---|---|---|---|---|---|---|---|---|
| | 音 | | | | | | | | | | | | 脣 | 音 | 頭齒 |
| | 武 | 蒲 | 蒲 | 蒲 | 芽 | | 莫 | 蒲 | 蒲 | 匹 | 匹 | 必 | 必 | 徐 | 徐 |
| | 武 | 房 | 扶 | 附 | 芽 | | 彌 | 婢 | 便 | 普 | 疋 | 卑 | 必 | 祥 | 徐 |
| 一 | | | | | | | | | | | | | | | 1 |
| 二 | | | | | | | | | | | | | | | |
| 三 | 1 | | | | | | | | | | | | | | |
| 四 | | | | | | | | | | | | | | | |
| 五 | | | | | | | | | | | | | | | |
| 六 | | | | | | | | | | | | | | | |
| 七 | | | | | | | | | | | | | | | |
| 八 | | | | | | | | | | | | | | | |
| 九 | | | | | | | | | | | | | 2 | | |
| 一〇 | | | | | | | | | | | | | | | |
| 一一 | | | | | | | | | | | | | 1 | | |
| 一二 | | | | | | | | | | | | | | | |
| 一三 | | | | | | | | | | | | | | | |
| 一四 | | | | | | | | | | | | | | | |
| 一五 | | | | | | | | | | | | | | | |
| 一六 | | 1 | | 1 | | | | | | | 3 | 1 | 1 | | |
| 一七 | | | | | | | 1 | | | | | | | | |
| 一八 | | | | | | | | | | | | | | | |

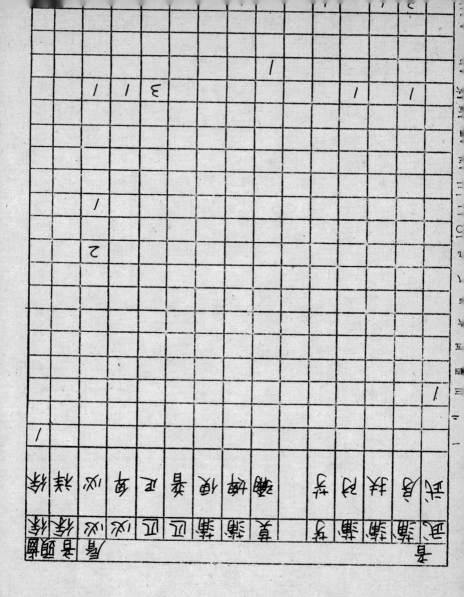

2 3

1

表四十七　青韻

| 聲調 | 龍書韻類代表字 | 四聲等子等第 | 龍書相逢所用反切下字 \ 龍書所用反切上字（相逢字數） | 於 | 烏 | 呼 | 火 | 許 | 胡 | 刑 | 戶 | 形 | |
|---|---|---|---|---|---|---|---|---|---|---|---|---|---|
| | | | 龍書聲類代表字 | 烏 | 烏 | 許 | 許 | 許 | 胡 | 胡 | 胡 | 胡 | |
| | | | 發音部位 | 喉音 | | | | | | | | | |
| 平聲 | | 4 | 丁 | | | | | | 1 | | | | 〇一 |
| | | 4 | 經 | | | | | | | | 1 | | 〇二 |
| | 丁 | 4 | 瓶 | | | | | | | | | | 〇三 |
| | | ④ | 刑 | 1 | | | | | | | | | 〇四 |
| | | 4 | 形 | | | 1 | | | | | | | 〇五 |
| | 熒 | 4 | 熒 | | | | | | | | | | 〇六 |
| 上聲 | 頂 | 4 | 頂 | | | | | | 5 | 1 | | | 〇七 |
| | | ④ | 醒 | | | | | | | | | | 〇八 |
| | 迥 | 4 | 迥 | | 3 | | 1 | | | | | | 〇九 |
| 去聲 | | ④ | 並 | | | | | | | | 1 | | 一〇 |
| | 定 | 4 | 定 | | 1 | | | | 1 | 1 | | 1 | 一一 |
| | | 4 | 徑 | | | | | | | | | | 一二 |
| 入聲 | | 4 | 歷 | | | | | | 1 | | | | 一三 |
| | | ④ | 擊 | | | | | 5 | | | | | 一四 |
| | | 4 | 覓 | | | 8 | 1 | | | | | | 一五 |
| | | 4 | 的 | | | | | | 1 | 1 | | | 一六 |
| | 歷 | ④ | 狄 | | | | | | 4 | | | | 一七 |
| | | 4 | 績 | | 1 | | | | | | | | 一八 |
| | | 4 | 激 | | | | | | | | | | 一九 |
| | | 4 | 壁 | | | | | | | | | | 二〇 |
| | | ④ | 甯 | | | | | | | | | | 二一 |
| | | | | | | | | | | | | | 二二 |

| 舌頭音 | | | | | | | | 牙音 | | | | | | | |
|---|---|---|---|---|---|---|---|---|---|---|---|---|---|---|---|
| 奴 | 奴 | 奴 | 徒 | 徒 | 他 | 都 | 都 | 五 | 苦 | 苦 | 苦 | 苦 | 古 | 古 | |
| 乃 | 奴 | 泥 | 徒 | 時 | 他 | 丁 | 都 | 五 | 去 | 苦 | 空 | 口 | 古 | 經 | |
| | 1 | | 7 | 2 | 8 | | | | | | | | | | 〇一 |
| | | | | | | | | | | | | | | | 〇二 |
| | | | | | | | | | | | | | | | 〇三 |
| | | | | | | | | | | | | | | | 〇四 |
| | | | | | | | | | | | | | | | 〇五 |
| | | | | | | | | | | | | | 2 | | 〇六 |
| 3 | 3 | | 9 | | 8 | | | | | 1 | | 1 | 3 | | 〇七 |
| | | | | | | | | | | | | | | | 〇八 |
| | | | | | | | | | | | | | 6 | | 〇九 |
| | | | | | | | | | | | | | | | 一〇 |
| 4 | | | | | 1 | 5 | | | | 6 | 1 | | 3 | | 一一 |
| | | | | | | | | | | | | | | | 一二 |
| | 2 | | 3 | | 15 | 1 | 3 | 6 | | | | | 3 | 3 | 一三 |
| | | | | | | | | 1 | | 2 | | 1 | | | 一四 |
| | | | | | | | | | | 2 | | | 5 | | 一五 |
| | 1 | 1 | 1 | | 1 | | | | 1 | 1 | | | 1 | | 一六 |
| | | | | | | | | | | | | | | | 一七 |
| | | | | | | | | | | | | | | | 一八 |
| | | | | | | | | | | | | | | | 一九 |
| | | | | | | | | | | | | | | | 二〇 |
| | | | | | | | | | | | | | | | 二一 |
| | | | | | | | | | | | | | | | 二二 |

| | 脣音 | | | | | 齒頭音 | | | | | | | 半舌音 | | 詰 |
|---|---|---|---|---|---|---|---|---|---|---|---|---|---|---|---|
| | 蒲 | 蒲 | 匹 | 匹 | 必 | 蘇 | 蘇 | 昨 | 昨 | 昨 | 七 | 七 | 力 | 力 | 丑 |
| | 蒲 | 並 | 普 | 匹 | 北 | 先 | 蘇 | 情 | 徂 | 前 | 倉 | 千 | 郎 | 力 | 丑 |
| 一 | | 1 | 2 | 2 | | | 1 | | | | | | 6 | 2 | 1 |
| 二 | | | | | | | | | | | | | | | |
| 三 | | | | | | | | | | | | | | | |
| 四 | | | | | | | | | | | | | | | |
| 五 | | | | | | | | | | | | | | | |
| 六 | | | | | | | | | | | | | | | |
| 七 | | | | | | | | | | | | | | | |
| 八 | | | | | | | | | 1 | | | | | | |
| 九 | | | | | | | | | 1 | | | | | | |
| 一〇 | | | | | | | | | | | | | | | |
| 一一 | | | | | | | 1 | | | | | 3 | | | |
| 一二 | 2 | | | | | | | | | | | | | | |
| 一三 | | | | | | | | 1 | | 2 | 13 | | | | 1 |
| 一四 | 1 | | 9 | 1 | 1 | | | | | | | | 4 | | |
| 一五 | | | 1 | 1 | | | | | | | | | | | |
| 一六 | | | 1 | | | | | | | | | | 1 | | |
| 一七 | | | | | | | | | | | | | | | |
| 一八 | | | | | | | | | | | | | | | |
| 一九 | | | | | 1 | | | | | | | | | | |
| 二〇 | | | | | | | | | | | | | | | |
| 二一 | | | | | | | | | | | | | | | |
| 二二 | | | | | | | | | | | | | | | |
| 二三 | | | | | | | | | | | | | | | |

| | 脣音 | | |
|---|---|---|---|
| | 蒲 | 莫 | 符 |
| | 薄 | 莫 | 扶 |
| 一 | 1 | 1 | |
| 二 | 1 | 9 | |
| 三 | | 2 | |
| 四 | | | |
| 五 | | | |
| 六 | | | |
| 七 | | 3 | |
| 八 | | | |
| 九 | | | |
| 一〇 | | | |
| 一一 | | 4 | |
| 一二 | | | |
| 一三 | | | 3 |
| 一四 | | | |
| 一五 | | | |
| 一六 | | | |
| 一七 | | 5 | |
| 一八 | | | |
| 一九 | | | |
| 二〇 | | 1 | |
| 二一 | | 1 | |
| 二二 | | | |
| 二三 | | | |

## 表四十八 蒸韻

| | 聲調 | 龍書韻類代表字 | 四聲等子等第 | 龍書所用反切下字 ＼ 相逢字數 ＼ 龍書所用反切上字 | 億 | 於 | 許 | 虛 | 余 | 以 | 羊 | 興 | 營 | 于 | 為 |
|---|---|---|---|---|---|---|---|---|---|---|---|---|---|---|---|
| 發音部位 | | | | | 喉音 | | | | | | | | | | |
| 龍書聲類代表字 | | | | | 烏 | 烏 | 許 | 許 | 羊 | 羊 | 羊 | 羊 | 羊 | 于 | 于 |
| 〇一 | 平聲 | 陵 | 3 | 陵 | | | | | | | | | | | |
| 〇二 | | | ③ | 凌 | | | 1 | 2 | | | | | | | |
| 〇三 | | | 3 | 冰 | 2 | | | | | | | | | | |
| 〇四 | | | ③ | 仍 | | | | | | | | | | | |
| 〇五 | | | 3 | 凝 | | | | | | | | | | | |
| 〇六 | | | ③ | 應 | | | | | | | | | | | |
| 〇七 | | | 3 | 兢 | | | | | | | | | | | |
| 〇八 | | | ③ | 承 | | | | | 1 | | | | | | |
| 〇九 | | | 3 | 升 | | | | | | | | | | | |
| 一〇 | | | ③ | 乘 | | | | | | | | | | | |
| 一一 | 上 | 拯 | 3 | 拯 | | | | | | | | | | | |
| 一二 | 去聲 | 證 | 3 | 證 | | 3 | | | | 2 | 1 | | | | |
| 一三 | | | 4 | 孕 | | | | | | | | | | | |
| 一四 | 入聲 | 力 | 3 | 力 | | | 5 | | | | 1 | 2 | | | |
| 一五 | | | 3 | 逼 | | | 8 | | | | | | 1 | 2 | 2 |
| 一六 | | | ④ | 即 | | | | | | | 9 | 1 | | | |
| 一七 | | | 3 | 職 | | | | | | | 2 | | | | |
| 一八 | | | ② | 側 | | | | | | | | | | | |
| 一九 | | | ③ | 織 | | | | | | | 1 | | | | |
| 二〇 | | | 3 | 食 | | | | | | | | | | | |
| 二一 | | | ③ | 棘 | | 1 | | | | | | | | | |
| 二二 | | | 3 | 直 | | | | | | | | | | | |
| 二三 | | | 3 | 域 | | | | | | | | | | | |
| 二四 | | | ② | 測 | | | | | | | | | | | |
| 二五 | | | 3 | 陟 | | | | | | | | | | | |

| 音 | | 上 | | 舌 | 舌頭 | | | 音 | | | | | | 牙 | |
|---|---|---|---|---|---|---|---|---|---|---|---|---|---|---|---|
| 女 | 女 | 直 | 丑 | 陟 | 都 | 五 | 渠 | 渠 | 苦 | 苦 | 古 | 古 | 古 | 古 | |
| 尼 | 女 | 直 | 丑 | 陟 | 丁 | 魚 | 渠 | 其 | 丘 | 豈 | 記 | 紀 | 甲 | 居 | |
| | | 1 | 1 | 2 | | | | | | | | | | 5 | 〇一 |
| | | 1 | | | | | | | | | | | | 2 | 〇二 |
| | | | | | | | | | | | | | | | 〇三 |
| | | | 1 | | | | | | | | | | | | 〇四 |
| | | | | | | | | 1 | | | | 1 | | | 〇五 |
| | | | | | | | | | | | | | | | 〇六 |
| | | | | | | | | | | 1 | | | | | 〇七 |
| | | | | | | | | | | | | | | | 〇八 |
| | | | | | | | | | | | | | | | 〇九 |
| | | | | | | | | | | | | | | | 一〇 |
| | | | | | | | | 2 | | | | | | | 一一 |
| | | 2 | | | | | | | | | | | | | 一二 |
| | | | | | | | | | | | | | 1 | | 一三 |
| 2 | 4 | | 1 | | 1 | 2 | 1 | 1 | 1 | | 2 | 15 | | | 一四 |
| | | | | | | | | | | | | | | | 一五 |
| | | | | | | | | | | | | | | | 一六 |
| | | | 1 | | | | | | | | | | | | 一七 |
| | | | | | | | | | | | | | | 1 | 一八 |
| | | | | | | | | | | | | | | | 一九 |
| | | | | | | | | | | | | | | | 二〇 |
| | | | | | | | | | | | | | | | 二一 |
| | | | | | | | | | | | | | | | 二二 |
| | | | | | | | | | | | | | | | 二三 |
| | | | | | | | | | | | | | | | 二四 |
| | | | | | | | | | | | | | | | 二五 |

| | 正齒音 | | | | | | | | | | 半齒音 | | 半舌音 | | |
|---|---|---|---|---|---|---|---|---|---|---|---|---|---|---|---|
| | 時 | 失 | 失 | 食 | 食 | 食 | 昌 | 之 | 之 | 之 | 而 | 而 | 力 | 力 | 力 |
| | 時 | 傷 | 式 | 乘 | 食 | 神 | 昌 | 煮 | 主 | 之 | 而 | 如 | 力 | 良 | 里 |
| 一 | | | | | 6 | | 1 | | | | | | | | |
| 二 | | | | | 2 | | | | | | | | | | |
| 三 | | | | | | | | | | | | | 2 | | |
| 四 | | | 1 | | 1 | | | 2 | 1 | 1 | | | | | |
| 五 | | | | | | | | | | | | | 3 | | 1 |
| 六 | | | | | | | | | | | | | | | |
| 七 | | | | | | | | | | | | | | | |
| 八 | | | | | | | | | | | | | | | |
| 九 | | | | | | | | | | | | 1 | | | |
| 一〇 | | | | | | | | | | | | 1 | | | |
| 一一 | | | | | | | | | | | | | | | |
| 一二 | 3 | | | | 2 | 1 | | | | | 1 | | | | 1 |
| 一三 | | | | | | | | | | | | | | | |
| 一四 | 1 | | | 1 | | | 1 | | | 1 | | | | | |
| 一五 | | | | | | | | | | | | | | | |
| 一六 | | | | | | | | | | | | | | | |
| 一七 | | | | | | | | | | | | | | | |
| 一八 | | | | | | | | | | | | | | | |
| 一九 | | | | | | | | | | | | | | | |
| 二〇 | | 1 | | | | | | | | 1 | | | | | |
| 二一 | | | | | | | | | | | | | | | |
| 二二 | | | | | | | | | | | | | | 1 | |
| 二三 | | | | | | | | | | | | | | | |
| 二四 | | | | | | | | | | | | | | | |
| 二五 | | | | | | | | | | | 1 | | | | |

| | 正齒音 | | | | | | | | | 齒頭音 | | | | | 脣音 |
|---|---|---|---|---|---|---|---|---|---|---|---|---|---|---|---|
| | 時 | 時 | 側 | 初 | 士 | 士 | 所 | 所 | 所 | 子 | 昨 | 昨 | 蘇 | 徐 | 必 |
| | 承 | 常 | 阻 | 初 | 仕 | 士 | 山 | 所 | 雙 | 子 | 疾 | 秦 | 須 | 詞 | 筆 |
| 一 | | | | | | | | | | | 3 | | 1 | | |
| 二 | | | | | | | | | | | | | | | 2 |
| 三 | | | | | | | | | | | | | | | |
| 四 | | | | | | | | | | | 1 | | | | |
| 五 | | | | | | | 1 | | | | | | | | |
| 六 | | | | | | | | | | | | | | | |
| 七 | | | | | 1 | | | | | | | | | | |
| 八 | | | | | | | | | | | | | | | |
| 九 | | | | | | | | | | | | | | | |
| 一〇 | | | | | | | | | | | | | | | |
| 一一 | | | | | | | | | | | | | | | |
| 一二 | 1 | | | | | | | | | | | | | | |
| 一三 | | | | | | | | | | 2 | | | | 1 | |
| 一四 | | 1 | 2 | 5 | | 3 | | 1 | | 1 | | 2 | | | |
| 一五 | | | | | | | | | | | | | | | |
| 一六 | | | | | | | | | | | | | | | |
| 一七 | | 5 | | | | | | | | | | | | | |
| 一八 | | | | | | | | | | | | | | | |
| 一九 | | | | | | | | | | | | | | | |
| 二〇 | | | | | | | | | | | | | | | |
| 二一 | | | | | | | | | | | | | | | |
| 二二 | | | | | | | | | | | | | | | |
| 二三 | | | | | | | | | 1 | | | | | | |
| 二四 | | | | | | | | | | | | | | | |
| 二五 | | | | | | | | | | | | | | | |

唇音

| | 必 | 匹 | 蒲 | 寸 | 芳 | 符 |
|---|---|---|---|---|---|---|
| | 彼 | 疋 | 皮 | 悲 | 芳 | 符 |
| 一 | | | | | | |
| 二 | | | | | | |
| 三 | | | 5 | | | |
| 四 | | | | | | |
| 五 | | | 1 | | | |
| 六 | | | | | | |
| 七 | | | | | | |
| 八 | | | | | | |
| 九 | | | | | | |
| 一〇 | | | | | | |
| 一一 | | | | | | |
| 一二 | | | 4 | | | |
| 一三 | | | | | | |
| 一四 | | 1 | | 1 | | |
| 一五 | | | 4 | | 9 | 4 |
| 一六 | | | | | | |
| 一七 | | | | | | |
| 一八 | | | | | | |
| 一九 | | | | | | |
| 二〇 | | | | | | |
| 二一 | | | | | | |
| 二二 | | | | | | |
| 二三 | 1 | | | | | |
| 二四 | | | | | | |
| 二五 | | | | | | |

表四十九 登韻

| | 聲調 | 龍書韻類代表字 | 四聲等子等第 | 發音部位 / 龍書聲類代表字 / 龍書所用反切上字 / 相逢字數 / 龍書所用反切下字 | 喉音 許 呼 | 喉音 許 火 | 喉音 許 呵 | 喉音 胡 胡 | 牙音 古 古 | 牙音 苦 苦 | 牙音 五 疑 | 牙音 五 凝 | 舌頭音 都 都 |
|---|---|---|---|---|---|---|---|---|---|---|---|---|---|
| 〇一 | 平聲 | 登 | 1 | 登 | | | 1 | | | | | | |
| 〇二 | | | 1 | 崩 | | | | | | | | | |
| 〇三 | | | 1 | 朋 | | | | | | | | | |
| 〇四 | | | ① | 曾 | | | | | | | | | |
| 〇五 | | | 1 | 恆 | | | | | 2 | | | | |
| 〇六 | | | 1 | 能 | | | | | | | | | |
| 〇七 | | 弘 | 1 | 弘 | 3 | | | | 5 | | | | |
| 〇八 | 上聲 | 等 | 1 | 等 | | | | | | 2 | 1 | 1 | |
| 〇九 | 去聲 | 鄧 | 1 | 鄧 | | | | | 4 | | | | 7 |
| 一〇 | | | ① | 鐙 | | | | | | | | | |
| 一一 | | | 1 | 亙 | | | | | | | | | |
| 一二 | | | ① | 蹬 | | | | | 1 | | | | |
| 一三 | | | 1 | 贈 | | | | | | | | | |
| 一四 | 入聲 | 北 | 1 | 北 | 3 | | | | | | | | |
| 一五 | | | ① | 得 | 1 | | | 1 | 3 | 1 | | | |
| 一六 | | | 1 | 德 | | | | | 1 | | | | |
| 一七 | | | 1 | 則 | | | | | | | | | |
| 一八 | | | 1 | 勒 | | | | | | 1 | | | |
| 一九 | | 或 | 1 | 或 | | 1 | | | 1 | | | | |
| 二〇 | | | | | | | | | | | | | |
| 二一 | | | | | | | | | | | | | |
| 二二 | | | | | | | | | | | | | |

| 音 | 脣 | | 音 | | 頭 | | 齒 | 音 | | 舌 | 半 | 音 | 頭 | 舌 | |
|---|---|---|---|---|---|---|---|---|---|---|---|---|---|---|---|
| 蒲 | 匹 | 必 | 蘇 | 蘇 | 昨 | 子 | 子 | 力 | 力 | 力 | 力 | 奴 | 徒 | 他 | |
| 薄 | 普 | 北 | 蘇 | 思 | 昨 | 曾 | 層 | 魯 | 勒 | 力 | 盧 | 奴 | 徒 | 他 | |
| 1 | | 1 | | | | | | 7 | 1 | | 1 | | 16 | 2 | 〇一 |
| | 1 | | | | | | | | | | | | | | 〇二 |
| | | 1 | | | | | | | | | | | | | 〇三 |
| | | | | | 1 | | | | 1 | | | | | | 〇四 |
| | | | | | | | | | | | | | | | 〇五 |
| | | | | | | | | | | | | | 1 | | 〇六 |
| | | 1 | | | | | | | | | | | | | 〇七 |
| | | | | | | | | | | | | | | | 〇八 |
| | 1 | | | | | | | | 1 | 1 | | | | | 〇九 |
| | | | | | 1 | 1 | | | | | | | 3 | | 一〇 |
| | | | | | | | | | | | | | | 1 | 一一 |
| | | | | | | | | | | | | | | | 一二 |
| | | | | 1 | | | | | | | | | | | 一三 |
| | | | | | | | | | | | | | | | 一四 |
| | | | | | | | | | | | | 1 | 4 | 4 | 一五 |
| | | | | | | | | | | | | | | 6 | 一六 |
| | | | 2 | | 2 | | 1 | | | | | | | | 一七 |
| | | | | | | | | | | | | 3 | | | 一八 |
| | | | | | | | | | | | | | | | 一九 |
| | | | | | | | | | | | | | | | 二〇 |
| | | | | | | | | | | | | | | | 二一 |
| | | | | | | | | | | | | | | | 二二 |
| | | | | | | | | | | | | | | | 二三 |

| | | | | | | | | | | 音 | | | | 唇 |
|---|---|---|---|---|---|---|---|---|---|---|---|---|---|---|
| | | | | | | | | | | 武 | 方 | 莫 | 蒱 | 蒱 |
| | | | | | | | | | | 武 | 才 | 莫 | 步 | 蒱 |
| 一 | | | | | | | | | | | | 6 | | |
| 二 | | | | | | | | | | | | | 3 | |
| 三 | | | | | | | | | | | | | | |
| 四 | | | | | | | | | | | | | | |
| 五 | | | | | | | | | | 1 | | | | |
| 六 | | | | | | | | | | | | | | |
| 七 | | | | | | | | | | | | | | |
| 八 | | | | | | | | | | | | | | |
| 九 | | | | | | | | | | 1 | 1 | 1 | | 1 |
| 一〇 | | | | | | | | | | | 1 | | | |
| 一一 | | | | | | | | | | 2 | | | | |
| 一二 | | | | | | | | | | | | | | |
| 一三 | | | | | | | | | | | | | | |
| 一四 | | | | | | | | | | | | 5 | | 11 |
| 一五 | | | | | | | | | | | | | | |
| 一六 | | | | | | | | | | | | | | |
| 一七 | | | | | | | | | | | | | | |
| 一八 | | | | | | | | | | | | | | |
| 一九 | | | | | | | | | | | | | | |
| 二〇 | | | | | | | | | | | | | | |
| 二一 | | | | | | | | | | | | | | |
| 二二 | | | | | | | | | | | | | | |
| 二三 | | | | | | | | | | | | | | |

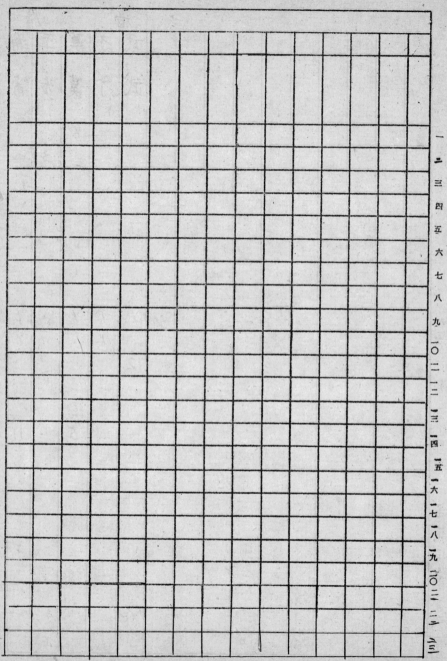

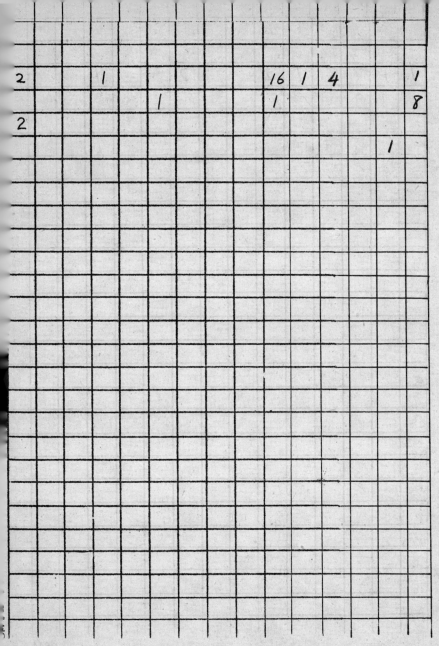

| | | | | | | | | | | | | | | |
|---|---|---|---|---|---|---|---|---|---|---|---|---|---|---|
| | | | | | | | | | | | | | | |
| | | | | | | | | | | | | | | |
| 2 | | | 1 | | | | | | 16 | 1 | 4 | | | 1 |
| | | | | | 1 | | | | 1 | | | | | 8 |
| 2 | | | | | | | | | | | | | | |
| | | | | | | | | | | | | | 1 | |

| | | | | | | | | | | | | | | |
|---|---|---|---|---|---|---|---|---|---|---|---|---|---|---|
| 1 | 1 | | | 1 | 2 | | | 2 | | | 1 | | | |

| 音上舌 | | | | 音 | | | | | | | | | | 牙 |
|---|---|---|---|---|---|---|---|---|---|---|---|---|---|---|
| 丑 | 陟 | 陟 | 陟 | 五 | 五 | 五 | 渠 | 渠 | 渠 | 苦 | 苦 | 苦 | 古 | 古 |
| 丑 | 陟 | 張 | 竹 | 牛 | 魚 | 語 | 求 | 渠 | 其 | 口 | 丘 | 去 | 經 | 姜 |
| | | 2 | | | | | | | | | | | | |
| | 7 | 2 | | | | | | | | | | | | |
| | | | | | | 1 | | | | 1 | | | | |
| | | | | | | | | | | | | | | |
| | | | | | | | | | | | | | | |
| | | | 1 | | | | | | | | | | | |
| | | | | | | | | | | | | | | |
| | | | | | | | | | | | | | | |
| | 1 | 1 | | | | | | | | | | | | |
| 1 | | | | | | | | | | | | | | |
| | | | | | | | | | | | | | | |
| | | | | | | | | | | | | | | |
| | | | | | | | | | | | 1 | | | |
| | | | | | | | | | | | | | | |
| | | | | | | | | | | | | | | |
| | | | | | | | | | | | | | | |
| | | | | | | | | | | | | | | |
| | | | | | | | 1 | 1 | 9 | | | | | |
| | | | | | | | | 2 | 1 | | | 3 | | |
| | 1 | 1 | | | | | | | | | | | | |

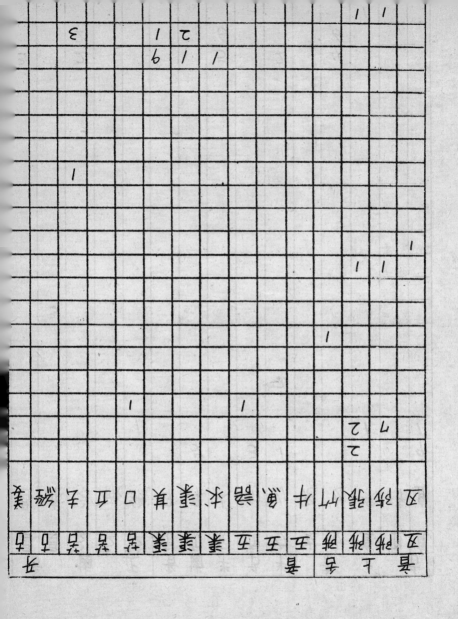

| 正齒音 | | | | | 半舌半齒音 | | | | | 舌上音 | | | | |
|---|---|---|---|---|---|---|---|---|---|---|---|---|---|---|
| 昌 | 昌 | 之 | 之 | 之 | 而 | 而 | 而 | 而 | 力 | 女 | 女 | 直 | 直 | 直 |
| 昌 | 赤 | 之 | 職 | 織 | 日 | 耳 | 人 | 而 | 力 | 尼 | 女 | 除 | 持 | 直 |
| | | | | | | 5 | | 3 | 1 | | | | | 9 |
| | | | | 1 | | | | | | | | 1 | | 1 |
| | | | | | | | | | | | | | | |
| | | | | | | | | | 2 | | | | | |
| | | | | | | | | | | | | | | |
| | | | | | | | | | | | | | | |
| | 3 | | | | | | | | | | | | | |
| | | | | | | | | | | | | | | |
| | | | | | | | | | | | | | | |
| | | | | | | | | | | | | | | |
| | | | | | | | | | | | | | | |
| | | | | | | | | | | | | | | |
| | | | | | | | | | | | | | | |
| | | | | | | | | | | | | | | |
| | | | | | | | | | | | | | | |
| | | | | | | | | | | | | | | |
| | | | | | | | | | | | | | | |
| 3 | | 2 | | | | | 5 | | 2 | | 4 | | | |
| | | 2 | | | | | 6 | | | | 6 | | | |
| | | | | | | | | | | | | 1 | | |

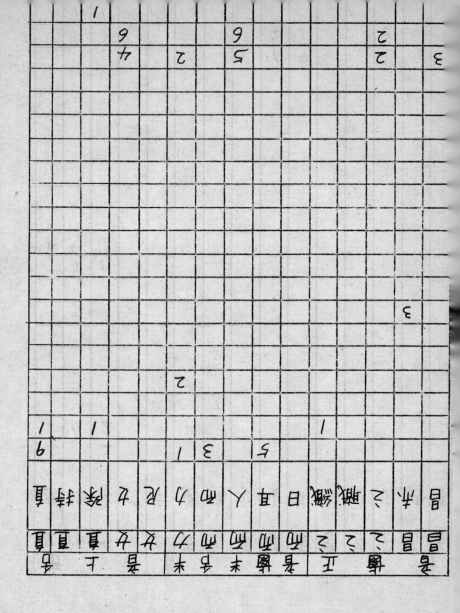

| 齒頭音 | | | | 正齒音 | | | | | | | | | | | |
|---|---|---|---|---|---|---|---|---|---|---|---|---|---|---|---|
| 七 | 子 | 子 | 子 | 所 | 所 | 士 | 士 | 初 | 初 | 側 | 側 | 時 | 時 | 失 | |
| 七 | 即 | 側 | 子 | 疎 | 所 | 鋤 | 士 | 楚 | 初 | 爭 | 側 | 時 | 市 | 書 | |
| | 6 | | 1 | | | | | | | | | | 3 | | 一 |
| | | | | | | | | | | | | | 4 | | 二 |
| | | | | | | | | | | | 2 | | | | 三 |
| | | | | | | | | 3 | 2 | | | | | | 四 |
| | | | | | 1 | | | | | | 1 | | | | 五 |
| | | | | | 3 | | | | | | 3 | | | | 六 |
| | | | | | | | | | | | | | | | 七 |
| | | | | | | | | | | | | | | | 八 |
| | | | | | | | | | | | | | | | 九 |
| | | | | | | | | | | | | | | | 一〇 |
| | | | | | | | | | | | | | | | 一一 |
| | | | | | | | | | | | | | | | 一二 |
| | | | | | | | | | | | | | | | 一三 |
| | | | | | | | | | | | 1 | | | | 一四 |
| | | | | | | | | | | | 1 | | | | 一五 |
| | | | | | 1 | | | | | | | | | | 一六 |
| | | | | | | | | | | | | | | | 一七 |
| | | | | | | | | | 1 | | | | | 2 | 一八 |
| | | | | | | | | | | | | | | | 一九 |
| | | | | | | | | | | | | | | | 二〇 |

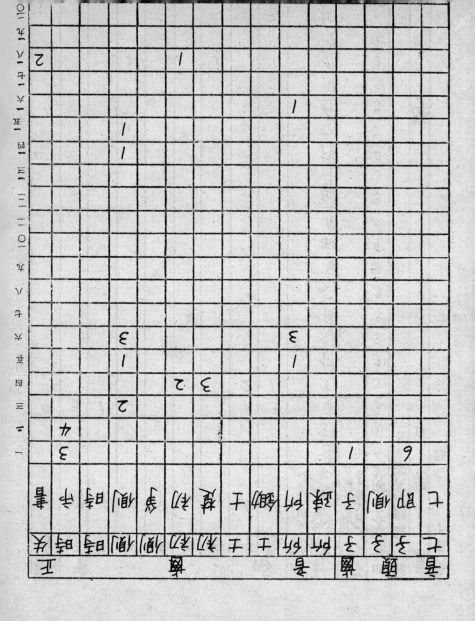

表五十　尤韻

| | 聲調 | 龍書韻類代表字 | 龍書所用反切下字 | 四聲等子等第 | 喉音 烏 於 | 喉音 許 許 | 喉音 許 休 | 喉音 羊 以 | 喉音 羊 余 | 喉音 羊 羊 | 喉音 于 于 | 喉音 于 羽 | 牙音 古 居 |
|---|---|---|---|---|---|---|---|---|---|---|---|---|---|
| 〇一 | 平聲 | | 由 | 4 | | | | | | | | | |
| 〇二 | | | 流 | ③ | | | | | | | | | |
| 〇三 | | | 求 | 3 | 3 | 1 | | | | | 1 | 3 | 4 |
| 〇四 | | | 尤 | 3 | 1 | 2 | | | | | | | |
| 〇五 | | | 休 | 3 | | | | | | | | | |
| 〇六 | | | 鳩 | 3 | | | | | | | | | |
| 〇七 | | | 周 | 3 | | | | 3 | | | | | |
| 〇八 | | | 浮 | 3 | | | | | | | | | |
| 〇九 | | 由 | 留 | ③ | | | | | | | | | |
| 一〇 | | | 秋 | 4 | | | | | | | | | |
| 一一 | | | 牟 | ③ | | | | | | | | | |
| 一二 | | | 謀 | 3 | | | | | | | | | |
| 一三 | | | 牛 | 3 | | | | | | | | | |
| 一四 | | | 搜 | 2 | | | | | | | | | |
| 一五 | | | 愁 | 2 | | | | | | | | | |
| 一六 | | | 丘 | 3 | | | | | | | | | |
| 一七 | | | 州 | ③ | | | | | | | | | |
| 一八 | 上 | | 九 | 3 | 1 | | 1 | | | 1 | | | |
| 一九 | | | 久 | ③ | | | | | | | | | |
| 二〇 | | | 柳 | 3 | 3 | | | | | | | | |

| | | | | | | | | | | | | |
|---|---|---|---|---|---|---|---|---|---|---|---|---|
| | | | 1 | | | | | | 首 | ③ | | |
| | | | | | | | | | 酒 | 4 | | 聲 |
| | | | | | | | | | 否 | ③ | | |
| | | 2 | | 3 | | | 2 | | 救 | 3 | | 去 |
| 1 | | | | 1 | | | | | 又 | ③ | | |
| | | | | | | | | | 呪 | 3 | 救 | |
| | | | | | | | | | 溜 | 3 | | 聲 |
| | | | | | | | | | 就 | 4 | | |

| | | | | | | | | | | | | | | | |
|---|---|---|---|---|---|---|---|---|---|---|---|---|---|---|---|
| | | | | | | | | | | | | | | | 二三 |
| | | | | | | | | | | | | | | | 二四 |
| | | | | | | | | | | | | | | | 二五 |
| | | 2 | | | 2 | | | | 2 | 1 | 6 | | | 2 | 二六 |
| 1 | | | 1 | | 2 | 1 | 2 | | | | | | | | 二七 |
| | | | | | | | | | | | | 1 | | | 二八 |
| | | | | | | | | | | | | | | | 二九 |
| | 1 | | | | | | | | | | | | | | 三〇 |
| | | | | | | | | | | | | | | | 三一 |
| | | | | | | | | | | | | | | | 三二 |
| | | | | | | | | | | | | | | | 三三 |
| | | | | | | | | | | | | | | | 三四 |
| | | | | | | | | | | | | | | | 三五 |
| | | | | | | | | | | | | | | | 三六 |
| | | | | | | | | | | | | | | | 三七 |
| | | | | | | | | | | | | | | | 三八 |
| | | | | | | | | | | | | | | | 三九 |
| | | | | | | | | | | | | | | | 四〇 |
| | | | | | | | | | | | | | | | 四一 |
| | | | | | | | | | | | | | | | 四二 |
| | | | | | | | | | | | | | | | 四三 |
| | | | | | | | | | | | | | | | 四四 |
| | | | | | | | | | | | | | | | 四五 |
| | | | | | | | | | | | | | | | 四六 |
| | | | | | | | | | | | | | | | 四七 |
| | | | | | | | | | | | | | | | 四八 |
| | | | | | | | | | | | | | | | 四九 |
| | | | | | | | | | | | | | | | 五〇 |

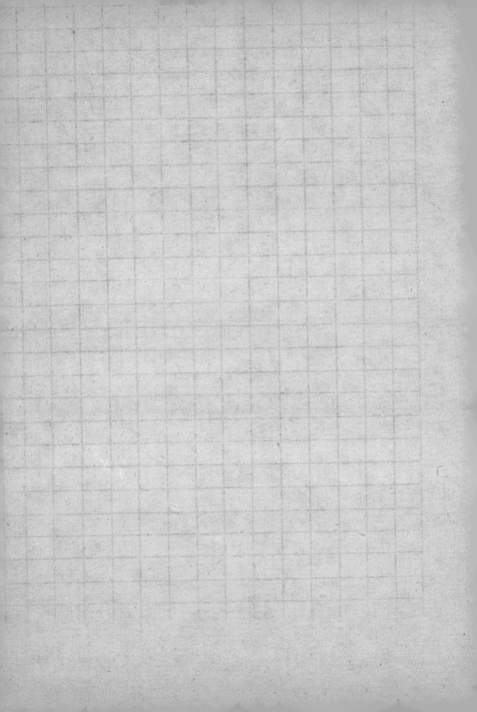

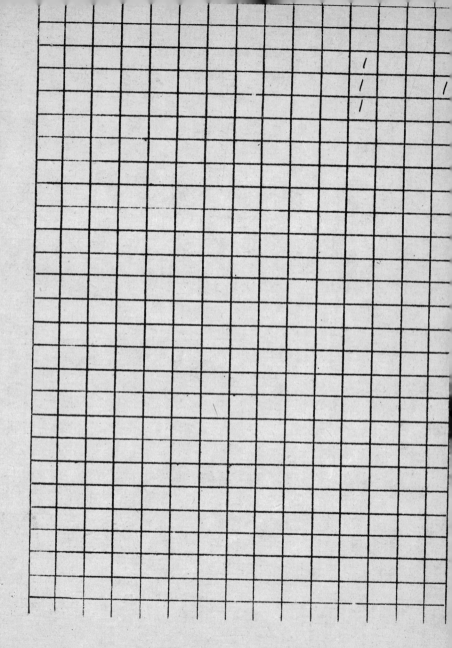

| | | | | | | | 音 | | | | | | | 脣 |
|---|---|---|---|---|---|---|---|---|---|---|---|---|---|---|
| | | | | | | | 武 | 符 | 符 | 符 | 芳 | 方 | 方 | 莫 |
| | | | | | | | 武 | 伏 | 房 | 縛 | 芳 | 方 | 甫 | 眉 |
| | | | | | | | | | | | | | | |
| | | | | | | | | | | | | | | |
| | | | | | | | | | | | | | | |
| | | | | | | | | | | | | | | |
| | | | | | | | 1 | | | | | | 2 | |
| | | | | | | | | | | | | | | |
| | | | | | | | | | | | | | | |
| | | | | | | | | | | | | | | |
| | | | | | | | | | | | | | | |
| | | | | | | | | | | | | | | |
| | | | | | | | | | | 1 | | | | |
| | | | | | | | | 1 | | 2 | | | | |
| | | | | | | | | | | | | | | |
| | | | | | | | | | | | | | | |
| | | | | | | | | | | | | | | |
| | | | | | | | | | | | | | | |
| | | | | | | | | | | | | | | |
| | | | | | | | | | 5 | | | | 4 | |
| | | | | | | | | | | | | | 1 | |

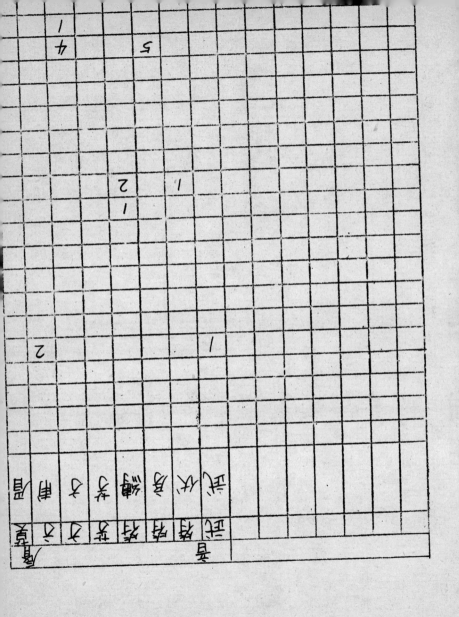

| | 脣音 | | | | | | | 齒頭音 | | | | | | | |
|---|---|---|---|---|---|---|---|---|---|---|---|---|---|---|---|
| | 莫 | 蒲 | 匹 | 必 | 必 | 必 | 必 | 徐 | 徐 | 蘇 | 蘇 | 昨 | 昨 | 昨 | 昨 |
| | 莫 | 步 | 匹 | 補 | 彼 | 博 | 布 | 祥 | 似 | 息 | 相 | 字 | 自 | 疾 | 在 |
| 一 | | | | | | | | 1 | 1 | 2 | 1 | 4 | 1 | 1 | 1 |
| 二 | | | | | | | | | | | | | | | |
| 三 | | | | | | | | | | | | | | | |
| 四 | | | | | | | | | | | | | | | |
| 五 | | | | | 2 | | 2 | | | | | | | | |
| 六 | | | | | | | | | | | | | | | |
| 七 | | | | | | | | | | | | | | | |
| 八 | 4 | | | | | | | | | | | | | | |
| 九 | | 1 | | | | | | | | | | | | | |
| 一〇 | | | | | | | | | | | | | 1 | | |
| 一一 | | | | | | | | | | | | | | | |
| 一二 | | | | | | | | | | | | | | | |
| 一三 | | | | | | | | | | | | | | | |
| 一四 | | | | | | | | | | | | | | | |
| 一五 | | | | | | | | | | | | | | | |
| 一六 | | | | | | | | | | | | | | | |
| 一七 | | | 1 | | | | | | | | | | | | |
| 一八 | | | | | | | | | | | | | | | |
| 一九 | | | | | | | | | | | | | | | |
| 二〇 | | | | | | | | | | | | | | | |

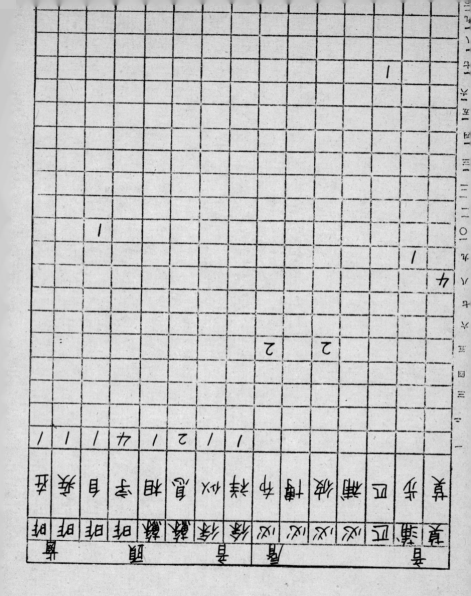

表五十一　侯韻

| | 聲調 | 龍書韻類代表字 | 四聲等子等第 | 龍書所用反切下字／相逢字數／龍書所用反切上字 | 喉音 | | | | 牙音 | | | | |
|---|---|---|---|---|---|---|---|---|---|---|---|---|---|
| | | | | 龍書聲類代表字 | 烏 | 許 | 許 | 胡 | 古 | 古 | 苦 | 五 | 五 |
| | | | | | 烏 | 呼 | 虛 | 胡 | 古 | 各 | 苦 | 午 | 五 |
| 〇一 | 平聲 | 侯 | 1 | 侯 | 16 | 1 | | | 13 | | 8 | | |
| 〇二 | | | 1 | 婁 | | | | | | | | | 1 |
| 〇三 | | | ① | 溝 | | | | | | | | | |
| 〇四 | | | 1 | 鉤 | | | | | | | | | |
| 〇五 | 上聲 | 口 | 1 | 口 | 7 | | | 2 | 6 | | | 1 | 8 |
| 〇六 | | | 1 | 走 | | | | | | | | | |
| 〇七 | | | ① | 后 | 2 | | | | | | 1 | | |
| 〇八 | | | 1 | 斗 | | | 1 | | | 1 | | | |
| 〇九 | | | ① | 狗 | 1 | | | | | | | | |
| 一〇 | | | 1 | 苟 | | | | | | | | | |
| 一一 | | | ① | 垢 | | | | | | | | | |
| 一二 | | | 1 | 厚 | | | | | | | | | |
| 一三 | | | ① | 後 | | | | | | | | | |
| 一四 | 去聲 | 候 | 1 | 候 | | 1 | | | 24 | | 6 | | |
| 一五 | | | 1 | 豆 | | 2 | | | | | | | |
| 一六 | | | 1 | 奏 | | | | | | | | | |
| 一七 | | | ① | 構 | | 2 | | 1 | | | | | |
| 一八 | | | 1 | 透 | | 1 | | | | | | | |
| 一九 | | | | | | | | | | | | | |
| 二〇 | | | | | | | | | | | | | |
| 二一 | | | | | | | | | | | | | |
| 二二 | | | | | | | | | | | | | |

| | 牙音 | 舌頭音 | | | | | | | | | | 舌上音 | 半舌音 | | | |
|---|---|---|---|---|---|---|---|---|---|---|---|---|---|---|---|---|
| | 五 | 都 | 都 | 都 | 都 | 他 | 他 | 他 | 徒 | 奴 | 奴 | 女 | 力 | 力 | 力 | 力 |
| | 魚 | 都 | 得 | 丁 | 當 | 他 | 天 | 吐 | 徒 | 奴 | 乃 | 女 | 郎 | 盧 | 落 | 力 |
| 〇一 | | 2 | 2 | 3 | 7 | 1 | | 1 | 3 | 5 | | | 2 | | 5 | 2 |
| 〇二 | | | | | | | | | | | | | | | | |
| 〇三 | | | | | | | | | | | | 1 | | | | |
| 〇四 | | | | | | | | | | | | | | | | |
| 〇五 | 2 | | | | 2 | 4 | 6 | | 4 | | 2 | | 2 | | 1 | 2 |
| 〇六 | | | | | | | | | | | | | | | | |
| 〇七 | | | | | | | | | | | 2 | | | | | |
| 〇八 | | | | | | 1 | | | | | | | 2 | | | |
| 〇九 | | | | | | | | | | | | | | | | |
| 一〇 | | | | | | | | | | | | | | | | |
| 一一 | | | | | | | | | | | | | | | | |
| 一二 | | | | | | | | | | | | | | | | |
| 一三 | | | | | | | | | | | | | | | | |
| 一四 | | | | | | 2 | | | 1 | 1 | | | | 4 | | 1 |
| 一五 | | | | | | | | | | 5 | | | | 1 | | |
| 一六 | | | | | | | | | | | | | | | | |
| 一七 | | | | | | | | | | | | | | | | |
| 一八 | | | | | | | | | | | | | | | | |
| 一九 | | | | | | | | | | | | | | | | |
| 二〇 | | | | | | | | | | | | | | | | |
| 二一 | | | | | | | | | | | | | | | | |
| 二二 | | | | | | | | | | | | | | | | |

| | 音 | | | · | | 脣 | 音 | | | 頭 | | | | 齒 |
|---|---|---|---|---|---|---|---|---|---|---|---|---|---|---|
| | 才 | 莫 | 蒲 | 蒲 | 匹 | 匹 | 蘇 | 蘇 | 蘇 | 昨 | 千 | 千 | 子 | 子 |
| | 才 | 莫 | 蒲 | 步 | 匹 | 普 | 素 | 蘇 | 速 | 才 | 倉 | 且 | 子 | 祖 |
| 一 | | 4 | | 1 | | | 1 | | 3 | | | 1 | 5 | 1 |
| 二 | | | | | | | | | | | | | | |
| 三 | | | | | | | | | | | | | | |
| 四 | | | | | | | | | | | | 1 | | |
| 五 | | 1 | 6 | | | 3 | | 6 | | 1 | | | 1 | |
| 六 | | | | | | | | 6 | | | | | | |
| 七 | | | | | | | | | | | | | | |
| 八 | | | | | | | | | | | | | | |
| 九 | | | | | | | | | | | 1 | | | |
| 一〇 | | | | | | | | | | | | | | 1 |
| 一一 | 1 | | | | | | | | | | | | | |
| 一二 | | 1 | | | | | | | | | | | | |
| 一三 | | 1 | | | | | | | | | | | | |
| 一四 | | 9 | | 1 | 3 | | 1 | | | | 1 | | | |
| 一五 | | | | | | | | 1 | | | | | | |
| 一六 | | | | | | | | 8 | | 1 | 6 | | | |
| 一七 | | | | | | | | | | | | | | |
| 一八 | | | | | | | | | | | | | | |
| 一九 | | | | | | | | | | | | | | |
| 二〇 | | | | | | | | | | | | | | |
| 二一 | | | | | | | | | | | | | | |
| 二二 | | | | | | | | | | | | | | |
| 二三 | | | | | | | | | | | | | | |

表五十二 幽韻

| 龍書所用反切上字／龍書聲類代表字 | 脣音 莫 | 齒頭音 昨 | 正齒音 所 | 牙音 渠 | 牙音 渠 | 牙音 苦 | 牙音 古 | 喉音 許 | 喉音 烏 | 龍書所用反切下字 | 四聲等子等第 | 龍書韻類代表字 | 聲調 |
|---|---|---|---|---|---|---|---|---|---|---|---|---|---|
| | 美 | 慈 | 山 | 巨 | 渠 | 丘 | 居 | 香 | 於 | | | | |
| 〇一 | 1 | | 1 | | 9 | | 7 | 1 | | 幽 | 4 | 幽 | 平 |
| 〇二 | | 1 | | | | | | | 1 | 糾 | 4 | 糾 | 上 |
| 〇三 | | | | 1 | | | | | | 幼 | 4 | 幼 | 去聲 |
| 〇四 | | | | | | 1 | | | | 謬 | 4 | | |
| 〇五 | | | | | | | | | | | | | |
| 〇六 | | | | | | | | | | | | | |
| 〇七 | | | | | | | | | | | | | |
| 〇八 | | | | | | | | | | | | | |
| 〇九 | | | | | | | | | | | | | |
| 一〇 | | | | | | | | | | | | | |
| 一一 | | | | | | | | | | | | | |
| 一二 | | | | | | | | | | | | | |
| 一三 | | | | | | | | | | | | | |
| 一四 | | | | | | | | | | | | | |
| 一五 | | | | | | | | | | | | | |
| 一六 | | | | | | | | | | | | | |
| 一七 | | | | | | | | | | | | | |
| 一八 | | | | | | | | | | | | | |
| 一九 | | | | | | | | | | | | | |
| 二〇 | | | | | | | | | | | | | |
| 二一 | | | | | | | | | | | | | |
| 二二 | | | | | | | | | | | | | |

韻
方
甫

| | |
|---|---|
| 〇一 | / |
| 〇二 | |
| 〇三 | |
| 〇四 | |
| 〇五 | |
| 〇六 | |
| 〇七 | |
| 〇八 | |
| 〇九 | |
| 一〇 | |
| 一一 | |
| 一二 | |
| 一三 | |
| 一四 | |
| 一五 | |
| 一六 | |
| 一七 | |
| 一八 | |
| 一九 | |
| 二〇 | |
| 二一 | |
| 二二 | |

1

1'

1 2 1 5 1 2

1

3

1

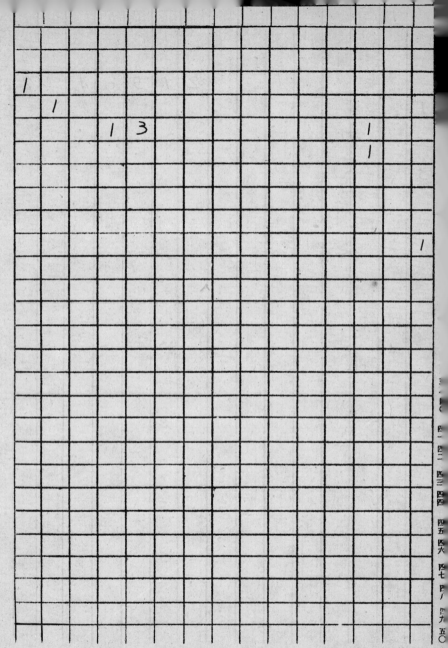

| 頭頭舌 | | 音 | | | | | | | | | | | | 牙 |
|---|---|---|---|---|---|---|---|---|---|---|---|---|---|---|
| 奴 | 奴 | 五 | 五 | 五 | 渠 | 渠 | 渠 | 渠 | 苦 | 苦 | 苦 | 苦 | 古 | 古 |
| 寧 | 你 | 牛 | 宜 | 魚 | 奇 | 巨 | 其 | 渠 | 及 | 欽 | 丘 | 去 | 古 | 今 |
| | | | | | | | | | 1 | | | | | |
| | | | | | | 4 | | 1 | | | | 1 | | |
| | | | | | | 2 | | | | | | | | |
| | | | | | | | | | | | | | | |
| | | | | | | | | | | | | | | |
| | | | | | | | | | | | | | | |
| | | | | | | | | | | | | | | |
| | | | | 1 | | | | | | | | 2 | | |
| | | | | | | | | | | | | | | |
| | | | | | | | | | | | | | | |
| | | | | | | | | | | | | | | |
| | | | | | | | | | | | | | | |
| | | | | | | | | | | | | | | |
| | | 3 | | | | | 2 | | | 1 | | | 1 | |
| | | | | | | | | | | | | | | |
| | | | | | | | | | | | 1 | | | |
| | | | | | 1 | | | 3 | | | | | | |
| | | | | | | | | | | | | | | |
| | | | | | | | | | | | | | | |

| 半齒音 | | 半舌音 | | | 舌上音 | | | | | | | | 舌頭音 | |
|---|---|---|---|---|---|---|---|---|---|---|---|---|---|---|
| 而 | 而 | 力 | 力 | 力 | 女 | 女 | 直 | 直 | 丑 | 陟 | 陟 | 陟 | 奴 | 都 |
| 人 | 汝 | 力 | 良 | 林 | 尼 | 女 | 長 | 直 | 丑 | 陟 | 張 | 知 | 乃 | 丁 |
| | | | | | | 2 | 1 | | 8 | 2 | | 2 | | |
| | | | | | | | | | | | | | | |
| | | | | | | | | | | | | | | |
| | | | | | | | | | | | | | | |
| | | | | | | | | | | | | | | |
| | | | | | | | | | | | | | | |
| | | | | | | | | 3 | | | | | | |
| | | | | | | | | | | | | | | |
| | | | | | | | | | | | | | | |
| | | | | | | | | | | | | | | |
| | | 1 | | | | | | | | | | | | |
| | | | | | | | | | | | | | | |
| | | | | | | | | | | | | | | |
| | | | | | | | | | | | | | | |
| | | | 11 | | | | | 1 | | | | | | |
| | | | | | | | | | 4 | | 1 | 1 | | |
| | | | | | | | | | | | | | | |
| | | | | | | | | | | | | | | |
| | | | | | | | | | | | | | | |

| | 半齒音 | | 正齒音 | | | | | | | | | | | | |
|---|---|---|---|---|---|---|---|---|---|---|---|---|---|---|---|
| | 而 | 而 | 之 | 之 | 之 | 之 | 昌 | 昌 | 食 | 失 | 失 | 時 | 時 | 側 | 側 |
| | 如 | 而 | 職 | 之 | 章 | 支 | 充 | 昌 | 食 | 式 | 失 | 氏 | 時 | 側 | 阻 |
| 一 | 3 | | | | | | | | | | | 2 | | | |
| 二 | | | | | | | | | | | | | | 2 | |
| 三 | | | | | | | | | | | | | | | |
| 四 | | | | | | | 1 | | | | | | | | |
| 五 | | | | | | | | | 1 | | | | | | |
| 六 | | | | | | | | | | | | | | | |
| 七 | | | 2 | | | | | | | | | | | | |
| 八 | | | | | | | | | | | | | | | |
| 九 | | | | | | | | | | | | 2 | | | |
| 一〇 | | | | 1 | | | | | | 1 | | 1 | 1 | | |
| 一一 | | | | | | | | | | | | | | | |
| 一二 | | | | | | | | | | | | | | | |
| 一三 | | | | | | | | | | | | | | | |
| 一四 | | | | | | | | | | | | | | | |
| 一五 | | | | | | | | | | | | | | | |
| 一六 | 3 | 1 | | | | 1 | | | | | | | | | |
| 一七 | | | | | | | | 1 | | | | | | | |
| 一八 | | | | 1 | 3 | | | | | | | | | | |
| 一九 | 1 | 1 | | | | | | | 1 | | | | | | |

表五十三 侵韻

| | 聲調 | 龍書韻類代表字 | 四聲等子等第 | 龍書所用反切下字 ╲ 相逢字數 ╲ 龍書所用切上字及 | 於 | 伊 | 許 | 號 | 與 | 羊 | 余 | 為 | 居 |
|---|---|---|---|---|---|---|---|---|---|---|---|---|---|
| 發音部位 | | | | 龍書聲類代表字 | 烏 | 烏 | 許 | 許 | 羊 | 羊 | 羊 | 于 | 古 |
| | | | | | 喉音 | | | | | | | | 牙音 |
| 〇一 | 平聲 | 林 | 3 | 林 | 1 | | | | | | 1 | | |
| 〇二 | | | ③ | 今 | 3 | 2 | | | | | | | |
| 〇三 | | | 3 | 金 | 4 | 3 | | | | | | | |
| 〇四 | | | 3 | 針 | | | | | 1 | | 5 | | |
| 〇五 | | | 4 | 心 | | | | | | | | | |
| 〇六 | | | 4 | 淫 | 3 | | | | | | | | |
| 〇七 | | | 3 | 深 | | | | | | | | | |
| 〇八 | | | 3 | 音 | | | | | | | | | 1 |
| 〇九 | | | ③ | 壬 | | | | | | | | | |
| 一〇 | | | 3 | 任 | | | | | | | | | |
| 一一 | | | | | | | | | | | | | |
| 一二 | | | 3 | 吟 | | | | | | | | | |
| 一三 | | | ③ | 陰 | | | | | | | | | 1 |
| 一四 | 上聲 | 錦 | 3 | 錦 | | 1 | | | | | | | |
| 一五 | | | ③ | 稔 | | | | | | | | | |
| 一六 | | | 3 | 甚 | | | | | | | | | |
| 一七 | | | 3 | 飲 | | | | | | | | | |
| 一八 | | | 3 | 荏 | | | | | | | | | |
| 一九 | | | 3 | 審 | | | | | | | | | |
| 二〇 | | | | | | | | | | | | | |

| | | | | | | | | | | | | |
|---|---|---|---|---|---|---|---|---|---|---|---|---|
| | | | | | | | | | 鴆 | 3 | 緝 | |
| | | | | | | | | | 任 | 3 | | 聲 |
| | | | | | | | | | 浸 | 4 | | |
| 2 | 4 | | 2 | | | | | | 立 | 3 | | |
| | | | | | | | 2 | 1 | 入 | 3 | | 入 |
| | | | | | | | 7 | | 及 | 3 | | |
| | | | | | | | | | 急 | 3 | | |
| | | | | | | | | | 執 | 3 | 立 | |
| | | | | | | | | 2 | 汲 | ③ | | |
| | | | | | | | | 2 | 緝 | 4 | | |
| | | | | | | | | | 邑 | 3 | | |
| | | | | | | | 1 | | 級 | ③ | | 聲 |
| | | | | | | | | | 十 | 3 | | |

9

1 3

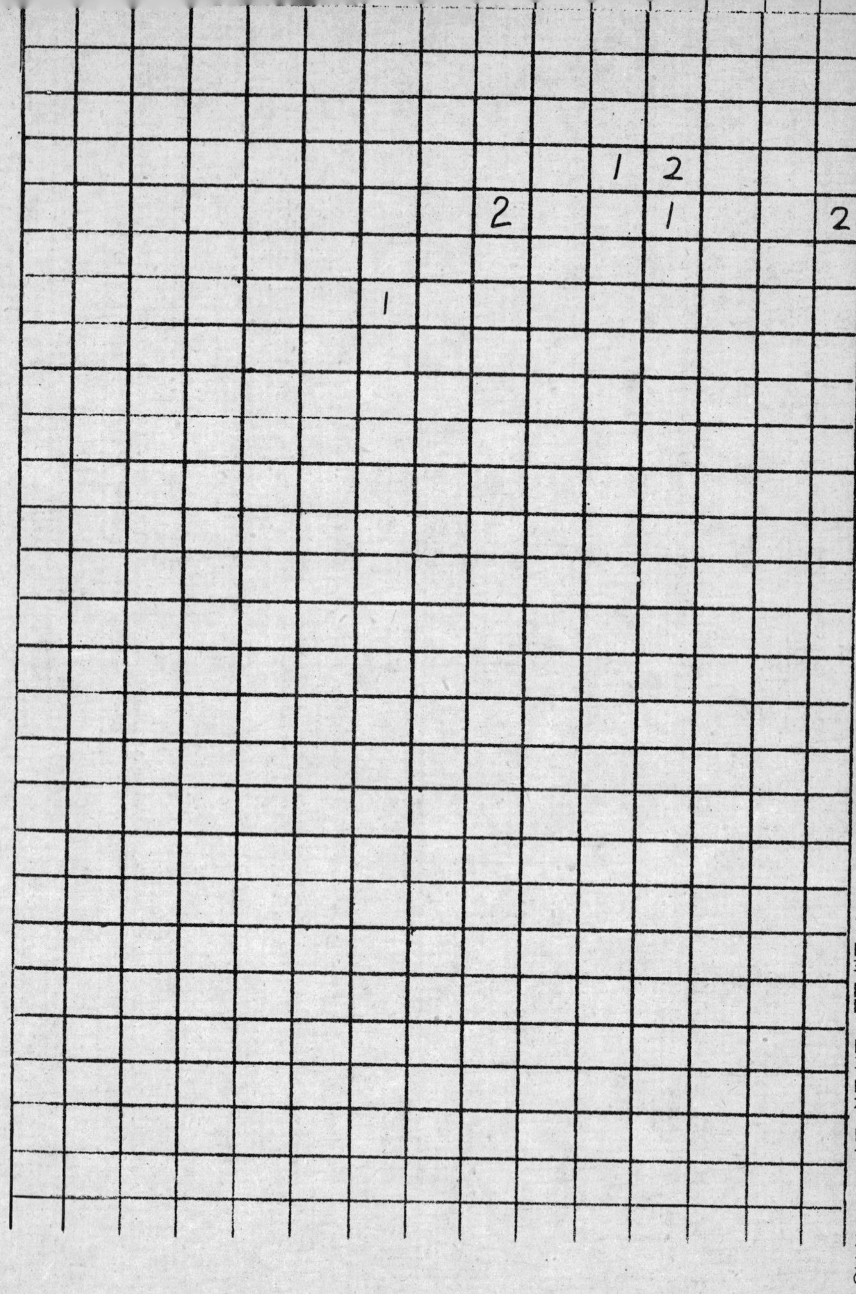

1 2
2 1 2
1

| 齒頭音 | | | | | | | 脣音 | | | | | | | |
|---|---|---|---|---|---|---|---|---|---|---|---|---|---|---|
| 昨 | 蘇 | 蘇 | 蘇 | 蘇 | 徐 | 徐 | 必 | 必 | | | | | | |
| 秦 | 息 | 思 | 先 | 私 | 徐 | 祥 | 彼 | 筆 | | | | | | |
| | 1 | | | | 6 | | | | | | | | | |
| | | | | | | | | | | | | | | |
| | | | | | | | | | | | | | | |
| | | | | | | | | | | | | | | |
| | | | | | | | | | | | | | | |
| | | | | | | | | | | | | | | |
| | | | | | | | | | | | | | | |
| | | | | | | | | | | | | | | |
| | | | | | | | | | | | | | | |
| | | | | | | | | | | | | | | |
| | | | | | | | | | | | | | | |
| | | | | | | | | | | | | | | |
| | | | | | | | | 3 | 1 | | | | | |
| | | | | | | | | | | | | | | |
| | | | | | | | | | | | | | | |
| | | | | | | | | | | | | | | |
| | | | | | | | | | | | | | | |
| | | 1 | | | | | | | | | | | | |

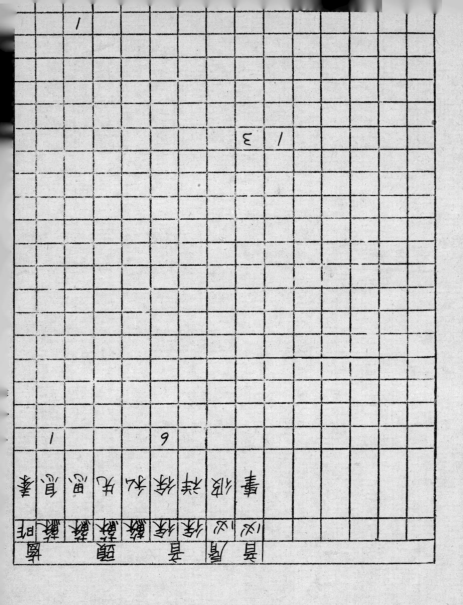

| | 齒頭音 | | | | | | | 正齒音 | | | | | | | |
|---|---|---|---|---|---|---|---|---|---|---|---|---|---|---|---|
| | 昨 | 昨 | 昨 | 七 | 子 | 子 | 子 | 所 | 所 | 所 | 士 | 士 | 士 | 初 | 側 |
| | 才 | 慈 | 昨 | 七 | 姊 | 精 | 子 | 踈 | 生 | 所 | 色 | 鋤 | 士 | 初 | 莊 |
| 一 | | | | 4 | | | 1 | | | | | | | | |
| 二 | | | | | | | | | | 3 | | 1 | 3 | 2 | |
| 三 | | | | | | | | | | | | | 1 | | |
| 四 | | | | | | | | | | | | 3 | | | |
| 五 | 1 | | 1 | 1 | 1 | | 5 | | | | | | | | |
| 六 | | | 2 | | | | | | | | | | | | |
| 七 | | | | | | | | | | | | | | | |
| 八 | | | | | | | | | | | | | | | |
| 九 | | | | | | | | | | | | | | | |
| 一〇 | | | | | | | | | | | | | | | |
| 一一 | | | | | | | | | | | | | | | |
| 一二 | | | | | | | | | | | | | 1 | | |
| 一三 | | | | | | | | | | | | | | | |
| 一四 | | | | | | | | 1 | 2 | 2 | | | | 1 | |
| 一五 | | | | 2 | | | | | | | | | | | |
| 一六 | | | | | | | | | | | | | | | |
| 一七 | | | | | | | | | | | | | | | |
| 一八 | | 1 | | | | | | | | | | | | | |
| 一九 | | | | | | | | | | | | | | | |

| | | | | | | | | | | | | | | | |
|---|---|---|---|---|---|---|---|---|---|---|---|---|---|---|---|
| 二三 | | | | 2 | | | 2 | | | | | | | | |
| 二四 | | | | | | | | | | | | | | | |
| 二五 | | | | 1 | | | | | | | | | | | |
| 二六 | | | | | | | | | | 7 | 3 | | 1 | 1 | |
| 二七 | | | | 7 | 4 | 1 | 1 | | | | | | | | |
| 二八 | | | | | | | | | | | | | | | |
| 二九 | | | | | | | | | | 1 | | | | | |
| 三〇 | | | | | | | | | | | | | | | |
| 三一 | | | | | | | | | | | | | | | |
| 三二 | | | | | | | | | | | | | | | |
| 三三 | | | | | | | | | | | | | | | |
| 三四 | | | | | | | | | | | | | | | |
| 三五 | | | | | | | | | | | | | | | |
| 三六 | | | | | | | | | | | | | | | |
| 三七 | | | | | | | | | | | | | | | |
| 三八 | | | | | | | | | | | | | | | |
| 三九 | | | | | | | | | | | | | | | |
| 四〇 | | | | | | | | | | | | | | | |
| 四一 | | | | | | | | | | | | | | | |
| 四二 | | | | | | | | | | | | | | | |
| 四三 | | | | | | | | | | | | | | | |
| 四四 | | | | | | | | | | | | | | | |
| 四五 | | | | | | | | | | | | | | | |
| 四六 | | | | | | | | | | | | | | | |
| 四七 | | | | | | | | | | | | | | | |
| 四八 | | | | | | | | | | | | | | | |
| 四九 | | | | | | | | | | | | | | | |
| 五〇 | | | | | | | | | | | | | | | |

表五十四　覃韻

| | 聲調 | 龍書韻類代表字 | 四聲等子等第 | 發音部位 | 喉音 | | | | | | | 牙音 | |
|---|---|---|---|---|---|---|---|---|---|---|---|---|---|
| | | | | 龍書聲類代表字 | 烏 | 烏 | 許 | 許 | 胡 | 胡 | 胡 | 古 | 苦 |
| | | | | 相逢字數 龍書所用反切下字 ＼ 龍書所用反切上字 | 於 | 烏 | 火 | 呼 | 胡 | 侯 | 乎 | 古 | 口 |
| 〇一 | 平聲 | 含 | ① | 合 | 1 | 11 | 5 | 1 | | | | | 3 |
| 〇二 | | | ① | 南 | | | 1 | | 5 | | | 2 | |
| 〇三 | | | 一 | 男 | | | | | 2 | | | | |
| 〇四 | | | 一 | 貪 | | | | | | | | | |
| 〇五 | 上去聲 | 感 | 一 | 感 | | 13 | | 1 | 9 | | 1 | | 2 |
| 〇六 | | 紺 | 一 | 紺 | | 1 | | | 6 | | | | 1 |
| 〇七 | | | 一 | 暗 | | | | | | | | 1 | |
| 〇八 | | | 一 | 勘 | | | | | | | | | |
| 〇九 | 入聲 | 合 | 一 | 合 | | 14 | | 4 | 1 | | | 9 | 13 |
| 一〇 | | | 一 | 答 | | | | | | | | | |
| 一一 | | | 一 | 沓 | | | | | | | | 2 | |
| 一二 | | | 一 | 閤 | | | | | | 1 | | | |
| 一三 | | | 一 | 納 | | | | | | | | 1 | |
| 一四 | | | | | | | | | | | | | |
| 一五 | | | | | | | | | | | | | |
| 一六 | | | | | | | | | | | | | |
| 一七 | | | | | | | | | | | | | |
| 一八 | | | | | | | | | | | | | |
| 一九 | | | | | | | | | | | | | |
| 二〇 | | | | | | | | | | | | | |
| 二一 | | | | | | | | | | | | | |
| 二二 | | | | | | | | | | | | | |

| 齒頭音 | | | 半舌音 | | | | 舌頭音 | | | | | | 牙音 | | |
| --- | --- | --- | --- | --- | --- | --- | --- | --- | --- | --- | --- | --- | --- | --- | --- |
| 七 | 子 | 子 | 力 | 力 | 力 | 力 | 奴 | 徒 | 他 | 都 | 都 | 都 | 五 | 苦 | |
| 倉 | 作 | 子 | 魯 | 力 | 盧 | 郎 | 奴 | 徒 | 他 | 得 | 丁 | 都 | 五 | 苦 | |
| 3 | 2 | 1 | | | 3 | 1 | 1 | 15 | 1 | | 10 | 1 | 1 | 1 | 〇一 |
| | | | | | | | | | | | | | | | 〇二 |
| | | | | | | | | | | | | | 1 | | 〇三 |
| | | | 1 | | | | | | | | | | | | 〇四 |
| 1 | | 2 | | | 4 | | 3 | 14 | 4 | | | 9 | 3 | 7 | 〇五 |
| | 2 | 1 | | | | 1 | | 5 | 2 | | | 1 | | 2 | 〇六 |
| | | | | | | | | | | | | | | | 〇七 |
| | | | | | | | | | | | | | | | 〇八 |
| | | 1 | | 1 | 6 | 2 | | 23 | 15 | 1 | | 4 | 6 | 2 | 〇九 |
| | | 4 | | | | | | | | | | | 1 | | 一〇 |
| | | | | | | | | | | | | | | | 一一 |
| | | | | | | | | | | | | | | | 一二 |
| | | | | | | | | | | | | | | | 一三 |
| | | | | | | | | | | | | | | | 一四 |
| | | | | | | | | | | | | | | | 一五 |
| | | | | | | | | | | | | | | | 一六 |
| | | | | | | | | | | | | | | | 一七 |
| | | | | | | | | | | | | | | | 一八 |
| | | | | | | | | | | | | | | | 一九 |
| | | | | | | | | | | | | | | | 二〇 |
| | | | | | | | | | | | | | | | 二一 |
| | | | | | | | | | | | | | | | 二二 |
| | | | | | | | | | | | | | | | 二三 |

| | | | | | 脣音 | | 齒頭音 | | | | | | | | |
|---|---|---|---|---|---|---|---|---|---|---|---|---|---|---|---|
| | | | | | 莫 | 蒲 | 蘇 | 蘇 | 蘇 | 昨 | 昨 | 昨 | 昨 | 七 | 七 |
| | | | | | 牟 | 蒲 | 素 | 桑 | 蘇 | 徂 | 才 | 昨 | 祚 | 青 | 七 |
| 一 | | | | | | | | | 2 | | | 3 | | 1 | |
| 二 | | | | | | | | | | | | | | | |
| 三 | | | | | | | | | | | | | | | |
| 四 | | | | | | | | | | | | | | | |
| 五 | | | | | 1 | 1 | 1 | 1 | 6 | 3 | | | 1 | | 7 |
| 六 | | | | | | | | | 1 | | | | | | 2 |
| 七 | | | | | | | | | | | | | | | 1 |
| 八 | | | | | | | | | | | | | | | |
| 九 | | | | | | | | | 11 | 3 | 1 | | | | |
| 一〇 | | | | | | | | | | | | | | | |
| 一一 | | | | | | | | | | | | | | | |
| 一二 | | | | | | | | | | | | | | | |
| 一三 | | | | | | | | | | | | | | | |
| 一四 | | | | | | | | | | | | | | | |
| 一五 | | | | | | | | | | | | | | | |
| 一六 | | | | | | | | | | | | | | | |
| 一七 | | | | | | | | | | | | | | | |
| 一八 | | | | | | | | | | | | | | | |
| 一九 | | | | | | | | | | | | | | | |
| 二〇 | | | | | | | | | | | | | | | |
| 二一 | | | | | | | | | | | | | | | |
| 二二 | | | | | | | | | | | | | | | |
| 二三 | | | | | | | | | | | | | | | |

一
二
三
四
五
六
七
八
九
一〇
一一
一二
一三
一四
一五
一六
一七
一八
一九
二〇
二一
二二
二三

# 表五十五 談韻

| | 聲調 | 龍書韻類代表字 | 四聲等子等第 | 發音部位 | 喉音 | | | | | | | 牙音 | |
|---|---|---|---|---|---|---|---|---|---|---|---|---|---|
| | | | | 龍書聲類代表字 | 烏 | 烏 | 烏 | 許 | 許 | 胡 | 胡 | 古 | 苦 |
| | | | | 龍書所用反切上字／相逢字數／龍書所用反切下字 | 於 | 烏 | 安 | 呼 | 火 | 胡 | 户 | 古 | 苦 |
| 〇一 | 平聲 | 甘 | 1 | 甘 | | 2 | | 4 | 2 | 4 | 1 | | 2 |
| 〇二 | | | ① | 談 | | | | 3 | | | | | |
| 〇三 | | | 1 | 三 | | | | | | | | 2 | |
| 〇四 | | | ① | 酣 | | | | | | | | | |
| 〇五 | 上聲 | 敢 | ① | 敢 | | 4 | | | | 1 | | | |
| 〇六 | | | 1 | 覽 | | | | 1 | | | | 1 | |
| 〇七 | 去聲 | 濫 | ① | 濫 | | | | 1 | | | | | 2 |
| 〇八 | | | 1 | 暫 | | | | | | | | | |
| 〇九 | | | ① | 淡 | | | | | | | | | |
| 一〇 | | | 1 | 擔 | | | | | | | | | |
| 一一 | 入聲 | 盍 | 1 | 盍 | 1 | 1 | 2 | 2 | | | | 5 | 7 |
| 一二 | | | 1 | 臘 | | | | | | 6 | | | |
| 一三 | | | ① | 塔 | | 1 | | | | 1 | | | |
| 一四 | | | ① | 搭 | | | | | | 1 | | | |
| 一五 | | | | | | | | | | | | | |
| 一六 | | | | | | | | | | | | | |
| 一七 | | | | | | | | | | | | | |
| 一八 | | | | | | | | | | | | | |
| 一九 | | | | | | | | | | | | | |
| 二〇 | | | | | | | | | | | | | |
| 二一 | | | | | | | | | | | | | |
| 二二 | | | | | | | | | | | | | |

| 齒頭音 | 正齒音 | 半舌音 | | | 舌頭音 | | | | | | | 牙音 | | | |
|---|---|---|---|---|---|---|---|---|---|---|---|---|---|---|---|
| 子 | 之 | 力 | 力 | 力 | 奴 | 徒 | 他 | 他 | 都 | 都 | 都 | 五 | 苦 | 苦 | |
| 作 | 章 | 魯 | 盧 | 來 | 奴 | 徒 | 吐 | 他 | 答 | 丁 | 都 | 五 | 口 | 行 | |
| | | 8 | 1 | 1 | | 5 | | 7 | | | 5 | | 4 | | 〇一 |
| | | | | | | | | | | | | | | | 〇二 |
| 1 | | | | | | | | | | | | | | | 〇三 |
| | | | | | | | | 1 | | | | | | | 〇四 |
| | 1 | | 3 | | | 6 | 3 | 5 | 1 | 1 | 4 | | | | 〇五 |
| | | | | | | 2 | 1 | | | | | | | | 〇六 |
| | | | | | | | 1 | 1 | | | 1 | | | 1 | 〇七 |
| | | | 3 | | | | | | | | | | 1 | | 〇八 |
| | | | 1 | | | | | | | | | | | | 〇九 |
| | | | 1 | | | | | | | | | | | | 一〇 |
| | 1 | | 8 | | | 5 | 3 | 11 | | | 8 | 1 | 1 | | 一一 |
| | | | | | | | | | | | | | | | 一二 |
| | | | | | 1 | | | | | | 1 | | | | 一三 |
| | | | | | | | | | | | | | | | 一四 |
| | | | | | | | | | | | | | | | 一五 |
| | | | | | | | | | | | | | | | 一六 |
| | | | | | | | | | | | | | | | 一七 |
| | | | | | | | | | | | | | | | 一八 |
| | | | | | | | | | | | | | | | 一九 |
| | | | | | | | | | | | | | | | 二〇 |
| | | | | | | | | | | | | | | | 二一 |
| | | | | | | | | | | | | | | | 二二 |

| | 齒頭音 | | | | | 脣音 |
|---|---|---|---|---|---|---|
| | 子 | 七 | 昨 | 蘇 | 蘇 | 武 |
| | 子 | 倉 | 才 | 慈 | 私 | 亡 |
| 一 | | | | | | |
| 二 | | | | | | |
| 三 | | | | | | |
| 四 | | | | | | |
| 五 | 2 | 2 | 3 | | | 1 |
| 六 | | | | | | |
| 七 | | | | 1 | | |
| 八 | | | | | | |
| 九 | | | | | | |
| 一〇 | | | | | | |
| 一一 | | 1 | 1 | | 5 | |
| 一二 | | | | | | |
| 一三 | | | | | | |
| 一四 | | | | | | |
| 一五 | | | | | | |
| 一六 | | | | | | |
| 一七 | | | | | | |
| 一八 | | | | | | |
| 一九 | | | | | | |
| 二〇 | | | | | | |
| 二一 | | | | | | |
| 二二 | | | | | | |
| 二三 | | | | | | |

| | | | | | | | | | | | | | | |
|---|---|---|---|---|---|---|---|---|---|---|---|---|---|---|
| 8 | | 16 | | | | | | | | | | | 2 | |
| | | 1 | | | | 3 | | 3 | | | 2 | 1 | | |
| | | | | 7 | 1 | 1 | 2 | | | | | | | |

| | | | | | | | | | | | | | | |
|---|---|---|---|---|---|---|---|---|---|---|---|---|---|---|
| | | | | | | | | 1 | | 1 | | | 1 | |
| | | | | | 1 | | 1 | | | | | | | |
| | | 1 | | | | | | 3 | 3 | | | | | |

| | 喉音 | | | | | | | | 牙音 | | | | | | |
|---|---|---|---|---|---|---|---|---|---|---|---|---|---|---|---|
| | 許 | 羊 | 羊 | 羊 | 羊 | 于 | 于 | 于 | 古 | 苦 | 苦 | 苦 | 渠 | 渠 | 渠 |
| | 虛 | 余 | 與 | 以 | 羊 | 于 | 為 | 筠 | 兼 | 去 | 謙 | 丘 | 巨 | 其 | 渠 |
| 〇一 | | 6 | | | | | | | | | | 1 | 1 | | |
| 〇二 | | | | | | | | | | | | | | | |
| 〇三 | | | | | | | | | | | | | | | |
| 〇四 | | | | | | | | | | | | | 8 | | 2 |
| 〇五 | | | | | | | | | | 1 | | | 2 | | 1 |
| 〇六 | | | | | | | | | | | | | | | |
| 〇七 | | | | | | | | | | | | | | | |
| 〇八 | | | | | | | | | | | | | | | |
| 〇九 | 2 | | | | | | | | | | | 1 | | | |
| 一〇 | | | | | | | | | | | 3 | | | | |
| 一一 | | | | 2 | 1 | | | | | | | | | | |
| 一二 | | | | 1 | 1 | | | | | | | | | | |
| 一三 | | | | | | | | | | | | 1 | | | |
| 一四 | | | | | | | | | | | | | | | |
| 一五 | | | | | | | | | | | | | | | |
| 一六 | | | | | | | | | | | | | | | |
| 一七 | | | | | | | | | | | | | | | |
| 一八 | | | | | | | | | | | | | | | |
| 一九 | | | | | | | | | | | | | | | |
| 二〇 | | | | | | | | | | | | | | | |

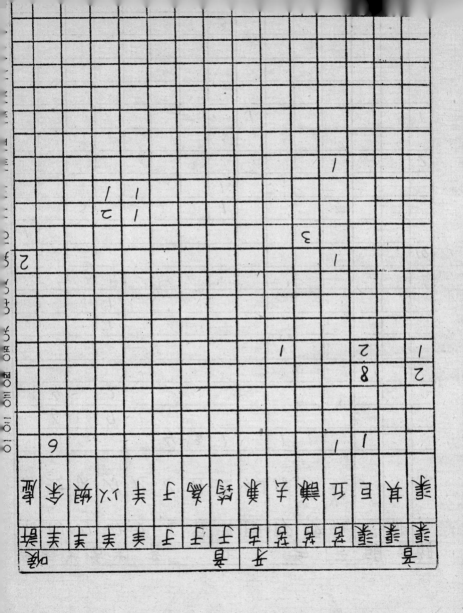

| 音 | 齒 | 半 | 舌 | 半 | 音 | | 上 | | | 舌 | 音 | 頭 | 舌 | 牙 |
|---|---|---|---|---|---|---|---|---|---|---|---|---|---|---|
| 而 | 而 | 力 | 力 | 女 | 女 | 直 | 丑 | 陟 | 陟 | 陟 | 徒 | 他 | 都 | 五 |
| 而 | 汝 | 良 | 力 | 尼 | 女 | 直 | 丑 | 知 | 張 | 陟 | 徒 | 天 | 丁 | 魚 |
| | | | | | 4 | 3 | 1 | | 1 | 1 | | | | |
| | 6 | | 7 | 1 | | | | | | | | | | |
| | 4 | | 2 | | | | | | | | | | | |
| | | | | | | | | | | | | | | |
| | | | | | | | | | | | | | | |
| | | | 1 | | | | | | | | | | | |
| | | | 1 | | | | | | | | | | | |
| | | | 1 | | | | | | | | | | | |
| | | | | | | | | | | | | | | 10 |
| 1 | | | | | | | | | | | | | | |
| | | 3 | | | | | 1 | | | | | | | |
| | | | | | | | 1 | | | | | | | |
| | | | | | | | | | | | | | | |
| | | | | | | | | | | | | | | 2 |
| | | | | | | | | 1 | | | | | | 1 |
| | | | | | | | | | | | | | | |
| | | | | | | | | | | | | | | |
| | | | | | | | | | | | | | | |
| | | | | | | | 3 | | | | | | | |

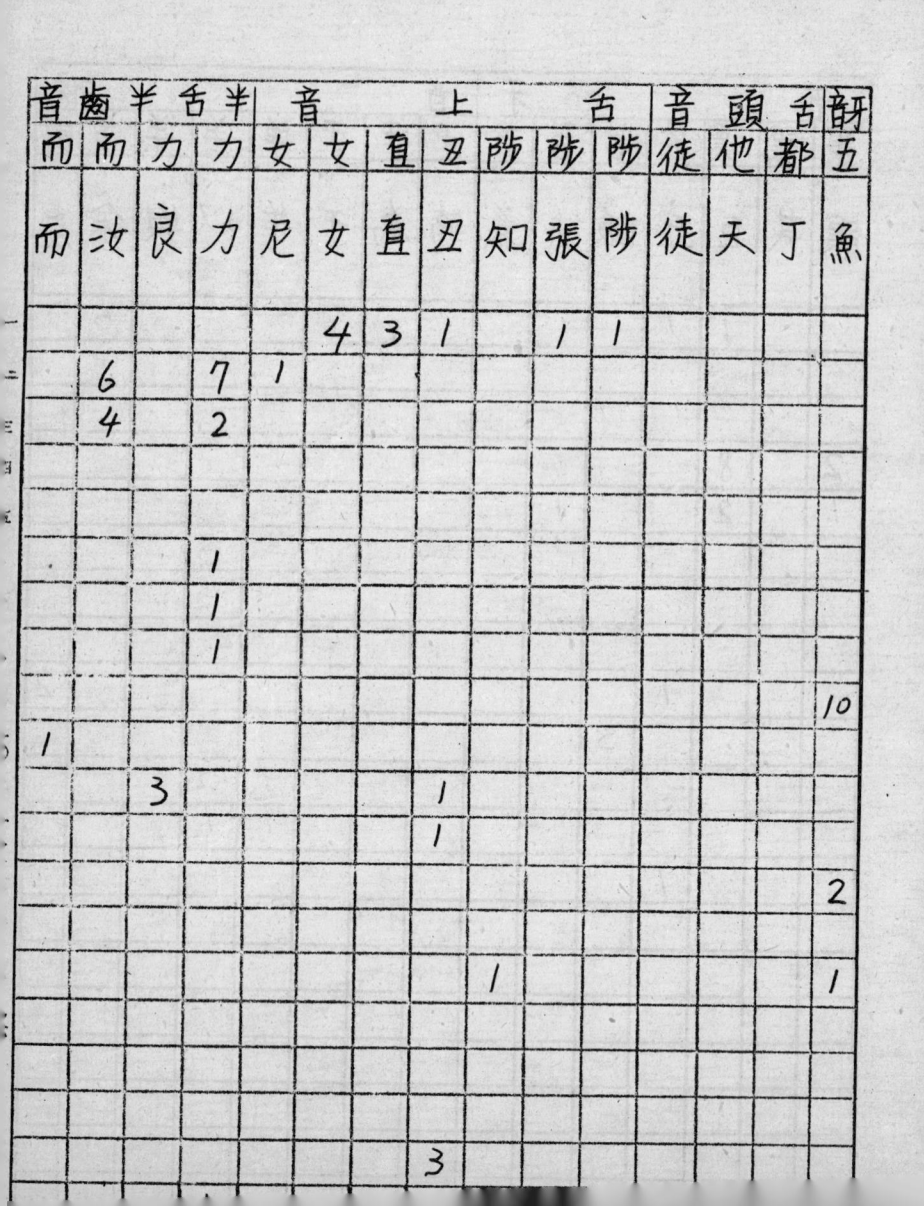

| 聲類 | 聲 | 字 | 一 | 二 | 三 | 四 | 五 | 六 | 七 | 八 | 九 | 一〇 | 一一 | 一二 | 一三 | 一四 | 一五 | 一六 | 一七 | 一八 | 一九 |
|---|---|---|---|---|---|---|---|---|---|---|---|---|---|---|---|---|---|---|---|---|---|
| 正齒音 | 時 | 時 | | | | | | | | | | | 1 | | | | | | | | |
| | 時 | 常 | | | | | | | | | | | | 1 | | | | | | | |
| | 時 | 視 | 1 | | | | | | | | | | | | | | | | | | |
| | 時 | 市 | | | | | | | | | | | | | | | | | | | 1 |
| | 失 | 書 | | | | | | | | | | | | | | | | | | | |
| | 失 | 舒 | | | | | | | | | | | | 1 | | | | | | | |
| | 失 | 式 | | | | | | | | | | | | | | | | | | | 1 |
| | 失 | 失 | 1 | | | | | | | | | | 7 | | | | | | | | 1 |
| | 昌 | 處 | | | 3 | | | | | | | | | | | | | | | | |
| | 昌 | 昌 | | | 2 | | | | | | | | | | | | | | | | 3 |
| | 昌 | 叱 | | | | | | | | | | | | | | | | | | | |
| | 昌 | 尺 | | | 2 | | | | | | | | | | | | | | | | |
| | 之 | 之 | | | | | | | | | | | | | | | | | | | |
| | 之 | 職 | 3 | | | | | | | | | | | | | | | | | | |
| | 而 | 如 | | 1 | | | | | | | | | | | | | | | | | |

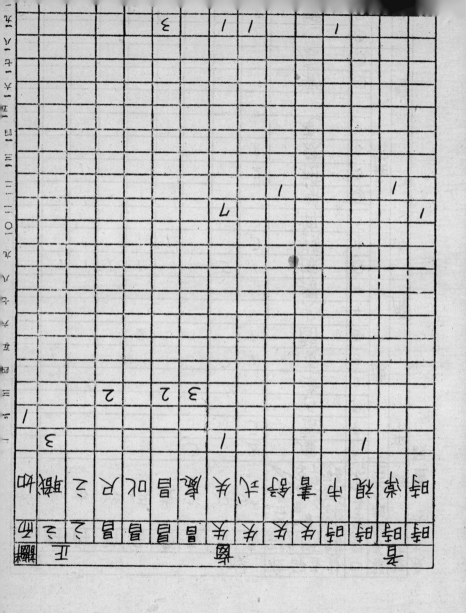

表五十六 鹽韻

| 聲調 | 龍書韻類代表字 | 四聲等第 | 龍書所用反切下字 ＼ 龍書所用反切上字（相逢字數） | 烏 於 | 烏 衣 | 烏 英 | 烏 益 | 烏 伊 | 許 許 | 許 香 | 許 火 | 許 呼 |
|---|---|---|---|---|---|---|---|---|---|---|---|---|
| 平聲 | 廉 | 3 | 廉 | 2 | | 3 | | | | | | |
| | | 4 | 鹽 | 3 | | | | | | | | |
| | | ③ | 占 | | | | | | | | | |
| | | 3 | 淹 | | | | | | | | | |
| | | 3 | 炎 | 1 | | | | | | | 1 | |
| | | ④ | 閻 | 1 | | | | 2 | | | | |
| | | 4 | 尖 | | | | | | | | | |
| | | 4 | 潛 | | | | | | | | | |
| 上聲 | 撿 | ③ | 撿 | 1 | 5 | | | 1 | 1 | | | |
| | | 4 | 琰 | 3 | | | 1 | 1 | | | | |
| | | 3 | 冉 | | | | | | | | | |
| | | ③ | 染 | | | | | 1 | | | | |
| | | 3 | 檢 | 2 | | | | | | 1 | | |
| | | 3 | 歛 | 1 | | | | | | | | |
| | | 3 | 奄 | | | | | | | | | |
| | | | | | | | | | | | | |
| 去聲 | | ④ | 漸 | | | | | | | | | |
| | | ③ | 厭 | | | | | | | | | |
| | | ④ | 焰 | 2 | | | | | | | | |
| | | ③ | 驗 | 1 | | | | | | | | |

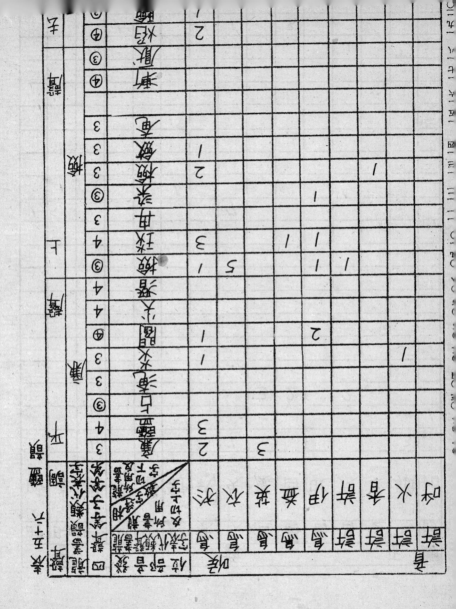

| | | | | | | |
|---|---|---|---|---|---|---|
| 1 | 9 | 葉 輒 獵 | 4 3 ③ | 涉 | 聲 | |

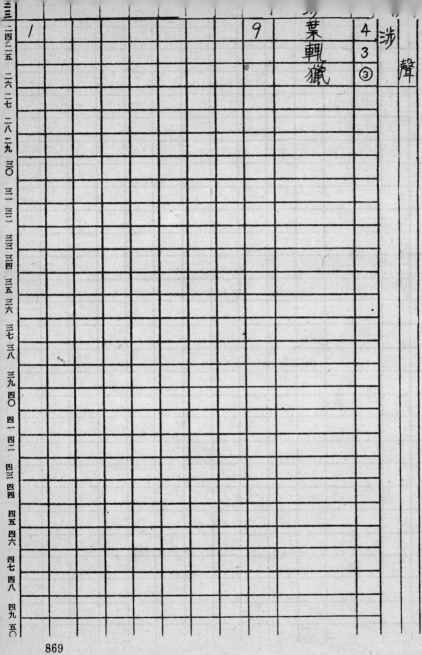

3 2 7

2 1

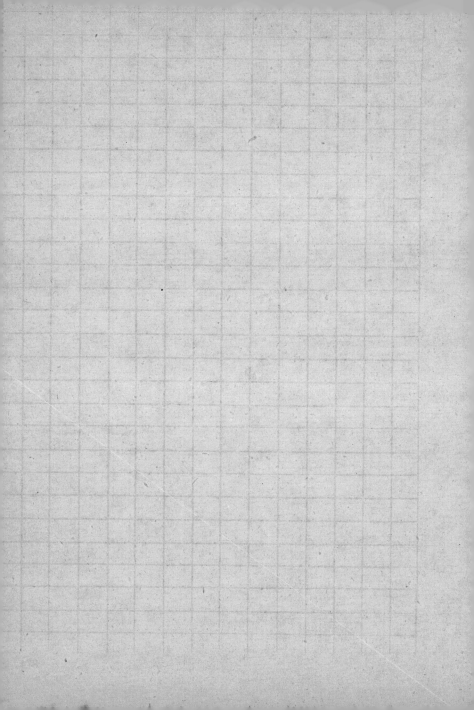

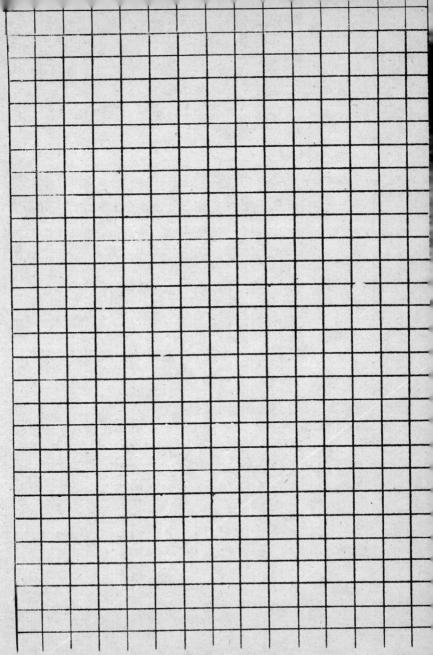

音層

才

悲

1

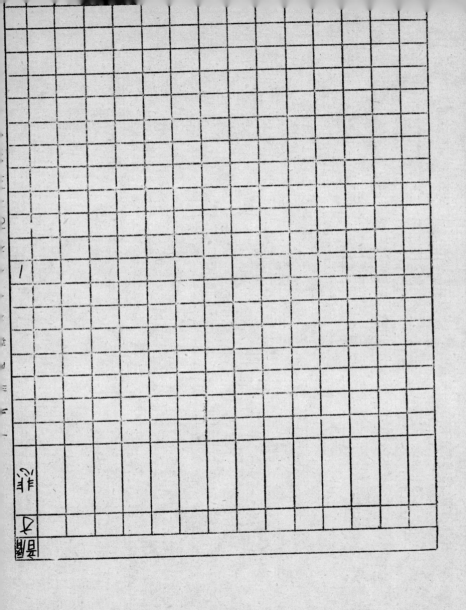

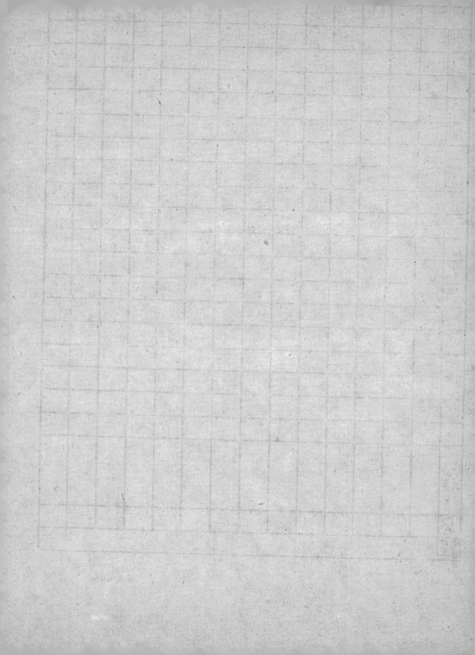

| | 脣音 | | | 齒頭音 | | | | | | | | | | | 正齒 |
|---|---|---|---|---|---|---|---|---|---|---|---|---|---|---|---|
| | 才 | 才 | 莫 | 徐 | 徐 | 蘇 | 昨 | 昨 | 七 | 七 | 七 | 子 | 子 | 子 | 所 |
| | 才 | 府 | 莫 | 徐 | 似 | 息 | 慈 | 疾 | 清 | 且 | 七 | 即 | 將 | 子 | 山 |
| 一 | | 1 | 1 | 2 | | 7 | | | | | 11 | | | 6 | |
| 二 | | | | | 1 | | | 1 | | | | | | | |
| 三 | | | | | | | | | 1 | | 1 | | | | |
| 四 | | | | | | | | | | | | | | | |
| 五 | | | | | | | | | | | | | | | |
| 六 | | | | 1 | | | | | | | | | | | |
| 七 | | | | | | 2 | | | | | 1 | | | | |
| 八 | | | | | | | | | | | 1 | 1 | | | |
| 九 | 1 | | | | | | | | | | | | | | |
| 一〇 | | | | | | | | | | | | | | | |
| 一一 | | | | | | | | | | | | | | 1 | |
| 一二 | | | | | | | 5 | | | | | | | | |
| 一三 | | | | | | | | | | 1 | | | | | |
| 一四 | | | | | | | | | | | | | | | |
| 一五 | | | | | | | | | | | | | | | |
| 一六 | | | | | | | | | | | | | | | |
| 一七 | | | | | | | | | 1 | | | | | | |
| 一八 | | | | | | | | | | | | | | 1 | |
| 一九 | | | | | | | | | | | | | 1 | 1 | |

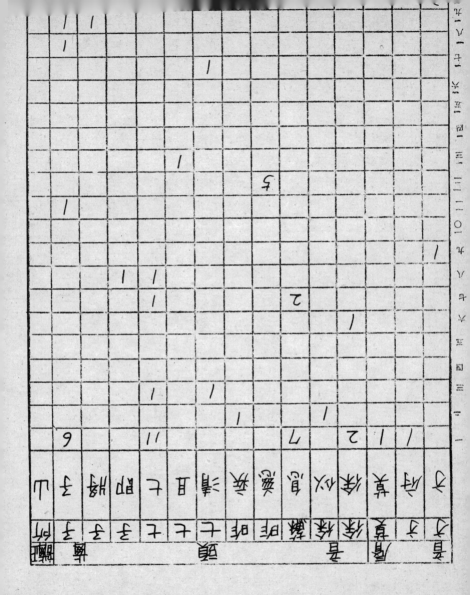

| | | | | | | | | | | | | | | | |
|---|---|---|---|---|---|---|---|---|---|---|---|---|---|---|---|
| 二三 | | | | | | | | | | | | | | | |
| 二四 | | | | | | | | 7 | | | 1 | 5 | | 1 | |
| 二五 | | | | | | | | | | | | | | | 3 |
| 二六 | | | | | | | | | | | | | | 1 | |
| 二七 | | | | | | | | | | | | | | | |
| 二八 | | | | | | | | | | | | | | | |
| 二九 | | | | | | | | | | | | | | | |
| 三〇 | | | | | | | | | | | | | | | |
| 三一 | | | | | | | | | | | | | | | |
| 三二 | | | | | | | | | | | | | | | |
| 三三 | | | | | | | | | | | | | | | |
| 三四 | | | | | | | | | | | | | | | |
| 三五 | | | | | | | | | | | | | | | |
| 三六 | | | | | | | | | | | | | | | |
| 三七 | | | | | | | | | | | | | | | |
| 三八 | | | | | | | | | | | | | | | |
| 三九 | | | | | | | | | | | | | | | |
| 四〇 | | | | | | | | | | | | | | | |
| 四一 | | | | | | | | | | | | | | | |
| 四二 | | | | | | | | | | | | | | | |
| 四三 | | | | | | | | | | | | | | | |
| 四四 | | | | | | | | | | | | | | | |
| 四五 | | | | | | | | | | | | | | | |
| 四六 | | | | | | | | | | | | | | | |
| 四七 | | | | | | | | | | | | | | | |
| 四八 | | | | | | | | | | | | | | | |
| 四九 | | | | | | | | | | | | | | | |
| 五〇 | | | | | | | | | | | | | | | |

## 表五十七 添韻

| 序號 | 聲調 | 龍書韻類代表字 | 四聲等子等第 | 龍書所用反切下字＼相逢字數＼龍書所用反切上字 | 喉音 烏 | 喉音 烏 | 喉音 許 | 喉音 許 | 喉音 胡 | 喉音 胡 | 喉音 羊 | 牙音 古 | 牙音 苦 |
|---|---|---|---|---|---|---|---|---|---|---|---|---|---|
| | | | | | 於 | 烏 | 許 | 呼 | 刑 | 胡 | 余 | 古 | 苦 |
| 〇一 | 平聲 | 兼 | 4 | 兼 | | | 4 | | 1 | | | | |
| 〇二 | 平聲 | 兼 | ④ | 恬 | | | | | | | | 1 | |
| 〇三 | 平聲 | 兼 | 4 | 添 | | | | | | | | 1 | |
| 〇四 | 上聲 | 點 | 4 | 點 | 1 | | | | | | | | 1 |
| 〇五 | 上聲 | 點 | 4 | 忝 | | | | | | | | | 2 |
| 〇六 | 上聲 | 點 | ④ | 玷 | | | | | | | | | |
| 〇七 | 上聲 | 點 | 4 | 簟 | | | | | | | | | 1 |
| 〇八 | 去聲 | 念 | 4 | 念 | 1 | | | 1 | | | | | 1 |
| 〇九 | 入聲 | 叶 | ④ | 叶 | 3 | 1 | | 4 | | | 1 | 5 | 3 |
| 一〇 | 入聲 | 叶 | 4 | 頰 | | | | | | 4 | | | |
| 一一 | 入聲 | 叶 | ④ | 貼 | | | | | | 2 | | | |
| 一二 | 入聲 | 叶 | ④ | 俠 | | | | 1 | | | | | |
| 一三 | 入聲 | 叶 | 4 | 篋 | | | | | | | | | |
| 一四 | 入聲 | 叶 | 4 | 協 | | | | | | | | | |
| 一五 | | | | | | | | | | | | | |
| 一六 | | | | | | | | | | | | | |
| 一七 | | | | | | | | | | | | | |
| 一八 | | | | | | | | | | | | | |
| 一九 | | | | | | | | | | | | | |
| 二〇 | | | | | | | | | | | | | |
| 二一 | | | | | | | | | | | | | |
| 二二 | | | | | | | | | | | | | |
| 二三 | | | | | | | | | | | | | |

| 半舌 | | 舌上 | | | 舌頭 | | | | | | | | 牙音 | | |
|---|---|---|---|---|---|---|---|---|---|---|---|---|---|---|---|
| 力 | 力 | 女 | 陟 | 陟 | 奴 | 奴 | 徒 | 他 | 他 | 都 | 都 | 都 | 苦 | 苦 | |
| 盧 | 勒 | 尼 | 陟 | 知 | 乃 | 奴 | 徒 | 土 | 他 | 都 | 多 | 丁 | 口 | 謙 | |
| | 4 | | 1 | | | 2 | 5 | 1 | 1 | | | 8 | | | 〇一 |
| | | | | | | 1 | | | | | | | | | 〇二 |
| | | | | | | | | | | | | | | | 〇三 |
| | | | | | | | 5 | | 3 | | | | | | 〇四 |
| | | | | | 1 | | 1 | | | | 1 | 1 | 1 | | 〇五 |
| | | | | | 1 | | | | | | | | | | 〇六 |
| | | | | | | | | | | | | | | | 〇七 |
| | | | | 1 | | | 3 | | 5 | 7 | | 3 | | | 〇八 |
| 3 | | 2 | | | 1 | 11 | 17 | | 2 | | | 7 | | 2 | 〇九 |
| | | | | | | | 1 | | | | | | | | 一〇 |
| | | | | | | 1 | | | | | | | | | 一一 |
| | | | | | | | | | | | | | | | 一二 |
| | | | | | | | | | | | | 1 | | | 一三 |
| | | | | | | | | | | | | | | | 一四 |
| | | | | | | | | | | | | | | | 一五 |
| | | | | | | | | | | | | | | | 一六 |
| | | | | | | | | | | | | | | | 一七 |
| | | | | | | | | | | | | | | | 一八 |
| | | | | | | | | | | | | | | | 一九 |
| | | | | | | | | | | | | | | | 二〇 |
| | | | | | | | | | | | | | | | 二一 |
| | | | | | | | | | | | | | | | 二二 |

| | | | | | | | | | | | | | | | |
|---|---|---|---|---|---|---|---|---|---|---|---|---|---|---|---|
| | | | | | | 頭 | | | | | | 齒 | | 半齒 | |
| | | | | 徐 | 蘇 | 蘇 | 蘇 | 昨 | 昨 | 七 | 七 | 子 | 子 | 而 | 力 |
| | | | | 徐 | 蘇 | 先 | 思 | 在 | 疾 | 七 | 青 | 精 | 子 | 耳 | 力 |
| 一 | | | | | | | | | | | | | | | 1 |
| 二 | | | | | | | | | | | | | | | |
| 三 | | | | | | | | | | | | | | | |
| 四 | | | | | | | | | | | | | | | 1 |
| 五 | | | | | | | | | | | 1 | | | | |
| 六 | | | | | | | | | | | | | | | 2 |
| 七 | | | | | | | | | | | | | | | |
| 八 | | | | | | 1 | 1 | | 1 | 1 | | 1 | 3 | | |
| 九 | | | | 1 | 12 | 2 | | 1 | | | | | 1 | 1 | |
| 一〇 | | | | | | | | | | | | | | | |
| 一一 | | | | | | | | | | | | | | | |
| 一二 | | | | | | | | | | | | | | | |
| 一三 | | | | | | | | | | | | | | | |
| 一四 | | | | | | | | | | | | | | | |
| 一五 | | | | | | | | | | | | | | | |
| 一六 | | | | | | | | | | | | | | | |
| 一七 | | | | | | | | | | | | | | | |
| 一八 | | | | | | | | | | | | | | | |
| 一九 | | | | | | | | | | | | | | | |
| 二〇 | | | | | | | | | | | | | | | |
| 二一 | | | | | | | | | | | | | | | |
| 二二 | | | | | | | | | | | | | | | |
| 二三 | | | | | | | | | | | | | | | |

# 表五十八 咸韻

發音部位：喉音

| | 聲調 | 龍書韻類代表字 | 四聲等子等第 | 龍書所用反切下字 ＼ 龍書聲類代表字 相逢數 | 烏 乙 | 烏 烏 | 許 許 | 許 呼 | 許 火 | 胡 遐 | 胡 下 | 胡 侯 | 胡 咸 |
|---|---|---|---|---|---|---|---|---|---|---|---|---|---|
| 〇一 | 平聲 | | 2 | 咸 | 1 | | 2 | | 1 | | | | |
| 〇二 | | 咸 | ② | 緘 | | | | | | 1 | | | |
| 〇三 | | | 2 | 儳 | | | | | | | | | |
| 〇四 | 上聲 | | 2 | 斬 | | | | | | | 4 | | |
| 〇五 | | 斬 | 2 | 減 | 1 | | | | | | | | |
| 〇六 | | | 2 | 黯 | | | | | | | | | |
| 〇七 | 去聲 | 陷 | 2 | 陷 | 1 | | | | 1 | | | | |
| 〇八 | 入聲 | | 2 | 洽 | | 1 | | 3 | | | | | |
| 〇九 | | 洽 | 2 | 夾 | | | | | | | | 5 | 1 |
| 一〇 | | | 2 | 插 | | | | | | | | | |
| 一一 | | | | | | | | | | | | | |
| 一二 | | | | | | | | | | | | | |
| 一三 | | | | | | | | | | | | | |
| 一四 | | | | | | | | | | | | | |
| 一五 | | | | | | | | | | | | | |
| 一六 | | | | | | | | | | | | | |
| 一七 | | | | | | | | | | | | | |
| 一八 | | | | | | | | | | | | | |
| 一九 | | | | | | | | | | | | | |
| 二〇 | | | | | | | | | | | | | |
| 二一 | | | | | | | | | | | | | |
| 二二 | | | | | | | | | | | | | |
| 二三 | | | | | | | | | | | | | |

| 半舌 | 舌上 | | | | 舌頭 | | 牙音 | | | | | | | | | 喉音 | |
|---|---|---|---|---|---|---|---|---|---|---|---|---|---|---|---|---|---|
| 力 | 女 | 直 | 丑 | 陟 | 徒 | 都 | 五 | 五 | 苦 | 苦 | 苦 | 古 | 古 | 古 | 古 | 胡 | |
| 力 | 女 | 直 | 丑 | 竹 | 徒 | 丁 | 牛 | 五 | 丘 | 口 | 苦 | 價 | 加 | 耕 | 古 | 胡 | |
| | 3 | | | 5 | | | 1 | 8 | 1 | 1 | 4 | | 1 | | 7 | | 〇一 |
| | | | | | | | | | | | | | | | | | 〇二 |
| | | | | | | | | | | | | | | | | | 〇三 |
| 1 | | | | | | | | | | | 1 | | | 1 | 4 | | 〇四 |
| | 1 | 1 | | | 1 | | | | | 1 | 2 | | | | | | 〇五 |
| | | | | | | | | | | | | | | | | 2 | 〇六 |
| | | 3 | | | | 1 | | 1 | | 1 | 1 | 1 | | | 1 | | 〇七 |
| | 3 | | 1 | 1 | | | | 3 | | | 7 | | | | 9 | | 〇八 |
| | | | | | | | | | | | | | | | | | 〇九 |
| | | | | | | | | | | | | | | | | | 一〇 |
| | | | | | | | | | | | | | | | | | 一一 |
| | | | | | | | | | | | | | | | | | 一二 |
| | | | | | | | | | | | | | | | | | 一三 |
| | | | | | | | | | | | | | | | | | 一四 |
| | | | | | | | | | | | | | | | | | 一五 |
| | | | | | | | | | | | | | | | | | 一六 |
| | | | | | | | | | | | | | | | | | 一七 |
| | | | | | | | | | | | | | | | | | 一八 |
| | | | | | | | | | | | | | | | | | 一九 |
| | | | | | | | | | | | | | | | | | 二〇 |
| | | | | | | | | | | | | | | | | | 二一 |
| | | | | | | | | | | | | | | | | | 二二 |

| | | | | | | | 頭齒 | | 齒 | | | | | 正 | |
|---|---|---|---|---|---|---|---|---|---|---|---|---|---|---|---|
| | | | | | | | 昨 | 七 | 所 | 所 | 士 | 初 | 初 | 側 | 側 |
| | | | | | | | 疾 | 七 | 山 | 所 | 士 | 楚 | 初 | 側 | 莊 |
| 一 | | | | | | | | | | 3 | 7 | | | | |
| 二 | | | | | | | | | | | | | | | |
| 三 | | | | | | | | | | 1 | | | | | |
| 四 | | | | | | | | | | 2 | | | 1 | | |
| 五 | | | | | | | | | | | | | | | |
| 六 | | | | | | | | | | | | | | | |
| 七 | | | | | | | 1 | 1 | | | 3 | | | | 1 |
| 八 | | | | | | | | | 4 | 3 | 5 | 10 | 6 | 3 | |
| 九 | | | | | | | 1 | | | | | | | | |
| 一〇 | | | | | | | | | | | 1 | | | | |
| 一一 | | | | | | | | | | | | | | | |
| 一二 | | | | | | | | | | | | | | | |
| 一三 | | | | | | | | | | | | | | | |
| 一四 | | | | | | | | | | | | | | | |
| 一五 | | | | | | | | | | | | | | | |
| 一六 | | | | | | | | | | | | | | | |
| 一七 | | | | | | | | | | | | | | | |
| 一八 | | | | | | | | | | | | | | | |
| 一九 | | | | | | | | | | | | | | | |
| 二〇 | | | | | | | | | | | | | | | |
| 二一 | | | | | | | | | | | | | | | |
| 二二 | | | | | | | | | | | | | | | |
| 二三 | | | | | | | | | | | | | | | |

表五十九　銜韻

| | 聲調 | 龍書韻類代表字 | 四聲等第 | 龍書所用反切下字＼相逢字數＼龍書所用反切上字 | 於 | 烏 | 火 | 許 | 呼 | 胡 | 侯 | 户 | 乎 | 于 |
|---|---|---|---|---|---|---|---|---|---|---|---|---|---|---|
| 發音部位 | | | | | 喉音 | | | | | | | | | |
| 龍書聲類代表字 | | | | | 烏 | 烏 | 許 | 許 | 許 | 胡 | 胡 | 胡 | 胡 | 于 |
| 〇一 | 平聲 | 銜 | ② | 銜 | | | 1 | | | | | | | |
| 〇二 | | | 2 | 衫 | | | | | | | | | | 1 |
| 〇三 | | | 2 | 監 | | | | | | | | | | |
| 〇四 | 上聲 | 檻 | ② | 檻 | 3 | | | | 1 | | | | | |
| 〇五 | | | ② | 黤 | | | | | | 2 | | | 1 | |
| 〇六 | 去聲 | 鑑 | ② | 鑒 | | | | 3 | | | | 1 | 1 | |
| 〇七 | | | ② | 鑑 | | | | | | | | | | |
| 〇八 | | | 2 | 儳 | | | | | | 1 | | | | |
| 〇九 | | | 2 | 監 | | | | | | | | | | |
| 一〇 | 入聲 | 甲 | ② | 甲 | | 9 | | | 3 | 13 | 2 | | | |
| 一一 | | | ② | 押 | | | | | | | | | | |
| 一二 | | | | | | | | | | | | | | |
| 一三 | | | | | | | | | | | | | | |
| 一四 | | | | | | | | | | | | | | |
| 一五 | | | | | | | | | | | | | | |
| 一六 | | | | | | | | | | | | | | |
| 一七 | | | | | | | | | | | | | | |
| 一八 | | | | | | | | | | | | | | |
| 一九 | | | | | | | | | | | | | | |
| 二〇 | | | | | | | | | | | | | | |
| 二一 | | | | | | | | | | | | | | |
| 二二 | | | | | | | | | | | | | | |

| | 喉音 | | 牙音 | | | | 舌頭 | 舌上 | | | | | | | 正齒 |
|---|---|---|---|---|---|---|---|---|---|---|---|---|---|---|---|
| | 于 | 于 | 古 | 苦 | 苦 | 五 | 奴 | 陟 | 陟 | 丑 | 直 | 直 | 女 | 女 | 昌 |
| | 為 | 又 | 古 | 口 | 苦 | 五 | 乃 | 陟 | 知 | 丑 | 丈 | 宅 | 尼 | 女 | 昌 |
| 〇一 | | | | 2 | | 2 | | | | | | | | | |
| 〇二 | | | | | | | | | | | | | 1 | | |
| 〇三 | | | | | | | | | | | | | | | |
| 〇四 | | | | | | | | | | | | | | | |
| 〇五 | | | | | | | | | | | | | | | |
| 〇六 | | | | | | | 1 | | | 1 | | | | | |
| 〇七 | | | | | | | | | | | | | | | |
| 〇八 | | | | | | | | | | | | | | | |
| 〇九 | | | | | | | | 1 | | | | | | | |
| 一〇 | 1 | 1 | | 2 | | 1 | | 1 | 1 | | 4 | 1 | | 1 | 1 |
| 一一 | | | 1 | | | | | | | | | | | | |
| 一二 | | | | | | | | | | | | | | | |
| 一三 | | | | | | | | | | | | | | | |
| 一四 | | | | | | | | | | | | | | | |
| 一五 | | | | | | | | | | | | | | | |
| 一六 | | | | | | | | | | | | | | | |
| 一七 | | | | | | | | | | | | | | | |
| 一八 | | | | | | | | | | | | | | | |
| 一九 | | | | | | | | | | | | | | | |
| 二〇 | | | | | | | | | | | | | | | |
| 二一 | | | | | | | | | | | | | | | |
| 二二 | | | | | | | | | | | | | | | |

| | 正齒 | | | | | 齒頭 | | 脣音 | | | | | | | |
|---|---|---|---|---|---|---|---|---|---|---|---|---|---|---|---|
| | 初 | 初 | 士 | 士 | 所 | 子 | 子 | 蒲 | | | | | | | |
| | 初 | 楚 | 士 | 鋤 | 所 | 子 | 藏 | 蒲 | | | | | | | |
| 一 | | 1 | 11 | 1 | 5 | | | | | | | | | | |
| 二 | | | 1 | | | | | | | | | | | | |
| 三 | | 1 | | | | | | | | | | | | | |
| 四 | | | | | 1 | | | | | | | | | | |
| 五 | | | | | | | | | | | | | | | |
| 六 | | 3 | | | 1 | | 1 | 3 | | | | | | | |
| 七 | | | | | | 2 | | | | | | | | | |
| 八 | | | 1 | | | | | | | | | | | | |
| 九 | | | | | | | | | | | | | | | |
| 一〇 | 1 | | 1 | | 8 | | | | | | | | | | |
| 一一 | | | | | | | | | | | | | | | |
| 一二 | | | | | | | | | | | | | | | |
| 一三 | | | | | | | | | | | | | | | |
| 一四 | | | | | | | | | | | | | | | |
| 一五 | | | | | | | | | | | | | | | |
| 一六 | | | | | | | | | | | | | | | |
| 一七 | | | | | | | | | | | | | | | |
| 一八 | | | | | | | | | | | | | | | |
| 一九 | | | | | | | | | | | | | | | |
| 二〇 | | | | | | | | | | | | | | | |
| 二一 | | | | | | | | | | | | | | | |
| 二二 | | | | | | | | | | | | | | | |
| 二三 | | | | | | | | | | | | | | | |

一
二
三
四
五
六
七
八
九
一〇
一一
一二
一三
一四
一五
一六
一七
一八
一九
二〇
二一
二二
二三

表六十 嚴韻

| | 聲調 | 龍書韻類代表字 | 四聲等子等第 | 龍書所用反切下字＼龍書所用反切上字＼相逢字數 | 喉音 烏 於 | 烏 衣 | 許 虛 | 許 香 | 于 魚 | 于 于 | 牙音 古 九 | 古 居 | 苦 去 |
|---|---|---|---|---|---|---|---|---|---|---|---|---|---|
| 〇一 | 平 | 嚴 | 3 | 嚴 | | | 1 | | | | 1 | | |
| 〇二 | 上聲 | 广 | ③ | 广 | 1 | 2 | | | | | | | |
| 〇三 | | | 3 | 儼 | | | | | | | | 1 | |
| 〇四 | | | ③ | 掩 | | | | | | | | | |
| 〇五 | 去聲 | 劍 | 3 | 劍 | 6 | | | | | 1 | | | 1 |
| 〇六 | | | 3 | 欠 | | | | | 2 | 1 | | | |
| 〇七 | 入聲 | 業 | 3 | 業 | 5 | | 6 | 1 | | | | | |
| 〇八 | | | 3 | 劫 | 4 | | | | | | | | 3 |
| 〇九 | | | | | | | | | | | | | |
| 一〇 | | | | | | | | | | | | | |
| 一一 | | | | | | | | | | | | | |
| 一二 | | | | | | | | | | | | | |
| 一三 | | | | | | | | | | | | | |
| 一四 | | | | | | | | | | | | | |
| 一五 | | | | | | | | | | | | | |
| 一六 | | | | | | | | | | | | | |
| 一七 | | | | | | | | | | | | | |
| 一八 | | | | | | | | | | | | | |
| 一九 | | | | | | | | | | | | | |
| 二〇 | | | | | | | | | | | | | |
| 二一 | | | | | | | | | | | | | |
| 二二 | | | | | | | | | | | | | |

| | | | | | | | 脣音 | 半舌 | 舌上 | 牙音 | | | | | |
|---|---|---|---|---|---|---|---|---|---|---|---|---|---|---|---|
| | | | | | | | 蒲 | 力 | 陟 | | 渠 | 渠 | 渠 | 苦 | |
| | | | | | | | 符 | 盧 | 知 | | 其 | 渠 | 巨 | 欠 | |
| | | | | | | | 2 | | | | | | | | 〇一 |
| | | | | | | | | | | | | | | | 〇二 |
| | | | | | | | | | | | | | | | 〇三 |
| | | | | | | | | | 1 | | | | | | 〇四 |
| | | | | | | | | | | | | | | | 〇五 |
| | | | | | | | | | | | | | | | 〇六 |
| | | | | | | | | 1 | | | | 1 | | 1 | 〇七 |
| | | | | | | | | | | | 1 | | | | 〇八 |
| | | | | | | | | | | | | | | | 〇九 |
| | | | | | | | | | | | | | | | 一〇 |
| | | | | | | | | | | | | | | | 一一 |
| | | | | | | | | | | | | | | | 一二 |
| | | | | | | | | | | | | | | | 一三 |
| | | | | | | | | | | | | | | | 一四 |
| | | | | | | | | | | | | | | | 一五 |
| | | | | | | | | | | | | | | | 一六 |
| | | | | | | | | | | | | | | | 一七 |
| | | | | | | | | | | | | | | | 一八 |
| | | | | | | | | | | | | | | | 一九 |
| | | | | | | | | | | | | | | | 二〇 |
| | | | | | | | | | | | | | | | 二一 |
| | | | | | | | | | | | | | | | 二二 |

# 表六十一　范韻

| 聲調 | 龍書韻類代表字 | 四聲等子等第 | 龍書所用反切下字 | 喉音 烏（於） | 牙音 苦（丘） | 舌上音 丑（丑） | 脣音 武（亡） | 脣音 芳（芳） | 脣音 芳（孚） | | | | |
|---|---|---|---|---|---|---|---|---|---|---|---|---|---|
| 上聲 | 犯 | ③ | 犯 | | 2 | 1 | 2 | | | | | | 〇一 |
| | | 3 | 范 | | | | 2 | | | | | | 〇二 |
| 去聲 | 梵 | 3 | 梵 | 1 | | | | 2 | 1 | | | | 〇三 |
| | | | | | | | | | | | | | 〇四 |
| | | | | | | | | | | | | | 〇五 |
| | | | | | | | | | | | | | 〇六 |
| | | | | | | | | | | | | | 〇七 |
| | | | | | | | | | | | | | 〇八 |
| | | | | | | | | | | | | | 〇九 |
| | | | | | | | | | | | | | 一〇 |
| | | | | | | | | | | | | | 一一 |
| | | | | | | | | | | | | | 一二 |
| | | | | | | | | | | | | | 一三 |
| | | | | | | | | | | | | | 一四 |
| | | | | | | | | | | | | | 一五 |
| | | | | | | | | | | | | | 一六 |
| | | | | | | | | | | | | | 一七 |
| | | | | | | | | | | | | | 一八 |
| | | | | | | | | | | | | | 一九 |
| | | | | | | | | | | | | | 二〇 |
| | | | | | | | | | | | | | 二一 |
| | | | | | | | | | | | | | 二二 |

（表頭斜格：龍書所用反切上字／相逢字數／龍書所用反切下字；發音部位：龍書聲類代表字）

〇一
〇二
〇三
〇四
〇五
〇六
〇七
〇八
〇九
一〇
一一
一二
一三
一四
一五
一六
一七
一八
一九
二〇
二一
二二

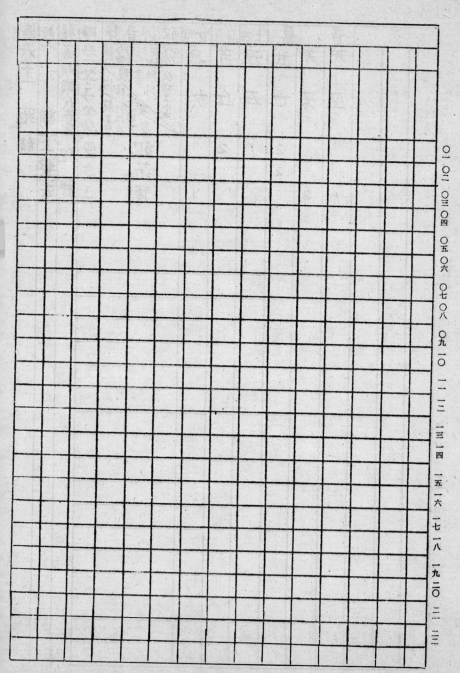

## 第六章　引書考

龍龕手鑑引書達六十八種之多，經、史、子、集、文字、音韻之書，計有易、書孔傳、詩、詩毛傳、詩疏、周禮、周禮注、儀禮、禮記、禮記注、左傳、左傳杜注、穀梁傳、孝經鄭玄注、國語、史記、漢書、漢書孟康注，本草、山海經、山海經郭璞注、尹文子、莊子、世本、呂氏春秋、神異經、說苑、白虎通、博物志、陸佐公闕銘、爾雅、爾雅郭璞注、爾雅裴瑜注、爾雅邢昺疏、說文、方言、方言郭璞注、釋名、廣雅、玉篇、切韻、通俗文、字林、三蒼、埤蒼、字書、字統、集訓、說文字樣、字樣、文字指歸、聲類、考聲、文字音義、以及所謂川韻、浙韻等；釋藏佛典之書，計有舊藏（或稱「舊經」）、新藏（或稱「新經」）、窺基、香嚴、郭迻（或稱「郭氏」）所著、玄應一切經音義、慧琳一切經音義、隨函（或稱「隨經」）、西川隨函（或稱「西川經」或「西川篇」）、江西隨函（或稱「江西經」）等，所引堪稱繁富。

行均引玉篇次數最多，計二八九名，曰人岡井愼吾龍龕手鑑引玉篇考計二五九名，有所掛漏。行均引玉篇或引音切，或引義訓，然盡合於原書者止五六名，隱括約取者計五七名，與原書無涉者計一七六名。由此可知，行均引書頗疏於檢覈，尤以引直音，大半出於肊造，檢鹽邑志林所收之玉篇直音（是書之眞僞固為後人爭論，然亦可聊供參考），亦百不見一，無怪乎岡井氏以「風馬牛不相及」譏之。（今所據玉篇，玉篇零卷採古逸叢書所刻之唐鈔卷子本，益會本採小學彙函本）。行均引說文解字計七五名，是可知龍龕手鑑字訓不主說文，反多引玉篇。

至如易、書、詩、禮等經典，亦多所徵引，中有引傳注，非引經文者，而未加註明，如卷一牛部「犧」字下云「書云：色純曰犧也」，引書僅此一條，而實孔傳也。又如卷一人部「倬」字下云「詩云：明皃也」，卷一魚部「鱨」字下云「詩云：揚也」，實係毛傳而非詩之本文，此不得不辨。亦有引詩疏者，如卷二缶部「缶」字下云「詩疏云：缶者，所以盛酒漿，秦人鼓之以節歌也」，此實說文也。他如卷三見部「覞」字下云「周禮云：大夫眾來曰覞也」，所引為周禮注，止稱周禮；卷一人部「傊」字下云「禮云：傊天地之情也」，所引為禮記樂記文，止言禮。另有不注出處，而云「某某人曰」者，實亦引書，如卷四木部「楹」字下云「孔子曰：夢奠兩楹是也」，此語見於禮記檀弓上。史書如國語、史記、漢書，行均亦加稱引，漢書並引孟康注。子書引有本草、山海經、尹文子、莊子……等十一種，中引呂氏春秋，止題「春秋」二字，易使人誤以為孔子春秋也。卷四麥部「麥」字下云「白虎通云：金王而生，火王而死」，此實說文許君語也。又所引山海經並含郭璞注。行均廣收異字，引書尚旁及陸佐公闕銘。

除玉篇、說文外，字書如爾雅、方言、釋名、廣雅等亦廣為稱引。爾雅有引郭注而止稱經名者，如卷二虫部「蝻」字下「爾雅云：蝗子也」，此見釋蟲郭璞注；又有引邢昺疏亦止稱爾雅者，如卷二鳥部「鶡」字下云「爾雅云：雄雉」，此見釋鳥邢昺疏。另有引裴瑜爾雅注者，而未明言。唐裴瑜撰爾雅注五卷，著錄於宋藝文志，清馬國翰玉函山房輯佚書就行均引雅注輯出五條。馬氏云：「瑜，不詳何人？其注爾雅，唐注不著錄，宋藝文志，中興書目並載五卷，今佚。唯玉海載裴瑜爾雅注序，芥隱筆記引裴瑜音一則，酉陽雜俎引裴瑜注一則，又遼僧行均龍龕手鑑引雅注五條。考犍為文學及劉、樊、李、孫之注，宋、遼之際已不存，存者唯郭璞、裴瑜二注。行均所引，郭注不見，審為裴注矣！」清阮元經籍籑詁於爾雅有「舊注」云云，所列「舊注」，今與馬氏所輯一一覈校，乃裴注也。音韻之書，行均引切韻者達三十三條（近人丁山切韻逸文考一文，稱行均引切韻止十一條，非也），今參攷姜亮夫瀛涯敦煌韻輯，潘重規瀛涯敦煌韻輯新編，依時代先後，列有：㈠S二六八三（即十韻彙編之切一）；㈡S二○七一（即十韻彙編之切三）；㈢S二○五五（即十韻彙編之切二）；㈣P二○一一（即十韻彙編之王一）；㈤P二○一四；㈥P二○一五；㈦P三六九三；㈧故宮所藏項子京跋王仁昫刊謬補缺切韻（即十韵彙編之王二，為行文方便省稱「故宮項跋王韻」）；⑨故宮所藏宋濂跋王仁昫刊謬補缺切韻（今省稱「故宮宋跋王韻」）；⑩國粹學報館景印吳縣蔣斧所藏唐寫本唐韻（即十韵彙編之唐韻，今省稱「唐韻殘本」）；⑪廣韻（採古逸叢書本）等十一種，以為考證之用。行均另有引通俗文、字林、三蒼、埤蒼、字書、字統、集訓、說文字樣、字樣、文字指歸、聲類、考聲、文字音義、川韻、浙韻等字學、音韻諸書，今已不得見，隋書經籍志載有通俗文一卷，漢服虔撰，今已亡佚。魏李登撰聲類、張揖撰埤蒼，晉郭璞注三蒼、呂忱撰字林，楊承慶撰字統，並見隋志；隋曹憲撰文字指歸，見新舊唐書；均已遺佚。唐張戩有考聲切韻，蓋即行均所引考聲。新唐書藝文志、宋史藝文志並有玄宗開元文字音義一書，未知即行均所引文字音義否？此等書，余但臚列引文，考證則付闕如。

行均引書，另有釋藏一大類。蓋龍龕手鑑多釋佛典中難字，固所不能免。所引書名多簡稱，如舊藏、新藏，未審所指，殆謂舊譯，新譯乎？佛門以玄奘前所整理之書為舊譯，玄奘後所整理之書為新譯。另有隨函、西川隨函、江西隨函諸名，錢氏十駕齋養新錄卷十三云：「予攷之宋藝文志，有可洪藏經音義隨函三十卷，未知其為江西與西川也？」後晉可洪大藏經音隨函錄後序提及藏經音義之作，有單收一字，不顯經名，首尾交加，前後失次者，如江西謙大德經音是也；或有署其卷目，亦不彰，唯摽誤錯之形，餘則都無一二者，如西川厚大師經音是也；或有統括真俗，類例偏傍，但號經音，不聲來處者，如郭迻及諸僧所撰者也；並謂：謙師為浙右奇人，厚大師當蜀國英髦，郭氏乃河東博士。可洪鑑於前人音義之作有所未備，是以「愍懃累稔，綴集備營」，撰著大藏經音隨函錄。然則，隨函、西川隨函、江西隨函劃然所別，各為三書也。藏經音義隨函錄一書，承師大圖書館惠借，檢得二十九條，他則無從考之。行均又引基師、應法師、琳法師音義及郭迻音，錢氏又謂「僧玄應有一切經音義十五卷，其即應法師乎」？按應法師當即玄應，琳法師當即慧琳，基法師當即窺基。行均引彼數人之書，具名稱多未能統一，有經音義、音義、應法師、應師、琳法師之目，而經音義、音義中又或僅指玄應，或僅指慧琳，兹不一一贅舉，可參見引書考。宋鄭樵通志卷六十七藝文略五釋家類，載「郭迻音訣」，行均所引「郭迻」「郭氏」，蓋謂此也，惟其書今不得見。

綜觀行均引書，態度頗欠謹嚴，且多不直引其詞，而以意引者居多，與古書之真面目往往不符！故後人不可鹵莽據此以訂正原文。或謂引書註明卷第始於行均，錢氏十駕齋養新錄卷十九辯之曰：「余蕭客仲林云：引書注某卷，向謂始於遼僧行均龍龕手鑑、宋程大昌演繁露兩書，然亦偶有一二條耳。後讀江少虞事實類苑，竟體注卷，在程大昌前。頃閱道藏，見王懸河三洞珠囊，每卷稱某書某卷。懸河，唐人，又在江少虞之前矣！四庫全書總目謂李匡乂資暇集引通典，多注出某卷，匡乂亦唐人。」此亦不可不知。本章引書者，依經史子集四部排列，釋藏之書及亡佚之書，另別為二類，以作考述。

經部

一、易

1. 龍龕手鑑卷一人部：「⿱人食（易曰：食乾—。）」

易噬嗑：「九四，噬乾胏。」

案：易噬嗑「噬乾胏」，行均引「噬」作「食」，用同音字，當改从「噬」字，此「噬嗑」九四爻辭也。「胏」，說文以為「⿱人壬」之或文，「⿱人壬」下引易即作「噬乾⿱人壬」，行均引同，然則今本易經用或文也。

2. 龍龕手鑑卷一衣部：「褫（易曰：以訟受服，終朝三—也。）」

易訟：「上九，或錫之鞶帶，終朝三褫之。象曰：以訟受服，亦不足敬也。」

案：易訟上九爻辭曰「終朝三褫之」，象曰「以訟受服」，行均引云「以訟受服，終朝三褫也」，蓋涵爻象為一，而自為之詞也。

3. 龍龕手鑑卷一衣部：「袽（易曰：衣有—。）」

易既濟：「六四，繻有衣袽，終日戒。」

案：易既濟「繻有衣袽」，行均引作「衣有袽」，語倒且有奪文，當乙補。

4. 龍龕手鑑卷一隹部：「雞易曰：巽為—。」

易說卦傳：「巽為雞。」

案：行均引與易同。

5. 龍龕手鑑卷二鼠部：「鼠易曰：艮為—也。」

易說卦：「艮為山，……為鼠。」

案：行均引與易同。

## 二、書孔傳

1. 龍龕手鑑卷一牛部：「犧—牲。書云：色純曰—也。」

尚書商書微子：「今殷民乃攘竊神祇之犧牷牲，用以容，將食無災。」孔傳：「色純曰犧。」

案：「色純曰犧」四字，書經無，其語亦絕不類書經文，考商書微子篇「今殷民乃攘竊神祇之犧牷牲」，孔傳曰「色純曰蟻」，是知行均實引孔傳，非引書也。

三、詩（含毛傳、詩疏）

1. 龍龕手鑑卷一人部：「倬（詩云：明皃也。）」

詩小雅甫田之什甫田：「倬彼甫田，歲取十千。」毛傳：「倬，明貌。」

案：詩小雅甫田「倬彼甫田」，毛傳「倬，明貌」，行均引「詩云：明皃也」，是誤以毛傳為詩經矣！

2. 龍龕手鑑卷一言部：「誶（詩云：歌以誶止。）」

詩陳風墓門：「夫也不良，歌以訊之。」

案：阮元毛詩注疏校勘記七之一云：「釋文云：訊本又作誶，音信，徐：息悴反。告也。詩經小學云：誶訊義別，誶多譌作訊，說文引國語「誶申胥」，今國語作訊。」據此，知今詩「歌以訊之」之「訊」，當作「誶」。又「之」字，當改作「止」，毛鄭詩考正云「止」譌作「之」，廣韻六至「誶」下引作「歌以誶止」，是可證行均引不誤也。

3. 龍龕手鑑卷一車部：「轈詩云：兵車若巢，以望敵也。」

左傳成公十六年：「楚子登巢車以望晉軍。」杜注：「巢說文作轈，云兵車高如巢，以望敵也。」

案：檢詩經無「兵車若巢」語，左成十六年「楚子登巢車」，說文車部引作「楚子登轈車」，是許所據作「轈」，許氏曰「兵高車加巢，以望敵也」，杜注引說文則云「兵車高如巢，以望敵也」，行均所引，或本之杜注也。

4. 龍龕手鑑卷一魚部：「鱨詩云：揚也。」

詩小雅魚麗：「魚麗于罶，鱨鯊。」毛傳：「鱨，楊也。」

案：詩魚麗「魚麗于罶，鱨鯊」，毛傳云「鱨，楊也」，阮元毛詩注疏校勘記云「相臺本『楊』作『揚』，閩本、明監本、毛本同」，是行均引作「揚」，不誤也。惟「揚」訓，見於詩傳，非詩經本文。

5. 龍龕手鑑卷一冫部：「凄詩云：其以風也。」

詩邶風綠衣：「絺兮綌兮，淒其以風。」

案：行均引與詩經同，唯行均引「淒」作「凄」。

6. 龍龕手鑑卷二手部：「捄詩云：—之儒。」

詩大雅緜：「捄之陾陾，度之薨薨。」

案：詩緜篇「捄之陾陾」，玉篇引作「捄之陑」，不疊「陾」，且字作「陑」。廣韻上平七之「陑」下收「陾」「陑」，並云「同上」，是陾陑一字也。行均引亦不疊，字作「儒」，「儒」蓋「陑」字之形訛。

7. 龍龕手鑑卷二虫部：「螟毛詩云：食苗心虫曰—。」

詩小雅大田：「去其螟螣，及其蟊賊，無害我田穉。」毛傳：「食心曰螟，食葉曰螣，食根曰蟊，食節曰賊。」

案：詩大田「去其螟螣」，毛傳云「食心曰螟」，行均引作「食苗心虫」，「苗」字蓋擅增也。又所引乃詩傳，行均誤以為毛詩。

8. 龍龕手鑑卷二土部：「堀（詩云：蜉蝣堀突也。）」

詩曹風蜉蝣：「蜉蝣掘閱，麻衣如雪。」

案：詩蜉蝣「蜉蝣掘閱」，說文「堀」下引作「蜉蝣堀閱」，是許所據作「堀」，行均引不誤也。說文「堀」訓「突」，玉篇同。行均引「堀閱」作「堀突」，或涉此二書而誤。

9. 龍龕手鑑卷二女部：「粲（詩云：三女為粲也。）」

詩唐風綢繆：「今夕何夕？見此粲者。」毛傳：「三女為粲，字林作㛮。」

案：詩綢繆「見此粲者」，毛傳「三女為粲」，又云「字林作㛮」，是行均引乃詩傳非詩之本文。㛮字，說文又作𡛷。

10. 龍龕手鑑卷二女部：「妯（詩云：憂心且妯也。）」

詩小雅鼓鍾：「鼓鍾伐鼛，淮有三洲，憂心且妯。」

案：行均引與詩同。

11. 龍龕手鑑卷二馬部：「駾（詩云：昆夷駾矣。）」

詩大雅緜：「混夷駾矣，維其喙矣。」

案：詩緜篇「混夷駾矣」，說文馬部「駾」下引作「昆夷駾矣」，是許所據作「昆夷」，孟子梁惠王「文王事昆夷」下趙注引作「昆夷兑矣」，文選魯靈光殿賦張載注亦作「昆夷突矣」，是行均引不誤也。

12. 龍龕手鑑卷二厂部：「⿸厂畢見毛詩。」

案：檢毛詩無此字。

13. 龍龕手鑑卷二缶部：「缶詩疏云：……者，所以盛酒漿，秦人鼓之以節歌也。」

詩陳風宛丘：「坎其擊缶。」孔疏：「孫炎曰『缶，瓦器』，郭璞曰『盎，盆也』，此云『擊缶』，則缶是樂器。詩云『坎其擊缶』，則樂器亦有缶。」

案：詩宛丘「坎其擊缶」下，孔疏云「孫炎曰『缶，瓦器』，」，而無「盛酒漿」云云，考說文五下缶部曰「瓦器、所以盛酒漿，秦人鼓之以節謌」，是行均引正用許君語，乃誤以說文為孔疏爾。

14. 龍龕手鑑卷四系部：「繇（或作䌛）（詩云：我歌且—也。）」

詩魏風園有桃：「心之憂矣，我歌且謠。」

案：玉篇「䍃，與周切，從也」，說文系部曰「繇，隨從也」，是可證从䍃之字有「從」意。玉篇又云「謠，與招切，獨歌也。徒歌曰謠」，然則「繇」「謠」較然分為二字，不當溷淆。行均此處引詩，有欠審當。且正文「䌛」，乃「繇」之變體，行均以為正字，而以「繇」為或文，亦非。又字之右為「系」，行均皆訛作「糸」，並當改。

15. 龍龕手鑑卷四足部：「蹢（詩云：有豕白—也。）」

詩小雅漸漸之石：「有豕白蹢，烝涉波矣！」

案：行均引與詩經同。

16. 龍龕手鑑卷四疒部：「瘃（詩云：混夷—矣。）」

詩大雅緜：「混夷駾矣，維其喙矣。」

案：詩緜篇「混夷駾矣」，行均引「混夷」作「昆夷」不誤，詳見前「駾」字者。「駾矣」，行均此處引作「瘃矣」，未知月有所本，抑出於牽合？廣韻二十廢引亦作「昆夷㹫矣」。

17. 龍龕手鑑卷四骨部：「䯤（詩云：｜弁如星也。）」

詩衛風淇奧：「有匪君子，充耳琇瑩，會弁如星。」

案：詩淇奧「會弁如星」，說文「䯤」下引詩作「䯤弁如星」，許君稱詩，當是毛氏，阮元毛詩注疏校勘記云「今毛詩不作『䯤』者，鄭箋之本不與許同也」。行均引亦作「䯤」，與鄭箋本同。

四，周禮（含周禮注）

1. 龍龕手鑑卷一人部：「僤（周禮云：句兵欲無｜也。）」

周禮冬官考工記廬人：「句兵欲無彈。」

案：周禮考工記「句兵欲無彈」，阮元周禮注疏卷四十一校勘記云：「唐石經諸本同，說文：『僤，疾也。从人單聲。周禮曰：句兵欲無僤。』因鄭司農讀『僤』為彈丸之『彈』，淺人遂援以改經矣！當據說文正之。」是行均引作「僤」，不誤也，唯「欲」上奪一「兵」字，當補。又「苟」字亦當从古書原貌作「句」。

2. 龍龕手鑑卷一方部：「旟（周禮云：鳥隼曰—。）」

周禮春官司常：「鳥隼為旟。」

案：行均引與周禮同，唯「為」作「曰」有異耳。

3. 龍龕手鑑卷一方部：「旍（周禮曰：析羽為—。）」

周禮春官司常：「全羽為旞，析羽為旌。」

案：周禮云：「析羽為旌」，行均引「旌」作「旍」。考集韻平聲清韻「旌」下曰「或作旍」，是旌旍為一字也。

4. 龍龕手鑑卷一殸部：「磬（周禮云：鳧氏為—也。）」

周禮冬官考工記鳧氏：「鳧氏為鐘。」

案：周禮考工記云「鳧氏為鐘」，行均引云為「磬」，「鐘磬」二字常連言，行均殆記憶有誤矣！

5. 龍龕手鑑卷三見部：「覜（周禮云：大夫衆來曰—也。）」

周禮春官典瑞：「以覜聘。」鄭玄注：「大夫衆來曰覜，寡來曰聘。」

案：春官典瑞「以覜聘」下，鄭注曰「大夫衆來曰覜」，是行均引乃周禮注，非周禮也。

6. 龍龕手鑑卷四玉部：「璜（周禮：以玄—禮北方也。）」

周禮春官大宗伯：「以玄璜禮北方。」

案：行均引與周禮同。

7. 龍龕手鑑卷四革部：「䩵（考工記云：—人為皐陶。皐陶，木鼓也。）」

周禮冬官考工記韗人：「韗人為皐陶。」

案：說文革部「䩵」字云「攻皮治鼓工也」，其下又曰「韗，䩵或从韋」。今考工記「韗人」用或體字，行均引作「䩵人」，乃為本字。「皐陶，木鼓也」，見鄭注，非考工記本文，唯原注作「鼓木也」，行均引倒其文也。

8. 龍龕手鑑卷四血部：「衈（周禮注云：割牲耳血及毛以祭也。）」

周禮秋官士師：「凡刉珥則奉犬牲。」鄭注：「珥讀為衈，刉衈，釁禮之事：用牲毛者曰刉，羽者曰衈。」

案：檢周禮不見「衈」字，秋官士師「凡刉珥」，鄭注：「珥讀為衈，……釁禮之事：用牲毛者曰刉，羽者曰衈。」復官小子「掌珥于社稷，祈于五祀」，鄭注：「珥讀為衈，祈或為刉。……用毛牲曰刉，羽牲曰衈。」行均謂「割牲耳血」云云，似非引此。禮記雜記「其衈皆于屋下割雞」，鄭注：「衈謂將刲割牲以釁，先滅耳旁毛薦之。」或行均隱括諸注，以己意出之也。

## 五、儀禮

1. 龍龕手鑑卷一人部：「僎（鄉飲禮曰：僎者，降席而法也。遵亦同用。）」

儀禮鄉飲酒禮：「遵者，降席席東南面。」

案：儀禮鄉飲酒禮「遵者，降席席東南面」，鄭玄注云「今文「遵」為「僎」」，阮元儀禮注疏校勘記云「唐石經、徐本、集釋、通解、楊氏、敖氏俱重席字，石經考文提要曰：鄉射禮「大夫降席席東南面」，大夫即遵者也，亦疊席字，毛本不疊」；是行均所引用今文也，「降席」以下，擅改經文，是行均引書為人所詬病者。

2. 龍龕手鑑卷一髟部：「鬄（儀禮云：王婦被—。）」

儀禮少牢饋食禮：「主婦被錫衣移袂。」鄭注：「被錫讀為髲鬄，古者或剔賤者刑者之髮，以被婦人之紒為飾，因名髲鬄焉，此周禮所謂次也。」

案：儀禮饋食禮「主婦被錫衣移袂」，鄭注云：「被錫，讀為髲鬄」，詩采蘩「被之僮僮」下，鄭箋引禮直作「主婦髲髢」，孔疏云「鬄，本亦作髢」。此處行均引作「王婦被鬄」，「王」當為「主」之殘誤。

六、禮記（含禮記注）

1. 龍龕手鑑卷一人部：「僟（月令云：歲時—終也。）」

禮記月令：「是月也：日窮于次，月窮于紀，星回于天，數將幾終，歲且更始。」

案：禮記月令云季冬之月「數將幾終」，說文人部「僟」下引作「數將僟終」，廣韻上平八微引作「歲將僟終」，是行均引作「儀」，不誤也。「數」字，廣韻及行均引作「歲」，竊以為作「數」較長，避與下「歲」字重複。另行均引「時」字類係「將」字之形誤也。

2. 龍龕手鑑卷一人部：「傾（禮云：—天地之情也。）」

禮記樂記：「禮樂傾天地之情。」

案：行均引與樂記同。

3. 龍龕手鑑卷一方部：「旂（禮記曰：龍旗九旒，天子之—也。）」

禮記樂記：「龍旂九旒，天子之旌也。」

案：行均引與禮記同。「旂」同「旌」，詳本章引周禮考「旂」字。

4. 龍龕手鑑卷二水部：「澌（禮注云：死之言—也。）」

禮記曲禮下：「庶人曰死。」鄭玄注：「死之言澌也，精神澌盡也。」

案：行均引與鄭注同。

5. 龍龕手鑑卷二阜部：「陂（禮記云：澤鹵水曰—，穿地停水曰池。）」

禮記月令：「毋漉陂池。」鄭玄注：「畜水曰陂，穿地通水曰池。尚書傳云「澤障曰陂，停水曰池」。」

案：檢禮記無「澤畜水曰陂」之文，月令「毋漉陂池」，鄭玄注「畜水曰陂，穿地通水曰池。尚書傳云「澤障曰陂，停水曰池」」，行均引蓋本鄭注而有所改易也。

6. 龍龕手鑑卷二广部：「鳫鴈（禮云：孟春之月，鴻鴈來賓。）」

禮記月令：「孟春之月，東風解凍，蟄蟲始振。魚上冰，獺祭魚，鴻鴈來。」

案：月令「孟春之月」下，尚有「東風解凍」等語，行均引約取其詞也。今本禮記「來」下無「賓」字，行均蓋肊增也。

7. 龍龕手鑑卷二凵部：「函（禮云：席間函丈也。）」

禮記曲禮上：「席間函丈。」

案：行均引與曲禮同。

8. 龍龕手鑑卷四木部：「楹（孔子曰：夢奠兩楹是也。）」

禮記檀弓上：「夫子曰：『賜！……而丘也殷人也。予疇昔之夜，夢坐奠於兩楹之間。……』」

案：行均此處引孔子之言而未明出處，考禮記檀弓夫子有云「夢坐奠於兩楹之間」，行均蓋引此也，而畧「坐」字。廣韻下平十四清「楹」下亦引「孔子曰：夢奠於兩楹」。

9. 龍龕手鑑卷四木部：「柩禮記云：在床曰尸，在棺曰—。」

禮記曲禮下：「在牀曰尸，在棺曰柩。」

案：行均引與禮記同。

10. 龍龕手鑑卷四糸部：「綪禮云：齊則—結佩也。」

禮記玉藻云：「齊則綪結佩而爵韠。」

案：行均引與禮記同。

七、左傳

1. 龍龕手鑑卷一心部：「愯左傳云：駟氏—。」

左傳昭公十九年：「駟氏懼。」

案：左昭十九年云「駟氏懼」，說文心部「愯」下注云「懼也」，又引春秋傳作「駟氏愯」，是許氏所據本作「愯」，文選魏都賦「吳蜀二客矍焉相顧」張載注，廣韻上平四江「戄」注引竝作「駟氏戄」，然則「愯」「戄」一字也，行均引不誤。

七、龍龕手鑑卷二口部：「嚚左傳云：口不道忠信之言曰嚚。」

左傳僖公二十四年：「口不道忠信之言為嚚。」

案：行均引與左傳同，唯「為」作「曰」有異耳。

八、穀梁傳

一、龍龕手鑑卷四木部：「麓穀梁云：林屬於山曰麓也。」

穀梁傳僖公十四年：「林屬於山為鹿。」

案：穀梁傳僖公十四年云「林屬於山為鹿」，范注：「鹿，山足。」是「鹿」「麓」古今字也。行均引與穀梁同，惟「為」改作「曰」耳。漢書五行志引穀梁傳亦作「林屬於山曰麓」。

九、孝經鄭玄注

1.龍龕手鑑卷一魚部：「鰥（鄭玄云：六十無妻曰—，五十無夫曰寡也。）」

孝經孝治章第八：「治國者不敢侮於鰥寡。」鄭玄注：「丈夫六十無妻曰鰥，婦人五十無夫曰寡也。」

案：孝經孝治章「不敢侮於鰥寡」，鄭玄注「丈夫六十無妻曰鰥，婦人五十無夫曰寡也」，行均引去「丈夫」「婦人」四字，然無損於義也。

十、爾雅（含郭璞注、裴瑜注、邢昺疏）

1.龍龕手鑑卷一金部：「鍭（尒疋云：金鏃翦羽也。）」

爾雅釋器：「金鏃翦羽謂之鍭。」

案：釋器云「金鏃翦羽謂之鍭」，邢疏「翦，齊也；以金為鏃，齊羽者名鍭」，是行均引「翦羽」作「箭羽」，則失其義矣。

2.龍龕手鑑卷一言部：「謠（尒疋云：途歌謂之—也。）」

爾雅釋樂：「徒歌謂之謠。」

案：徒歌者，謂無絲竹之樂，獨歌之。行均引「徒」作「途」

，音近而誤也。或又謂途歌者，途之人所歌也，然此非釋樂本意。

3. 龍龕手鑑卷一心部：「忯（爾雅云：｜｜、惕｜｜：愛也。）」

爾雅釋訓：「忯忯、惕惕：愛也。」

案：行均引與爾雅同。

4. 龍龕手鑑卷一心部：「㥏（爾雅云：恃事曰｜也。）」

爾雅釋言：「㥏、怙：恃也。」

案：釋言云「㥏，恃也」，阮元經籍纂詁卷三十四「爾雅釋言舊注：㥏，恃事曰㥏也」，行均引正同，阮氏於古注不詳何出，但稱舊注。此舊注，乃唐裴瑜爾雅注也。

5. 龍龕手鑑卷一衣部：「袶（爾雅云：袚也。）」

爾雅釋草：「困，袚袶。」

案：釋草「困」下云「袚袶」，是「袚袶」一物也，行均蓋本此以「袚」釋「袶」。

6. 龍龕手鑑卷一牛部：「犩（爾雅云：蜀山有大牛，重千斤，即犩牛也。）」

爾雅釋畜：「犩牛。」郭璞注：「即犪牛也，如牛而大，肉數千斤，出蜀中。」

案：釋畜有犩牛，郭注云「即犪牛也……出蜀中」，行均乃以意引而撮舉其詞也，又所引為郭注，非爾雅本文。犪，行均引作「夔」，古今字不同也。

7. 龍龕手鑑卷一牛部：「犈爾雅云：牛脚黑曰—也。」

爾雅釋畜：「黑耳，犚；黑腹，牧；黑脚，犈。」

案：釋畜云黑牛脚者，呼為「犈」，行均引意同，唯變文以成辭耳！

8. 龍龕手鑑卷一牛部：「犻爾雅云：牛體長曰—。」

爾雅釋畜：「體長，犻；……牛屬。」

案：爾雅釋畜：「角一俯一仰，觭；皆踊，𤛛；體長，犻；……牛屬。」此謂牛，角一俯一仰者名觭；體身長者名犻（阮元爾雅注疏卷十校勘記云：「五經文字引爾雅作『犻』。」案：說文亦作「犻」。）行均引作「牛體長曰怫」，乃括引其意也。

9、龍龕手鑑卷一方部：「旃（爾雅云：章—以白絹為之。）」

爾雅釋天：「因章曰旃。」

案：爾雅釋天「因章曰旃」，郭璞注「以帛練為旒，因其文章，不復畫之」。邢昺引孫炎說「因其繒色以為旗章，不畫之是也」，是旃乃以練素為之。行均引爾雅云「章旃以白絹為之」，蓋涉注疏而率意增改，不可信以為經文也。

10、龍龕手鑑卷一魚部：「鮦鰹（爾雅云：大曰鮦，小曰鰹。）」

爾雅釋魚：「鰹：大鮦，小者鮵。」

案：釋魚「鰹：大鮦，小者鮵」，行均引作「大曰鮦（原誤作同，見校勘記），小曰鰹」，蓋依記憶率意竄改，未細檢元文。

11、龍龕手鑑卷一魚部：「鱝（爾雅云：紫貝也。）」

爾雅釋魚：「貝，小者鱝。」郭璞注：「今細貝，亦有紫色者，出日南。」

案：釋魚：「貝，小者鰿」，郭注云「今細貝，亦有紫色者」，行均引曰「紫貝也」，蓋約取其詞也。又此為郭注，行均誤為爾雅經文。

12. 龍龕手鑑卷一瓜部：「瓜（爾雅曰：華也。）」

爾雅釋木：「瓜曰華之。桃曰膽之。棗李曰疐之。櫨梨曰鑽之。」

案：爾雅釋木云「瓜曰華之」，謂為人君削瓜，中裂之而不四析也，行均引云「瓜，華也」，文雖有簡省，意不異也。

13. 龍龕手鑑卷二虫部：「蟲（爾雅云：有足曰蟲，無足曰豸。）」

爾雅釋蟲：「有足謂之蟲，無足謂之豸。」

案：行均引與爾雅同，唯「謂之」改作「曰」耳。

14. 龍龕手鑑卷二虫部：「蟊螢（爾雅云：食根蟲也。）」

爾雅釋蟲：「食根，蟊。」

案：釋蟲「食根，蟊」，謂蟊為食根之蟲也，行均引「根」下有「蟲也」二字，自增也。

15. 龍龕手鑑卷二虫部：「蜪（爾疋云：蝗子也。）」

爾雅釋蟲：「蝝，蝮蜪。」郭璞注：「蝗子未有翅者。」

案：檢爾雅，「蜪」下無別解，釋蟲云「蝝，蝮蜪」，郭璞注「蝗子未有翅者」，行均乃節取郭注，而附會之也。

16. 龍龕手鑑卷二虫部：「螔（爾疋云：蝓—，螺蚌也。）」

爾雅釋魚：「蚹蠃，螔蝓。」

案：釋魚「蚹蠃，螔蝓」，邢昺疏「蚹蠃，一名螔蝓。郭云：即蝸牛」。釋魚又云「蠃小者蜬」，郭璞注「螺大者如斗」，邢疏「蠃與螺音義同」。行均引「螔蝓」作「蝓螔」，語倒，「螺蚌」二字，蓋涉郭刑注疏而自撰也。

17. 龍龕手鑑卷二虫部：「蠈（爾疋云：食節—。）」

爾雅釋蟲：「食節，賊。」

案：釋蟲「食節，賊」，阮元爾雅注疏卷九校勘記：「釋文「蠈」音賊，今本作「賊」。按玉篇「蠈，音賊，食禾節蟲」，與陸本合。」行均書移虫旁至下，當亦是古字。行均引與爾雅同，增一「曰」字，語意尤為明曉。

18. 龍龕手鑑卷二虫部：「蚱（沵足云：—虫名也。）」
爾雅釋蟲：「蟼蟆，蜙蚱。」
案：爾雅「蚱」字，未特加訓解，釋蟲「蟼蟆，蜙蚱」，行均引云「虫名」者，蓋自撰也。

19. 龍龕手鑑卷二虫部：「蚒（沵足云：螪珂，虫也。）」
爾雅釋蟲：「蚒，螪何。」
案：釋蟲「蚒，螪何」，郭注云「未詳」。說文「蚒」下曰「螪何也」，行均引云「螪珂」，疑為「螪何」形近之訛。
「虫也」二字，蓋行均自增也。

20. 龍龕手鑑卷二草部：「虋（正）亹（今）。（沵足云：赤梁粟也。）」
爾雅釋草：「虋，赤苗。」
案：詩大雅生民：「維穈維芑。」毛傳：「穈，赤苗也。」釋文：「穈音門，爾雅作亹，同。」依此知爾雅「虋」亦作「亹」。釋草「虋」訓「赤苗」，郭璞注曰「今之赤梁粟」，故知行均誤以郭注為釋草本文。

21\. 龍龕手鑑卷二草部：「茥（從云：「蓲，木名。今刺榆也。」）」

爾雅釋木：「蘁，茥。」郭璞注：「今之刺榆。」

案：爾雅無作「茥，蓲」者。釋木云「蘁，茥」，郭璞注「今之刺榆」，然則行均引此而倒其文也。阮元爾雅注疏卷九校勘記謂：「蘁」本或作「蓲」，太平御覽卷九百五十六載郭注引詩曰「山有蓲」，知爾雅本與詩同，作「蘁」者為俗字乎？「木名」二字，行均所增也，「今刺榆也」，乃引郭注以足其意，非釋木原文。

22\. 龍龕手鑑卷二草部：「蕄（從云：存存，在也。）」

爾雅釋訓：「存存，萌萌：在也。」

案：釋訓云「存存，萌萌：在也」，陸氏釋文曰「『萌萌』，字或作『蕄』」，玉篇艸部「蕄」下，引爾雅作「存存，蕄蕄：在也」，又廣韻十三耕、十七登「蕄」皆引爾雅，是行均引不誤也。

23. 龍龕手鑑卷二草部：「苵（爾雅云：稗，布地生穢草也。）」

爾雅釋草：「蕛，苵。」郭璞注：「蕛似稗，布地生穢草。」

案：爾雅未見作「苵」、「稗」者，釋草「蕛，苵」，郭璞注「蕛似稗，布地生穢草」，據此知行均乃隱括郭注也。

24. 龍龕手鑑卷二口部：「噊（爾疋云：噊，事之危也。）」

爾雅釋詁下：「噊，危也。」

案：釋詁「噊，危也」，郭璞注云「未詳」。阮元經籍籑詁卷九十三曰「舊注作：事之危也」，行均引正同。此亦採自唐裴瑜爾雅注也。

25. 龍龕手鑑卷二女部：「妯（爾雅云：感之動也。）」

爾雅釋詁下：「妯，動也。」

案：釋詁「妯，動也」，行均引作「感之動也」，「感之」二字蓋擅加也。說文女部、集韻平聲尤韻「妯」竝訓「動也」。

26. 龍龕手鑑卷二鳥部：「鵲（爾疋云：雌雉。又曰：雌鷂也。）」

爾雅釋鳥：「鶅鶋：其雄鶛，牝庳。」

案：釋鳥「鶅鶋」下曰「其雄鶛」，邢昺疏「鶋一名鶅，其雄名鶛」，行均引云「雄雉」，蓋本其說，而自為屬詞也。

27. 龍龕手鑑卷二鳥部：「鸒爾雅云：鸒雅鳥也，腹下白多羣也。」

爾雅釋鳥：「鸒斯，鵯鶋。」郭璞注：「鵶鳥也，小而多羣，腹下白，江東亦呼為鵯烏。」

案：爾雅釋鳥云「鸒斯，鵯鶋」，行均引「斯」作「鸒」，蓋用後起字也。「鵶鳥」以下，乃郭璞注作爾雅本文。郭注「雅鳥」作「鵶烏」，又「腹下白」在「小而多羣」句下，行均引語次倒，且畧去「小而」二字。審其行文語氣，知行均以意引，非引其詞也。

28. 龍龕手鑑卷二阜部：「阬爾雅云：阬，虛也。」

爾雅釋詁下：「阬阬，虛也。」

案：行均引與爾雅同。

29. 龍龕手鑑卷二齒部：「齸爾雅云：麋鹿齝之異名也。」

爾雅釋：「牛曰齝，羊曰齥，麋鹿曰齸。」

案：獸類食物，自喉出復嚼之，牛曰齝，麋鹿曰齸，見爾雅釋獸。行均引云「麋鹿齝之異名也」，以意引之也。

30. 龍龕手鑑卷二齒部：「齥（爾雅云：羊曰一。）」

爾雅釋獸：「羊曰齥。」

案：行均引與爾雅同。

31. 龍龕手鑑卷二瓦部：「瓵（爾雅云：甌瓿也。）」

爾雅釋器：「甌瓿謂之瓵。」

案：行均引省去「謂之」二字，義乃與爾雅同。

32. 龍龕手鑑卷二瓦部：「甈（爾雅云：瓳也。）」

爾雅釋器：「康瓠謂之甈。」

案：釋器曰「康瓠謂之甈」，郭注云「瓠，壺也，賈誼曰『寶康瓠』是也」，邢疏曰「康瓠一名甈瓠，即壺也」，皆不謂「甈」為「瓳」。「瓳」字，說文不載，廣韻十一模「瓳・甊瓳」，廣雅云「甗甊也」，是「瓳」為「甈」之一種，與「壷」不類，行均引蓋出臆造。

33. 龍龕手鑑卷二豸部：「豸（爾疋云：有足曰虫，無足曰—也。）」

爾雅釋蟲：「有足謂之蟲，無足謂之豸。」

案：行均引與爾雅同，唯「謂之」改作「曰」耳，義仍同。

34. 龍龕手鑑卷二豸部：「⿰豸柔（爾疋云：猨屬而紫黑色，人畜之，健捕鼠也。）」

爾雅釋獸：「蒙頌，猱狀。」郭璞注：「即蒙貴也，狀如蜼而小，紫黑色，可畜，健捕鼠，勝於貓，九真日南皆出之。猱亦獼猴之類。」

案：釋獸「猱」下，無「猨屬，紫黑色」等語，而「蒙頌，猱狀」下，郭注云「紫黑色，可畜」，是行均引乃本諸「蒙頌」下郭注。邢昺謂「蒙頌狀似猪猱，故曰猱狀」，行均蓋涉此而誤引，「猨屬」二字則以意臆增。

35. 龍龕手鑑卷三虫部：「螒（爾疋云：小虫，赤身，黑頭，一名少鷄也。）」

爾雅釋蟲：「螒，天雞。」郭璞注：「小蟲，黑身、赤頭，一名莎雞。」

案：爾雅釋蟲曰「螒，天雞」，郭注云「小蟲，黑身、赤頭，一名莎雞」，行均引則誤以郭注為爾雅，且「赤身」「黑頭」與原注顛倒，當改。詩豳風七月云「莎雞振羽」，鄭箋「沈云：舊多作莎，今作沙」，是行均引作「沙雞」亦通。

36. 龍龕手鑑卷四木部：「櫰（爾雅云：小而青曰槐，葉大而黑曰櫰也。）」

爾雅釋木：「櫰，槐大葉而黑。」

案：釋木「櫰」下曰「槐大葉而黑」，行均引同，唯「大葉」作「葉大」，前後移易耳。「小而青曰槐」語，釋木未見，恐行均涉他書而誤。

37. 龍龕手鑑卷四木部：「櫅（爾雅云：白棗。）」

爾雅釋木：「櫅，白棗。」

案：行均引與爾雅同。

38. 龍龕手鑑卷四木部：「楙（爾雅云：一名木瓜，實如小瓜，味酢可食。）」

爾雅釋木：「楙，木瓜。」郭璞注：「實如小瓜，酢可食。」

案：爾雅釋木「楙」訓「木瓜」，郭注云「實如小瓜，酢可食」，是知行均引「一名」二字及「味」字，乃以意竄入也。又「實如小瓜」以下」為郭注，非釋木本文，行均則涵而為一。

39. 龍龕手鑑卷四木部：「扶郭迻云：門閫也。」

爾雅釋宮：「扶謂之閾。」郭璞注：「閾，門限。」

案：釋宮「扶謂之閾」，郭注「閾，門限」，行均引云「門閫」，蓋隱括經注，而自為之詞也。

40. 龍龕手鑑卷四木部：「杋郭迻云：｜，州木名也。」

爾雅釋木：「杋，州木髦柔英。」

案：爾雅釋木「杋」訓「州木髦柔英」，行均引作「州木名也」，頗有簡省。

41. 龍龕手鑑卷四木部：「樸郭迻云：樸｜，心。」

爾雅釋木：「樕樸，心。」

案：「樸」，說文、玉篇並訓「木素」；「樸」，說文訓「樸棗也」，玉篇訓「樸樕，小木」；說文「樕」下云「樸樕，小木也」，段注云「樸，當作樸」，又爾雅釋文云「樸音卜，今本作樸」。綜上各說，宜用「樸」字為是。說文無「⿰木速」，玉篇以「⿰木速」為「樕」之正體，亦訓「小木也」，是「樕」與「⿰木速」同。詩召南野有死麕「林有樸樕」，釋木作「樕樸」，文雖倒，其實一也。

42. 龍龕手鑑卷四竹部：「䇡（爾雅云：所以鼓敔也。）」

爾雅釋樂：「所以鼓敔謂之䇡。」

案：行均引與爾雅同。

43. 龍龕手鑑卷四糸部：「纀（爾雅云：裳削幅謂之纀。）」

爾雅釋器：「裳削幅謂之纀。」

案：行均引與爾雅同。

44. 龍龕手鑑卷四疒部：「瘉（爾雅云：病也。）」

爾雅釋詁下：「瘉，病也。」

案：釋詁曰「瘉，病也」，阮元經籍纂詁卷七四「釋詁舊注作

「瘉，勞病也」，行均引正同。此舊注，亦裴氏注也。

45. 龍龕手鑑卷四辵部：「遻正 遌今。爾疋云：心不欲見而見曰—。」

爾雅釋詁下：「遻，見也。」郭璞注：「行而相值即見。遌音悟。」

案：釋詁「遻，見也」，郭璞注曰「行而相值即見」。集韻入聲鐸韻「遻」下云「隸作遌」，是「遻」與「遌」同。阮元經籍纂詁卷六十六曰爾雅舊注作「心不欲見而見曰遌」，行均引同。廣韻入聲十九鐸注亦並作「心不欲見而見曰遌」。

46. 龍龕手鑑卷四彳部：「衢 爾疋云：一達謂之道路，四達謂之—，交四出也。」

爾雅釋宮：「一達謂之道路， 四達謂之衢。」郭璞注：「交道四出。」

案：行均引「一達謂之道路，四達謂之衢」，與爾雅同。「交四出也」，非釋宮文，乃復引郭璞注「交道四出」而增益也，唯奪「道」字，當補。

47. 龍龕手鑑卷四食部：「餕（爾疋云：甘之進也。）」
爾雅釋詁下：「餕……，進也。」
案：釋詁曰「餕，進也」，郭注但引詩曰「亂是用餕，王之盡臣」，無他訓釋。阮元經籍籑詁卷二十八「釋詁舊注作『甘之進也』」，行均引正同。舊注者，亦唐裴氏爾雅注也。

48. 龍龕手鑑卷四食部：「饎（爾疋云：酒食。）」
爾雅釋訓：「饎，酒食也。」
案：行均引與爾雅同。

49. 龍龕手鑑卷四弋部：「⿹弋虫（爾疋云：食葉虫也。）」
爾雅釋蟲：「食葉蟘。」
案：釋蟲云「食葉蟘」，阮元爾雅注疏卷九校勘記：「唐石經單疏本，雪牕本『蟘』作『蟘』。釋文『⿱弋虫』字又作『蟘』，今本作『蟘』，非。」是行均書作「⿹弋虫」，不誤也。行均引「葉」下多一「虫」字，蓋自增之，以曉其義也。

50. 龍龕手鑑卷四鬲部：「鬲（注文云：鼎款足謂之｜。）」

爾雅釋器：「（鼎）款足者謂之鬲。」

案：行均引「足」下省「者」字，然無害於義也。

51. 龍龕手鑑卷四鬲部：「鬲（注文云：鼎款足謂之｜。）」

爾雅釋器：「（鼎）款足者謂之鬲。」

案：行均引與前條同。

52. 龍龕手鑑卷四齒部：「齸（注文云：麋鹿曰｜，牛羊曰齝，並吞芻而反出嚼之也。）」

爾雅釋獸：「牛曰齝，羊曰齥，麋鹿曰齸。」

案：行均引爾雅云「麋鹿曰齸，牛羊曰齝」，見釋畜，然語有省併，語次亦倒。「牛曰齝」下，郭璞注曰「食之已久，復出嚼之」，行均謂「並吞芻（案與「芻」同）而反出嚼之也」，蓋本此意也。

53. 龍龕手鑑卷一蠃部：「蠃（郭璞云：細腰蜂也。）」

爾雅釋蟲：「果蠃，蒲盧。」郭璞注：「即細腰蠭也。」

案：釋蟲「果蠃，蒲盧」，阮元爾雅注疏卷九校勘記：「雪牕本、閩本、監本、毛本「蠃」改「蠃」。按說文「蠃，螺蠃也，从虫𣎆聲」，作「蠃」為俗字。」然則行均書作「蠃」，是也。引「細腰蜂也」，與郭注同，「蜂」「蠭」一字也。

54.龍龕手鑑卷一丘部：「蚯郭璞云：頂上汗下也。」

爾雅釋丘：「水潦所止泥丘。」郭璞注：「頂上汙下者。」

案：爾雅釋丘「水潦所止泥丘」，泥同蚯，詳校勘記。說文「蚯」下注「反頂受水丘」，是郭注乃用許君之義，行均引「汗」字，當本作「汙」，蓋傳鈔致譌也。

55.龍龕手鑑卷四疒部：「痯郭璞云：賢人失志，懷憂病也。」

爾雅釋訓：「痯痯、瘐瘐：病也。」郭璞注：「皆賢人失志，懷憂病也。」

案：行均引與郭注同。

十一、說文解字

1.龍龕手鑑卷一金部：「鈦說文：大鉗也。」

說文解字十四上金部：「鈹，大鍼也。一曰：劒如刀裝者。从金皮聲。」

案：說文有鍼無針，鍼訓「所以縫也」，行均引用俗字也。

2. 龍龕手鑑卷一人部：「佃（說文云：一轅車。）」

說文解字八上人部：「佃，中也。从人田聲。春秋傳曰：乘中佃。一轅車。」

案：行均引「一轅車」，乃別義也。

3. 龍龕手鑑卷一人部：「倌（說文云：小臣也。）」

說文解字八上人部：「倌，小臣也。从人从官。詩曰：命彼倌人。」

案：行均引與說文同。

4. 龍龕手鑑卷一人部：「仞（說文：一尋也。）」

說文解字八上人部：「仞，伸臂一尋八尺。从人刃聲。」

案：行均此乃節引也。

5. 龍龕手鑑卷一人部：「傆（慤也，出說文。）」

說文解字八上人部：「傆，黠也。从人原聲。」
案：說文訓「黠也」，行均引作「點也」，顯係形訛。黠即狡黠之意，段云「傆蓋謂鄉原」。景南宋浙刊、高麗本、景高麗本悉作「黠也」，可證。

6. 龍龕手鑑卷一言部：「謍 說文：小聲也。」
說文解字三上言部：「謍，小聲也，从言熒省聲。詩曰：謍謍青蠅。」
案：行均引與說文同。

7. 龍龕手鑑卷一言部：「適 謫 說文作譖。」
說文解字三上言部：「譖，罰也。从言啻聲。」
案：說文从「啻」得聲之字，隸變皆作「商」，如「適」字作「適」，「蹢」作「蹢」，「𦅸」作「滴」、「擿」作「摘」，是行均云「謫」字說文作「譖」。

8. 龍龕手鑑卷一心部：「悉 說文：从釆也。」
說文解字二上釆部：「悉，詳盡也。从心从釆。𢇅，古文悉。」

案：行均引說文、釋「悉」字之形「從釆」，唯諸本「釆」多訛作「采」，宜正之。

9. 龍龕手鑑卷一車部：「軌（說文從九。）」

說文解字十四上車部：「軌，車轍也。从車九聲。」

案：「軌」字，說文作「軌」，段云：「軌从九者，九之言鳩也、聚也、空中可容也。形聲中有會意。」是行均以說文从九。

10. 龍龕手鑑卷一髟部：「鬣（說文云：婦人束小髮也。）」

說文解字九上髟部：「鬣，束髮少也。从髟截聲。」

案：說文訓「束髮少也」，行均引作「婦人束小髮也」，意雖近而字句有異，蓋懶於檢書，就肊記而引也。

11. 龍龕手鑑卷一髟部：「鬄（說文云：除髮也。）」

說文解字九上髟部：「鬄，鬀髮也。从髟从刀，易聲。」

案：說文訓「鬀髮也」，行均引作「除髮也」，蓋引其意，非引具詞也。

12. 龍龕手鑑卷一門部：「閡（說文：外閉也。）」
說文解字十二上門部：「閡，外閉也。从門亥聲。」
案：行均引與說文同。

13. 龍龕手鑑卷一牛部：「犛（說文：｜牛也。）」
說文解字二上犛部：「犛，西南夷長髦牛也，从牛𠩺聲。」
案：說文訓「西南夷長髦牛也」，行均引作「犛牛也」，蓋未檢書，以意引之也。

14. 龍龕手鑑卷一爿部：「牄（說文曰：鳥獸來倉也。）」
說文解字五下倉部：「牄，鳥獸來食聲也。从倉爿聲。虞書曰：鳥獸牄牄。」
案：說文訓「鳥獸來食聲也」，行均引「食」形訛作「倉」，且奪「聲」字。

15. 龍龕手鑑卷一文部：「斆（說文：從攴。）」
說文解字三下攴部：「斆，斁也。从攴尃聲。周書曰：用斆遺後人。」

案：行均引說文，證「敷」字之形从「攴」。

16. 龍龕手鑑卷一支部：「攴說文云：無點。」

說文解字三下支部：「支，去竹之枝也。从手持半竹。」

案：「攴」篆，从手持半竹，隸定為「支」，行均書作「攴」，蓋俗寫也。「說文云無點」，行文欠謹嚴，「云」字可去，當與龍龕手鑑卷一尤部「尤」字下曰「說文無點」一例。

17. 龍龕手鑑卷一禾部：「秳說文云：百二十斤曰丨。」

說文解字七上禾部：「秳，百二十斤也。稻一秳為粟二十升，禾黍一秳為粟十六升大半升。从禾石聲。」

案：行均引與說文同。

18. 龍龕手鑑卷一隹部：「雞說文曰：知時畜也。」

說文解字四上隹部：「雞，知時畜也。从隹奚聲。鷄，籒文雞从鳥。」

案：行均引與說文同。

19. 龍龕手鑑卷一隹部：「雝說文云：「知太歲之所也」。」

說文解字四上鳥部：「舃，雒也，象形。雝，篆文舃，从隹昝。」

案：「雝」字，舃之篆文，說文「舃」字下有云「舃者，知太歲之所在」，行均乃引此也。太、大古多不分，「所」下，行均引奪「在」字，卷二鳥部「鵲」字下引則不奪。

20. 龍龕手鑑卷一弓部：「𢏚說文云：從羽作者正。」

說文解字四上羽部：「羿，羽之羿風，亦古諸侯也。一曰：射師。从羽幵聲。」

說文解字十二下弓部：「𢏚，帝嚳䠶官，夏少康滅之。从弓幵聲。論語曰：𢏚善䠶。」

案：說文羽部有「羿」無「𢏚」。「𢏚」「羿」字異而義同。「𢏚善䠶」，今憲問作「羿」，段云「羿之譌也」。許慎未云「從爿作弃者正」，此行均之意也，而假口於許氏。

21\. 龍龕手鑑卷一尢部：「尤（說文無點也。）」

說文解字十下九部：「尢，㝿曲脛也。从大，象偏曲之形。」

案：說文無「尤」字，所謂「無點」，意指「尢」字歟？

22\. 龍龕手鑑卷二手部：「扛（說文云：橫關對舉也。）」

說文解字十二上手部：「扛，橫關對舉也。从手工聲。」

案：行均引與說文同。

23\. 龍龕手鑑卷二手部：「撊（說文云：按擔急也。）」

案：「撊」字，說文未見，「按某某也」，亦非許氏語例，疑非說文所有。

24\. 龍龕手鑑卷二手部：「抵（說文云：側手擊也。）」

說文解字十二上手部：「抵，側擊也。从手氏聲。」

案：說文止訓「側擊也」，行均引「側」下衍「手」字，宜刪。集韻上聲紙韻引亦作「側擊也」。

25\. 龍龕手鑑卷二手部：「排（說文：同[illegible]。）」

說文解字十二上手部：「𢫶，首至地也。从手桒，桒音忽。（徐鍇曰：桒，進趣之疾也，故拜从之。）拜，揚雄說：拜从兩手下。𢷎，古文拜。」

案：說文「𢫶」（疑即拜字）下收有重文「拜」，注云「揚雄說：拜从兩手下」，行均蓋謂此也。

26. 龍龕手鑑卷二手部：「撽（說文：二尺書也。）」

說文解字六上木部：「檄，二尺書。从木敫聲。」

說文解字十二上手部：「撽，旁擊也。从手敫聲。」

案：說文木部「檄」下訓「二尺書」，手部「撽」下訓「旁擊也」，行均則混為一字。檢集韻去聲嘯韻「擊」下云「或書作檄」，疑其時从木、从手不分。

27. 龍龕手鑑卷二水部：「㴇淜（二或作。）㴇（說文云：無舟渡河也。）」

說文解字十一上水部：「淜，無舟渡河也。从水朋聲。」

案：說文訓「無舟渡河也」之字為「淜」，行均則以「㴇」為正文」，以「溯」為或體，疑倒。爾雅釋訓「徒涉曰馮河」，「馮」「溯」音近。

28\. 龍龕手鑑卷二火部：「煦溫也。說文無火。」

說文解字七上日部：「昫，日出溫也。从日句聲。北地有昫衍縣。」

案：說文七上日部有「昫」字，訓「日出溫也」，行均所謂「無火」，蓋謂此也。

29\. 龍龕手鑑卷二火部：「炙說文從肉在火上。」

說文解字十下炙部：「炙，炮肉也。从肉在火上。」

案：行均引說文，釋「炙」造字之意，从見指撝。諸本正文皆譌作「炙」，今改。

30\. 龍龕手鑑卷二草部：「萷說文云：惡草也。」

說文解字一下艸部：「萷，惡艸皃。从艸肖聲。」

案：「萷」為狀貌之詞，廣韻下平五肴、集韻平聲爻韻引皆作「惡艸皃」，行均引作「惡草也」、「也」當改作「皃」。

31. 龍龕手鑑卷二草部：「蓏（說文云：木實曰果，草實曰蓏。）」

說文解字一下艸部：「蓏，在木曰果，在地曰蓏。从艸从㼌。」

案：說文「蓏」下訓「在木曰果，在地曰蓏」，集韻上聲果韻引同，行均引作「木實曰果，草實曰蓏」，蓋以意改也。

32. 龍龕手鑑卷二口部：「唾（說文云：口液也。）」

說文解字二上口部：「唾，口液也。从口垂聲。涶，唾或从水。」

案：行均引與說文同。

33. 龍龕手鑑卷二鳥部：「鳥（說文（及玉篇、切韻皆）云：三點，象日中三足鳥也。）」

說文解字四上鳥部：「鳥（篆文作[illegible]），長尾禽總名也，象形。鳥之足似匕，从匕。」

案：說文「鳥」訓下，未見「三點象日中三足鳥也」之語，而

「焉」訓下有曰「烏者，日中之禽也」。沈濤說文古本考云：「龍龕手鑑云：說文及玉篇、切韻皆云三點象日中三足烏也，此蓋言烏字義。又如：象日中云云，乃下文焉字注。」考淮南精神篇曰：「日中有踆烏」，高注「踆猶蹲也，謂三足烏」，崔豹古今注曰「日中三足烏之精，降而生三足烏，何以三足？陽數奇也」，據上引，知行均謂「說文」云云，純屬子虛。

34. 龍龕手鑑卷二鳥部：「鵲說文：知太歲所在。」

說文解字四上鳥部：「舄，䧿也，象形。䧿，篆文舄，从隹昔。」

案：說文無「鵲」有「䧿」；「䧿」字，舄之篆文，說文「焉」下曰「舄者，知太歲之所在」，行均乃引此也。行均此條引說文下有云「與䧿同」，又卷一隹部「䧿」字下亦引說文，可參見之。

35. 龍龕手鑑卷二馬部：「馬說文云：字四點。」

說文解字十上馬部：「馬，怒也、武也，象馬頭髦尾四足之形。」

案：說文「馬」下，釋造字之形曰「象馬頭髦尾四足之形」，未云「馬字四點」。許氏說解字形均依篆體行之，所謂「馬字四點」實行均依楷體而言字形也，非許氏之意。

36. 龍龕手鑑卷二馬部：「驂 說文云：駕二馬。」

說文解字十上馬部：「驂，駕三馬也。从馬參聲。」

案：段注說文「驂，駕三馬也」下曰「驂、三疊韵為訓」，云應一切經音義卷八引亦作「駕三馬也」，行均引作「駕二馬也」，偶失，說文訓「駕二馬」之字為「駢」。

37. 龍龕手鑑卷二广部：「底俗 底正。說文云：無盡。」

說文解字九下广部：「底，山居也，一曰下也。从广氐聲。」

案：「底」字，說文訓「山居也」及「下也」，而無「無盡」之訓，不知行均何據也？玉篇訓「止也」「下也」，廣韻上聲十一薺同，亦不見「無盡」之意。

38. 龍龕手鑑卷二厂部：「厂（說文云：山之厓巖也。）」

說文解字九下厂部：「山石之厓巖，人可居，象形。厈，籀文从干。」

案：唐寫本玉篇厂注引說文作「山石之崖巖，人可居者」，知行均引「山」下奪「石」字，且省「人可居」句。廣韻上聲二十三旱引「厓」亦作「崖」，並無「人可居」三字。

39. 龍龕手鑑卷二米部：「糈（說文云：粱米也。）」

說文解字七上米部：「糈，糧也。从米胥聲。」

案：離騷：「懷椒糈而要之。」王逸注云：「糈，精米。」山海經曰：「祠諸山神有糈。」沈濤說文古本考云「糈為祭神精米，似不應訓為糧，而亦不應專作粱米」，王筠句讀亦疑「羣書說精，未有言糧者」，此字姑從闕疑。

40. 龍龕手鑑卷二米部：「䊛（說文云：進䊛也。）」

說文解字七上米部：「䊛，悉䊛，散之也。从米殺聲。」

案：左傳定公四年：「王於是乎䊛蔡叔。」釋文、廣韻入聲十二曷引說文竝作「𥼶𥽬，散之也」，行均引省去「𥼶𥽬」二字，而臆改作「迸散也」。

41. 龍龕手鑑卷二犬部：「猥（說文：衆犬吠也。）」

說文解字十上犬部：「猥，犬吠聲。从犬畏聲。」

案：「猥」注，說文作「犬吠聲」，行均引作「衆犬吠也」，考玉篇、廣韻上聲十四賄竝止作「犬聲」，而未云引說文，集韻去聲十八隊「猥」注作「犬衆吠」，與行均引之意近，疑古本有如是作者。

42. 龍龕手鑑卷二豸部：「貈（出說文。）」

說文解字九下豸部：「貈，似狐善睡獸。从豸舟聲。論語曰：狐貈之厚以居。」

案：行均謂「貈」字出於說文，是也。

43. 龍龕手鑑卷二虎部：「𧆨（說文云：白虎也。）」

說文解字五上虎部：「𧆨，白虎也。从虎昔省聲，讀若鼏。」

案：「白虎」下，說文不複舉「𧆨」字，行均引蓋衍。又正文」、「虒」，諸本多訛作「虩」，當改。

44. 龍龕手鑑卷二鬼部：「魋（說文云：神也。）」

說文解字九上鬼部：「魋，神也。从鬼申聲。」

案：說文止訓「神也」，不複舉「魋」字，行均引蓋衍。

45. 龍龕手鑑卷二鬼部：「䰢（說文云：鬼兒也。）」

說文解字九上鬼部：「䰢，鬼兒。从鬼賓聲。」

案：行均引與說文同，唯衍一虛詞「也」耳。

46. 龍龕手鑑卷二走部：「𧺆（說文：疑也。）」

說文解字二上走部：「𧺆，𧺆，疑之等𧺆而去也。从走才聲。」

案：玉篇「𧺆」訓「疑之等𧺆而去」，與說文同，唯語頗不同解，行均引作「疑也」，亦似有奪誤，姑從闕疑。

47. 龍龕手鑑卷二羽部：「羿羿（說文從羿，或作羿也。）」

說文解字四上羽部：「羿，羽之羿風，亦古諸侯也。一曰：射師。从羽幵聲。」

案：行均引說文，以釋字形之所從，然說文有「羿」無「羿」

，參見卷一弓部「弜」字考。

48. 龍龕手鑑卷二黍部：「黍（說文云：孔子曰：黍可以為酒，故從禾入水也。）」

說文解字七上黍部：「黍，禾屬而黏者也。以大暑而種，故謂之黍，从禾雨省聲。孔子曰：黍可為酒，禾入水也。」

案：初學記卷廿七、徐鍇說文繫傳，御覽八百四十二引說文「可」下有「以」字，廣韻上聲八語「禾入水」上有「故从」二字，合諸書以觀，則行均引文義較今本說文為完。

49. 龍龕手鑑卷二九部：「⿺九咼（說文從丸。）」

說文解字九下丸部：「⿺丸咼，鷙鳥食已，吐其皮毛如丸。从丸咼聲，讀若骫。」

案：行均引說文，明「⿺九咼」字，說文從丸作「⿺丸咼」。

50. 龍龕手鑑卷二几部：「⿱罒几（說文作兕。狀如牛，蒼黑色，一角，重千斤也。）」

說文解字九下𤉡部：「𤉡，如野牛而青，象形，與禽离頭同。兕，古文从儿。」

案：行均引說文，謂「咒」（疑誤）說文作「兕」。兕為彖之古文，段注云「今字兕行而彖不行」，山海經郭注即用「兕」字，曰「兕亦似水牛，青色，一角，重三千斤。」

51. 龍龕手鑑卷三壴部：「壴說文云：陳器也。」

說文解字五上壴部：「壴，陳樂立而上見也，从屮从豆。」

案：廣韻去聲十遇引說文作「陳樂也」，玉篇注同，並無「立而上見」四字，蓋古本如是。行均引作「陳器也」，「器」恐「樂」字傳寫之誤。

52. 龍龕手鑑卷三鼻部：「鼽說文云：寒病也。」

說文解字四上鼻部：「鼽，病寒鼻室也。从鼻九聲。」

案：徐鍇說文繫傳作「病寒鼻窒也」，禮記月令「民多鼽嚏」，釋文引同，知徐鉉「窒」作「室」，誤。行均引作「寒病也」，蓋傳寫誤奪誤倒也。

53. 龍龕手鑑卷四木部：「檉說文云：楊—河柳也。」

說文解字六上木部：「檉，河柳也。从木聖聲。」

案：玉篇引說文作「河柳也」，詩皇矣「其檉其椐」，毛傳並同，是知行均引「楊檉」二字乃自增也。

54. 龍龕手鑑卷四木部：「樘說文云：柱也。亦｜觸也。」

說文解字六上木部：「樘，衺柱也。从木堂聲。」

案：玄應一切經音義卷二、卷十、卷十四引說文皆作「樘，柱也」，無「衺」字，玉篇亦無。然則行均引作「柱也」，乃為真本。

55. 龍龕手鑑卷四竹部：「篍說文云：吹簫也。」

說文解字五上竹部：「篍，吹筩也。从竹秋聲。」

案：急就篇「箛篍起居課後先」，顏注「篍，吹筩也」，同說文；玉篇「篍」注「吹簫也」，行均引說文同；然檢風俗通引漢書注作「篍，吹簫也。言其聲音篍篍，名自定也」，是疑行均引作「簫」，乃形近之誤。

56. 龍龕手鑑卷四竹部：「籟說文云：三孔龠也。」

說文解字五上竹部：「籟，三孔龠也，大者謂之笙，其中謂之籟，小者謂之箹。从竹頪聲。」

案：徐鍇說文繫傳作「三孔龠也」，行均引同，然說文「龠」訓「書僮竹笘也」，「龠」訓「樂之竹管，三孔，以和衆聲也」，故當從徐鍇作「龠」。

57. 龍龕手鑑卷四糸部：「縑說文云：「兼絲繒也。」」

說文解字十三上糸部：「縑，幷絲繒也。从糸兼聲。」

案：玉篇零卷「縑」字引說文作「兼絲繒也」，釋名釋采帛云「縑，兼也，其絲細緻，兼於布絹也」，急就篇「綈絡縑練素帛蟬」，顏注「縑之言兼也」，是玉篇引乃古本也。疑行均原亦作「兼」，後傳寫誤作「縑」也。今二徐本作「幷絲繒也」，「幷」乃意近、形近之誤也。

58. 龍龕手鑑卷四糸部：「緂。說文作綱」

說文解字十三上糸部：「綱，帛騅色也。从糸剡聲。詩曰：毳衣如綱。」

說文解字十三上糸部：「緂，白鮮衣皃。从糸炎聲。謂衣采色鮮也。」

案：說文「緅」訓「帛騅色也」，騅謂馬蒼黑襍毛也，蒼即蒼青色，是行均云緅字說文作緅。說文另有「緅」字，訓「白鮮衣皃」，與行均釋「緅」作「青黃色也」不類。

59. 龍龕手鑑卷四肉部：「吻 或作脗（說文云：節頭也。）」

說文解字二上口部：「吻，口邊也。从口勿聲。脗，吻或从肉从昏。」

案：「脗」字，說文以為「吻」之或文，訓「口邊也」，玉篇、廣韻上聲十八吻同，並未見「節頭也」之訓。檢集韻上聲十八吻「脗」注「聚筋也」，與行均引說文義近，行均蓋有所本，第不知何據也？

60. 龍龕手鑑卷四目部：「矍（說文云：欲走也。）」

說文解字四上瞿部：「矍，隹欲逸走也。从又持之矍矍也，讀若詩云『穬彼淮夷』之穬。一曰：視遽皃。」

案：廣韻入聲十八藥，集韻入聲十八藥「矍」注引說文，並作「隹欲無逸走也」，是知行均引有奪文也。

61. 龍龕手鑑卷四日部：「⿱日見今⿱日兒（說文：突前也。正。）」

說文解字八下見部：「⿱冂見，突前也。从見冂。」

案：玄應一切經音義卷九「⿱冃見」注引說文云「突前也」，又引國語「戎狄⿱冃見後輕儳」，賈逵曰「⿱冃見後猶輕觸也，字體從同從見」，卷十二引云「⿱冃見，突前也，字从冃从見」，玄應兩引皆作「⿱冃見」字，知二徐本作「⿱冂見」者，誤。錯本「冃」部別出⿱冃見字，訓「犯而見也，从冃从見」，「犯而見」即突前之意，自必一字之歧出。行均引「突前也」，不誤，而正文作「⿱日見」「⿱日兒」，則不體。

62. 龍龕手鑑卷四玉部：「瓊（說文云：赤玉也。）」

說文解字一上玉部：「瓊，赤玉也。从玉夐聲。璚，瓊或从矞。瓗，瓊或从巂。琁，瓊或从旋省。」

案：行均引與說文同。

63. 龍龕手鑑卷四玉部：「玓瓅（說文云：「一一，明珠色也。」）」

說文解字一上玉部：「玓，玓瓅，明珠色。从玉勺聲。」

案：行均引與說文同。

64. 龍龕手鑑卷四疒部：「⿸疒⿱丷官或作痯（說文云：勞病也。正。）」

案：說文疒部無「⿸疒⿱丷官」「痯」，訓「勞病也」之字為「癉」。詩小雅杕杜：「四牡痯痯。」毛傳：「痯痯，罷貌。」痯與癉，音近、義近，行均致有此誤。

65. 龍龕手鑑卷四頁部：「⿰岳頁（說文云：面前一一。）」

說文解字九上頁部：「⿰岳頁，面前岳岳也。从頁岳聲。」

案：玉篇「⿰岳頁」注「面前⿰岳頁⿰岳頁」，行均引同有奪文，然古本「岳岳」必作「⿰岳頁⿰岳頁」。說文頁部「顒，頭顒顒大也」；「顛，面色顛顛皃」；「⿰鬳頁，面瘦淺⿰鬳頁⿰鬳頁也」；「頊，頭頊頊謹皃」；皆不改字，此解亦不應改字為「岳」。另說文韻譜作「面前⿰岳頁⿰岳頁」，亦可證。

66. 龍龕手鑑卷四辵部：「辵（說文云：乍行乍止也，從彳止聲。凡辵之屬皆從一一也。）」

說文解字二下辵部：「辵，乍行乍止也。从彳从止。凡辵之屬皆从辵。讀若春秋公羊傳曰：辵階而走。」

案：二徐本「辵」下並云「从彳从止」以為會意，行均引作「从彳止聲」，廣韻入聲十八藥引亦同。沈濤說文古本考云：「部首字往往形聲兼會意，二徐皆以為非聲而刪之。」然則，行均引不誤也。唯正文「辵」字，行均多譌作「辵」，當改。

67. 龍龕手鑑卷四彳部：「彳（說文云：小步，象人脛也。）」

說文解字二下彳部：「彳，小步也。象人脛三屬相連也。」

案：行均引與說文同，唯有所節省。

68. 龍龕手鑑卷四穴部：「突（說文：犬從穴中出也。）」

說文解字七下穴部：「突，犬从穴中暫出也。从犬在穴中。一曰滑也。」

案：廣韻入聲十一沒引說文作「犬从穴中暫出也」，與二徐同。行均引「出」上聲一「暫」字。易離卦「突如其來」，釋文引字林作「暫出」，是「暫」字不得無，宜補。

69. 龍龕手鑑卷四谷部：「谸說文云：望山谷間青也。」，

說文解字十一下谷部：「谸，望山谷谸谸青也。从谷千聲。」

案：文選高唐賦「肅何千千」，李善注引說文「谸，望山谷芊芊青也。」千、芊古字通。然說文無「芊」字，不應此作「芊芊」也。廣韻下平一先引說文作「望山谷之谸青也」，行均引作「望山谷間青也」，恐皆有衍奪，宜依二徐本正之。

70. 龍龕手鑑卷四廾部：「廾說文云：二十也。」

說文解字三上十部：「廿，二十并也，古文省。」

案：廣韻入聲二十六緝引說文作「二十并也」，與二徐同。行均引作「二十也」，奪「并」字。王筠句讀曰：「并之，故作廿，不作廾也。」龍龕手鑑正文作「廾」，廣韻曰「今作廾，直以為二十字」，是「廿」今多作「廾」也。

71. 龍龕手鑑卷四廾部：「羿（說文：從羽也。）」

說文解字四上羽部：「羿，羽之羿風，亦古諸侯也。一曰射師。从羽幵聲。」

案：行均引說文，釋「羿」字從羽，然說文有「羿」無「羿」，「羿」乃「羿」之俗訛，參見卷一弓部「弜」字考。

72. 龍龕手鑑卷四攴部：「敱（說文云：擊水也。）」

案：今本說文無此字。

73. 龍龕手鑑卷四鬲部：「鬻（說文云：鬻，稀食也。）」

說文解字三下䰜部：「鬻，鬻也。从䰜毓聲。𩱬，鬻或省从米。」

案：「鬻」訓，二徐竝作「鬻也」，大徐本「鬻」下案語云「今俗鬻作粥」，粥即稀食，行均或以意引，或所據有異。

74. 龍龕手鑑卷四雜部：「兕（說文云：象形字。）」

說文解字九下𤉡部：「𤉡，如野牛而青，象形，與禽离頭同。兕，古文从儿。」

案：說文以「兕」為「𤉡」之古文，「𤉡」注有云「象形，與禽离頭同」，謂字之上半「凶」與禽离頭造字之形同，是行均引云象形字也。另行均以「兕」為正文，以嵓（當是嵓之誤，嵓與𤉡同字）為俗寫，與說文倒。參見卷二几部「兕」字考。

75. 龍龕手鑑卷四雜部：「⿰由宁（說文云：盛米具也。）」

說文解字十四下宁部：「⿰甾宁，𢄙也，所以載盛米。从宁从甾。甾，缶也。」

案：玉篇引說文作「所以盛米」，無「載」字，廣韻上聲八語引亦無，則「載」字當非脫。行均引亦無，作「盛米具也」，乃隱括其意也。「⿰甾宁」篆，二徐本作「[illegible]」，與甾缶之說不合，段本改作「[illegible]」是也。

十三、方言（合郭璞注）

1. 龍龕手鑑卷一金部：「𨰻（方言云：小矛也。）」

方言第九：「矛，吳、揚、江、淮、南楚、五湖之間，謂之鍦，或謂之鋋。」

案：方言第九云「吳、揚、江、淮、南楚、五湖間，矛或謂之鋋」，行均則謂方言以鋋為「小矛」，殆依記憶稱引，未細檢元書。

2\. 龍龕手鑑卷一金部：「鈀（方言云：江東之鈚箭也。）」

方言第九：「凡箭鏃胡合嬴者，四鐮，或曰拘腸；三鐮者，謂之羊頭；其廣長而薄鐮，謂之錍，或謂之鈀。」

案：方言第九云「箭，……廣長而薄鐮，謂之錍，或謂之鈀」，此文之下，戴氏疏證下有「江東呼鎞箭」五字，戴氏云「廣韻鈀字下引方言云：江東呼鎞箭，今方言無此語，所引似鈀箭下注文，今脫去」。盧氏抱經堂本因於鈀下補注文「江東呼鎞箭」五字。然則，行均引蓋本之方言注而略有改易。

3\. 龍龕手鑑卷一金部：「鈘鉹（方言云：甑也。）」

方言第五：「甑，自關而東謂之甗，或謂之鬵。」郭璞注：「

（鬵）音岑，梁州呼鈴。」

案：檢方言「甑」無稱「鈴」或「鍦」者，方言第五云關東人或謂甑為鬵，郭璞注曰「（鬵）音岑，梁州呼鈴」，行均引或涉此而附益省改。

4. 龍龕手鑑卷二虫部：「蠘蠷（方言云：蝙蝠異名也。）」

方言第八：「蝙蝠，北燕謂之蠘蠷。」

案：方言第八云北燕謂蝙蝠為蠘蠷，行均「蠘蠷」下引曰「蝙蝠異名也」，乃本其說，不引其詞也。

5. 龍龕手鑑卷二爪部：「瓢（方言云：杓也。正从瓜作。）」

方言第五：「蠡，陳、楚、宋、魏之間，或謂之簞，或謂之櫼，或謂之瓢。」郭璞注：「（蠡）瓠勺也，音麗。」

案：說文「瓢」訓「蠡也」，方言第五曰「蠡，陳、楚、宋、魏之間謂之瓢」，郭注云「瓠勺也」，是方言本文未作「杓」解，僅郭注有一「勺」字，行均或記憶有誤，或輒有肌造。

6. 龍龕手鑑卷四木部：「櫂（方言云：小竹木子為｜子也。）」
方言第九：「楫謂之橈，或謂之櫂。所以隱櫂，謂之䉶。所以刺船，謂之篙。」
案：方言「櫂」下未見「小竹木子為櫂子也」之訓，僅於「所以隱櫂，謂之䉶」下，有郭注云「搖樐木橛也」，「橛」者，小木椓橛也，行均或涉此而自為之詞，或另有所本，未可知也？

7. 龍龕手鑑卷四肉部：「豚（方言云：豕子也。）」
方言第八：「豬，其子或謂之豚，或謂之貕，吳、揚之間謂之豬子。」
案：方言第八「豬，其子或謂之豚」，無作「豚，豕子也」者，行均蓋憑記憶摘引，未檢照元文也。

8. 龍龕手鑑卷四頁部：「頷（方言云：｜頜也。）」
方言第十：「頷、頤，頜也。南楚謂之頷，秦、晉謂之頜。」

案：行均引與方言同，唯用其互訓也。

9. 龍龕手鑑卷四食部：「䭘（方言云：餅也。）」

方言第十三：「餅，謂之飥，或謂之餦餭。餳，謂之餦餭。飴，謂之䬵。䭡，謂之䭘。餳，謂之餹。凡飴，謂之餳，自關而東，陳、楚、宋、衛之通語也。」

案：方言第十三云「餅、謂之飥，陳、楚、宋、衛之通語也」，「䭡，謂之䭘」下，郭注有云「以豆屑雜餳也」，是「䭘」字與「餅」字雖於行文次第相隔懸遠，亦互為一物也。

10. 龍龕手鑑卷四食部：「饎（方言云：熟食也。）」

方言第七：「糦，熟也。自河以北，趙、魏之間，火熟曰爛，氣熟曰糦。」

案：考方言無「饎」字而有「糦」，說文則以「糦」為「饎」之或體。方言第七「氣熟曰糦」，行均引作「熟食也」，雖於義未乖，然非元書之真面目矣。

十三、釋名

1. 龍龕手鑑卷一口部：「圖（釋名云：謀計議度也。）」

釋名卷第六釋典藝：「圖，度也。」

案：釋名釋典藝「圖」下止云「度也」，行均引作「謀計議度也」，疑語有增益，非盡為元文。說文「圖」訓「畫計難也」，爾雅釋詁訓「謀也」，行均蓋薈萃眾說，以意增入「謀計議」三字。

2. 龍龕手鑑卷一殳部：「（釋名曰：——，殊也，長三尺，無刃，有撞挃於車上，使殊離也。）」

釋名卷第七釋兵：「殳，殊也，長丈二尺而無刃，有所撞挃於車上，使殊離也。」

案：釋兵謂殳「長丈二尺」，行均引作「長三尺」，疑原「丈」字殘脫，而與「二」誤併為「三」。說文亦謂殳「長丈二尺」。又釋兵「無刃」上有「而」字，「有」上有「所」字，行均引並無，蓋以意引，非盡合原文也。

3. 龍龕手鑑卷二土部：「塤（釋名：亦喧也。）」

釋名卷第七釋樂器：「塤，喧也，聲濁喧喧然也。」

案：釋名釋樂器「塤，喧也」，劉熙以「喧」釋「塤」，蓋用聲訓，行均引云「亦喧也」，謂「塤」亦「喧喧然」之義歟？

4. 龍龕手鑑卷二馬部：「馬（釋名曰：大司馬武也，大總武事也。）」

案：檢釋名，無「大司馬武也」等語，周禮夏官大司馬注云「謂總武事也」，疑行均涉周禮注而增改。

5. 龍龕手鑑卷二阜部：「阜阜（釋名云：厚也。厚土曰阜。）」

釋名釋山：「土山曰阜。阜，厚也，言高厚也。」

案：釋名釋山「阜，厚也，言高厚也」，行均引「厚也」，不誤，而謂「厚土曰阜」則出於自撰。

6. 龍龕手鑑卷四竹部：「箜篌（釋名云：師延所作。）」

釋名卷第七釋樂器：「箜篌，此師延所作。」

案：釋名釋樂器「箜篌」下曰「此師延所作」，畢沅疏證云：「今本『師延』上衍『此』字，據北堂書鈔、廣韻、初學記、急就篇注引刪。」然則行均引不誤也。

7. 龍龕手鑑卷四竹部：「簴（釋名云：所以懸鍾鼓也，橫曰簨，縱曰—。與栒虡二字同。）」

釋名卷第七釋樂器：「所以懸鼓者：橫曰簨；簨，峻也，在上高峻也；從曰虡；虡，舉也，在旁舉簨也。」

案：畢沅釋名疏證云：「今本（「鼓」字上）脫「鍾」字，據北堂書鈔、藝文類聚、太平御覽引增。」然則行均引不奪也。「橫曰簨，縱曰簴」，括引也。廣韻上聲十七準曰簨同簨。從、縱，虡、簴，古今字也。周禮冬官考工記曰「梓人為筍虡」，是考工記「簨簴」作「筍虡」。

8. 龍龕手鑑卷四玉部：「琵琶（釋名曰：推手曰琵，引手曰琶，取其鼓時，以為名也。）」

釋名卷第七釋樂器：「枇杷，本出於胡中馬上所鼓也。推手前曰枇，引手却曰杷，象其鼓時，因以為名也。」

案：釋名釋樂器謂枇杷本出胡中馬上所鼓，「推手前曰枇，引手却曰杷」，畢沅疏證云「說文珡部新附有琵琶二字，解云『琵琶，樂器』，義當作『枇杷』，是行均書亦用後起字也。行均所引「推手」下奪一「前」字，「引手」下奪一「却」字，當補。集韻平聲脂韻「琵」下云「推手前曰批，引手後曰把」，用字雖異，要不得簡省也。「象其鼓時」，行均引作「取其鼓時」，廣韻上平六脂引亦作「取」，未知其間沿襲，孰先孰後？

十四、廣雅

1. 龍龕手鑑卷一刀部：「劚（廣雅云：挑剜劚｜削也。）」

廣雅卷第五下釋言：「劚，削也。」王念孫疏證：「玉篇『劚，減也、削也』，說文『削，挑取也』，卷四云『削，剜也』。」

案：廣雅卷五釋言「劚」下，止云「削也」，王氏疏證則引說文、玉篇及卷四「剈」下之說而演繹之，行均蓋本此而堆疊其意也。「刲」字則以意增之。

2. 龍龕手鑑卷一瓜部：「瓜 廣雅云：龍蹄獸掌等，—也。」

廣雅卷第十上釋草：「龍蹏、虎掌、羊骹、兔頭、桂支、蜜筩、⿰扁瓜⿰公瓜、貍頭、白㼌、無餘、縑：瓜屬也。」

案：廣雅釋草云「龍蹏、虎掌、羊骹、……瓜屬也」，行均引云「龍蹄獸掌等，瓜也」，蓋隱括其詞也。「蹄」與「蹏」同。虎、羊、兔等以「獸」字一言而槩之，或「虎」誤為「獸」，記憶不明也。

3. 龍龕手鑑卷一龍部：「⿱龍木 廣雅云：舍也。」

廣雅卷第七上釋宮：「櫳，舍也。」王念孫疏證：「櫳之言籠也，說文作⿱龍木，云房室之疏也。」

案：行均引與廣雅同，唯⿱龍木、櫳偏旁有移易耳。說文木部亦作⿱龍木，云「房室之疏也」。

4. 龍龕手鑑卷二阜部：「阜阜阜（廣雅云：土無石曰—。）」

廣雅卷第九下釋邱：「無石曰𨸏。」

案：廣雅釋邱「無石曰𨸏」，王念孫疏證「𨸏，本作𠂤，隸變作阜」，是「𨸏」即「阜」，行均引云「土無石曰阜」，「土」字，蓋自增也。

十五、玉篇

1. 龍龕手鑑卷一金部：「鏒（玉篇：七南、色咸二反。）」

大廣益會玉篇卷十八金部：「鏒（思感切，金鏒也。）」

案：玉篇音「思感切」，無又切，行均引「七南」、「色咸」二反，今本未見，恐出肊造。

2. 龍龕手鑑卷一金部：「鈹（玉篇：刀也。）」

大廣益會玉篇卷十八金部：「鈹（普皮切。大針也。又劍如刀裝者。）」

案：玉篇訓「大針也」，又「劍如刀裝者」，行均引但云「刀也」，頗有省改。

3. 龍龕手鑑卷一金部：「釺（玉篇：丁今反，杻穴中。）」

大廣益會玉篇卷二十三牛部：「牿牿（二同，呼今切，出神呪。）」
案：玉篇無「牿」，行均「牿」下云「同牿（原作牿，訛）」。「牿」，玉篇注云「呼今切」，行均引作「丁今反」，蓋自發於脣吻，未檢原書也。又「出神呪」，引作「在咒中」，本具意，非引其詞也。

4、龍龕手鑑卷一金部：「鈲鈐（玉篇：呂戌反。）」
大廣益會玉篇卷十八金部：「鈐（尺酌切。說文曰：曲鈐也。又曰：篇鼎也。）鈲（同上。）」
案：玉篇音「尺酌切」，行均引作「目氏反」，疑為肌造，未檢原書。

5、龍龕手鑑卷一金部：「鍪鎏（玉篇：子鈞反。）」
大廣益會玉篇十八卷金部：「鋆（子鈞切。）」
案：玉篇無「鍪」「鎏」二字，有「鋆」字，「鋆」下音「子鈞切」，行均引蓋即「鋆」字歟？

6、龍龕手鑑卷一金部：「鏌（玉篇：鏌也。）」
大廣益會玉篇卷十八金部：「鏌（莫鄧切，鏌也。）」

案：行均引與玉篇同。

7\. 龍龕手鑑卷一金部：「⿰金冊玉篇：所誅反，鐵延也。」

大廣益會玉篇卷十八金部：「⿰金冊所誅切，鐵器也。」

案：行均引「所誅反」與玉篇同，引「鐵延也」，與原文略異，蓋記憶有不明而肊造也。

8\. 龍龕手鑑卷一金部：「釙金—也，出玉篇。」

大廣益會玉篇卷十八金部：「釙普剝切，金釙。」

案：行均謂「釙」字出玉篇，是也。

9\. 龍龕手鑑卷一金部：「⿰金𠂢玉篇：音劈。」

大廣益會玉篇卷十八金部「⿰金𠂢普的、普賜二切。裁名也。」

案：玉篇「普的、普賜」二切，無直音，行均引云「音劈」，未知何據？

10\. 龍龕手鑑卷一金部：「⿱厤金音歷。玉篇：釜也。」

大廣益會玉篇卷十八金部：「⿱厤金力狄切。或作鬲。」

大廣益會玉篇卷十八金部：「鎘盧的切。釜。」

案：玉篇「鏖」下無訓解，止云「或作鬲」，而「鎘」下曰「釜」，行均蓋輾轉相引也。

11. 龍龕手鑑卷一金部：「釿（玉篇云：一斤也。）」

大廣益會玉篇卷十八金部：「鋝（力輟、所劣二切，量名。）鋢（同上。）」

案：玉篇止訓「量名」，行均引云「三鋝為一斤」，恐涉他書而誤。

12. 龍龕手鑑卷一人部：「僜（玉篇云：亡同反，醉行也。）」

大廣益會玉篇卷三人部：「僜（莫登切。爾雅曰：僜僜，迵迵，惛也，郭璞云：皆迷惛。）」

案：玉篇音「莫登切」，行均引作「亡同反」，蓋肊造也。又玉篇注引爾雅「惛也」及郭璞「迷惛」之訓，無「醉行也」之義，行均蓋亦自撰也。

13. 龍龕手鑑卷一人部：「侇（玉篇：人名也。）」

大廣益會玉篇卷三人部：「侇（與脂切，夷也。）」

案：玉篇「侇」訓「夷也」，蓋謂侇字同夷。儀禮士喪禮「男女奉尸侇于堂」，注「侇之為言尸也，今文侇作夷」。行均引作「人名也」，與原書毫不相涉，恐臆造也。

14. 龍龕手鑑卷一人部：「偂 玉篇：煎剪二音。」

大廣益會玉篇卷三人部：「偂 則前切，又音翦。」

案：玉篇音「則前切」，又音「翦」，無「煎」之直音，行均蓋據「則前」之切語而讀，音微有出入。一在仙韻，一在先韻。「剪」音與「翦」同，然亦非原文矣。

15. 龍龕手鑑卷一人部：「佂 玉篇又渠往反。」

大廣益會玉篇卷三人部：「佂 渠往切。楚辭曰：魂佂佂而南征兮。佂佂，遑遽兒。」

案：行均引與玉篇同。

16. 龍龕手鑑卷一人部：「僸 玉篇：動頭兒。」

大廣益會玉篇卷三人部：「僸 牛錦切。文字音義云：仰頭兒。」

案：玉篇注引文字音義「仰頭兒」之義，未別作他解，行均引謂玉篇訓「動頭兒」，蓋記憶不明，誤「仰」為「動」，宜改。

17. 龍龕手鑑卷一人部：「佗 玉篇：丑訝反，嬌逸也。」

大廣益會玉篇卷三人部：「佗 丑訶切，嬌逸。又湯洛切。」

案：行均引與玉篇同。

18. 龍龕手鑑卷一人部：「俥 玉篇：又置也。」

大廣益會玉篇卷三人部：「俥 側吏切，置也。」

案：行均引與玉篇同。

19. 龍龕手鑑卷一人部：「倛 玉篇：欺既反，—儗不行也。」

大廣益會玉篇卷三人部：「倛 欺忌切，倛儗不行。」

案：玉篇音「欺忌切」，行均引作「欺既反」，反切下字有異，蓋未檢書，自發於脣齒也。引「倛儗不行也」之義，則與玉篇同。

20. 龍龕手鑑卷一人部：「傿 玉篇：又於靳反，依也。」

大廣益會玉篇卷三人部：「傿 於建切，引為價也。」

案：玉篇音「於建切」，無又切，行均引「又於靳反」，不知何據！豈今本所逸耶？

21、龍龕手鑑卷一人部：「倧 玉篇：又旨亮。」

大廣益會玉篇卷三人部：「倞（渠向、渠命二切，強也。）傹（同上。）」
案：玉篇注「渠向」「渠命」二切，無直音，行均引云「又音亮」，蓋肊造也。

22. 龍龕手鑑卷一人部：「仯（玉篇：亡小、符兒二反。）」
大廣益會玉篇卷三人部：「仯（彌小切。仯，小兒，又初教切。）」
案：玉篇音「彌小切」，又「初教切」，行均引云「亡小、符兒二反」，與原書均異，蓋出肊造。

23. 龍龕手鑑卷一人部：「俾（玉篇：又止也。）」
大廣益會玉篇卷三人部：「俾（卑吉切，止行也，本作趩蹕。）」
案：玉篇訓「止行也」，行均引作「止也」，奪「行」字，當補。

24. 龍龕手鑑卷一人部：「倬（玉篇：丑角反，偓—，无禮也。）」
大廣益會玉篇卷三人部：「倬（知角切。明也，大也。）」
案：玉篇音「知角切」，行均引作「丑角反」，聲紐有異，唯同屬舌上音。

25. 龍龕手鑑卷一言部：「訑（玉篇：又止支反，多言也。）」

玉篇零卷言部：「詑（湯柯、達可二反。楚辭：或詑謾而不疑。野王案：說文：兗州謂欺曰詑也。）」

大廣益會玉篇卷九言部：「詑（湯何切，又達可切。詑謾而不疑。兗州人謂欺曰詑。俗作訑。）」

案：玉篇原無「訑」字，孫強增本「詑」字下云「俗作訑」，零卷及益會本「詑」下並無「止支」反語及「多言也」之訓，行均蓋臆撰也。

26. 龍龕手鑑卷一言部：「諴（玉篇：又音凷，舟弄人也。）」

大廣益會玉篇卷九言部：「諴（胡讒切，和也。）」

案：「諴」下，玉篇無「凷」之又音，亦無「弄人也」之別訓，不知行均何所據？日人岡井慎吾氏，謂行均書引玉篇多「風馬牛不相及」，蓋有以也。

27. 龍龕手鑑卷一言部：「訵（丑利反，玉篇：笑皃。）」

玉篇零卷言部：「訵（丑利反。蒼頡篇：陰知也。）」

大廣益會玉篇卷九言部：「訵（丑利切，陰知也。）」

案：玉篇零卷及大廣益會玉篇並訓「陰知也」，行均引作「笑皃」，意甚懸遠。廣韻去聲六至云「訵，陰知。亦作呬」，疑「呬」「哂」形體相近，行均或涉「哂」意而誤也。

28. 龍龕手鑑卷一心部：「慪（又口候反，悋惜也。出玉篇。）」

大廣益會玉篇卷八心部：「慪（口候切，悋惜也。）」

案：行均謂「慪」字出玉篇，是也。

29. 龍龕手鑑卷一心部：「愪（玉篇：又悅也。）」

大廣益會玉篇卷八心部：「愪（王分切，憂也。又于敏切。）」

案：玉篇訓「憂也」，無別解，行均引曰「又悅也」，語正反，不足信也。

30. 龍龕手鑑卷一心部：「懙（玉篇：安也。）」

大廣益會玉篇卷八心部：「惥（余呂切。說文曰：趣步惥惥也。又以諸切，謹敬皃。）」

案：集韻上聲語韻「惥」下注云「亦書作懙」，是「惥」「懙」同一字也。「惥」，玉篇訓「謹敬皃」，行均引作「安」，殆依記憶稱引，未細檢原書。

31. 龍龕手鑑卷一心部：「㦿（玉篇：謹也。）」

案：撿玉篇無此字。

32. 龍龕手鑑卷一心部：「懅 玉篇：又其居反，心急也。」

大廣益會玉篇卷八心部：「懅 巨魚切，心急也。」

案：玉篇音「巨魚切」，行均引作「其居反」，蓋自發於唇吻，未細撿原書也。引「心急也」，則與玉篇同。

33. 龍龕手鑑卷一心部：「怰 玉篇音縣。」

大廣益會玉篇卷八心部：「怰 户絹切，賣也。」

案：玉篇注云「户絹切」，無直音，行均引云「音縣」，蓋臆造也。

34. 龍龕手鑑卷一心部：「⿰忄右 玉篇：忧俗。于救反，心動也。」

大廣益會玉篇卷八心部：「忧 于救切，心動也。」

案：玉篇有「忧」無「⿰忄右」，「忧」下注「于救切，心動也」，行均書切語、訓釋並同，若謂「⿰忄右」字出玉篇，則不可信也。

35. 龍龕手鑑卷一心部：「⿰忄凡⿰忄叔 玉篇：心動也。」

大廣益會玉篇卷八心部：「㤘丑桀切，心動皃，又休也。」。

案：玉篇訓「心動皃」，以為狀貌之詞，行均引止作「心動」，「皃」字宜補。

36.

龍龕手鑑卷一心部：「惹玉篇音若，心亂也。出安般守意經。」

大廣益會玉篇卷八心部：「惹人者切，亂也。惹同上。又音若。」「惹而灼切，亂也。」

案：玉篇無「惹」字，行均曰「舊藏作惹」。玉篇心部「惹」字兩見，一為「惹」之或文，注云「又音若」，一則音「而灼切」，亦訓「亂也」，行均蓋引前者，至引「心亂也」之義，「心」字肊加也。

37.

龍龕手鑑卷一心部：「恕恝玉篇：音离，悅也。二。」

案：檢玉篇無此字。

38.

龍龕手鑑卷一心部：「慩玉篇云：泣血也。」

大廣益會玉篇卷八心部：「慩力延切，泣血也。」

案：行均引與玉篇同。

39.

龍龕手鑑卷一心部：「慭玉篇：謹也。」

大廣益會玉篇卷八心部：「慠楚丙切，謹也。」
案：行均行與玉篇同。

40. 龍龕手鑑卷一心部：「懤玉篇：直又反，憂也。」
大廣益會玉篇卷八心部：「懤直由切，懤嘚箸也。懤同上，見說文。」
案：玉篇音「直由切」，行均引作「直又反」，韻目有異，又玉篇訓「懤嘚箸也」，行均引作「憂也」，疑出自撰，未檢原書。

41. 龍龕手鑑卷一心部：「𢡃玉篇：悶也。」
大廣益會玉篇卷八心部：「𢡃於力切，度也，安也，仁也。說文：滿也。十萬曰𢡃。今作億。」
案：玉篇有「度也」「安也」「仁也」三解，無「悶也」之義，此恐行均肌造。

42. 龍龕手鑑卷一山部：「岩古嵒玉篇：同。巖五銜反，峯也，險也，峻也，崿也。」
玉篇零卷山部：「嵒牛咸反，說文：嵒，山巖也。左氏傳：宋鄭之間有隙地曰暢嵒也。」
大廣益會玉篇卷二十二山部：「嵒宜咸切，山巖也。」
案：玉篇零卷「嵒」下引說文，訓「巖也」，益會本玉篇則訓

「山巖也」，行均此處謂「玉篇同」，不明所指？意謂玉篇以「嵒」同「巖」歟？然玉篇不以二字為同文。

43. 龍龕手鑑卷一山部：「帇玉篇：之出反，嶄—。」

案：檢玉篇無此字。

44. 龍龕手鑑卷一車部：「軺玉篇云：大夫之車也。」

大廣益會玉篇十八車部：「軺余招切，小車也。」

案：玉篇訓「小車也」，同說文，行均引云「大夫之車也」，蓋肊造也。

45. 龍龕手鑑卷一車部：「輯和也，諧也。玉篇音習，訓同。」

大廣益會玉篇卷十八車部：「輯秦入切，和也。」

案：玉篇音「秦入切」，無直音，行均引云「音習」，恐為自撰。又「訓同」也者，乃承上「和也」一解，此引則不誤。

46. 龍龕手鑑卷一長部：「鬄玉篇：又剔釋二音。」

大廣益會玉篇卷五髟部：「髢達計切，髲髮也。鬄同上，又先歷切。」

案：玉篇「鬄」為「髢」之或文，「鬄」下注云「又先歷切」，無直音，行均引「又剔，釋二音」，不知何據？

47. 龍龕手鑑卷一髟部：「髮 玉篇云：大髻也。」

大廣益會玉篇卷五髟部：「髮 少末切，髮鬢，鬢多毛。」

案：玉篇訓「髮鬢，鬢多毛」，行均引作「大髻也」，義有出入，恐臆造也。

48. 龍龕手鑑卷一門部：「閜 或作閜 今。玉篇：烏可反，促也，門傾也。」

大廣益會玉篇卷十一門部：「閜 於可切。說文曰：門傾也。江賦云：坑衡閜砢。」

案：玉篇音「於可切」，行均引作「烏可反」，音雖同，切語上字則異。

49. 龍龕手鑑卷一刀部：「剓 力之反，玉篇：割也。」

大廣益會玉篇卷十七刀部：「剓 楚乙切，傷割也，又割聲也。」

案：玉篇訓「傷割也」，行均引作「割也」，義有節取。

50. 龍龕手鑑卷一刀部：「刟 玉篇：丁幺反，琢也。」

大廣益會玉篇卷十七刀部：「刟 丁幺切，刟琢也。」

案：行均引與玉篇同。

51. 龍龕手鑑卷一刀部：「刕（玉篇音歷，依皮，人姓。）」
大廣益會玉篇卷十七刀部：「刕（歷低切，姓。又力脂切。）」
案：行均引與玉篇同。

52. 龍龕手鑑卷一刀部：「㓡（玉篇：初洽皮，截同。）」
大廣益會玉篇卷十七刀部：「㓡（初洽切，切聲。）」
案：行均引與玉篇同。

53. 龍龕手鑑卷一刀部：「𠛅（玉篇：又乙雅皮。）」
大廣益會玉篇卷十七刀部：「𠛅（乙牙切，刎也。）」
案：玉篇音「乙牙切」，行均引作「乙雅反」，蓋未檢書，自發於唇齒也。

54. 龍龕手鑑卷一衣部：「𧜵古衺（今音年。玉篇：又衣地也，上聲。）」
大廣益會玉篇卷二十八衣部：「衺（莫候、莫侯二切，南北曰衺，東西曰廣也。帶以上也，長也。𧜵籀文。）」
案：玉篇注「南北曰衺，東西曰廣也。帶以上也，長也」，而無「又衣地也」之別解，「衣地」二字，語意欠明，未詳何指？

55. 龍龕手鑑卷一衣部：「襛（玉篇：乏小文。）」

大廣益會玉篇卷二十八衣部：「表（碑矯切，衣外也，上衣也，書也，威儀也，明也，標也。）[illegible]（同上）襛（古文。）」

案：玉篇「襛」為「表」之古文，「表」下注「碑矯切」，無乂切，行均引云「乏小反」，不知何據？

56. 龍龕手鑑卷一示部：「褾（玉篇：直轍反——蟄也。）」

案：檢玉篇無此字。

57. 龍龕手鑑卷一牛部：「牪牪（玉篇：于吟反，在神咒中也。）」

大廣益會玉篇卷二十三牛部：「牪牪（二同，呼今切，出神呪。）」

案：玉篇音「呼今切」，行均引作「于吟反」，肊造也。又「出神呪」，引作「在神咒中也」。行均金部「[illegible]」字，亦引玉篇「牪」字之音義，與此有出入，是可知行均引書不規規然求合於原文也。

58. 龍龕手鑑卷一牛部：「𤛓（烏猛反。玉篇云：喚牛子聲也。）」

大廣益會玉篇卷二十三牛部：「𤛓（烏猛切，喚牛聲。）」

案：玉篇無「犗」字，唯依行均之音切反所引訓義，蓋即「犗」字。「犗」，玉篇訓「喚牛聲」，行均引作「喚牛子聲」，「子」字肊加。

59. 龍龕手鑑卷一牛部：「牭 音四。牛四歲也。⿰牛貳 玉篇：直利反。籀文，同上，牛四歲也。」

大廣益會玉篇卷二十三牛部：「牭 思二切，四歲牛。又牛很也。⿰牛貳 籀文」

案：「⿰牛貳」下，玉篇無「直利反」之反語，未知行均何據也？又玉篇訓「四歲牛」，行均引作「牛四歲也」，乃以意引，不盡合原文。

60. 龍龕手鑑卷一牛部：「⿰牛隹 俗 ⿰牛翟 正。五沃，五角二反，白牛足也。⿰牛岳 玉篇同上」

大廣益會玉篇卷二十三牛部：「⿰牛隹 五角切，白牛也。⿰牛翟 同上。又沃切。」「⿰牛岳 大果切，又音岳。」

案：今所見玉篇「⿰牛岳」字，止存音切，不見義訓，亦未次「⿰牛隹」「⿰牛翟」下，以為或文，未知行均何據也？

61. 龍龕手鑑卷一片部：「斨 玉篇音搶。斧也，又銎也。」

大廣益會玉篇卷十七斤部：「斨 且羊切，方銎斧也。」

案：玉篇音「且羊切」，無直音，行均引云「音搶」，未知何據？

62. 龍龕手鑑卷一亠部：「亹亹（二或作亹亹二正。玉篇：音尾。）」

大廣益會玉篇卷十六且部：「亹（亡匪切，猶微微也。）亹亹」

案：玉篇有「亹」無「亹」，「亹」，「亹」下無直音，注云「亡匪切」，行均引云「音尾」，未知何據？

63. 龍龕手鑑卷一舟部：「艴（玉篇：大舟也。）」

大廣益會玉篇卷十八舟部：「艴（扶勿切，大船也。）」

案：玉篇訓「大船也」，行均引「船」作「舟」，義雖未乖，非原文矣！

64. 龍龕手鑑卷一毛部：「⿱如毛（玉篇：音如，犬多毛也。）」

大廣益會玉篇卷二十六毛部：「⿱如毛（女於切，犬多毛。）」

案：玉篇注云「女於切」，無直音，行均引云「音如」，蓋取其讀也。引「犬多毛也」，則同。

65. 龍龕手鑑卷一歹部：「殤（玉篇：音觴。）」

案：檢玉篇無此字。

66. 龍龕手鑑卷一矛部：「雅 玉篇：又音住，同雖，鳥名。」

案：檢玉篇無此字。

67. 龍龕手鑑卷一禾部：「秎穙 玉篇云：禾十把也。」

大廣益會玉篇卷十五禾部：「秎 古殄切，十把曰秎。」

案：玉篇有「秎」無「穙」，「秎」下注「十把曰秎」，行均引作「禾十把曰秎」，雖不盡合原文，義則較為明曉。

68. 龍龕手鑑卷一隹部：「雃 玉篇：又音牽，太公子名。」

大廣益會玉篇卷二十四隹部：「雃 苦田，苦堅二切，雖渠也。」

案：玉篇注「苦田」「苦堅」二切，未見又音，行均引云「又音牽」，不知何據？

69. 龍龕手鑑卷一隹部：「雂 玉篇：又古林反。」

大廣益會玉篇卷二十四隹部：「雂 古含，巨林二切，傳有公子若雂。又巨炎切。」

案：玉篇音「古含」「巨林」二切，又「巨炎切」，行均引曰「又古林反」，恐臆造也。

70. 龍龕手鑑卷一田部：「畘 玉篇：又田也。」

大廣益會玉篇卷二田部：「畁音碑。畁田也。」

案：行均引與玉篇同。

71. 龍龕手鑑卷一宀部：「⿱宀亲或作𥨍正。玉篇：又音親。」

大廣益會玉篇卷十一宀部：「𥨍且仁切，至也。又且僅切。⿱宀亲同上。」

案：玉篇音「且仁切」，又「且僅切」，無直音「親」，未知行均何據？

72. 龍龕手鑑卷一魚部：「⿰魚亙玉篇：又音⿰亻亙。」

大廣益會玉篇卷二十四魚部：「⿰魚亙音亙，魚名。」

案：玉篇音「亙」，行均引作「⿰亻亙」，人旁蓋臆加也。

73. 龍龕手鑑卷一魚部：「鱓音善，虵形魚也。⿰魚旦玉篇同上。」

大廣益會玉篇卷二十四魚部：「⿰魚旦市演切，魚似蛇。鱓同上。」

案：玉篇魚部以「⿰魚旦」為正字，以「鱓」為或體，行均引則以「⿰魚旦」之或文，適倒。

74. 龍龕手鑑卷一魚部：「魡玉篇：取魚也。」

大廣益會玉篇卷二十四魚部：「魡丁叫切，亦作釣，餌取魚。」

案：玉篇注「餌取魚」，行均引作「取魚也」，「餌」字蓋省。

75. 龍龕手鑑卷一韋部：「⿰韋尃玉篇：又布各反。」
大廣益會玉篇卷二十六韋部：「⿰韋尃扶豆切，又扶武切，尻衣，又作⿰革尃。」
案：玉篇注云「扶豆切，又扶武切」，而無「布各反」之又音，疑行均自增也。

76. 龍龕手鑑卷一香部：「⿰香蓋或作馤，正。玉篇：於蓋反，香也；又音愛。」
大廣益會玉篇卷十五香部：「馤於蓋切，香也。⿰香蓋同上。」
案：玉篇音「於蓋切」，無直音，行均引云「音愛」，蓋肊造也。

77. 龍龕手鑑卷一匚部：「⿷匚攸玉篇音彼，又徒弔反，田器也。」
大廣益會玉篇卷十六匚部：「⿷匚攸徒弔切，田器也。」
案：行均引與玉篇同。

78. 龍龕手鑑卷一男部：「⿰男男玉篇：又丁列反，撲也。」
案：檢玉篇無此字。

79. 龍龕手鑑卷一门部：「门 玉篇：音苦螢反。」

大廣益會玉篇卷二门部：「门 古螢切，說文云：邑外謂之郊，郊外謂之野，野外謂之林，林外謂之门，象遠界也。」

案：行均引與玉篇同。

80. 龍龕手鑑卷一门部：「冊 玉篇：孔也。」

大廣益會玉篇卷二门部：「冊 音穴，冊，孔也。」

案：行均引與玉篇同。

81. 龍龕手鑑卷二手部：「拺摛摢搋搋 五俗。下一又搋 正。勑皆反，以拳加物也。玉篇音欻。」

大廣益會玉篇卷六手部：「搋 丑皆切，以拳加人也。」「摅 古獲切，批摅也。」

案：玉篇以「搋」「摅」為二字，行均則以「摅」為「搋」之俗。「摅」，玉篇注「古獲切」，無直音，行均引云「音欻」蓋肊造也。

82. 龍龕手鑑卷二手部：「拏 玉篇：又乃下反。」

大廣益會玉篇卷六手部：「拏 尼牙切，手拏也。」

案：玉篇注「尼牙切」，無又切，行均引云「又乃下反」，疑出肊造。

83. 龍龕手鑑卷二手部：「捬玉篇：普胡反，開張遍布也。」
大廣益會玉篇卷六手部：「捬卜路切，相拊也。」
案：玉篇音「卜路切」，行均引作「普胡反」，蓋未細檢原書，自發於脣吻也。

84. 龍龕手鑑卷二手部：「捄玉篇：法也，詩云捄之陑。」
大廣益會玉篇卷六手部：「捄居于切，詩曰：捄之陑。陑，捄蘽也。」
案：玉篇訓「陑捄蘽也」，不訓「法也」，檢他書亦無此解，行均恐出臆造。

85. 龍龕手鑑卷二手部：「揁玉篇：音貞，引也。」
大廣益會玉篇卷六手部：「揁知盈切。揁，引也。」
案：玉篇音「知盈切」，無直音，行均引云「音貞」，蓋肊造也。引「引也」之義則與玉篇同。

86. 龍龕手鑑卷二手部：「撢玉篇：音潭，撢也。」
大廣益會玉篇卷六手部：「撢他甘，他紺二切，周禮曰：撢人掌誦王志，王探序主意，以語天下。」
案：玉篇注「他甘」「他紺」二切，無直音，行均引云「音潭」，恐為朊造。

87. 龍龕手鑑卷二手部：「扨 玉篇：音側買反，擊也。」

大廣益會玉篇卷六手部：「扨 側買切，擊也。」

案：行均引與玉篇同。

88. 龍龕手鑑卷二手部：「掿 玉篇：又諸也反，擊也。」

大廣益會玉篇卷六手部：「掿 諸野、尺野二切，擊也。」

案：玉篇音「諸野」「尺野」二切，行均引作「諸也反」，音雖同，非原文矣！引「擊也」之義，則同。

89. 龍龕手鑑卷二手部：「挨 玉篇：促也。」

案：挨玉篇無字。

90. 龍龕手鑑卷二手部：「托 托 玉篇云：推也，二同。」

大廣益會玉篇卷六手部：「托 㯓 二同，他落切，推也。」

案：行均引與玉篇同。

91. 龍龕手鑑卷二虫部：「⿰虫風 玉篇：虫窗也。」

大廣益會玉篇卷二十五虫部：「⿰虫風 房中切，蟲窗也。」

案：行均引「蟲」作「虫」，俗字也。

92. 龍龕手鑑卷二水部：「泍 玉篇云：水狀也。」
大廣益會玉篇卷十九水部：「泍 音奔，水急。又匹奔切。」
案：玉篇訓「水急」，行均引「急」作「汲」，疑音近而誤也。

93. 龍龕手鑑卷二水部：「漓 玉篇：水滲入地也。」
大廣益會玉篇卷十九水部：「灕 力支切，水滲入地也。」
案：行均引與玉篇同。

94. 龍龕手鑑卷二水部：「汫 玉篇：又口冷反。」
大廣益會玉篇卷十九水部：「汫 口冷切，汫涏，小水皃也，深皃也。」
案：行均引與玉篇同。

95. 龍龕手鑑卷二水部：「潽 玉篇云：水也。」
大廣益會玉篇卷十九水部：「潽 偏毋切，水。」
案：行均引與玉篇同。

96. 龍龕手鑑卷二水部：「滊 許氣反，水也，出玉篇。」

大廣益會玉篇卷十九水部：「滊 許氣切，水。」

案：行均謂「滊」字出玉篇，是也。

97. 龍龕手鑑卷二水部：「湴 玉篇：又女鑒，汝監二反，泥—也。」

大廣益會玉篇卷十九水部：「湴 蒲監切。」

案：玉篇但有「蒲監切」，無又切，行均引云「又女鑒，汝監二反」，未知何據？

98. 龍龕手鑑卷二水部：「埿 玉篇：又女鑒，符鑒二反，亦泥—也。」

大廣益會玉篇卷二土部：「埿 蒲鑒，奴今二切，埿塗也。」

案：玉篇音「蒲鑒」「奴今」二切，行均引作「女鑒」「符鑒」二反，蓋自臆度吻，未檢照原書也。又「埿塗也」之訓，行均引作「泥埿」，亦但憑記憶稱引也。行均書「埿」字「土」部重出，並引玉篇。

99. 龍龕手鑑卷二水部：「泐 氻 二或作。泐 正。音勒，凝合也。玉篇：又泉聲也。」

大廣益會玉篇卷十九水部：「泐 力得切，石散泐。」「氻 郎得切，泉聲也。」

案：玉篇「泐」「氻」，別為二字，「泐」下訓「石散泐」，

「氻」下訓「泉聲也」，行均則以「氻」為「泐」之或體，是「泐」下引云「又泉聲也」，實乃「氻」注也。

100. 龍龕手鑑卷二水部：「潎玉篇云：澼水皃。」

大廣益會玉篇卷十九水部：「潎芳妙切，波浪皃，今作漂。又匹袂、普結二切，漂潎也。」

案：玉篇訓「波浪皃」，或訓「漂潎也」，無「潎澼」之連緜詞，此行均肊增也；「水皃」二字，蓋亦本「波浪皃」而輒改。

101. 龍龕手鑑卷二水部：「濇玉篇：又音甾。」

大廣益會玉篇卷十九水部：「濇所力切，不滑也。」

案：玉篇注「所力切」，無又音，行均引云「又音甾」，恐出肊造。

102. 龍龕手鑑卷二水部：「渞玉篇：又音忽。」

大廣益會玉篇卷十九水部：「淴音忽，波也。」

案：行均引與玉篇同。

103. 龍龕手鑑卷二火部：「檾玉篇：於營反，──麻也。」

大廣益會玉篇卷十三艸部：「茼（口熲切，草名，亦作蘔。蕒同上）」

案：玉篇無「蘔」字，「茼」下云「亦作蘔」，行均所引蓋即「茼」字注。唯「茼」下，玉篇曰「口熲切，草名」，行均引作「於營反」，又云「蘔麻也」，與原文不相涉，恐臆造也。

104. 龍龕手鑑卷二火部：「臾（玉篇：古文晉字。）」

案：檢玉篇無此字。

105. 龍龕手鑑卷二火部：「𤎺（皮逼反，火乾肉也。）𤐡（籀文）煏（出玉篇）𤌚（三同上，或作㷉。）」

大廣益會玉篇卷二十一火部：「煏（皮逼切，火乾也。）𤍽（同上）𤐡（籀文）」

案：玉篇訓「火乾」之字作「煏」，說文篆，籀之字具右皆作「畐」。行均書作「煏」，形微訛。

106. 龍龕手鑑卷二火部：「焆（于歇反，火光也，中熱也，出玉篇。又）」

大廣益會玉篇卷二十一火部：「焆（於歇切，中熱也。）」

案：行均謂「焆」字出玉篇，是也。

107. 龍龕手鑑卷二火部：「熆（胡臘反，吹火。玉篇）」

大廣益會玉篇卷二十一火部：「熇胡臘切。」

案：玉篇「熇」下但存音切「胡臘」，而無義訓，行均引云「吹火」，未知何據？廣韻、集韻入聲盍韻亦並訓「吹火」。

108. 龍龕手鑑卷二火部：「爑玉篇音鍤，丑輒反，火光也。」

大廣益會玉篇卷二十一火部：「爑女涉切，煠也。或作躡。」

案：玉篇注云「女涉切」，無直音，行均引云「音鍤」，疑肊造也。

109. 龍龕手鑑卷二土部：「坘玉篇云：小渚也。坻直尼反。」

大廣益會玉篇卷二土部：「坻直飢切，水中可居曰坻。方言云：坻，場也，梁宋之間，蚍蜉犁鼠之場謂之坻，又音底。埤蒼云：坡也。俗作坘。坧同上。」

案：玉篇無「坘」字，「坻」下注云「水中可居曰坻」，又云「俗作坘」，行均以「坘」同「坻」，「坘」下引玉篇云「小渚也」，「小渚」蓋本「水中可居」之意而竄改也。

110. 龍龕手鑑卷二土部：「𡋯玉篇：又女鑒、符鑒二反，泥丨也。」

大廣益會玉篇卷二土部：「埿 蒲鑒、奴兮二切，埿塗也。」

案：參見98「埿」字考。

111. 龍龕手鑑卷二土部：「坶坶 玉篇：—野，地名。上又音目。二同。」

大廣益會玉篇卷二土部：「坶 莫六切，說文曰：朝歌南七十里地。周書曰：武王伐紂至于坶野。古文尚書作坶。坶 同上。」

案：玉篇「坶」下，引說文及周書，未別作訓釋。行均引云「坶野，地名」，蓋出自撰。

112. 龍龕手鑑卷二土部：「坴 玉篇：土也。」

案：檢玉篇無字。

113. 龍龕手鑑卷二土部：「坾 玉篇：直呂反，器也。」

大廣益會玉篇卷二土部：「坾 除與切，字林曰：塵也。」

案：玉篇音「除與切」，行均引云「直呂反」，未知何據？又玉篇訓釋引字林「塵也」之義，行均引作「器也」，意相絕遠，疑「器」原亦作「塵」，乃傳刻致譌也。

114. 龍龕手鑑卷二土部：「坸 玉篇：音垢。」

大廣益會玉篇卷二土部：「垢(古偶切，不潔也。塵也。)坸(與垢同。)」
案：玉篇「垢」下收「坸」，注云「與垢同」，行均引則謂「坸音垢」，與希麟意有別。

115. 龍龕手鑑卷二土部：「埤(玉篇云：下也。)」
大廣益會玉篇卷二土部：「埤(避揆切，附也，助也，補也，增也。詩云：政事一埤益我。埤，厚也。)」
案：玉篇「埤」下訓「附也」、「助也」、「補也」、「增也」，或「厚也」，而無「下也」之義，行均恐記憶有誤。

116. 龍龕手鑑卷二土部：「圠玌(玉篇同瘞，埋也。)」
大廣益會玉篇卷二土部：「瘞(猗屬切，幽也，藏也，薶也。爾雅曰：祭地曰瘞薶。)陸(同上。)圠(音軋，山曲。)」
案：玉篇無「玌」字，「瘞」下收「陸」，注云「同上」，其下又收「圠」字，注云「音軋，山曲」，是「圠」與「埋」義不類，行均引云「同瘞」，非也。

117. 龍龕手鑑卷二土部：「堁(出玉篇。)」
案：撿玉篇無此字。

118. 龍龕手鑑卷二土部：「堀(玉篇：直切反。)」

大廣益會玉篇卷二土部：「堀求物切，突也。」

案：玉篇音「求物切」，行均引作「直物反」，反切上字有異，行均蓋未檢原書也。

119. 龍龕手鑑卷二土部：「墳玉篇：地室也。」

大廣益會玉篇卷二土部：「墳扶福切，地窟也。亦音覆，又作覆。」

案：玉篇訓「地窟也」，行均引「窟」作「室」，於義未乖，蓋記憶不明也。又玉篇注文，未重言「墳」字。

120. 龍龕手鑑卷二土部：「墣或作圤，正。博木反。玉篇：又滂」

大廣益會玉篇卷二土部：「墣普角切，塊也。圤上同。淮南子曰：土勝水者非一圤塞江。」

案：玉篇「圤」為「墣」之或文，「墣」下云「普角切」，無又音，玉篇引云「又滂博反」，未知何據？

121. 龍龕手鑑卷二草部：「蓲玉篇：又吁驅二音。」

大廣益會玉篇卷十三艸部：「蓲於于、去尤二切，烏蓲也。」

案：玉篇注「於于」「去尤」二切，無直音，行均引作「吁，驅二音」，蓋肊造也。

122. 龍龕手鑑卷二草部:「苢(玉篇云:苢英草也。)」
大廣益會玉篇卷十三艸部:「苢(苢婁切,草。)」
案:玉篇訓「草也」,行均引作「英草」,「英」字所增。疑原作「苢」,後人以字非尋常見,又改作「英」。

123. 龍龕手鑑卷二草部:「䓣(俗) 䓣 䓣 蕛 萸(四。玉篇:皆提,草名也。下又音臾,茱一香草也。)」
大廣益會玉篇卷十三艸部:「䓣(音提,草也。) 䓣(同上。)」「萸(大奚切,始生茅也、又荑桑也。又音臾,茱萸也。)」
案:玉篇有「䓣」「䓣」、「萸」等字,而無「䓣」「蕛」之字,「皆字提」者,行均籠統言之也。「䓣」字,玉篇訓「草也」,行均引作「名」字。又「萸」下,玉篇無「香草也」之訓,行均蓋自增也。

124. 龍龕手鑑卷二草部:「蕈(玉篇:又商錦反。)」
大廣益會玉篇卷十三艸部:「蕈(慈荏切,地菌也。)」
案:玉篇注「慈荏切」,無又切,行均引云「又商錦反」,疑出所造。

125. 龍龕手鑑卷二草部：「蒦（玉篇：音檴，落藥也。）」

案：撿玉篇無此字。

126. 龍龕手鑑卷二口部：「喎正 咼俗。（玉篇：音口淮，古花二反。）」

大廣益會玉篇卷五口部：「咼（口淮切，口戾也。喎，同上。）」

案：玉篇以「喎」為「咼」之或文，「咼」下注「口淮切」，行均引云「口淮、古花二反」，下一切語今本未見，疑行均所增。

127. 龍龕手鑑卷二口部：「吱（玉篇：音哇也。）」

大廣益會玉篇卷五口部：「吱（指移切，吱吱也。）」

案：玉篇訓「吱吱也」，行均引作「音哇也」，蓋亦率意所改也。

128. 龍龕手鑑卷二口部：「哇（玉篇：小兒啼也。）」

大廣益會玉篇卷五口部：「呱（古胡切，小兒啼聲。）」

案：玉篇無「哇」字，「呱」下訓「小兒啼聲」，或行均誤以「呱」為「哇」也。

129.
龍龕手鑑卷二口部：「嘰 玉篇：小食也。」
大廣益會玉篇卷五口部：「嘰 居祈切，紂為象箸而箕子嘰。嘰，唏也、又小食也。」
案：行均引與玉篇同。

130.
龍龕手鑑卷二口部：「唫 玉篇：欽琴二音，口急也。」
大廣益會玉篇卷五口部：「唫 巨錦切，口急也，說文云：古吟字。」
案：「唫」下，玉篇止見「巨錦切」之音，未見欽，琴二音，
行均蓋出肊造。引「口急也」，則與玉篇同。

131.
龍龕手鑑卷二口部：「嘵 玉篇：又女交反，嘲—也。」
大廣益會玉篇卷五口部：「嘵 許幺切。詩云：予維音之嘵嘵。嘵嘵，懼也。」
案：玉篇「嘵」下無「女交反」之又音，亦無「嘲嘵也」之訓
，行均或出臆造也。

132.
龍龕手鑑卷二口部：「咊或作啝今。音和。玉篇：小兒啼也。」
大廣益會玉篇卷五口部：「和 胡戈切，書云：協和萬邦。又胡過切，易曰：其子和也。 咊 古文。」
案：玉篇有「咊」無「啝」，而「咊」為「和」之古文，行均
則以「咊」為「啝」之或文，玉篇「和」下無注義，引易

曰「其子和之」。行均引云「小兒啼也」，蓋就易中孚「鳴鶴在陰，其子和之」之意而肊撰也。

133. 龍龕手鑑卷二口部：「咺 玉篇：許遠反，小兒啼不止。」

大廣益會玉篇卷五口部：「咺 呼遠切。說文曰：朝鮮謂兒泣不止曰咺。」

案：玉篇音「呼遠切」，行均引作「許遠反」，「呼」「許」並屬曉母。「咺」訓，玉篇引說文作「朝鮮謂兒泣不止曰咺」，行均引玉篇則作「小兒啼不止」，蓋引其意，非引其詞也。

134. 龍龕手鑑卷二口部：「咩 迷尔反，羊鳴也。又姓，出玉篇：又莫杏反。」

大廣益會玉篇卷五口部：「咩 莫者切，羊鳴也。又民婢切。」

案：玉篇音「莫者切」，又音「民婢切」，行均引曰「又莫杏反」，未知何據？

135. 龍龕手鑑卷二口部：「呧⿰口丘呟三或作⿰口亙正。丁禮反，口也。又音帝，呵也。又平聲，出玉篇。」

大廣益會玉篇卷五口部：「呧 多禮切，呵呧也。正作詆。」「⿰口丘 去九切，⿰口丘聲也。」

案：玉篇有「呧」「⿰口丘」二字，而無其餘諸字。「⿰口丘」字訓「

聲也」，與「呧」義亦不甚相類。行均謂「出玉篇云者」，無確指。

136. 龍龕手鑑卷二口部：「吘（玉篇：五口反，和也。）」

大廣益會玉篇卷五口部：「吘（五苟切，和吘也。）」

案：玉篇音「五苟切」，行均引作「五口反」，蓋未細檢元書也；又引義訓，但作「和也」，省「吘」字。

137. 龍龕手鑑卷二口部：「唶（玉篇：子也反，罵也。）」

大廣益會玉篇卷五口部：「唶（子夜切，廣雅云唶唶，鳴也。）」

案：「唶」音，玉篇作「子夜切」，行均引作「子也反」，一屬去聲，一屬上聲。與玉篇不合。「唶」義，玉篇引廣雅「唶唶，鳴也」，不作「罵也」，行均引蓋臆構也。說文以「唶」為「譖」之或體，訓「大聲也」，亦不作「罵」解。

138. 龍龕手鑑卷二口部：「咶（玉篇：又音血，亦息氣也。）」

案：檢玉篇無此字。

139. 龍龕手鑑卷二口部：「嘪（玉篇：烏縣反。）」

大廣益會玉篇卷五口部：「嘪（於縣切。呂氏春秋云：伊尹曰：甘而不嘪，謂不甘。）」

案：玉篇音「於縣切」，行均引作「烏縣反」，切語上字雖異，同屬「影母」，行均蓋自發於唇舌，未檢照原書也。

140. 龍龕手鑑卷二口部：「咔（玉篇：言。）」

大廣益會玉篇卷五口部：「咔（力棣切，言咔也。）」

案：玉篇訓「言咔也」，行均引但作「言也」，省「咔」字。

141. 龍龕手鑑卷二口部：「呭（玉篇：羊鳴也。）」

大廣益會玉篇卷五口部：「呭（餘世切，呭呭猶沓沓也。亦作㖡。）」

案：玉篇「呭」注不作「羊鳴也」，檢字書亦無此解，行均引蓋臆構也。「呭」字，說文作「多言也」，玉篇云「呭呭猶沓沓」，今本孟子則作「泄泄」。

142. 龍龕手鑑卷二口部：「喅（玉篇：又火角反，與吒同。）」

大廣益會玉篇卷五口部：「喅（由六切，音聲也。）」

案：玉篇「喅」音作「由六切」，且無又音，行均引「又火角反」，不知何據？

143、龍龕手鑑卷二口部：「哰（玉篇：又音珊，囒－也。）」

大廣益會玉篇卷五口部：「哰（魚葛切，言相呵歫也。）」

案：玉篇「哰」字下無又音，亦無「囒哰也」之訓，行均所引，不知為其時未逸之文，抑自行臆增也？

144、龍龕手鑑卷二口部：「嗗（玉篇：又古沒、於月二反。）」

大廣益會玉篇卷五口部：「嗗（於八切，嗗嗗聲。）」

案：玉篇注云「於八切」，無又切，行均引作「古沒」「於月」二反，未知何據？

145、龍龕手鑑卷二女部：「婫（玉篇：牛昆反，女字也。）」

大廣益會玉篇卷三女部：「婫（牛昆切，女婫也。）」

案：行均行「牛昆反」，與玉篇同；「女婫也」，行均引曰「女字也」，蓋引其意也。

146、龍龕手鑑卷二女部：「嫪（玉篇：又青含反，亦貪也。）」

大廣益會玉篇卷三女部：「嫪（倉含切，婪嫪也，又七感切。）」

案：玉篇音「倉含切」，又「七感切」，行均引云「青含反」，今本未見，不知何據？

147. 龍龕手鑑卷二女部：「嫐（玉篇：音惱，戲弄擾—也。）」
大廣益會玉篇卷三女部：「嫐（奴好切，嬈嫐也。）」「嬈（奴了切，苛也。又擾戲弄也。）」
案：玉篇注云「奴好切」，無直音，行均引云「音惱」，蓋肊造也。「嫐」下，玉篇但訓「嬈嫐也」，蓋「嬈」義已釋之於前矣，行均引「戲弄擾嫐也」，實本之「嬈」義也。

148. 龍龕手鑑卷二女部：「媪（烏老反，女老稱也。又烏沒反。玉篇—妠，小肥也。）」
大廣益會玉篇卷三女部：「媪（烏老切，女老稱。又烏骨切，媪妠，小肥也。）」
案：行均引與玉篇同。

149. 龍龕手鑑卷二女部：「娍⿰女盛（玉篇云：長皃。二同。）」
大廣益會玉篇卷三女部：「娍（食政切，長好皃。）」
案：玉篇有「娍」無「⿰女盛」，「娍」注云「長好皃」，行均引但作「長皃」，「好」字宜補。

150. 龍龕手鑑卷二鳥部：「鳥（都了反，飛—也。篆文：說文及玉篇切韻皆云：三點，象日中三足烏也。）」

大廣益會玉篇卷二十四鳥部：「鳥 丁了切，飛禽總名也。說文曰：長尾禽總名。」

案：玉篇「鳥」下注，止云「飛禽總名也」，又引說文曰「長尾禽總名」，行均引玉篇釋「鳥」字篆文曰「三點，象日中三足鳥也」等語，乃憑空肊撰也。詳見本章引說文一節「鳥」字考。

151. 龍龕手鑑卷二鳥部：「⿰非鳥 或作，出玉篇。⿰鳥非 音非，鳥名。」

大廣益會玉篇卷二十四鳥部：「⿰鳥非 音非，鳥名。」

案：玉篇有「⿰鳥非」無「⿰非鳥」，行均謂「⿰非鳥」出玉篇，非也。

152. 龍龕手鑑卷二鳥部：「鷧 乙冀反，鸕鷀鳥也。玉篇：又音鷖。」

大廣益會玉篇卷二十四鳥部：「鷧 郁秘、於計二切，鸕鷧。」「鷖 音懿，水鳥。」

案：「鷧」字，玉篇兩見，一音「郁秘」「於計」二切，一音「懿」，無作「鷖」者，行均蓋未檢書，而以音近之字代之。

153. 龍龕手鑑卷二鳥部：「鴀 音不，鴀鳩，出玉篇。」

大廣益會玉篇卷二十四鳥部：「鴀 甫鳩切，鴀鳩也。」

案：行均謂「鴞」出玉篇，是也。

154. 龍龕手鑑卷二馬部：「騁 直耕反。玉篇：馬住—也。」

大廣益會玉篇卷二十三馬部：「騁 直耕切，馬住皃。」

案：玉篇訓「馬住皃」，行均引作「馬住騁也」，蓋以意引、未盡從原文也。

155. 龍龕手鑑卷二馬部：「騯 玉篇：又音彭。」

大廣益會玉篇卷二十三馬部：「騯 百庚、步庚二切，馬行皃。今作彭。騯騯」

案：玉篇注「百庚、步庚」二切，無直音，行均引云「又音彭」者，蓋涉「今作彭」而誤。

156. 龍龕手鑑卷二馬部：「騑 玉篇云：—兔。」

大廣益會玉篇卷二十三馬部：「騑 不章切，騑兔，古之駿馬也。」

案：行均引與玉篇同。

157. 龍龕手鑑卷二馬部：「駽駽 青驪馬也。玉篇：又古縣反，亦鐵驄馬也。」

大廣益會玉篇卷二十三馬部：「駽 胡見切，青驪馬，今之鐵驄。又火涓、許衒二切。」

案：玉篇注「胡見切」，又「火涓、許衒」二切，無「古縣反」之音，此疑行均肊造。另玉篇謂「騙」「今之鐵驄」，行均引改「今之」二字為「亦」，又衍「馬」字。

158. 龍龕手鑑卷二馬部：「騞呼麦反，行不止也。又一然忽也，又與砉同。出玉篇。」

大廣益會玉篇卷二十三馬部：「騞火麥切，行不正。」

案：行均謂「騞」字出玉篇，是也。

159. 龍龕手鑑卷二阜部：「陒玉篇：音遠，地名。」

大廣益會玉篇卷二十二阜部：「陒音遠，地名。」

案：行均引與玉篇同。

160. 龍龕手鑑卷二广部：「庥玉篇：⿸广烋今。音休。庇一樹蔭也。」，

大廣益會玉篇卷二十二广部：「庥許鳩切，庇庥也。」

案：「庥」下，行均止云「玉篇」二字，不見引文，未知語闕、抑謂「庥」字見於玉篇？說文亦有「庥」，木部「休」下云「休或从广」。

161. 龍龕手鑑卷二广部：「庪庪玉篇：又祭山也。」

大廣益會玉篇二十二广部：「庋居毀切，閣也。庪同上，亦祭山曰庪縣。」

案：「㡄」下，玉篇注「亦祭山曰㡄縣」，行均引云「又祭山也」，蓋以意引之也。

162. 龍龕手鑑卷二广部：「庋庋(玉篇：又芳之、房法二反。)」

案：撿玉篇無此二字。

163. 龍龕手鑑卷二广部：「𢉔(烏合反，－山傍穴也。玉篇云：舍也。)」

大廣益會玉篇卷二十二广部：「𢉔(安盍切，山旁穴。)」

案：「𢉔」，玉篇訓「山傍穴」，行均書「𢉔」下亦注「山傍穴也」，其下引玉篇都云「舍倒也」，殊可怪也。撿字書亦不見「舍倒也」之義，未知行均何所據也？

164. 龍龕手鑑卷二广部：「廣(玉篇：音莫、空也。)」

大廣益會玉篇卷二十二广部：「廣(音莫，空也。)」

案：行均引與玉篇同。

165. 龍龕手鑑卷二厂部：「㕒(音危。㕒－。玉篇又音儀。)」

大廣益會玉篇卷二十二厂部：「㕒(牛奇切，㕒儀也。)」。

案：玉篇音「牛奇切」，無又音，行均引云「又音儀」，未知何據？

166\. 龍龕手鑑卷二厂部：「厓（玉篇：音堆，都回反。）」

大廣益會玉篇卷二十二厂部：「厓（都回切，亦堆字。）」

案：玉篇注云「都回切，亦堆字」，行均引其音切不誤，然誤以「堆」字為直音。

167\. 龍龕手鑑卷二厂部：「居（美石也。玉篇：古也。）」

大廣益會玉篇卷二十二厂部：「居（胡古切，美石也。）」

案：玉篇訓「美石也」，同說文。行均引云「古也」，「古」疑為「石」之形誤，且奪一「美」字。

168\. 龍龕手鑑卷二户部：「戹（玉篇：音移，户外也。又古文居字。）」

大廣益會玉篇卷十一户部：「戹（弋之切，戹外也。）」又户部：「居（舉魚切，處也。安也。）戹（古文。）」

案：「戹」下，玉篇云「弋之切」，無直音，行均引云「音移」，疑為肊造。「戹外也」之訓，行均引作「户外也」，蓋依記憶而引，未檢照元書。又玉篇户部云「戹」為居之古文，行均則於「㞐」下曰「又古文居字」，是邇「㞐」「㞐」為一字矣！

169. 龍龕手鑑卷二户部：「戼音户。玉篇：又莫鮑反，又力酉也」

案：檢玉篇無此字。

170. 龍龕手鑑卷二米部：「䊩玉篇音祈，小食也。」

大廣益會玉篇卷十五米部：「䊩巨希切，小食也。」

案：玉篇注「巨希切」，無直音，行均引云「音祈」，蓋肊造也。引「小食也」之義則同。

171. 龍龕手鑑卷二米部：「糈糈二正。玉篇：又祠神米也。」

大廣益會玉篇卷十五米部：「糈先旅切，祠神米。」

案：行均引與玉篇同。

172. 龍龕手鑑卷二米部：「粺玉篇云：精米也。」

大廣益會玉篇卷十五米部：「粺蒲賣切，精米也。」

案：行均引與玉篇同。

173. 龍龕手鑑卷二米部：「粬子又反。玉篇云：亦作[illegible]字。」

大廣益會玉篇卷十五米部：「粙子又切，亦糟字。」

案：行均引與玉篇同。

174、龍龕手鑑卷二米部：「⿰米曷玉篇：音曷，白米也。」

大廣益會玉篇卷十五米部：「⿰米曷胡達切，白米也。」

案：玉篇注云「胡達切」，無直音，行均引云「音曷」，蓋肊造也。引「白米也」，則與玉篇同。

175、龍龕手鑑卷二雨部：「⿱雨弄玉篇云：雨聲。」

大廣益會玉篇卷二十雨部：「⿱雨弄盧冬切，雨聲。」

案：行均引與玉篇同。

176、龍龕手鑑卷二雨部：「⿱雨天⿱雨美玉篇：他林反，二同。」

案：檢玉篇無此字。

177、龍龕手鑑卷二雨部：「霼或作。虛器反，見雨而止息曰霼。玉篇：又許爾、苦頞二反。雨雪皃。」

大廣益會玉篇卷二十雨部：「霼苦頞、許器二切。說文云：見雨而止息曰霼。」

案：玉篇音「苦頞、許器」二切，行均引下一切語作「許爾反」，「器」屬去聲至韻，「爾」屬上聲紙韻，音雖相近，終非玉篇原文矣！

178. 龍龕手鑑卷二雨部：「𩆶玉篇：與𩅦同。𩅦玉篇同上。」

大廣益會玉篇卷二十雨部：「𩆶側立切，又七立切，雨下也。𩅦同上。」

案：行均引與玉篇同。

179. 龍龕手鑑卷二酉部：「⿰酉包玉篇：平孝反，面上瘡也。」

大廣益會玉篇卷三十酉部：「⿰酉包平孝切，面上瘡。」

案：行均引與玉篇同。

180. 龍龕手鑑卷二犬部：「⿰犭斤犾玉篇音語斤反，犬爭也。又俗音狄，二。狺同上。」

大廣益會玉篇卷二十三犬部：「⿰犭斤牛佳、語斤二切，犬聲。狺同上。」

案：玉篇有「⿰犭斤」無「犾」，「⿰犭斤」下注云「牛佳、語斤二切」，行均引止取其一。

181. 龍龕手鑑卷二犬部：「⿰犭哥音加——玃也。玉篇：又音哥。」

大廣益會玉篇卷二十三犬部：「⿰犭哥古瑕切，玃也。」

案：玉篇注云「古瑕切」，無又音，行均引云「又音哥」，未知何據？

182. 龍龕手鑑卷二犬部：「玁（或作獫，正。虛檢反，—狁。玉篇云：北狄也。）」

大廣益會玉篇卷二十三犬部：「玁（喜檢切，玁狁，北狄也。）」「獫（力瞻切，犬長喙也。又力儉、虛撿二切。）」

案：行均引與玉篇同。

183. 龍龕手鑑卷二犬部：「[犭豸]（玉篇云：似鹿一角也。）」

大廣益會玉篇卷二十三犬部：「[犭豸]（直買切，又音雉，俗豸字。）」

案：玉篇「[犭豸]」下云「俗豸字」，廣韻上聲十二蟹云「豸」與「廌同」，「廌」說文、玉篇竝訓「似山牛一角」，是行均乃展轉搞引也，「山牛」作「鹿」，蓋記憶不明也。

184. 龍龕手鑑卷二犬部：「猎（玉篇：獸名。）」

大廣益會玉篇卷二十三犬部：「猎（秦亦切，獸名，或作獡。）」

案：行均引與玉篇同。

185. 龍龕手鑑卷二豕部：「[豕芻][豕取]（玉篇：士羽反，小豬也。二同。）」

大廣益會玉篇卷二十三豕部：「[豕芻]（士俱切，小母豬。）[豕取]（同上。）」

案：玉篇以「[豕取]」為「[豕芻]」之或文，「[豕芻]」下注云「士俱切」，行均引作「士羽反」，切語下字有異，一屬平聲，一屬上聲。又玉篇訓「小母豬」，行均引「母」作「貑」，或用當時語也。集韻曰「今人呼牝豕為貑」。

186. 龍龕手鑑卷二走部：「⿺走亘（玉篇云：走也。）」

大廣益會玉篇卷十走部：「⿺走亘（駘煩切，⿺走亘田，易居也。）」「⿺走旦（他旱切，行。）」「⿺走旦（韋箏切，走也。）」

案：玉篇訓「⿺走亘田」易居也」，實本說文。行均引作「走也」，蓋誤以「⿺走旦」為「⿺走亘」也。

187. 龍龕手鑑卷二走部：「⿺走支（玉篇云：一一鹿走兒。一曰行也。）」

大廣益會玉篇卷十走部：「⿺走支（渠之切，⿺走支⿺走支，鹿走也。緣大木也，行兒也。）」

案：「⿺走支⿺走支」，玉篇訓「鹿走也」，又作「行兒也」，行均引「兒」字逸於「走」下，然無害於義也。

188. 龍龕手鑑卷二走部：「⿺走畢（玉篇：原行兒。）」

大廣益會玉篇卷十走部：「⿺走畢（甲逸切，止行也。與蹕同。）」

案：「⿺走畢」注，玉篇作「止行也」，與說文同。行均引作「原行兒」，未知何據？「原行」二字，意亦欠明。

189. 龍龕手鑑卷二皿部：「盩（玉篇：猳流皮。）」

大廣益會玉篇卷十五皿部：「盩 張流切，盩屋縣。」

案：行均引與玉篇同。

190. 龍龕手鑑卷二止部：「踌 玉篇：躊也。」

案：撿玉篇無此字。

191. 龍龕手鑑卷二子部：「𡥉 玉篇音體，保小兒也。」

大廣益會玉篇卷三十子部：「𡥉 音體，小兒也。」

案：行均引「體」音與玉篇同，「𡥉」義，玉篇訓「小兒也」，行均引作「保小兒也」，「保」字朧增。

192. 龍龕手鑑卷二子部：「孙 玉篇：丑證反，川也。」

大廣益會玉篇卷三十子部：「孙 丑證切，川也。」

案：行均引與玉篇同。

193. 龍龕手鑑卷二鼓部：「鼛 正 鼛 今。玉篇：他合反，鼓寬也。」

大廣益會玉篇卷十六鼓部：「鼛 音鎝，鼓寬。」

案：玉篇注云「音鎝」，行均引作「他合反」，蓋肊造也。又引「鼓寬也」，則與玉篇同。

194. 龍龕手鑑卷二缶部：「罐 玉篇：器也。」
大廣益會玉篇卷十六缶部：「罐 蘇回切，器也。」
案：玉篇音「蘇回切」，行均引作「素回反」，反切上字雖異，同屬心母。

195. 龍龕手鑑卷二缶部：「⿰缶刂 玉篇：子乳反。」
大廣益會玉篇卷十七刀部：「⿰缶刂 孚至切，刀握也。或為弣。」
案：玉篇音「孚至切」，行均引作「子乳反」，聲紐韻部畢異，未知何據？

196. 龍龕手鑑卷二井部：「井 玉篇：又得林反。」
大廣益會玉篇卷二十井部：「井 子郢切，穿地取水也。伯益造之，因井為市也。法也。」
案：玉篇注「子郢切」，無又音，行均引作「又得林反」，恐非玉篇所有。

197. 龍龕手鑑卷二凵部：「壺壹二。玉篇：於云反。」
大廣益會玉篇卷十六壺部：「壹 於芬切，壹壺。𡔞 篆文。」
案：「壹」，玉篇音「於芬切」，行均引作「於云反」，不知何據？龍書凵部「㘰」與雜部「壺」，實乃一字，讀其訓解，即知為重出。

198. 龍龕手鑑卷二臼部：「舀 玉篇：又音插。」

大廣益會玉篇卷十五臼部：「舀 普各切，齊謂舂為舀。」

案：玉篇音「普各切」，無又音，行均引云「又音插」，恐為臆造。

199. 龍龕手鑑卷三見部：「䚋 玉篇：又音賴。」

大廣益會玉篇卷四見部：「䚋 此咨切，見也，盜視皃也。」

案：玉篇注云「此咨切」，無又音，行均引云「又音賴」，未知何據？

200 龍龕手鑑卷三見部：「覾 玉篇：眉甚反。」

大廣益會玉篇卷四見部：「覾 尸甚切，深視也。或作瞫。」

案：玉篇音「尸甚切」，行均引作「眉甚反」，一屬審母，一屬明母，疑「眉」字有誤。

201. 龍龕手鑑卷三面部：「靧 玉篇：又音魁。」

大廣益會玉篇卷四面部：「⿱斬面（在咸切，⿱監面⿱斬面。）」

案：玉篇注云「在咸切」，無又音，行均引云「又音慙」，恐臆造也。

202. 龍龕手鑑卷三貝部：「⿰貝甘（玉篇：又他濫反。）」

大廣益會玉篇卷二十五貝部：「賧（吐濫切，以財贖罪也。[illegible]⿰貝甘同上。）」

案：玉篇音「吐濫切」，無又切，行均引云「他濫反」，反切上字有異，唯同屬透母。

203. 龍龕手鑑卷三欠部：「欨（玉篇：吐也。）」

大廣益會玉篇卷九欠部：「欨（况羽，吁禹二切，吹欨，又笑意也。）」

案：玉篇訓「吹欨」，又「笑意也」，無作「吐也」解。此疑行均肊造。

204. 龍龕手鑑卷三欠部：「⿰巳欠（玉篇音巳，欵也）」

大廣益會玉篇卷九欠部：「⿰巳欠（余月切，欵。）」

案：玉篇音「余月切」，無直音，行均引云「音巳」，未知何據？

205. 龍龕手鑑卷二大部：「奓俗 奢正。才邪反，大口也。玉篇：又音邪。」
大廣益會玉篇卷二十一大部：「奓 畐安，畐晚二切，奢奓也，大口也。」「奢 才邪切，奢奓，大口也。」
案：玉篇「奓」下，注「才邪切」，無直音，行均引云「又音邪」，恐臆造也。

206. 龍龕手鑑卷三壴部：「壴 玉篇：又時注反。」
大廣益會玉篇卷十八壴部：「壴 竹句切，陳樂也。」
案：玉篇音「竹句切」，無又音，行均引云「又時注反」，疑出臆造。

207. 龍龕手鑑卷三鼻部：「齙 玉篇云：面瘡也。」
大廣益會玉篇卷四鼻部：「齙 傍孝切，齙，面瘡。」
案：行均引與玉篇同。

208. 龍龕手鑑卷三鼻部：「䶑 都計反。玉篇：噴氣也。」
大廣益會玉篇卷四鼻部：「䶑𪖐 二同，都計切，鼻噴氣，本作嚏。」
案：玉篇訓「鼻噴氣」，行均引「噴」上奪一「鼻」字。

209. 龍龕手鑑卷四木部：「樴 玉篇：代也。」

大廣益會玉篇卷十二木部：「櫼（子廉切，楔也，或䃢字。）」，

案：玉篇訓「楔也」，不作「伐也」，檢字書亦無此解，此或行均臆造。

210. 龍龕手鑑卷四木部：「梋（玉篇：音古玄反。椀謂之。）」

大廣益會玉篇卷十二木部：「梋（古玄切，椀謂之梋，盂屬也。又辭玄切。）」

案：行均引與玉篇同。

211. 龍龕手鑑卷四木部：「楇（玉篇：過、媧二音。）」

大廣益會玉篇卷十二木部：「楇（古和切，車缸盛膏者。又紡車收絲具。）」

案：玉篇音「古和切」，無又切，行均引作「過」「媧」二音，語無實據，蓋出肊說。

212. 龍龕手鑑卷四木部：「榕（玉篇：音容，木名也。）」

大廣益會玉篇卷十二木部：「榕（余鍾切，木名。）」

案：玉篇注「余鍾切」，無直音，行均引云「音容」，蓋肊造也。引「木名」之義則同。

213. 龍龕手鑑卷四木部：「棿（玉篇：又音兒，義同。）」

大廣益會玉篇卷十二木部：「梡口管，胡管二切，木名。又束薪。」

案：「梡」字，玉篇有「口管」「胡管」二切，而無直音「完」，行均蓋亦肊撰。

214.

龍龕手鑑卷四木部：「本玉篇：根本也。」

大廣益會玉篇卷十二木部：「本補衮切，始也。說文曰：木下曰本。𣝜古文。」

案：玉篇注「始也」，又引說文「木下曰本」之訓。行均引「根本也」，顯非玉篇訓解，疑改竄許君語而附益之。

215.

龍龕手鑑卷四木部：「槩古愛反，平斗木也。又量也。概玉篇，音同上。」

大廣益會玉篇卷十二木部：「槩柯愛切，平斗斛也。又梗槩。」「概古會切，概杖。」

案：玉篇「槩」「概」分見兩處，音切亦異，一音「柯愛切」，一音「古會切」，依行均引則「槩」「概」並讀「古愛反」，音雖相近，亦出肊造也。

216.

龍龕手鑑卷四竹部：「⿱竹是玉篇：⿱竹厓，簣也。」

大廣益會玉篇卷十四竹部：「⿱竹是上支切，簣籚。」

案：玉篇訓「簣籚」，行均引作「⿱竹厓簣也」，「⿱竹厓」字自加也，而奪「屬」字。說文亦訓「簧屬」。

217\. 龍龕手鑑卷四竹部：「籧居呂反，養蠶竹器也。玉篇同筥。」

大廣益會玉篇卷十四竹部：「⿱竹豦居諸切，養蠶器也。又飤牛筐也。亦作筥。」

案：行均引與玉篇合。唯正文「籧」字與玉篇有異。說文竹部曰「⿱竹豦，飤牛筐也」，集韻上聲八語引同，下又曰「今俗作籧，非是」，故當改从「⿱竹豦」。

218\. 龍龕手鑑卷四系部：「⿱咸系古咸反，閉口不言也，又慳也。玉篇：又公斬，許吻二反。」

大廣益會玉篇卷二十七糸部：「緘古咸切，束篋也，索也。」

案：玉篇無「⿱咸系」字，行均書「⿱咸系」下注「古咸反，閉口不言也」，是「⿱咸系」殆即玉篇「緘」字。「緘」下，玉篇音「古咸切」，行均引曰「又公斬，許吻二反」，未知何據？

219\. 龍龕手鑑卷四系部：「繑玉篇：紗也。」

大廣益會玉篇卷二十七糸部：「繑去喬切，絝紐也。」

案：玉篇訓「絝紐也」，同說文，段云「紐者，系也。歷衣上有系，系於幝帶曰繑」，行均引作「紗也」，義無專指，恐為肊造。

220. 龍龕手鑑卷四系部：「𦅾（玉篇：生麻也。二同。）」
大廣益會玉篇卷二十七糸部：「𦅾（子堯切，亦作蕉。生枲未漚也。）」
案：「𦅾」，玉篇訓「生枲未漚也」，行均引作「生麻也」，蓋引其意，非引其詞也。說文云「枲，麻也」。

221. 龍龕手鑑卷四系部：「縹𦅃（玉篇：又匹妙反，二同。）」
大廣益會玉篇卷二十七糸部：「縹（匹妙切，青白色。）」
案：行均引與玉篇同。

222. 龍龕手鑑卷四系部：「䋵（玉篇：又移異二音。）」
大廣益會玉篇卷二十七糸部：「䋵（余至切，重也。）」
案：玉篇云「余至切」，無又音，行均引云「又移、異二音」，今本未見。

223. 龍龕手鑑卷四系部：「緁緝（玉篇：又之葉反，俱通。）」
大廣益會玉篇卷二十七糸部：「緁（且立切，縫也。亦作緝。）緝（同上）」
案：玉篇「緁」下，注「且立切」，無又切，行均引云「又之莱反」，今本未見。

224. 龍龕手鑑卷四肉部：「朧莫江反。玉篇云：肰也。」

大廣益會玉篇卷七肉部：「朧莫江切，身大也。」

案：玉篇訓「身大也」，行均引作「肰也」，與原意絕遠。「肰」疑「壯」字之形譌。

225. 龍龕手鑑卷四肉部：「腂玉篇：音累，皮起也。」

大廣益會玉篇卷七肉部：「腂水力切，又作𦢊，皮起也。」

案：玉篇注「力水切」，無直音，行均引云「音累」，蓋肊造也。引「皮起也」之義，則與玉篇同。

226. 龍龕手鑑卷四肉部：「䐚玉篇：虛講反，肥也。」

大廣益會玉篇卷七肉部：「䐚呼講切，肥也。」

案：玉篇音「呼講切」，行均引作「虛講反」，切語上字雖異，同屬曉母。又玉篇訓作「肥皃」，行均引作「肥也」，奪「皃」字。

227. 龍龕手鑑卷四肉部：「脥玉篇：人餅—」

大廣益會玉篇卷七肉部：「胦 達濫切，肴也。」

案：玉篇止訓「肴也」，行均引作「餅胦」，恐出臆造。

228. 龍龕手鑑卷四肉部：「𦢊 玉篇：瘦也。 𦡶 子大反，脚，膏澤。」

大廣益會玉篇卷七肉部：「𦡶 子大切，脚𦡶。 𦢊 埤蒼同上。 脚 子力切，脚𦡶，膏澤也。」

案：玉篇以「𦢊」為「𦡶」之或文，「𦡶」下云「脚𦡶」。「脚𦡶」乃「膏澤也」之義，而行均「𦢊」下引玉篇作「瘦也」，義適反，不知何據？

229. 龍龕手鑑卷四肉部：「膴 玉篇：呼反反，乾也。」

大廣益會玉篇卷七肉部：「膴 丘反切，胸脯也。或膴，乾也。」

案：玉篇注云「丘反切」，行均引作「呼反反」，反切上字有異；引「乾也」之義則同。

230. 龍龕手鑑卷四目部：「睳 呼圭反。玉篇云：盲也。」

大廣益會玉篇卷四目部：「睳 呼圭切，瘦皃。又目瞢。」

案：玉篇訓「瘦皃」，又「目瞢」，行均引云「盲也」，意同「目瞢」，然非原文矣。

231. 龍龕手鑑卷四目部：「眎𥈭玉篇：眇目皃也。同二。」

大廣益會玉篇卷四目部：「䁘莫俾切，眇目也。」

案：玉篇「䁘」訓「眇目也」，行均引「目」下衍一「皃」字。

232. 龍龕手鑑卷四目部：「矎玉篇：又沓兗反，廻視也。」

大廣益會玉篇卷四目部：「矎方辯切，小兒初生蔽目也。」

案：玉篇音「方辯切」，無又音，行均引作「又沓兗反」，今本未見。「矎」義，玉篇作「小兒初生蔽目也」，言兒始生目有翳也，行均引作「廻視也」，恐望文生義也。廣韻上聲二十八獮「矎」下引說文亦作「兒初生蔽目者」。

233. 龍龕手鑑卷四目部：「睯玉篇：呼没、普没二反，急視皃也。」

大廣益會玉篇卷四目部：「⿰目力亡拜、亡撥二切，目冥遠視。一曰久也。」

案：「睯」字，玉篇作「⿰目力」，音為「亡拜」「亡撥」二切，行均引作「呼没」「普没」二反，不知何據？

234. 龍龕手鑑卷四目部：「旹⿱小日玉篇：古文，上音旾，下音時。」

大廣益會玉篇卷二十日部：「春（尺均切，蠢也，萬物蠢動而出也。說文春。）」「時（市之切，春夏秋冬四時也。旹古文。）」

案：玉篇「春」下未收古文，不知行均何據也？「時」下收古文「旹」，行均正文訛作「旹」，當改。

235.龍龕手鑑卷四日部：「昑昑（玉篇：丘錦反，明也。二同。）」

大廣益會玉篇卷二十日部：「昑（丘錦切，明也。）」

案：行均引與玉篇同。

236.龍龕手鑑卷四日部：「晘（或作旰。今。玉篇云：半乾皃。）」

大廣益會玉篇卷二十日部：「晘（各汗切，半乾也。）」「旰（古旦切，晚也。）」

案：玉篇「晘」「旰」為二字，行均則以「晘」為「旰」之或文，引「半乾」之意與玉篇同，唯玉篇不作狀皃之詞。

237.龍龕手鑑卷四日部：「⿱日見（玉篇：莫勒反。說文：突前也。）」

大廣益會玉篇卷四見部：「⿱日見（莫勒切，突前也。）」

大廣益會玉篇卷十五冃部：「⿱日見（莫得切，突前也。）」

案：行均引與玉篇同。玉篇冃部別收「⿱日見」字，實一字之歧出也。

238. 龍龕手鑑卷四玉部：「玔 玉篇：音釧，玉—也。」
大廣益會玉篇卷一玉部：「玔 初卷切，玉玔也。」
案：玉篇注「初卷切」，無直音，行均引云「音釧」，蓋出肊造。至引「玉玔也」之義，則不誤。

239. 龍龕手鑑卷四石部：「⿱殹石 於奚反，烏石也。出玉篇。」
大廣益會玉篇卷二十二石部：「⿱殹石 於今切，黑石。」
案：行均謂「⿱殹石」字出玉篇，是也。

240. 龍龕手鑑卷四石部：「碊 子田反，出玉篇。」
大廣益會玉篇卷二十二石部：「碊 子田，似千二切，坂也，發也。」
案：行均謂「碊」字出玉篇，是也。

241. 龍龕手鑑卷四石部：「⿰石宮 户冬反，—隆石，石落。玉篇：又攻洪二音。」
大廣益會玉篇卷二十二石部：「⿰石宮 丘中切，隆⿰石宮。又户冬切。」
案：玉篇音「丘中切」，又「户冬切」下一切語與行均書同。至若「攻」「洪」二音則未見，行均或為肊託。

242. 龍龕手鑑卷四石部：「硎（玉篇：又石聲。）」

大廣益會玉篇卷二十二石部：「⿰石形（苦耕切，臨⿰石形山，見吳郡。）」

案：玉篇「⿰石形」字，依其音讀，蓋即行均書「硎」字。「⿰石形」玉篇以為山名，無「石聲」之別解，行均恐出肊造。

243. 龍龕手鑑卷四石部：「磵（古晏反。玉篇云：水石—也。）」

大廣益會玉篇卷二十二石部：「磵（古晏切，水磵。）」

案：玉篇訓「水磵」，行均引作「水石磵」，「石」字蓋肊增。

244. 龍龕手鑑卷四石部：「砟（玉篇：碑也。）」

大廣益會玉篇卷二十二石部：「砟（仕亞切，碑石也。）」

案：玉篇訓「碑石也」，行均引止作「碑」，奪一「石」字。

245. 龍龕手鑑卷四石部：「⿰石付（音附。玉篇云：白石也。）」

大廣益會玉篇卷二十二石部：「⿰石付（音附，白石也。）」

案：行均引與玉篇同。

246. 龍龕手鑑卷四石部：「矻（玉篇：又音乞。）」

大廣益會玉篇卷二十二石部：「硈（口黠切，堅也。矻同上。）」

案：玉篇音「口黠切」，無又音，行均引「又音乞」者，今本未見。

247\. 龍龕手鑑卷四革部：「䩽（玉篇：又胡茅、尺朱二反。）」

大廣益會玉篇卷二十六革部：「䩽（於候切，胡矛。）」

案：玉篇注云「於候切」，無又切，行均引云「又胡茅、尺朱二反」，未知何據？「胡茅」切語，疑涉「胡矛」之訓而誤。

248\. 龍龕手鑑卷四革部：「鞈（防捍。玉篇云：兵器也。）」

大廣益會玉篇卷二十六革部：「鞈（公洽、公帀二切，橐也，以防捍也。）」

案：玉篇注云「橐也，以防捍也」，行均引作「兵器也」，而引玉篇上反有「防捍」二字，蓋記憶不明，又未檢照原書，故不得不率意輕改。

249\. 龍龕手鑑卷四邑部：「鄮（玉篇：又音牟。）」

大廣益會玉篇卷二邑部：「鄮（莫候切，會稽縣。）」

案：玉篇作「莫候切」，無又音，行均引云「又音弁」，未知何據？疑出臆造。

250. 龍龕手鑑卷四足部：「跂玉篇：又舉一足也。」

大廣益會玉篇卷七足部：「跂墟鼓切，有跂踵國，其人行腳跟不著地。」

案：「跂」訓，玉篇作「有跂踵國，其人行，腳跟不著地」，未見「舉一足」之別解。山海經中山經曰「復州之山，有鳥焉，其狀如鴞而一足，彘尾，其名曰跂踵」，行均或記憶不清，涉此而誤。

251. 龍龕手鑑卷四足部：「蹟玉篇：音智，—頓。」

大廣益會玉篇卷七足部：「蹟知利切，路也。」「路渠劫，居業二切，蹟也。」

案：玉篇「蹟」下無直音「智」，亦無「蹟頓」之訓，未知行均何據？抑自撰耶？

252. 龍龕手鑑卷四足部：「跘玉篇：音盤，足也。」

大廣益會玉篇卷七足部：「蹳步般切，跛行皃。蹳踊跘同上。」

案：玉篇以「跘」為「蹳」之或文，「蹳」下云「步般切」

無直音，行均引云「音盤」，疑為肊撰。「⿰足般」下又云「⿰足般跚，跛行皃」，行均引云「跰足也」，蓋亦率意肊改也。

253. 龍龕手鑑卷四足部：「踶（玉篇：行也。）」
大廣益會玉篇卷七足部：「踶（普計切，偶也。）」
案：玉篇訓「偶也」，行均引作「行也」，義頗不類，恐為肊造。

254. 龍龕手鑑卷四足部：「跀（玉篇云：趴斷足刑也。）」
大廣益會玉篇卷七足部：「跀（五刮、五厥二切，司寇掌跀罪五百。跀，斷足也，亦作刖。）趴（同上。）」
案：玉篇「跀」注未見「趴跀」二字，而以「趴」為「跀」之或文，同說文；「斷足刑也」亦非玉篇原文，乃行均自屬之詞也。

255. 龍龕手鑑卷四足部：「⿰足屈（玉篇：強也。）」
大廣益會玉篇卷七足部：「⿰足屈（渠勿切，足多力也。）」
案：玉篇訓「足多力也」，行均引云「強也」，「⿰足屈」與「倔」音同，行均或涉「偓」義而誤。

256. 龍龕手鑑卷四足部：「躩（玉篇：屈足也。）」
大廣益會玉篇卷七足部：「躩（丘縛、居縛二切，足躩也。）」
案：玉篇訓「足躩也」，不作「屈足也」，行均蓋未檢書也，
率意肊造也。

257. 龍龕手鑑卷四疒部：「痴𤺌（玉篇：又病行皃也。）」
大廣益會玉篇卷十一疒部：「痴（丑之切，痴𤺌，不達也。）」「𤺌（直余切，又治居切。瘷也。）」
案：玉篇「痴」下訓「痴𤺌，不達也」，「𤺌」下訓「瘷也」
，無「病行皃」之義。「𤺌」，廣雅訓「尰」，小雅巧言
「既微且尰」，毛傳「腫足為尰」，行均或涉此而誤。

258. 龍龕手鑑卷四疒部：「痡（玉篇云：似瘴。）」
大廣益會玉篇卷十一疒部：「痡（徒木切，怨痛也，誹也，亦作讀。）」
案：玉篇訓「怨痛也」「誹也」，無「似瘴」之義，疑行均臆
造。

259. 龍龕手鑑卷四疒部：「瘺（五還反，——瘴也。玉篇：又音目上。）」

大廣益會玉篇卷十一疒部：「⿸疒群渠軍切，病也。」

案：行均書「⿸疒群」上收「⿸疒軍」，注云「音群」。「⿸疒群」，玉篇音「渠軍切」，行均引云「同上」者，謂音同群。

260. 龍龕手鑑卷四疒部：「瘞玉篇：又於計反。」

大廣益會玉篇卷二土部：「瘞猗屬切，幽也，藏也，𦵔也。爾雅曰：祭地曰瘞𦵔。陸同上。」

案：「瘞」，玉篇音「猗屬切」，無又音，行均引云「又於計反」，未知何據？

261. 龍龕手鑑卷四疒部：「痓玉篇音熾，惡病也。」

大廣益會玉篇卷十一疒部：「痓充至切，惡也。」

案：玉篇注「充至切」，無直音，行均引云「音熾」，蓋肊造。又玉篇訓「惡也」，行均引肊增「病」字。

262. 龍龕手鑑卷四疒部：「⿸疒奰四備反。玉篇云：氣滿也。」

大廣益會玉篇卷十一疒部：「⿸疒奰四備切，氣滿也。說文作⿸疒奰，音備。⿸疒奰⿸疒奰。」

案：玉篇無「⿸疒奰」字，由「四備反」之音切及「氣滿也」之義訓，知蓋為「⿸疒奰」字之誤，或為其流俗異體也。

263. 龍龕手鑑卷四疒部：「⿸疒奰或作⿸疒奰，正。匹備反。玉篇云：氣滿也。」大廣益會玉篇卷十一疒部：「⿸疒奰匹備切，氣滿也。說文作⿸疒奰，音備。⿸疒奰說文⿸疒奰。」

案：行均引與玉篇同。

264. 龍龕手鑑卷四疒部：「疶玉篇：痢也。」大廣益會玉篇卷十一疒部：「疶思烈切，痢也。」

案：玉篇訓「痢也」，行均引作「病也」，籠統言之，而無專義。

265. 龍龕手鑑卷四骨：「髐，玉篇：與髇同，箭也。」大廣益會玉篇卷七骨部：「髐火交切，髐箭也。」「髇呼交切，髇箭。」

案：玉篇骨部「髇」「髐」二字，音讀同，義相近，唯未云二字同。行均蓋見他書通用故云爾。集韻平聲肴韻亦云髇通作髐。

266. 龍龕手鑑卷四骨部：「䯤骨端也。玉篇：又音刮。」大廣益會玉篇卷七骨部：「䯤光末切，骨端也。」

案：玉篇音「光末切」，無又音「刮」，未知行均何據也。

267. 龍龕手鑑卷四頁部：「⿰樊頁玉篇云：醜也。」

大廣益會玉篇卷四頁部：「⿰樊頁附圓切，大醜皃。」

案：玉篇訓「大醜皃」，同說文，行均引奪一「大」字，宜補。

268. 龍龕手鑑卷四頁部：「⿰炎頁玉篇：談鹽二音，面長也。」

大廣益會玉篇卷四頁部：「⿰炎頁徒含切，又余占切，面長也。」

案：玉篇「⿰炎頁」下注云「徒含切，又余占切」，無直音，行均引作「談」「鹽」二音，今本未見。引「面長也」之義則同。

269. 龍龕手鑑卷四頁部：「⿰至頁昌旨反，玉篇云：面大也。」

大廣益會玉篇卷四頁部：「⿰至頁昌旨切，面大也。」

案：行均引與玉篇同。

270. 龍龕手鑑卷四頁部：「⿰⿱止山頁說文云：面前—玉篇云：鼻高也。」

大廣益會玉篇卷四頁部：「⿰⿱止山頁五角切，面前⿰⿱止山頁⿰⿱止山頁。」

案：玉篇訓「面前⿰⿱止山頁⿰⿱止山頁」，與說文同（說文⿰⿱止山頁作岳，一字也）

，行均引作「鼻高也」，疑為臆造。

271. 龍龕手鑑卷四辵部：「迗𨑳上五禾反，下徒本反。玉篇曰：——邅天下也。」

案：撿玉篇無此二字。

272. 龍龕手鑑卷四辵部：「迡玉篇：音遲。」

大廣益會玉篇卷十辵部：「遅除梨切，晚也，舒行皃也。遲籀文。迡同上。又奴計切，近也。」

案：玉篇「迡」為「遅」之或文，「迡」下音「奴計切」，行均引則曰「音遲」，蓋有旁涉而誤也。「遟」為「遲」之籀文。

273. 龍龕手鑑卷四辵部：「這音彥，迎也。玉篇：又之石，魚則二反，然也。」

大廣益會玉篇卷十辵部：「這宜箭切，迎也。」

案：玉篇注「宜箭切」，無又音，行均引云「又之石，魚則二反」，未知何據？「然也」之訓，玉篇亦未見，疑行均臆造。

274. 龍龕手鑑卷四食部：「餼玉篇：又許乞反，飽也。」

大廣益會玉篇卷九食部：「餼虛氣切，饋餉也。」

案：玉篇注云「虛氣切」，無又切，行均引云「又許乞反」，未知何據？「饋」義，玉篇作「饋餉也」，無「飽也」之訓，蓋亦行均肊造也。

275. 龍龕手鑑卷四穴部：「穻（玉篇：穴也。）」

大廣益會玉篇卷十一穴部：「穻（羽俱切，穻，牖也。）」

案：玉篇訓「牖也」，行均引作「穴也」，恐望文而生義也。

276. 龍龕手鑑卷四穴部：「窞（玉篇：又音坎。）」

大廣益會玉篇卷十一穴部：「窞（徒敢切，穿入也，坎中小坎也。）」

案：玉篇音「徒敢切」，無又音，訓「坎中小坎也」，行均引云「又音坎」，恐涉訓解而誤。

277. 龍龕手鑑卷四力部：「勌（巷員反。玉篇：勞也。）」

大廣益會玉篇卷七力部：「勌（巷員切，勞也。）」

案：行均引與玉篇同。

278. 龍龕手鑑卷四立部：「⿰立巳竢（玉篇：同俟，待也。）」

大廣益會玉篇卷十立部：「竢（事紀切，待也，亦作俟。⿰立巳同上。）」

案：「竢」下，玉篇云「待也，亦作俟」，行均引作「同俟，待也」，語次雖倒，無礙於義也。

279.
龍龕手鑑卷四鹿部：「䴠 玉篇：又烏兆反，鹿子也。」
大廣益會玉篇卷二十三鹿部：「䴠 於道切，麋子也。」
案：玉篇音「於道切」，無又切，行均引云「又烏兆反」，未知何據？又「麋」，玉篇訓「麋子也」，行均引「麋」作「鹿」，義雖相近，非復元文矣！

280.
龍龕手鑑卷四几部：「⿰虛几⿰喬几 又切韻玉篇：上牛召反，下丘召反，舉頭——不安也。」
大廣益會玉篇卷四亢部：「⿰喬几 丘召切，⿰虛几⿰喬几，不安也。 ⿰虛几 牛召切，⿰虛几⿰喬几。」
案：行均引「上牛召反，下丘召反」，與玉篇同，唯玉篇原作「⿰喬几⿰虛几」，不作「⿰虛几⿰喬几」。其義訓，玉篇止作「不安也」，「舉頭」二字，蓋行均肊加也。

281.
龍龕手鑑卷四學部：「澩 玉篇云：大波也。」。
大廣益會玉篇卷十九水部：「澩 胡角，呼篤二切，爾雅云：夏有水，冬無水曰澩。⿰氵學同上。」
案：玉篇「澩」下，引爾雅「夏有水，冬無水曰澩」（釋山）

為解，不復訓釋，行均謂「玉篇云：大波也」，甚可疑也

，恐記憶有誤。

282. 龍龕手鑑卷四血部：「衃 玉篇：又音孚。」

大廣益會玉篇卷七血部：「衃 匹尤，匹才二切，凝血也。」。

案：玉篇注「匹尤」「匹才」二切，行均引「又音孚」，今本

未見，恐亦出臆造。

283. 龍龕手鑑卷四血部：「⿱贛血 徒紺反，羊血凝也。又玉篇：空紺反。」

大廣益會玉篇卷七血部：「衉 空紺切，羊凝血。⿱贛血 同上」

案：玉篇以「⿱贛血」為「衉」之或文，「衉」下注云「空紺切」

，是行均引與玉篇同。

284. 龍龕手鑑卷四不部：「否 玉篇云：易卦也。」

大廣益會玉篇卷五口部：「否 蒲鄙切，易曰：天地不交，否閉不行也。又方九切。說文曰：不也。」

大廣益會玉篇卷二十六不部：「否 方久切，可否也，又被偽、符彼二切。」

案：「否」字，玉篇兩見，一在口部，一在不部，口部「蒲鄙

切」下，引易曰「天地不交，否閉不行也」，行均謂玉篇

云「否，易卦也」，蓋涉此而訛改也。

285. 龍龕手鑑卷四雜部：「𡔷壼（經音，玉篇：壺也。）」

大廣益會玉篇卷十六壼部：「壼（於芬切，壹壼。𡔷，篆文。）」

案：玉篇「壼」訓「壹壼」，蓋取易繫辭傳下「天地壹壼」（今本作「絪縕」）之義。壹壼，天地之蒸氣也。說文「壼」下亦引易，段云「元氣渾然，吉凶未分，故其字从吉凶在壺中會意」。行均謂玉篇訓「壺也」，蓋不明「壹壼」所指。

286. 龍龕手鑑卷四雜部：「冘（余針反。玉篇：行皃。）」

大廣益會玉篇卷十冘部：「冘（余針切，冘冘，行皃。）」

案：行均引與玉篇同。

287. 龍龕手鑑卷四雜部：「𠂤（玉篇云：小塊也。）」

大廣益會玉篇卷二十二𠂤部：「𠂤（多回切，小塊也。）」

案：行均引與玉篇同。

288. 龍龕手鑑卷四雜部：「丿（玉篇：又普天反。）」

大廣益會玉篇卷二十九丿部：「丿 普折切，右戾也。」

案：「丿」，右戾也，玉篇音「普折切」，無又切，行均引云「普天反」，未知何據？

289. 龍龕手鑑卷四雜部：「㞢 玉篇：之出反，彰—。」

案：檢玉篇無此字。

十六、切韻

1. 龍龕手鑑卷一金部：「鎬 胡老反，溫器也。切韻：又—京。」

S二○七一上聲三十晧：「鎬 胡老反，—京。」

P二○一一上聲晧：「鎬 胡老反，小名，在京兆。」

P三六九三上聲三十晧：「鎬 胡老反，—京。」

故宮宋跋王韻上聲三十晧：「鎬 胡老反，—京。」

廣韻上聲三十二晧：「鎬 胡老切，鎬京。」

案：行均引與S二○七一、P三六九三、故宮宋跋王韻、廣韻同，「又」字蓋自增也。

2. 龍龕手鑑卷一心部：「怠 音代，懈—。切韻音待。」

S二〇七一上聲十五海：「駘癡。徒亥皃。六。殆危待迨怠懈。」

故宮項跋王韻上聲十六待：「待徒亥反，廿。大。駘……怠懈。」

故宮宋跋王韻上聲十五海：「駘徒亥反，九。殆待迨怠懈。」

廣韻上聲十五海：「駘徒亥切。十二。殆待怠懈怠……」

案：今檢切韻系統諸書未云「怠音待」者，行均蓋以怠、待音同，羅列一處而致誤。

3. 龍龕手鑑卷二手部：「捄切韻：盛土也。詩云：一之陾。」

P二〇一一平聲十虞：「捄盛土。詩云：捄之陾く。」

P二〇一四平聲十虞：「捄盛土，見詩。」

故宮宋跋王韻平聲十虞：「捄盛土。詩云：捄之陾く。」

廣韻平聲十虞：「捄盛土。詩云：捄之陾陾。」

案：行均引與切韻諸書同。

4. 龍龕手鑑卷二手部：「摓扶用反。切韻：一勞，灼龜兆也。」

廣韻去聲三用：「摓扶用切，灼龜兆也。說文：父容切，奉也。」

案：今所見切韻諸書，唯廣韻有「摓」字，訓曰「灼龜視兆」

，較行均引省「視」字。

5. 龍龕手鑑卷二水部：「涏切韻：徒頂反，涏溟。」

廣韻上聲四十一迥：「涏挾鼎切，涏溟。」

案：今所見切韻諸書，唯廣韻有「涏」字，訓解與行均無異，切語則一作「鼎」，一作「頂」，同屬上聲迥韻。

6. 龍龕手鑑卷二火部：「⿱炏林切韻：野死草也。」

P三六九三上聲四十迥：「⿱炏林草名，枲屬。」

故宮宋跋王韻卅九靜：「⿱炏林枲草，亦作蒿蕢。」又四十迥：「⿱炏林枲屬。」

廣韻上聲四十靜：「⿱炏林枲草。」又四十一迥：「⿱炏林枲屬。」

案：今所見切韻諸書未見「⿱炏林」訓「野死草也」，所引蓋非陸語，恐行均臆造也。

7. 龍龕手鑑卷二火部：「⿱魚魚切韻：古字吾字。」

P二〇一一平聲模：「⿱魚魚大魚」

故宮宋跋王韻平聲十一模：「吾五胡反，我。十二。……⿱魚魚大魚」

廣韻平聲九魚：「⿱魚魚說文曰：二魚也。」

案：故宮宋跋王韻平聲模韻「吾」「𩵋」音同，並列一處，行均引曰「古文吾字」，蓋涉此而誤。

8. 龍龕手鑑卷二火部：「熆 玉篇：吹火。切韻作熆。」

廣韻入聲二十八盍：「熆 吹火也。」

案：「熆」字作「熆」，切韻諸本未見，廣韻亦未之採，止訓「吹火也」，近人丁山疑所引者為唐志所載「釋智猷辨禮補修加字切韻」，未審然否？

9. 龍龕手鑑卷二土部：「坵 玉篇云：小渚也。坻 直尼反。小渚也。切韻亦」

S二〇七一平聲六脂：「坻 直尼反，小渚。」

S二〇五五平聲六脂：「坵 小渚」

故宮宋跋王韻平聲六脂：「坻 小渚曰〻，亦作坻、坵。」

廣韻平聲六脂：「坻 小渚。俗從互，餘同。」

案：行均引與切韻諸書同。

10. 龍龕手鑑卷二土部：「埱 昌六反，氣出于地也。切韻作俶。」

P二〇一一入聲屋：「俶 昌六反，始。……埱□。」

S二〇七一入聲一屋：「俶始，昌六反。」

故宮宋跋王韻入聲一屋：「俶昌六反，始也。」

廣韻入聲一屋：「俶始也，厚也，作也，動也。昌六切。五。……埱氣出於地，一曰始也。」

案：切韻諸書未云「埱」字作「俶」，唯「埱」字亦有「始」意，又同屬屋韻，行均或涉此而牽合也。

11. 龍龕手鑑卷二口部：「喎切韻音苦緺反，皆口戾不正也。」。

S二〇七一平聲十三佳：「咼口戾。苦哇反。」

P二〇一五平聲十三佳：「咼く戾。口緺反。喎。く口」

故宮項跋王韻平聲四十佳：「咼苦緺反，口戾，亦喎。」

故宮宋跋王韻平聲十三佳：「喎烏緺反，口戾。」

廣韻平聲十三佳：「咼口戾也，苦緺切。喎同上」

案：行均所引音切與故宮項跋王韻同，又諸書並止訓「口戾」，「不正」二字蓋行均臆增。

12. 龍龕手鑑卷一口部：「哇嗚瓜，於佳二切。切韻：淫聲也。」

S二〇七一平聲十三佳：「哇淫聲。」

P二〇一五平聲十三佳：「哇（淫聲）」

故宮項跋王韻平聲四十佳：「哇（於佳反，又烏瓜反。淫聲）」

故宮宋跋王韻平聲十三佳：「哇（於佳反，又烏瓜反。淫聲）」

廣韻平聲十三佳：「哇（淫聲）」又九麻：「哇（婬聲）」

案：諸書「哇」字屬佳韻者皆訓「淫聲」，唯廣韻麻韻訓「淫聲」與行均同，「婬」「淫」古今字，說文「婬，厶逸也」，段注「婬之字，今多以淫代之，淫行而婬廢矣」。

13. 龍龕手鑑卷二口部：「唶（切韻：又子夜反，歎聲也。）」

P二〇一一去聲禡：「唶（子夜反，歎聲。）」

故宮項跋王韻去聲四十四禡：「唶（子夜反，歎聲。）」

故宮宋跋王韻去聲三十六禡：「唶（子夜反，歎聲。）」

廣韻殘本去聲四十禡：「唶（歎聲，子夜反。）」

廣韻去聲四十禡：「唶（歎聲，子夜反。）」

案：行均引與切韻諸書同。

14. 龍龕手鑑卷二鳥部：「鳥（都了反，飛—也。篆文：說文及玉篇，切韻皆云：三點，象日中三足烏也。）」

S二〇七一上聲二十七篠：「鳥（都了反。）」

P三六九三上聲二十七篠：「鳥（都了反。說文：長尾禽總名也，象形。鳥之足似匕，從匕。按篆文作帛，不全依三點。）」

故宮宋跋王韻上聲二十七篠：「鳥（都了反，飛禽。）」

廣韻上聲二十九篠：「鳥（說文曰：長尾禽總名也，象形。都了切。）」

案：今所見切韻諸書「鳥」字，未作「三點，象日中三足烏也」之訓，唯P三六九三上聲篠韻云「鳥之足似匕，從匕。按篆文作帛，不全依三點」，然「三點」，亦未作何演釋，此蓋行均肊造，參見引說文及玉篇考。

15. 龍龕手鑑卷二雨部：「霵（切韻：士立反，暴雨皃。）」。

廣韻入聲二十六緝：「霵（阻立切，雨下。又士邑切。）」「霵（暴雨皃，仕戢切。）」

案：「霵」字，切韻諸書，唯見於廣韻，音切有三：阻立、士邑、仕戢，未見作「士立」者，此或行均自發於脣吻也。至引「暴雨皃」，則與廣韻同。

16. 龍龕手鑑卷二犬部：「𤟢（切韻云：車軾也。）」

P二〇一一去聲三用：「𤟢（車軾、亦作𨍪、𨍪，𨍪等。）」

故宮項跋王韻去聲八至：「䡳 車軾」

故宮宋跋王韻去聲六至：「䡳 車軾，亦作䡳。」

廣韻去聲六至：「絥 說文曰：車絥也。 鞴 同上 䡳 同上」

案：行均引「車軾也」，與切韻諸書同，唯廣韻訓「車絥也」有異。

17. 龍龕手鑑卷二豕部：「豵 豝 切韻：雛主反」

P二〇一一上聲麌韻：「豵 仕禹反，小母豬，亦作豝。」（「豝」原作「豝」，依十韻彙編改。）

故宮項跋王韻上聲十一麌：「豵 仕兩反，小母豬。」

廣韻上聲九麌：「豵 小母豬也。鶵禹切。二。 豝 同上」

案：「豵」音，P二〇一一注「仕禹反」，故宮項跋王韻注「仕兩反」，廣韻注「鶵禹切」，並不與行均引同，未知行均何據？

18. 龍龕手鑑卷二走部：「趩 切韻：｜，行㐌也。」

P二〇一一入聲五質：「趩 行止」

故宮宋跋王韻入聲五質：「趩 行止」

唐韻殘本入聲五質：「趩窒遮上祭，出說文，加。」。

廣韻入聲五質：「趩漢書曰：出稱警，入言趩。顏師古曰：警者，戒肅也；趩，止行人也。」

案：P二〇一一，故宮宋跋王韻並訓「止行」，廣韻引顏師古注訓「止行人也」，唐韻則引說文訓「窒上祭」。行均引訓「行池也」，與諸書不同，未知何據？且「行池」二字，語難解，恐有誤。

19. 龍龕手鑑卷二皿部：「盤盩二。切韻盩玉篇：張流反，水曲曰一。又一厔，縣名。」

P二〇一一平聲尤：「盩張流反，～厔縣，在扶風。」

故宮項跋王韻平聲四十四尤：「盩～厔縣，在扶風。」

故宮宋跋王韻平聲四十三尤：「盩～厔縣，在扶風。」

廣韻平聲十八尤：「盩盩厔縣，在京兆府。水曲曰盩，山曲曰厔。又云引擊也。」

案：行均於「盩」字下，但云「切韻」，蓋謂字出切韻也。

20. 龍龕手鑑卷二鼠部：「鼠切韻：小獸名，善為盜。」

S二〇七一上聲八語：「鼠黍〔虫黍〕～蝡虫。」

P二〇一一上聲八語：「鼠舒呂反。穴蟲。」

故宮項跋王韻上聲十語：「鼠穴虫」
故宮宋跋王韻上聲八語：「鼠穴虫」
廣韻上聲八語：「鼠小獸名，善為盜。說文曰：穴蟲之總名也。」
案：P二〇一一、故宮項跋王韻，故宮宋跋王韻各本並訓「穴蟲」，S二〇七一則訓「蝢虫」，惟廣韻與所引同，或所本同出一源。

21. 龍龕手鑑卷二囗部：「囩切韻𡆸囩切韻：鬱也。」
故宮宋跋王韻平聲文：「𡇉於云反，又於神反。」
廣韻平聲二十文：「壼於云切，鬱壼也。」
案：行均於「囩」下，云「切韻」，蓋謂字出切韻，然檢諸書未見「囩」字。「𡆸」字，各本亦未見，依其音切及訓解，蓋計廣韻「壼」字歟？「𡇉」字見於故宮宋跋王韻，但有音切，而無訓語。

22. 龍龕手鑑卷四木部：「榕切韻音松，郴道。」
故宮項跋王韻平聲三鍾：「松詳容反，木名。……宷古文。」

故宮宋跋王韻平聲三鍾：「松（詳容反，梓道。亦作榕。）」
廣韻平聲三鍾：「松（木名，祥容切。）棇（古文。）」
案：今所見切韻諸書以「榕」為「松」之古文，「松」下注「詳容反」，未見「榕音松」者，此蓋行均肊造。又引「梓道」之義，與故宮宋跋王韻同。

23.
龍龕手鑑卷四糸部：「綈（切韻：厚繒，色綠而深也。）」
S二〇七一平聲十二齊：「綈（綈厚繒，色綠而深。）」
P二〇一一平聲齊：「綈（厚繒，色綠而深。）」
P二〇一五平聲齊：「綈（厚繒，深而綠也。）」
故宮宋跋王韻平聲十二齊：「綈（厚繒，色綠而深。）」
廣韻平聲十二齊：「綈（厚繒也。）」
案：行均所引與P二〇一一、故宮宋跋王韻同，其他各本或增一「綈」字（S二〇七一），或少一「色」字（P二〇一五），或止作「厚繒也」（廣韻），要皆無損於義也。

24.
龍龕手鑑卷四石部：「硎（客庚反。切韻：坑同塹，坎陷也。）」

S二〇七一平聲十三庚：「坑坎，或作硎，客行反。」

P二〇一一平聲庚：「坑客庚反，坎，或作硎。」

故宮項跋王韻平聲卅五庚：「坑客庚反，坎也。亦硎。」

故宮宋跋王韻平聲卅九庚：「坑客庚反，坎。亦作硎。」

廣韻平聲十二庚：「阬爾雅曰：虛也。郭璞云：阬，塹也。客庚切。坑上同。硎同并。」

案：「硎」字同「坑」，切韻諸書多見，「坑」又多訓「坎」，唯廣韻「阬（同坑）」下引郭璞曰「塹也」。行均謂切韻曰「坑同塹，坎壑陷也」，語蓋出肊撰。

25.龍龕手鑑卷四革部：「[臤/革]切韻：堅破聲也。」

故宮宋跋王韻平聲二十六山：「[臤/革]堅恡」

廣韻平聲二十八山：「[臤/革]堅破聲。」

案：行均引「堅破聲」與廣韻同，蓋同祖一源。故宮宋跋王韻則作「堅恡」。

26.龍龕手鑑卷四足部：「躔正 躔今。切韻：又日月行也。」

S二〇七一平聲二仙：「躔日月行。」

P二〇一一平聲仙：「躔日月行，或作躔。」
故宮宋跋王韻平聲二十八仙：「躔日月行，亦躔。」
廣韻平聲二仙：「躔日月行也。說文曰：踐也。」
案：行均引「日月行也」，與切韻諸書同，「又」字自增也。

27. 龍龕手鑑卷四足部：「躩居縛、丘縛、丘碧三反，切韻：盤避皃。」
故宮項跋王韻入聲五藥：「躩丘矍反，足く如也。」
故宮宋跋王韻入聲二十七藥：「躩居縛反，盤辟。」
唐韻殘本入聲二十九藥：「躩說文云：足躩如也。丘縛反。」
廣韻入聲十八藥：「躩居縛切，盤辟皃。」又：「躩說文云：足躩如也。丘縛切。」
案：行均引「盤避皃」與廣韻「居縛切」之字同，「辟」「避」」，古今字也。故宮宋跋王韻藥韻止作「盤辟」，不以為狀貌之詞，另「丘縛反」者，皆訓「足躩如也」。

28. 龍龕手鑑卷四疒部：「⿸疒皆郭逡：俗，音皆，正作疾。香嚴：⿱雨子。切韻：音其久反，正作⿸疒咎。」
廣韻上聲四十四有：「⿸疒咎其九切，病也。」
案：行均謂「⿸疒皆」字切韻正作「⿸疒咎」。「⿸疒咎」下廣韻音「其九切」，「行均引作「其久反」，音讀同，唯反切下字有異耳。蓋依記憶稱引，未細檢原書也。

29. 龍龕手鑑卷四疒部：「疓音乃，病也。切韻：又如亥反。」

故宮項跋王韻上聲十六待：「疓奴亥反，病。」

故宮宋跋王韻上聲十五海：「疓奴亥反，病く。」

廣韻上聲十五海：「疓病也，見尸子，如亥切。」

案：故宮項跋王韻及宋跋王韻「疓」字並作「奴亥反」，唯廣韻如行均所引。近人丁山鑑於此而疑行均所見切韻，或即孫愐唐韻。

30. 龍龕手鑑卷四彳部：「⿰彳鞗音條，革也。切韻作鞗。」

廣韻平聲三蕭：「迢迢遰，徒聊切，二十二。條、、、、鞗革轡。詩云：鞗革沖沖。」

案：切韻諸書，除廣韻外，無「鞗」字，廣韻云「革轡，詩云：鞗革沖沖」，「鞗」或後人因詩說而增也，非陸氏本有。

31. 龍龕手鑑卷四彳部：「⿰彳卻巨畧反，倦也。切韻作御。」

故宮項跋王韻入聲五藥：「御其虐反，須臾也，又倦。」

故宮宋跋王韻入聲二十七藥：「㑗其虐反，須臾，亦倦。」

唐韻殘本入聲二十九藥：「御其虐反，須臾，亦倦。」

廣韻入聲十八藥：「㑗其虐切，須臾，亦倦也。」

案：切韻諸書，「其虐反」訓「倦也」之字，作「御」，或作「㑗」、作「㑗」，行均謂「切韻作御」，是也。

32.

龍龕手鑑卷四几部：「⿸虍⿰高几⿰高几又切韻、玉篇：上牛召反，下丘召反，舉頭——不安也。」

故宮項跋王韻去聲三十五笑：「⿰高几丘召反，⿸虍⿰高几而不安也。⿸虍⿰高几牛召反，⿸虍⿰高几高。」

故宮宋跋王韻去聲三十三笑：「⿰高几丘召反，⿸虍⿰高几高不安。⿸虍⿰高几牛召反，⿰高几⿸虍⿰高几。」

唐韻殘本去聲三十五笑：「⿰高几丘召反，⿸虍⿰高几，高不安皃。⿸虍⿰高几牛召反。」

廣韻去聲三十五笑：「⿰高几丘召切，⿰高几⿸虍⿰高几，不安。⿸虍⿰高几⿰高几⿸虍⿰高几，牛召切。」

案：行均引「上牛召反，下丘召反」與切韻同，唯各本皆作「⿰高几⿸虍⿰高几」，不作「⿸虍⿰高几⿰高几」。故宮項跋王韻，廣韻訓「不安也」，行均引同，故宮宋跋王韻，唐韻殘本則訓「高不安」，唐韻殘本並以為狀貌之辭。「舉頭」二字，蓋行均臆增也。

33、龍龕手鑑卷四雜部：「壼壺（於云反。切韻：鬱—也。）」
故宮宋跋王韻十九文：「壼（於云反，又於神反。）」
廣韻平聲二十文：「壼（於云切，鬱也。）」
案：「壼」字，行均書重出，一在「凵」部，一在「雜」部，字體歧異，蓋將流俗各體並收，行均引「鬱」，蓋即廣韻「鬱」字之誤。故宮宋跋王韻則但有音切，而無義訓。

# 史部

## 十七、國語

1、龍龕手鑑卷二口部：「咯（國語云：弢—血也。）」
國語晉語第十五：「鐵之戰，趙簡子曰：鄭人擊我，吾伏弢衉血，鼓音不衰。」
案：晉語云「弢衉血」，行均引「衉」作「咯」，蓋未檢閱原書，而以音近之字代之。咯，吐也；「衉血」，嘔血而面污也（參見韋注），義可相通。

十八、史記

1.龍龕手鑑卷二豸部：「貊（音消，出史記。）」

案：檢史記無此字。

十九、漢書（含孟康注）

1.龍龕手鑑卷一殳部：「𣪊（音喫，功也。漢書云：功苦—淡也。）」

漢書卷四十三酈陸朱劉叔孫傳：「呂后與陛下攻苦食啖。」

案：漢書「攻苦食啖」，行均引作「功苦𣪊淡」，蓋未檢閱原書，憑記憶而引也。「攻」作「功」，音同義近而借用也，「𣪊」與「食」，字形迥異，義亦不類，蓋涉「音喫」而誤（行均於「𣪊」下注云「音喫」）。「攻苦食啖」下，師古注曰「啖當作淡。淡謂無味之食也。言共攻擊勤苦之事，而食無味之食之」，然則行均引「啖」作「啖」是也。

2.龍龕手鑑卷一瓜部：「⿱𥫗觚（漢書云：破—為圜也。）」

漢書卷九十酷吏傳：「漢興，破觚而為圜，斲琱而為樸，號為罔漏吞舟之魚。」

案：漢書「破觚而為圜」，行均引「觚」作「箛」，通假字也。韻會云箛通作觚。另「圓」與「圜」，字異而義同也。

又案此語最早見於史記酷吏傳。

3. 龍龕手鑑卷四石部：「磾（又漢書云：音｜也。）」

漢書卷六十八霍光金日磾傳：「金日磾字翁叔，本匈奴休屠王太子也。」

案：行均引與漢書同。

4. 龍龕手鑑卷一金部：「鏹（又孟康云：錢貫繦也。）」

漢書卷二十四食貨志下：「使萬室之邑必有萬鍾之臧，臧繦千萬。」孟康曰：「繦，錢貫也。」

案：漢書食貨志「臧繦千萬」，孟康注云「繦，錢貫也」，行均「繦」作「鏹」，引孟說又竄入一「繦」字。

子部

二十、本草

1. 龍龕手鑑卷二草部：「芋（王遇反。本草云：有毒草也，食之煞人，以灰水煮之，乃可食。食已，至老不飢。岷山多出。）」

唐本草注：「芋有六種，有：青芋、紫芋、真芋、白芋、連禪芋、野芋。其青芋細長，毒多，初煮要須灰汁易水煮，熟乃堪食爾。」

史記貨殖列傳：「卓氏曰：『此地狹薄。吾聞汶山（索隱上音岷也。正義：汶音珉。）之下，沃野，下有蹲鴟（正義：蹲鴟，芋也。），至死不飢。』」

案：本草原書今不傳，行均所引「有毒草也，食之煞人」等語，未知據原書否？檢尋唐本草注、史記貨殖列傳索隱、正義注與行均引多可印證，行均或本上諸書而自為屬詞，亦未可知。

二十一、山海經（含郭璞注）

1. 龍龕手鑑卷四雜部：「兕（山海經云：似牛，蒼黑色。郭璞云：一角，重千斤也。）」

山海經南山經第一：「禱過之山，其上多金玉，其下多犀兕。」郭璞注：「兕亦似水牛，青色，一角，重三千斤。」

山海經海內南經第十：「兕在舜葬東湘水南，其狀如牛，蒼黑，一角。」

案：山海經海內南經謂兕「狀如牛，蒼黑」，行均引云「似牛，蒼黑色」，蓋本此而有增改。引郭璞云，蓋本南山經注，郭注云「重三千斤」，行均引則云「重千（原誤作十，見校勘記）斤」，疑涉於爾雅釋獸注也。爾雅釋獸注云「兕，一角，青色，重千斤」，是郭注亦未能照應一致也。

龍龕手鑑卷四雜部：「禺扶佛反，獸名。山海經云：「如人，黑色，毛長而披髮。」」

山海經海內南經第十：「梟陽國在北朐之西，其為人，人面長，唇黑，身有毛，反踵，見人笑亦笑，左手操管。」

山海經海內經第十八：「南方有贛巨人，人面、長臂、黑身有毛、反踵、見人笑亦笑、唇蔽其面，因即逃也。」郭注：「即梟陽也。」

案：檢山海經無「禺」之一物，說文厶部「𥝢」下引爾雅云「𥝢𥝢，如人被髮。一名梟陽」。集韻去聲未韻「𥝢」字下云「或作禺」，是「禺」「𥝢」一字也。行均所引，蓋採爾雅、山海經之說而自撰其詞也。

二十二、尹文子

1. 龍龕手鑑卷一宀部：「宇尹文子云：四方上下曰一。」

尹文子：「四方上下曰宇。」（見錢熙祚輯尹文子逸文）

案：行均引與尹文子同。

2. 龍龕手鑑卷一宀部：「宙尹文子云：往古來今曰一也。」

案：今本尹文子無「往古來今曰宙」之語，錢熙祚輯尹文子逸文亦不見，以四方上下釋「宇」，往古來今釋「宙」，古籍屢見，如莊子庚桑楚、淮南齊俗並是。

二十三、莊子

1. 龍龕手鑑卷二虫部：「蛇弋支反，逶一也。莊子云：紫衣朱冠也。」

莊子達生：「皇子曰：委蛇其大如轂，其長如轅，紫衣而朱冠。」

案：行均引與莊子同。

2、龍龕手鑑卷二火部：「爝（莊子云：日月出而—火不息也。）」

莊子逍遙遊：「日月出矣，而爝火不息。」

案：行均引奪一「矣」字，然無害於義也。

## 廿四、世本

1、龍龕手鑑卷一衣部：「衣（世本：胡曹作—。）」

世本作篇：「胡曹作衣。」

案：行均引與世本同。

2、龍龕手鑑卷二臼部：「臼（世本云：雍父作—。）」

世本作篇：「雍父作舂。」

案：世本作篇云「雍父作舂」，行均引云「作臼」；說文訓「臼」為「舂」，是舂，臼一物也。

3、龍龕手鑑卷二臼部：「舂（世本：雍父作—。）」

世本作篇：「雍父作舂。」

案：行均引與世本同。

4.龍龕手鑑卷四竹部：「笑（世本云：黃帝臣夷牟作。）」

世本作篇：「夷牟作矢。」宋衷注：「夷牟，黃帝臣。」

案：正文「笑」乃「矢」之俗，廣韻上聲五旨「矢，又作笑；並『矢』之俗」，世本云「夷牟作矢」，夷牟，黃帝臣也，行均引本諸世本而增益其詞也。

二五、呂氏春秋

1.龍龕手鑑卷四石部：「硾（春秋云：一之以石也。）」

呂氏春秋孟夏紀第四：「夫弗能兑而反說，是拯溺而硾之以石也。」

案：行均引與呂氏春秋同。

二六、神異經

1.龍龕手鑑卷二虫部：「蜚（神異經云：南方蚊翼下有一虫，生九卵，子復生九，而俱去，蚊亦不知也，明目者見之。）」

神異經南荒經：「南方蚊翼下有小蜚蟲焉，目明者見之，每生九卵，復未嘗有毈，復成九子，蜚而復去，蚊遂不知。」

案：行均所引神異經，見於南荒經。檢覈元文，知行均非一一引其字句，乃依其意而擅有竄易增刪。如「蜚蟲」上，奪一「小」字；「目明者見之」五字，殿之於末；「每生九卵」句，去一「每」字；「復未嘗有毈，復生九子，蜚而復去」三句，隱括為「子復生九而俱去」；「蚊遂不知」句，「遂」改作「亦」。

## 二十七、說苑

龍龕手鑑卷一龜部：「龜（說苑曰：靈龜五色，似玉似金，上高象天，下平法地。）」

說苑卷十八辨物：「靈龜，文五色，似玉似金，背陰向陽，上隆象天，下平法地。」

案：行均此處引說苑見於辨物。「五色」上，省一「文」字；「背陰向陽」句，奪；「隆」字作「高」，殆亦引其大意，不盡合原文也。

## 二十八、白虎通

1. 龍龕手鑑卷一衣部：「衣（白虎通云：—者，隱也；裳者，障也；所以隱形自障蔽也。）」

白虎通卷八衣裳：「衣者，隱也；裳者，鄣也；所以隱形自鄣閉也。」

案：白虎通云「裳者，鄣也」，行均引「鄣」作「障」，雖偏旁左右移易，其字一也。又「鄣閉」，行均引作「障蔽」，文異而意不異也。

2. 龍龕手鑑卷四麥部：「麥（白虎通云：金王而生，火王而死。）」

說文解字五下麥部：「芒穀，秋穜厚薶，故謂之麥。麥，金也。金王而生，火王而死。从來，有穗者，从夊。」

案：班氏白虎通固多陰陽五行之說，然遍檢全書，麥字無涉「金王而生，火王而死」之語，考說文五下麥部曰「麥，金也。金王而生，火王而死」，蓋行均誤以說文為白虎通矣。

3. 龍龕手鑑卷四血部：「衇（白虎通云：以鹹養—血理之分，行於體中曰—。）」。

案：據今本白虎通無「以鹹養衇」等語，周禮天官瘍醫云「以鹹養脈」，又說文繫傳「衇」下云「血理之分衺行體中者」，行均殆取二說而揉合之。

## 二十九、博物志

1. 龍龕手鑑卷一具部：「碁棊（博物志曰：舜造圍棊，丹朱善之也。二同。）」

龍龕手鑑卷四木部：「棊（博物志曰：舜造圍棊，丹朱善之也。）」

案：行均「碁」「棊」下並引博物志「舜造圍棊」之說，然今本博物志未載此事，他書亦不見引。史稱張華作博物志四百卷，武帝以為繁，存十卷，豈「舜造圍棊」之說，正武帝所芟除者，而散佚於民間之奇聞異事耶？抑書傳既久，行均之後，博物志復有殘闕耶？

2. 龍龕手鑑卷二鳥部：「鶂（博物志云：雄雌相視而有孕也。）」

博物志卷四物性：「白鶂雄雌相視則孕。或曰：雄鳴上風則雌孕。」

案：博物志物性篇云「白鶂雄雌相視則孕」，行均引「則」字作「而有」二字，蓋以意引，非盡合原文也。

## 集部

二十、陸佐公闕銘

龍龕手鑑卷二火部：「⿱難火（音然。陸佐公闕銘云：刑酷一炭也。）」

文選陸佐公石闕銘：「刑酷然炭。」

案：陸倕石闕銘「刑酷然炭」，行均引「然」作「⿱難火」，蓋「然」「㸐」一字也。漢書地理志「上郡高奴有洧水可⿱難火」，五行志「見巢⿱難火盡墮地」下，顏注並云「⿱難火，古然字」。

七、佚之部

二十一、通俗文

1. 龍龕手鑑卷一毛部：「⿰並毛（通俗文云：織毛曰罽，邪文曰一。）」

2. 龍龕手鑑卷二水部：「漭（通俗文云：水廣大皃。）」

二十二、字林

1. 龍龕手鑑卷一月部：「⿰月条（字林：⿰鬲風柱也。）」

2. 龍龕手鑑卷一隹部：「䧿」字林作鵲，同。」

3. 龍龕手鑑卷一虍部：「虍」字林云：虎文也。」

4. 龍龕手鑑卷二水部：「淖」字林：女角反。」

5. 龍龕手鑑卷二火部：「⿱千火」字林云：小熱也。」

6. 龍龕手鑑卷二女部：「妗」字林云：疢｜妒也。」

7. 龍龕手鑑卷二鳥部：「鶬」字林作⿰倉隹。」

8. 龍龕手鑑卷二鳥部：「鶉」字林作⿰享隹。」

9. 龍龕手鑑卷四辵部：「遷」字林云：登也。」

10. 龍龕手鑑卷四卜部：「卨」字林云：虫名，又殷祖也。」

11. 龍龕手鑑卷四雜部：「禼」字林云：虫名，又殷祖也。」

## 三三、三蒼（或作「三倉」）

1. 龍龕手鑑卷一人部：「伶」三倉：又｜俜、孤獨皃也。」

2. 龍龕手鑑卷二水部：「淖」三蒼：昌若反，又徒歷反，又奴教反，泥｜也。」

## 三四、埤蒼

1. 龍龕手鑑卷一車部：「輚」埤蒼云：卧車，亦兵車也。又載柩車｜也。」

2. 龍龕手鑑卷二水部：「灘 埤蒼云：水湊入地也。」

三五、字書

1. 龍龕手鑑卷一殳部：「毃 字書：撞也。」
2. 龍龕手鑑卷二馬部：「驝 字書云：力負千斤也。」
3. 龍龕手鑑卷二瓦部：「𤮻 字書云：築土—㲉也。」

三六、字統

1. 龍龕手鑑卷一旡部：「𣄴 字統云：事有不善—也。」

案：字統乙書，今不傳，無從考證。說文八下旡部曰「𣄴，事

有不善，言𣄴也」，是字統與說文同。

2. 龍龕手鑑卷二火部：「燹 字統云：逆野火。又許位反，義同。」
3. 龍龕手鑑卷二鳥部：「鴹 字統云：鴹—舞則大雨也。」
4. 龍龕手鑑卷四疒部：「痛 字統云：腫滿悶而皮裂也。」
5. 龍龕手鑑卷四十部：「斟 字統云：會聚也。」

三七、集訓

1. 龍龕手鑑卷四雜部：「秉 又集訓云：抱禾束也。禾之屬也。」

2. 龍龕手鑑卷四雜部：「纛 集訓云：左丨，形如竿，以豜或犛牛尾為文。」

三八、說文字樣

1. 龍龕手鑑卷一車部：「軋 說文字樣皆從乚。」

三九、字樣

1. 龍龕手鑑卷四卓部：「乾 字樣云：本音虔，今借音干。」

四〇、文字指歸

1. 龍龕手鑑卷二火部：「爽 文字指歸：從卄炎也。」

四一、聲類

1. 龍龕手鑑卷四谷部：「谸 聲類云：三里。」

四二、考聲

1. 龍龕手鑑卷二鳥部：「鷬 考聲云：佐鳥也。」

2. 龍龕手鑑卷二豸部：「貈 出考聲，胡各反，貈屬也。」

3. 龍龕手鑑卷四甲部：「映 考聲云：水渴相著也。」

四三、文字音義

1. 龍龕手鑑卷四冖部：「冖 又文字音義云：以巾覆，從一下垂也。」

案：文字音義乙書，今世不得見，無由考校。惟「以巾覆，從一下垂也」之義，與說文「覆也，从一下垂也」之訓解相去不遠。

2. 龍龕手鑑卷一口部：「口 又文字音義云：回也，象圍迊之形也。」

案：文字音義乙書，今世不得傳，不得取而考校，唯「回也，象圍迊（說文作回帀）之形」等語，與說文訓解合。

四、川韻

1. 龍龕手鑑卷一刀部：「㓻 川韻云：切聲。」
2. 龍龕手鑑卷一示部：「裩 川韻：同禈，音昆，內衣也。」
3. 龍龕手鑑卷一口部：「囲 川韻云：孔穴也。」
4. 龍龕手鑑卷一冂部：「冂 川韻：古熒反，遠也，空也。」
5. 龍龕手鑑卷二手部：「摜 川韻云：南人呼相撲也。」
6. 龍龕手鑑卷二水部：「泮 川韻：流水皃。」
7. 龍龕手鑑卷二火部：「煿 追於火也，與爆亦同，出川韻。」
8. 龍龕手鑑卷二土部：「𡋯 川韻音灰，猪—，地名。又丑玉反，土也。」

9. 龍龕手鑑卷二草部：「蓏音孤，草名，出川韻。」

10. 龍龕手鑑卷二草部：「蒠川韻音鳥。」

11. 龍龕手鑑卷二草部：「⿱艹登川韻：登騰二音，—瞢不明也。又都鄧反，懜—也。」

12. 龍龕手鑑卷二草部：「蒦又一號反，川韻：驚視兒。」

13. 龍龕手鑑卷二口部：「⿰口豈户來反，笑—也，出川韻。」

14. 龍龕手鑑卷二口部：「哦川韻：各何反。」

15. 龍龕手鑑卷二口部：「吽川韻又牛音反。」

16. 龍龕手鑑卷二口部：「叹又川韻作又字。」

17. 龍龕手鑑卷二女部：「⿰女⿱日男川韻作。嫚又正。莫晏反，侮易也。」

18. 龍龕手鑑卷二雨部：「⿱雨卓又川韻：匹各反，雨霑濡也。」

19. 龍龕手鑑卷三欠部：「歛川韻：呼甘反，沅湘人言也。」

20. 龍龕手鑑卷三欠部：「⿰黑欠川韻：又作對反。」

21. 龍龕手鑑卷三鼻部：「⿰鼻區川韻云：顧自芦也。」

22. 龍龕手鑑卷四木部：「⿰木重川韻音鍾，木重也。」

23. 龍龕手鑑卷四石部：「⿰石里音眞，岩也，出川韻。」

24. 龍龕手鑑卷四石部：「⿱壴石 川韻云：守夜鼓也。與鼛同。」

25. 龍龕手鑑卷四石部：「硈 川韻：虎反，同硅。」

26. 龍龕手鑑卷四邑部：「鄐 川韻云：地名。」

27. 龍龕手鑑卷四疒部：「⿸疒如 尼慮反，[illegible]—、病也，出川韻。」

28. 龍龕手鑑卷四骨部：「⿰骨巴 川韻云：刀—也。」

29. 龍龕手鑑卷四頁部：「頫 川韻：又音府，俯頭—首也。」

30. 龍龕手鑑卷四食部：「⿰食僉 川韻：良冉反，食無味也。」

31. 龍龕手鑑卷四穴部：「⿱穴龟 居追反，—龜，出川韻。」

32. 龍龕手鑑卷四角部：「⿰角發 又川韻：蒲末反。」

33. 龍龕手鑑卷四角部：「⿰角巴 川韻：百嫁反，—也，與靶同。」

34. 龍龕手鑑卷四歹部：「殦 又川韻音刀。」

35. 龍龕手鑑卷四廾部：「⿰糸廾 古還反，見川韻。」

## 四五、浙韻

1. 龍龕手鑑卷四鹿部：「麤 浙韻云：行路遠也，又驚防也。鹿之性，相背而食，慮人獸之害也。」

## 釋藏佛典之部

四六、舊藏（或稱「舊經」）

1. 龍龕手鑑卷一金部：「鏙 舊藏作鍾，音直追反。」
2. 龍龕手鑑卷一金部：「釪 舊藏作舒。」
3. 龍龕手鑑卷一金部：「鏌 誤。舊藏作鈎，鏌千佛名，在賢愚經中。」
4. 龍龕手鑑卷一金部：「鑬 舊藏作鑑。」
5. 龍龕手鑑卷一人部：「衎 舊藏作行字。」
6. 龍龕手鑑卷一人部：「偂 又舊藏作偷，在灌項經，神名也。」
7. 龍龕手鑑卷一人部：「傢 舊藏作像。」
8. 龍龕手鑑卷一人部：「傻 傻 舊藏作叟，蘇走反。」
9. 龍龕手鑑卷一人部：「㑄 舊藏作陷，在續高僧傳。」
10. 龍龕手鑑卷一人部：「㑫 又舊藏作弇，在七佛神呪經。」
11. 龍龕手鑑卷一言部：「謔 舊藏作謔，許虐反。」
12. 龍龕手鑑卷一心部：「慺 舊藏作懼，音具。」
13. 龍龕手鑑卷一心部：「悋 舊藏作惰。在安般守意經。」
14. 龍龕手鑑卷一心部：「懽 懽 舊藏作豁㝳。上呼括反，下音悋，在增一阿含經。」

增壹阿含經第三十一：「是時佛作威，神識懽痦，諸梵志書籍亦有此言。」

案：增壹阿含經卷三十一云「神識懽痦」，玄應一切經音義「豁悟」下云「經文從心作懽」，行均所謂「舊藏作豁痦」，蓋謂此耶？

15. 龍龕手鑑卷一心部：「𢡠(舊藏作慹。)」

16. 龍龕手鑑卷一心部：「𢘆(舊藏作恐顏，在道地經。)」

道地經五種成敗章第五：「嚴先祖人現麁恐顏色。」

案：道地經有「恐顏色」之語，行均蓋謂此也。

17. 龍龕手鑑卷一山部：「崳(舊藏作崳。)」

18. 龍龕手鑑卷一車部：「䡤(舊藏作斬。)」

19. 龍龕手鑑卷一車部：「軀(舊藏作轉。)」

20. 龍龕手鑑卷一丟部：「𩯭(舊藏作鬉。)」

21. 龍龕手鑑卷一門部：「閅(舊藏作門。)」

22. 龍龕手鑑卷一刀部：「𠝹(舊藏作郗，音丑脂反。)」

23. 龍龕手鑑卷一刀部：「剮又舊藏作割字。」
24. 龍龕手鑑卷一刀部：「制舊藏作制。」
25. 龍龕手鑑卷一衣部：「袞舊藏作衮，祖分反，在三法度論。」
26. 龍龕手鑑卷一衣部：「袧舊藏作禍。」
27. 龍龕手鑑卷一衣部：「𧘂舊藏作救。」
28. 龍龕手鑑卷一示部：「禔舊藏作嫓，疋許反，配也。」
29. 龍龕手鑑卷一示部：「祠舊藏作禍。」
30. 龍龕手鑑卷一示部：「祋舊藏作救。」
31. 龍龕手鑑卷一示部：「𥜸舊藏作擵，君遷反。」
32. 龍龕手鑑卷一示部：「禞舊藏作祜。」
33. 龍龕手鑑卷一牛部：「犆舊藏作緬。」
34. 龍龕手鑑卷一文部：「敹舊藏作斂，音力小反，長也。」
35. 龍龕手鑑卷一皮部：「皷舊藏作詖。」
36. 龍龕手鑑卷一犭部：「猚舊藏作雄。」
37. 龍龕手鑑卷一禾部：「穊秝二字，舊藏作秆。」

38. 龍龕手鑑卷一禾部：「秢（舊藏作秎。）」

39. 龍龕手鑑卷一隹部：「雓（舊藏作辭，在大莊嚴經。）」

大莊嚴論經卷第三：「言辭字句滿。」

案：大莊嚴論經有云「言辭字句滿」，行均蓋謂此也。

40. 龍龕手鑑卷一田部：「⿰田尸（舊藏作⿰田出。）」

41. 龍龕手鑑卷一田部：「⿰田弱（舊藏作⿰田要。）」

42. 龍龕手鑑卷一宀部：「宕（舊藏作若。）」

43. 龍龕手鑑卷一尸部：「⿸尸忍（舊藏作互，丁兮反。）」

44. 龍龕手鑑卷一尸部：「屢（誤。舊藏作摟，在高僧傳。）」

高僧傳卷第一支摟迦讖傳：「支摟迦讖……」

高僧傳卷第六釋慧遠傳：「釋慧遠，本姓賈氏，鴈門摟煩人也」

案：高僧傳卷一有「支摟迦讖」，卷六有「摟煩人也」之語，行均蓋謂此也。

45. 龍龕手鑑卷一尸部：「⿸尸目（舊藏作看，經文一視反，語言。）」

46. 龍龕手鑑卷一尸部：「[尸滿]舊藏作漏。」

47. 龍龕手鑑卷一魚部：「鯙舊藏作醇，音純，厚也。」

48. 龍龕手鑑卷一魚部：「[魚負]舊藏作魚。」

49. 龍龕手鑑卷一魚部：「[魚号]誤。舊藏作鰐，五各反，魚名。」

50. 龍龕手鑑卷一魚部：「[魚蜀]舊藏作鯧，俗音唱。」

51. 龍龕手鑑卷一口部：「[囗日]舊藏作回字。」

52. 龍龕手鑑卷一䜌部：「[䜌田]又舊藏作[䜌田]也。」

53. 龍龕手鑑卷一高部：「[弜高][弜高]二誤。舊藏作[弜高]鬵二字，才心、昨鹽二反，甑屬也。下又徐林反，—鼎也。」

54. 龍龕手鑑卷一殳部：「[豈殳]舊藏作敳，五來反，所有理也、亦人名也。」

55. 龍龕手鑑卷一畀部：「[角畀]舊藏作[月畀]。」

56. 龍龕手鑑卷一申部：「[奇申]舊藏作[言申]，音俞。」

57. 龍龕手鑑卷一门部：「笴笱二誤。舊藏作[竹奇]，座治反，詐也。」

58. 龍龕手鑑卷二手部：「[扌渕]舊藏作渕，烏玄反，深也。」

59. 龍龕手鑑卷二手部：「[扌至]舊藏作[illegible]。」

60. 龍龕手鑑卷二手部：「[扌江]舊藏作[illegible]，音紅，出戲。」

61. 龍龕手鑑卷二手部：「摟舊藏作摟。」

62. 龍龕手鑑卷二手部：「拚舊藏作拚，古侯反，擱也。」

63. 龍龕手鑑卷二手部：「𢶡舊藏作𥗫，音張葉反。」

64. 龍龕手鑑卷二手部：「搮舊藏作剝，在阿育王壞目因緣經也。」

阿育王息壞目因緣經：「從剝獄來。」

案：行均引蓋是。

65. 龍龕手鑑卷二虫部：「蟐舊藏作蟷。」

66. 龍龕手鑑卷二虫部：「蝺舊藏作瑀，音雨，石似玉也。」

67. 龍龕手鑑卷二虫部：「𧒆舊藏作㯃，蘇到反，疥—。」

68. 龍龕手鑑卷二虫部：「𧒒舊藏作㖼，蘇因反，—水。」

69. 龍龕手鑑卷二虫部：「𧕁舊藏作嗽，蘇奏反。」

70. 龍龕手鑑卷二水部：「沆舊藏作浣。」

71. 龍龕手鑑卷二水部：「𣲧舊藏作非字。」

72. 龍龕手鑑卷二水部：「泳舊藏作流。」

73. 龍龕手鑑卷二水部：「浧舊藏作陞。」

74. 龍龕手鑑卷二水部：「汱 舊藏作汏，音太。」

75. 龍龕手鑑卷二水部：「涴 舊藏或作浣。」

76. 龍龕手鑑卷二水部：「浾 舊藏作浧，魚斬反，涰謂之—也。」

77. 龍龕手鑑卷二水部：「激 舊藏作溺。」

78. 龍龕手鑑卷二火部：「⿱氏灬 舊藏作玄。」

79. 龍龕手鑑卷二火部：「焒 舊藏作蝸，音瓜。」

80. 龍龕手鑑卷二火部：「熡 舊藏作摟。」

81. 龍龕手鑑卷二火部：「⿱湯灬 舊藏作盪，徒朗反，滌—。」

82. 龍龕手鑑卷二火部：「、烜 又舊藏作煖，許袁反，人名，在廣弘明集第十九。」

83. 龍龕手鑑卷二火部：「炡 舊藏作壞。」

84. 龍龕手鑑卷二火部：「㸁 誤。舊藏作熯，音漢，火乾也。」

85. 龍龕手鑑卷二火部：「⿱骨灬 舊藏作䯊，古歷反，出道地經。」

道地經五種成敗章第五：「令病者骨髓䯊。」

案：道地經有「髓䯊」二字，行均蓋謂此也。

86. 龍龕手鑑卷二土部：「均 舊藏作坳。」

87. 龍龕手鑑卷二土部：「均舊藏作坸。」

88. 龍龕手鑑卷二土部：「堯舊藏作胡刲。」

89. 龍龕手鑑卷二土部：「堖誤，舊藏作蟻，在三法度論。」

90. 龍龕手鑑卷二草部：「羔舊藏作𦬞。」

91. 龍龕手鑑卷二草部：「芶舊藏作筠。」

92. 龍龕手鑑卷二草部：「茬舊藏作差。」

93. 龍龕手鑑卷二草部：「菠舊藏作跛。」

94. 龍龕手鑑卷二草部：「苑舊藏作菀。」

95. 龍龕手鑑卷二草部：「薤舊藏作蒔，在廣弘明集第二十七卷。」

96. 龍龕手鑑卷二草部：「蓥舊藏作鎣，烏定反——飾。」

97. 龍龕手鑑卷二草部：「蕨舊藏作羨。」

98. 龍龕手鑑卷二草部：「夢舊藏作夣。」

99. 龍龕手鑑卷二口部：「呧舊藏作呱，音孤，啼聲也。」

100. 龍龕手鑑卷二口部：「㖴舊藏作曼，母官反。」

101. 龍龕手鑑卷二口部：「咾又舊藏作姥。」

102. 龍龕手鑑卷二口部：「囉（舊藏作躍，音藥。廣弘明集第卅卷。）」

廣弘明集第三十薩陀波倫入山求法讚：「流音在耳，欣躍晨征。」

廣弘明集第三十王筠應詔并序：「私心慶躍得未曾有。」

案：廣弘明集三十卷「躍」字二見，行均引蓋是。

103. 龍龕手鑑卷二女部：「嫿（舊藏作雈。）」

104. 龍龕手鑑卷二女部：「嫰嫰嫰（舊藏作觸。）」

105. 龍龕手鑑卷二女部：「娭（舊藏作飡。在成實論。）」

成實論卷第八六業品第一百一十：「若言貪飡如鳥語如狗吠。」

案：成實論卷八有云「貪飡如鳥語」，行均蓋謂此也。

106. 龍龕手鑑卷二女部：「婮（舊藏作欲字。）」

107. 龍龕手鑑卷二鳥部：「鵁（舊藏作憍字。在別譯阿含中。）」

別譯阿含經第三：「世界之中，少有能得富貴財業，設得財業，不尚憍奢。」

案：別譯阿含經卷三有云「不尚憍奢」，行均蓋謂此也。

108. 龍龕手鑑卷二鳥部：「鵶 誤。舊藏作鴉，烏加反。」

109. 龍龕手鑑卷二鳥部：「鴢 舊藏作鸐。」

110. 龍龕手鑑卷二鳥部：「鴪 舊經切胡骨反。」

111. 龍龕手鑑卷二馬部：「駈駢 舊藏作騈，部田反。」

112. 龍龕手鑑卷二馬部：「驁 舊藏作驕。」

113. 龍龕手鑑卷二馬部：「駠 舊藏作騮，音留。」

114. 龍龕手鑑卷二馬部：「騆 舊藏作駧，徒弄反，馬去急。」

115. 龍龕手鑑卷二阜部：「陻 舊藏作陞，音因，塞也。」

116. 龍龕手鑑卷二广部：「麐 舊藏作麐。在弘明集第二十八卷中。」

廣弘明集卷第二十八沈約南齊南郡王捨身疏：「託景中璇聯華日，系玉組夙紆，蕃麐早建。」

案：廣弘明集二十八卷有「蕃麐早建」之語，行均蓋謂此也。

所引「弘明集」上，當增一「廣」字。

117. 龍龕手鑑卷二广部：「㢈 舊藏作傴，於武反，不伸也。」

118. 龍龕手鑑卷二酉部：「[酉卑]（舊藏作鞞。）」

119. 龍龕手鑑卷二酉部：「[酉包]（舊藏作皰，足包反，面上生氣一。）」

120. 龍龕手鑑卷二瓦部：「甎（舊藏作甖也。）」

121. 龍龕手鑑卷二犬部：「猨（舊藏作猨。）」

122. 龍龕手鑑卷二犬部：「[犭烏]（舊藏作獵。）」

123. 龍龕手鑑卷二豸部：「[豸東]（舊藏作潼，都勇反。）」

124. 龍龕手鑑卷二豸部：「[豸虎]（舊藏作舜，在辯正論。）」

辯正論卷第一：「陳堯舜揖讓之德。」

案：辯正論有云「陳堯舜揖讓之德」，行均蓋謂此也。

125. 龍龕手鑑卷二亨部：「[享孚]（舊藏作鶉，常倫反。）」

126. 龍龕手鑑卷二鼓部：「[鼓云]（舊藏作鼓，在阿閦佛經下卷。）」

阿閦佛國經卷下諸菩薩學成品第四：「夜初鼓時先哀念人民。」

案：阿閦佛國經卷下有云「夜初鼓時先哀念人民」，行均蓋謂此也。

129. 龍龕手鑑卷二也部：「馳（又舊藏作馳，在續高僧傳第七卷。）」

續高僧傳卷第七陳揚都大彭城寺釋寶瓊傳四：「莊入室馳聲見于別紀。」

案：續高僧傳第七卷有「馳聲見于別紀」之語，行均蓋謂此也。

128. 龍龕手鑑卷三又部：「[illegible]（誤。舊藏作有字。）」

129. 龍龕手鑑卷三貝部：「[illegible]（誤。古瓦反。舊藏作寡，）」

130. 龍龕手鑑卷三貝部：「[illegible]（舊藏作睇，特計反，視也。）」

131. 龍龕手鑑卷三欠部：「歌歌（上出新藏，下出舊藏，皆誤，正作歌。）」

132. 龍龕手鑑卷三壴部：「[illegible]（誤。舊藏作愨，苦角反，謹也，善也。）」

133. 龍龕手鑑卷三四部：「罽（舊藏作羅字。）」

134. 龍龕手鑑卷三自部：「臯（舊藏作皋，古高。）」

135. 龍龕手鑑卷三寸部：「[illegible]（舊藏作京。）」

136. 龍龕手鑑卷四木部：「梩（舊藏作理，在婆須蜜論。）」

尊婆須蜜菩薩所集論卷第七：「此亦如上答無異，所說不順其理。」

案：尊婆須蜜菩薩所集論有云「不順其理」，行均蓋謂此也。

137. 龍龕手鑑卷四木部：「樸舊藏作𨻶，丘戢反，孔｜也。」

138. 龍龕手鑑卷四竹部：「笭舊經作筌。」

139. 龍龕手鑑卷四竹部：「筧舊藏作萈，匣辦反，菜名也。」

140. 龍龕手鑑卷四系部：「⿰糸年舊經作紂。續高僧傳上帙中。」

續高僧傳卷第五釋法雲傳：「紂綴波崙之情，預非草木，誰不歔欷！」

案：續高僧傳卷五有「紂綴波崙之情」，行均蓋謂此也。

141. 龍龕手鑑卷四系部：「⿰糸剛舊藏作綱。」

142. 龍龕手鑑卷四系部：「繳舊藏作[illegible]。」

143. 龍龕手鑑卷四系部：「纆絙二舊藏作緬、下又俗音目，在不拜王表。」

144. 龍龕手鑑卷四系部：「⿰糸鳥舊藏作⿰糸鳥，而遇反。」

145. 龍龕手鑑卷四系部：「紉舊藏作⿰幺刃，在經音義。」

146. 龍龕手鑑卷四系部：「⿰糸宓⿰糸蜜上音密，下音蜜，皆俗字，見舊經音。」

147. 龍龕手鑑卷四肉部：「臏 舊藏作髕，音賓。」

148. 龍龕手鑑卷四肉部：「膄 誤。舊藏作腴。」

149. 龍龕手鑑卷四肉部：「胔 舊藏作腦。」

150. 龍龕手鑑卷四肉部：「膂 音呂，脊｜也。䏐舊藏作同上。」

151. 龍龕手鑑卷四肉部：「𦢊 舊藏作｜，方免反，厰兒也。」

152. 龍龕手鑑卷四肉部：「膭 舊藏作膭，以醉反，肉疾兒。」

153. 龍龕手鑑卷四目部：「䁐 舊藏作腴，音俞，肥｜。」

154. 龍龕手鑑卷四目部：「眄 舊藏作盯，莫見反。」

155. 龍龕手鑑卷四目部：「盻 舊藏作肸，許乙反，｜蠁也。」

156. 龍龕手鑑卷四目部：「䀹 女洽反，又舊藏作留。」

157. 龍龕手鑑卷四日部：「皁 舊藏作皂。」

158. 龍龕手鑑卷四日部：「彙 舊藏作彙，音謂，｜類也。」

159. 龍龕手鑑卷四日部：「𥇐 舊藏作則字。」

160. 龍龕手鑑卷四玉部：「𤩰 舊藏作螺。」

161. 龍龕手鑑卷四玉部：「皇 舊藏作璽。」

162. 龍龕手鑑卷四玉部：「瑰舊藏作碧。」
163. 龍龕手鑑卷四玉部：「瑑舊藏作琢。」
164. 龍龕手鑑卷四石部：「砷又舊藏作抛，在佛本行經。」
165. 龍龕手鑑卷四石部：「䃁舊藏作碎，音并亦反。」
166. 龍龕手鑑卷四革部：「䩆舊藏作鞙，而容反。」
167. 龍龕手鑑卷四邑部：「郊舊藏作邪。」
168. 龍龕手鑑卷四邑部：「𨛦舊藏作刪，所姦反，除削。」
169. 龍龕手鑑卷四足部：「躝舊藏作躝。」
170. 龍龕手鑑卷四足部：「蹀舊藏作蹀，音牒。」
171. 龍龕手鑑卷四足部：「𨃀舊藏作踱，音鐸。」
172. 龍龕手鑑卷四足部：「蹹踧蹻舊藏作蹹，徒合反，蹹—，在六度集。」
173. 龍龕手鑑卷四疒部：「𤵸舊藏作痃，音賢。」
174. 龍龕手鑑卷四疒部：「疳舊藏作甘。」
175. 龍龕手鑑卷四疒部：「𤵊舊藏作牦，比朗反，毛—也。」
176. 龍龕手鑑卷四骨部：「髗舊藏作髓。」

177. 龍龕手鑑卷四骨部：「髀舊藏作軆。」

178. 龍龕手鑑卷四頁部：「頬舊藏作規，在百緣經。」

撰集百緣經卷第二：「送至殺處，規欲刑戮。」

案：撰集百緣經卷二有云「規欲刑戮」，行均或謂此也。

179. 龍龕手鑑卷四頁部：「頮舊藏作額，在續高僧傳。」

續高僧傳卷第九釋靈裕傳：「代帝受戒懺罪，并送綾錦衣服絹三百段，助營山寺，御自注額可號靈泉。」

案：續高僧傳卷九有云「御自注額」，行均蓋謂此也。

180. 龍龕手鑑卷四辵部：「遺舊藏作遺。」

181. 龍龕手鑑卷四辵部：「迷舊藏作迷，在廣弘明集第廿四卷中。」

廣弘明集卷第二十四：「扶力修嘐，迷猥不次。」

案：廣弘明集廿四卷有「迷猥不次」之語，行均蓋謂此也。

182. 龍龕手鑑卷四辵部：「遑舊藏作遺，在續高僧傳第六卷。」

續高僧傳卷第六梁楊都龍光寺釋僧喬傳十一：「淵公不無神明

而心性偏激亟違禮度。」

案：續高僧傳卷六有「亟違禮度」之語，行均蓋謂此也。

183. 龍龕手鑑卷四辵部：「遬舊藏作遬。」

184. 龍龕手鑑卷四辵部：「迚舊藏作卒，子聿、子骨、蘇沒三反。」

185. 龍龕手鑑卷四食部：「餂舊藏作龠。」

186. 龍龕手鑑卷四食部：「鑠舊藏作鑠，音式若反，鋪—。」

187. 龍龕手鑑卷四麥部：「麮誤。舊藏作赶，其月反，舉尾走也。又居言反。」

188. 龍龕手鑑卷四麥部：「麸舊藏作熱字，在僧護經。」

佛說因緣僧護經：「天時暑熱。」

案：僧護經云「天時暑熱」，此蓋行均所謂「舊藏作熱字」也。「熱」「熱」字同。

189. 龍龕手鑑卷四麥部：「麸舊藏作埶。」

190. 龍龕手鑑卷四穴部：「窺舊藏作窺，在破邪論。」

破邪論卷上：「安可憑諸天縱窺其窅冥者乎？」

案：破邪論卷上有云「天縱窺其窅冥」，行均蓋謂此也。

191. 龍龕手鑑卷四穴部：「𥦒 舊藏作𥨍。」

192. 龍龕手鑑卷四穴部：「𥧱 舊藏作窿。」

193. 龍龕手鑑卷四角部：「𧣯 舊藏作斛，胡谷反。」

194. 龍龕手鑑卷四歹部：「𣧑 舊藏作弘。」

195. 龍龕手鑑卷四歹部：「𣧤 舊藏作弭。」

196. 龍龕手鑑卷四歹部：「𣧅 舊藏作琰。」

197. 龍龕手鑑卷四歹部：「殦 舊藏作傿，而遇反。」

198. 龍龕手鑑卷四歹部：「𡖄 舊藏作𥿑，柔列反。」

199. 龍龕手鑑卷四雜部：「𠯑 舊藏作𦈢，年合反。」

200. 龍龕手鑑卷四雜部：「𥓂 舊藏作塲。」

201. 龍龕手鑑卷四雜部：「𠄔 舊藏作舛，昌兗反，對卧也。」

202. 龍龕手鑑卷四雜部：「市 又舊藏作布。」

203. 龍龕手鑑卷四雜部：「𪠇 舊藏作嗣，音寺。」

204. 龍龕手鑑卷四雜部：「𠀍 舊藏作泄。」

205. 龍龕手鑑卷四雜部：「𣢼 舊藏作敪，音外，狀也。」

206. 龍龕手鑑卷四雜部：「⿱殸共 舊藏作穀，呼木反，日出赤皃。在道地經。」

道地經五十五觀章第七：「是身為譬如腐穀，舍飲食壞故。」

案：道地經有「腐穀」二字，行均蓋謂此也。

四七、新藏（或稱「新經」）

1. 龍龕手鑑卷一金部：「鏓 新藏作鍯，音忩。」
2. 龍龕手鑑卷一金部：「⿰金乇 新藏作鉑。」
3. 龍龕手鑑卷一人部：「⿰亻太 新藏作汰，音太。」
4. 龍龕手鑑卷一言部：「⿰言⿱穴之 新藏：自切，[illegible]僣反。」
5. 龍龕手鑑卷一言部：「⿰言色 新藏作說。」
6. 龍龕手鑑卷一心部：「⿱鼓心 新藏作懿，乙冀反，美也，大也。」
7. 龍龕手鑑卷一心部：「⿱雨心 說。新藏作慮。」
8. 龍龕手鑑卷一山部：「⿰山翟 新經作濯，在廣弘明集。」

廣弘明集卷第二十七：「濯足江漢更澌皓。」

廣弘明集卷第三十：「寒泉濯溫手。」

廣弘明集卷第三十：「濯足廚流瀾。」

案：廣弘明集「濯」字屢見，行均引蓋是。

9. 龍龕手鑑卷一門部：「閶闔（新藏作閶，音昌。闔，門扇也。）」

10. 龍龕手鑑卷一示部：「禰禰（二。新藏作禰，音禰。）」

11. 龍龕手鑑卷一示部：「衿（新藏作袴。）」

12. 龍龕手鑑卷一亠部：「奥（新藏作奧，在六度集。）」

六度集經卷第六精進度無極章第四：「精進度無極者，厥則云何？精存道奧。」

六度集經卷第六調達教人為惡經：「宣佛奧典，開化眾生，消其瑕穢。」

案：六度集經卷六有云「精存道奧」「宣佛奧典」，行均蓋謂此也。

13. 龍龕手鑑卷一隹部：「隽（新藏作鐫，在續高僧傳第廿九卷。）」

續高僧傳卷第二十九釋慧震傳：「即命石工鐫鑿座身。」

案：續高僧傳卷二十九有云「鐫鑿座身」，行均蓋謂此也。

14. 龍龕手鑑卷一隹部：「雿（新藏作頫，他弔反，低頭聽也。）」

15. 龍龕手鑑卷一穴部：「窬新藏作踰。」

16. 龍龕手鑑卷一宀部：「𡧂新藏作害。」

17. 龍龕手鑑卷一宀部：「㝢新藏作寓，音遇，寄也。」

18. 龍龕手鑑卷一魚部：「鱓又新藏作鱓，音善，亦魚名也。」

19. 龍龕手鑑卷一龍部：「巃新藏作壟。」

20. 龍龕手鑑卷二水部：「汈新藏作汈。」

21. 龍龕手鑑卷二土部：「堿新藏作藏，徂朗反。」

22. 龍龕手鑑卷二草部：「蒙新藏作蒙。」

23. 龍龕手鑑卷二草部：「菑新藏音甾。田不耕曰—。」

24. 龍龕手鑑卷二草部：「葹新藏作葹。」

25. 龍龕手鑑卷二草部：「繭新藏作，古典反。」

26. 龍龕手鑑卷二草部：「挨新藏作挨。」

27. 龍龕手鑑卷二草部：「茦新藏作䇲。楚革反。」

28. 龍龕手鑑卷二草部：「安荌二新藏作荌。」

29. 龍龕手鑑卷二草部：「苶新藏作苶，如叶反，病皃。」

30. 龍龕手鑑卷二艸部：「蘏（新藏作䕨。）」

31. 龍龕手鑑卷二阜部：「隅（新藏作隅，在高僧傳上帙。）」

高僧傳卷第一安清傳：「晉初有沙門安世高度䢼亭廟神，得財物立白馬寺於荆城東南隅。」

案：高僧傳卷一有「立白馬寺於荆城東南隅」之語，行均蓋謂此也。

32. 龍龕手鑑卷二阜部：「隰（新經作隮字。）」

33. 龍龕手鑑卷二广部：「庵（誤。新藏作瘞，於罽反，埋也。）」

34. 龍龕手鑑卷二米部：「粦（新藏作鱗，在廣弘明集第廿卷，又俗音憐，在大哀經第五。）」

廣弘明集卷第二十：「金鱗鐵面貢碧砮之賝。」

大哀經卷第六：「憐傷等現。」

案：行均引「新藏作鱗，在廣弘明集第廿卷」，是也。又引「俗音憐，在大哀經第五」則非，大哀經卷第六有「憐傷等現」之語，行均蓋涉此而誤。

35. 龍龕手鑑卷二米部：「雅（誤。新藏作精。）」

36. 龍龕手鑑卷二耳部：「⿰耳斗（新藏作聊。）」

37. 龍龕手鑑卷二走部：「趧（誤。新藏作趧、七劍反。）」

38. 龍龕手鑑卷二止部：「⿱止土（新藏作幻，在辯正論中。）」

辯正論卷第四：「始夫萬物非有一心如幻。」

案：辯正論有云「非有一心如幻」，行均蓋謂此也。

39. 龍龕手鑑卷三見部：「⿱立見（新藏作竟。）」

40. 龍龕手鑑卷三貝部：「⿰貝交（新藏作皎。—然，在廣弘明集第十二卷。）」

廣弘明集卷第十二：「因果之道斯理皎然。」「斯理皎然，如何致惑？」

案：廣弘明集第十二卷「斯理皎然」之語二見，行均引蓋謂此也。

41. 龍龕手鑑卷三貝部：「⿱彪貝（新藏作⿱虘貝。）」

42. 龍龕手鑑卷三貝部：「員、（新藏作買，在高僧傳上帙中。）」

高僧傳卷第二曇無讖傳：「讖乃漸悟，別置高處，夜有盜之者數過提舉，竟不能勝。」

案：高僧傳卷二有「別置高處」之語，行均蓋謂此也。

43. 龍龕手鑑卷三欠部：「歃歃 上出新藏，下出舊藏，皆誤，正作歃。」

44. 龍龕手鑑卷四糸部：「緲 新藏作翊，羊職反，馮翊，郡名。」

45. 龍龕手鑑卷四肉部：「腞 新藏作豚。」

46. 龍龕手鑑卷四肉部：「肹 新藏作盻，音諂，恨視也。」

47. 龍龕手鑑卷四目部：「晗 新藏作䁗。」

48. 龍龕手鑑卷四日部：「眼 新藏作眼字。」

49. 龍龕手鑑卷四日部：「晬 新藏作脺，雖遂反，視皃。又子對反，周年也。」

50. 龍龕手鑑卷四白部：「皗 新藏作皜。」

51. 龍龕手鑑卷四玉部：「珆 新藏作玷。」

52. 龍龕手鑑卷四革部：「⿰革⿱覀凡 新藏作。⿰革⿱豊瓦 舊藏作。在道地經。」

道地經五種成敗章第五：「或從⿰革⿱豊瓦或從行輪。」

案：道地經有云「或從⿰革⿱豊瓦」，同於行均所引舊藏，新藏作「⿰革⿱覀凡

」則未見。

53. 龍龕手鑑卷四頁部：「頊八誤。新藏作。字義合作顒，音肉，孔子頭也，在梁弘明集第一卷。」

弘明集卷第一：「伏羲龍鼻，仲尼反頨。」

案：弘明集云「仲尼反頨」，行均引曰「孔子頭也」，乃以意引，不盡合原詞也。

54. 龍龕手鑑卷四炙部：「遂（新藏作夾。）」

55. 龍龕手鑑卷四彳部：「⿰彳函（新藏作涵，胡感反，水入舡也。）」

56. 龍龕手鑑卷四食部：「⿰食取（新藏作餌，仍吏反。）」

57. 龍龕手鑑卷四一部：「⿱巫一（新藏作亞，—次也，就也。）」

58. 龍龕手鑑卷四必部：「⿱林必（娶，新藏作⿱埶必，音蒲北反。）」

59. 龍龕手鑑卷四雜部：「⿰希皮（新藏作⿰希攵，音希。）」

60. 龍龕手鑑卷四雜部：「⿰夂且（新藏作⿰歹且，七余反，藏，泉也。）」

61. 龍龕手鑑卷四雜部：「巺（新藏作熙，音許其反，和也。）」

62. 龍龕手鑑卷四雜部：「三（新藏作三，三字。）」

四八、藏經（未註明新藏或舊藏者）

1. 龍龕手鑑卷一人部：「俘（經文云：仇子陁也，在廣弘明集第七卷。）」

廣弘明集卷第七：「齊章仇子陀者，魏郡人

案：廣弘明集第七卷有云「仇子陀者」，蓋即行均所引「仇子陁也」。

2. 龍龕手鑑卷一門部：「閈下文作闇，字在中阿含第十九卷。」

3. 龍龕手鑑卷一宀部：「宓弥止，在廣弘明集第八卷，今作虙，音伏，丨羲字。」

廣弘明集卷第八：「昔宓羲氏仰觀象於天，俯察法於地。」

案：行均引是也。

4. 龍龕手鑑卷二水部：「淩誤。似面反，在賢愚經第一卷。」

5. 龍龕手鑑卷二鳥部：「⿰鳥九誤。出感通錄勸高僧傳作躭，丁含反。」

續高僧傳卷第一僧伽婆羅傳：「及簡文之在春坊，尤躭內教，撰法寶聯璧二百餘卷。」

案：續高僧傳卷一有「尤躭內教」之語，行均蓋謂此也。「勸」字，疑為「續」字之誤。

6. 龍龕手鑑卷二鳥部：「⿰鳥奏綠白切，青構反，在四阿含暮抄。」

四阿鋡暮抄解第一卷上：「⿰鳥奏鳥也，青構反。」

案：四阿鋡暮抄解卷一云「⿰鳥奏青構反。」，行均引同。

7. 龍龕手鑑卷四頁部：「傾（在西域記第六卷。）」

大唐西域記卷第六：「窣堵傾圮，唯餘故基。」

案：大唐西域記卷六有云「窣堵傾圮」，行均蓋謂此也。

8. 龍龕手鑑卷四頁部：「䫳（音覿，在百緣經。）」

9. 龍龕手鑑卷四辵部：「𨘷（誤。正作霆，在續高僧傳。）」

續高僧傳卷第三釋慧頤傳：「信是瑩心神之砥礪，越溟海之舟輿，駭昏識之雷霆，照幽途之日月者矣！」

續高僧傳卷第二十九釋明達傳：「俄而風雨晦冥，雷霆振擊。」

案：續高僧傳卷三有云「駭昏識之雷霆」，卷二十九有云「雷霆振擊」，行均蓋謂此也。

10. 龍龕手鑑卷四卜部：「𧆞𧆞（音虔，在陀羅尼中。）」

四九、窺基法師

1. 龍龕手鑑卷四足部：「跘（基、（應）二師音平患反，江淮間謂跨坐，即開胯坐也。）」

## 五十、香嚴

1. 龍龕手鑑卷一金部：「鈄 又香嚴作邪，斗二音。」
2. 龍龕手鑑卷一金部：「鍪 同鍪 香嚴音婺，溫器也。」
3. 龍龕手鑑卷一金部：「鉆 香嚴又音闆。」
4. 龍龕手鑑卷一人部：「儚 香嚴音亡僧反，惛也。」
5. 龍龕手鑑卷一言部：「譠 香嚴：又丑山反。」
6. 龍龕手鑑卷一言部：「謹 香嚴：打用反，濁也。」
7. 龍龕手鑑卷一心部：「愇 香嚴云：恨也。」
8. 龍龕手鑑卷一心部：「怟 香嚴：又力姪反。」
9. 龍龕手鑑卷一心部：「惐 香嚴：又立戚反。」
10. 龍龕手鑑卷一心部：「⿱⺮惪 香嚴：又平聲。」
11. 龍龕手鑑卷一心部：「⿱死心 香嚴：俗音氣。」
12. 龍龕手鑑卷一心部：「⿱章心 香嚴：又音億，安也。」
13. 龍龕手鑑卷一心部：「⿱毛心 香嚴又許役，斷管二反。」
14. 龍龕手鑑卷一心部：「⿱卓心 香嚴又音卓。」

15. 龍龕手鑑卷一山部：「𢿌 香嚴，隨岀同數，蘇走反。」

16. 龍龕手鑑卷一山部：「屵 香嚴：音莫卜反。」

17. 龍龕手鑑卷一刀部：「𠛸 香嚴：音寮，一鈎也。」

18. 龍龕手鑑卷一牛部：「牄 香嚴：又七剛反，午也。」

19. 龍龕手鑑卷一文部：「敃 香嚴：巨記反。」

20. 龍龕手鑑卷一風部：「颹 香嚴：又扗回反。」

21. 龍龕手鑑卷一舟部：「𦪈 𦨻 上香嚴又以佳反，舟名。」

22. 龍龕手鑑卷一矛部：「𥎦 香嚴：又買反。」

23. 龍龕手鑑卷一隹部：「雃 香嚴：又客耕反。」

24. 龍龕手鑑卷一尸部：「屖 香嚴：同嚟，烏兮反。」

25. 龍龕手鑑卷一口部：「圕 圖 圔 香嚴：又音押。」

26. 龍龕手鑑卷二手部：「掕 香嚴：又匬丸反。」

27. 龍龕手鑑卷二虫部：「蠂 香嚴：寺之反。」

28. 龍龕手鑑卷二水部：「沵 香嚴：又烏虎反，水不行也。」

29. 龍龕手鑑卷二水部：「潽 香嚴：俗蒲瞀反。」

30. 龍龕手鑑卷二水部：「沼 香嚴：又音沼。」

31. 龍龕手鑑卷二火部：「熜 香嚴又烏高反。」

32. 龍龕手鑑卷二火部：「燜 香嚴：又俗音憫。」

33. 龍龕手鑑卷二土部：「坾 香嚴：小土也。」

34. 龍龕手鑑卷二草部：「蠆 香嚴又他刺反，外蟲名。」

35. 龍龕手鑑卷二口部：「唫 香嚴：又牛捡反，口出水也。」

36. 龍龕手鑑卷二口部：「咩 香嚴：又迷羈二音。」

37. 龍龕手鑑卷二口部：「𡃐 香嚴：俗隋隨二音。」

38. 龍龕手鑑卷二口部：「喅 香嚴：又為立反，助力聲也。」

39. 龍龕手鑑卷二厂部：「厓 香嚴作厓，杜回反，小墜也。」

40. 龍龕手鑑卷二米部：「糓 香嚴音於句反。」

41. 龍龕手鑑卷二米部：「𥻗 香嚴：又火丸反。」

42. 龍龕手鑑卷二酉部：「𨢦 香嚴又許容反，酒色也。」

43. 龍龕手鑑卷二酉部：「醨 香嚴：又力底反。」

44. 龍龕手鑑卷二酉部：「𨡍 香嚴：又於金、於南二反，醉聲也。」

45. 龍龕手鑑卷二冂部：「買 香嚴，音圓。」

46. 龍龕手鑑卷二ネ部：「⿰衤弗 香嚴：又由結反，小尒也。」

47. 龍龕手鑑卷二九部：「⿱罒九 香嚴：又音注。」

48. 龍龕手鑑卷二子部：「⿰子乂 香嚴：音孔。」

49. 龍龕手鑑卷二小部：「⿱⺌弗 単 香嚴又音單。」

50. 龍龕手鑑卷二缶部：「⿰缶崔 香嚴：朱回反。」

51. 龍龕手鑑卷二缶部：「⿰缶是 香嚴音提。」

52. 龍龕手鑑卷二缶部：「⿰缶刂 玉篇：子乳反 香嚴：同上。」

53. 龍龕手鑑卷三見部：「覾 香嚴：音審，深視皃。」

54. 龍龕手鑑卷三又部：「⿰⿱山豕又 又香嚴音税。」

55. 龍龕手鑑卷三欠部：「⿰甘欠 香嚴：又呼甘反。」

56. 龍龕手鑑卷三彐部：「⿱彐日 ⿱彐田 香嚴又竹鳩是丑二反。」

57. 龍龕手鑑卷四竹部：「⿱⺮化 又香嚴音遥。」

58. 龍龕手鑑卷四肉部：「腣 香嚴：又與賢反，腫起也。」

59. 龍龕手鑑卷四肉部：「⿰月鳥 香嚴：音泣。」

60. 龍龕手鑑卷四目部：「䀴香嚴音呼含反。」
61. 龍龕手鑑卷四目部：「睷乾、健二音，出香嚴、隨函。」
62. 龍龕手鑑卷四日部：「眀香嚴音謁。」
63. 龍龕手鑑卷四玉部：「玫[王夜]香嚴，俗。上音祇，下音夜。」
64. 龍龕手鑑卷四石部：「[石付]香嚴：又同下。」
65. 龍龕手鑑卷四疒部：「瘖香嚴：罃。」
66. 龍龕手鑑卷四疒部：「[疒厤]上香嚴，又苦叶、呼牒二反，病息也。」
67. 龍龕手鑑卷四辵部：「這。香嚴：申賃反」
68. 龍龕手鑑卷四力部：「劦香嚴，又音麗。」
69. 龍龕手鑑卷四文部：「[文主]香嚴，俗，又音主。」
70. 龍龕手鑑卷四色部：「絶香嚴，又戶雞反。」
71. 龍龕手鑑卷四冂部：「隺香嚴：又空卓反。」
72. 龍龕手鑑卷四雜部：「咼香嚴：又竹鴆、是由二反。」
73. 龍龕手鑑卷四雜部：「芇香嚴：音莫卜反。」

## 五十一、郭迻（或稱「郭氏」）

1. 龍龕手鑑卷一金部：「鏰 郭氏音子奚反，｜持也。」
2. 龍龕手鑑卷一人部：「僺 郭逸：：又音巢。」
3. 龍龕手鑑卷一人部：「僨 郭氏：：又俗音奔。」
4. 龍龕手鑑卷一言部：「讀 郭逸：俗子邪，則何二反。」
5. 龍龕手鑑卷一言部：「認 郭氏音惱。」
6. 龍龕手鑑卷一言部：「譃 郭氏：俗音虛。」
7. 龍龕手鑑卷一車部：「轒 郭氏又俗胡罪反。」
8. 龍龕手鑑卷一長部：「[镸攴] 郭氏又俗音徙亂反。」
9. 龍龕手鑑卷一門部：「[門昷] [門冋] 郭逸：又音溫。」
10. 龍龕手鑑卷一門部：「閛 郭逸俗音普耕反，門聲也。」
11. 龍龕手鑑卷一刀部：「劕 劕 劕 郭氏皆彘祭二音，斷也。」
12. 龍龕手鑑卷一風部：「颮 颷 上又郭氏俗音颮。二音。」
13. 龍龕手鑑卷一魚部：「[魚且] 郭逸又音蛆，古字。」
14. 龍龕手鑑卷一殳部：「毃 郭逸：又俗呂兩反。」
15. 龍龕手鑑卷二手部：「[扌黍] 㨶 二字，郭逸音㨶，同。」

16. 龍龕手鑑卷二手部：「揁、郭逸：又音丑人反。」
17. 龍龕手鑑卷二水部：「泮郭氏又俗羊衍二音。」
18. 龍龕手鑑卷二水部：「流郭逸又音潒。」
19. 龍龕手鑑卷二草部：「葹郭逸音他。」
20. 龍龕手鑑卷二草部：「荣郭氏作榮字。」
21. 龍龕手鑑卷二口部：「嚁郭氏又俗音曜。」
22. 龍龕手鑑卷二女部：「嫰嫩嫰又郭氏音鹿。」
23. 龍龕手鑑卷二鳥部：「鴂郭逸俗音無。」
24. 龍龕手鑑卷二阜部：「隒郭逸又撿歛二音。」
25. 龍龕手鑑卷二阜部：「隢郭逸：又俗五文反。」
26. 龍龕手鑑卷二酉部：「醂郭逸又潘曼二音。」
27. 龍龕手鑑卷二耳部：「[illegible]郭逸：俗好非，千芮二反。」
28. 龍龕手鑑卷二冂部：「買郭氏音覇。」
29. 龍龕手鑑卷二子部：「孖郭氏又音啾。」
30. 龍龕手鑑卷三大部：「夵郭逸又陟加反。」

31. 龍龕手鑑卷三片部：「𤗸 郭迻：又音古曠反。」

32. 龍龕手鑑卷四木部：「橬 布莽反，敎也，見郭迻音。」

33. 龍龕手鑑卷四系部：「緍 郭迻俗同緄，音古本反。」

34. 龍龕手鑑卷四系部：「緌 郭迻：又武悲反，緋也。」

35. 龍龕手鑑卷四系部：「綷 郭迻又胡卦反。」

36. 龍龕手鑑卷四肉部：「腂 郭氏：又俗力果，胡瓦二反。」

37. 龍龕手鑑卷四肉部：「腷 郭氏俗音福。」

38. 龍龕手鑑卷四目部：「睘 郭迻：又胡慣反。」

39. 龍龕手鑑卷四目部：「皃 今 皃 正。郭迻：又俗蒙自二音。」

40. 龍龕手鑑卷四玉部：「玔 郭氏：音川也。」

41. 龍龕手鑑卷四革部：「韈 郭氏俗音繩。」

42. 龍龕手鑑卷四邑部：「鄑 郭迻又焦，晉二音也。」

43. 龍龕手鑑卷四邑部：「郊 郭迻：俗丁禮反。」

44. 龍龕手鑑卷四邑部：「郜 郭迻又音浩。」

45. 龍龕手鑑卷四疒部：「癉 又郭迻：俗他丹反，風病也。」

46. 龍龕手鑑卷四疒部：「⿸疒皆郭逸：俗音皆，正作疾。」
47. 龍龕手鑑卷四疒部：「痤郭逸：俗，竹乙反。」
48. 龍龕手鑑卷四疒部：「⿸疒曷郭逸：又俗音謁。」
49. 龍龕手鑑卷四辵部：「遒郭逸音然。」
50. 龍龕手鑑卷四辵部：「迷郭氏：俗呼角反。」
51. 龍龕手鑑卷四辵部：「這郭逸音適。」
52. 龍龕手鑑卷四食部：「⿰食内奴塔反，食皃也。又餲—也。郭逸又俗音奴罪反。」
53. 龍龕手鑑卷四麥部：「⿰麦欠郭氏又俗音五刀反。」
54. 龍龕手鑑卷四歹部：「殦郭氏音昌，俗脂，古堯二反。」
55. 龍龕手鑑卷四黑部：「⿰黑雲郭逸：於擥反。」

五三、一切經音義（含玄應、慧琳）

1. 龍龕手鑑卷一金部：「鑇經音義云：茨奚反，謂—整。在中阿含經第五十五卷。」

玄應一切經音義第十一中阿含經第六十卷：「為齊茨奚反，謂齊整也。經文從金作鑇，誤也。」（慧琳一切經音義卷第五十二中阿含經第六十卷並同）

案：行均所引音切、義訓與經音義同，惟此字見於中阿含經第六十卷，非五十五卷。

2. 龍龕手鑑卷一金部：「鈇 經音義云：宜作麩，在中阿含經。」

玄應一切經音義第十一中阿含經第五十五卷：「因鈇 案字義宜作麩，撫于反，麥皮也。經文作鈇，未見所出，疑世言麩金，遂從金作鈇。」

（慧琳一切經音義卷第五十二中阿含經第五十五卷並同）

案：行均引與經音義同。

3. 龍龕手鑑卷一金部：「⿰金冊 又應法師音山卓反。」

玄應一切經音義第四大雲經第一卷：「錐⿰金冊 此江南俗字也。字體作矟，山卓反。」

案：行均引與應法師同。

4. 龍龕手鑑卷一金部：「鎑 經音義音古盍反，丨鍱也。」

玄應一切經音義第十三樹提伽經：「鎢錥 或作鎑鍱。鎑音古盍反。」

案：玄應音義樹提伽經「鎢錥」下云「或作鎑鍱」，行均「鎑」下即逕引此義，所引「古盍反」亦同。

5. 龍龕手鑑卷一金部：「鏺 或作鏺，經音義：補沫反，樹名，國名。」

玄應一切經音義第十二普曜經第一卷：「鏺樹 補沫反，國名也。依字，兩刃有木柄，可以刈草也。」

（慧琳一切經音義卷第二十八音曜經第一卷並同）

案：行均引「補沫反」反「國名」與經音義同。「樹名」之訓，蓋行均臆增也。

6. 龍龕手鑑卷一人部：「⿰亻歲（經音義作矮，烏買反，矬一也。）」

慧琳一切經音義卷第五十一寶生論卷第三：「矬⿰矢奇（上坐莎反，下擺解反。廣雅云矬，短也，作矮。又⿰矢奇亦矬也，亦做矮，古今正字。論文二字並從人，從坐，從歲，作矬，作⿰亻歲二字，並非也。）」

案：寶生論有「矬⿰亻歲」二字，慧琳音義作「矬⿰矢奇」，謂「⿰矢奇」亦作「矮」，是行均引不誤。唯「烏買反」切語不見音義，恐行均肊造。

7. 龍龕手鑑卷一人部：「倏（音義：亦｜忽也。）」

玄應一切經音義第七普超三昧經上卷：倏忽（又作倐儵二形，同書育反，急疾之貌也。）」

（慧琳一切經音義卷第三十二普超三昧經上卷並同）

案：行均引與音義同。

8. 龍龕手鑑卷一言部：「讀（經音義：音徒南反。在兜沙經。）」

玄應一切經音義第八兜沙經：「譚（徒南反。諸佛名也。經文作讀。）」

慧琳一切經音義卷第二十四佛說兜沙經一卷譚「徒南反，佛名也。經文作譚，談也。」

案：行均引與經音義同。

9. 龍龕手鑑卷一言部：「誼音義：理也，宜也，善也。古文義字。」

玄應一切經音義第三光讚般若經第一卷：「之誼字詁：古文誼，今作義，同。宜寄反。禮記：誼者，宜也，制事宜也。誼亦善也，理也。」

（慧琳一切經音義卷第九光讚般若經第一卷並同）

案：行均引蓋撮舉音義之訓也。

10. 龍龕手鑑卷一言部：「謰音義作動，在大方等陀羅尼第二。」

玄應一切經音義第五大方等陀羅尼經第二卷：「動古文𨗴同，徒董反。爾雅：搖，動作也。經文從言作謰，非也。」

（慧琳一切經音義卷第四十二大方等陀羅尼經第二卷並同）

案：行均引與音義同。

11. 龍龕手鑑卷一心部：「憻音義作坦，安平也，寬也，明也，出阿差末經第五卷。」

玄應一切經音義第七阿差末經第五卷：「坦然他袒反。說文：坦，安也。廣雅：坦，平也。經文作憻，非也。」

（慧琳一切經音義卷第十九阿差末經第五竝同）

案：行均引音義作「坦」，是也。「安平也」一訓，蓋本之說文、廣雅。另「寬也」「明也」之義，則行均自增也。

12. 龍龕手鑑卷一心部：「慻 音義作眷，迴顧也，或作睠，出阿差末經第五卷。」

玄應一切經音義第七阿差末經第五卷：「眷戀 居院反。眷，顧視也。經文作慻，非也。」

慧琳一切經音義卷第十九阿差末經第五卷：「眷戀 居院反，下力眷反。眷戀猶顧視也。經作惓，非也。」

案：行均謂音義作「眷」，是也。音義訓「顧視也」，行均引作「迴顧也」，蓋未細檢原書。「或作睠」者，未見，慧琳音義云「經作惓」，疑「睠」為「惓」之誤。

13. 龍龕手鑑卷一心部：「惒 和偈二音。琳法師云：僻字也，今作和字。」

慧琳一切經音義卷第三十八阿難陁目佉尼呵離陁經：「提和 音和，古人僻用字也。」

案：慧琳「和」字下云「音和，古人僻用字也」，行均「惒」下所引蓋即此也，「古人僻用字也」，省為「僻字也」，「今作和字」，蓋涉「音和」而誤。

14、龍龕手鑑卷一山部：「⿰山着 經音義云：或作直魚反，與躇同。」

玄應一切經音義第九大智度論第九十七卷：「躊躇 又作𨇞𨆌，同腸留反。下或作⿰山着，同腸於反。廣雅：躊躇，猶豫也，躑躅也。」

玄應一切經音義第十八尊婆須蜜所集論第七卷：「躇步 直於反。躊躇，躑躅也，亦猶豫也。」

慧琳一切經音義卷第四十六大智度論第九十七卷：「躊躇 又作𨇞𨆌二形，同腸留、腸知二反。下或作⿰山着，同腸於、腸誅二反。廣雅：躊躇，猶豫，躑躅也。」

案：玄應、慧琳音義「躊躇」二字數見，「躇」音作「直於反」，或作「腸於反」、「腸誅反」，未見作「直魚反」者，此或行均自發唇吻也。玄應音義大智度論九十七卷謂「躇」或作「⿰山着」，尊婆須蜜所集論謂躇即躊躇也，是行均引云⿰山着與躇同。

15、龍龕手鑑卷一山部：「⿱山族 俗。士角反。經音義作⿰石族。」

慧琳一切經音義卷第三十道神足無極變化經第四卷：「⿰石族嶽 上牀學反。下音岳。嶽者，丘墟土也，不平兒也，經作族，非。」

案：行均引與慧琳音義同。

16. 龍龕手鑑卷一車部：「轒 經音義作轒，扶分反，兵車名。經文是比丘名，在七女經中。」

玄應一切經音義第十三七女經：「羅轒 扶分反。字比丘羅轒。經文從責作轒，非也。」

慧琳一切經音義卷第五十五七女經：「羅轒 扶分反。字比丘羅轒。經文從責做轒，非也。」

案：行均引與經音義同。

17. 龍龕手鑑卷一車部：「輪 輿後橫木也。見經音義。」

慧琳一切經音義卷第八十三音大唐慈恩寺三藏法師玄奘傳序：

「競軫 下之忍反。鄭注考工記：軫，輿後橫木也。太玄經：軫，轉貝道也。說文義同，從車今音，同上聲」

案：慧琳音義卷八十二「競軫」下引云：軫，之忍反，並引鄭注云「軫，輿後橫木也」，行均引是也。

18. 龍龕手鑑卷一髟部：「髳 音毛。經音義曰髦。」

玄應一切經音義第二大般涅槃經第十二卷：「髦尾 古文髳，同莫高反。說文：髦，髮也。謂毛中之髦也。經文有作鬉，子公反。」

案：玄應音義大般涅槃經「髦尾」下云「古文髳」，並引說文

「髦」字為解，是行均引不誤也。

19. 龍龕手鑑卷一門部：「閪誤。經音作闖，于彼反，開也。郭迻俗音音丼反，門聲也。」

玄應一切經音義第七正法華經第四卷：「闖又作闞，同，于彼反。字林：闖，開也，闢也。經文作閪，誤也。」

（慧琳一切經音義卷第二十八正法華經第四卷並同）

案：行均引與經音義同。

20. 龍龕手鑑卷一文部：「𢿷誤。經音義云：熱𤀛二字，在四諦經。」

玄應一切經音義第十三四諦經：「熱變碑院反。熱，化也，易也，更也。經文作𢿷，誤也，書無此字。」

慧琳一切經音義卷第五十三四諦經：「執𤀛碑院反。𤀛化也，易也，更也。白虎通曰：反𤀛者，何𤀛非常也。經文作𢿷，誤也。字書亦無此字也。」

案：行均引與玄應音義同。

21. 龍龕手鑑卷一毛部：「毱經音義作抱，蒲報反，鳥伏卵也，在增一阿含經第四十九卷。」

玄應一切經音義第十二增一阿含經第四十九卷：「抱不又作菢，蒲報反。方言：燕朝鮮之間，謂伏鷄曰菢，江東呼嫗。經文作毱，未詳字出。」

（慧琳一切經音義卷第五十二增一阿含經第四十九卷並同）

案：行均引經音義作「菢」反「蒲報反」，與玄應、慧琳同，至其義訓，音義引方言「伏鷄曰菢」之說，行均則謂「鳥伏卵也」，此乃臆撰也。

22. 龍龕手鑑卷一巾部：「⿱無巾（經音義音帝，與⿱帶足同。須｜，天名也。應法師作⿱帶足，同。又隨經音武，出兜沙經。）」

玄應一切經音義第八兜沙經：「須⿸疒帶（音帝。經中或作須⿱帶足，音同。）」（依莊刊本）

玄應一切經音義第三道行般若經第二卷：「須⿱帶足天（三蒼音帝。……案中陰經作須⿸疒帶天，或作須⿸疒帶天。……⿸疒帶音帝。……經文從無从足作無足，音讀作武，非也。）」

案：行均引與玄應音義同。

23. 龍龕手鑑卷一禾部：「⿰禾禁（經音義切居竭反，長禾也。）」

案：檢玄應慧琳音義並無此字。

24. 龍龕手鑑卷一弓部：「⿰弓薾（俗音弥。又經音義音蔑，在放光般若第一。）」

玄應一切經音義第三放光般若經第四卷：「薜荔（正言⿰弓薾荔多。……⿰弓薾，音補蔑反。）」

慧琳一切經音義卷第九放光般若經第四卷：「薜荔（正言⿰弓薾荔多。⿰弓薾，音補蔑反。）」

案：經音義「⿰弓薾」字作「補蔑反」，行均引但云「音蔑」，未檢閱原書也。

25. 龍龕手鑑卷一目部：「朇比移、毗移二反，見音義。」

玄應一切經音義第七正法華經第五卷：「裨體說文作埤或作朇，同避移反。埤，增也，厚也，助也。」

慧琳一切經音義卷第二十八正法華經第五卷：「裨體說文作埤，或作朇，同避移反，謂戀不能去也。」

案：玄應、慧琳音義「裨」下謂「說文作埤，或作朇」，其音切並作「避移反」，行均引「比移」「毗移」二反，蓋肊造也。

26. 龍龕手鑑卷二手部：「拺經音義又丑格反，開也。」

慧琳一切經音義卷第三十二彌勒下生成佛經：「拺丑格反。考聲云：拺，開也。」

案：行均引與慧琳音義同。

27. 龍龕手鑑卷二手部：「摵經音義作蹴，千六反，指—也。應是摵字。」

玄應一切經音義第十一雜阿含經第十九卷：「指蹴千六反，以足逆蹋之曰蹴。經文作摵，非體也。」

慧琳一切經音義卷第五十二雜阿含經第十九卷：「指蹴千六反。說文蹋也。以足逆蹋之曰蹴。經文做摵，非體相字也。」

案：行均引與音義同。

28. 龍龕手鑑卷二虫部：「⿰虫蚩 俗。尺之反，正作嗤，笑也。音義：勑之反。」

玄應一切經音義第十六鼻奈耶律第十卷：「蚩弄 古文媸，同尺之反。廣雅：蚩，輕也，謂相輕而咲也。」

慧琳一切經音義卷第十三大寶積經第五十四卷：「蚩賁 上齒之反。廣雅：蚩，輕也，亂也。釋名：癡也。聲類：騃也。考聲：醜惡也。說文：蚩笑也。蟲名也。從虫音聲，從㞢，古之字也，㞢亦聲也。經中作蚩，訛略也。」

案：行均書「⿰虫蚩」下云「正作嗤，咲也」，是「⿰虫蚩」字蓋即音義「蚩」字，然玄應作「尺之反」，慧琳作「齒之反」，未見作「勑之反」者，此恐行均肊造也。

29. 龍龕手鑑卷二虫部：「⿰虫到 今集作蛛蛭二字，經音義作─，非也。」

玄應一切經音義第二十陁羅尼雜集經第七卷：「蛛⿰虫到」

案：玄應音義第二十陁羅尼雜集經有「蛛⿰虫到」二字，行均蓋謂此也。

31. 龍龕手鑑卷二虫部：「⿰虫耳 經音義同餌。」

玄應一切經音義第二大般涅槃經第四十卷：「鉤餌 正字作蝑，同如志反。服虔云：鉤魚曰餌。」

慧琳一切經音義卷第二十六大般涅槃經第四十卷：「鉤餌 正體宜作蝑，字如志反。服虔云：鉤魚曰餌也。」

案：行均引與經音義同。

31. 龍龕手鑑卷二水部：「溜 經音義：晦退二音，云～漬也。」

慧琳一切經音義卷第四十二大佛頂經第九卷：「通溜 灰磓反，又音退。考聲云：溜，漬也。今謂漬去色曰溜。」

案：慧琳音義「溜」下音「灰磓反」，又音「退」，行均所引「晦」之一音，蓋即「灰磓」之音讀。「溜，漬也」之義，本之考聲也。

32. 龍龕手鑑卷二土部：「垑 音多，見經音義。」

慧琳一切經音義卷第三十一大灌頂經第一卷：「波垑 下音多，梵語也。」

案：行均引與慧琳音義同。

33. 龍龕手鑑卷二草部：「藇 經音義作輿字。」

玄應一切經音義第十七阿毗曇毗婆沙論第二十七卷：「興渠此是樹汁，西國取之以置食中，今有阿魏藥是也。」

慧琳一切經音義卷第四十五梵網經盧舍那佛說菩薩心地戒品：

「興渠梵語，阿魏藥也。」

案：玄應音義第十七及慧琳音義第四十五「興渠」二字下謂「阿魏藥也」，蓋即行均書之「薁」字，此乃藥草名，是字又从草。

34. 龍龕手鑑卷二口部：「嚪經音義作斷，音梵。」

案：檢玄應慧琳音義並無此字。

35. 龍龕手鑑卷二口部：「吱去智反，行喘息皃也。應法師又竹支反。」

玄應一切經音義第十一增一阿含經第四十八卷：「他支秦言，財犢。經文作吔吱。從口，取轉舌也。」

案：玄應增一阿含經音義「他支」下云「經文作吔吱」，行均「吱」下所引「應法師」云云，未知是否即此字也？玄應「吱」下未見音切，行均所引「竹支反」，未詳何出？

36. 龍龕手鑑卷二口部：「啨 經音義音嚏。」

玄應一切經音義第五菩薩處胎經第一卷：「哊咽 烏六反。下於賢反。廣雅：哊，吐也，咽，喉也。」

經文作啨，音嚏，誤也。」

（慧琳一切經音義卷第四十四菩薩處胎經第一卷並同）

案：行均引與音義同。

37. 龍龕手鑑卷二口部：「[口血] 經音義作嚏，丁計反，鼻噴也，在普曜經第五卷。」

玄應一切經音義第十二普曜經第五卷：「不嚏 丁計反，蒼頡篇云：噴鼻也。經文作[口血]，非也。」

慧琳一切經音義卷第二十八普曜經第五卷：「不嚏 丁計反，蒼頡篇云：噴鼻也。經文作[口血]，非也。」

案：行均謂經音義作「嚏」，「丁計反」，與玄應、慧琳音義同。至「鼻噴也」之義，二家本作「噴鼻也」，行均引語倒。

38. 龍龕手鑑卷二犬部：「玀狀 經音義作阿婆二字。上烏可反，下蒲我反，謂傴腰而行也，在樹提伽經中。」

玄應一切經音義第十三樹提伽經：「娿婆 烏我、蒲我反，謂傴背而行也。經文作玀狀，非也。」

慧琳一切經音義卷第四十五佛說樹提伽經：「娿婆 上烏可反，下蒲我反。案經文云腰髖娿婆，言不自勝致也，蓋借音會意，不以文害意。若執於字，與理殊乖。」

案：行均謂經音義作「阿婆二字」，「阿」字當作「㛮」。「上烏可反」與「下蒲我反」之音與慧琳同，與玄應則略有出入。「謂僂腰而行也」，蓋本之玄應「謂僂背而行也」之義，而自為之辭也。

39. 龍龕手鑑卷二尣部：「⿰希尣經音義作分布二字呼。」

玄應一切經音義第七佗真陀羅所問經：「⿰希尣具此字書誤已久，宜作分布二字，謂以黃金分布間錯其間也。」

（慧琳一切經音義卷第三十佗真陀羅所問經並同）

案：行均引與經音義同。

40. 龍龕手鑑卷三貝部：「賖俗。音義作盻。」

玄應一切經音義第一大方等大集經第二十二卷：「盻胡朊反。經文作眙，非也。」

（慧琳一切經音義卷第十七大方等大集經第二十二卷並同）

案：玄應慧琳音義「盻」下並謂「經文作眙」，行均書則作「賖」。案行均書卷四目部「眙」字下曰「新藏作賖」，然則行均此處用新臧字也。

41. 龍龕手鑑卷三貝部：「⿰貝冘 經音義作歁，音都含反，樂也。」

玄應一切經音義第十三摩登伽經中卷：「絺緘 勑夷反。下古咸反。賖⿰貝冘書遮反，下或作歁，同都含反。」

慧琳一切經音義卷第五十四摩登伽經中卷：「賖躭 上書遮反，下或作歁，同都含反。」

案：玄應音義「絺緘」下，慧琳音義「賖躭」下，並云下字或作「歁」，然則行均「⿰貝冘」字蓋即玄應「緘」字，慧琳「躭」字。行均引「都含反」之音，與二家同。「樂也」一義，二家未見，恐行均自增也。

42. 龍龕手鑑卷四木部「棍 胡本反。木名也。音義云：古本反，關線—子也。」

玄應一切經音義第三摩訶般若波羅蜜經：「有棍 孤本反，謂轉絃者也。今亦名關為棍子。」

慧琳一切經音義卷第九摩訶般若波羅蜜經第四十卷：「有棍 孫本反，謂絃者也。又今亦名關為棍子者也。」

案：「棍」下，玄應、慧琳音義並云「孤本反」，行均引作「古本反」，反切上字雖異，惟同屬見母。二家又云「今亦名關為棍子」，行均引作「關線棍子也」，蓋引其義而自為屬辭也。

43. 龍龕手鑑卷四木部：「桂 誤。經音義作掘，渠物反，—土也，在拔悲經。」

玄應一切經音義第八孔雀王呪經：「掘土 渠勿反。說文：掘，搰也。廣雅：掘，穿也。經文作挂，誤也。」

（慧琳一切經音義卷第三十七孔雀王呪經並同）

案：行均謂「桂」經音義作「掘」，是也。「渠勿反」之音，行均引作「渠物反」，切語下字雖異，音讀同也。「掘土也」之義，玄應、慧琳書並無，此蓋行均臆增也。

44. 龍龕手鑑卷四竹部：「篕 應法師作斂，力占反，—鼓也。」

玄應一切經音義第一大集月藏分經：「籢鼓 力占反，謂以瓦為䩭，革為兩面，用杖擊之者也。經文作盒。」

案：行均引與玄應同。

45. 龍龕手鑑卷四糸部：「⿰糸兜 都侯反。應師作兜，在呪中。」

案：檢玄應音義無此字。

46. 龍龕手鑑卷四糸部：「紉 舊藏作㓜，在經音義。」

案：檢玄應慧琳音義並無此字。

47. 龍龕手鑑卷四目部：「⿰目含 音義作肣，音含。」

玄應一切經音義第一大方等大集經第二十二卷：「至肸胡肸反，經文作㬿，非也。」

（慧琳一切經音義卷第十七大方等大集經第二十二並同）

案：行均引與音義同。

48. 龍龕手鑑卷四目部：「眳論文作。經音義作陷，眼陷，一沒也，在智度論。」

玄應一切經音義第九大智度論第十八卷：「眼陷陷沒也。案陷猶墜入也。論文作眳，此應近字也。」

慧琳一切經音義卷第四十六大智度論第十八卷：「眼陷楚辭：陷滯而不濟。王逸：陷墜入也。論文作眳，此應近也。」

案：行均謂論文作「眳」，經音義作「陷」，與玄應、慧琳音義同。至引「眼陷，眳沒也」之義，則與玄應略同。

49. 龍龕手鑑卷四玉部：「玟瑰經音義作玟瑰二字。」

玄應一切經音義第七寶如來三昧經下卷：「枝瑰以石反，言相似也。經文從玉作玟瑰，非也。」

（慧琳一切經音義卷第三十一寶如來三昧經下卷並同）

案：行均引與經音義同。

50. 龍龕手鑑卷四革部：「鞏音義作蛩，同。」

慧琳一切經音義卷第五十一手杖論：「慳人上坑閒反。蒼頡篇：愛財不捨曰慳。說文從堅，或作⿱臤革也。」

案：行均引與慧琳同。

51. 龍龕手鑑卷四革部：「鞮丁奚反。應師作低，在吼中。」

玄應一切經音義第一大方等大集經第二十三卷：「低囉丁奚反。經文作鞮，非也。」

案：行均引與玄應同。

52. 龍龕手鑑卷四足部：「𨇤經音義作⿱夢登。登鐙二音，失卧也，⿰足亟也，在別譯阿含經第二十九。」

玄應一切經音義第十二別譯阿含經第二十卷：「⿱夢登徒登，丁鄧二反。韻集云：失卧，⿰足亟也。經文作𨇤，非體也。」（依莊氏校刊本改）

（慧琳一切經音義卷第五十二別譯阿含經第二十卷並同）

案：「⿱夢登」字，玄應、慧琳音義並作「徒登」「丁鄧」二反，而無直音，行均引作「登」「鐙」二音，蓋「徒登」「丁鄧」二切之音讀也。又引「失卧也」「⿰足亟也」之義，與音義所引韻集同。又此字見於別譯阿含經第二十卷，非二十九卷也。

53. 龍龕手鑑卷四足部：「趺俗 跘正。（基）應二師音平患反。江淮間謂—跨坐，即開膝坐也。」

玄應一切經音義第六妙法蓮華經第一卷：「加趺經文作跏，文字所無。按俗典：江南謂開膝坐為跘跨，山東謂之甲趺，坐也。跘音平患反。跨音口瓜反。」

案：行均引「平患反」，與玄應同。玄應音義云「江南謂開膝坐為跘跨」，行均引「江南」作「江淮」，宜改。

54. 龍龕手鑑卷四足部：「跋音義：蒲撥反。」

玄應一切經音義第二十陀羅尼雜集經第七卷：「跘跋蒲撥反。」

慧琳一切經音義卷第四十三陀羅尼雜集第七卷：「跰跋蒲撥反。」

案：行均引與音義同。

55. 龍龕手鑑卷四疒部：「𤺋音義作習。」

玄應一切經音義第二大般涅槃經第十一卷：「習習經文從疒作𤺋，書无此字，近人加之耳。」

案：行均引與音義同。

56. 龍龕手鑑卷四足部：「蹛征列反，古人姓。又經音義音帝。」

玄應一切經音義第三道行般若經第二卷：「須蹛天三蒼音帝。」

慧琳一切經音義卷第九道行般若經第二卷：「須蹛天三蒼音帝，」

案：行均引與經音義同。

57\. 龍龕手鑑卷四東部：「誺私七反。經音義作睞。經文作丨，非也。」

玄應一切經音義第一大方等大集經第二十卷：「睞伽私七反。經文作誺，非也。」

（慧琳一切經音義卷第十七大方等大集經第二十卷並同）

案：行均引與經音義同。

58\. 龍龕手鑑卷四雜部：「⿱肘尺音義云：古文尋字。」

慧琳一切經音義卷第四大般若波羅蜜多經第三百九十二卷：「尋古文從肘作⿱肘尺也。」

案：行均引與慧琳音義同。

59\. 龍龕手鑑卷四雜部：「餄經音義作僊，古文。音仙。字在伅真陀羅所問經。」

玄應一切經音義第七伅真陀羅所問經：「僊僊聲類：俗仙字，同。私延反。詩云：屢舞僊僊。傳曰：僊僊，醉舞貌也，經文作餄，誤也。」

慧琳一切經音義卷第三十伅真陀羅所問經：「僊僊薛延反。毛詩傳曰：僊僊，醉舞皃也。古文作僊，長生也，亦作仚，山居長往也。」

案：行均引與經音義同。

五十三、藏經音義隨函錄（含隨函、西川隨函、江西隨函）

隨函（含隨經）

1. 龍龕手鑑卷一人部：「傑（隨函音劫。）」

2. 龍龕手鑑卷一人部：「倗（隨函音欺，方也。）」

3. 龍龕手鑑卷一言部：「諤（江西經音作諤，五各反，在廣弘明集。）」

藏經音義隨函錄第二十六冊集沙門不應拜俗等集第三卷：「謇諤（上居輦反，下五各反。）」

案：行均引與隨函錄同。

江西隨函（含江西經）

1. 龍龕手鑑卷一心部：「罳悬（江西隨函音休建反，二。）」

藏經音義隨函錄第四冊大般涅槃經第十六卷：「悬（許建反。）」

藏經音義隨函錄第二十六冊集沙門不應拜俗等集第一卷「悬度（上許建反。）軌罳（同上，法也。正作憲也。）」

案：隨函錄音「許建反」，行均引作「休建反」，聲紐不同，唯同屬曉母也。

2. 龍龕手鑑卷一山部：「峮江西隨函：音巨支反。」

藏經音義隨函錄第三冊大方等大集經：「峮音耆。」

案：隨函錄音「耆」，行均引作「巨支反」，蓋肊造也。

3. 龍龕手鑑卷一山部：「𡽗省嚴，隨函同𡽗、蘇走反。」

藏經音義隨函錄第二冊大寶積經：「𡽗蘇走反。」

案：行均引與隨函錄同。

江西隨函（含江西經）

1. 龍龕手鑑卷一丟部：「㪟江西隨函音以長反，一孿也。郭氏又俗音徒亂反。」

藏經音義隨函錄第五冊等集衆德三昧經下卷：「㪟徒亂反，正作段。」

案：隨函錄音「徒亂反」，行均引作「以長反」，未知何據？

下所引郭迻音，則與隨函錄同。

2. 龍龕手鑑卷一斤部：「新江西隨函音新。」

3. 龍龕手鑑卷一巾部：「巾隨函云：合作印字。」

藏經音義隨函錄第八冊華手經第十一卷：「巾因進反，正作印。」

案：行均引與隨函錄同。

4. 龍龕手鑑卷一巾部：「⿱無巾（應法師作⿺辶帶，同。又隨經音武，出兜沙經。）」
藏經音義隨函錄第四冊兜沙經：「無⿺辶帶（郭氏音武，非。）」
案：行均引與隨函錄同。

5. 龍龕手鑑卷一禾部：「⿰禾弃（隨函云：合是稱字。經文名一世界。）」

6. 龍龕手鑑卷一魚部：「鮌（隨函云：合作鰥，蘇才反，魚名。又俗音玄。）」

西川隨函（合西川經）

1. 龍龕手鑑卷一光部：「⿰光丙（西川隨函音丙，光也。）」

2. 龍龕手鑑卷一黄部：「⿰黃單（隨函云：合作燀字。又俗尺善反。）」
藏經音義隨函錄第四冊如來興顯經第一卷：「⿰光單（許歸反。）」
案：隨函錄作「燀」字，行均引作「燀」字，偏旁有異。

3. 龍龕手鑑卷一來部：「⿰彖來（相承：來卷二音。又江西隨函音竹皆反。）」
藏經音義隨函錄第三冊大方等大集經第十八卷：「摩⿰彖來（多來反，與⿰彖來字同也。寶星經作摩底，應和尚以膝字替之，音悉，非也。）」
案：隨函錄音「多來反」，行均引作「竹皆反」，音讀雖近，仍未細檢原書也。

4\. 龍龕手鑑卷二水部：「渞 隨函云：合作淴，音烏沒反，水出聲。」

藏經音義隨函錄第五冊悲華經第五卷：「淴 所戢反。」

藏經音義隨函錄第七冊佛說龍施菩薩本起經：「淴 所立反，又烏沒反，煥也。」

藏經音義隨函錄第二十六冊大唐西域記上帙第三卷：「汩淴 上于密反，下為立、烏沒二反，水流聲。」

案：隨函錄佛說龍施菩薩本起經「淴」下注云「又烏沒反」，行均引同，又大唐西域記釋「淴」為「水流聲」，行均引作「水出聲」，意畧有出入。

5\. 龍龕手鑑卷二火部：「⿰火貴 隨函云：誤，合作烠，音回。」

6\. 龍龕手鑑卷二土部：「墊 俗，徒果反，見江西隨函。」

7\. 龍龕手鑑卷二土部：「⿰土胃 隨函云：合作塊。」

藏經音義隨函錄第二十四冊出三藏記第六卷：「⿰土胃然 上音喟，苦怪反，土塊名也，正作墤也。」

案：隨函錄釋「⿰土胃」為「土塊名也」，又云「正作墤」，行均引則謂「合作塊」，蓋涉「土塊名」而誤也。

8. 龍龕手鑑卷二草部：「⿱艹蛬（隨函云：合作蛬，音渠容反，蟋蟀也。）」

9. 龍龕手鑑卷二草部：「⿱艹焣（隨函音聚。）」藏經音義隨函錄第十五冊摩訶僧祇律第二十九卷：「焣（音聚。）」

案：隨函錄「焣」下云「音聚」，行均書「焣」作「⿱艹焣」，亦引「音聚」，蓋同一字也。

10. 龍龕手鑑卷二草部：「菒（隨函云：合作枲，息里反。）」藏經音義隨函錄第十八冊阿毗達磨集異門足論第九卷：「麻菒（心里反。）」

案：隨函錄「菒」音「心里反」，行均書「菒」作「枲」，蓋一字也，所引作「息里反」，切語上字雖異，唯同屬心母。

11. 龍龕手鑑卷二口部：「噃（隨函：合作蟠，音盤。）」藏經音義隨函錄第二冊大寶積經：「蟠（蒲官反。）」

案：行均謂「噃」隨函作「蟠」，具音「盤」，隨函「蟠」下無直音，而作「蒲官反」。行均蓋為肊造也。

12. 龍龕手鑑卷二口部：「噔俗。又隨函：音正。」

13. 龍龕手鑑卷二口部：「⿰口尌隨函云：廚字，上聲呼之。」

14. 龍龕手鑑卷二口部：「啡隨函：又音敗，吹火具也。」

藏經音義隨函錄第十一冊大乘莊嚴經論第六卷：「吹啡蒲拜反，皮囊鍛家吹火具也，正作韛、槖、排三形，又尺乃反，非。」

案：隨函錄音「蒲拜反」而無直音，行均引云「音敗」，殆依「蒲拜」之音讀也。又隨函錄釋曰「皮囊鍛家吹火具也」，行均引云「吹火具也」，蓋節取也。

15. 龍龕手鑑卷二口部：「⿰口伐江西隨函音伐。」

16. 龍龕手鑑卷二女部：「奼美女也。有多釋。隨經更」

17. 龍龕手鑑卷二馬部：「驆江西隨函音必。」

18. 龍龕手鑑卷二米部：「粆西川經音云：別本是麨字。」

藏經音義隨函錄第四冊大般涅槃經第十五卷：「麨尺沼反。」

案：行均謂另有一本作「麨」，是也。

19. 龍龕手鑑卷二雨部：「雩江西隨函：紆于二音。」

20. 龍龕手鑑卷二齒部：「⿰齒曾 隨函音鱛。」

21. 龍龕手鑑卷二齒部：「⿰齒青 隨函云：合作⿰齒齊，在詣反。」

藏經音義隨函錄第五冊添品法華經第二卷：「⿰齒齊齧 上竹皆反，齧挽也，出玉篇。下五結反。上文在詣反，義不接。」

案：「⿰齒齊」下隨函錄有「在詣反」之音切，行均引同。

22. 龍龕手鑑卷二耳部：「毦 隨函：而容反，毛飾也。」

23. 龍龕手鑑卷二瓦部：「瓬甌藏。二俗。甌藏。舊。㽁 江西隨函：古獲反，瓦器也。西川隨函：合作甖，烏耕反，亦瓦器也，在道地經。」

藏經音義隨函錄第二十一冊道地經：「見甌 古朗反，公瓦也，正作甌也。經意謂醫人往病者家，路見破瓶公瓦，見甌見空器物等，皆為不吉之兆也。亦宜作甂，言這二音，無底甑也。江西經音作古麥反，非也，麻谷作甌𡦹人也。」

案：江西經作「古麥反」，行均引作「古獲反」，韻紐相同。又隨函錄有「古郎反」之音，未知是西川否？與行均引「烏耕反」亦異，行均蓋肊造也。

24. 龍龕手鑑卷二古部：「⿰古朋⿰古用 隨函云：誤，合作崩，才鄧反，東搶下之。」

藏經音義隨函錄第二十八冊明既集：「⿰古朋 才鄧反，東搶下之也。正作崩、堋二形。」

案：行均引「合作崩」及「東搶下之」，與隨函錄同。其音切、隨函錄作「方鄧反」，行均引作「方蹬反」，用字雖異，音讀則同。

25. 龍龕手鑑卷二凵部：「畵𠙽經音、玉篇：畫也。」

26. 龍龕手鑑卷四木部：「檕江西隨函音牛紀、五代二反。」

藏經音義隨函錄第二十一册道地經：「檕藻上魚起反，守盛皃也，正作嶷擬二形也，又魚力反。下子老反，水中草也，正作藻也，經云餘魚見鷲鷓沉走入沙石間檕藻中藏是也。郭迻作檕藻，非也。川音作𩸃，以䋖替之，音䋖，亦非也。」

案：隨函錄有「魚起」「魚力」二反，行均引作「牛紀」「五代」二音，恐亦出此造。

27. 龍龕手鑑卷四木部：「檍隨函音𢈔，於遠反，為衣入裏也。」

28. 龍龕手鑑卷四竹部：「筍江西隨函音筍。」

29. 龍龕手鑑卷四系部：「綊隨函云：合作𢈔字。」

藏經音義隨函錄第十八册阿毗達磨集異門足論第八卷：「綊正作綊、綫二形也。」

案：行均引與隨函錄同。

30. 龍龕手鑑卷四系部：「縉隨函云：誤，合作僭，子念反，江弘明集第二卷。」

藏經音義隨函錄第二十八冊弘明集第二卷：「僣子念反。」

案：行均謂「繒」隨函作「僣」，引「子念反」與隨函同。

31. 龍龕手鑑卷四肉部：「膢隨函：又音古侯反。」

藏經音義隨函錄第十六冊四分律第五十六卷：「膢古侯反，豕也，奇一春一也。俗。」

案：行均引「古侯反」與隨函錄同。

32. 龍龕手鑑卷四目部：「晗江西經音含視二音。」

33. 龍龕手鑑卷四目部：「睷乾健二音，出香嚴，隨函。」

藏經音義隨函錄第二十三冊陁羅尼雜集：「睷弩上居言，居偃，居健三反，正作腱也。下奴加反。上又應和尚作巨言反，川音音健，未詳何出。郭氏未詳。」

案：隨函錄有云「川音音健」，至「乾」之直音則未見，恐行均臆造也。

34. 龍龕手鑑卷四目部：「⿱賏攵合作甖，見隨函。」

藏經音義隨函錄第二冊胞胎經：「甖甕上烏莖反，下烏貢反。」

案：行均謂隨函作「甖」，是也。

35. 龍龕手鑑卷四革部：「⿰革甖江西隨函：古田反，窯人所用，在道地經。」

藏經音義隨函錄第二十一冊道地經：「⿰車巤力葉反，踐也。正作躐，⿰車巤二形也。經意是蹴字也，謂陶家蹋泥時也。……江西音作古典反，亦非也。」

案：江西音作「古典反」，行均引作「古田反」，韻目有異，一屬先韻，一屬銑韻。隨函錄云「謂陶家蹋泥時也」，行均引作「窯人所用」，此自為屬辭也。

36. 龍龕手鑑卷四足部：「⿱帶足隨函音帝，須丨天名。」

37. 龍龕手鑑卷四疒部：「⿸疒垂隨函云：合作厜，好危反，山顛皃，在僧伽羅剎經。又俗：他猥反。」

38. 龍龕手鑑卷四頁部：「⿰龠頁江西經音拾，經自切：五狹反。」

39. 龍龕手鑑卷四辵部：「遆隨函音弟。」

藏經音義隨函錄第七冊陁羅尼集經第一卷：「遆鶙」

案：行均引與隨函錄同。

40. 龍龕手鑑卷四辵部：「逹隨函音達。」

藏經音義隨函錄第十冊大智度論第九十六卷：「逹但怛反，正作達。」

案：隨函錄「逹」音「但怛反」，行均引則謂「音達」，蓋涉下「正作達」而誤。

41. 龍龕手鑑卷四彳部：「⿰彳必⿰彳彖（隨函音引，可以塗炭也。上又俗失忍反。）」

42. 龍龕手鑑卷四食部：「⿰食睪（音亦，出西川篇。）」

43. 龍龕手鑑卷四歹部：「殉殉（隨函云：誤，合作歹，音朽。）」

藏經音義隨函錄第十八冊阿毗曇毗婆沙第五十六卷：「殉（吉反。）」

藏經音義隨函錄第二十五冊一切經音義第四帙第十六卷：「殉腸（川音以歹字替之，歹音朽。）」

案：隨函錄云「川音以歹字替之」，又云「歹音朽」，行均引同。

44. 龍龕手鑑卷四文部：「⿰立圭（江西隨函俗音竹遇反。）」

45. 龍龕手鑑卷四雜部：「壴壺（經音、玉篇：壺也。）」

46. 龍龕手鑑卷四雜部：「⿱㓞廾（隨函合作㓞，音契，刻也，在道地經。）」

# 引用參考書目


龍龕手鑑　遼釋行均撰　南宋高宗浙刊本

龍龕手鑑　遼釋行均撰　景寫南宋高宗浙刊本

龍龕手鑑　遼釋行均撰　江安傅氏雙鑑樓藏宋刊本

龍龕手鑑　遼釋行均撰　清周季貺手書題記影宋鈔本

龍龕手鑑　遼釋行均撰　舊鈔本

龍龕手鑑　遼釋行均撰　明嘉靖四十二年朝鮮高德山歸真寺刊本

龍龕手鑑　遼釋行均撰　清高宗文淵閣四庫全書鈔本

龍龕手鑑　遼釋行均撰　清宣宗張丹鳴虛竹齋木刊本

龍龕手鑑　遼釋行均撰　函海本

龍龕手鑑　遼釋行均撰　日本昭和四年京城帝國大學景印高麗本

高麗版龍龕手鏡解說　日人藤塚鄰撰　前日本京城帝國大學法文學部本

龍龕手鑑ニ引ケル玉篇　日人岡井慎吾撰　日本藝文雜誌第十七年第七號

龍龕手鑑聲類考（稿本）　林慶勲撰　國科會六十二年度研究報告

十三經注疏　藝文印書館景印阮元嘉慶二十年江西南昌府學刊本

爾雅正義　清郝懿行撰　四部備要本

說文解字　漢許慎撰宋徐鉉注　藝文印書館景宋本

說文解字繫傳　南唐徐鍇撰　四部叢刊本

說文解字五音韻譜　宋李燾撰　明萬曆戊戌陳大科刊本

說文解字注　清段玉裁撰　經韻樓刊本

說文解字詁林　丁福保編　醫學書局本

方言　漢揚雄撰　四部叢刊本

方言疏證　清戴震撰　四部備要本

方言疏證　周祖謨撰　鼎文書局景印本

釋名　漢劉熙撰　四部叢刊本
釋名疏證　清畢沅撰　經訓堂叢書本
廣雅　魏張揖撰隋曹憲音釋清王念孫疏證　新興書局景印高郵王氏原刻本
玉篇零卷　梁顧野王撰　古逸叢書本
大廣益會玉篇　梁顧野王撰唐孫強增字宋陳彭年重修　曹楝亭刊本
玉篇直音　梁顧野王撰　鹽邑志林本
玉篇の研究　日人岡井慎吾撰　東洋文庫刊行本
干祿字書　唐顏元孫撰　小學彙函本
經典釋文　唐陸德明撰　四部叢刊本
廣韻　宋陳彭年等修　澤存堂本
廣韻校勘記　周祖謨撰　世界書局本
廣韻研究　張世祿撰　商務印書館本
廣韻聲紐韻類之統計　白滌洲撰　女師大學術季刊二卷一期

廣韻重紐試釋　董同龢撰　中央研究院史語所集刊十三本
證廣韻五十一聲類　陸志韋撰　燕京學報第廿五期
廣韻研究講義　陳師伯元撰　師大油印本
集韻　宋丁度等修　商務印書館景印曹楝亭本
集韻考正　清方成珪撰　商務印書館景印孫詒讓校刊本
切韻考　清陳澧撰　音韻學叢書本
十韻彙編　劉復等編　國立北京大學本
唐寫本王仁昫刊謬補缺切韻　廣文書局景印本
瀛涯敦煌韻輯　姜亮夫撰　鼎文書局景印本
瀛涯敦煌韻輯新編　潘重規撰　新亞研究所本
切韻五聲五十一類考　曾運乾撰　東北大學季刊一期
論切韻系的韻書　魏建功撰　國學季刊五卷三號
切韻探賾　羅常培撰　中山大學史語所週刊二
切韻逸文考　丁山撰　中山大學史語所週刊切韻專號
等韻名著五種　泰順書局本

四聲等子　藝文印書館景印咫進齋叢書本

韻鏡校注　龍宇純撰　藝文印書館本

等韻源流　趙蔭棠撰　文史哲出版社景印本

等韻門法試釋　董同龢撰　中央研究院史語所集刊十四本

等韻研究導論　高師仲華撰　政大文海雜誌十六期

韻鏡研究　高師仲華撰　中華學苑五期

四聲等子之研究　高師仲華撰　中華學苑八期

四聲等子音系蠡測　竺家寧撰　師大國研所集刊十七號

中國音韻學研究　高本漢撰　趙元任李芳桂譯　商務印書館本

中國聲韻學大綱　高本漢撰張洪年譯　中華叢書本

文字學音篇　錢玄同撰　學生書局本

音韻學通論　馬宗霍撰　泰順書局本

漢語音韻學導論　羅常培撰　泰順書局本

漢語音韻學　王了一撰　泰順書局本

中國音韻學史　張世祿撰　商務印書館本

中國聲韻學通論　林師景伊撰　世界書局本

中國語音史　董同龢撰　中華文化出版事業社本

經義述聞　清王引之撰　廣文書局景印本

小學考　清謝啟昆撰　廣文書局景印清光緒十四年杭州浙江書局刊本

經籍籑詁　清阮元撰　同治癸酉淮南書局補刊本

中國文字學史　胡樸安撰　商務印書館本

中國訓詁學史　胡樸安撰　商務印書館本

章氏叢書　章炳麟撰　浙江圖書館校刊本

黃侃論學雜著　黃侃撰　中華書局本

國語　先秦左丘明撰　吳韋昭注　商務印書館四部叢刊本

史記　漢司馬遷撰　劉宋裴駰集解　唐司馬貞索隱　張守節正義　藝文印書館景印清武英殿刊本

漢書　東漢班固撰　唐顏師古注　清王先謙補注　藝文印書館景印長沙王氏虛受堂校刊本

宋史　元脫脫撰　藝文印書館景印清武英殿刊本
遼史　元脫脫撰　藝文印書館景印清武英殿刊本
遼痕五種　黄任恆輯　廣文書局景印本
高麗史　韓鄭麟趾撰　文史哲出版社景印本
契丹漢化畧攷　尹克明撰　禹貢半月刊六卷三四合期
本草　四部備要本
山海經　晉郭璞注　四部叢刊本
尹文子　先秦尹文撰　四部叢刊本
莊子　先秦莊周撰晉郭象注唐成玄英疏清郭慶藩集釋　世界書局本
世本　問經堂叢書本
呂氏春秋　先秦呂不韋撰漢高誘注　四部叢刊本
神異經　漢東方朔撰晉張華注　漢魏叢書本
淮南子　漢劉安撰　涵芬樓景印道藏本
說苑　漢劉向撰　四部叢刊本

白虎通德論　漢班固撰　四部叢刊本
風俗通義　漢應劭撰　四部叢刊本
顏氏家訓　北齊顏之推撰　四部叢刊本
博物志　晉張華撰　百子全書本
藝文類聚　唐歐陽詢撰　新興書局景印宋本
初學記　唐徐堅撰　新興書局景印明刻本
玉海　宋王應麟撰　華文書局景印元後至二年慶元路
儒學刊本
玉函山房輯佚書　馬國翰撰　文海出版社本
小學蒐佚　龍璋撰　龍氏排印本
大藏經　中華佛教文化館景印大正新修大藏經
一切經音義　唐釋玄應撰　中央研究院景印高麗藏本、莊氏刊本
一切經音義　唐釋慧琳撰　大通書局景印高麗藏本
藏經音義隨函錄　後晉釋可洪撰　日本希覯典籍蒐集會本
續一切經音義　遼釋希麟撰　大通書局景印高麗藏本

佛學大辭典　丁福保撰　臺灣印經處景印本
中國佛教史　蔣維喬撰　國史研究室景印本
佛學概論　蔣維喬撰　中華書局本
舊唐書經籍志　後晉劉昫撰　百衲本
新唐書藝文志　宋歐陽修撰　百衲本
郡齋讀書志　宋晁公武撰　廣文書局本
通志藝文略　宋鄭樵撰　新興書局本
文獻通考經籍志　元馬端臨撰　明嘉靖三年司禮監刊本
書目答問補正　清張之洞撰范希曾補　新興書局本
四庫全書總目提要　清永瑢等撰　藝文印書館景印原刻本
增訂四庫簡明目錄標注　清邵懿辰撰清孫詒讓等參校邵章續錄邵
友誠重編　世界書局本
遼史拾遺（補經籍志）　清厲鶚撰　世界書局本
遼史拾遺補（補經籍志）　清楊復吉撰　世界書局本
補遼金元藝文志　清倪燦盧文弨合撰　世界書局本

補三史藝文志　清金門詔撰　世界書局本

遼藝文志　繆荃孫撰　世界書局本

遼史藝文志補證　王仁俊撰　世界書局本

補遼史藝文志　黃任恒撰　世界書局本

曝書雜記　清錢泰吉撰　廣文書局本

讀書敏求記　清錢曾撰　廣文書局本

鐵琴銅劍樓藏書目錄　清瞿鏞撰　廣文書局本

皕宋樓藏書志　清陸心源撰　廣文書局本

續天祿琳琅書目　清彭元瑞撰　廣文書局本

日本訪書志　清楊守敬撰　廣文書局本

文祿堂訪書記　王仁進撰　廣文書局本

靜嘉堂秘籍志　日人岩崎氏撰　靜嘉堂文庫本

經籍訪古志　日人森立之撰　廣文書局本

圖書寮漢籍善本書目　日人大久保秀次郎編　日本宮內省圖書寮本

圖書板本學要略　屈萬里昌彼得合撰　中華文化出版事業出版社本

斠讎學　王叔岷撰　中央研究院史語所專刊三十七本

校讎目錄學纂要　蔣伯潛撰　正中書局本

廟諡年諱譜　清陸費墀撰　世界書局本

歷代名人年里碑傳總表　姜亮夫撰　世界書局本

楚辭補注　漢王逸章句　宋洪興祖補注　四部叢刊本

文選　梁蕭統編　唐李善注　藝文印書館景印胡刻本

夢溪筆談　宋沈括撰　商務印書館本

潛研堂文集　清錢大昕撰　商務印書館本

十駕齋養新錄　清錢大昕撰　商務印書館本

越縵堂讀書記　清李慈銘撰　北京圖書館月刊一卷二號

羅雪堂先生全集　羅振玉撰　文華出版公司景印本

# 龍龕手鑑研究

撰著者：陳　飛　龍
出版者：文史哲出版社
http://www.lapen.com.tw
登記證字號：行政院新聞局版臺業字五三三七號
發行人：彭　正　雄
發行所：文史哲出版社
印刷者：文史哲出版社
臺北市羅斯福路一段七十二巷四號
郵政劃撥帳號：一六一八〇一七五
電話886-2-23511028・傳真886-2-23965656
實價新臺幣一二〇〇元
中華民國六十三年（1974）十月初版
中華民國八十二年（1993）十月初版再刷


ISBN 978-957-547-667-0